Aktuelle Entwicklungen des Bankgeheimnisses im Rechtsvergleich unter besonderer Berücksichtigung seiner exterritorialen Wirkungen

Studien zum vergleichenden und internationalen Recht - Comparative and International Law Studies

Herausgeber: Bernd von Hoffmann†, Erik Jayme und Heinz-Peter Mansel

Band 184

PL ACADEMIC RESEARCH

Volker Anton

Aktuelle Entwicklungen des Bankgeheimnisses im Rechtsvergleich unter besonderer Berücksichtigung seiner exterritorialen Wirkungen

Deutschland, Luxemburg, Österreich, Schweiz und Liechtenstein

PL ACADEMIC RESEARCH

Bibliografische Information der Deutschen Nationalbibliothek
Die Deutsche Nationalbibliothek verzeichnet diese Publikation in der Deutschen Nationalbibliografie; detaillierte bibliografische Daten sind im Internet über http://dnb.d-nb.de abrufbar.

Zugl.: Trier, Univ., Diss., 2012

D 385
ISSN 0930-4746
ISBN 978-3-631-62989-5

PL Academic Research ist ein Imprint der Peter Lang GmbH.

Peter Lang – Frankfurt am Main · Bern · Bruxelles · New York · Oxford · Warszawa · Wien

www.peterlang.de

Meinen Eltern

Vorwort

Die vorliegende Arbeit wurde im Wintersemester 2012/2013 vom Fachbereich Rechtswissenschaft der Universität Trier als Dissertation angenommen. Literatur und Rechtsprechung sind bis zu ihrer Fertigstellung im November 2010 berücksichtigt.

Mein besonderer Dank gilt meinem verstorbenen Doktorvater Herrn Prof. Dr. Bernd von Hoffmann, der die Arbeit bis zu seinem Tode betreut und ihre Entstehung in vielfältiger Weise gefördert hat. Bedingt durch seine lange und schwere Erkrankung konnte er leider die abschließende Begutachtung der Arbeit nicht mehr selbst vornehmen. Herrn Prof. Dr. Jan von Hein danke ich herzlich für seine Bereitschaft, kurzfristig die Erstbegutachtung der Arbeit zu übernehmen und auch für das Rigorosum zur Verfügung zu stehen. Herrn Prof. Dr. Hans-Friedrich Müller, LL.M. danke ich für die zügige Erstellung des Zweitgutachtens.

Meinen Freunden Jacek Kielkowski und Michael Vogel danke ich für ihre wertvollen Anregungen und für ihre Hilfe beim Korrekturlesen der Arbeit. Meine Schwester Claudia Bermes danke ich für ihre Unterstützung bei den notwendigen Korrekturarbeiten.

Mein tiefster Dank gilt meinem viel zu früh verstorbenen Vater Wolfgang Anton und meiner Mutter Maria Anton für all das, was sie mir ermöglicht haben. Ihnen widme ich diese Arbeit.

Koblenz, im März 2013 Volker Anton

Inhaltsverzeichnis

1 Einleitung

Mit steter Regelmäßigkeit taucht der Begriff des Bankgeheimnisses als Reizwort in den Medien auf, meist im Zusammenhang mit Affären um groß angelegte Steuerflucht und Geldwäsche.[1] Das Bankgeheimnis wird dabei häufig als staatlich gedeckter Anreiz zur Steuerhinterziehung gegeißelt und der Vorwurf erhoben, dass einige Länder es bewusst einsetzten, um sich dadurch Wettbewerbsvorteile zu sichern.[2] Alleine dem deutschen Fiskus entgehen nach Schätzungen der Bundesregierung durch Steuerhinterziehung im Ausland alljährlich Steuergelder in Milliardenhöhe.[3] Dabei sind mit Luxemburg, Österreich, der Schweiz und Liechtenstein einige der wichtigsten sogenannten Steueroasen in Europa Nachbarn Deutschlands, wobei das Bankgeheimnis jener Länder gemeinhin als ein wesentlicher Faktor dieses Rufs gilt.

Gegenwärtig wird vor dem Hintergrund der weltweiten Wirtschaftskrise und der steigenden Neuverschuldung das Vorgehen gegen diejenigen Staaten verschärft, die aus Sicht der internationalen Staatengemeinschaft die Begehung von Steuerhinterziehung durch ihr Bankgeheimnis erleichtern und zugleich deren Aufdeckung dadurch behindern.[4] Dabei wird in Deutschland nicht nur der Ton gegen diese Staaten rauer,[5] sondern man schreckt mittlerweile auch nicht mehr

---

1 Kritisch dazu *Vogler*, Das Schweizer Bankgeheimnis, S. 7 f.; *Liebscher*, ÖJZ 1984, S. 253, spricht zum Umgang mit dem Begriff des Bankgeheimnisses von einem „Medienklischee".

2 Vgl. dazu nur den Spiegel, Nr. 8 vom 18.02.2008, S. 20 ff., der in Bezug auf Liechtenstein davon spricht, dass dieses Land zum Teil auf Kosten der deutschen Allgemeinheit von Steuerkriminalität lebe

3 Offiziell werden die Steuerausfälle auf bis zu 100 Milliarden Euro jährlich geschätzt. Wie viel unversteuerte Gelder tatsächlich im Ausland angelegt sind, ist naturgemäß aber unbekannt. Alleine bei Schweiz Banken sollen nach Schätzungen zwischen 200 und 300 Millionen Euro nicht deklariertes Vermögen deutscher Anleger verwaltet werden, vgl. *Sahan/Ruhmannseder*, IStR 2009, S. 715.

4 Insbesondere die Organisation für wirtschaftliche Zusammenarbeit und Entwicklung (OECD) gibt den Maßstab für die internationale Zusammenarbeit in steuerlichen Angelegenheiten vor und stellt eine Liste von unkooperativen Staaten auf, auf der zeitweise auch Luxemburg, Österreich, die Schweiz und Liechtenstein vertreten waren , vgl. dazu auch unten S. 303 ff.

5 So rief der ehemalige deutsche Bundesfinanzminister *Peer Steinbrück* unter dem Eindruck dieser Affäre im Frühjahr 2009 zu einem groß angelegten Angriff gegen Steueroasen in Europa auf und verglich dabei die Steuerpolitik in Luxemburg, Liechtenstein, der Schweiz und Österreich mit derjenigen von Ouagadougou, der Hauptstadt Burkina Fasos, was zu erheblichen politischen Spannungen mit diesen Ländern führte. Das luxemburgische Parlament verabschiedete daraufhin eine Resolution (C-2008-O-048-

davor zurück, Informationen über potentielle Steuerhinterzieher in rechtsstaatlich bedenklicher Weise zu erwerben. Bereits im Jahr 2008 waren im Zuge der sogenannten „Liechtensteiner Steueraffäre" Kundendaten der liechtensteinischen LGT Bank durch den deutschen Geheimdienst BND angekauft und an die Steuerbehörden weitergeleitet worden. Im Jahr 2010 setzte sich die Bundesregierung dann für Ankauf der Daten von rund 1.500 deutschen Kunden schweizerischer Banken ein, die mehrere hundert Millionen Euro an Steuern hinterzogen haben sollen. Zugleich zeigte man sich grundsätzlich offen, weitere Datensätze anzukaufen, was zahlreiche Nachahmer zu entsprechenden Angeboten veranlasste. Insbesondere in der Schweiz wurde die Haltung der Bundesregierung als klare Kampfansage Deutschlands gegen das Bankgeheimnis angesehen.[6]

Gegenstand dieser Arbeit ist es, die rechtliche Dimension des Bankgeheimnisses in Luxemburg, Österreich, der Schweiz und Liechtenstein im Vergleich zum deutschen Bankgeheimnis sowohl im jeweiligen nationalen als insbesondere auch im internationalen Kontext herauszuarbeiten. Dabei wird einerseits der gemeinsame Bestand dessen, was das Bankgeheimnis prägt, bestimmt und andererseits werden die wesentlichen Unterschiede in seiner rechtlichen Ausgestaltung und Reichweite untersucht, die Auslöser der soeben geschilderten Konflikte sind.

Den Ausgangspunkt dieser Darstellung bildet ein kurzer Aufriss der Geschichte des Bankgeheimnisses in den Vergleichsländern, aus dem sich erste Rückschlüsse über das Verhältnis der einzelnen Staaten zu dieser Geheimhaltungspflicht ziehen lassen.

Anschließend soll der Begriff des Bankgeheimnisses als solcher definiert und untersucht werden, ob eine für alle Vergleichsländer gültige Definition möglich ist. In diesem Kontext werden auch die jeweiligen Träger sowie die Inhaber dieser Geheimhaltungspflicht näher bestimmt.

Diese Begriffsbestimmungen sind notwendig, um die rechtliche Dimension des Bankgeheimnisses erfassen zu können. Denn dieses beruht auf einer Vielzahl verschiedener Rechtsgrundlagen, die jede für sich in jeweils unterschiedlichem Ausmaß seinen Gesamtbestand prägen. Erörtert werden die zivilrechtlichen, strafrechtlichen, verfassungsrechtlichen sowie die sonstigen Rechtsquellen des Bankgeheimnisses. Ferner wird das Verhältnis zwischen Bankgeheimnis und Datenschutz erläutert.

Trotz der Vielzahl an Rechtsquellen stellt das Bankgeheimnis keineswegs eine uneingeschränkt gegenüber Dritten geltende Geheimhaltungspflicht dar.

0003) gegen die Äußerungen *Steinbrücks*. Diese ist abrufbar auf der Homepage des luxemburgischen Parlaments unter: http://www.chd.lu (Stand: 17.11.2010).

6 Siehe dazu unten S. 269 ff.

Vielmehr korrespondieren mit jeder Rechtsgrundlage bestimmte Durchbrechungen des Bankgeheimnisses. In einem ersten Schritt wird untersucht, unter welchen Voraussetzungen das Bankgeheimnis in den Vergleichsländern bei nationalen Sachverhalten aufgehoben werden kann. Insoweit wird zwischen Durchbrechungen im Rahmen von zivil-, straf- und verwaltungsgerichtlichen Verfahren, steuerrechtlichen Verfahren sowie im Zusammenhang mit Ermittlungen wegen des Verdachts auf Geldwäsche- und Terrorismusfinanzierung unterschieden. Schließlich kommen weitere im Bankenalltag wichtige Durchbrechungen des Bankgeheimnisses im Rahmen anderer behördlicher Verfahren sowie gegenüber Dritten zur Sprache.

Diese Untersuchung bildet die Basis für die Erörterung der Reichweite des Bankgeheimnisses im internationalen Kontext, denn die Gewährung von internationaler Amts- und Rechtshilfe durch einen Staat orientiert sich traditionell am Umfang der Eingriffsbefugnisse seiner Behörden und Gerichte in innerstaatlichen Verfahren. Die internationale Dimension des Bankgeheimnisses steht im Mittelpunkt dieser Arbeit. Unter Einbeziehung völkerrechtlich anerkannter Anknüpfungspunkte für die Erstreckung von Normen auf Auslandssachverhalte wird untersucht, inwieweit das Bankgeheimnis sich auch darauf erstreckt, das heißt, ob ihm eine exterritoriale Wirkung zukommt. Anschließend werden die rechtlichen Probleme im Falle einer Kollision des exterritorial wirkenden Bankgeheimnisses eines Landes mit Eingriffsnormen eines anderen Staates aufgezeigt und ein Ansatz zu ihrer Lösung entwickelt. Schließlich wird das Verhältnis zwischen dem Bankgeheimnis und der Gewährung von internationaler Amts- und Rechtshilfe in den hier besprochenen Länder erläutert. Von besonderem Interesse sind dabei die jüngsten Gesetzesänderungen in Luxemburg, Österreich, der Schweiz und Liechtenstein, die auf deren im Jahr 2008 ausgesprochenes Bekenntnis zum Standard der Organisation für wirtschaftliche Zusammenarbeit und Entwicklung (OECD) über den Informationsaustausch in Steuersachen (OECD-Standard) zurückzuführen sind. Dadurch ist es zu einem tief greifenden Wandel der zuvor sehr restriktiven Haltung dieser Länder im Bereich der Amts- und Rechtshilfe in fiskalischen Angelegenheiten gekommen. Die Auswirkungen der zur Umsetzung des OECD-Standards notwendigen Gesetzesänderungen auf das Bankgeheimnis in diesen Staaten werden insbesondere daraufhin untersucht, inwieweit sie über das bisherige Maß hinaus dessen Aufhebung im Bereich der internationalen Amts- und Rechtshilfe bedingen.

Um den Schutzumfang des Bankgeheimnisses vollständig zu erfassen, wird im Anschluss daran erläutert, welche zivil-, straf- und bankenaufsichtsrechtlichen Rechtsfolgen seine Verletzung nach sich ziehen kann.

Abschließend wird ein Ausblick darauf gegeben, welche Entwicklung das Bankgeheimnis zukünftig nehmen könnte und welche Bedeutung ihm dann noch zukommen wird.

2 Die Geschichte des Bankgeheimnisses

Bevor der Begriff des Bankgeheimnisses genauer definiert und eingegrenzt wird,[7] soll zunächst ein kurzer Aufriss seiner Geschichte von der frühen Neuzeit bis zur Gegenwart erfolgen. Darin werden die unterschiedlichen Entwicklungsphasen, die jeweilige rechtliche Ausgestaltung sowie einzelne wichtige Durchbrechungen des Bankgeheimnisses in den hier verglichenen Staaten kurz dargestellt, um daraus erste Hinweise auf dessen gegenwärtigen Umfang und seine rechtliche Ausgestaltung in den einzelnen hier verglichenen Staaten zu gewinnen.

2.1 In Deutschland

Eine Verpflichtung von Bankiers zur Verschwiegenheit über die Angelegenheiten ihrer Kunden, die nach heutigem Verständnis dem Bankgeheimnis entspricht, ist erstmalig im 16. Jahrhundert in Oberitalien überliefert.[8] Nach den Statuten der Bank des heiligen Ambrosius, waren deren Mitarbeitern unerlaubte Auskünfte über Bankgeschäfte eines anderen bei Strafe verboten.[9] Im deutschsprachigen Raum findet sich die erste vergleichbare Regelung in den Artikeln der Hamburger Wechselbank aus dem Jahre 1619. Weitere in dieser Zeit entstandene Banken nahmen ebenfalls die Verschwiegenheitspflicht ihrer Mitarbeiter in ihre Reglements auf.[10] Auf diesen, aus heutiger Sicht wohl arbeitsvertraglich einzuordnenden Klauseln, entwickelte sich in der Folgezeit eine bis in die Gegenwart fortbestehende Übung, wonach Bankiers auch ohne eine besondere Anordnung Kundenangelegenheiten geheim zu halten haben. Das Bankgeheimnis gilt als das Berufsgeheimnis der Bankiers und ist in Deutschland als gewohnheitsrechtlich anerkannte Rechtsfigur anzusehen.[11] Eine ausdrückliche gesetzliche Anerkennung fehlt ihm heute hingegen, obwohl zwischenzeitlich entsprechende Normen bestanden. So beinhalteten die Strafgesetze zahlreicher deutscher Staaten des 19. Jahrhunderts noch allgemein formulierte Bestimmungen über die Pflicht zur Wahrung des Berufsgeheimnisses, die das Bankgeheim-

7 Siehe dazu unten S. 21 ff.

8 Noch früher setzt *Chambost*, Bankgeheimnisse, S. 15 ff. an, der bereits zur Zeit von Hammurapi und in der Antike Hinweise auf ein Bankgeheimnis sieht.

9 Übersetzung abgedruckt bei *Sichtermann/Feuerborn/Kirchherr/Terdenge*, Bankgeheimnis und Bankauskunft, S. 71.

10 So etwa in den Statuten der Königlichen Giro- und Lehn-Banco von König Friedrich dem Großen, vgl. *Claussen*, in: *Claussen*, Bank- und Börsenrecht, § 3 Rn. 2.

11 Siehe dazu unten S. 80 f.

nis einschlossen.[12] Demgegenüber umfasste das Strafgesetzbuch (StGB) [13] des deutschen Kaiserreichs aus dem Jahr 1871 das Bankgeheimnis nicht. Lediglich die Beamten der Reichsbank waren durch eine besondere Bestimmung strafrechtlich zur Geheimhaltung verpflichtet. Das Bankgeheimnis erfuhr somit, obwohl es im Bankenalltag seit langem allgemein beachtet wurde, keinen generellen strafrechtlichen Schutz. Auch die 1877 erlassene Strafprozessordnung (StPO)[14] berücksichtigte das Bankgeheimnis nicht und gewährte Bankiers dementsprechend auch kein daraus resultierendes Zeugnisverweigerungsrecht. Demgegenüber spiegelte sich die allgemeine Anerkennung des Bankgeheimnisses in der Bevölkerung in den Regelungen der im selben Jahr erlassenen Zivilprozessordnung (ZPO)[15] wider. Diese gewährte allen Personen, die durch ihre Aussage ein Berufsgeheimnis offenbaren müssten, ein Zeugnisverweigerungsrecht. Da das Bankgeheimnis als solches Berufsgeheimnis angesehen wurde, berechtigte es in zivilgerichtlichen Verfahren zur Zeugnisverweigerung und konnte daher darin gewahrt bleiben. Durch Verweis auf diese Bestimmungen in den Steuergesetzen der einzelnen Länder und des Reiches galt dies auch im Steuerrecht für die Vernehmung Dritter als Auskunftspersonen. Nur im Steuerstrafverfahren wurde das Bankgeheimnis seinerzeit durchbrochen.[16]

In der Zeit während und nach dem Ersten Weltkrieg begann dann ein verstärkter staatlicher Zugriff auf Bankunterlagen. Im Zuge der Beschaffung der notwendigen Mittel zur Finanzierung des Krieges und zur Bewältigung der sich anschließenden Wirtschaftskrise wurden Anmelde- und Auskunftspflichten der Banken neu eingeführt und insbesondere die Steuergesetzgebung verschärft. So sah die 1919 erlassene Reichsabgabenordnung (RAO)[17] vor, dass Banken den Finanzämtern regelmäßig vollständige Kundenlisten zu übermitteln hatten.[18]

Diese Bestimmung sowie Sondergesetze, die beispielsweise Maßahmen gegen Steuer- und Kapitalflucht betrafen, blieben nur wenige Jahre in Kraft, weil sich die Bevölkerung zum Schaden der Gesamtwirtschaft vom Bankenverkehr abwandte.[19] Nach dieser kurzen Phase der erneuten Liberalisierung der Banken-

12 *Sichtermann/Feuerborn/Kirchherr/Terdenge*, Bankgeheimnis und Bankauskunft, S. 73 ff.

13 Strafgesetzbuch vom 15. Mai 1871 (RGBl. S. 127).

14 Strafprozessordnung vom 01. Februar 1877 (RGBl. S. 253)

15 Zivilprozessordnung vom 30. Januar 1877 (RGBl. S. 83).

16 *Sichtermann/Feuerborn/Kirchherr/Terdenge*, Bankgeheimnis und Bankauskunft, S. 78 ff.

17 Reichsabgabenordnung vom 13. Dezember 1919 (RGBl. S. 1993).

18 *Rüth*, DStZ 2000, S. 30.

19 Vgl. *Martinek*, in: Festschrift für Schütze, S. 503, S. 505, wonach auch die Sprichwörter vom „Matratzengeld“ und vom „Sparstrumpf“ in diese Zeit fallen.

gesetzgebung, führte die weltweite Wirtschaftskrise dann ab 1931 wieder zu einer deutlichen Ausweitung der Befugnisse der deutschen Steuerbehörden, insbesondere durch die Einführung der allgemeinen Steueraufsicht durch die Finanzämter. Daneben wurden Gesetze gegen die sogenannte Kapitalflucht erlassen, die in einer mehrfach angepassten und verschärften Devisengesetzgebung mündeten und vom Gesetz gegen Verrat der deutschen Volkswirtschaft vom 12. Juni 1933[20] flankiert wurden.[21] Letzteres sah drakonische Strafen für den Fall der nicht angemeldeten Ausfuhr von Devisen und der Nichtrückführung im Ausland angelegter Gelder vor. Gleichzeitig setzte man Agenten ein, um vor allem in der Schweiz von Deutschen angelegte Gelder aufzuspüren und wieder zurückzuführen, ohne auf die völkerrechtliche Souveränität dieser Staaten zu achten.[22]

Bis heute ist die Steuerverwaltung nicht mehr darauf angewiesen, alleine auf die Richtigkeit der Angaben der Steuerpflichtigen zu vertrauen. Vielmehr besitzt sie seit dieser Zeit die gesetzlichen Mittel diese Angaben selbst zu kontrollieren, beispielsweise durch den Zugriff auf die Kundendaten von Banken, worauf noch näher eingegangen wird.[23]

Nach dem Zweiten Weltkrieg brachten zahlreiche Gesetze der Besatzungsmächte dann zunächst erneut weitreichende Einschnitte in das Bankgeheimnis.[24] Im Zuge der Währungsreform 1948 sollte dann der Sparsinn der deutschen Bevölkerung wieder belebt werden. Um deren Vertrauen in die Banken zu stärken, erging im August 1949 der sogenannte Bankenerlass der Verwaltung für Finanzen des Vereinigten Wirtschaftsgebietes. Danach sollten die Finanzbehörden besondere Rücksicht nehmen auf das Vertrauensverhältnis zwischen Bank und Kunden und insbesondere auf systematische oder periodische Informationsanfragen bei Banken verzichten.[25] Obwohl es sich dabei nur um eine Verwaltungsanweisung handelte,[26] sich der gesetzliche Rahmen also nicht änderte, nahm die Steuerverwaltung aufgrund des Bankenerlasses ihre Kontrollmöglichkeiten bei Banken in der Folgezeit nicht mehr vollumfänglich wahr. Das Bankgeheimnis blieb daher wie zur Zeit des Kaiserreichs im steuerrechtlichen Bereich weitgehend gewahrt.

---

20 RGBl. I S. 360.

21 *Sichtermann/Feuerborn/Kirchherr/Terdenge*, Bankgeheimnis und Bankauskunft, S. 89 ff.

22 Vgl. *Vogler*, Das Schweizer Bankgeheimnis, S. 18 ff.

23 Siehe dazu unten S. 167 ff.

24 *Sichtermann/Feuerborn/Kirchherr/Terdenge*, Bankgeheimnis und Bankauskunft, S. 107 ff.

25 *Grabau/Hundt/Hennecka*, ZRP 2002, S. 430, S. 432.

26 *Miebach*, Das Bankgeheimnis, S. 31 m.w.N.

Daran änderte sich auch mit dem Erlass der bis heute geltenden Abgabenordnung von 1977 (AO)[27] nichts. Zwar wurde infolgedessen der Bankenerlass 1979 neu gefasst, inhaltlich aber praktisch nicht verändert.[28] Eine scheinbar markante Aufwertung erfuhr das Bankgeheimnis dann mit dem Erlass von § 30a AO.[29] Dieser übernahm den Bankerlass inhaltlich und erhob ihn auf die Ebene eines Gesetzes. Der Bankenerlass selbst wurde aufgehoben.[30] Die tatsächliche Reichweite von § 30a AO ist jedoch ebenso wie die Frage, ob sich daraus ein zumindest für das Abgabenrecht geltendes Bankgeheimnis ergibt, unklar, worauf nachfolgend näher eingegangen wird. Insbesondere besteht hier ein Spannungsfeld zu den Ermittlungsbefugnissen der Steuerbehörden gegenüber Banken, die in den letzten Jahren mehr und mehr ausgedehnt wurden.[31]

Zusammenfassend ist festzuhalten, dass das Bankgeheimnis in Deutschland eine lange Tradition im Sinne einer zivilrechtlichen Geheimhaltungsverpflichtung von Bankiers über Kundeninformationen besitzt. Einen besonderen strafrechtlichen Schutz genoss das Bankgeheimnis hingegen nie. Im steuerrechtlichen Bereich wechselten sich Perioden einer weitgehenden Achtung des Bankgeheimnisses durch den Staat mit Phasen einer praktisch vollständigen Durchbrechung ab. Daraus lässt sich folgern, dass das Bankgeheimnis keine einheitliche Rechtsfigur darstellt, sondern je nach Rechtsgebiet eine durchaus unterschiedliche Reichweite besitzt.

2.2 In Luxemburg

Diese historischen Grunddaten treffen auch für das Großherzogtum Luxemburg zu. Auch dort entwickelte sich das Bankgeheimnis zu einer allgemein beachteten Verschwiegenheitspflicht der Banken, die im Laufe der Zeit den Status von Gewohnheitsrecht erlangte. Eine besondere gesetzliche Ausgestaltung im Sinne einer diesbezüglichen Norm erfuhr das Bankgeheimnis in Luxemburg jedoch jahrhundertelang nicht. Die entscheidenden Weichenstellungen dahin erfolgten erst während und nach dem Zweiten Weltkrieg.[32]

27 Abgabenordnung vom 16. März 1976 (BGBl. I S. 613), in der Fassung der Bekanntmachung vom 1. Oktober 2002 (BGBl. I S. 3866; 2003 I S. 61), zuletzt geändert durch Artikel 2 des Gesetzes vom 30. Juli 2009 (BGBl. I S. 2474).

28 BMF, 31.08.1979 = BStBl 1979 I, S. 590 = NJW 1979, S. 2190.

29 Eingefügt in die AO durch das Steuerreformgesetz 1990 vom 25. Juli 1988 (BGBl. I S. 1093)

30 Eingehend zu den Bankenerlassen *Miebach*, Das Bankgeheimnis, S. 31 ff.

31 Siehe dazu unten S. 108 ff.

32 Vgl. *Kauffman*, Professional secrecy of bankers, S. 6 f.

Im Zuge der Besetzung Luxemburgs durch deutsche Truppen im Jahre 1940 und der damit einhergehenden Eingliederung in das Dritte Reich wurde dort die in Deutschland geltende RAO eingeführt, was zur Folge hatte, dass den luxemburgischen Finanzbehörden anders als zuvor nun in weitem Maße der Zugriff auf die Geschäftsunterlagen von Banken gestattet war. Diese Befugnisse wurden auch nach dem Ende der Besatzungszeit nicht aufgehoben, obwohl zu dieser Zeit die meisten zwangsweise eingeführten Gesetze wieder außer Kraft gesetzt wurden. Die RAO blieb davon unberührt, um nicht einen Kollaps der Finanzverwaltung zu verursachen.[33] Sie gilt bis heute als Abgabenordnung (Loi générale des impôts, LGI) fort. Gleichwohl übten die Finanzbehörden in der Praxis ihre weitreichenden Zugriffsmöglichkeiten auf Banken schon seit der unmittelbaren Nachkriegszeit nicht mehr aus, da man das gewohnheitsrechtlich anerkannte Bankgeheimnis höher gewichtete.[34] Anders als in Deutschland erfolgte in Luxemburg bis in die Gegenwart keine Änderung dieser Haltung. Vielmehr entwickelte sich daraus eine feste Verwaltungspraxis, die 1989 gesetzlich bestätigt wurde, als es der Finanzverwaltung durch großherzoglichen Erlass untersagt wurde,[35] Kundeninformationen zu Ermittlungszwecken im Besteuerungsverfahren direkt bei Banken abzufragen.[36] Damit genießt das Bankgeheimnis im steuerrechtlichen Bereich in Luxemburg anders als in Deutschland einen besonderen Schutz.

Ähnlich verhält es sich im Bereich des Strafrechts, das eine Verletzung des Bankgeheimnisses sanktioniert. Ansätze eine strafbewehrte Pflicht zu Wahrung des Bankgeheimnisses zu konstruieren, gab es bereits in der unmittelbaren Nachkriegszeit. Nach der seinerzeit herrschenden Meinung in Literatur und Rechtsprechung war dazu der Anwendungsbereich von Art. 458 des luxemburgischen Strafgesetzbuches, des Code pénal (CP)[37], der das Berufsgeheimnis von Ärzten und medizinischem Personal regelt, auf die Mitarbeiter von Banken zu erstrecken.[38] Dies erschien möglich, weil nach der ganz herrschenden Meinung die Aufzählung der zur Geheimhaltung verpflichteten Personen in Art. 458 CP nicht abschließend ist, weshalb die Rechtsprechung den Kreis dieser Geheimnis-

33 Allerdings wurden durch großherzoglichen Erlass alle Regelungen mit nationalsozialistischer Prägung aus der RAO entfernt.

34 *Kauffman*, Bulletin droit et banque, N° 2, 1983, S. 32, S. 33 f.

35 Siehe dazu unten S. 177.

36 *Lasserre Capdeville*, Le secret bancaire, Rn. 915 ff.

37 Dieser wurde in Luxemburg eingeführt als das Großhezotgum während der französichen Revolution zu Frankreich gehörte. Im Jahre 1879 wurde der CP dann nach dem Vorbild des belgischen Code pénal umfassend revidiert. Zuletzt wurde der CP geändert durch Mémorial A – N° 193, 03.11.2010, S. 3172.

38 *Steichen*, Bulletin Droit et Banque, N° 24, 1995, S. 24, S. 28.

träger schrittweise erweitert hat.[39] Als schließlich der luxemburgische Gesetzgeber gegen Ende der 1970er und zu Beginn der 1980er Jahre aufgrund einer neuen EG-Richtlinie[40] das nationale Bankenrecht anpassen musste, griff er diese herrschende Meinung auf, und verankerte in Art. 16 des damals neu erlassenen Bankengesetzes (Gesetz vom 23. April 1981)[41] die gesetzliche Pflicht zur Wahrung des Bankgeheimnisses.[42] Die Rechtsfolgen einer Verletzung dieser Pflicht ergaben sich durch Verweis auf Art. 458 CP, wodurch dem Anschein vorgebeugt werden sollte, dass das Bankgeheimnis erst durch das Gesetz vom 23. April 1981 erstmals strafrechtlichen Schutz erfahre. Durch die Verweistechnik sollte vielmehr verdeutlicht werden, dass eine bestehende Rechtslage konkretisiert werde.[43] Damit sollte Kritik aus dem Ausland abgewehrt werden, da das Bankgeheimnis schon zu dieser Zeit politisch nicht unumstritten war und eine Neuregelung wenig opportun erschien. Von Anfang an wies Art. 16 des Gesetzes vom 23. April 1981 jedoch offensichtliche Schwächen auf, die auf längere Sicht eine Gesetzesänderung unumgänglich machten. So war zum einen der Kreis der von der Norm erfassten Geheimnisträger relativ beschränkt und zum anderen beinhaltete sie keine Definition des Bankgeheimnisses, sondern führte nur dessen gesetzliche Schranken auf, was zu Auslegungsproblemen führte. Daher galt Art. 16 des Gesetzes vom 23. April 1981 in Fachkreisen als gesetzgeberisch wenig gelungene Regelung.[44]

Im Zuge der Umsetzung einer weiteren EG-Richtlinie[45] und neuer Maßnahmen gegen die Geldwäsche erließ der luxemburgische Gesetzgeber in der Folgezeit das bis heute geltende Bankengesetz vom 05. April 1993 (Gesetz vom 05. April 1993),[46] welches an die Stelle des Gesetzes vom 23. April 1981 trat.[47] Darin normiert Art. 41 die strafrechtliche Verpflichtung zur Wahrung des Bankge-

---

39 *Spielmann*, Le secret bancaire, S. 18 f.

40 Erste Richtlinie des Rates zur Koordinierung der Rechts- und Verwaltungsvorschriften über die Aufnahme und Ausübung der Tätigkeit der Kreditinstitute 77/780/EWG (ABl. L 322, 17.12.1977, S. 30).

41 Mémorial A – N° 24, 24.04.1981, S. 615.

42 *Ortner*, Das Bankgeheimnis, S. 9 f.

43 *Steichen*, Bulletin Droit et Banque, N° 24, 1995, S. 24, S. 29.

44 *Lasserre Capdeville*, Le secret bancaire, Rn. 171 f.

45 Zweite Richtlinie des Rates vom 15. Dezember 1989 zur Koordinierung der Rechts- und Verwaltungs-vorschriften über die Aufnahme und Ausübung der Tätigkeit der Kreditinstitute und zur Änderung der Richtlinie 77/780/EWG; 89/646/EWG (ABl. L 386 vom 30.12.1989, S. 1).

46 Loi du 5 avril 1993 relative au secteur financier telle qu'elle a été modifiée (Mémorial A – N° 27, 10.04.1993, S. 462 ff.), zuletzt geändert durch Mémorial A – N° 193, 03.11.2010, S. 3171.

47 *Ortner*, Das Bankgeheimnis, S. 10.

heimnisses und deren wesentliche Durchbrechungen, die insgesamt eher restriktiv gehandhabt werden.[48]

Dieser geschichtliche Vergleich zeigt, dass das Bankgeheimnis in Luxemburg anders als in Deutschland in der Nachkriegzeit eine gesetzliche Aufwertung dahingehend erfahren hat, dass es strafrechtlichen Schutz genießt und von den Steuerbehörden zu achten ist. Da die sich daraus ergebenden Beschränkungen Einfluss auf die Gewährung von internationaler Amts- und Rechtshilfe haben, sieht sich das Großherzogtum zunehmend stärkerem politischen Druck zur Änderung dieser Gesetzgebung ausgesetzt. Dies hat in der letzten Zeit zum Abschluss zahlreicher neuer Abkommen die internationale Amtshilfe in Steuersachen betreffend geführt. Infolgedessen haben sich die Voraussetzungen für eine Durchbrechung des Bankgeheimnisses zugunsten des Auslands erheblich verändert.[49]

2.3 In Österreich

Eine vergleichbare Entwicklung hat das Bankgeheimnis in Österreich genommen. Ebenso wie in Deutschland besteht dort eine über Jahrhunderte gewachsene Tradition, die Banken zur Verschwiegenheit über die Verhältnisse ihre Kunden anhält.[50]

Erst durch die Annektierung Österreichs durch das Deutsche Reich im Zweiten Weltkrieg und die anschließend erfolgte Übernahme deutscher Gesetze, insbesondere der RAO, wurde diese Tradition unterbrochen. Nach dem Kriege galt die RAO einschließlich der darin geregelten weiten Eingriffsbefugnisse zunächst fort, ehe sie 1948 zugunsten einer Neufassung aufgehoben wurde. Diese verringerte die Aufzeichnungspflichten von Kreditinstituten drastisch und ließ sogar die Errichtung anonymer Konten zu, um so das Vertrauen der Bevölkerung in die Banken zu stärken und die Funktionsfähigkeit des Kreditwesens wiederherzustellen.[51] Eine besondere gesetzliche Bestimmung über das Bankgeheimnis gab es in Österreich zu dieser Zeit jedoch nicht. Eine ausdrückliche Normierung fand das Bankgeheimnis erst in § 22 Abs. 3 des Postsparkassengesetzes[52] von 1969.[53] Da dieses Gesetz jedoch nur für die österreichische Postsparkasse galt,

---

48 Siehe dazu unten S. 92 ff.

49 Siehe dazu unten S. 317 ff.

50 Die Vereinbarung dieser Pflicht soll nach einer von *Ortner*, Das Bankgeheimnis, S. 4 zitierten amerikanischen Studie bis in das 16. Jahrhundert zurückreichen.

51 *Kerres/Pröll*, ecolex 2009, S. 623; *Hörtner*, in: Investitions- und Steuerstandort Österreich, S. 219 f.

52 Ö-BGBl. 458/1969, aufgehoben durch Ö-BGBl. Nr. 63/1979.

53 *Jabornegg/Strasser/Floretta*, Bankgeheimnis, S. 25; *Liebscher*, ÖJZ 1984, S. 253.

blieb bezüglich der übrigen Banken trotz der allgemeinen Anerkennung eines zivilrechtlichen Bankgeheimnisses unklar, inwieweit diese Verschwiegenheitspflicht gesetzlichen Auskunfts- und Offenbarungspflichten entgegengehalten werden konnte. Erst mit Erlass der Kreditwesengesetzes von 1979 (Ö-KWG),[54] das in § 23 Ö-KWG die gesetzliche Pflicht aller Kreditinstitute zur Wahrung des Bankgeheimnisses sowie dessen wesentliche Durchbrechungen statuierte, wurden diese Zweifel ausgeräumt.[55] Das Ö-KWG wurde mit Wirkung zum 01.01.1994 durch das Bundesgesetz über das Bankwesen (Bankwesengesetz, BWG)[56] ersetzt. Darin beinhaltet § 38 BWG die Legaldefinition des Bankgeheimnisses, wobei es sich im Wesentlichen um eine Fortschreibung des § 23 Ö-KWG handelt, so dass die dazu aufgestellten Grundsätze weiterhin Gültigkeit besitzen.[57]

Wie in Luxemburg genießt das Bankgeheimnis in Österreich anders als in Deutschland eine weitgehende politische Anerkennung. Gleichzeitig sieht sich das Land deswegen durch andere Staaten seit längerem wachsendem Druck politischen ausgesetzt, da das Bankgeheimnis Auswirkungen auf die Gewährung von internationaler Amts- und Rechtshilfe durch Österreich hat, was im Ausland mehr und mehr auf Unverständnis stößt. Dieser Kritik ist Österreich ebenso wie Luxemburg durch kürzlich verabschiedete Gesetzesänderungen entgegengetreten. Dadurch kommt es in der internationalen Amts- und Rechtshilfe zu tief greifenden Veränderungen gegenüber der zuvor geübten österreichischen Praxis, worauf nachfolgend näher eingegangen wird.[58]

2.4 In der Schweiz

Auch für die Schweiz kann davon ausgegangen werden, dass die Verpflichtung der Banken zum Stillschweigen über die Angelegenheiten ihrer Kunden eine lange Tradition besitzt und das Bankgeheimnis daher gewohnheitsrechtliche Anerkennung genießt.[59] Eine diesbezügliche für die gesamte Schweiz geltende gesetzliche Bestimmung bestand lange Zeit jedoch nicht. Nur in wenigen kantonalen Strafgesetzen finden sich gegen Ende des 19. und zu Beginn des 20. Jahrhunderts bereits Normen über die Verschwiegenheitspflicht der Bankiers. Dies

54 Ö-BGBl. Nr. 63/1979.

55 Vgl. *Doralt*, ÖJZ 1981, S. 652 mit aufschlussreichen Zitaten österreichischer Politiker zum damals neu geschaffenen § 23 Ö-KWG.

56 Ö-BGBl. Nr. 532/1993, zuletzt geändert durch Ö-BGBl. I Nr. 58/2010.

57 OGH, Entscheidung vom 27.02.2002 - 3Ob281/01x; *Hörtner*, in: Investitions- und Steuerstandort Österreich, S. 219, S. 220.

58 Siehe dazu unten S. 334 ff.

59 *Vogler*, Das Schweizer Bankgeheimnis, S. 24 ff.

lässt sich mit den schwierigen geographischen Verhältnissen in der Schweiz erklären, die dazu führten, dass es dort bis zur Mitte des 20. Jahrhunderts fast ausschließlich kleinere Banken gab, die nur auf kantonaler Ebene tätig waren. Aus gesamtschweizerischer Sicht entwickelte sich der Bankensektor erst später zu seiner heutigen Bedeutung.[60]

Damit einhergehend unterlagen die schweizerischen Banken lange Zeit keiner besonderen gesetzlichen Regulierung oder staatlichen Aufsicht, was vor und nach dem Ersten Weltkrieg zu zahlreichen Bankenzusammenbrüchen und Zwangsfusionen führte. Infolgedessen mehrten sich die Rufe nach mehr staatlicher Aufsicht und Kontrolle im Bankensektor, um eine Wiederholung solcher Fälle zu verhindern. Gleichwohl scheiterten erste Entwürfe für Bankengesetze, die dem Schutz der Sparer dienen sollten, im schweizerischen Parlament. Eine gesetzliche Verankerung des Bankgeheimnisses wurde seinerzeit zwar diskutiert, jedoch mehrheitlich als überflüssig angesehen.[61]

In der Folgezeit geriet die Schweiz dann nach einer kurzen Aufschwungsphase der Banken in den Jahren von 1926 bis 1930 in die durch den Börsenkrach in New York ausgelöste Weltwirtschaftskrise. Dabei kam es zu weiteren Zusammenbrüchen von Banken, die eine große Verunsicherung der Kapitalanleger im In- und Ausland bewirkte. Auslöser dafür war insbesondere das starke Auslandsengagement vieler schweizerischer Banken, das vor allem im Geschäft mit dem wirtschaftlich angeschlagenen Deutschland zu hohen Abschreibungen führte. Hinzu kamen zahlreiche Fälle von Bankspionage durch ausländische Staaten, die nicht deklariertes Auslandsvermögen aufspüren und zurückführen wollten. Um dieses Vorgehen zu unterbinden und die bisher in der Bankenpraxis gewohnheitsrechtlich geübte Verschwiegenheit über Kundeninformationen auf eine sichere gesetzliche Basis zu stellen, fand das Bankgeheimnis schließlich ohne größere Debatten, wie es sie noch wenige Jahre zuvor gegeben hatte,[62] Einzug in Art. 34 des Bundesgesetzes über die Banken und Sparkassen vom 8. November 1934 (Bankengesetz, BankG).[63] Diese Bestimmung, die auch die wichtigsten Durchbrechungen des Bankgeheimnisses aufzählt, gilt trotz zahlreicher Anpassungen bis heute fort. Damit ist sie unter den hier besprochenen Normen über das Bankgeheimnis die am längsten geltende.

---

60 Vgl. zu frühen Entwicklungen einzelner schweizerischer Städte als Finanzzentren *Trepp*, Das Bankgeheimnis, S. 11 ff.; Besson, Le secret bancaire, S. 24 ff.

61 *Vogler*, Das Schweizer Bankgeheimnis, S. 12 ff.

62 Ob wie vielfach angenommen (vgl. *Carl/Klos*, DStR 1991, S. 1285 m.w.N) auch ein historischer Zusammenhang mit dem Schutz jüdischer Vermögen vor den Nazis besteht, erscheint vor diesem eher wirtschaftlichen Hintergrund des schweizerischen Bankgeheimnisses fraglich, vgl. *Vogler*, Das Schweizer Bankgeheimnis, S. 7, S. 30 m.w.N.

63 AS **51** 117, zuletzt geändert durch AS **2009** 3577.

Seine international herausgehobene Stellung erlangte das schweizerische Bankgeheimnis ohnehin erst nach dem Zweiten Weltkrieg, denn seinerzeit begann der Aufstieg der Schweiz zu einem der bedeutendsten Finanzplätze weltweit. Dieser ging in der Phase zwischen Mitte der 1950er Jahre und der Ölkrise in den 1970er Jahren mit einem so starken Zufluss ausländischer Gelder einher, dass die schweizerische Regierung sich sogar veranlasst sah, das Mittelaufkommen durch politische Maßnahmen zu verlangsamen.[64] Als Auslöser dieses Booms gelten vor allem die hohe politische Stabilität der Schweiz, die traditionell mit deren Neutralität einhergeht, der seit Jahrzehnten stabile Schweizer Franken sowie das ausgeprägte Know-how und die Kundenorientierung der schweizerischen Banken. Die Rolle des Bankgeheimnisses wird in diesem Kontext uneinheitlich bewertet.[65] Entgegen einer verbreiteten Kritik am Geschäftsgebaren der schweizerischen Banken, haben diese das Bankgeheimnis jedenfalls kaum dazu genutzt, ausländische Gelder unter dem Versprechen einer besonders diskreten Geldanlage anzuwerben.[66]

Nichtsdestoweniger geriet die Schweiz durch zahlreiche Skandale um von Diktatoren und Potentaten veruntreute Gelder immer mehr in das Kreuzfeuer internationaler Kritik an ihrem Bankgeheimnis. Auch die Bewältigung der Zeit vor und während des Zweiten Weltkriegs dauerte in der Schweiz noch bis vor einigen Jahren an. In dieser Zeit gelangten große Summen sogenannter Fluchtgelder in die Schweiz, die nach dem Kriege von niemandem mehr beansprucht wurden und daher bei der jeweiligen Bank einfach weiterverwaltet wurden.[67] Zwar verpflichtete schon 1962 ein Bundesbeschluss Banken zur Meldung dieser sogenannten nachrichtenlosen Vermögen.[68] Die restriktive Auslegung der Meldepflicht seitens der Banken, die sich auf das Bankgeheimnis beriefen, führte jedoch dazu, dass es nur selten zu Meldungen kam. Aufgrund zunehmender ausländischer Kritik an der zögerlichen Aufarbeitung dieser Problematik berief das schweizerische Parlament im Jahre 1996 dann die „Unabhängige Expertenkom-

64 *Lasserre Capdeville*, Le secret bancaire, Rn. 32.

65 Als sekundär für den Aufstieg des Finanzplatzes Schweiz beurteilt etwa *Vogler* die Rolle des Bank-geheimnisses, vgl. nur die Zusammenfassung seiner Thesen in: *Vogler*, Das Schweizer Bankgeheimnis, S. 77 ff.

66 Nach *Vogler*, Das Schweizer Bankgeheimnis, S. 8, war schweizerischen Banken von 1980 bis 1993 gemäß einer Konvention der Schweizerischen Bankiervereinigung (SBVg) die Kundenakquisition und Werbung im Ausland sogar ausdrücklich untersagt.

67 Laut *Vogler*, Das Schweizer Bankgeheimnis, S. 66 ff. beruhen die Angaben über die Höhe dieser Gelder allerdings fast gänzlich auf unbestätigten amerikanischen Geheimdienstbereichten.

68 Bundesbeschluss vom 20. Dezember 1962 (AS **1963** 427); vgl. dazu *de Capitani*, in: Beiträge zur Finanzgeschichte, S. 7 f; *Besson*, Le secret bancaire, S. 34 ff.; *Walder*, SJZ 93 (1997), S. 130 ff.

mission Schweiz – Zweiter Weltkrieg (UEK)" ein.[69] Zudem errichtete der Bundesrat einen Spezialfonds zugunsten bedürftiger Opfer von Holocaust/Shoa,[70] der von den Schweizer Großbanken mit einem Anfangskapital von 100 Millionen Franken ausgestattet wurde.[71] Im Rahmen der Forschungen der UEK mussten die Banken ihre Archive öffnen, ohne dem irgendeine gesetzliche oder vertragliche Geheimhaltungspflicht entgegensetzen zu können.[72] Dazu hebt die UEK in ihrem Schlussbericht hervor, dass ein derartiger Eingriff in das Bankgeheimnis seit der unmittelbaren Nachkriegszeit nicht mehr vorgekommen sei.[73]

Ebenfalls 1996 hatte sich die Schweizerische Bankiervereinigung (SBVg) mit der Jewish Restitution Successor Organization (JRSO) und dem Jüdischen Weltkongress, der zugleich weitere jüdische Organisationen vertrat, auf die Einsetzung eines unabhängigen Komitees bedeutender Persönlichkeiten unter der Leitung von *Paul A. Volcker* geeinigt. Ziel der sogenannten *Volcker-Kommission* war es, nachrichtenlose Konten und sonstige Vermögenswerte von Opfern des Nationalsozialismus ausfindig zu machen und sie den Berechtigten zukommen zu lassen. Obwohl dies tatsächlich nur in sehr geringem Umfang gelang,[74] konnten sich die Schweizer Banken dadurch vom Vorwurf einer diskriminierenden Geschäftspolitik befreien.[75] Mittlerweile sollen interne Richtlinien der SBVg die Entstehung nachrichtenloser Vermögen möglichst verhindern, in jedem Fall soll ihre Auffindung erleichtert werden.[76] Die endgültige rechtliche Klärung dieser Fragen strebt der schweizerische Bundesrat nach erfolgloser

69 Diese bestand noch bis zum Jahr 2001. Ihr Schlussbericht sowie Übersichten zu ihrer Tätigkeit sind abrufbar unter: http://www.uek.ch/de/ (Stand: 17.11.2010).

70 Verordnung betreffend den Spezialfonds zugunsten bedürftiger Opfer von Holocaust/Shoa vom 26. Februar 1997 (AS 1997 811), aufgehoben durch Verordnung vom 18. Dezember 2002 (AS **2003** 22).

71 Davon unabhängig einigten sich die Großbanken UBS und Credit Suisse im Jahr 1998 mit verschiedenen jüdischen Organisationen durch Zahlung einer Entschädigung von 1,25 Milliarden Doller auf die Abgeltung aller gegen sie gerichteten Ansprüche im Zusammenhang mit bei ihnen deponierten Vermögenswerten, Raubgütern, der Flüchtlingspolitik und der Zwangsarbeit im Zweiten Weltkrieg, siehe dazu die gemeinsame Stellungnahme von UBS und Credit Suisse unter: http://www.ubs.com/1/g/media_overview/media_global/search1/search10?newsId=59410 (Stand: 17.11.2010).

72 Art. 4 und 5 des Bundesbeschlusses vom 13. Dezember 1996, der bis zum 31.12.2001 befristet gültig war.

73 Schlussbericht der Unabhängigen Expertenkommission Schweiz – Zweiter Weltkrieg, S. 2.

74 *Vogler*, Das Schweizer Bankgeheimnis, S. 67.

75 Vgl. die Erklärung des schweizerischen Bundesrates zur Arbeit der Kommission unter: http://www.admin.ch/cp/d/384bba60.0@fwsrvg.bfi.admin.ch.html(Stand: 17.11.2010).

76 Abrufbar unter: http://www.swissbanking.org/114_d.pdf (Stand: 17.11.2010)

Diskussion über ein entsprechendes Bundesgesetz durch Änderungen des Obligationenrechts an.[77]

Entgegen pauschaler Vorwürfe gegen die Schweiz, dass diese durch ihr Bankgeheimnis Straftaten im großen Stile, insbesondere Steuerdelikte, fördere, passte die Schweiz schon seit einigen Jahrzehnten ihre Gesetzgebung den internationalen Standards zur Bekämpfung der Geldwäsche an und legt ihren Banken strenge Sorgfaltspflichten im Umgang mit Kunden auf. Zugleich beharrte sie jedoch stets darauf, das Bankgeheimnis im Zuge der internationalen Amts- und Rechtshilfe nur unter den gleichen Voraussetzungen zu durchbrechen, wie dies bei Inlandssachverhalten möglich wäre, was gerade bei steuerrechtlich relevanten Sachverhalten zu einer im Ausland als sehr restriktiv empfundenen Amts- und Rechtshilfepraxis führte. Dies bewirkte letztlich jedoch, dass die Schweiz von der OECD als unkooperativer Staat eingestuft wurde und ihr von Seiten des Auslands wirtschaftliche Sanktionen angedroht wurden.[78] Daraufhin lockerte sie ebenso wie Luxemburg, Österreich und auch Liechtenstein erst kürzlich die Voraussetzungen für die Gewährung von internationaler Amts- und Rechtshilfe.[79]

2.5 In Liechtenstein

Der Finanzplatz Liechtenstein ist erst in den vergangenen Jahrzehnten zu internationaler Bedeutung herangewachsen und auch das Bankgeheimnis genießt erst seit wenigen Jahrzehnten ausdrücklichen gesetzlichen Schutz. In früheren Jahrhunderten orientierte sich das Fürstentum in rechtlicher Hinsicht stark an Österreich, mit dem es durch zahlreiche Abkommen assoziiert war. Zur Geschichte des Bankgeheimnisses kann daher insoweit auf die zu Österreich gemachten Ausführungen verwiesen werden. Nach dem Ende des Ersten Weltkrieges richtete sich Liechtenstein dann mehr zur Schweiz aus, deren Währung es 1926 durch einseitige Erklärung zum gesetzlichen Zahlungsmittel machte. Im gleichen Jahr wurde das Personen- und Gesellschaftsrecht (PGR)[80] erlassen, das Liechtenstein aufgrund der vielfältigen rechtlichen Gestaltungsmöglichkeiten,

77 Zu diesem Entwurf *Dietzi*, in: Banken und Bankrecht im Wandel, S. 1, S. 24 ff.; zur aktuellen Lage siehe: http://www.ejpd.admin.ch/ejpd/de/home/dokumentation/mi/2007/2007-06-11.html (Stand: 17.11.2010).

78 Vgl. dazu unten S. 337 ff.

79 Siehe dazu unten S. 285 ff.

80 LGBl. 1926 Nr. 4, zuletzt geändert durch LGBl. 2010 Nr. 142.

insbesondere für Stiftungen und Treuhandgesellschaften, zu einem beliebten Vermögensanlageplatz für Ausländer machte.[81]

In der Anlage dieser Gelder liegt auch einer der Hauptgründe für den Aufschwung des liechtensteinischen Bankensektors, der bis vor wenigen Jahrzehnten kaum eine Rolle für die Wirtschaft dieses Landes spielte. So gab es lange Zeit insgesamt nur drei Banken im Fürstentum, derzeit sind es bereits 17.[82] Heute trägt der Finanzsektor über 30 % zur Wertschöpfung am Bruttoinlandsprodukt Liechtensteins bei.[83]

Eine erstmalige indirekte Anerkennung des Bankgeheimnisses erfolgte im früheren liechtensteinischen Steuergesetz aus dem Jahr 1923.[84] Dieses beinhaltete in Art. 7 Abs. 3 die Befreiung solcher Personen von der allgemeinen Auskunftspflicht gegenüber den Steuerbehörden, die durch Berufspflicht zur Geheimhaltung verpflichtet waren. Dazu zählte nach allgemeiner Auffassung auch das Bankgeheimnis.[85] Daneben unterlagen nach Art. 31 des Gesetzes über die Spar- und Leihkasse vom 12. Januar 1923[86] die Organe, Beamten und Angestellten dieses Institutes einer besonderen strafbewehrten Geheimhaltungspflicht in Bezug auf die Offenlegung der Erwerbs- und Vermögensverhältnisse von Kunden.[87]

Eine für alle liechtensteinischen Banken geltende gesetzliche Pflicht zur Wahrung des Bankgeheimnisses wurde in Liechtenstein mit der Übernahme des schweizerischen Bankengesetzes im Jahr 1965 eingeführt.[88] Diese Adaption wurde mit Wirkung zum 01. Januar 1993 zugunsten eines eigenständigen Bankengesetzes, des Gesetzes über die Banken und Finanzgesellschaften vom 21. Oktober 1992,[89] aufgehoben. Letzteres wurde Anfang 2007 in Gesetz über die Banken und Wertpapierfirmen (Bankengesetz, L-BankG)[90] umbenannt. Das

---

81 *Werner*, IStR 2010, S. 589 m.w.N., vgl. zur Entwicklung des Finanzplatzes auch die Homepage der liechtensteinischen Finanzmarktaufsicht unter dem Stichwort „Finanzplatz Liechtenstein" unter: http://www.fma-li.li (Stand: 17.11.2010).

82 Zulassungen per 23.11.2010 Die aktuelle Liste aller in Liechtenstein zugelassenen Banken, kann auf der in Fußnote 81 genannten Homepage der liechtensteinischen Finanzmarktaufsicht heruntergeladen werden.

83 Zahlen per Ende 2007, Quelle: Amt für Statistik; aktuelle Zahlen sind abrufbar unter: http://www.llv.li/amtsstellen/llv-as-home.htm (Stand: 17.11.2010).

84 LGBl. 1923 Nr. 2.

85 *Frommelt*, Das Bankgeheimnis, S. 4.

86 LGBl. 1923 Nr. 5.

87 *Ortner*, Das Bankgeheimnis, S. 8.

88 *Frommelt*, Das Bankgeheimnis, S. 5.

89 LGBl. 1992 Nr. 108, zuletzt geändert durch LGBl. 2009 Nr. 188.

90 Gesetz vom 20. September 2007 über die Abänderung des Bankengesetzes (LGBl. 2007 Nr. 261).

Bankgeheimnis ist darin in den Art. 14 und 63 L-BankG gesetzlich verankert. Detailregelungen zum L-BankG finden sich in der dazugehörigen Verordnung vom 22. Februar 1994 über die Banken und Wertpapierfirmen (Bankenverordnung, L-BankV).[91]

Ebenso wie die Schweiz legte Liechtenstein seine internationalen Verpflichtungen zur Gewährung von Amts- und Rechtshilfe gerade im Bereich steuerrechtlich relevanter Vorgänge stets sehr eng aus, was dazu führte dass das Fürstentum zunehmend als Steueroase unter politischen Druck geriet, sein Bankgeheimnis zu lockern. Dabei schreckte Deutschland wegen der angeprangerten Unbeweglichkeit Liechtensteins in dieser Frage zuletzt nicht einmal mehr davon zurück, offensichtlich unrechtmäßig aus Liechtenstein verbrachte Daten über liechtensteinische Bankkunden anzukaufen, um damit Ermittlungen gegen Steuersünder durchzuführen.[92] In jüngster Zeit forderten insbesondere die Vereinigten Staaten von Amerika in diesem Bereich mehr Flexibilität von Liechtenstein und drohten dem Fürstentum konkrete wirtschaftliche Konsequenzen an, falls dieses seine Haltung nicht ändern sollte. Da diese Nachteile für den Finanzplatz aufgrund der geschilderten Abhängigkeit der Wirtschaft des Fürstentums von dieser Branche insgesamt kaum zu verkraften gewesen wären, sind dort kürzlich weitreichende gesetzliche Änderungen zur Ausweitung der internationalen Amtshilfe in Kraft getreten, die neue Durchbrechungen des Bankgeheimnisses bedingen.[93]

2.6 Zusammenfassung

Allen Vergleichsländern ist gemeinsam, dass das Bankgeheimnis dort eine lange Tradition als Verschwiegenheitspflicht der Banken über die Angelegenheiten ihrer Kunden besitzt. Gleichwohl gab und gibt es bis heute in Deutschland stets eine starke Tendenz diese Pflicht im Verhältnis zum Staat außer Kraft zu setzen, indem Behörden, insbesondere auch der Finanzverwaltung, weitreichende Zugriffsmöglichkeiten auf Bankdaten gegeben werden.

Im Gegensatz dazu haben Luxemburg, Österreich, die Schweiz und Liechtenstein das Bankgeheimnis von der Ebene des Gewohnheitsrechts durch eine spezialgesetzliche Normierung in ihren jeweiligen Bankengesetzen in den Rang eines normalen Gesetzes erhoben und ihm so klarere Konturen verliehen, da der Tatbestand und die Durchbrechungen dieser Pflicht dadurch genau bestimmbar sind. Anders als in Deutschland sind insbesondere im steuerrechtlichen Bereich die staatlichen Zugriffsmöglichkeiten auf Bankdaten deutlich begrenzt. Die Gel-

91 LGBl. 1994 Nr. 22, zuletzt geändert durch LGBl. 2009 Nr. 318.

92 Siehe dazu unten S. 269 ff.

93 Siehe dazu unten S. 366 ff.

tung dieser Begrenzungen für die Gewährung von internationaler Amts- und Rechtshilfe erklärt auch die große Anziehungskraft Luxemburgs, Österreichs, der Schweiz und Liechtensteins als Kapitalanlageplatz für ausländische Anleger, denn bisher konnten sich diese Personen — von wenigen Ausnahmefällen abgesehen — sicher sein, dass ihre nicht versteuerte Auslandsanlage in diesen Ländern nicht entdeckt werden würde, weil diese keine vom Bankgeheimnis umfassten Daten weiterleiten, auf die ihre Behörden in nationalen Verfahren selbst keinen Zugriff haben. Dies hat bis in die Gegenwart vielfach zu politischen Spannungen mit anderen Staaten geführt, die Luxemburg, Österreich, der Schweiz und Liechtenstein stets vorwerfen, sich auf Kosten anderer Staaten durch die Begünstigung von Steuerhinterziehung durch ausländische Anleger zu bereichern. Erst in jüngster Zeit haben Luxemburg, Österreich, die Schweiz und Liechtenstein infolgedessen ihr Bankgeheimnis zugunsten des Auslands gelockert, worauf noch zurückzukommen ist.

3 Begriff und Abgrenzung des Bankgeheimnisses

Wie gezeigt hat sich das Bankgeheimnis historisch gesehen als Verschwiegenheitspflicht der Banken über die Angelegenheiten ihrer Kunden entwickelt. Heutzutage spricht man vielfach auch vom Berufsgeheimnis des Bankiers, wenn es um das Bankgeheimnis geht.[94] Diese Kurzdefinition erweist sich jedoch in vielerlei Hinsicht als unpräzise und kann daher nur als Ausgangspunkt einer genauen Untersuchung der rechtlichen Reichweite des Bankgeheimnisses dienen.[95]

Hierbei ist zu klären, wie der Begriff des Bankgeheimnisses genau zu verstehen ist und welche Lebenssachverhalte darunter fallen. Gleichzeitig ist zu bestimmen, welche Personen das Bankgeheimnis zu wahren haben, also als Geheimnisträger anzusehen sind, und wer auf der anderen Seite berechtigt ist, den Geheimhaltungsanspruch geltend zu machen, wer also Geheimnisherr ist.

3.1 Der Begriff des Bankgeheimnisses

In einem ersten Schritt soll nachfolgend der Begriff des Bankgeheimnisses für den weiteren Gang der Arbeit genau definiert werden. Dabei kann in allen hier besprochenen Staaten außer in Deutschland auf eine gesetzliche Definition dieses Begriffes zurückgegriffen werden.

3.1.1 In Deutschland

In Deutschland wurde der Begriff des Bankgeheimnisses in der Vergangenheit in einigen Gesetzen verwendet, ohne dabei allerdings näher bestimmt zu werden.[96] Die in diesem Zusammenhang zitierten Normen wurden inzwischen aber allesamt aufgehoben oder umformuliert. Eine explizite Erwähnung des Bankgeheimnisses findet sich derzeit nur noch in einer speziellen Verordnung über die Eigenmittelausstattung von Kreditinstituten, ohne dass darin eine Definition dieses Begriffs enthalten wäre.[97]

---

94 *Junker*, DStR 1996, S. 224; *Scholz*, BKR 2008, S. 485, S. 487; *Milewski*, Bankgeheimnis, S. 3; *Claussen*, in: *Claussen*, Bank- und Börsenrecht, § 3 Rn. 1; *Wagner*, Bankenplatz Liechtenstein, S. 205.

95 Vgl. auch *Lasserre Capdeville*, Le secret bancaire, Rn. 19 ff.

96 Nachweise für solche Normen finden sich bei *Ungnade*, WM 1976, S. 1210.

97 Siehe § 113 Abs. 5 Nr. 3 Verordnung über die angemessene Eigenmittelausstattung von Instituten, Institutsgruppen und Finanzholding-Gruppen.

Seit einigen Jahren beinhalten jedoch die AGB der deutschen Banken (AGB-Banken)[98] eine auch in Rechtsprechung und Literatur[99] allgemein verbreitete Umschreibung des Bankgeheimnisses. In § 2 (1) AGB-Banken heißt es: „Die Bank ist zur Verschwiegenheit über alle kundenbezogenen Tatsachen und Wertungen verpflichtet, von denen sie Kenntnis erlangt (Bankgeheimnis). Informationen über den Kunden darf die Bank nur weitergeben, wenn gesetzliche Bestimmungen dies gebieten oder der Kunde eingewilligt hat oder die Bank zur Erteilung einer Bankauskunft befugt ist.“ In ähnlicher Form weist § 1.1 der AGB-Sparkassen[100] auf das besondere Vertrauensverhältnis zwischen der Sparkasse und ihrem Kunden hin und verspricht dem Kunden die Wahrung des Bankgeheimnisses durch die jeweilige Sparkasse. Anders als die AGB-Banken enthalten die AGB-Sparkassen jedoch keine eigenständige Begriffsdefinition des Bankgeheimnisses.[101]

Aus § 2 (1) AGB-Banken ergibt sich, dass nur kundenbezogene Informationen geheim zu halten sind. Tatsachen sind, alle äußeren und inneren Vorgänge, die einer Nachprüfung durch Dritte zugänglich sind. Davon zu unterscheiden sind Wertungen, die in der Regel auf Tatsachen beruhen, aber auch subjektiv eingefärbte, nicht objektiv überprüfbare Werturteile beinhalten.[102] Einer genauen, oftmals schwierigen Differenzierung zwischen Tatsachen und Wertungen bedarf es jedoch nicht, da diese gleichermaßen dem Bankgeheimnis unterliegen. Ein Geheimnis liegt vor, solange ein Vorgang nicht allgemein bekannt oder of-

---

98 Das Muster der AGB-Banken ist abrufbar unter: http://www.bankenverband.de/downloads/102009/mu0911-re-agb.pdf (Stand: 17.11.2010).

99 BGH, Urteil vom 27.02.2007 – XI ZR 195/05 = BGHZ 171, S. 180 ff. = NJW 2007, S. 2106 ff.; BGH, Urteil vom 24.1.2006 - XI ZR 384/03 = BGHZ 166, S. 84 ff. = NJW 2006, S. 830 ff.; BGHZ 27, S. 241, S. 246; OLG Karlsruhe WM 1971, S. 486, S. 487 f.; *Junker*, DStR 1996, S. 224 ff.; *Scholz*, BKR 2008, S. 485, S. 487; *Kümpel*, Bank- und Kapitalmarktrecht, 2.142; *Bunte*, in: *Schimansky/Bunte/Lwowski*, Bankrechtshandbuch, § 7 Rn. 7 m.w.N.

100 Die jeweils aktuelle Fassung der AGB Sparkassen kann auf den Websites der verschiedenen deutschen Sparkasen heruntergeladen werden, etwa bei der Sparkasse Trier unter: https://www.sparkasse-trier.de/module/static/agb/allgemeine_geschaeftsbedingungen/index.php (Stand: 17.11.2010).

101 Der Aufnahme des Bankgeheimnisses in die AGB-Banken und die AGB-Sparkassen kommt ohnehin nur deklaratorische Bedeutung zu, denn eine Bank hat dieses auch dann zu wahren, wenn die AGB-Banken oder die AGB-Sparkassen nicht gelten, vgl. *Koberstein/Windpassinger*, WM 1999, S. 473, S. 475; *Eckl*, DZWIR 2004, S. 221, S. 224; *Bütter/Tonner*, BKR 2005, S. 344, S. 348; *Hopt*, in: *Baumbach/Hopt*, HGB, Bankgeschäfte Rn. A/9; *Bunte*, AGB-Banken, Rn. 79.

102 *Eckl*, DZWIR 2004, S. 221, S. 225; *Bunte*, AGB-Banken, Rn. 79.

fenkundig ist.[103] Der Geheimnisbegriff entspricht demjenigen des § 203 StGB.[104] Danach liegt ein Geheimnis nicht nur dann vor, wenn überhaupt kein Dritter von einem Vorgang weiß, sondern auch, wenn dieser lediglich einem eng begrenzten Personenkreis bekannt ist.[105] Unbeachtlich ist, ob eine Bank ein Geheimnis direkt von einem Kunden erlangt oder ob sie es innerhalb ihres Geschäftsbetriebes über ihn erfährt.[106] Das Entstehen der Geheimhaltungspflicht setzt nur voraus, dass ein innerer Zusammenhang zwischen der Kenntniserlangung und der Geschäftsbeziehung besteht,[107] nicht aber, dass die Tatsache selbst mit der Geschäftsverbindung in einem solchen Zusammenhang steht.[108] Eine Verletzung des Bankgeheimnisses scheidet hingegen dann aus, wenn nur ein Zusammenhang zwischen der Offenbarung von Tatsachen und der Geschäftsverbindung besteht, ohne dass ein Zusammenhang mit der Kenntniserlangung von diesen Tatsachen durch die Bank besteht.[109] Aufgrund ihrer besonderen Vertrauensstellung darf eine Bank sich nicht zu Gerüchten über einen Kunden äußern, da ihrer Aussage größeres Gewicht beigemessen werden wird als der eines Dritten. Sind bestimmte Informationen jedoch bereits über allgemein zugängliche Quellen verfügbar, etwa durch Presseveröffentlichungen, so unterliegen sie nicht mehr dem Bankgeheimnis.[110] Das Kreditinstitut kann in diesem

---

103 *Bruchner/Krepold*, in: *Schimansky/Bunte/Lwowski*, Bankrechtshandbuch, § 39 Rn. 13 ff.

104 Vgl. *Ciernak*, in: MüKoStGB, § 203 Rn. 12 ff.; *Lenckner*, in: *Schönke/Schröder*, StGB, § 203 Rn. 5 ff. und Rn. 44 m.w.N. sowie unten S. 83 ff.

105 *Budke*, Das Bankgeheimnis, S. 37; *Eckl*, Das Bankgeheimnis, S. 108.

106 *Kümpel*, Bank- und Kapitalmarktrecht, 2.152; *Höpfner/Seibl*, BB 2006, S. 673.

107 BGH, Urteil vom 24.1.2006 - XI ZR 384/03 = BGHZ 166, S. 84 ff. = NJW 2006, S. 830, S. 833; *Möllers/Beutel*, NZG 2006, S. 338; *Eckl*, Das Bankgeheimnis, S. 107; *Musielak*, in: Bankgeheimnis und Bankauskunft, S. 9, S. 14.

108 *Sichtermann/Feuerborn/Kirchherr/Terdenge*, Bankgeheimnis und Bankauskunft, S. 128 f.

109 BGH, Urteil vom 24. 1. 2006 - XI ZR 384/03 = BGHZ 166, S. 84 ff. = NJW 2006, S. 830, S. 833; *Canaris*, ZIP 2004, S. 1781, S. 1783 f.; *Gößmann*, BKR 2006, S. 199; anders: LG München I, Urteil vom 18. 2. 2003 - 33 O 8439/02 = NJW 2003, S. 1046, S. 1049 mit kritischer Anmerkung von *Petersen*, NJW 2003, S. 1570; OLG München, Urteil vom 10. 12. 2003 - 21 U 2392/03 = BKR 2004, S. 64, S. 69, in beiden Urteilen wird jeweils auf den inneren Zusammenhang zwischen Äußerung und Geschäftsbeziehung abgestellt; zustimmend *Bütter/Tonner*, BKR 2005, S. 344, S. 349; *Möllers/Beutel*, NZG 2006, S. 338; wieder anders *Schumann*, ZIP 2004, S. 2353, S. 2361, der aufgrund der Verankerung des Bankgeheimnisses in den AGB-Banken vom Begriff der „Kundenbezogenheit" ausgeht und das Erfordernis des „inneren Zusammenhangs" demgegenüber zurücktreten lässt.

110 *Fischer/Klanten*, Bankrecht, 4.1; *Milewski*, Bankgeheimnis, S. 9; a.A. *Bunte*, AGB-Banken, Rn. 79; *Thessinga/Grundmann*, in: *Ebenroth/Boujong/Joost*, HGB, Rn. I159,

Falle aber eine allgemeine Interessenwahrungs-, Schutz- und Loyalitätspflicht treffen, diese Informationen im Interesse ihres Kunden nicht zu bestätigen und so dessen Kreditwürdigkeit zu schädigen.[111] Davon abgesehen, liegt es alleine im Willen des Kunden zu bestimmen, welche Informationen er geheim zu halten wünscht.[112] Maßgeblich ist insoweit primär dessen wirklicher Wille. Kann dieser nicht ermittelt werden, ist der mutmaßliche Wille des Kunden anhand seines objektiv zu bestimmenden Interesses zu ermitteln.[113] Im Zweifel hat eine Bank über sämtliche kundenbezogenen Angaben vermögensrechtlicher und persönlicher Art Stillschweigen zu bewahren.[114] Dazu gehört grundsätzlich auch das Bestehen einer Geschäftsverbindung als solcher.[115] Legt der Kunde diese jedoch selbst offen, etwa durch Angabe in einer Rechnung, so entfällt die Verschwiegenheitspflicht mangels weiterhin schutzwürdigen Interesses.[116]

Eine wichtige auf Handelsbrauch basierende Ausnahme von der generellen Verschwiegenheitspflicht der Kreditinstitute stellt die Erteilung sogenannter

---

die auch bei allgemein bekannten Tatsachen, den Inhalt des Bankgeheimnis alleine vom Willen des Kunden abhängig machen.

111 BGH, Urteil vom 24. 1. 2006 - XI ZR 384/03 = BGHZ 166, S. 84 ff. = NJW 2006, S. 830; *Canaris*, ZIP 2004, S. 1781, S. 1785, dieser spricht von einer „Schonungspflicht"; *Bütter/Tonner*, BKR 2005, S. 344, S. 348; *Möllers/Beutel*, NZG 2006, S. 338.

112 *Sichtermann/Feuerborn/Kirchherr/Terdenge*, Bankgeheimnis und Bankauskunft, S. 157 ff.; *Claussen*, in: *Claussen*, Bank- und Börsenrecht, § 3 Rn. 5; *Einsele*, Bank- und Kapitalmarktrecht, § 1 Rn. 7; *Sandkühler*, Bankrecht, S. 30; *Bunte*, AGB-Banken, Rn. 79.

113 Sogenannte Interessentheorie, vgl. *Koberstein/Windpassinger*, WM 1999, S. 473, S. 474.

114 *Canaris*, Bankvertragsrecht, Rn. 48 ff.; *Milewski*, Bankgeheimnis, S. 9 f.; *Musielak*, in: Bankgeheimnis und Bankauskunft, S. 9, S. 15; anders: *Kalkbrenner/Koch*, Bankgeheimnis und Datenschutz, S. 10. Sie stellen alleine auf die Sicht der Bank ab; differenzierend: *Wech*, Das Bankgeheimnis, S. 190 ff. m.w.N. Sie hält eine Begründung der Pflicht zur Geheimhaltung bestimmter Informationen alleine aufgrund des Kundenwillens für nicht hinreichend begründet sondern knüpft an bestimmte Fallgruppen an, in denen der Kunde besonders schutzwürdig erscheint.

115 *Junker*, DStR 1996, S. 224; *Koberstein/Windpassinger*, WM 1999, S. 473, S. 475; *Gößmann*, BKR 2006, S. 199.

116 *Kümpel*, Bank- und Kapitalmarktrecht, 2.155. Einschränkend ist dabei zwischen Privatkunden und Geschäftskunden zu differenzieren. Während erstere ihre Bankverbindung in der Regel nur einem sehr begrenzten Personenkreis offenbaren, so dass durchaus noch von einem Geheimnis die Rede sein kann und die Offenbarung der Bankverbindung unerwünscht scheint, ist bei letzteren die Bankverbindung häufig einem so großen Personenkreis bekannt, dass von einem Geheimnis nicht mehr gesprochen werden kann. Zur korrekten Abwicklung ihres Zahlungsverkehrs ist Firmenkunden zudem in der Regel nicht daran gelegen, dass ihre Bankverbindung geheim bleibt.

Bankauskünfte dar.[117] Diese werden in § 2 (2) AGB-Banken und § 3.1 AGB-Sparkassen übereinstimmend definiert als „allgemein gehaltene Feststellungen und Bemerkungen über die wirtschaftlichen Verhältnisse von Kunden, deren Kreditwürdigkeit und Zahlungsfähigkeit."[118] Zugleich wird in diesen Klauseln der Umfang von Bankauskünften inhaltlich festgelegt und begrenzt. So werden „[b]etragsmäßige Angaben über Kontostände, Sparguthaben, Depot- oder sonstige dem Kreditinstitut anvertraute Vermögenswerte sowie die Inanspruchnahme von Krediten [...] nicht gemacht."[119] Bankauskünfte werden generell nur über die Geschäftskunden einer Bank, namentlich Kaufleute und juristische Personen, erteilt, da von deren stillschweigendem Einverständnis darin ausgegangen wird. Nur wenn sie der Auskunftserteilung ausdrücklich widersprechen, wird diese verweigert.[120] Umgekehrt werden über alle anderen Bankkunden ohne deren ausdrückliches Einverständnis keine Bankauskünfte erteilt.[121] Der Anfragende muss entweder eine andere Bank oder Kunde der angefragten Bank oder einer anderen Bank sein und ein berechtigtes Interesse an der Auskunftserteilung haben. An Nichtkunden werden allgemein keine Bankauskünfte erteilt.[122] Bankauskünfte beruhen stets auf denjenigen Informationen, die dem auskunftgebenden Kreditinstitut vorliegen. Recherchen irgendeiner Art werden nicht durchgeführt.[123] Für unerlaubterweise erteilte oder fehlerhafte Bankauskünfte haftet die auskunftgebende Bank.[124]

Das Bankgeheimnis verpflichtet ein Kreditinstitut, auch innerhalb der eigenen Gesellschaft die Vertraulichkeit von Kundeninformationen zu gewährleisten. Diese Pflicht wird häufig als inneres oder internes Bankgeheimnis bezeich-

---

117 *Junker*, DStR 1996, S. 224, S.229; *Bruchner*, in: *Schimansky/Bunte/Lwowski*, Bankrechtshandbuch, § 40 Rn. 18 m.w.N.

118 Ob daraus eine Pflicht zur Auskunftserteilung folgt, wird uneinheitlich beurteilt, vgl. *Claussen*, in: *Claussen*, Bank- und Börsenrecht, § 3 Rn. 19.

119 Eine positive Bankauskunft liegt zwar grundsätzlich im Interesse des Kunden, da sich dadurch etwa seine Kreditwürdigkeit verbessern kann. Umgekehrt erscheint es zweifelhaft, ob eine Bank eine eindeutig negative Bankauskunft erteilen darf. Eine unvollständige Auskunft darf sie jedenfalls wegen der Haftung für eine dadurch möglicherweise vorgetäuschte nichtvorhandene Liquidität des Kunden nicht erteilen, vgl. *Fischer/Klanten*, Bankrecht, 4.57 f.; *Bruchner*, in: *Schimansky/Bunte/Lwowski*, Bankrechtshandbuch, § 40 Rn.11 f.; *Sandkühler*, Bankrecht, S. 30.

120 Näher dazu *Fischer/Klanten*, Bankrecht, 4.51 f.; *Bruchner*, in: *Schimansky/Bunte/Lwowski*, Bankrechtshandbuch, § 40 Rn.14 ff.

121 Ausführlich dazu *Kalkbrenner/Koch*, Bankgeheimnis und Datenschutz, S. 43 ff.

122 *Kümpel*, Bank- und Kapitalmarktrecht, 2.211 ff.; *Junker*, DStR 1996, S. 224, S. 228.

123 *Kümpel*, Bank- und Kapitalmarktrecht, 2.209 f.

124 Eingehend dazu *Musielak*, in: Bankgeheimnis und Bankauskunft, S. 9, S 22 ff.; *Bruchner*, in: *Schimansky/Bunte/Lwowski*, Bankrechtshandbuch, § 40 Rn. 47 ff. m.w.N.

net.[125] Daraus folgt, dass Bankmitarbeiter, die Informationen über einen Kunden nicht zum ordnungsgemäßen Geschäftsbetrieb benötigen, keine solchen Informationen erhalten und verwenden dürfen.[126] Ebenso ist einer Bank die Anlage einer zentralen „Evidenzstelle“ über alle Kunden verwehrt.[127]

Das Bankgeheimnis stellt sich demnach als eine Verpflichtung einer Banken gegenüber ihren Kunden dar. Zugleich ergibt sich daraus aber auch ein Auskunftsverweigerungsrecht, so dass eine Bank gegenüber jedem Dritten zur Verweigerung von Auskünften berechtigt ist, wenn nicht ihre Verschwiegenheitspflicht kraft Gesetzes oder aus sonstigen Gründen aufgehoben ist.[128] Daraus folgt jedoch keine eigenständige Rechtsposition der Banken, das Bankgeheimnis ist somit kein Geheimnis der Banken sondern ihrer Kunden.[129]

3.1.2 In Luxemburg

In Luxemburg wird der Begriff des Bankgeheimnisses in Art. 41 des Gesetzes vom 05. April 1993 legaldefiniert. Übersetzt lautet dessen aktuelle Fassung:[130]

---

125 *Kalkbrenner/Koch*, Bankgeheimnis und Datenschutz, S. 14; *Bruchner/Krepold*, in: *Schimansky/Bunte/Lwowski*, Bankrechtshandbuch, § 39 Rn. 21 ff.; *Thessinga/Grundmann*, in: *Ebenroth/Boujong/Joost*, HGB, Rn. I159; *Hopt*, in: *Baumbach/Hopt*, HGB, Bankgeschäfte Rn. A/9; *Martinek*, in: Festschrift für Schütze, S. 503, S. 507.

126 *Steding*, BB 2001, S. 1693, S. 1695; *Eckl*, Das Bankgeheimnis, S. 113 ff.; Kahler/Werner, Electronic Banking und Datenschutz, S. 156 f.; *Wech*, Das Bankgeheimnis, S. 302 ff. m.w.N.; a.A. *Fischer/Klanten*, Bankrecht, 4.19, die die Bank als Einheit betrachten und ihr die Datenverwendung auch für „sonstige Zwecke“ gegenüber dem Kunden gestatten.

127 *Kümpel*, Bank- und Kapitalmarktrecht, 2.160.

128 *Bilsdorfer*, DStR 1984, S. 498, S. 499; *Junker*, DStR 1996, S. 224; *Scholz*, BKR 2008, S. 485, S. 487; *Fischer/Klanten*, Bankrecht, 4.20; *Kümpel*, Bank- und Kapitalmarktrecht, 2.150; aus verfassungsrechtlicher Sicht *Lerche*, ZHR 149 (1985), S. 165.

129 *Findeisen*, in: Basel II: Folgen für Kreditinstitute und ihre Kunden, S. 95, S. 103.

130 Übersetzung durch den Verfasser. Die französichsprachige Originalfassung von Art. 41 des Gesetzes vom 05. April 1993 lautet:
„L’obligation au secret professionel
(1) Les administrateurs, les membres des organes directeurs et de surveillance, les dirigeants, les employés et les autres personnes qui sont au service des établissements de crédit, des autres professionnels du secteur financier, des organes de règlement, des contreparties centrales, des chambres de compensation et des opérateurs étrangers de systèmes agréés au Luxembourg visés à la partie I de la présente loi, sont obligés de garder secrets les renseignements confiés à eux dans le cadre de leur activité professionnelle. La révélation de tels renseignements est punie des peines prévues à l’article 458 du Code pénal.

Art. 41 Verpflichtung zum Berufsgeheimnis

(1) Die Mitglieder des Verwaltungsrates, der leitenden und überwachenden Organe, die leitenden und anderen Angestellten und die anderen Personen, die im Dienste der Kreditinstitute, der anderen Gewerbetreibenden des Finanzsektors, der Abrechnungsstellen, der zentralen Gegenparteien, der Verrechnungsstellen und der ausländischen Betreiber in Luxemburg zugelassener Systeme nach Teil I dieses Gesetzes tätig sind, sind verpflichtet, die ihnen im Rahmen ihrer beruflichen Tätigkeit bekannt gewordenen Auskünfte geheim zu halten. Die Offenbarung derartiger Auskünfte wird mit den in Art. 458 Code pénal vorgesehenen Strafen geahndet.

(2) Die Verpflichtung zur Geheimhaltung endet, wenn die Offenbarung einer Mitteilung durch oder aufgrund einer gesetzlichen Bestimmung, auch eines älteren Gesetzes als des vorliegenden, erlaubt oder angeordnet wird.

(3) Die Verpflichtung zur Wahrung des Berufsgeheimnisses besteht nicht gegenüber den nationalen und internationalen Behörden, die für die Aufsicht über den Finanzsektor zuständig sind [...]

(4) [...]

(5) Die Verpflichtung zur Wahrung des Berufsgeheimnisses besteht nicht gegenüber den in den Art. 29-1, 29-2, 29-3 und 29-4 aufgeführten Kreditinstituten und Gewerbetreibenden, sofern die Übermittlung im Rahmen eines Dienstleistungsvertrages stattfindet.

(5bis) [...]

(6) Vorbehaltlich der Anwendung strafrechtlicher Bestimmungen können die einmal offenbarten Auskünfte im Sinne des Absatzes 1 nur für solche Zwecke verwendet werden, für die das Gesetz ihre Offenbarung zulässt.

(7) Wer nach Absatz 1 zur Geheimhaltung verpflichtet ist und rechtmäßig eine danach geheim zu haltende Auskunft offenbart hat, kann nicht alleine aufgrund dessen zivil- oder strafrechtlich verfolgt werden.

---

(2) L'obligation au secret cesse lorsque la révélation d'un renseignement est autorisée ou imposée par ou en vertu d'une disposition législative, même antérieure à la présente loi.

(3) L'obligation au secret n'existe pas à l'égard des autorités nationales et étrangères chargées de la surveillance prudentielle du secteur financier si elles agissent dans le cadre de leurs compétences légales [...]

(4) [...]

(5) L'obligation au secret n'existe pas à l'égard des établissements de crédit et des professionnels visés aux articles 29-1, 29-2, 29-3 et 29-4 dans la mesure où les renseignements communiqués à ces professionnels sont fournis dans le cadre d'un contrat de services.

(5bis) [...]

(6) Sous réserve des règles applicables en matière pénale, les renseignements visés au paragraphe (1), une fois révélés, ne peuvent être utilisés qu'à des fins pour lesquelles la loi a permis leur révélation.

(7) Quiconque est tenu à l'obligation au secret visée au paragraphe (1) et a légalement révélé un renseignement couvert par cette obligation, ne peut encourir de ce seul fait une responsabilité pénale ou civile.“

Das luxemburgische Bankgeheimnis besteht demnach in der Verpflichtung der im Gesetz vom 05. April 1993 näher benannten Geheimnisträger, alle Auskünfte geheim zu halten, die sie im Rahmen ihrer Berufsausübung erlangt haben.[131] Damit ist klargestellt, dass jedenfalls solche Informationen von der Verschwiegenheitspflicht erfasst werden, die einer Bank von einem Kunden mitgeteilt wurden. Diese streng am Wortlaut des Gesetzes orientierte Auslegung hätte einen relativ eng begrenzten Schutz des Bankgeheimnisses zur Folge, da anders als nach der in Deutschland verbreiteten Definition solche Informationen nicht geheim zu halten wären, die eine Bank aus eigenem Antrieb ohne Zutun eines Kunden erfährt. Da dies zu erheblichen Abgrenzungsproblemen zwischen geheimen und nicht geheimen Information führen würde und infolgedessen der Schutzumfang des Bankgeheimnisses erheblich gemindert wäre, besteht in Rechtsprechung und Literatur Einigkeit, dass sich die Geheimhaltungspflicht auch auf solche Informationen erstreckt, die eine Bank aus eigenem Antrieb erlangt.[132] Zudem ist allgemein anerkannt, dass ein Kunde jederzeit seine Bank durch einseitige Erklärung auch in Bezug auf solche Informationen zur Geheimhaltung verpflichten kann, die an sich nicht dem Bankgeheimnis unterlägen, weil sie keinen Geschäftsbezug aufweisen, etwa Details aus seinem Privatbereich.[133] Folglich unterliegen in Luxemburg wie in Deutschland alle Informationen dem Bankgeheimnis, die eine Verbindung zu einem bestimmten Kunden zulassen.[134] Ebenso unterliegen auch in Luxemburg einer breiteren Öffentlichkeit bekannte Informationen nicht dem Bankgeheimnis, denn in diesen Fällen fehlt es gerade an einem Geheimnis. Da eine Unterscheidung zwischen bekannten und unbekannten Informationen praktisch jedoch kaum möglich erscheint, geben Banken, die in der Regel sehr detailliert über die Vermögensverhältnisse ihrer Kunden informiert sind, generell nur anonymisierte Daten bekannt, da auch die Bestätigung unbelegter Gerüchte einen Geheimnisbruch darstellt.[135] Uneinheitlich wird beurteilt, ob schon das bloße Bestehen einer Bankverbindung geheim zu halten ist.[136] Vor dem Hintergrund, dass bereits die Tatsache, eine Verbindung zu einem bestimmten Kreditinstitut zu haben, Rückschlüsse auf das Vermögen einer Person zulässt, ist dies zu bejahen. Zugleich ist es Banken verwehrt, Auskünfte über das Nichtbestehen einer Kundenbeziehung zu erteilen.

131 Näher dazu unten S. 42 ff.

132 *Spielmann*, Le secret bancaire, S. 25.

133 *Lasserre Capdeville,* Le secret bancaire, Rn. 354 ff.

134 *Spielmann*, Le secret bancaire, S. 25.

135 *Lasserre Capdeville*, Le secret bancaire, Rn. 337 ff.

136 Bejahend *Spielmann*, Le secret bancaire, S. 25; *Heymer*, Bulletin Droit et Banque, N° 41, 2008, S. 17, S. 19; unter Einschränkungen verneinend *Lasserre Capdeville*, Le secret bancaire, Rn. 352 f.

Denn aus der Verweigerung einer solchen Negativauskunft durch eine Bank ließe sich ansonsten auf das Bestehen einer Kundenverbindung schließen.[137]

Eine Ausnahme vom Bankgeheimnis wird auch in Luxemburg für die Erteilung von Bankauskünften über gewerbliche Bankkunden, dort als „renseignements commerciaux“ bezeichnet, gemacht. Diese werden als für das Funktionieren des Handels notwendig erachtet. Bankauskünfte rechtfertigen die Offenbarung von Kundeninformationen, sofern darin keine detaillierten Informationen mitgeteilt, sondern nur allgemeine Aussagen über die wirtschaftliche und finanzielle Situation eines gewerblichen Bankkunden getroffen werden.[138]

Zum inneren Bankgeheimnis haben die luxemburgische Literatur und Rechtsprechung bisher soweit ersichtlich nicht Stellung genommen.[139] Das Bankgeheimnis erscheint daher als eine nur nach außen gerichtete Verschwiegenheitspflicht, die bankintern keine Wirkung entfaltet.

Auch in Luxemburg gilt das Bankgeheimnis primär als Kundenrecht und Verpflichtung der Banken.[140] Damit korrespondiert das Recht der Kreditinstitute, abgesehen von den allgemein anerkannten Durchbrechungen des Bankgeheimnisses, niemandem Informationen über einen ihrer Kunden mitzuteilen.[141]

Es kann festgehalten werden, dass die Definition des Bankgeheimnisses in Luxemburg und Deutschland im Prinzip deckungsgleich ist. Ein wesentlicher Unterschied ist lediglich darin zu sehen, dass in Luxemburg bisher das Bestehen eines internen Bankgeheimnisses nicht anerkannt ist. Daraus ergibt sich jedoch kein verminderter Schutzumfang des Bankgeheimnisses in Luxemburg gegenüber Deutschland, weil dabei es nur um die Frage des bankinternen Informationsflusses geht. Denn wenn ein Bankmitarbeiter, der persönlich keinen Kontakt zu einem Kunden hat, Informationen über diesen erhält, so hat er seine Erkenntnisse kraft Gesetzes gegenüber externen Stellen geheim zu halten.

---

137 *Spielmann*, Le secret bancaire, S. 25.

138 *Lasserre Capdeville*, Le secret bancaire, Rn. 340 ff.

139 Lediglich zur hier ausgeklammerten Frage der Informationsweitergabe zwischen Mutter- und Tochtergesellschaften finden sich Stellungnahmen in der Literatur. Diese Problemstellung unterscheidet sich aber wesentlich von der Frage der Anerkennung eines internen Bankgeheimnisses, weil es bei letzterem um eine Informationsweitergabe innerhalb derselben juristischen Person und nicht zwischen verschiedenen juristischen Personen geht, vgl. auch *Heymer*, Bulletin Droit et Banque, N° 41, 2008, S. 17, S. 21 ff.

140 *Guill*, Bulletin Droit et Banque, N° 2, 1983, S. 17, S. 18.

141 Vgl. Tribunal d'Arrondissement de Luxembourg, Entscheidung vom 24.04.1991, zitiert nach *Vogel*, Les Pandectes, Droit pénal, Dossier XIV, S. 10.

3.1.3 In Österreich

Das österreichische Recht beinhaltet ebenso wie das luxemburgische eine Legaldefinition des Bankgeheimnisses. Sie findet sich dort in § 38 BWG.[142] Dieser lautet:

> Bankgeheimnis
>
> (1) Kreditinstitute, ihre Gesellschafter, Organmitglieder, Beschäftigte sowie sonst für Kreditinstitute tätige Personen dürfen Geheimnisse, die ihnen ausschließlich aufgrund der Geschäftsverbindungen mit Kunden oder aufgrund einer Meldung nach § 75 Abs. 3 anvertraut oder zugänglich gemacht worden sind, nicht offenbaren oder verwerten (Bankgeheimnis). Werden Organen von Behörden sowie der Oesterreichischen Nationalbank bei ihrer dienstlichen Tätigkeit Tatsachen bekannt, die dem Bankgeheimnis unterliegen, so haben sie das Bankgeheimnis als Amtsgeheimnis zu wahren, von dem sie nur in den Fällen des Abs. 2 entbunden werden dürfen. Die Geheimhaltungsverpflichtung gilt zeitlich unbegrenzt.
>
> (2) Die Verpflichtung zur Wahrung des Bankgeheimnisses besteht nicht
>
> 1. im Zusammenhang mit einem Strafverfahren aufgrund einer gerichtlichen Bewilligung (§ 116 StPO) gegenüber den Staatsanwaltschaften und Strafgerichten und mit eingeleiteten Strafverfahren wegen vorsätzlicher Finanzvergehen, ausgenommen Finanzordnungswidrigkeiten, gegenüber den Finanzstrafbehörden;
>
> 2. im Falle der Verpflichtung zur Auskunftserteilung nach § 41 Abs. 1 und 2, § 61 Abs. 1, § 93 und § 93a;
>
> 3. im Falle des Todes des Kunden gegenüber dem Abhandlungsgericht und Gerichtskommissär;
>
> 4. wenn der Kunde minderjährig oder sonst pflegebefohlen ist, gegenüber dem Vormundschafts- oder Pflegschaftsgericht;
>
> 5. wenn der Kunde der Offenbarung des Geheimnisses ausdrücklich und schriftlich zustimmt;
>
> 6. für allgemein gehaltene banküblich Auskünfte über die wirtschaftliche Lage eines Unternehmens, wenn dieses der Auskunftserteilung nicht ausdrücklich widerspricht;
>
> 7. soweit die Offenbarung zur Klärung von Rechtsangelegenheiten aus dem Verhältnis zwischen Kreditinstitut und Kunden erforderlich ist;
>
> 8. hinsichtlich der Meldepflicht des § 25 Abs. 1 des Erbschafts- und Schenkungssteuergesetzes;
>
> 9. im Fall der Verpflichtung zur Auskunftserteilung an die FMA gemäß dem WAG und dem BörseG.
>
> (3) Ein Kreditinstitut kann sich auf das Bankgeheimnis insoweit nicht berufen, als die Offenbarung des Geheimnisses zur Feststellung seiner eigenen Abgabepflicht erforderlich ist.
>
> (4) …

---

142 Die Rechtsnatur von § 38 BWG ist umstritten. Nach vorzugswürdiger Ansicht besitzt die Normen jedoch einen privatrechlichen Charakter, siehe dazu unten S. 86.

(5) (Verfassungsbestimmung) Die Abs. 1 bis 4 können vom Nationalrat nur in Anwesenheit von mindestens der Hälfte der Abgeordneten und mit einer Mehrheit von zwei Dritteln der abgegebenen Stimmen abgeändert werden.

Nach dieser Legaldefinition stellt das Bankgeheimnis die Verpflichtung der Kreditinstitute sowie der weiteren dort genannten Geheimnisträger dar, Geheimnisse, die ihnen ausschließlich aufgrund der Geschäftsverbindungen mit Kunden oder aufgrund einer Großkreditmeldung[143] anvertraut oder zugänglich gemacht worden sind, nicht zu offenbaren oder zu verwerten.

Der Geheimnisbegriff ist weder in § 38 BWG noch in einem anderen österreichischen Gesetz legaldefiniert. Dementsprechend besteht Uneinigkeit über seine Abgrenzung im Detail.[144] Allgemein anerkannt ist jedoch, dass solche Tatsachen, Vorgänge und Verhältnisse, die nur dem Geheimnisherrn sowie einem eng begrenzten Personenkreis bekannt und nicht allgemein zugänglich sind, ein Geheimnis darstellen.[145] Auch in Österreich ist Voraussetzung für die Entstehung der Geheimhaltungspflicht, dass ein Geheimnis der Bank im Rahmen ihrer typischen Geschäftstätigkeit anvertraut oder zugänglich gemacht wurde. Es bedarf also auch hier eines inneren Zusammenhangs zwischen Kenntniserlangung und Geschäftsverbindung, woran es etwa bei der privaten Informationserlangung eines Bankiers über einen Kunden fehlt. [146] Nicht von Bedeutung ist, ob der Kunde im Rahmen eines Dauerschuldverhältnisses mit der Bank Geschäfte abwickelt oder einmalig zu ihr in Kontakt kommt.[147] Nach umstrittener Auffassung soll die gesetzliche Pflicht zur Wahrung des Bankgeheimnisses nur dann einschlägig sein, wenn ein typisches Bankgeschäft im Sinne des BWG getätigt wird, andere dort nicht aufgeführte Geschäfte wie die Anmietung eines Banksafes sollen nicht darunter fallen. Die herrschende Meinung lehnt diese Einengung

---

143 § 38 Abs. 1 BWG verweist diesbezüglich irrtümlich noch auf § 75 Abs. 3 BWG, der in einer früheren Gesetzesfassung das entsprechende Auskunftsrecht umfasste. Im Rahmen einer Gesetznovelle (Ö-BGBl. I Nr. 141/2006), ist das Auskunftsrecht in § 75 Abs. 5 BWG verlagert worden, ohne das § 38 Abs. 1 BWG entsprechend angepasst wurde. Da es sich hier um ein gesetzgeberisches Versehen handelt, unterliegen Informationen über Großkredite auch weiterhin dem Bankgeheimnis, vgl. *Apathy/Iro/Koziol*, Österreichisches Bankvertragsrecht, 2/51.

144 *Flora*, Das Bankgeheimnis, S. 9 ff. m.w.N.

145 *Fally*, Verschwiegenheitspflicht der Kreditinstitute, S. 9 f.; *Frotz*, in: Bankgeheimnis und Bankauskunft, S. 225, S. 237; *Hörtner*, in: Investitions- und Steuerstandort Österreich, S. 219, S. 221; *Apathy/Iro/Koziol*, Österreichisches Bankvertragsrecht, 2/44; *Fremuth/Laurer/Linc/ Pötzelberger/Ruess*, BWG § 38 Rn 3; *Jabornegg/Strasser/Floretta*, Bankgeheimnis, S. 36 ff.

146 Ausführlich dazu *Jabornegg/Strasser/Floretta*, Bankgeheimnis, S. 45 ff. m.w.N.

147 *Ortner*, Das Bankgeheimnis, S. 84 f.

ab und fasst alle Geschäfte, bei denen Einrichtungen und Dienste einer Bank genutzt werden, unter die Geheimhaltungspflicht.[148] Dieser sollen außerdem die dazugehörigen Nebengeschäfte wie Bürgschafts- und Pfandbestellungen unterliegen.[149] Nach der erstgenannten Ansicht besäße das Bankgeheimnis in Österreich im Verhältnis zu Deutschland und Luxemburg einen erheblich verminderten Schutzbereich, da der Umfang der Geheimhaltungspflicht von der Art des von einem Kunden getätigten Geschäfts abhängig wäre. Zudem stünde jeder Bankier vor dem Problem, zwischen geheim zu haltenden Informationen, die im Zusammenhang mit einem klassischen Bankgeschäft stehen, und nicht geheim zu haltenden Informationen unterscheiden zu müssen, was kaum möglich erscheint. Im Interesse eines umfassenden Schutzes der Privatsphäre von Bankkunden erscheint daher die letztgenannte Ansicht vorzugswürdig.[150] Auch für Österreich gilt daher, dass das Bankgeheimnis bei allen kundenbezogenen Transaktionen zu wahren ist. Im Einklang hiermit hat der österreichische Oberste Gerichtshof (OGH) entschieden, dass die Bilder der Überwachungskameras in Banken nicht unter das Bankgeheimnis fallen, da sie völlig unabhängig von jeglicher Transaktion erstellt werden.[151]

Ebenso wie in Deutschland überlässt man es in Österreich primär dem Kunden selbst, den Umfang der Geheimhaltungspflicht seiner Bank festzulegen. Maßgeblich dafür ist sein wirklicher Wille. Ist dieser nicht bekannt, ist sein mutmaßlicher Wille zu ermitteln. Erst wenn auch dies nicht möglich ist, ist nach dem objektiv verstandenen Geheimhaltungsinteresse des Kunden zu fragen.[152]

Wie in Deutschland und Luxemburg stellt die Erteilung von Bankauskünften auch in Österreich einen seit Jahrzehnten geübten Handelsbrauch dar. Dementsprechend ordnete bereits § 23 Ö-KWG insoweit eine Durchbrechung des Bankgeheimnisses an. Heute bestimmt § 38 Abs. 2 Nr. 6 BWG, dass die Verpflichtung zur Wahrung des Bankgeheimnisses nicht in Bezug auf allgemein gehaltene bankübliche Auskünfte über die wirtschaftliche Lage eines Unternehmens gilt, wenn dieses der Auskunftserteilung nicht ausdrücklich widerspricht. Das Gesetz geht also von der stillschweigenden Einwilligung von unternehmerischen Bankkunden in die Auskunftserteilung aus. Über Privatkunden werden dagegen

---

148 Vgl. *Doralt*, ÖJZ 1981, S. 652, S. 652 f.

149 Daraus folgt aber auch, dass ein Bankkunde nicht die Möglichkeit hat, Informationen, die keinerlei erkennbaren bankgeschäftlichen Bezug aufweisen, in das Bankgeheimnis einzubeziehen, vgl. *Achleitner*, Beurteilung des Bankgeheimnisses, S. 16; *Flora*, Das Bankgeheimnis, S. 9 ff.

150 *Jabornegg/Strasser/Floretta*, Bankgeheimnis, S. 45 ff. m.w.N.

151 OGH, Entscheidung vom 13.12.2007 - 12Os100/07h; a.A. *Flora*, Das Bankgeheimnis, S. 17 ff.

152 *Jabornegg/Strasser/Floretta*, Bankgeheimnis, S. 40 ff.

ohne deren Zustimmung keine Bankauskünfte erteilt.[153] Fehlerhafte oder rechtswidrig erteilte Bankauskünfte ziehen die Haftung des Auskunft gebenden Kreditinstituts nach sich.[154]

Anders als in Luxemburg ist in Österreich wie in Deutschland die Pflicht zur Wahrung des internen Bankgeheimnisses allgemein anerkannt. Daher dürfen innerhalb eines Kreditinstituts Informationen über Kunden nur denjenigen Mitarbeitern zugänglich gemacht werden, die diese für ihre Tätigkeit im Interesse des Kunden benötigen.[155] Folglich verstößt die Datenweitergabe zur Nutzung für Werbezwecke ohne Veranlassung des Kunden gegen das Bankgeheimnis.[156] Daran ändert auch die formularmäßige Entbindung einer Bank von ihrer Geheimhaltungspflicht mittels regelmäßig nicht vom Kunden unterzeichneten AGB, welche eine Datenweitergabe in nicht genau bestimmtem Ausmaß zulassen, nichts.[157]

3.1.4 In der Schweiz

Die schweizerische Legaldefinition des Bankgeheimnisses ist in Art. 47 BankG enthalten.[158] Dieser lautet:

> Art. 47
>
> (1) Mit Freiheitsstrafe bis zu drei Jahren oder Geldstrafe wird bestraft, wer vorsätzlich:
>
> a. ein Geheimnis offenbart, das ihm in seiner Eigenschaft als Organ, Angestellter, Beauftragter oder Liquidator einer Bank, als Organ oder Angestellter einer Prüfgesellschaft anvertraut worden ist oder das er in dieser Eigenschaft wahrgenommen hat;
>
> b. zu einer solchen Verletzung des Berufsgeheimnisses zu verleiten sucht.
>
> (2) Wer fahrlässig handelt, wird mit Buße bis zu 250 000 Franken bestraft.
>
> (3) Im Fall einer Wiederholung innert fünf Jahren nach der rechtskräftigen Verurteilung beträgt die Geldstrafe mindestens 45 Tagessätze.

---

153 *Frotz*, in: Bankgeheimnis und Bankauskunft, S.225, S. 242 ff.; *Jabornegg/Strasser/Floretta*, Bankgeheimnis, S. 103 ff.; *Apathy/Iro/Koziol*, Österreichisches Bankvertragsrecht, 3/1 ff.

154 Ausführlich dazu *Apathy/Iro/Koziol*, Österreichisches Bankvertragsrecht, 3/25 ff.

155 *Arnold*, ÖBA 1987, S. 622; *Fally*, Verschwiegenheitspflicht der Kreditinstitute, S. 13 f.; *Flora, Das Bankgeheimnis*, S. 26 ff.; *Hörtner*, in: Investitions- und Steuerstandort Österreich, S. 219, S. 222 f., a.A. *Laurer*, ÖJZ 1986, S. 385, S. 389 f.; *Fremuth/Laurer/Pötzelberger/Ruess*, KWG, § 23 Rn. 8a.

156 OGH, Entscheidung vom 25.02.1992 - 4 Ob 114/91.

157 OGH, Entscheidung vom 20.03.2007 - 4Ob 221/06p m.w.N.

158 Diese Legaldefinition gilt nach allgemeiner Auffassung auch für das Zivilrecht, vgl. *Aubert*, Le secret bancaire suisse, S. 91

(4) Die Verletzung des Berufsgeheimnisses ist auch nach Beendigung des amtlichen oder dienstlichen Verhältnisses oder der Berufsausübung strafbar.

(5) Vorbehalten bleiben die eidgenössischen und kantonalen Bestimmungen über die Zeugnispflicht und über die Auskunftspflicht gegenüber einer Behörde.

(6) Verfolgung und Beurteilung der Handlungen nach dieser Bestimmung obliegen den Kantonen. Die allgemeinen Bestimmungen des Strafgesetzbuches kommen zur Anwendung.

Unter dem Bankgeheimnis wird danach die Pflicht der Banken sowie der weiteren im BankG genannten Geheimnisträger verstanden, die ihnen bei ihrer Tätigkeit anvertrauten oder sonst von ihnen wahrgenommenen Geheimnisse nicht zu offenbaren. Als Geheimnisse gelten alle Informationen, die relativ unbekannt sind.[159] Dies sind Sachverhalte, die nur einem begrenzten Personenkreis und nicht allgemein bekannt sind.[160] Die Bestätigung bloßer Gerüchte kann aufgrund der besonderen Vertrauensstellung und Informationslage einer Bank bereits eine unerlaubte Geheimnisoffenbarung darstellen.[161] Wesentliches Merkmal für die Entstehung der Geheimhaltungspflicht ist daneben wie in Deutschland, Luxemburg und Österreich der Kundenbezug eines Geheimnisses. Dieser fehlt solchen Informationen, die die Beziehungen einer Bank zu Dritten, etwa Lieferanten, betreffen.[162] Hingegen entsteht die Geheimhaltungspflicht auch bei nur einmaligem bankgeschäftlichem Kontakt mit einer Person.[163] Neben dem Kundenbezug ist weiterhin erforderlich, dass eine Information einem Bankier im Rahmen seiner Berufsausübung und nicht nur im privaten Bereich bekannt wird.[164]

Ähnlich wie in Österreich gehen Teile der schweizerischen Literatur gestützt auf zwei Urteile des Bundesgerichts[165] davon aus, dass nur solche Informationen unter das Bankgeheimnis fallen, die einen Bezug zu einem klassischen Bankgeschäft aufweisen. Andere Geschäfte wie die Ausgabe von Inhaberaktien und der Handel mit Edelmetallen sollen danach nicht dieser Geheimhaltungspflicht unterliegen.[166] Daraus ergäbe sich im Verhältnis zu Deutschland, Luxemburg und Österreich ein geringerer Schutzumfang des Bankgeheimnisses. Diese restriktive Ansicht wird in der Literatur mehrheitlich zurecht abgelehnt. Denn unabhängig

---

159 De *Capitani*, in: Basel II: Folgen für Kreditinstitute und ihre Kunden, S. 125, S. 125 f.

160 *Aubert*, Le secret bancaire suisse, S. 91.

161 *Joyce Rappo*, Rn. 265 f.; vgl. auch die dahin gehende Entscheidung zur ärztlichen Schweigepflicht: BGE 75 IV 74.

162 *Abegg*, in: Schweizerisches Bankenrecht, S. 264.

163 *Aubert*, Le *secret* bancaire suisse, S. 92.

164 *Aubert*, Le secret bancaire suisse, S. 92.

165 BGE 105 Ib 305; BGE 119 IV 175.

166 Vgl. *Joyce Rappo*, Rn. 274 ff.

von der Art des Bankgeschäftes ist die Einbeziehung sämtlicher Kundeninformationen in das Bankgeheimnis notwendig, da nur so in der modernen Geschäftswelt der Banken dessen Effektivität gesichert werden kann.[167] Anderenfalls wäre praktisch nicht mehr erkennbar, welche Informationen von einer Bank geheim zu halten wären, da sie im Zusammenhang mit einem klassischen Bankgeschäft stehen, und welche nicht. Dann aber ließe sich vielfach eine Geheimnisverletzung nicht mehr nachweisen, so dass das Bankgeheimnis leer liefe.

Den Umfang der geheim zu haltenden Informationen kann der Bankkunde als Geheimnisherr nach seinem Willen innerhalb der gesetzlichen Grenzen selbst bestimmen.[168] Insoweit wird auch in der Schweiz der wirkliche Wille als maßgeblicher Anknüpfungspunkt angesehen. In Zweifelsfällen wird angenommen, dass er sich auf alle die Bank-Kunden-Beziehung betreffenden Informationen erstreckt.[169] Dazu soll auch das Bestehen dieser Beziehung an sich zählen.[170] Negativauskünfte und Bescheinigungen, dass eine bestimmte Person nicht Kunde eines bestimmten Kreditinstituts ist, werden nicht erteilt, denn anderenfalls ließe sich durch das Sammeln solcher Auskünfte leicht herausfinden, der Kunde welcher Bank jemand ist, da diese Bank die Auskunft verweigern müsste.[171]

Auch in der Schweiz gehört die Erteilung von Bankauskünften über kaufmännische Kunden seit langem zur Geschäftspraxis der Banken.[172] Um das Bankgeheimnis nicht zu verletzen, müssen sich Bankauskünfte dabei auf allgemein gehaltene Informationen ohne vertraulichen Inhalt beschränken und dürfen nur zu beruflichen Zwecken erteilt werden.[173] Sie werden generell nur an andere Bankkunden oder Kreditinstitute erteilt.[174] Im Falle einer unerlaubten Auskunftserteilung sowie für falsche Auskünfte haftet die erteilende Bank.[175]

Das Bankgeheimnis wird wie in Deutschland, Luxemburg und Österreich auch in der Schweiz nicht als Recht der Banken sondern ihrer Kunden angesehen.[176]

Zu einer bankinternen Beschränkung der Weitergabe von Kundeninformationen im Sinne eines inneren Bankgeheimnisses finden sich weder in der

---

167 *Kleiner*, SZW 1994, S. 97; Joyce *Rappo*, Rn. 274 ff.

168 *Honegger/Frick*, SZW 1996, S. 1, S. 2.

169 *De Capitani,* in: Beiträge zur Finanzgeschichte, S. 15.

170 *Besson*, Le secret bancaire, S. 16.

171 *Abegg*, in: Schweizerisches Bankenrecht, S. 264.

172 *Schönle*, in: Bankgeheimnis und Bankauskunft, S. 286, S. 288 f; *Mueller*, Wegleitung zum schweizerischen Bankgeheimnis, S. 85 ff.

173 *Aubert*, Le secret bancaire suisse, S. 416 ff.

174 *Joyce Rappo*, Rn. 285.

175 Näher dazu *Schönle*, in: Bankgeheimnis und Bankauskunft, S. 286, S. 303 ff.

176 *Joyce Rappo*, Rn. 239.

schweizerischen Literatur noch in der Rechtsprechung Stellungnahmen. Auch dem BankG lässt sich eine dahingehende Beschränkung nicht entnehmen. Wie in Luxemburg erscheint das Bankgeheimnis in der Schweiz daher als eine nur nach außen wirkende Pflicht. Ein inneres Bankgeheimnis ist nicht anerkannt.

3.1.5 In Liechtenstein

Die liechtensteinische Definition des Bankgeheimnisses entspricht der in Deutschland, Luxemburg, Österreich und der Schweiz gebräuchlichen Umschreibung. Die Legaldefinition findet sich in dem nachfolgend wiedergegebenen Art. 14 L-BankG:

> Art. 14 Bankgeheimnis
>
> (1) Die Mitglieder der Organe von Banken und ihre Mitarbeiter sowie sonst für solche Banken tätige Personen sind zur Geheimhaltung von Tatsachen verpflichtet, die ihnen aufgrund der Geschäftsverbindungen mit Kunden anvertraut oder zugänglich gemacht worden sind. Die Geheimhaltungspflicht gilt zeitlich unbegrenzt.
>
> (2) Vorbehalten bleiben die gesetzlichen Vorschriften über die Zeugnis- oder Auskunftspflicht gegenüber den Strafgerichten und Aufsichtsorganen sowie die Bestimmungen über die Zusammenarbeit mit anderen Aufsichtsbehörden.
>
> (3) [...]

Das Bankgeheimnis ist danach die Verpflichtung der Banken sowie der weiteren genannten Personen, die ihnen aufgrund der Geschäftsverbindung mit Kunden anvertrauten oder zugänglich gemachten Tatsachen geheim zu halten. Der Umfang der Geheimhaltungspflicht wird wie in den anderen Vergleichsländern auch in Liechtenstein relativ weit ausgelegt. So sind alle Tatsachen über einen Kunden, auch solche über dessen persönliche Verhältnisse, geheim zu halten, solange sie irgendeinen Bezug zu dessen bankgeschäftlicher Betätigung aufweisen. [177] Ein Geheimnis besteht, solange eine Tatsache relativ unbekannt ist, also nur dem Geheimnisherrn und einem begrenzten Kreis weiterer Person bekannt ist. Dazu zählt auch das Bestehen der Bank-Kunden-Beziehung als solche. Dabei ist es den Banken verwehrt, Negativauskünfte über das Nichtbestehen einer Kundenverbindung zu erteilen, da aus der Verweigerung einer solchen Auskunft Rückschlüsse gezogen werden könnten.[178] Generell entscheidet der

177 Vgl. L-OGH, Entscheidung vom 08.06.2006 – 8 CG 2004.63, Leitsatz 1e; diese sowie die weiteren nachfolgend zitierten Entscheidungen der liechtensteinischen Obergerichte sind, sofern keine andere Quelle angegeben wird, abrufbar unter: http://www.gerichtsentscheide.li/ (Stand: 17.11.2010).

178 *Wagner*, Bankenplatz Liechtenstein, S. 205 f. mit Bezug auf BGE 75 IV 74.

wirkliche Wille eines Kunden über den Umfang der Geheimhaltungspflicht, auf die objektive Berechtigung seines Geheimhaltungswunsches kommt es nicht an, sofern ein Bezug zu einem Bankgeschäft vorliegt. Der Geheimhaltungswille kann aufgrund der gesetzlichen Verankerung des Bankgeheimnisses im L-BankG vermutet werden, so dass nur selten dessen objektive Ermittlung notwendig sein wird.[179]

Auch in Liechtenstein ist der Brauch zur Erteilung von Bankauskünften über Unternehmen anerkannt. Auch hier wird von der stillschweigenden Einwilligung dieser Kunden in die Erteilung dieser Auskünfte ausgegangen. Aufgrund der persönlichkeitsrechtlichen Relevanz wirtschaftlicher Daten wird dabei jedoch betont, dass Bankauskünfte inhaltlich eng zu begrenzen sind.[180]

Wie in Deutschland und Österreich ist in Liechtenstein anerkannt, dass die Weitergabe von Kundeninformationen auch innerhalb eines Kreditinstituts durch das Bankgeheimnis beschränkt wird. Dies folgt implizit aus einer jüngeren Entscheidung des Fürstlichen Obersten Gerichtshofs (L-OGH), in der dieser hervorhebt, dass die Weitergabe kundenbezogener Informationen innerhalb eines Kreditinstitutes nur dann nicht gegen das Bankgeheimnis verstößt, wenn der Empfänger diese zur Wahrnehmung seiner innerbetrieblichen Aufgaben benötigt.[181]

Auch in Liechtenstein wird der Doppelcharakter des Bankgeheimnisses betont, wonach dieses primär eine Verpflichtung der Banken darstellt, diesen zugleich aber das Recht gibt, außerhalb der gesetzlich vorgesehenen Fälle gegenüber Dritten Auskünfte über Kunden zu verweigern.[182]

3.1.6 Zusammenfassung

Zusammenfassend kann festgehalten werden, dass der Begriff des Bankgeheimnisses in den besprochenen Staaten im Prinzip deckungsgleich ist. Darunter wird einhellig die Pflicht der Kreditinstitute zur Verschwiegenheit über sämtliche Tatsachen verstanden, von denen sie im Rahmen der Beziehung zu einem Kunden Kenntnis erlangen, unabhängig davon, ob sie diese von dem Kunden selbst oder aus eigenem Antrieb erfahren. Als geheimhaltungswürdig gelten dabei solche Tatsachen, die einen Bezug zu einem Bankgeschäft aufweisen und die nicht allgemein bekannt sind. Nach einer in Österreich und der Schweiz verbreiteten Ansicht soll die Geheimhaltungspflicht jedoch nur entstehen, wenn eine Tatsache einen Zusammenhang mit einem der im jeweiligen Bankengesetz aufgeführ-

179 *Wagner*, Bankenplatz Liechtenstein, S. 206.

180 Vgl. *Taisch*, Diskretion am Bankschalter, S. 26.

181 Vgl. L-OGH, Entscheidung vom 08.06.2006 – 8 CG 2004.63, Leitsatz 1e;

182 *Frommelt*, Das Bankgeheimnis, S. 23 f.

ten Bankgeschäfte aufweist. Danach wäre der Schutzumfang des Bankgeheimnisses in diesen Ländern geringer als in Deutschland, Luxemburg und Liechtenstein, wo keine Unterscheidung zwischen klassischen Bankgeschäften im Sinne der Bankengesetze und modernen Bankgeschäften erfolgt. Aus Gründen der Effektivität und auch der Praktikabilität wird hier daher mit der in Österreich und der Schweiz vorherrschenden Meinung davon ausgegangen, dass jedes Bankgeschäft das Entstehen der Geheimhaltungspflicht einer Bank bewirken kann.

Da das Bankgeheimnis überall als Recht der Kunden angesehen wird, ist primär deren wirklicher Wille und sekundär deren mutmaßlicher Wille für den Umfang der Geheimhaltungspflicht maßgeblich. Erst wenn diese sich nicht ermitteln lassen, ist objektiv zu untersuchen, ob eine Tatsache geheimhaltungswürdig erscheint.

Als Ausnahme von der generellen Verschwiegenheitspflicht der Kreditinstitute wird in allen Vergleichsländern die Erteilung von Bankauskünften über gewerbliche Bankkunden angesehen. Insoweit wird deren Einverständnis zur Auskunftserteilung vermutet. Inhaltlich sind Bankauskünfte strikt auf allgemeine Aussagen zur wirtschaftlichen Lage eines solchen Kunden zu begrenzen, anderenfalls verletzen sie das Bankgeheimnis.

In Deutschland, Österreich und Liechtenstein wird die Verpflichtung zur Wahrung des Bankgeheimnisses nicht auf das Außenverhältnis einer Bank zu Dritten beschränkt. Vielmehr ist dort die Pflicht zur Wahrung des sogenannten inneren bzw. internen Bankgeheimnisses anerkannt. Dieses beschränkt die institutsinterne Weitergabe von Kundeninformationen auf diejenigen Personen, die diese zur Erfüllung ihrer Aufgaben im Interesse des Kunden benötigen, sofern dieser nicht einer anderweitigen Verwendung seiner Daten, etwa zu Werbezwecken, zustimmt. In Luxemburg und der Schweiz finden sich keine Stellungnahmen zu einem internen Bankgeheimnis.

Daher wird in den meisten Vergleichsländern auch betont, dass das Bankgeheimnis primär als Recht der Kunden und nicht der Banken anzusehen ist, auch wenn letztere daraus ein Auskunftsverweigerungsrecht gegenüber Dritten herleiten können. Um diesen Charakter als Kundenrecht zu betonen, spricht die neuere Literatur daher statt vom Bankgeheimnis häufig vom „Bankkundengeheimnis“.[183] Hier soll jedoch weiterhin wie auch in den Bankengesetzen von Luxemburg, Österreich, der Schweiz und Liechtenstein der althergebrachte Begriff Bankgeheimnis verwendet werden.

183 So etwa *Herzog*, in: Basel II: Folgen für Kreditinstitute und ihre Kunden, S. 47, S. 52; *Dietzi*, in: Banken und Bankrecht im Wandel, S. 1, S. 2; *Frommelt*, in: *Schwärzler/Wagner*, Verantwortlichkeit, S. 159, S. 164.

3.2 Die Geheimnisträger des Bankgeheimnisses

Nachdem nun der inhaltliche Rahmen des Bankgeheimnisses feststeht, ist zu klären, wer konkret Träger dieser Geheimhaltungspflicht ist. Den Ausgangspunkt bildet in dieser Frage der Begriff der Bank bzw. des Kreditinstituts, da diese nach der soeben erfolgten Definition an erster Stelle als Geheimnisträger angesprochen werden. Dieser Begriff ist in allen Vergleichsländern bankengesetzlich legaldefiniert. Daneben ist außer in Deutschland auch der Kreis der weiteren Träger des Bankgeheimnisses gesetzlich festgelegt. Dadurch werden vor allem die Mitarbeiter von Kreditinstituten zur Geheimhaltung verpflichtet, da diese es sind, die Kundengeheimnisse unmittelbar wahrnehmen.

3.2.1 In Deutschland

Für die deutschen Banken gilt, von den nachstehend erwähnten Ausnahmen abgesehen, das Kreditwesengesetz (KWG).[184] Dieses versteht nach § 1 Abs. 1 S. 1 KWG unter einem Kreditinstitut ein Unternehmen, das Bankgeschäfte gewerbsmäßig oder in einem Umfang betreibt, der einen in kaufmännischer Weise eingerichteten Geschäftsbetrieb erfordert. Bankgeschäfte im Sinne des KWG sind nach § 1 Abs. 1 S. 2 KWG unter anderem Einlagen-, Pfandbrief-, Kredit-, Diskont-, Depot- und Girogeschäfte. Die Aufnahme solcher Tätigkeiten in Deutschland ist nach § 32 KWG vorab durch die Bundesanstalt für Finanzdienstleistungsaufsicht (BaFin) als zuständige Aufsichts- und Genehmigungsbehörde zu genehmigen.[185] Die für die BaFin tätigen Personen sind gesetzlich zur Wahrung des Amtsgeheimnisses verpflichtet. Dieses schließt die Wahrung fremder Geschäfts- und Betriebsgeheimnisse ein und deckt sich insoweit inhaltlich mit dem Bankgeheimnis der von ihr beaufsichtigten Kreditinstitute.[186] Die

---

184 Kreditwesengesetz in der Fassung der Bekanntmachung vom 09. September 1998 (BGBl. I S. 2776), zuletzt durch Artikel 1 des Gesetzes vom 21. Juli 2010 geändert (BGBl. I S. 950).

185 Diese vereinigt in sich die Aufgaben des früheren Bundesaufsichtsamtes für das Kreditwesen, des Bundesaufsichtsamtes für das Versicherungswesen und des Bundesaufsichtsamtes für den Wertpapierhandel, vgl. Art. 1 Abs. 1 Gesetz über die Bundesanstalt für Finanzdienstleistungsaufsicht (Finanzdienstleistungsaufsichtsgesetz – FinDAG (BGBl. 2002 I S. 1310), zuletzt zuletzt durch Artikel 2 des Gesetzes vom 14. Juni 2010 (BGBl. I S. 786) geändert; vgl. zur Entstehungsgeschichte und zu den Aufgaben der BaFin *Szesny*, Finanzmarktaufsicht, S. 2 ff.; *Frach*, Finanzaufsicht, S. 59 ff. und S. 105 ff.

186 Die Beschäftigten, Verwaltungsräte und Beiräte der BaFin unterliegen nach § 11 FinDAG einer allgemeinen dienstlichen Geheimhaltungspflicht, die gegenüber spezielleren Geheimhaltungspflichten zurücktritt. Eine speziellere Pflicht in diesem Sinne

Bezeichnung als „Bank“ oder „Bankier“ ist nach § 39 Abs. 2 KWG nur denjenigen Kreditinstituten erlaubt, die eine Genehmigung durch die BaFin besitzen.[187] Neben dieser allgemeinen Genehmigungspflicht gelten für deutsche Tochterunternehmen und Zweigstellen von Kreditinstituten mit Sitz im Ausland Sondervorschriften, die sich in den §§ 53 ff. KWG finden.[188]

Damit das Bankgeheimnis praktische Wirkung entfalten kann, bedarf es der Einbeziehung der Bankmitarbeiter in die Verschwiegenheitspflicht der Kreditinstitute. Ohne diese Einbeziehung würden diese während ihrer Tätigkeit Informationen wahrnehmen, die die Bank geheim zu halten hätte, sie selbst träfe jedoch keine entsprechende Pflicht. Im Gegensatz zu den anderen hier verglichenen Staaten sind in Deutschland die Mitarbeiter von Banken nicht gesetzlich zur Wahrung des Bankgeheimnisses verpflichtet. Eine entsprechende Vertraulichkeitsklausel ist allerdings Bestandteil praktisch aller Arbeitsverträge von Bankmitarbeitern. Diese Verpflichtung gilt jedoch nur gegenüber ihrem Arbeitgeber, der Bank. Deren Kunden können sich infolge der Relativität von Schuldverhältnissen nicht darauf berufen.[189] Eine Einbeziehung der Kunden in die Schutzwirkung des Arbeitsvertrages kommt mangels Nähebeziehung zur Bank und aufgrund ihrer unüberschaubar großen Zahl nicht in Frage.[190] Außerdem fehlt es an einer besonderen Schutzbedürftigkeit der Kunden, da diese sich direkt bei ihrer Bank auf vertraglicher Grundlage schadlos halten können, weshalb eine entsprechende persönliche Inanspruchnahme der Bankmitarbeiter auch aus diesem Grunde ausscheiden muss.[191] Daher haften Bankmitarbeiter einem Kunden im Falle einer Verletzung ihrer arbeitsvertraglichen Verschwiegenheitspflicht allenfalls aus Delikt.[192] Diese Haftung wird nach der Rechtsprechung des Bundesgerichtshofes (BGH) jedoch bei Organen einer Bank von den vertraglichen Inte-

---

folgt aus § 9 KWG, der die Beschäftigten der BaFin sowie weitere im Rahmen des KWG tätige Personen zur Geheimhaltung aller ihnen bei ihrer Tätigkeit bekannt gewordenen Tatsachen verpflichtet, deren Geheimhaltung im Interesse des Instituts oder eines Dritten liegt. Insbesondere ist es ihnen danach verboten, Geschäfts- und Betriebsgeheimnisse, unbefugt zu offenbaren oder zu verwerten. Dritte in diesem Sinne sind vor allem die Kunden der beaufsichtigten Kreditinstitute, vgl. *Lindemann*, in: Boos/Fischer/Schulte-Mattler, KWG, § 9 KWG Rn.4 ff.

187 *Fischer*, in: Boos/Fischer/Schulte-Mattler, KWG, § 39 KWG Rn. 4 ff.; zu den Kompetenzen der BaFin bei nicht genehmigter Ausübung von Bankgeschäften *Szesny*, Finanzmarktaufsicht, S. 33 ff. m.w.N.

188 Ausführlich dazu *Valdiek*, in: Boos/Fischer/Schulte-Mattler, KWG, § 53 KWG Rn. 1 ff.

189 *Junker*, DStR 1996, S. 224, S. 226.

190 *Wech*, Das Bankgeheimnis, S. 248 ff.

191 *Petersen*, BKR 2004, S. 47, S. 48.

192 BGH, Urteil vom 24. 1. 2006 - XI ZR 384/03 = BGHZ 166, S. 84 ff. = NJW 2006, S. 830.

ressenwahrungs- und Loyalitätspflichten dieses Instituts gegenüber einem Kunden beeinflusst, so dass insoweit das vertragliche Verhältnis zwischen Bank und Kunde auf die Pflichten der Organe ausstrahlt.[193]

Die deutschen Sparkassen sind größtenteils als Anstalten des öffentlichen Rechts organisiert, die von Gemeinden, Landkreisen oder Zweckverbänden errichtet wurden. Sie unterliegen den jeweils für sie geltenden Sparkassengesetzen der einzelnen Bundesländer und soweit dort angeordnet dem KWG und unterstehen ebenfalls der Aufsicht der BaFin. Die Bezeichnung als Sparkasse wird in § 40 Abs. 1 KWG rechtlich besonders geschützt.[194] Die Geheimhaltungspflicht der Sparkassen gegenüber ihren Kunden entspricht derjenigen der privaten Banken, so dass die zu diesen getroffenen Aussagen entsprechend gelten, sofern nicht auf Besonderheiten hingewiesen wird. Eine solche Besonderheit ergibt sich aus der öffentlich-rechtlichen Organisationsform der Sparkassen. Denn diese hat nach der herrschenden Meinung in Rechtsprechung[195] und Literatur[196] zur Folge, dass deren Mitarbeiter als Amtsträger im strafrechtlichen Sinne anzusehen sind. Daher findet § 203 Abs. 2 Nr. 1 i.V.m § 11 Abs. 1 Nr. 2 lit. c StGB, der die Geheimhaltungspflicht von Amtsträgern betrifft, auf sie Anwendung. Diese Geheimhaltungspflicht erstreckt sich auf die vom Bankgeheimnis umfassten Kundengeheimnisse. [197] Die Mitarbeiter öffentlich-rechtlich organisierter Sparkassen sind in Deutschland daher gesetzlich zur Wahrung des Bankgeheimnisses verpflichtet.[198]

Die Deutsche Bundesbank unterliegt nicht den Bestimmungen des KWG, sondern denjenigen des Gesetzes über die Deutsche Bundesbank (BBankG).[199] Sie nimmt gemäß § 7 KWG neben der BaFin bestimmte Bereiche der Bankenaufsicht wahr, auf welche hier nicht näher eingegangen werden soll.[200] Eine all-

---

193 Siehe dazu unten S. 381 f.

194 *Fischer*, in: Boos/Fischer/Schulte-Mattler, KWG, § 40 KWG Rn. 2 ff.

195 BGH, *Urteil* vom 10.03.1983 - 4 StR 375/82= BGHSt 31, S. 264 = NJW 1983, S. 2509 = NStZ 1984, S. 501; OLG Hamm, Beschluss vom 09.07.1980 - 5 Ws 28/80 = NJW 1981, S. 695; OLG Schleswig, *Urteil* vom 18. 10. 2007 - 5 U 19/07 = BKR 2007, S. 25

196 *Fischer/Klanten*, Bankrecht, 4.3; *Lenckner*, in: Schönke/Schröder, StGB, § 203 Rn. 44; *Ciernak*, in: MüKoStGB, § 203 Rn. 92 m.w.N.

197 Vgl. *Ciernak*, in: MüKoStGB, § 203 Rn. 91 ff.; *Fuhrmann*, Das Bankgeheimnis, S. 26 ff. m.w.N.

198 Allerdings wird diese Pflicht eng ausgelegt, vgl. dazu im zivilrechtlichen Bereich unten S. 82 ff. sowie im Bereich des Strafprozesss unten S. 150 ff.

199 Gesetz über die Deutsche Bundesbank in der Fassung der Bekanntmachung vom 22. Oktober 1992 (BGBl. I S. 1782), zuletzt geändert durch durch Artikel 12 des Gesetzes vom 05. Februar 2009 (BGBl. I S. 160).

200 Die Aufgabenverteilung zwischen BaFin und Bundesbank ist entsprechend § 7 Abs. 2 KWG detailliert in der Richtlinie zur Durchführung und Qualitätssicherung der laufen-

gemeine Schweigepflicht sämtlicher Personen im Dienste der Deutschen Bundesbank über die Angelegenheiten und Einrichtungen der Bank sowie über die von ihr geschlossenen Geschäfte, die auch nach deren Ausscheiden aus dem Dienst gilt, folgt aus § 32 BBankG. Im Bereich der Bankenaufsicht gelten daneben spezialgesetzliche Regeln wie § 9 KWG.

3.2.2 In Luxemburg

In Luxemburg werden die Begriffe Bank und Kreditinstitut im Gesetz vom 05. April 1993 als Synonyme verwendet. Art. 1 Nr. 12 definiert diese als Unternehmen, deren Aktivität in der Entgegennahme von Geld oder anderen zurückzuzahlenden Mitteln von der Öffentlichkeit und in der Vergabe von Krediten auf eigene Rechnung besteht. Diese beiden Elemente müssen nach luxemburgischem Recht anders als in Deutschland kumulativ vorliegen, damit ein Unternehmen als Bank eingestuft wird.[201] Die Aufnahme der Tätigkeit als Bank bedarf gemäß Art. 2 Abs. 1 des Gesetzes vom 05. April 1993 einer vorherigen behördlichen Genehmigung. Für diese ist nach Art. 3 Abs. 1 des Gesetzes vom 05. April 1993 die Commission de Surveillance du Secteur Financier (CSSF) zuständig. Dieser obliegt nach Art. 42 des Gesetzes vom 05. April 1993 auch die Beaufsichtigung der Kreditinstitute und der anderen Gewerbetreibenden auf dem Finanzsektor.[202] In diesem Rahmen unterliegen die Organe, Revisoren sowie das gesamte Aufsichtspersonal der CSSF aufgrund von Art. 16 des Gesetzes vom 23. Dezember 1998 zur Schaffung einer Kommission zur Aufsicht über den Finanzsektor[203] einer zeitlich unbefristeten Geheimhaltungspflicht in Hinblick auf alle Informationen, die sie in Ausübung oder bei Gelegenheit einer dienstlichen Tätigkeit erfahren. Diese Pflicht endet nur in den gesetzlich vorgesehenen Fällen. Nehmen die vorgenannten Personen demnach dienstlich Informationen bei einer Bank wahr, die dort unter das Bankgeheimnis fallen, unterliegen diese dann dem Amtsgeheimnis der CSSF. Insoweit erfasst das Amtsgeheimnis der

---

den Überwachung der Kredit- und Finanzdienstleistungsinstitute durch die Deutsche Bundesbank (Aufsichtsrichtlinie, AufsichtsRL) in der Fassung der Bekanntmachung vom 21. Februar 2008 geregelt. Diese ist abrufbar unter: http://www.bafin.de/nn_724050/SharedDocs/Aufsichtsrecht/DE/Richtlinien/rl__080221__aufsichtsrichtlinie.html (Stand: 17.11.2010), vgl. auch *Lindemann*, in: *Boos/Fischer/Schulte-Mattler*, KWG, § 7 KWG Rn.12 ff.

201 *Lasserre Capdeville*, Le secret bancaire, Rn. 243.

202 Näher zu deren Aufgaben und Arbeitspraxis *Lemmer*, in: Feuille de Liaison de la conférence Saint-Yves, S. 31, S. 32 f.

203 Loi du 23 décembre 1998 portant création d'une commission de surveillance du secteur financier (Mémorial A – N° 112, 24.12.1998, S. 2985), zuletzt geändert durch Mémorial A – N° 115, 11.11.2009, S. 3698.

Bankenaufsichtsbehörde vergleichbar der Rechtslage in Deutschland auch in Luxemburg das Bankgeheimnis inhaltlich.

Ausländische Banken aus einem EU-Mitgliedstaat können unter den in Art. 30 des Gesetzes vom 05. April 1993 genannten Voraussetzungen in Luxemburg eine Niederlassung eröffnen oder dort im Wege des freien Dienstleistungsverkehrs tätig werden. Diese Niederlassungen unterliegen dann ebenfalls dem luxemburgischen Bankengeheimnis.[204] Für Banken aus einem sonstigen Staat gelten für die Errichtung einer luxemburgischen Niederlassung nach Art. 32 des Gesetzes vom 05. April 1993 dieselben Voraussetzungen wie für die Zulassung eines luxemburgischen Kreditinstitutes, so dass sie wie diese zur Wahrung des Bankgeheimnisses verpflichtet sind. Umgekehrt soll auf ausländische Filialen luxemburgischer Banken nach Ansicht der Literatur nicht das luxemburgische Bankgeheimnis, sondern die nationale Bankgesetzgebung an ihrem Standort Anwendung finden, die gegebenenfalls entsprechende Regeln beinhaltet.[205]

Neben den Kreditinstituten sind nach Art. 41 des Gesetzes vom 05. April 1993 weitere Personen gesetzlich zur Wahrung des Bankgeheimnisses verpflichtet. Dieser hat gegenüber seiner Vorgängerregelung, dem Art. 16 des Gesetzes vom 23. April 1981, den Kreis der Geheimnisträger stark erweitert. Namentlich sind dies die Mitglieder des Verwaltungsrates, der leitenden und überwachenden Organe, die leitenden und anderen Angestellten und die anderen Personen im Dienste der Kreditinstitute. Der Gesetzgeber hat dabei weniger Wert auf die genaue Abgrenzbarkeit einzelner genannter Personengruppen gelegt, da je nach Auslegung der Norm Doppelungen vorkommen können, sondern vielmehr eine umfassende Einbeziehung aller bei und für Kreditinstitute tätigen Personen erstrebt.[206] Unbestritten sind alle gesetzlichen Organe eines Kreditinstituts sowie alle seine Angestellten Träger des Bankgeheimnisses. Uneinheitlich wird hingegen beurteilt, ob auch solche Personen, die keine irgendwie geartete bankgeschäftliche Funktion haben, etwa das Reinigungspersonal, dieses zu wahren haben. Aufgrund der weiten Gesetzesformulierung erscheint diese Deutung möglich.[207] Sie ist auch zu befürworten, weil jede Person, die sich über längere Zeit beruflich in den Räumen eines Kreditinstituts aufhält und daher, wenn auch nicht bestimmungsgemäß, Zugang zu sensiblen Informationen erlangen kann, zur Geheimhaltung verpflichtet sein muss, um die Effektivität des Bankgeheimnisses zu sichern. Daneben haben auch die als „andere Gewerbetreibende des

---

204 Dies folgt aus dem Verweis von Art. 35 Abs. 4 S. 2 auf Art. 41 des Gesetzes vom 05. April 1993.

205 *Elvinger*, Bulletin droit et banque, N° 26, 1997, S. 5, S. 8 f.; *Spielmann*, Le secret bancaire, S. 64.

206 *Lasserre Capdeville*, Le secret bancaire, Rn. 291.

207 Andere Auffassung *Lasserre Capdeville*, Le secret bancaire, Rn. 278 f.

Finanzsektors“ bezeichneten Personen das Bankgeheimnis zu wahren. Dieser Begriff wird in Art. 13 Abs. 1 des Gesetzes vom 05. April 1993 legaldefiniert.[208] Schließlich werden solche Personen, die in einzelnen Bereichen, etwa als Abrechnungsstelle für Kreditinstitute tätig werden, in den persönlichen Anwendungsbereich der Norm einbezogen. Die entsprechenden Begriffsdefinitionen sind in Art. 34-2 des Gesetzes vom 05. April 1993 zu finden.[209] Aufgrund der gesetzlichen Anordnung sind die genannten Personen anders als in Deutschland unabhängig von einer vertraglichen Beziehung Träger des Bankgeheimnisses und daher einem Kunden gegenüber auch persönlich zur Geheimhaltung verpflichtet.[210] Daneben ist auch in Luxemburg die arbeitsvertragliche Vereinbarung der Verschwiegenheitspflicht bei Bankmitarbeitern üblich.

Die Banque et Caisse d'Epargne de l'Etat, Luxembourg, die luxemburgische Staatsbank und Sparkasse, unterliegt besonderen gesetzlichen Bestimmungen.[211] Daraus ergeben sich jedoch mit Blick auf die Verpflichtung zur Wahrung des Bankgeheimnisses durch die für die Banque et Caisse d'Epargne de l'Etat, Luxembourg tätigen Personen keine rechtlichen Besonderheiten, da darin ausdrücklich auf die diesbezüglich geltenden allgemeinen Bestimmungen und auf Art. 458 CP verwiesen wird.[212] Daher findet Art. 41 des Gesetzes vom 05. April 1993 auch auf die Mitarbeiter der Banque et Caisse d'Epargne de l'Etat, Luxembourg Anwendung.

3.2.3 In Österreich

Auch in Österreich werden an erster Stelle die Kreditinstitute selbst als Träger des Bankgeheimnisses angesehen. Die Legaldefinition des Kreditinstitutes findet sich in § 1 Abs. 1 BWG. Danach gilt als solches, wer aufgrund einer Genehmigung nach dem BWG oder sonstiger bundesgesetzlicher Regelung berechtigt ist, Bankgeschäfte, wie die gewerbliche Durchführung von Einlagen-, Giro-, Kredit-, Diskont- und Depotgeschäften, zu betreiben.[213] Diese Berechtigung hängt nach

---

208 Es handelt sich danach um solche Unternehmen, die eine Tätigkeit auf dem Finanzsektor oder eine damit verbundene oder ergänzende Tätigkeit ausüben. Dazu zählen unter anderem Wertpapierunternehmen.

209 Diese Tätigkeit stehen insbesondere im Zusammenhang mit dem Outsourcing, worauf noch genauer eingegangen wird, vgl. unten S. 130 f.

210 *Lasserre Capdeville*, Le secret bancaire, Rn. 280.

211 Maßgeblich ist für sie das Loi du 24 mars 1989 sur la Banque et Caisse d'Epargne de l'Etat (Mémorial A – N° 16, 28. 03.1989, S. 184), zuletzt geändert durch Mémorial A – N° 149, 31.12.2002, S. 3630.

212 Dies folgt aus Art. 50 Abs. 1 und 2 Loi du 24 mars 1989 sur la Banque et Caisse d'Epargne de l'Etat.

213 Näher dazu *Diwok/Göth*, BWG, § 1 Rn. 18 ff.

§ 4 Abs. 1 BWG von der Erteilung einer entsprechenden Konzession durch die zuständige Aufsichtsbehörde, die österreichische Finanzmarktaufsicht (FMA, nachfolgend: Ö-FMA), ab.[214] Nach umstrittener aber richtiger Ansicht verpflichtet auch die widerrechtliche unkonzessionierte Ausübung von Bankgeschäften zur Wahrung des Bankgeheimnisses. Denn anderenfalls würden die Verantwortlichen in ungerechtfertigter Weise gegenüber einem ordnungsgemäß konzessionierten Institut bevorzugt.[215] Die Mitarbeiter der Ö-FMA haben neben der allgemeinen Pflicht zur Wahrung der Amtsverschwiegenheit nach § 14 Abs. 2 Bundesgesetz über die Errichtung und Organisation der Finanzmarktaufsichtsbehörde (Finanzmarktaufsichtsbehördengesetz, FMABG)[216] das Bankgeheimnis als Amtsgeheimnis zuwahren. Dementsprechend ordnet § 38 Abs.1 S. 2 BWG an, dass Behördenorgane alle ihnen dienstlich bekannt gewordenen Tatsachen, die dem Bankgeheimnis unterliegen, als Amtsgeheimnis zu wahren haben. Das Amtsgeheimnis darf dann nur in denjenigen Fällen aufgehoben werden, in denen eine Durchbrechung des Bankgeheimnisses gesetzlich vorgesehen ist.[217] Damit decken sich in Österreich anders als in Deutschland und Luxemburg Amtsgeheimnis und Bankgeheimnis nicht nur inhaltlich, es kommt sogar zu einem rechtlichen Gleichlauf dieser Geheimhaltungspflichten, da sie denselben Voraussetzungen für eine rechtmäßige Durchbrechung unterliegen.

Kreditinstitute aus anderen EU-Mitgliedstaaten können nach Erfüllung bestimmter Anzeigepflichten gegenüber der Ö-FMA nach § 9 BWG in Österreich eine Zweigstelle errichten oder dort im Wege des freien Dienstleistungsverkehrs tätig werden.[218] Insoweit sind sie dann zur Wahrung des Bankgeheimnisses im Sinne des BWG verpflichtet, was explizit aus der Auflistung der für sie geltenden Vorschriften in § 9 BWG folgt.[219]

Neben den Kreditinstituten benennt das BWG die Gesellschafter, Organmitglieder, Beschäftigten sowie sonst für Kreditinstitute tätige Personen als Träger des Bankgeheimnisses. Wer Gesellschafter eines Kreditinstitutes ist, bestimmt

---

214 Vgl. zur Aufsicht durch die Ö-FMA auch *Diwok/Göth*, BWG, § 15 Rn. 14 ff

215 *Diwok/Göth*, BWG, § 1 Rn. 1; *Apathy/Iro/Koziol*, Österreichisches Bankvertragsrecht, 2/8 m.w.N.; a.A. *Laurer*, ÖJZ 1986, S. 385, S. 389; *Fremuth/Laurer/Pötzelberger/ Russ*, KWG, § 23 Rn. 8.

216 Ö-BGBl. I Nr. 97/2001, zuletzt geändert durch Ö-BGBl. I Nr. 68/2010.

217 *Apathy/Iro/Koziol*, Österreichisches Bankvertragsrecht, 2/57.

218 Zu den Voraussetzungen für die Errichtung einer Zweigstelle und dem Tätigwerden im Rahmen des freien Dienstleistungsverkehr sowie den sich daraus ergebenden Pflichten von Kreditinstituten vgl. *Diwok/Göth*, BWG, § 1 Rn. 1.

219 *Apathy/Iro/Koziol*, Österreichisches Bankvertragsrecht, 2/8 mit Fn. 46.

sich nach dem Gesellschaftsrecht.[220] Beschäftigte eines Kreditinstitutes sind alle Personen, die in einem Dienstverhältnis zu diesem stehen und ihm organisatorisch eingegliedert sind, so etwa Dienstnehmer, Volontäre und Praktikanten.[221] Als „sonst für das Kreditinstitut tätig“ gelten Personen, die nicht in einem Dienstverhältnis zum Kreditinstitut stehen, aber von diesem zu bankgeschäftlichen Tätigkeiten herangezogen werden, wie Rechtsanwälte, Treuhänder und Sachverständige.[222] Soweit diese Personen ohnehin einem Berufsgeheimnis unterliegen wie Anwälte, sind sie daneben kumulativ zur Wahrung des Bankgeheimnisses verpflichtet.[223] Der potentielle Täterkreis wird durch § 38 Abs. 4 BWG auf bestimmte Finanzinstitute und Unternehmen der Vertragsversicherung ausgedehnt.[224]Auch in Österreich ist die arbeitsvertragliche Verpflichtung von Bankmitarbeitern zur Verschwiegenheit üblich. Daraus kann jedoch wie in Deutschland und Luxemburg aufgrund der Relativität von Schuldverhältnissen kein Anspruch der Bankkunden auf Geheimhaltung gegenüber einem Mitarbeiter hergeleitet werden. Dieser wird jedoch aus der gesetzlichen Festschreibung der Pflicht zur Wahrung des Bankgeheimnisses hergeleitet.[225]

Die Vorschriften des BWG sind auch auf die österreichischen Sparkassen anwendbar, soweit nicht das Bundesgesetz vom 24. Januar 1979 über die Ordnung des Sparkassenwesens (Sparkassengesetz, SpG)[226] etwas anderes bestimmt. Da dies in Bezug auf das Bankgeheimnis nicht der Fall ist, gelten die nachfolgenden Ausführungen zu den österreichischen Banken auch für die dortigen Sparkassen.

Auf die Oesterreichische Nationalbank (OeNB), die neben der Ö-FMA bestimmte Aufsichtsfunktionen im Bankenbereich ausübt, findet das BWG gemäß § 3 Abs. 1 Nr. 1 BWG keine Anwendung. Für sie gilt das Bundesgesetz über die Österreichische Nationalbank (Nationalbankgesetz 1984, Ö-NBG).[227] Dieses normiert in § 45 Ö-NBG eine allgemeine Pflicht aller für die OeNB tätigen Personen zur Wahrung der Amtsverschwiegenheit. Zugleich ordnet § 38 Abs. 1 S. 2 BWG an, dass die Organe von Behörden sowie der OeNB das Bankgeheimnis

220 Dabei sind die Beschränkungen des Art 5 BWG bezüglich der Wahl der Gesellschaftsform zu berücksichtigen. Der genaue Umfang der Geheimhaltungspflicht von Aktionären und Genossenschaftern ist umstritten, vgl. *Jabornegg/Strasser/Floretta*, Bankgeheimnis, S. 56 ff. m.w.N.

221 *Ortner*, Das Bankgeheimnis, S. 62.

222 *Laurer*, ÖBA Sonderheft 1/81, S. 37, S. 39 f.; *Arnold*, ÖBA 1986, S. 527, S. 529 f.

223 *Apathy/Iro/Koziol*, Österreichisches Bankvertragsrecht, 2/19.

224 Vgl. *Apathy/Iro/Koziol*, Österreichisches Bankvertragsrecht, 2/51.

225 Jabornegg/Strasser/Floretta, Bankgeheimnis, S. 27.

226 Ö-BGBl. Nr. 64/1979, zuletzt geändert durch Ö-BGBl. I Nr. 152/2009.

227 Ö-BGBl. Nr. 50/1984, zuletzt geändert durch Ö-BGBl. I Nr. 108/2007.

als Amtsgeheimnis zu wahren haben, wenn ihnen dienstlich Tatsachen bekannt geworden sind, die dem Bankgeheimnis unterliegen. Wie bei der Ö-FMA entspricht insoweit das Amtsgeheimnis der OeNB dem Bankgeheimnis. Durchbrechungen dieser Geheimhaltungspflicht sind den Fällen des § 38 Abs. 2 BWG vorgesehen. Das heißt, dass die OeNB unter den gleichen Bedingungen wie ein normales Kreditinstitut zur Preisgabe unter das Bankgeheimnis fallender Informationen verpflichtet ist. Die allgemeinen Bestimmungen über die Amtsverschwiegenheit, die in größerem Ausmaß eine Informationsweitergabe erlauben, gelten insoweit nicht.[228]

3.2.4 In der Schweiz

Im Unterschied zu Deutschland und Österreich verwendet das schweizerische BankG nicht den modernen Begriff des Kreditinstituts sondern den traditionellen Begriff der Bank. Dieser wird nicht im BankG selbst sondern in der dazu ergangenen Verordnung über die Banken und Sparkassen (Bankenverordnung, BankV)[229] definiert.[230] Nach Art. 2a BankV sind Banken Unternehmen, die hauptsächlich im Finanzbereich tätig sind und insbesondere gewerbsmäßig Publikumseinlagen entgegennehmen oder sich öffentlich dafür empfehlen oder sich in erheblichem Umfang bei mehreren nicht maßgebend an ihnen beteiligten Banken refinanzieren, um damit auf eigene Rechnung eine unbestimmte Zahl von Personen oder Unternehmen, mit denen sie keine wirtschaftliche Einheit bilden, auf irgendwelche Art zu finanzieren. Ebenso wie in Deutschland, Luxemburg und Österreich wird in der Schweiz die Tätigkeit einer Bank daher im Wesentlichen an der Entgegennahme von Einlagen und der Vergabe von Krediten gemessen.

Die Aufnahme der Geschäftstätigkeit einer Bank ist wie in den anderen Vergleichsländern wegen Art. 3 Abs. 1 BankG genehmigungsbedürftig. Die Bezeichnung als „Bank" ist nach Art. 1 Abs. 4 BankG von der Erteilung dieser Ge-

---

228 *Apathy/Iro/Koziol*, Österreichisches Bankvertragsrecht, 2/57 ff.

229 AS **1972** 871, zuletzt geändert durch AS **2009** 5279.

230 Hintergrund dieser Regelung ist, dass der schweizerische Gesetzgeber noch bei einer Totalrevision des BankG im Jahr 1970 davon ausging, dass Banken ein so weites wirtschaftliches Betätigungsfeld abdeckten, dass eine gesetzliche Definition naturgemäß lückenhaft und daher nicht sinnvoll sei (vgl.die Botschaft des Bundesrates an die Bundesversammlung über die Revision des Bankengesetzes vom 13. Mai 1970, BBl 1970 I 1144, S. 1164 f.). Da sich aus dem Fehlen einer solchen Definition in der Praxis Abgrenzungsprobleme ergaben, wird der Bankenbegriff seit einem Verordnungsbeschluss des Schweizerischen Bundesrates vom 23.08.1989 (AS **1989** 1772) in der BankV legaldefiniert.

nehmigung abhängig.[231] Zuständig für die Erteilung einer Bankenlizenz und für die Aufsicht über die schweizerischen Banken ist seit dem 01. Januar 2009 die Eidgenössische Finanzmarktaufsicht (FINMA), die unter anderem die Aufgaben der früheren Eidgenössischen Bankenkommission (EBK) wahrnimmt.[232] Ihre Aufgaben ergeben sich aus dem Bundesgesetz über die Eidgenössische Finanzmarktaufsicht (Finanzmarktaufsichtsgesetz, FINMAG).[233] Soweit notwendig schließen diese das Recht ein, unter das Bankgeheimnis fallende Informationen abzufragen. Dieses ist auf das Personal und die Organe der FINMA entgegen einer früheren Fassung von Art. 47 BankG nicht mehr unmittelbar anwendbar, vielmehr unterliegen diese Personen nach Art. 14 FINMAG in Hinblick auf dienstlich erlangtes Wissen zeitlich unbegrenzt der Pflicht zur Amtsverschwiegenheit.[234] Deren Verletzung steht über Art. 320 des schweizerischen Strafgesetzbuches (S-StGB) unter einer höheren Strafe, als sie bei einer Verletzung des Bankgeheimnisses droht.[235]

Auf in der Schweiz errichtete Zweigstellen ausländischer Banken findet das BankG gemäß Art. 2 Abs. 1 lit. a BankG sinngemäß Anwendung, so dass auch diese Institute uneingeschränkt dem Bankgeheimnis unterliegen.

Träger des Bankgeheimnisses sind neben den Banken aufgrund der gesetzlichen Anordnung in Art. 47 Abs. 1 BankG deren Organe, Angestellte, Beauftragte oder Liquidatoren sowie die Organe und Angestellten von Prüfgesellschaften. Diese gesetzliche Aufzählung ist abschließend. Der Organbegriff bestimmt sich nach den Vorschriften des Privatrechts, wobei nicht das Organ selbst sondern nur dessen Mitglieder, wie etwa Verwaltungsräte, taugliche Täter einer Geheimnisverletzung sind.[236] Der Begriff wird vom Bundesgericht weit ausgelegt und auf alle Personen ausgedehnt, die tatsächlich und in maßgeblicher Weise an der Bildung des körperschaftlichen Willens teilhaben, wie Direktoren und Vizedirektoren einer Bank.[237] Der Angestelltenbegriff entspricht der in der Schweiz üblichen allgemeinen Definition. Erst durch die Revision des BankG im Jahre 1971 wurde der Begriff des Beauftragten, der prinzipiell einen Verweis auf die

231 Die unbefugte Verwendung der Bezeichnung als „Bank“, der Verstoß gegen die Bankengenehmigung sowie die Werbung mit der Entgegennahme von Spar- und Publikumseinlagen ohne Bewilligung durch die FINMA sind nach Art. 49 BankG strafbar.

232 Zu den Aufgaben und der Struktur der FINMA siehe *Mächler*, SJZ 105 (2009), S. 181 ff.; *Nobel*, SJZ 104 (2008), S. 10, S. 10 f.; *Nobel*, SJZ 105 (2009), S. 7.

233 AS **2008** 5207.

234 *Aubert*, Le secret bancaire suisse, S. 259 f.

235 *Abegg*, in: Schweizerisches Bankenrecht, S. 264.

236 *Stratenwerth*, in: Basler Kommentar, Bankenrecht, Art. 47 Rn. 6.

237 So *Wagner*, Bankenplatz Liechtenstein, S. 214.

Art. 394 ff. Obligationenrecht (OR)[238] darstellt, in das BankG aufgenommen. Ein Auftrag in diesem Sinne kann nicht nur an Einzelpersonen sondern auch Personengesellschaften sowie juristische Personen gerichtet werden, wobei dann deren Angestellte, Gesellschafter und Organe geheimhaltungspflichtig sind. Dies erscheint insofern als problematisch, als nicht jedes Auftragsverhältnis zu einer Bank ausreichend sein kann, um einerseits der Bank die Informationsweitergabe zu erlauben, und andererseits den Beauftragten gesetzlich zur Geheimhaltung zu verpflichten. Die EBK hatte sich diesbezüglich durch Rundschreiben[239] nur über die Zulässigkeit der Beauftragung von Rechenzentren zur elektronischen Datenverarbeitung geäußert.[240] Die schweizerische Lehre verallgemeinert dies dahingehend, dass Dritte durch Beauftragung in den Kreis der Geheimnisträger aufgenommen werden dürfen, wenn dies einem ernsthaften Interesse der Bank an Leistungsoptimierung und Kostensenkung dient.[241] Auch Berufsgeheimnisträger wie Anwälte, die im Auftrag einer Bank tätig sind, haben neben ihrem Berufsgeheimnis das Bankgeheimnis zu wahren.[242] Die nicht sorgfältige Auswahl, Instruktion und Überwachung eines Beauftragten kann eine fahrlässige Verletzung des Bankgeheimnisses durch den Auftraggeber darstellen.[243] Der Begriff des Liquidators einer Bank ist aus Art. 583, 619 und 740 OR herzuleiten.[244] Der Begriff und die Aufgaben einer Prüfgesellschaft sind nach Art. 18 BankG in Verbindung Art. 26 FINMAG zu bestimmen.[245] Auch deren Organe und Angestellte sind gesetzliche Träger des Bankgeheimnisses.

Wie in den anderen Vergleichsländern ist auch in der Schweiz die arbeitsvertragliche Vereinbarung einer Geheimhaltungspflicht von Bankmitarbeitern üblich. Ein unmittelbarer Geheimhaltungsanspruch der Kunden eines Kreditinstituts gegenüber einem Geheimnisträger lässt sich daraus jedoch nicht herleiten. Dieser ergibt sich, wie in Luxemburg und Österreich, vielmehr aus der gesetzlichen Normierung des Bankgeheimnisses.[246]

---

238 AS **27** 317, zuletzt geändert durch AS **2009** 5597

239 EBK-RS 99/2, Rz. 13 ff.

240 *Stratenwerth*, in: Basler Kommentar, Bankenrecht, Art. 47 Rn. 7.

241 *Joyce Rappo*, Rn. 228 ff.

242 BGE 121 IV 47 f.

243 *Stratenwerth*, in: Basler Kommentar, Bankenrecht, Art. 47 Rn. 7.

244 *Stratenwerth*, in: Basler Kommentar, Bankenrecht, Art. 47 Rn. 8 ff.

245 Siehe zu den Aufgaben und zur Überwachung der Prüfgesellschaften durch die FINMA auch: http://www.finma.ch/d/beaufsichtigte/pruefgesellschaften/Seiten/default.aspx (Stand: 17.11.2010).

246 *Abegg*, in: Schweizerisches Bankenrecht, S. 263 f.

Die Kantonalbanken[247] unterliegen nach Art. 53 Abs. 1 lit. a BankG vorbehaltlich besonderer Bestimmungen dem BankG. Da solche Bestimmungen mit Blick auf das Bankgeheimnis fehlen, ergeben sich für die Kantonalbanken diesbezüglich keine Besonderheiten.[248]

Die schweizerische Nationalbank fällt hingegen nicht den Anwendungsbereich des BankG. Für sie gelten die Bestimmungen des Bundesgesetzes über die Schweizerische Nationalbank (Nationalbankgesetz, S-NBG).[249] In ihrer Eigenschaft als Zentralbank der Schweiz hat sie nach Art. 14 S-NBG statistische Daten zu erheben und auszuwerten, wobei ihr die übrigen schweizerischen Banken nach Art. 15 S-NBG zur Auskunft verpflichtet sind.[250] Diesbezüglich ist die Nationalbank nach Art. 16 S-NBG zur Vertraulichkeit verpflichtet. Daneben unterliegen ihre Organe, Angestellten und sonstigen Beauftragten nach Art. 49 S-NBG zeitlich unbefristet der Pflicht zur Wahrung des Amts- und Geschäftsgeheimnisses. Verstöße können gemäß Art. 320 S-StGB strafrechtlich verfolgt werden.

3.2.5 In Liechtenstein

Der Bankenbegriff ist in Liechtenstein in Art. 3 Abs. 1 und Abs. 3 L-BankG legaldefiniert. Banken sind danach Unternehmen, die gewerbsmäßig Bankgeschäfte im Sinne des Art. 3 Abs. 3 L-BankG betreiben. Dazu zählen unter anderem die Annahme von Einlagen und anderen rückzahlbaren Geldern.[251] Auf Zweigstellen ausländischer Banken in Liechtenstein findet das L-BankG nach dessen Art. 2 Abs. 2 sinngemäße Anwendung, so dass auch sie der Pflicht zur Wahrung des Bankgeheimnisses unterliegen. Natürlichen und juristischen Per-

---

247 Als Kantonalbanken gelten nach Art. 3a BankG solche Banken, Bank, die aufgrund eines kantonalen gesetzlichen Erlasses als Anstalt oder Aktiengesellschaft errichtet wurden und an denen der Kanton eine Beteiligung von wenigsten einem Drittel des Kapitals oder der Stimmrechte hält. Organisatorisch sind sie damit den öffentlich-rechtlichen deutschen Sparkassen vergleichbar.

248 Strittig, wie hier *Aubert*, Le secret bancaire suisse, S. 99 m.w.N.

249 AS **2004** 1985, zuletzt geändert durch AS **2008** 5207.

250 Details dazu finden sich in der Verordnung vom 18. März 2004 zum Bundesgesetz über die Schweizerische Nationalbank (Nationalbankverordnung, NBV) (AS **2004** 2033, zuletzt geändert durch AS **2009** 6373).

251 Ferner fallen darunter die Ausleihung von fremden Geldern an einen unbestimmten Kreis von Kreditnehmern, das Depotgeschäft, die Erbringung von Wertpapierdienstleistungen und Nebendienstleistungen gemäß Anhang 2 Abschnitt A und B L-BankG, die Durchführung weiterer bankmäßiger Außerbilanzgeschäfte sowie die Ausgabe von elektronischem Geld gemäß dem E-Geldgesetz, vgl. auch *Wagner*, Bankenplatz Liechtenstein, S. 213 f.

sonen, die nicht dem L-BankG unterstehen, ist die gewerbsmäßige Entgegennahme von Einlagen und anderen rückzahlbaren Geldern nach Art. 3 Abs. 1 S. 2 L-BankG verboten. Die Aufnahme der Geschäftstätigkeit einer Bank bedarf nach Art. 15 L-BankG einer behördlichen Bewilligung.[252] Die nicht genehmigte Ausübung von Bankgeschäften ist nach Art. 63 Abs. 1 Nr. 3 L-BankG strafbar. Die für die Genehmigung und die Aufsicht über die Banken zuständige Behörde ist nach dem Gesetz vom 18. Juni 2004 über die Finanzmarktaufsicht (Finanzmarktaufsichtsgesetz, L-FMAG)[253] die liechtensteinische Finanzmarktaufsicht (L-FMA).[254] Deren Organe und das übrige Personal sind vorbehaltlich besonderer Bestimmungen nach Art. 23 L-FMAG zur Vertraulichkeit verpflichtet. Eine derartige besondere Bestimmung stellt Art. 31a L-BankG dar, wonach die mit der Durchführung dieses Gesetzes betrauten Organe, weitere durch diese beigezogene Personen sowie sämtliche Behördenvertreter hinsichtlich aller ihnen bei ihrer dienstlichen Tätigkeit bekannt gewordenen Tatsachen zeitlich unbeschränkt zur Wahrung des Amtsgeheimnisses verpflichtet sind. Diese Verschwiegenheitspflicht darf nur in den gesetzlich vorgesehenen Fällen aufgehoben werden. Wie in Deutschland, Luxemburg, Österreich und der Schweiz kann auch die L-FMA Informationen von den von ihr beaufsichtigten Banken abfragen, die unter das Bankgeheimnis fallen. Auf Seiten der L-FMA zählen solche Informationen dann zum Amtsgeheimnis.

Der Kreis der Geheimnisträger des Bankgeheimnisses ist in Liechtenstein in enger Anlehnung an Art. 47 BankG formuliert. Nach Art. 14 Abs. 1 L-BankG sind Organe, Mitarbeiter sowie sonst für eine Bank tätige Personen zur Wahrung des Bankgeheimnisses verpflichtet.[255] Der Organbebegriff wird ähnlich wie in der Schweiz weit ausgelegt und neben den gesellschaftsrechtlich definierten Organen auf alle Personen erstreckt, die den körperschaftlichen Willen einer Gesellschaft tatsächlich maßgeblich prägen. Ein Beispiel hierfür sind die Direktoren einer Bank. Unter Mitarbeitern werden alle Personen verstanden, die in einem privatrechtlichen Dienst- oder Auftragsverhältnis zu einer Bank stehen.[256] Im Unterschied zur Schweiz werden die Beauftragten einer Bank nicht ausdrücklich als Geheimnisträger benannt. Vielmehr wird dort, vergleichbar der

252 Die Zulasungsvoraussetzungen werden in den Art. 17 bis 25 L-BankG im Einzelnen geregelt.

253 LGBl. 2004 Nr. 175, zuletzt geändert durch LGBl. 2010 Nr. 191.

254 Vgl. *Wagner*, Bankenplatz Liechtenstein, S. 45 ff.

255 Nicht darin aufgeführt sind, anders als in der Schweiz, spezielle Personengruppen, die nur in besonderen Fällen mit den vom Bankgeheimnis umfassten Informationen in Berührung kommen, wie Revisoren, deren Geheimhaltungspflicht aus Art. 37 Abs. 5 L-BankG folgt.

256 *Wagner*, Bankenplatz Liechtenstein, S. 214 mit Fn. 22.

österreichischen Regelung, der Begriff der „sonst für eine Bank tätigen Personen“ verwendet. Dies sind solche Personen, die von einer Bank unter deren Aufsicht zu bankgeschäftlichen Tätigkeiten herangezogen werden, ohne zu dieser in einem Dienstverhältnis zu stehen.[257] Die Vereinbarung der Geheimhaltungspflicht ist auch in Liechtenstein Bestandteil der meisten Bankarbeitsverträge.[258] Wie in Luxemburg, Österreich und der Schweiz folgt aber nur aus der gesetzlichen Normierung des Bankgeheimnisses ein unmittelbarer Geheimhaltungsanspruch eines Kunden gegen einen Geheimnisträger.

Die Liechtensteinische Landesbank AG, deren Anteile mehrheitlich dem Land Liechtenstein gehören, untersteht grundsätzlich nicht dem Anwendungsbereich des L-BankG, sondern den besonderen Bestimmungen des Gesetzes vom 21. Oktober 1992 über die Liechtensteinische Landesbank (LBG).[259] Dieses verweist in Art. 20 LBG auf das L-BankG sofern das LBG keine davon abweichenden Bestimmungen enthält. Da dies in Bezug auf das Bankgeheimnis nicht der Fall ist, ist die Liechtensteinische Landesbank AG wie die anderen liechtensteinischen Banken über Art. 20 LBG gemäß Art. 14 L-BankG zu dessen Wahrung verpflichtet.[260]

3.2.6 Zusammenfassung

Zusammenfassend kann festgehalten werden, dass sich der Bankenbegriff in allen Vergleichsländern an der Vornahme typischer Bankgeschäfte, vor allem an der gewerblichen Entgegennahme von Einlagen und der Vergabe von Krediten, orientiert. Das luxemburgische Bankengesetz stellt dabei die höchsten Anforderungen an die Einstufung einer Gesellschaft als Bank, da dort die genannten Bedingungen kumulativ erfüllt sein müssen. Insofern kommt es gegenüber den übrigen Vergleichsländern zu einer Verengung des Bankenbegriffs. Gemeinsam ist allen Staaten, dass die Aufnahme der Tätigkeit als Bank von einer vorherigen aufsichtsbehördlichen Genehmigung abhängt und die Institute danach fortlaufend kontrolliert werden. Dies gilt auch für Tochtergesellschaften und Zweig-

---

257 Dies wird insbesondere in Hinblick auf das Outsourcing kritisch gesehen, da dieses über ein bloßes „Tätigwerden“ im Sinne des Art. 14 L-BankG hinausginge, und es insofern an einer gesetzlichen Bestimmung über die Einbeziehung des Dienstleisters in das L-BankG fehle, so dass Lücken im strafrechtlichen Schutz des Bankgeheimnisses aufträten, vgl. dazu *Frommelt*, in: *Schwärzler/Wagner*, Verantwortlichkeit, S. 159, S. 175 ff.; zum Outsourcing bei Banken siehe auch unten S. 133 f.

258 *Wagner*, Bankenplatz Liechtenstein, S. 213 f. mit Fn. 22, der aber nicht auf die beschränkte Wirkung einer arbeitsvertraglichen Klausel aufgrund der Relativität der Schuldverhältnisse eingeht.

259 LGBl. 1992 Nr. 109, zuletzt geändert durch LGBl. 2009 Nr. 367.

260 *Wagner*, Bankenplatz Liechtenstein, S. 334.

stellen ausländischer Banken in diesen Staaten. Die jeweiligen Aufsichtsbehörden können von den ihrer Aufsicht unterliegenden Kreditinstituten, soweit dies zur Erfüllung ihrer Aufgaben notwendig ist, auch solche Informationen abfragen, die dem Bankgeheimnis unterliegen. Dabei unterliegen die für sie tätigen Personen in allen Ländern dem Amtsgeheimnis, das sich insoweit mit dem Bankgeheimnis inhaltlich überschneidet. Besonders deutlich wird dies in Österreich, wo ausdrücklich gesetzlich angeordnet ist, dass die Organe von Behörden das Bankgeheimnis als Amtsgeheimnis zu wahren haben. Dort wird zudem die Durchbrechung des Amtsgeheimnisses insoweit denselben Voraussetzungen unterworfen wie eine Aufhebung des Bankgeheimnisses.

Die jeweiligen Nationalbanken unterliegen in allen Ländern besonderen gesetzlichen Bestimmungen, die zum Teil auf die allgemeinen Bankengesetze und damit auch deren Regelungen betreffend das Bankgeheimnis zurückverweisen, zum Teil aber auch besondere Vorschriften über den Geheimnisschutz beinhalten. In Deutschland, Österreich und der Schweiz wo sie auch Aufgaben in der Bankenaufsicht haben, unterliegen sie wie die vorgenannten Aufsichtsbehörden daneben dem Amtsgeheimnis.

Neben den Banken als primären Trägern des Bankgeheimnisses sind in Luxemburg, Österreich, der Schweiz und Liechtenstein auch deren Organe und Mitarbeiter sowie weitere für eine Bank tätige Personen, im Folgenden als Bankiers oder Banker bezeichnet, kraft Gesetzes zur Wahrung des Bankgeheimnisses verpflichtet. Der Kreis der Geheimnisträger ist dabei generell weit gefasst, um einen möglichst umfassenden Schutz des Bankgeheimnisses zu erreichen. Aus der gesetzlichen Anordnung der Geheimhaltungspflicht wird in diesen Ländern ein unmittelbarer Geheimhaltungsanspruch des Kunden gegenüber diesen Personen hergeleitet, dessen Verletzung letztere ersatzpflichtig machen kann. Anders verhält es sich nur in Deutschland, wo nur die Angestellten der öffentlich-rechtlich organisierten Sparkassen einer allgemeinen gesetzlichen Geheimhaltungspflicht unterliegen, die das Bankgeheimnis einschließt. Der Kreis der unmittelbaren Geheimnisträger des Bankgeheimnisses ist daher in Deutschland enger als in den übrigen Vergleichsländern. Ungeachtet etwaiger gesetzlicher Geheimhaltungspflichten ist in allen Vergleichsländern die arbeitsvertragliche Vereinbarung von Verschwiegenheitsklauseln üblich. Die daraus folgende Geheimhaltungspflicht gilt jedoch nur gegenüber der betreffenden Bank als Arbeitgeber. Aufgrund der Relativität von Schuldverhältnissen können Bankkunden im Falle eines Geheimnisbruchs daraus keinen unmittelbaren Anspruch gegen den Offenbarenden herleiten.[261]

261 Siehe dazu auch unten S. 379 ff.

3.3 Der Begriff des Bankkunden

Nachdem nun feststeht, wer die Träger des Bankgeheimnisses sind, ist zu klären, wer auf der anderen Seite berechtigt ist, sich auf diese Geheimhaltungspflicht zu berufen, also Geheimnisherr des Bankgeheimnisses ist. Nach der bereits erfolgten Definition des Bankgeheimnisses sind dies die Kunden einer Bank. Dieser Begriff erscheint zunächst sehr weit, da der als Kunde in Frage kommende Personenkreises sehr groß erscheint. So kommen als Kunden sowohl natürliche als auch juristische Personen in Betracht. Zudem treten häufig Sachverhalte auf, in denen eine Personen nicht selbst, sondern ein Dritter an ihrer Stelle für sie handelt. Schließlich erlangen Banken infolge ihres normalen Geschäftsbetriebs, etwa bei einer Überweisung zwischen zwei Banken, Informationen über eine Vielzahl von Personen, die selbst zum Teil in keiner geschäftlichen Beziehung zu dieser Bank stehen. Um nicht den Kundenbegriff und damit letztlich dadurch das Bankgeheimnis so weit auszudehnen, dass eine unüberschaubare Geheimhaltungspflicht daraus erwächst, ist daher eine genaue Eingrenzung des Kreises der Geheimnisträger notwendig. Dies gilt umso mehr deswegen, weil diese nach ganz herrschender Meinung das Recht haben, über den Geheimhaltungsanspruch zu verfügen, insbesondere in die Offenbarung von Geheimnissen einzuwilligen.[262] In Deutschland ergibt sich dies ausdrücklich auch aus § 2 (1) AGB-Banken.[263] Entsprechend sieht § 38 Abs. 2 Nr. 5 BWG in Österreich eine Durchbrechung des Bankgeheimnisses vor, sofern der Kunde der Offenbarung seiner Geheimnisse ausdrücklich und schriftlich zustimmt.[264] Eine zu große Ausdehnung des Kreises der Geheimnisträger deshalb birgt auch die Gefahr ungerechtfertigter Geheimnisoffenbarungen in sich und ist daher zu vermeiden. Schließlich entscheidet die Bejahung oder Verneinung der Kundeneigenschaft auch darüber, ob eine unerlaubte Geheimnisoffenbarung strafrechtlich geahndet werden kann und welche zivilrechtlichen Ersatzansprüche einem Betroffenen deswegen zustehen.

---

262 Vgl. für Luxemburg: *Liebertz/Schmidt*, Bulletin droit et banque, Hors Serie, 2005, S. 37, S. 38; *Spielmann*, Le secret bancaire, S. 48 ff.; für die Schweiz *Glaser Tomasone*, Amtshilfe und Bankgeheimnis, S. 83; für Liechtenstein *Frommelt*, Das Bankgeheimnis, S. 44 ff.

263 Siehe dazu *Claussen*, in: *Claussen*, Bank- und Börsenrecht, § 3 Rn. 5; *Bunte*, in: *Schimansky/Bunte/Lwowski*, Bankrechtshandbuch § 7 Rn. 12.

264 Vgl. *Jabornegg/Strasser/Floretta*, Bankgeheimnis, S. 98 ff.

3.3.1 In Deutschland

Entsprechend der allgemeinen Vertragslehre wird in Deutschland als Kunde einer Bank angesehen, wer zu dieser in einer vertraglichen Beziehung steht.[265] Dabei spielt es keine Rolle, ob sich dieser Kontakt in einem einmaligen Geschäft erschöpft oder eine dauerhafte Vertragsbeziehung angestrebt wird.[266] Da jedoch häufig schon vor dem Abschluss eines Vertrages vertrauliche Informationen gegenüber einem Kreditinstitut offenbart werden, gilt als Kunde auch, wer mit einer Bank in Verhandlungen über den Abschluss eines Bankgeschäftes steht. Dies entspricht der gesetzlichen Wertung des § 311 Abs. 2 Nr. 1 i.V.m. § 241 Abs. 2 Nr. 1 BGB, wonach bereits mit der Aufnahme von Vertragverhandlungen vertragliche Schutzpflichten zwischen den Verhandlungspartnern entstehen, unabhängig davon, ob tatsächlich ein Vertrag zustande kommt oder nicht.[267] Die Verletzung dieser Pflichten kann nach den Grundsätzen der vorvertraglichen Haftung (culpa in contrahendo) zur Entstehung vertraglicher Schadensersatzansprüche des Betroffenen führen.[268] Da ein schutzwürdiges Geheimhaltungsinteresse einer Person auch über das Ende ihrer vertraglichen Beziehungen zu einem Kreditinstitut hinaus bestehen kann, erlischt dessen Geheimhaltungspflicht nach allgemeiner Auffassung nicht gleichzeitig mit der Vertragsbeziehung.[269] Vielmehr besteht die Verpflichtung zur Wahrung des Bankgeheimnisses darüber hinaus fort.[270]

Sofern eine besondere Nähebeziehung zu einem Kunden besteht, können Dritte im Einzelfall nach den Grundsätzen des Vertrages mit Schutzwirkung zugunsten Dritter in die vertraglichen Beziehungen zwischen Bank und Kunde einbezogen werden.[271] Dann gelangen im Falle der Verletzung des Geheimhaltungsanspruchs zugunsten dieser Personen die vertragsrechtlichen Anspruchs-

---

265 *Hadding/Häuser*, in: MüKoHGB, Rn. A 151; *Martinek*, in: Festschrift für Schütze, S. 503, S.511 f.

266 *Sichtermann/Feuerborn/Kirchherr/Terdenge*, Bankgeheimnis und Bankauskunft, S. 152.

267 *Canaris*, Bankvertragsrecht, Rn. 42; *Bruchner/Krepold*, in: *Schimansky/Bunte/Lwowski*, Bankrechtshandbuch, § 39 Rn. 18; *Fischer/Klanten*, Bankrecht, 4.3; *Hadding/Häuser*, in: MüKoHGB, Rn. A 156.

268 *Wech*, Das Bankgeheimnis, S. 357 f.

269 BGH, Urteil vom 26. 10. 1953 - I ZR 156/52 = NJW 1954, S. 72; *Claussen*, in: *Claussen*, Bank- und Börsenrecht, § 3 Rn. 6; *Sandkühler*, Bankrecht, S. 30; *Fischer/Klanten*, Bankrecht, 4.3; *Kümpel*, Bank- und Kapitalmarktrecht, 2.144; *Junker*, DStR 1996, S. 224, S. 225 m.w.N.

270 Vgl. *Bruchner/Krepold*, in: *Schimansky/Bunte/Lwowski*, Bankrechtshandbuch, § 39 Rn. 18.

271 *Canaris*, Bankvertragsrecht, Rn. 44; *Eckl*, Das Bankgeheimnis, S. 111.

grundlagen zur Anwendung und nicht nur das Deliktsrecht. Dies gilt etwa für den Ehegatten des Bankkunden, der nicht selbst Kunde der Bank ist, aber Sicherheiten zugunsten des anderen Ehegatten stellt und dieser dabei seine Vermögensverhältnisse offenbart.[272] Hingegen entfalten Verträge einer Gesellschaft mit einer Bank grundsätzlich keine Schutzwirkung zugunsten ihrer Gesellschafter.[273] Im Konzern steht dem das konzernrechtliche Trennungsgebot auch dann entgegen, wenn die Konzernobergesellschaft Sicherheiten stellt.[274]

Ob auch im bargeldlosen Geschäftsverkehr zwischen Banken, in dem der Kunde einer Bank wie bei der Durchführung einer Lastschrift als Dritter erscheint, der zwischen den beteiligten Banken bestehende Vertrag eine Schutzwirkung zugunsten dieses Kunden entfaltet, ist umstritten. Der BGH hat dies in früheren Entscheidungen bejaht,[275] was in der Literatur nur teilweise auf Zustimmung gestoßen ist.[276]Überwiegend ist die Annahme einer solchen Schutzwirkung jedoch zurecht auf Ablehnung gestoßen, da der jeweilige Kunde schon nicht bestimmungsgemäß mit den zwischen den Banken ablaufenden Leistungen in Berührung kommt. Überdies fehlt es an einem schutzwürdigen Interesse der Bank des Geschädigten, diesen in den Vertrag mit der anderen Bank einzubeziehen. [277] In einer neueren Entscheidung hat der BGH seine frühere Rechtsprechung daher aufgegeben und auf die Möglichkeit einer Drittschadensliquidation des Kunden hingewiesen.[278]

Da das Bankgeheimnis kein höchstpersönliches Recht eines Kunden darstellt, kann dieser jederzeit einen Vertreter bestellen, der an seiner Stelle im Rahmen seiner Vertretungsmacht den Geheimhaltungsanspruchs inhaltlich festlegen und darüber disponieren kann.[279] Neben diesen rechtsgeschäftlich bestell-

---

272 Ausführlich mit weiteren Beispielen *Wech*, Das Bankgeheimnis, S. 278 ff. m.w.N.

273 BGH, Urteil vom 24. 1. 2006 - XI ZR 384/03 = BGHZ 166, S. 84 ff. = NJW 2006, S. 830, S. 841 m.w.N.; zustimmend *Gößmann*, BKR 2006, S. 199, S. 200 f.

274 So *Canaris*, ZIP 2004, S. 1781, S. 1786 ff. in Ablehnung von OLG München, Urteil vom 10.12.2003 - 21 U 2392/03 = NJW 2004, S. 224; zustimmend dazu hingegen *Schumann*, ZIP 2004, S. 2353 ff.; mit ablehender Erwiderung von *Canaris*, ZIP 2004, S. 2362; erneute Erwiderung *Schumann*, ZIP 2004, S. 2367.

275 BGHZ 69, 82, 85 ff.; BGHZ 96, 9.

276 *Bruchner/Krepold*, in: *Schimansky/Bunte/Lwowski*, Bankrechtshandbuch § 39 Rn. 20; *Thessinga/Grundmann*, in: Ebenroth/Boujong/Joost, HGB, Rn. I161; *Canaris*, Bankvertragsrecht, Rn. 25 f.; *Eckl*, Das Bankgeheimnis, S. 111 f.; *Milewski*, Bankgeheimnis, S. 10.

277 *Van Gelder*, in: *Schimansky/Bunte/Lwowski*, Bankrechtshandbuch, § 59 Rn. 198 ff. m.w.N.

278 BGH, Urteil vom 6. 5. 2008 - XI ZR 56/07 = BKR 2008, S. 381, S. 389 m.w.N., mit zustimmender Anmerkung *Theewen*, BKR 2008, S. 387 ff.

279 *Budke*, Das Bankgeheimnis, S. 51.

ten Vertretern kann anstelle einer geschäftsunfähigen oder beschränkt geschäftsfähigen natürlichen Person auch ein gesetzlicher Vertreter für diese handeln.[280] Dieser ist anstelle des Vertretenen als Geheimnisherr anzusehen, so dass sein Wille für den Inhalt und den Umfang der Geheimhaltungspflicht maßgeblich ist.[281] Namentlich für juristische Personen handeln stets deren gesetzliche sowie rechtsgeschäftlich bestellte Vertreter.[282] In allen Vertretungsfällen handelt es sich beim Bankgeheimnis jedoch weiterhin um einen Anspruch des Kunden und nicht des Vertreters. Daher kann eine Bank ihren Kunden ohne weiteres über den Missbrauch der Vertretungsmacht durch den Vertreter informieren, ohne dadurch einen Geheimhaltungsanspruch des Vertreters zu verletzen.[283]

Wird ein Bankkunde insolvent, geht im Insolvenzverfahren sein Recht, das zur Insolvenzmasse gehörende Vermögen zu verwalten und darüber zu verfügen, gemäß § 80 Abs. 1 Insolvenzordnung (InsO)[284] auf den Insolvenzverwalter über.[285] Letzterer kann im Rahmen des Insolvenzverfahrens, Auskunft von der Bank des Schuldners über dessen Vermögensverhältnisse verlangen und diese vom Bankgeheimnis entbinden.[286]

Ehegatten sind, soweit sie nicht gemeinsam Vertragspartner einer Bank sind, wie beliebige andere Dritte anzusehen und daher nicht berechtigt Informationen über die Bankbeziehungen des anderen Teils zu verlangen.[287] Einzig im Güter-

280 Zu nennen sind hier die Inhaber der elterlichen Sorge (§ 1626 BGB), der Vormund (§ 1793 BGB), der Betreuer (§ 1896 BGB) oder der Pfleger (§ 1909 BGB). Diesen steht jedoch insofern kein Auskunftsrecht zu, als der Vertretene eine bestimmte Angelegenheit selbst wahrnehmen kann. Dies ist beim Minderjährigen etwa in Bezug auf den selbständigen Betrieb eines Erwerbsgeschäfts nach § 112 BGB oder Dienst- und Arbeitsverhältnisse gemäß § 113 BGB der Fall, vgl. *Wech*, Das Bankgeheimnis, S. 356.

281 *Bruchner/Krepold*, in: *Schimansky/Bunte/Lwowski*, Bankrechtshandbuch, § 39 Rn. 19; *Junker*, DStR 1996, S. 224, S. 225 m.w.N.

282 *Fischer/Klanten*, Bankrecht, 4.7; *Wech*, Das Bankgeheimnis, S. 355.

283 *Canaris*, Bankvertragsrecht, Rn. 43.

284 BGBl. 1994 I S. 2866, zuletzt geändert durch Artikel 8 Absatz 7 des Gesetzes vom 29. Juli 2009 (BGBl. I S. 2355).

285 Ausführlich zu den Befugnissen des zuständigen Insolvenzgerichts und des Insolvenzverwalters *Stephan*, WM 2009, S. 241 ff.

286 Dies gilt aber nur in Bezug auf den Insolvenzschuldner. Das Bankgeheimnis dritter Personen bleibt unangetastet. So darf ein Kreditinstitut in der Insolvenz einer Gesellschaft beispielsweise keine Auskünfte über das Vermögen eines Gesellschafters geben, vgl. dazu *Obermüller*, in: Gottwald, Insolvenzrechts-Handbuch, § 98 Rn. 25 ff.

287 *Bruchner/Krepold*, in: *Schimansky/Bunte/Lwowski*, Bankrechtshandbuch, § 39 Rn. 17 m.w.N.

stand der Gütergemeinschaft können Auskunftsansprüche bestehen, wenn es um das gemeinschaftlich verwaltete Gesamtgut der Eheleute geht.[288]

Nach dem Tode des Bankkunden geht dessen Geheimhaltungsanspruch auf seine Erben über. Diese können als seine Gesamtrechtsnachfolger im selben Umfang wie der ursprüngliche Geheimnisherr von der Bank Auskunft verlangen.[289] Dieses Recht umfasst auch solche Informationen, die dem Erblasser bereits mitgeteilt wurden, sofern die Erben sie nicht anderweitig erlangen können.[290] Im Einzelfall kann jedoch auch gegenüber den Erben eine Geheimhaltungspflicht bestehen, insbesondere dann wenn der Erblasser eine entsprechende Erklärung gegenüber seiner Bank abgegeben hat.[291] Dies betrifft zumeist Informationen aus der Persönlichkeitssphäre des Erblassers.[292] Verlangen die Erben die Preisgabe solcher Geheimnisse, so ist diese nur dann zulässig, wenn nach einer Interessenabwägung das Offenbarungsinteresse der Erben das Geheimhaltungsinteresse des Erblassers überwiegt.[293]

3.3.2 In Luxemburg

In Luxemburg gilt wie in Deutschland diejenige natürliche oder juristische Person als Kunde und damit als Geheimnisherr des Bankgeheimnisses, die in einer vertraglichen Beziehung zu einer Bank steht.[294] Darüber hinaus ist allgemein anerkannt, dass die Kundeneigenschaft nicht mit dem Ende dieser Beziehung erlischt sondern, obwohl eine entsprechende Anordnung im Gesetz vom 05. April 1993 anders als etwa im liechtensteinischen L-BankG fehlt, zeitlich darüber hinaus fortbesteht.[295] Ebenso ist wie in Deutschland unbestritten, dass als Kunde auch diejenige Person gilt, die sich in Vertragsverhandlungen mit einem Kreditinstitut befindet.[296]

---

288 *Wech*, Das Bankgeheimnis, S. 355.

289 OLG Frankfurt, MDR 1966, 503; *Sichtermann/Feuerborn/Kirchherr/Terdenge*, Bankgeheimnis und Bankauskunft, S. 174; *Canaris*, Bankvertragsrecht, Rn. 55; *Grundmann*, in: Ebenroth/Boujong/Joost, HGB, Rn. I263; *Bunte*, AGB-Banken, Rn. 80; *Junker*, DStR 1996, S. 224, S. 225.

290 BGH, Urteil vom 28.02.1989 - XI ZR 91 = NJW 1989, S. 1601, S. 1601 f.

291 *Krüger*, in: MüKoBGB, § 260 Rn. 45.

292 *Grundmann*, in: Ebenroth/Boujong/Joost, HGB, Rn. I263.

293 *Kümpel*, Bank- und Kapitalmarktrecht, 2.144; *Gößmann*, in: *Schimansky/Bunte/Lwowski*, Bankrechtshandbuch, § 30 Rn. 43 f.; *Canaris*, Bankvertragsrecht, Rn. 55.

294 *Liebertz/Schmidt*, Bulletin droit et banque, Hors Serie, 2005, S. 37; *Lasserre Capdeville*, Le secret bancaire, Rn. 303 f.

295 *Lasserre Capdeville*, Le secret bancaire, Rn. 282 m.w.N.

296 *Lasserre Capdeville*, Le secret bancaire, Rn. 100 ff.; jedoch kann anders als in Deutschland eine Verletzung des Bankgeheimnisses in Luxemburg dann noch keine vertragli-

Die Beschränkung des Bankgeheimnisses auf vertraglich mit einer Bank verbundene Kunden wird von Teilen der Literatur als zu eng angesehen, da auch andere Personen auf die Geheimhaltung der einer Bank über sie bekannt gewordenen Tatsachen angewiesen sein können. Unter Verweis auf ein vereinzeltes Urteil des Tribunal de Luxembourg[297] und mit Hinweis auf die französische Rechtsprechung, an der sich die luxemburgischen Gerichte traditionell orientieren, befürworten die Vertreter dieser Ansicht eine Ausweitung des Geheimhaltungsanspruchs auf alle Personen deren Geheimnisse einer Bank bekannt werden.[298] Eine derart weite Ausdehnung des Bankgeheimnisses erscheint jedoch nicht gerechtfertigt. Dagegen spricht vor allem, dass eine Bank als Geheimnisträgerin aufgrund der dann bestehenden praktisch unbegrenzten Zahl an „Kunden“ ein unüberschaubares Haftungsrisiko zu tragen hätte. Entsprechend der deutschen Lehre vom Vertrag mit Schutzwirkung zugunsten Dritten erscheint eine Ausdehnung des Geheimhaltungsanspruchs auf Dritte nur dann möglich, wenn diese in einer Nähebeziehung zu einem Kunden dieser Bank stehen und ein eigenes schutzwürdiges Interesse an der Geheimhaltung ihrer Informationen vorweisen können. Ein Beispiel hierfür bildet der Ehegatte eines Bankkunden, der zu dessen Gunsten Sicherheiten bei einer Bank stellt.

Auch in Luxemburg ist es einem Bankkunden jederzeit möglich, durch Rechtsgeschäft einen Stellvertreter zu ernennen, der innerhalb der Grenzen seiner Vollmacht berechtigt ist, für ihn Bankgeschäfte zu tätigen und Auskunft über die Bankverbindung zu erhalten, ohne dass ihm das Bankgeheimnis entgegengehalten werden kann. Der Stellvertreter wird dadurch jedoch nicht selbst Kunde der Bank.[299] Daneben kann ein Kunde in bestimmten Fällen durch einen gesetzlichen Vertreter vertreten werden. Dies ist bei juristischen Personen stets der Fall, die nur durch ihre gesetzlichen Organe sowie durch rechtsgeschäftlich bestellte Vertreter handeln können.[300] Sofern eine natürliche Person nicht in der Lage ist, ihre Interessen selbst wahrzunehmen, kann auch für sie ein gesetzlicher Vertreter bestellt werden.[301]

---

chen Ersatzansprüche des geschädigten Kunden, sondern nur deliktische Ansprüche auslösen. Siehe dazu unten S. 385 f.

297 Tribunal de Luxembourg, Urteil vom 24.04.1991 = Pasicrisie luxembourgeoise, 28 (1991), S. 173.

298 *Lasserre Capdeville*, Le secret bancaire, Rn. 312 ff.

299 Ausführlich zur Frage der Einbeziehung eines Beauftragten in die Geheimnissphäre und zur Offenlegung vom Bankgeheimnis umfasster Informationen ihm gegenüber *Liebertz/Schmidt*, Bulletin droit et banque, Hors Serie, 2005, S. 37, S. 42 ff.

300 Näher dazu *Kauffman*, Professional secrecy of bankers, S. 25.

301 Namentlich sind dies die Eltern als Vertreter des geschäftsunfähigen Minderjährigen nach Art. 383 CC und Art. 389 CC. Diesen steht nur insoweit kein Vertretungs- und

Ebenso wie in Deutschland kann es auch in Luxemburg im Rahmen des Insolvenzverfahrens dazu kommen, dass Dritte anstelle des Kunden dessen Geheimhaltungsanspruch geltend machen können. Die entsprechenden Bestimmungen finden sich in den Art. 437 ff. Code de Commerce, dem luxemburgischen Handelsgesetzbuch. Nach Art. 444 Code de Commerce verliert mit Eröffnung der Insolvenz der Schuldner das Verwaltungsrecht über seinen Besitz. Dieses geht auf den Insolvenzrichter sowie den gerichtlich bestellten (Insolvenz-) Kurator über. Insoweit ist umstritten, ob das Recht des Insolvenzrichters nach Art. 485 Code de Commerce, den Schuldner sowie Dritte zur Insolvenz zur befragen, für eine Durchbrechung des Bankgeheimnisses ausreicht. Unbestritten ist hingegen, dass der Kurator, dem die umfassende Verwaltungsbefugnis über die Insolvenzmasse anstelle des Schuldners übertragen ist, dessen Bank von ihrer Geheimhaltungspflicht entbinden kann.[302]

Ehegatten haben, unabhängig vom jeweiligen Güterstand, nach Art. 221 CC das Recht eigene Konten zu eröffnen und zu führen. Diesbezüglich bestehen keine Auskunftsrechte des anderen Teils.[303] Nur über die gemeinsamen Konten können beide Ehegatten verfügen und entsprechend auch Auskünfte von der Bank verlangen.[304]

Mit dem Tode des Bankkunden treten wie in Deutschland dessen Erben kraft Gesetzes nach Art. 724 CC in seine Rechte und Pflichten ein. Die Rechtsprechung geht davon aus, dass die Erben die Persönlichkeit des Erblassers fortführen und daher über die gleichen Auskunftsrechte wie dieser verfügen.[305] Dieses Recht findet seine Grenzen im Willen des Erblassers, so dass dieser seine

---

damit auch kein Auskunftsrecht zu, als der Minderjährige nach Art. 389-3 CC kraft Gesetzes oder Gewohnheitsrechts selbst seine Angelenheiten wahrzunehmen kann. In besonderen Fällen wird die elterliche Gewalt auf einen Vormund übertragen. Geschäftsunfähige Volljährige stehen unter vormundschaftsgerichtlicher Aufsicht gemäß den Art. 492 ff. CC. Da sie selbst keine wirksamen Rechtsgeschäfte schließen können, handelt an ihrer Stelle ein gerichtlich bestellter Vormund. Bei partieller Geschäftsunfähigkeit wird für den betreffenden Bereich ein Kurator bestellt, der teils anstelle des von ihm Vertretenen handelt und teils dessen Geschäften zustimmen muss bzw. diese annullieren kann. Wegen Art. 510 CC hat der unter Kuratel stehende Erwachsene keine Möglichkeit, selbst Gelder zu empfangen oder zu verwalten. Das bedeutet, dass gerade in Bezug auf Bankgeschäfte der Kurator für ihn handelt. Näher dazu *Lasserre Capdeville*, Le secret bancaire, Rn. 581 ff.

302 *Lasserre Capdeville*, Le secret bancaire, Rn. 710 ff.

303 *Schiltz/Schiltz*, in: Droit bancaire et financier au Luxembourg, S. 307, S. 317 ff.

304 *Kauffman*, Professional secrecy of bankers, S. 26 f.; Spielmann, Le secret bancaire, S. 52.

305 Zahlreiche Beispiele dazu finden sich bei *Schiltz/Schiltz*, in: Droit bancaire et financier au Luxembourg, S. 307, S. 310 ff.

Bank in Bezug auf persönliche Geheimnisse auch gegenüber seinen Erben zur Geheimhaltung verpflichten kann.[306]

3.3.3 In Österreich

Auch in Österreich wird als Bankkunde angesehen, wer zu dieser in einer vertraglichen Beziehung steht, wobei der Geheimhaltungsanspruch bereits mit der Vertragsanbahnung entsteht.[307] Dass diese Pflicht nicht mit dem Ende der vertraglichen Beziehung erlischt, folgt aus § 38 Abs. 1 BWG, der ihre zeitlich unbefristete Geltung anordnet,[308] was schon vor der ausdrücklichen gesetzlichen Anerkennung des Bankgeheimnisses allgemein anerkannt war.[309]

Umstritten ist, inwieweit Dritte, die in keiner vertraglichen Beziehung zu einer Bank stehen, als deren Kunde anzusehen sind und aufgrund des Bankgeheimnisses einen Anspruch auf Geheimhaltung ihrer Informationen haben. Allgemein anerkannt ist jedenfalls, dass alleine ein Kunde gegenüber einer Bank über seinen Geheimhaltungsanspruch verfügen kann. Rechtsprechung und Teile der Literatur gehen deshalb davon aus, dass das Bankgeheimnis auch nur den Kunden alleine schütze. Eine Einbeziehung Dritter in die vertraglichen Beziehungen zwischen Bank und Kunden lehnt diese Auffassung generell ab. Dritten kann danach im Falle einer Geheimnisoffenbarung lediglich deliktsrechtlicher Schutz zukommen, der nicht auf eine Verletzung des Bankgeheimnisses, sondern nur auf andere Gesichtspunkte wie das Persönlichkeitsrecht gestützt werden kann.[310] Nach der Gegenauffassung hängt der Schutz durch das Bankgeheimnis nicht alleine von der Dispositionsbefugnis über diesen Anspruch ab. Denn das BWG sehe vor, dass darunter alle Geheimnisse im Zusammenhang mit der Geschäftsbeziehung zu einem Kunden fallen. Dies wird so ausgelegt, dass auch die Informationen dritter Personen dem Bankgeheimnis unterliegen, sofern sie gleichzeitig ein Geheimnis eines Bankkunden darstellen und ihnen nicht jeglicher bankgeschäftlicher Bezug fehlt.[311] Entsprechend der in Deutschland herr-

---

306 *Schiltz/Schiltz*, in: Droit bancaire et financier au Luxembourg, S. 307, S. 316 f.; *Lasserre Capdeville*, Le secret bancaire, Rn. 612 ff.

307 *Laurer*, ÖBA Sonderheft 1/81, S. 37, S. 38 f.

308 *Flora*, Das Bankgeheimnis, S. 29 f.; zu § 23 Ö-KWG: *Jabornegg/Strasser/Floretta*, Bankgeheimnis, S. 102.

309 *Frotz*, in: Bankgeheimnis und Bankauskunft, S. 225, S. 257; *Amann*, in: Der Deutsche Wirtschaftanwalt, S. 36.

310 *Fremuth/Laurer/Linc/Pötzelberger/Ruess*, BWG § 38 Rn. 6; offen gelassen in OGH, Entscheidung vom 05.08.2004 - 2Ob176/04b.

311 *Jabornegg/Strasser/Floretta*, Bankgeheimnis, S. 81 ff.; *Apathy/Iro/Koziol*, Österreichisches Bankvertragsrecht, 2/29.

schenden Meinung[312] sollen diesen Dritten aber nur dann berechtigt sein, im Falle einer unerlaubten Geheimnisoffenbarung eigene vertragliche Ansprüche gegenüber einem Kreditinstitut geltend zu machen, wenn sie nach der Lehre vom Vertrag mit Schutzwirkung zugunsten Dritter in die vertragliche Beziehung zwischen einer Bank und ihrem Kunden einzubeziehen sind.[313] Nach dieser Auffassung haben insbesondere auch solche Personen einen eigenen Anspruch auf Wahrung des Bankgeheimnisses, die ein Nebengeschäft zu einem Bankgeschäft tätigen, etwa Bürgen, Garanten und Sicherungsgeber.[314] Folgt man dieser Auffassung, ist der Anwendungsbereich des Bankgeheimnisses in Österreich ebenso weit wie in Deutschland.

Auch in Österreich wird der Anspruch auf Wahrung des Bankgeheimnisses nicht als höchstpersönliches Recht angesehen, so dass ein Bankkunde ohne weiteres einen Stellvertreter benennen kann, der an seiner Stelle den Anspruch geltend machen kann, ohne dadurch selbst Kunde der Bank zu sein.[315] Der Umfang des Auskunftsrechts eines Vertreters gegenüber einer Bank hängt von dessen Vollmacht ab. Wichtigster Anwendungsfall der Stellvertretung sind auch in Österreich die juristischen Personen, für die deren gesellschaftsrechtlich bestimmte Organe sowie rechtsgeschäftlich bestellte Vertreter handeln.[316] Natürliche Personen werden nur im Falle völliger oder partieller Geschäftsunfähigkeit durch gesetzliche Vertreter repräsentiert.[317]

Im Insolvenzverfahren nach österreichischem Recht, dass dem deutschen Insolvenzverfahren entspricht, übt der sogenannte Masseverwalter anstelle eines Bankkunden dessen Verwaltungsbefugnisse einschließlich der dazugehörigen Auskunftsansprüche über dessen zur Insolvenzmasse gehörendes Vermögen aus. Der Masseverwalter kann die Bank des Schuldners daher im Zusammenhang mit dem Konkurs vom Bankgeheimnis entbinden. Dabei sind Banken nach § 97 Bundesgesetz über das Insolvenzverfahren (Insolvenzordnung, IO)[318] verpflichtet, dem Masseverwalter von ihnen verwahrte Vermögenswerte zu melden,

312 Siehe dazu oben S. 55.

313 *Ortner*, Das Bankgeheimnis, S. 79 ff.; *Apathy/Iro/Koziol*, Österreichisches Bankvertragsrecht, 2/32.

314 *Apathy/Iro/Koziol*, Österreichisches Bankvertragsrecht, 2/30.

315 *Apathy/Iro/Koziol*, Österreichisches Bankvertragsrecht, 2/29. Etwas anderes gilt demnach nur für die Fälle der mittelbaren Stellvertretung, da das Vertretungsverhältnis dabei nicht offengelegt wird.

316 *Ortner*, Das Bankgeheimnis, S. 155 ff.

317 *Apathy/Iro/Koziol*, Österreichisches Bankvertragsrecht, 2/37 f.; *Fremuth/Laurer/Linc/Pötzelberger/Ruess*, BWG § 38 Rn. 14.

318 Ö-RGBl. Nr. 337/1914, zuletzt geändert durch Ö-BGBl. I Nr. 29/2010. Mit dieser Änderung wurde die frühere Konkursordnung in Insolvenzordnung umbenannt.

wenn sie von der Eröffnung eines Insolvenzverfahrens gegen einen Kunden erfahren.[319]

Eheleuten steht grundsätzlich kein Auskunftsrecht über die Bankverbindungen des anderen Teils zu.[320] Vielmehr sind sie diesbezüglich wie jeder beliebige andere Dritte zu behandeln.

Der Tod eines Bankkunden führt auch in Österreich nicht zum Erlöschen seines Geheimhaltungsanspruchs, sondern zu dessen Übergang auf die Erben. Dieser vollzieht sich jedoch anders als etwa im deutschen Recht nicht kraft Gesetzes im Zeitpunkt des Todes einer Person, sondern es bedarf der sogenannten Einantwortung der Erben in den Nachlass. Dabei geht das Vermögen des Erblassers erst nach einem sogenannten Verlassenschaftsverfahren auf gerichtlichen Beschluss hin auf dessen Erben über. Zuvor tritt der sogenannte ruhende Nachlass an die Stelle des Verstorbenen. Dieser wird durch das Abhandlungsgericht oder einen Gerichtskommissär vertreten. Um diesen die Erfüllung ihrer gesetzlichen Aufgaben zu ermöglichen, ist ihnen gegenüber nach § 38 Abs. 2 Nr. 3 BWG das Bankgeheimnis aufgehoben.[321] Ein Kreditinstitut muss sich im Verhältnis zu ihnen so verhalten, als würde der verstorbene Kunde selbst anfragen.[322] Auch in Österreich ist anerkannt, dass der Erblasser seine Bank auch gegenüber seinen Erben zur Geheimhaltung verpflichten kann.[323] Deren Auskunftsrecht beschränkt sich dann auf rein vermögensrechtliche Angelegenheiten des Verstorbenen.[324]

3.3.4 In der Schweiz

In der Schweiz wird, wie in den anderen Vergleichsländern, als Kunde und damit als Geheimnisherr angesehen, wer zu der Bank in einer vertraglichen Bezie-

---

319 *Fally*, Verschwiegenheitspflicht der Kreditinstitute, S. 15.

320 Dies um so mehr, als nach § 1237 ABGB die Gütertrennung in Österreich der gesetzliche Güterstand ist, so dass jeder Ehegatte die alleinige die Verfügungsbefugnis über alle von ihm in die Ehe eingebrachten und während der Ehe erworbenen Güter behält.

321 Vgl. zum Verlassenschaftsverfahren: http://www.help.gv.at/Content.Node/79/Seite. 793010. html (Stand: 17.11.2010).

322 OGH, Beschluss vom 01.12.1998 - 10Ob322/98w, siehe dazu auch *Schefold*, IPRax 2000, S. 234 ff. Die vorgenannte sowie die nachfolgend zitierten Entscheidungen österreichischer Obergerichte sind, sofern keine andere Quellenangabe erfolgt, abrufbar unter: http://www.ris.bka.gv.at/Jus/ (Stand: 17.11.2010).

323 *Jabornegg/Strasser/Floretta*, Bankgeheimnis, S. 102; vgl. auch *Perscha/Stögner/Pawlytta*, ZEV 2008, S. 412 ff., die rechtliche Gestaltungs-möglichkeiten nach österreichischen Recht aufzeigen, mit denen der Erblasser bestimmte Zuwendungen an Dritte möglichtst auch gegenüber seinen Erben verheimlichen kann.

324 *Apathy/Iro/Koziol*, Österreichisches Bankvertragsrecht, 2/42.

hung steht.[325] Aus Art. 47 Abs. 4 BankG folgt zudem, dass der Geheimhaltungsanspruch zeitlich unbegrenzt ist und daher nicht vom Fortbestand eines Vertrages abhängt.

Da in der Schweiz das Bankgeheimnis auch persönlichkeitsrechtlich begründet wird,[326] besteht Einigkeit darüber, dass auch die Informationen Dritter, die in keiner vertraglichen Beziehung zu einer Bank stehen, aus diesem Grunde von dieser geheim zu halten sind.[327] Damit lässt sich insbesondere für die vorvertragliche Beziehung einer Person zu einer Bank der Geheimhaltungsanspruch begründen.[328] Daneben geht die Literatur mehrheitlich davon aus, dass auch andere nicht vertraglich mit einer Bank verbundene Personen sich ebenfalls auf das Bankgeheimnis berufen können. Dazu müssen sie zu dieser in einer geschäftlichen Beziehung stehen, etwa als Empfänger einer Überweisung oder als Begünstigte aus einem Bankvertrag zugunsten Dritter.[329] Dementsprechend wird der bloß wirtschaftlich aus einer Bankverbindung Berechtigte nach herrschender Meinung nicht als Bankkunde angesehen, da er weder eine eigene vertragliche Beziehung zu der jeweiligen Bank noch Ansprüche gegen diese hat. Er ist vielmehr wie jeder andere Dritte zu behandeln.[330]

Auch in der Schweiz kann ein Bankkunde einen Stellvertreter damit beauftragen, an seiner Stelle Bankgeschäfte zu tätigen. Dieser kann innerhalb des ihm zustehenden Vertretungsrechts rechtsgeschäftlich anstelle des Kunden handeln und Auskünfte von dessen Bank verlangen.[331] Juristische Personen handeln stets durch ihre gesetzlichen Organe sowie rechtsgeschäftlich bestellte Vertreter.[332] Auch natürliche Personen, denen die Handlungsfähigkeit[333] fehlt, werden gesetzlich vertreten, wobei der Vertreter dann an ihrer Stelle den aus dem Bankge-

---

325 *Glaser Tomasone*, Amtshilfe und Bankgeheimnis, S. 90.

326 Siehe dazu unten S. 88 f.

327 *Lasserre Capdeville*, Le secret bancaire, Rn. 309 f.

328 *Joyce Rappo*, Rn. 244 und Rn. 540 ff.

329 Vgl. *Joyce Rappo*, Rn. 237 ff., die daraus ableitet, dass sich in solchen Mehrpersonenverhältnissen aufgrund von Treu und Glauben die Beteiligten untereinander nicht auf das Bankgeheimnis berufen können.

330 *Glaser Tomasone*, Amtshilfe und Bankgeheimnis, S. 91; *Joyce Rappo*, Rn. 250 ff. m.w.N.

331 *Abegg*, in: Schweizerisches Bankenrecht, S. 267.

332 Ausführlich dazu *Aubert*, Le secret bancaire suisse, S. 395 ff. Zu nennen sind insoweit vor allem die Eltern des Minderjährigen als Inhaber der elterlichen Sorge im Sinne von Art. 304 ZGB, der Vormund nach Art. 407 ZGB, der Beistand gemäß Art. 146 ZGB sowie der Beirat nach Art. 395 ZGB

333 Art. 12 ZGB. Dieser Begriff ist nicht mit dem deutschen Begriff der Handlungsfähigkeit gleichzusetzen. Vielmehr entspricht nach dortigem Verständnis der Geschäftsfähigkeit.

heimnis folgenden Geheimhaltungsanspruch geltend machen kann. Auskünfte an den Vertretenen sind im Falle der Stellvertretung jederzeit weiter möglich.[334]

Wird ein Bankkunde zahlungsunfähig so geht das Recht zur Verwaltung seines Vermögens nach dem Bundesgesetz vom 11. April 1889 über Schuldbetreibung und Konkurs (SchKG)[335] auf das Konkursamt über. Kreditinstitute sind gemäß § 232 Abs. 3 und 4 SchKG wie jeder andere Schuldner des Konkursschuldners verpflichtet, dessen in ihrem Besitz befindliche Vermögenswerte sowie dessen Forderungen gegen sie dem Konkursamt zu melden, so dass ein Vermögensinventar zur Befriedigung der Gläubiger erstellt werden kann. Diese Verpflichtung geht dem Bankgeheimnis vor.[336]

Ehegatten sind sich, unabhängig vom für sie geltenden Güterstand, gesetzlich gegenseitig zur Auskunft über ihr Vermögen verpflichtet. Daraus folgt Dritten gegenüber jedoch kein direkter Auskunftsanspruch. Demnach gilt auch insoweit das Bankgeheimnis.[337]

Stirbt der Bankkunde so gehen seine vertraglichen Rechte und Pflichten kraft Gesetzes nach Art. 560 ZGB auf seine gesetzlichen oder eingesetzten Erben über. Die Pflicht zur Wahrung des Bankgeheimnisses erlischt in diesem Falle nicht, sondern die Erben treten gegenüber der Bank des Erblassers in die Kundenstellung ein. Sie sind folglich nicht mehr als außenstehende Dritte anzusehen, sondern ihnen stehen nach einhelliger Ansicht im gleichen Umfang wie dem Erblasser Auskunftsansprüche über dessen Vermögensangelegenheiten gegenüber der Bank zu.[338] Die persönlichkeitsrechtlichen Aspekte des Bankgeheimnisses können jedoch als höchstpersönliche Rechte nicht auf die Erben übergehen. Strittig ist, inwieweit der Erblasser, seine Bank für den Fall seines Ablebens zur Geheimhaltung bestimmter persönlicher Geheimnisse auch gegenüber den Erben verpflichten kann und über welchen Zeitraum sich ein eventuelles Auskunftsverbot erstreckt.[339] So bejaht das Bundesgericht die Wirksamkeit von Vereinbarungen zwischen den Inhabern gemeinschaftlicher Konten und ihrer Bank, wonach mit dem Tode eines Inhabers dessen Verfügungsrecht nicht

---

334 *Lasserre Capdeville*, Le secret bancaire, Rn. 580 ff. m.w.N.

335 AS **11** 529, zuletzt geändert durch AS **2009** 5203.

336 BGE 94 III 83 ff. Diese Pflicht umfasst nach herrschender Ansicht in der Literatur auch Auskünfte über das Vermögen des Konkursschuldners vor Beginn des Konkursverfahrens, vgl. *Aubert*, Le secret bancaire suisse, S. 192 ff.

337 *Abegg*, in: Schweizerisches Bankenrecht, S. 268 f. Gegen den Willen des anderen Teils kann eine Auskunft nur mittels richterlicher Verfügung gemäß Art. 170 Abs. 2 ZGB durchgesetzt werden

338 BGE 89 II 87; *Lasserre Capdeville*, Le secret bancaire, Rn. 281.

339 *Joyce Rappo*, Rn. 329 ff. m.w.N.

auf seine Erben übergeht, sondern beim überlebenden Teil verbleibt.[340] In der Literatur werden dagegen Bedenken in Hinblick auf die Interessen der Erben geäußert.[341]

3.3.5 In Liechtenstein

Als Bankkunde und damit als Träger des Bankgeheimnisses gilt in Liechtenstein ebenso wie in anderen Vergleichsländern, wer zu einer Bank in einem vertraglichen Verhältnis steht.[342]

Da das Bankgeheimnis, wie in der Schweiz, auch auf das zivilrechtliche Persönlichkeitsrecht gestützt wird,[343] lässt sich damit der Geheimhaltungsanspruch im vorvertraglichen Verhältnis zu einer Bank begründen. Nach dem Ende der vertraglichen Beziehungen wirkt die Geheimhaltungspflicht kraft Gesetzes nach Art. 14 Abs. 1 S. 2 L-BankG zeitlich unbegrenzt fort.

Inwieweit weitere Personen, die weder in einer vertraglichen noch in einer vorvertraglichen Beziehung zu einem Kreditinstitut stehen, als deren Kunden anzusehen sind, ist in der liechtensteinischen Rechtsprechung und Literatur zum Bankgeheimnis nicht geklärt. *Wagner* stellt dazu lediglich fest, dass der Kundenbegriff sehr weit auszulegen sei und auch auf Nichtkunden zu erstrecken sei. Als Beispiel führt er an, dass Informationen über den Empfänger einer Überweisung ebenfalls dem Bankgeheimnis unterlägen.[344] Diese Aussage bedarf der Konkretisierung, um eine uferlose Ausdehnung des Kundenkreises und des damit verbundenen Haftungsrisikos einer Bank zu verhindern. Insoweit erscheint der Rückgriff auf die eben dargestellte Auslegung des schweizerischen Rechts in vergleichbaren Konstellationen sachgerecht, da sich das liechtensteinische Recht stark daran anlehnt. Danach ist bei der Einbeziehung Dritter in den Schutz des Bankgeheimnisses zu verlangen, dass diese selbst auch in einer geschäftlichen Beziehung zu einer Bank stehen. Dies ist etwa bei dem Empfänger einer Überweisung der Fall. Fehlt es an einer solchen Beziehung, sind Dritte, deren Informationen einer Bank bekannt werden, nicht als deren Kunden anzusehen, so dass sie keine vertraglichen Ansprüche gegen sie geltend machen können.

---

340 BGE 94 II 167.

341 Im Sinne der Wirksamkeit solcher Klauseln Aubert, Le secret bancaire suisse, S. 395 ff. m.w.N.; vgl. auch *Pawlytta/Schmutz*, ZEV2008, S. 59 ff., diese zeigen rechtliche Gestaltungsmöglichkeiten nach schweizerischem Recht auf, mit denen deutsche Erblasser – aus welchen Beweggründen auch immer – Vermögensgegenstände gegenüber ihren Erben geheim halten können.

342 *Frommelt*, Das Bankgeheimnis, S. 8 f.

343 Siehe dazu unten S. 89.

344 *Wagner*, Bankenplatz Liechtenstein, S. 206.

Anstelle des Bankkunden kann auch in Liechtenstein ein rechtsgeschäftlich bestellter Stellvertreter für diesen handeln, wobei sich dessen Vertretungs- und Auskunftsrechte nach dem Umfang der ihm vom Vollmachtgeber erteilten Vollmacht richten.[345] Juristische Personen werden vorrangig durch ihre gesetzlichen Vertreter vertreten. Diese handeln auch für natürliche Personen, denen die Handlungsfähigkeit fehlt.[346]

Im Konkursverfahren geht nach Art. 4 des Gesetzes vom 17. Juli 1973 über das Konkursverfahren (Konkursordnung, KO)[347] die Verfügungsbefugnis über das Vermögen des Gemeinschulders auf den gerichtlich bestellten Masseverwalter über. Diesem kann das Bankgeheimnis nicht entgegengehalten werden. Auch ohne konkrete Anfrage ist eine Bank, die Kenntnis von der Eröffnung eines Konkursverfahrens über einen ihrer Kunden erlangt, verpflichtet, dem Masseverwalter die in ihrem Gewahrsam befindlichen, zur Konkursmasse gehörenden Sachen anzuzeigen. Das Bankgeheimnis ist insoweit durchbrochen.[348]

Eheleuten stehen nach liechtensteinischem Recht generell keine Auskunfts- und Weisungsrechte in Bezug auf Konten des jeweils anderen Ehepartners zu, da gesetzlicher Güterstand die Gütertrennung ist. Das Bankgeheimnis ist ihnen gegenüber also zu wahren, Durch eine Güterstandsvereinbarung (Ehepakt) kann etwas anderes bestimmt werden.[349]

Die Pflicht zur Wahrung des Bankgeheimnisses erlischt auch in Liechtenstein nicht mit dem Tod eines Bankkunden, sondern geht auf dessen Erben über. Wie in Österreich tritt bis zu deren gerichtlicher Einantwortung in das Erbe zunächst der ruhende Nachlass an die Stelle Erblassers. Erst anschließend besitzen die Erben die gleichen Auskunftsrechte wie dieser.[350] Da nach der Rechtsprechung des L-OGH das Bankgeheimnis zugleich Teil des Persönlichkeitsrechts

345 *Frommelt*, Das Bankgeheimnis, S. 26 ff.

346 Eingehend dazu *Wagner*, Bankenplatz Liechtenstein, S. 208 ff. Die wichtigsten gesetzlichen Vertreter natürlicher Personen sind die Eltern als Inhaber der elterlichen Gewalt sowie der Kurator/Beistand und der Vormund einer ganz oder teilweise entmündigten Person.

347 LGBl. 1973 Nr. 45/2, zuletzt geändert durch LGBl. 2009 Nr. 346.

348 *Wagner*, Bankenplatz Liechtenstein, S. S. 262 ff.

349 *Wagner*, Bankenplatz Liechtenstein, S. 212 f. Das liechtensteinische Recht erkennt jegliche Güterstandsvereinbarung (Ehepakt) an, die Aufzählung der Güterstände im L-ABGB ist nicht abschließend.

350 Nach *Wagner*, Bankenplatz Liechtenstein, S. 235 ff. werden den Erben in der Geschäftspraxis der Banken häufig bereits vor ihrer Einantwortung Auskünfte betreffend über das Vermögen des Erblassers erteilt, um diesen Entscheidung über die Annahme oder Ausschlagung der Erbschaft zu erleichtern. Eine gesetzliche Grundlage dafür fehlt allerdings. Insoweit wird als Rechtfertigungsgrund eine Abwägung der Interessen von Erben und Erblasser sowie die Wahrung berechtigter Interessen genannt.

des Erblassers ist, gilt es auch und gerade gegenüber dessen nahen Verwandten und Erben. Ein Erblasser kann daher seine Bank auch diesen gegenüber zur Wahrung des Bankgeheimnisses verpflichten. Verlangen die Erben die Offenbarung von Informationen, die eine Bank nach dem Willen des Erblassers auch ihnen gegenüber geheim halten soll, so sind dessen Motive gegen die Interessen der Erben abzuwägen.[351]

3.3.6 Zusammenfassung

Als Kunde und damit zugleich als Herr des Bankgeheimnisses wird in allen hier verglichenen Ländern diejenige Person angesehen, die in einer vertraglichen Beziehung zu einer Bank steht. Dabei besteht in Österreich und der Schweiz Uneinigkeit darüber, ob nur „klassische" Bankgeschäfte, wie die Eröffnung eines Kontos, eine Bank zur Verschwiegenheit verpflichten oder auch moderne Bankgeschäfte, wie der Edelmetallverkauf. Letzteres wird man in Hinblick auf die identische Schutzwürdigkeit des Kunden bejahen müssen. In allen Vergleichsländern werden, unabhängig vom Zustandekommen eines Vertrages, auch solche Personen als Kunden einer Bank angesehen, die sich in vorvertraglichen Verhandlungen zu dieser befinden. Ebenso wird das Bankgeheimnis überall auf den Zeitraum nach der Beendigung der vertraglichen Beziehung zwischen Bank und Kunde erstreckt.

Allgemein anerkannt ist auch die Notwendigkeit, den Geheimnisschutz durch das Bankgeheimnis auch auf Nichtkunden zu erstrecken. Unter welchen Voraussetzungen dies möglich ist, wird jedoch unterschiedlich beurteilt.

Da das Bankgeheimnis in keinem Vergleichsland als höchstpersönliches Recht angesehen wird, ist es einem Bankkunden jederzeit möglich, einen rechtsgeschäftlichen Vertreter mit dessen Wahrnehmung zu beauftragen. In anderen Fällen, insbesondere im Gesellschaftsrecht, handeln anstelle des Kunden gesetzliche Stellvertreter. Stellvertreter können innerhalb der ihnen zustehenden Vertretungsmacht wie der Kunde persönlich Auskünfte von dessen Bank verlangen, ohne dass ihnen das Bankgeheimnis entgegengehalten werden kann.

In der Insolvenz bzw. im Konkurs eines Bankkunden verliert dieser in allen Vergleichsländern das Verfügungsrecht über sein Vermögen an die für die Durchführung dieses Verfahrens zuständige Stelle. Diese kann im Rahmen des Verfahrens alle zu dessen Durchführung notwendigen Informationen von einer Bank einholen und diese vom Bankgeheimnis entbinden.

351 L-OGH, Entscheidung vom 07.03.2002 -1 Cg 2/2000-58.

Ob ein Ehegatte Auskunftsrechte in Bezug auf die Konten des jeweils anderen Teils hat, hängt in den einzelnen Ländern vom Güterstand der Eheleute ab. In aller Regel besteht kein solches Recht.

Nach dem Tod eines Bankkunden erlischt dessen Geheimhaltungsanspruch nicht, sondern geht auf dessen Erben über. Diese können im gleichen Umfang wie der Erblasser alle Auskünfte von einer Bank verlangen. Der Übergangvorgang ist dabei in den Vergleichsländern unterschiedlich geregelt. Während er in Deutschland, Luxemburg und der Schweiz kraft Gesetzes im Zeitpunkt des Todes des Erblassers erfolgt, was zur Folge hat, dass diese unmittelbar an die Stelle des verstorbenen Kunden treten, bedarf es in Österreich und Liechtenstein dazu eines besonderen gerichtlichen Beschlusses. Allgemein anerkannt ist, dass der Erblasser eine Bank auch gegenüber seinen Erben zur Geheimhaltung verpflichten kann.

3.4 Nummern- und Pseudonymkonten

Das Bankgeheimnis wird häufig in Zusammenhang mit zwielichtigen anonymen Kundenbeziehungen gebracht, die unter Verwendung von Nummern- und Pseudonymkonten bzw. anonymen Konten für Praktiken der Geldwäsche missbraucht werden. Diese Anschuldigungen entpuppen sich bei näherer Betrachtung jedoch als haltlos, sind doch zumeist schon die Vorstellungen über den Zusammenhang zwischen dem Bankgeheimnis und diesen besonderen Kontoformen, deren allgemeine rechtliche Zulässigkeit sowie deren tatsächlichen Zweck falsch.[352]

3.4.1 In Deutschland

In Deutschland ist das Führen von Nummernkonten gemäß § 154 Abs. 1 AO, der den Grundsatz der Kontenwahrheit festlegt, verboten.[353] Danach darf niemand „auf einen falschen oder erdichteten Namen für sich oder einen Dritten ein Konto errichten oder Buchungen vornehmen lassen, Wertsachen (Geld, Wertpapiere, Kostbarkeiten) in Verwahrung geben oder verpfänden oder sich ein Schließfach geben lassen."[354] Damit korrespondiert nach § 154 Abs. 2 AO die Pflicht der Banken und sonstiger Personen, die eine der in Abs. 1 aufgeführten Handlungen ausführen, jederzeit Auskunft über die entsprechenden Antragsteller geben zu können. Dazu bedarf es eines Identitätsnachweises mittels einer

352 Kritisch auch *Lasserre Capdeville*, Le secret bancaire, Rn. 36.

353 Ausführlich dazu *Carl/Klos*, DStZ 1995, S. 296, S. 298 ff. m.w.N.

354 Vgl. zur umstrittenen Frage, an wen sich dieses Verbot richtet *Hamacher*, DB 1995, S. 2284, S. 2285 f.; *Cöster*, in: *Pahlke/Koenig*, AO § 154 Rn. 10.

sogenannten Legitimationsprüfung.[355] Gewährleistet wird damit aber nur die formale Kontenwahrheit, da nicht verhindert werden kann, dass der Kontoinhaber für Rechnung eines anderen tätig ist.[356] Die Ermittlung des materiellen Inhabers einer Forderung ist nicht Aufgabe der kontoführenden Bank.[357] Zudem folgt aus § 154 Abs. 2 AO das Verbot von Nummerkonten, weil bei Konten der Name des Inhabers darauf erscheinen muss.[358] § 154 AO betrifft aber nicht nur die Errichtung von Konten, sondern sämtliche Buchungsvorgänge.[359] Aus diesem Grunde müssen Banken alle Geschäftsvorgänge unter namentlicher Nennung der Beteiligten und nicht über inhaberlose Sammelkonten, die sogenannten CpD (Conto pro Diverse),[360] abwickeln, sofern deren Namen bekannt oder leicht zu ermitteln sind oder diese eigene Konten ühren.[361] Verstöße gegen die Pflichten nach § 154 Abs. 1 AO führen nach dessen Abs. 3 zur Sperre der entsprechenden Vermögenswerte. Erfolgt dennoch eine Herausgabe oder sonstige Verfügung ohne Zustimmung des Finanzamtes und kommt es dadurch zu einer Beeinträchtigung von Steueransprüchen oder Verfallserklärungen, so haftet bei Verschulden der zur Vornahme der Legitimation Verpflichtete.[362] Die Pflicht der Banken zur Feststellung der Identität ihrer Kunden lässt sich neben § 154 AO auch aus Bestimmungen zur Verhinderung der Geldwäsche herleiten, auf die im Einzelnen noch näher eingegangen wird.[363]

---

355 *Ax/Große/Melchior*, AO, Rn. 1052. Der vorsätzliche oder leichtfertige Verstoß gegen § 154 Abs. 1 AO wird nach § 379 Abs. 2 Nr. 2 AO als Ordnungswidrigkeit geahndet.

356 *Carl/Klos*, DStZ 1995, S. 296, S. 299 f.

357 BGH, WM 94, 2270; *Brockmeyer*, in: *Klein/Orlopp*, AO, § 154 Rn. 6.

358 Vgl. auch *Brockmeyer*, in: *Klein/Orlopp*, AO, § 154 Rn. 1.

359 *Brockmeyer*, in: *Klein/Orlopp*, AO, § 154 Rn. 2.

360 CpD sind Konten, die der Verbuchung von Geschäftsvorfällen verschiedener Art dienen, die nicht zur bankeigenen Buchführung gehören, die aber, weil ein kundenbezogenes Konto nicht zur Verfügung steht, an sich nicht verbucht und zugeordnet werden könnten. Typischerweise werden Beträge auf dem CpD bis zur endgültigen Zuordnung nur zwischengebucht. Das CpD ist daher ein bankinternes Sammelkonto, und dabei kein eigentliches Konto, weil es keinen Inhaber hat. CpD stehen zwischen den legitimationsgeprüften Kundenkonten, die namentlich einen Inhaber ausweisen, und den rein betriebsinternen Konten. Weil das CpD kundenbezogene Buchungen aufnimmt, ist es ein Fremd- und kein Eigenkonto der Bank. Da die Buchung aber nicht die Qualität einer Kontoeröffnung hat, kommt eine Legitimationsprüfung nicht in Betracht. Vgl. dazu *Gößmann*, in: *Schimansky/Bunte/Lwowski*, Bankrechtshandbuch, § 31 Rn. 13a.

361 *Ax/Große/Melchior*, AO, Rn. 1002; *Gößmann*, in: *Schimansky/Bunte/Lwowski*, Bankrechtshandbuch, § 31 Rn. 13a.

362 *Ax/Große/Melchior*, AO, Rn. 1052.

363 Siehe dazu unten S. 197 ff.

3.4.2 In Luxemburg

Die Errichtung von Nummern- und Pseudonymkonten ist in Luxemburg anders als in Deutschland generell zulässig. Dies bedeutet jedoch nicht, dass dadurch die anonyme Anlage und Verwaltung von Geldern ermöglicht würde. Dem steht § 163 LGI entgegen, welcher dem früheren § 163 RAO und heutigen § 154 AO entspricht. Danach sind Banken bei der Errichtung von Konten, der Hinterlegung oder Verpfändung von Wertsachen sowie bei der Überlassung von Schließfächern zur namentlichen Feststellung des Verfügungsberechtigten verpflichtet.[364] Zudem ergibt sich diese Pflicht auch in Luxemburg aufgrund geldwäscherechtlicher Bestimmungen.[365] Nummern- und Pseudonymkonten zeichnen sich im Vergleich mit gewöhnlichen Konten alleine dadurch aus, dass der Name des Kunden nicht wie üblich zur Bezeichnung des Kontos dient, sondern eben eine Nummer bzw. ein Pseudonym. Der Name des Kunden ist damit nicht allgemein erkennbar, sondern nur bestimmten Bankmitarbeitern, meist dem Vorstand, zugänglich. Nummern- und Pseudonymkonten gewährleisten damit eine besondere Diskretion der Kundenbeziehung innerhalb eines Kreditinstituts. Gegenüber außenstehenden Dritten wird das Bankgeheimnis jedoch unter den gleichen Voraussetzungen durchbrochen wie bei normalen Konten.[366]

3.4.3 In Österreich

Österreich ist das einzige hier behandelte Land, das bis in die jüngere Vergangenheit wirklich anonyme Bank-Kunden-Beziehungen kannte. Nach § 31 Abs. 1 BWG a.F. konnten Spareinlagen ohne Identifikation des Kunden unter einer beliebigen Bezeichnung errichtet werden und jeder Inhaber der Sparurkunde konnte, wiederum ohne Pflicht zur Identifikation, darüber verfügen.[367] Sinn dieser nach dem Zweiten Weltkrieg eingeführten Regelung war es, den Sparsinn der Bevölkerung zu stärken. In der Folgezeit kam es aber zu erheblichen Missbräuchen solcher Konten.[368] Daher drohte die Financial Action Task Force (FATF),[369] Österreich im Frühjahr 2000 mit der Aussetzung seiner Mitglied-

---

364 *Esskandari*, wistra 2002, S. 87, S. 89.

365 Siehe dazu unten S. 203 ff.

366 *Lasserre Capdeville*, Le secret bancaire, Rn. 36.

367 Siehe dazu *Roth/Fitz*, ÖBA 1996, S. 409, S. 409 f.; *Nitsche*, ÖBA 2000, S. 1055, S. 1055 f.

368 Kritisch etwa *Roth/Fitz*, ÖBA 1996, S. 409, S. 410 ff.

369 *Findeisen*, in: Basel II: Folgen für Kreditinstitute und ihre Kunden, S. 95, S. 108 f.; Die FATF ist eine intergouvernementale Vereinigung zur Bekämpfung von Geldwäsche und Terrorismusfinanzierung, die regelmäßig Empfehlungen zu deren Bekämpfung aufstellt. Vgl. auch auf deren Homepage: http://www.fatf-gafi.org (Stand: 17.11.2010).

schaft in dieser Vereinigung. Wegen des dadurch drohenden Ansehensverlustes für den Finanzplatz beschloss die österreichische Regierung das Verbot der anonymen Konten.[370] Gleichwohl ist auch für die Zeit davor ein Zusammenhang zwischen dem Bankgeheimnis und anonymen Konten zu verneinen. Der österreichische Verwaltungsgerichtshof (VwGH) entschied bereits 1991, dass anonyme Konten nicht dem Bankgeheimnis unterlägen, da es keinen Geheimnisherrn gebe, der sich darauf berufen könne. Daher hielt der VwGH auch die aus dem Bankgeheimnis folgenden gesetzlichen Beschränkungen in Bezug auf Ermittlungen bei Banken in diesen Fällen für nicht einschlägig.[371] Nach den §§ 31 Abs. 1, 40 Abs. 1 Nr. 4 BWG mussten Inhaber bestehender anonymer Konten bis zum 01.11.2000 ihre Identität offen legen.[372]Eine Ausnahme von der Identifikationspflicht besteht heute nur noch bei der Durchführung von Transaktionen außerhalb einer dauerhaften Geschäftsbeziehung, sofern deren Wert 15.000 Euro nicht überschreitet.[373] Abgesehen vom Bereich geringwertiger Einmalgeschäfte ist jeder Bankkunde bei der Aufnahme einer Geschäftsbeziehung seitens der Bank zu identifizieren.[374] Nummern- und Pseudonymkonten werden im BWG nicht ausdrücklich erwähnt. Jedoch folgt aus Art. 31 Abs. 1 BWG, dass Sparurkunden nur auf eine bestimmte Bezeichnung lauten können, insbesondere den Namen des identifizierten Kunden, keinesfalls jedoch auf einen anderen Namen. Wird eine andere Bezeichnung gewählt und beträgt der Guthabenstand der Spareinlage unter 15.000 Euro ist nach Art. 31 Abs. 3 BWG die Vereinbarung eines Losungswortes vorgeschrieben. Somit können weiterhin Konten auf eine andere Bezeichnung als den Namen des Inhabers lauten, anders als vor dem Verbot der anonymen Konten muss sich jedoch der Inhaber zwingend bei deren Errichtung identifizieren. Allerdings kann bei diesen sogenannten Kleinbetragssparbüchern an jeden Überbringer des Sparbuchs, der das Losungswort kennt, mit befreiender Wirkung geleistet werden, ohne dass er sich bei der Abhebung identifizieren müsste.[375] Daher gewährleisten solche Konten

370 *Nitsche*, ÖBA 2000, S. 1055, S. 1056 f.; *Lasserre Capdeville*, Le secret bancaire, Rn. 36 mit Fußnote 131.

371 VwGH, Erkenntnis vom 05.03.1991 - 90/14/0238. Diese Rechtsprechung ist in der Literatur überwiegend auf Ablehung gestoßen, vgl. Flora, Das Bankgeheimnis, S. 24 ff. m.w.N.

372 Anderenfalls wurde das Konto für Einzahlungen und Überweisungen gesperrt. Seit dem 01.07.2002 müssen verbleibende anonyme Konten besonders gekennzeichnet werden und sind für Auszahlungen gesperrt.

373 *Apathy/Iro/Koziol*, Österreichisches Bankvertragsrecht, 1/54; sowie unten S. 205 ff.

374 *Nitsche*, ÖBA 2000, S. 1055, S. 1056 ff.;

375 *Perscha/Stögner/Pawlytta*, ZEV 2008, S. 412, S. 414; zur Übertragung von Sparbüchern durch Schenkung nach der BWG-Novelle OGH, Entscheidung vom 21.05.2007 - 8Ob22/07d = ÖBA 2007, S. 786.

auch in Österreich keine völlige Anonymität, sondern wie in Luxemburg nur innerhalb einer Bank ein höheres Maß an Vertraulichkeit der Kundendaten. Im Verhältnis zu außenstehenden Dritten ergeben sich keine Unterschiede zwischen Namenssparbüchern und solchen mit anderer Bezeichnung.

3.4.4 In der Schweiz

In der Schweiz können ebenfalls Nummern- und Pseudonymkonten angelegt werden, um institutsintern einen besonders diskreten Umgang mit den eigenen Kundendaten zu gewährleisten.[376] Eine gängige Methode, die Beziehung zu einer Bank nach außen hin möglichst diskret abzuwickeln, besteht darin, sämtliche Korrespondenz mit dem Kunden bei der Bank zu verwahren, bis dieser sie dort abholt. Damit soll vermieden werden, dass die Unterlagen in die Hände Dritter gelangen.[377] Eine völlige Anonymität ihrer Kunden können die Schweizer Banken jedoch entgegen einer landläufig verbreiteten Meinung nicht gewährleisten.[378] Wie in Luxemburg und Österreich unterscheiden sich Nummern- und Pseudonymkonten in Bezug auf die Geheimhaltung gegenüber Dritten nicht von anderen Konten.[379] Denn Kreditinstitute sind aufgrund von Vorschriften zur Verhinderung der Geldwäsche und Terrorismusfinanzierung sowie der innerhalb der Schweizerischen Bankiervereinigung (SBVg) geltenden Sorgfaltspflichten allgemein verpflichtet, ihre Kunden sowie von diesen verschiedene wirtschaftlich Berechtigte zu identifizieren.[380] Anonyme Konten können daher in der Schweiz nicht geführt werden.[381]

3.4.5 In Liechtenstein

Auch in Liechtenstein besteht die Möglichkeit zur Errichtung von Nummern- oder Pseudonymkonten. Allerdings dienen diese wie in den anderen Vergleichs-

---

376 *Lasserre Capdeville*, Le secret bancaire, Rn. 36 unter Verweis auf BGE 77 II 367.

377 *Joyce Rappo*, Rn. 126 ff. mit weiteren Beispielen.

378 *Schultz*, Bankgeheimnis, S. 8; *Vogler*, Das Schweizer Bankgeheimnis, S. 59 f.

379 *Joyce Rappo*, Rn. 120 ff.; *Pawlytta/Schmutz*, ZEV2008, S. 59, S. 63 f.; vgl.auch *Carl/Klos*, DStZ 1991, S. 1285, S. 1287.

380 Siehe dazu auch unten S. 207 ff.

381 Die EBK riet daher schon 1991 wegen des Risikos von Verwechslungen mit realen Personen bei der Bezeichnung von Pseudonymkonten von deren Verwendung ab, verbot sie aber nicht. Sie verlangte jedoch eine eindeutige, jegliche Verwechslungsgefahr ausschließende Benennung der Konten (Rundschreiben EBK 91/3 zur Geldwäscherei, aufgehoben durch das Rundschreiben EBK 98/1). Aus diesem Grunde haben einige Schweizer Banken die Führung von Pseudonymkonten bereits aufgegeben. Insgesamt ist ihre Zahl in der Schweiz stark rückläufig, vgl. *Joyce Rappo*, Rn. 125.

ländern, die solche Konten kennen, nur dazu, bankintern einen besonders vertraulichen Umgang mit Kundendaten zu gewährleisten. Dabei ist es wie in der Schweiz üblich, diese Vertraulichkeit nach außen hin durch die banklagernde Verwahrung von Kontounterlagen zu verstärken.[382] Gleichzeitig ist es jedoch auch in Liechtenstein aufgrund geldwäscherechtlicher Bestimmungen, die eine Identifikation des Kunden zwingend vorschreiben, nicht möglich anonyme Konten zu errichten.[383]

Allerdings ist es auf Umwegen möglich, eine faktische Anonymität zu erreichen, indem Gelder über eine Stiftung liechtensteinischen Rechts angelegt werden. Das dortige Stiftungsrecht gilt weltweit als sehr liberal und ermöglicht unter vergleichsweise leicht zu erfüllenden Bedingungen die Errichtung einer Stiftung auch zu privatnützigen Zwecken. Aktuell bestehen rund 40.000 Stiftungen.[384] Die Ermittlung der durch eine Stiftung begünstigten Personen gestaltete sich in der Vergangenheit schwierig und führte insbesondere in den Fällen von internationaler Amts- und Rechtshilfe zu Problemen. Gerade deshalb geriet Liechtenstein im Ausland unter den Verdacht, der Steuerhinterziehung Vorschub zu leisten.[385] Eine bereits 2008 beschlossene Totalrevision des Stiftungsrechts[386] soll den Missbrauch liechtensteinischer Stiftungen zu Zwecken der Steuerhinterziehung künftig verhindern. Das Bankgeheimnis soll dadurch jedoch nicht mehr als bisher durchbrochen werden.[387]

---

382 Vgl. dazu Landtagsprotokoll des liechtensteinischen Landtags vom 26.06.2000, S. 1347, S. 1354 f. Dieses sowie die weiteren nachfolgend zitierten Landtagsprotokolle sind jeweils abrufbar mit Hilfe der Suchmaske unter: http://www.landtag.li/protokolle/ (Stand: 17.11.2010)

383 Siehe dazu unten S. 210 ff.

384 Dies entspricht der vom Öffentlichkeitsregister per 31.12.2009 herausgegebenen Gesamtzahl der hinterlegten Stiftungen und Treuhänderschaften, siehe dazu: http://www.llv.li/llv-gboera-oera-amtsgeschaefte-hinterlegung_im_oeffentlichkeitsregister-stiftung.htm (Stand: 17.11.2010); *Schauer*, in: Aktuelle Themen zum Finanzplatz Liechtenstein, S. 67 spricht im Jahr 2004 sogar noch von 80.000 Stiftungen. Die Zahl der liechtensteinischen Stiftungen erscheint damit derzeit stark rückläufig.

385 *Werner*, IStR 2010, S. 589; siehe zur internationalen Amts- und Rechtshilfe unten S. 361 ff.

386 LGBl. 2008 Nr. 220.

387 Vgl. zum neuen liechtensteinischen Stiftungsrecht das Landtagsprotokoll vom 14.03.2008, S. 238 ff.; *Wagner*, Bankenplatz Liechtenstein, S. 87 ff.; *Werner*, IStR 2010, S. 589, S. 590 ff.; grundsätzliche Anregungen zu einer Neuausrichtung des liechtensteinischen Stiftungsrecht unter Vergleich mit anderen Rechstordnungen finden sich bei *Schauer*, in: Aktuelle Themen zum Finanzplatz Liechtenstein, S. 67 ff.

3.4.6 Zusammenfassung

Im Ergebnis ist festzuhalten, dass die in vielen Köpfen verankerte Verbindung des Bankgeheimnisses mit Anonymität und damit einhergehenden zwielichtigen Geschäften, schlicht falsch ist. Anonyme Konten dürfen, anders als Nummern- oder Pseudonymkonten, die nur in Deutschland verboten sind, in keinem der Vergleichsländer geführt werden. Nummern- und Pseudonymkonten wiederum dienen nur der bankinternen Verstärkung des Bankgeheimnisses, haben jedoch keinerlei Einfluss auf den Umfang des Bankgeheimnisses nach außen hin. Vielmehr gelten für diese Konten dieselben rechtlichen Beschränkungen, insbesondere in Hinblick auf die Vermeidung von Geldwäsche, auf die noch genauer eingegangen wird, wie bei anderen Konten.

4 Die rechtlichen Grundlagen des Bankgeheimnisses

Nachdem nun feststeht, wie der Begriff des Bankgeheimnisses begrifflich abzugrenzen ist und wer daraus berechtigt und verpflichtet ist, sollen nachfolgend die rechtlichen Grundlagen des Bankgeheimnisses näher untersucht werden. Der eingangs geschilderte geschichtliche Überblick hat gezeigt, dass das Bankgeheimnis durch langdauernde Übung in den Vergleichsländern zunächst den Rang einer gewohnheitsrechtlichen Verpflichtung erlangt und sich dann mit Ausnahme Deutschlands zu geschriebenem Recht entwickelt hat. Durch die gesetzliche Normierung ist das Bankgeheimnis in Luxemburg, Österreich, der Schweiz und Liechtenstein daher nicht als neue Rechtsfigur eingeführt worden, sondern es wurde eine bestehende Rechtslage aufgegriffen und die daraus folgende Verpflichtung um eine strafrechtliche Komponente erweitert. Insofern erstaunt es nicht, dass als wesentliche rechtliche Grundlage zur Bestimmung von Inhalt und Reichweite des Bankgeheimnisses in allen Vergleichsländern das Zivilrecht gilt, wobei es innerhalb dieses Rechtsgebiets auf verschiedenste Weise hergeleitet wird. Daneben gibt es gerade in Deutschland, wo das Bankgeheimnis nicht ausdrücklich gesetzlich normiert ist, vielfältige Ansätze dieses mit Hilfe von Normen aus anderen Rechtsgebieten zu begründen, um so die Voraussetzungen, unter denen auf die Daten von Bankkunden zugegriffen werden darf, möglichst eng zu fassen.[388]

Nachfolgend wird untersucht, welche unterschiedlichen rechtlichen Grundlagen das Bankgeheimnis besitzt und inwiefern sich dies auf seinen Schutzbereich auswirkt.

4.1 Die zivilrechtlichen Grundlagen des Bankgeheimnisses

Dabei soll hier zunächst auf die zivilrechtlichen Grundlagen des Bankgeheimnisses eingegangen werden. Die Rechtsfolgen einer Verletzung dieser Geheimhaltungspflicht werden an anderer Stelle erörtert.[389]

---

388 Die einzelnen Begründungsansätze können jedoch nur Gültigkeit für einen bestimmten Rechtszweig beanspruchen, weshalb verbreitet etwa vom Bestehen eines „zivilrechtlichen Bankgeheimnisses“ oder eines „steuerlichen Bankgeheimnisses“ gesprochen wird, vgl. etwa *Grabau/Hundt/Hennecka*, ZRP 2002, S. 430, S. 430 f.; nach *Lerche*, ZHR 149 (1985), S. 165 weist das Bankgeheimnis daher eine relative Natur auf.

389 Siehe dazu unten S. 379 ff.

4.1.1 In Deutschland

Eine ausdrückliche Regelung des Bankgeheimnisses findet sich im deutschen Recht wie bereits gesehen nicht. Zivilrechtlich ist es als Rechtsfigur jedoch seit langem allgemein anerkannt.[390] So ist unbestritten, dass es eine selbstverständliche Nebenpflicht der Banken gegenüber ihren Kunden im Rahmen ihrer vertraglichen Beziehung darstellt.[391] Daher kommt der Aufnahme des Bankgeheimnisses in die AGB-Banken und die AGB-Sparkassen auch nur deklaratorische Bedeutung zu.[392] Somit ist eine Bank auch dann zur Verschwiegenheit verpflichtet, wenn die Geltung der AGB nicht vereinbart wurde oder die Vereinbarung unwirksam ist.[393]

Der rechtliche Anknüpfungspunkt der Pflicht zur Wahrung des Bankgeheimnisses wird uneinheitlich betrachtet. Nicht durchgesetzt hat sich dabei diejenige Ansicht, die die Verschwiegenheitspflicht der Bank nur an den jeweiligen Einzelgeschäften, etwa einen Girovertrag, zwischen Bank und Kunde anknüpft.[394]

Die heute vorherrschende Ansicht wurde von *Canaris* begründet. Sie betrachtet die Bank-Kunden-Beziehung als Einheit und sieht sie als gesetzliches Schuldverhältnis an.[395] Dieses soll bereits mit der Aufnahme von Vertragsverhandlungen entstehen und vor allem Schutz- und Fürsorgepflichten der Bank gegenüber ihrem Kunden umfassen, darunter als wesentliche Nebenpflicht diejenige zur Wahrung des Bankgeheimnisses.[396]

Die Anhänger der Lehre vom allgemeinen Bankvertrag gehen hingegen davon aus, dass mit dem Beginn von Vertragsverhandlungen zwischen Bank und Kunde neben den konkreten Einzelgeschäften ein rechtlich eigenständiger allgemeiner Bankvertrag entstehe. Dieser umfasse als Dienstvertrag mit Geschäftsbesorgungscharakter ohne primäre Leistungspflichten aber mit sekundären Schutz- und Verhaltenspflichten das Dauerschuldverhältnis zwischen Bank

---

390 Siehe dazu schon oben S. 5.

391 Vgl. etwa BGH, Beschluss vom 17.05.1955 - V ZB 11/55 (KG) = NJW 1955, S. 1148, S. 1150; OLG Köln, MDR 1965, S. 931.

392 *Koberstein/Windpassinger*, WM 1999, S. 473, S. 475; *Eckl*, DZWIR 2004, S. 221, S. 224; *Bütter/Tonner*, BKR 2005, S. 344, S. 348; *Hopt*, in: *Baumbach/Hopt*, HGB, Bankgeschäfte Rn. A/9; *Bunte*, AGB-Banken, Rn. 79.

393 *Kümpel*, Bank- und Kapitalmarktrecht, 2.149.

394 Nachweis dazu bei *Balzer*, BKR 2002, S. 1092.

395 *Canaris*, Bankvertragsrecht, Rn. 12 ff.; *Steindorff*, ZHR 149 (1985), S. 151, S. 153 f.; *Balzer*, BKR 2002, S. 1092, S. 1094; *Lang*, BKR 2003, S. 227, S. 233 f.; *Hadding/Häuser*, in: MüKoHGB, Rn. A 151 f. m.w.N.

396 *Canaris*, Bankvertragsrecht, Rn. 12 ff.

und Kunde als Rahmenvertrag.[397] Das Bankgeheimnis wird von dieser Ansicht als Teil der einer Bank gegenüber ihrem Kunden obliegenden Schutzpflichten angesehen.[398]

Der BGH hat sich in einer Entscheidung aus dem Jahr 2002 der Ansicht von *Canaris* angeschlossen.[399] Denn die Annahme eines eigenständigen allgemeinen Bankvertrages verletzte den allgemeinen Vertragsbegriff, weil es einem solchen Vertrag an einer eigenständigen, durch den Parteiwillen herbeigeführten Rechtsfolge fehle. Denn sekundäre Schutz- und Verhaltenspflichten entstünden auch ohne die Annahme eines selbständigen allgemeinen Bankvertrages innerhalb einer vertraglichen Beziehung unabhängig vom Parteiwillen kraft Gesetzes.[400]

Zwar finden sich auch nach dieser Entscheidung noch Anhänger der Lehre vom allgemeinen Bankvertrag,[401] dem BGH und der herrschenden Lehre ist jedoch darin zuzustimmen, dass es ihrer nicht bedarf, um die vertraglichen Beziehungen zwischen Bank und Kunde zivilrechtlich herzuleiten und inhaltlich festzulegen. Dafür spricht, dass durch das Schuldrechtsmodernisierungsgesetz der Gedanke der Vertrauenshaftung ausdrücklich in § 311 Abs. 2 BGB Einzug gefunden hat,[402] was implizit die Rechtsaufassung von *Canaris* bestätigt.[403] Zudem geht die Annahme eines eigenständigen allgemeinen Bankvertrages sowie daraus abgeleiteter besonderer Pflichten im Verhältnis von Bank und Kunden an

---

397 *Vollborth*, Forderungsabtretung durch Banken, S. 75 ff. m.w.N.

398 *Bunte*, in: *Schimansky/Bunte/Lwowski*, Bankrechtshandbuch, § 2 Rn. 11; daneben wird von Teilen der Anhänger dieser Lehre daraus auch die Verpflichtung einer Bank hergeleitet, auf Verlangen des Kunden weitere Einzelverträge, ausgenommen Kreditverträge, mit diesem zu schließen, vgl. *Hopt*, in: *Baumbach/Hopt*, HGB, Bankgeschäfte Rn. A/6 m.w.N.; dagegen: *Balzer*, BKR 2002, S. 1092, S. 1094; *Thessinga*, in: Ebenroth/Boujong/Joost, HGB, Rn. I15.

399 BGH, Urteil vom 24.9.2002 - XI ZR 345/01 = BKR 2002, S. 1089 ff., mit Anmerkung von *Balzer*, BKR 2002, S. 1092; Besprechung auch bei *Lang*, BKR 2003, S. 227 ff. Der BGH führt aus, „[a]us einer längeren Geschäftsbeziehung zwischen einer Bank und einem Kunden […] ergibt sich noch nicht das Bestehen eines eigenständigen allgemeinen Bankvertrages als Rahmenvertrag. Eine längere Geschäftsverbindung als solche ist nichts weiter als eine Beziehung, die auf einem Dauerschuldverhältnis oder einer mehr oder weniger großen Zahl von Einzelverträgen beruht."

400 BGH, Urteil vom 24.9.2002 - XI ZR 345/01 = BKR 2002, S. 1089, S. 1090 f., zustimmend *Balzer*, BKR 2002, S. 1092, S. 1093.

401 Aus neuerer Zeit z.B. *Köndgen*, NJW 2004, S. 1288, S. 1289 f.; *Claussen*, in: *Claussen*, Bank- und Börsenrecht, § 3 Rn. 5; *Thessinga*, in: Ebenroth/Boujong/Joost, HGB, Rn. I13 ff.; *Vollborth*, Forderungsabtretung durch Banken, S. 75 ff. m.w.N.

402 Siehe zu den Rechtsfolgen einer Verletzung dieser Norm unten S. 379 ff.

403 *Lang*, BKR 2003, S. 227, S. 233.

den Bedürfnissen der Geschäftswelt vorbei und verdient auch von daher keine Anerkennung.

Die allgemeine, auf ständiger Übung basierende Überzeugung von der Verbindlichkeit des Bankgeheimnisses ist auch der Grund, weshalb dieses neben der Qualifikation als schuldrechtliche Pflicht auch als Gewohnheitsrecht angesehen wird.[404] Denn dessen Entstehung setzt gerade eine solche lang dauernde Übung sowie die Überzeugung der beteiligten Kreise voraus, dass es sich um eine rechtlich verbindliche und nicht eine bloß sittliche Pflicht handelt.[405] Auch der deutsche Gesetzgeber ist sich des Bestehens des Bankgeheimnisses als Rechtsfigur bewusst. Dies belegen diejenigen Normen, die ausdrücklich darauf Bezug nehmen und eine Durchbrechung für zulässig erklären.[406] Die Tatsache, dass das Bankgeheimnis vielfach gesetzlich durchbrochen wird, spricht nicht, wie von einer Ansicht vorgebracht, gegen seine Entwicklung zum Gewohnheitsrecht.[407] Im Gegenteil kann dies gerade als Beleg für seinen gewohnheitsrechtlichen Charakter dienen, weil es ansonsten bei der Schaffung und Anwendung von Normen gar nicht erst berücksichtigt würde.[408] Gegenwärtig findet sich eine explizite Erwähnung des Begriffs „Bankgeheimnis" allerdings nur noch in einer speziellen Verordnung über die Eigenmittelausstattung von Kreditinstituten.[409] Andere Normen, die diesen Begriff verwendeten, wie etwa § 17 Pachtkreditgesetz a.F., wurden aufgehoben oder umformuliert,[410] woraus der Eindruck entsteht, dass der Gesetzgeber die Erwähnung des Begriffs „Bankgeheimnis" scheut. Ein Bei-

404 *Bosch*, IPRax 1984, S. 127, S. 130; *Nobbe*, WM 2005, 1537, 1540; *Koberstein-Windpassinger*, WM 1999, 473. 474; *Klüwer/Meister*, WM 2004, S. 1157; *Bruchner/Krepold*, in: *Schimansky/Bunte/Lwowski*, Bankrechtshandbuch, § 39 Rn. 9 m.w.N.; für ein nur im Bank-Kunden-Verhältnis wirkendes Gewohnheitsrecht *Huhmann*, Die verfassungsrechtliche Dimension des Bankgeheimnisses, S. 33 f.

405 BVerfG, Beschluss vom 28.6.1967 - 2 BvR 143/61 = BVerfGE 22, S. 114, S. 121 = NJW 1967, S. 2051, S. 2052.

406 Vgl. nur *Tolani*, BKR 2007, S. 275 mit Fn. 5; *Sichtermann/Feuerborn/Kirchherr/Terdenge*, S. 65 f. zitieren als Beleg einen älteren unveröffentlichten Anwendungserlass des Bundesjustizministeriums zum Bankgeheimnis. Abgesehen davon, dass dessen heutige Gültigkeit mehr als fraglich erscheint, ist er aufgrund fehlender Normqualität aber nicht geeignet, daraus die rechtliche Anerkennung des Bankgeheimnisses durch den Gesetzgeber zu begründen.

407 So aber *Ungnade*, WM 1976, S. 1210.

408 *Sichtermann/Feuerborn/Kirchherr/Terdenge*, Bankgeheimnis und Bankauskunft, S. 64.

409 Siehe dazu § 113 Abs. 5 Nr. 3 Verordnung über die angemessene Eigenmittelausstattung von Instituten, Institutsgruppen und Finanzholding-Gruppen (BGBl. 2006 I S. 2926), zuletzt geändert durch Artikel 1 der Verordnung vom 05. Oktober 2010 (BGBl. I S. 1330).

410 Nachweise für solche Normen finden sich bei Ungnade, WM 1976, S. 1210.

spiel dafür ist § 30a AO, aus dem eine Auffassung die gesetzliche Anerkennung des Bankgeheimnisses zumindest im Steuerrecht herleitet. Dabei spricht § 30a AO statt vom Bankgeheimnis vom „Schutz von Bankkunden".[411]

Neben der gewohnheits- und vertragsrechtlichen Herleitung wird das Bankgeheimnis in Deutschland auch auf das zivilrechtliche allgemeine Persönlichkeitsrecht sowie bei gewerblichen Bankkunden auf das Recht am eingerichteten und ausgeübten Gewerbebetrieb gestützt.[412] Einen allgemeinen zivilrechtlichen Anspruch auf eine Geheimsphäre gibt es nicht.[413] Das zivilrechtliche allgemeine Persönlichkeitsrecht umfasst unter anderem die Befugnis des Einzelnen, selbst zu entscheiden, inwieweit Dritte von seinen persönlichen und sachlichen Verhältnissen Kenntnis erlangen dürfen.[414] Das Recht am eingerichteten und ausgeübten Gewerbebetrieb vermittelt Schutz vor betriebsbezogenen Eingriffen in das Vermögen eines Gewerbebetriebs.[415] Dogmatisch gesehen handelt es sich bei beiden Rechten um sogenannte Rahmenrechte im Sinne des § 823 Abs. 1 BGB, bei denen, anders als bei den dort ausdrücklich genannten Rechtsgütern, die Rechtswidrigkeit nicht durch die schädigende Handlung indiziert ist, sondern mittels einer umfassenden Interessen- und Güterabwägung festzustellen ist.[416] Weder das allgemeine Persönlichkeitsrecht, noch das Recht am eingerichteten und ausgeübten Gewerbebetrieb erfassen das Bankgeheimnis vollständig, da sie keinen allgemeinen Anspruch auf eine Geheimsphäre beinhalten. Vielmehr ist in jedem Einzelfall zu prüfen, ob ein unter das Bankgeheimnis fallender Sachverhalt von einem dieser Rechte erfasst wird.[417]

Ein Beispiel für die besondere Bedeutung des Bankgeheimnisses in der Geschäftspraxis der Banken stellt die aktuelle Diskussion um die Wirksamkeit der Abtretung von Darlehensforderungen durch Banken ohne Einwilligung der betroffenen Kunden dar. Das OLG Frankfurt hat in einer vereinzelt gebliebenen

---

411 Siehe dazu unten S. 108 ff.

412 *Bruchner/Krepold*, in: *Schimansky/Bunte/Lwowski*, Bankrechtshandbuch, § 39 Rn. 1; wohl als einer der ersten plädierte *Sichtermann*, MDR 1965, S. 697, S. 697 f. für die Einbeziehung des Bankgeheimnisses in das zivilrechtliche allgemeine Persönlichkeitsrecht.

413 *Canaris*, Bankvertragsrecht, Rn. 40 ff. m.w.N.

414 *Lang*, ZBB 2006, S. 115, S. 125 f.; eingehend *Rixecker*, in: MüKoBGB, Anhang zu § 12 Rn. 10 m.w.N.

415 *Wagner*, in: MüKoBGB, § 823 Rn. 189 ff. m.w.N.; diese Rechtsfigur wird jedoch zunehmend als fragwürdig kritisiert, weil das Deliktsrecht auch ohne sie einen hinreichenden Schutz bei betriebsbezogenen Rechtsgutbeeinträchtigungen gewährleiste, vgl. *Petersen*, NJW 2003, S. 1570, S. 1570 f.

416 Vgl. BGH, Urteil vom 24.1.2006 - XI ZR 384/03 = BGHZ 166, S. 84 ff. = NJW 2006, S. 830, S. 841 m.w.N.

417 *Canaris*, Bankvertragsrecht, Rn. 40 f.

Entscheidung, die überwiegend auf scharfe Kritik gestoßen ist, aus dem Bankgeheimnis ein stillschweigendes Abtretungsverbot hergeleitet, das der Forderungsabtretung entgegenstehe und die Unwirksamkeit einer dennoch erfolgten Abtretung zur Folge habe. Denn anderenfalls komme es wegen der aus § 402 BGB folgenden Auskunftspflicht des Altgläubigers gegenüber dem Neugläubiger zu einer Verletzung des Bankgeheimnisses.[418] Der BGH hat demgegenüber entschieden, dass das Bankgeheimnis als schuldrechtliche Verpflichtung aufgrund der Relativität der Schuldverhältnisse grundsätzlich nur zwischen einer Bank und dem jeweiligen Kunden wirke, weshalb daraus kein dinglich wirkendes Abtretungsverbot hergeleitet werden könne. Ebenso wenig könne alleine aufgrund des Bankgeheimnisses unterstellt werden, dass ein solches Verbot zwischen Bank und Kunde stillschweigend vereinbart sei. Verletze das abtretende Kreditinstitut durch die Abtretung das Bankgeheimnis eines Kunden, sei dieser durch zivilrechtliche Schadensersatzansprüche hinreichend geschützt.[419] Das BVerfG hat die Rechtsprechung des BGH in Hinblick auf ihre Vereinbarkeit mit den Grundrechten der von einer Forderungsabtretung betroffenen Schuldner untersucht und grundsätzlich bestätigt.[420] Eine explizite Aussage zum Bankgeheimnis trifft die Entscheidung dabei nicht, womit sie die Tendenz des Verfassungsgerichts bestätigt, dieses nicht als grundrechtlich eigenständig geschützt zu betrachten.[421] Das BVerfG hat die Forderungsabtretung ohne Einwilligung des Schuldners vielmehr vor dem Hintergrund von dessen Grundrecht auf informationelle Selbstbestimmung betrachtet und entschieden, dass die Abtretung von Darlehensforderungen und die daraus folgende Auskunftspflicht des Altgläubigers gegenüber dem Neugläubiger ohne Verstoß gegen dieses Grundrecht rechtmäßig sei. Denn die Verkehrsfähigkeit von Forde-

418 OLG Frankfurt, NJW 2004, 3266 = WM 2004, S. 1386, S. 1387 mit ablehnender Besprechung von *Rinze/Heda*, WM 2004, S. 1557 ff.; ablehnend auch *Klüwer/Meister*, WM 2004, S. 1157, S. 1158 f.; Rögner, NJW 2004, S. 3230, 3231 ff.; Nobbe, WM 2005, S. 1537 ff; Bütter/Tonner, ZBB 2005, S. 165 ff.; offen gelassen bei Geltung der AGB Banken bei *Clemente*, ZfIR 2007, S. 737, S. 739 f.; differenzierend *Koch*, BKR 2006, S. 182, S. 185 ff.; *Fuhrmann*, Das Bankgeheimnis, S. 52 ff. m.w.N.

419 BGH, Urteil vom 27.02.2007 - XI ZR 195/05 = BGHZ 171, S. 180 ff. = NJW 2007, S. 2106, S. 2108 m.w.N.; zustimmende Besprecbung bei *Bütter/Aigner*, BB 2007, S. 798 f.; ablehnend *Stoll*, DZWIR 2010, S. 139, S. 140 f., der von einem stillschweigend vereinbarten Abtretungsverbot ausgeht, das in der Praxis aber meist durch eine gegenteilige vertragliche Vereinbarung aufgehoben sein soll; ausführlich dazu auch *Vollborth*, Forderungsabtretung durch Banken, S. 75 ff. m.w.N.

420 BVerfG, Beschluss vom 11. 7. 2007 - 1 BvR 1025/07 = NJW 2007, S. 3707.

421 Zur verfassungsrechtlichen Begründung des Bankgeheimnisses in der Literatur sowie zur diesbezüglich sehr zurückhaltenenden Rechtsprechung des BVerfG siehe unten S. 100 ff.

rungen stelle einen wesentlichen Allgemeinbelang dar, die vom Gesetz generalisierend geregelt werden dürfte. Daher sei auch eine einzelfallbezogene Abwägung zwischen dem Geheimhaltungsinteresse des Schuldners und dem Interesse an der Verkehrsfähigkeit von Forderungen grundsätzlich nicht notwendig.[422]

Weiterhin offen blieb im Anschluss an die Entscheidung des BGH zur Forderungsabtretung durch private Banken die Frage der Wirksamkeit von Forderungsabtretungen durch öffentlich-rechtlich organisierte Sparkassen. Denn deren Mitarbeiter unterliegen anders als die Mitarbeiter privater Banken wie bereits erwähnt nach herrschender Meinung als Amtsträger im strafrechtlichen Sinne aufgrund von § 203 Abs. 2 Nr. 1 i.V.m § 11 Abs. 1 Nr. 2 lit. c StGB einer gesetzlichen Geheimhaltungspflicht.[423] In Verbindung mit § 134 BGB, wonach ein Rechtsgeschäft, das gegen ein gesetzliches Verbot verstößt, nichtig ist, könnte sich daraus ein gesetzliches Abtretungsverbot ergeben, dass die Unwirksamkeit von Forderungsabtretungen durch Sparkassen ohne Zustimmung des betroffenen Kunden zur Folge hätte.[424]

In der Literatur wurde diese Folgerung mit Blick auf das veränderte Geschäftsverhalten der Sparkassen, das sie ihren privaten Wettbewerben gleichstelle, mehrheitlich abgelehnt.[425] Auch wenn man die Anwendbarkeit von § 203 StGB auf Sparkassenmitarbeiter grundsätzlich bejahe, sei eine teleologische Reduktion dieser Norm geboten, da kein sachlicher Grund bestehe, die Abtretung durch Sparkassen anders zu behandeln als bei privatrechtlich organisierten Banken.[426] Jede andere Auslegung erscheine willkürlich und als unzulässige Beschränkung der Kapitalverkehrsfreiheit europarechtswidrig. Zudem wiege das Refinanzierungsinteresse der Sparkassen höher als das Interesse des Kunden an

422 BVerfG, Beschluss vom 11. 7. 2007 - 1 BvR 1025/07 = NJW 2007, S. 3707.

423 BGH, *Urteil* vom 10.03.1983 - 4 StR 375/82= BGHSt 31, S. 264 = NJW 1983, S. 2509 = NStZ 1984, S. 501; OLG Hamm, Beschluss vom 09.07.1980 - 5 Ws 28/80 = NJW 1981, S. 695; OLG Schleswig, *Urteil* vom 18. 10. 2007 - 5 U 19/07 = BKR 2007, S. 25; *Fischer/Klanten*, Bankrecht, 4.3; *Ciernak*, in: MüKoStGB, § 203 Rn. 92; *Lenckner*, in: Schönke/Schröder, StGB, § 203 Rn. 44; *Fuhrmann*, Das Bankgeheimnis, S. 26 ff. m.w.N.

424 Vgl. zu den entsprechenden Klagen des Bundesverbands der Verbraucherzentralen *Hofmann*, BKR 2006, S. 241 ff.

425 Vgl. *Haas/Fischera*, NZG 2010, S. 457, S. 458.

426 BGH, Urteil vom 27.10.2009 = WM 2009, S. 2307 = NJW 2010, S. 361; OLG Schleswig, *Urteil* vom 18.10. 2007 - 5 U 19/07 = BKR 2007, S. 25; *Bunte*, AGB-Banken, Rn. 79; ein dinglich wirkendes Abtretungsverbot bei Sparkassen in Betracht ziehend *Koch*, BKR 2006, S. 182, S. 191; für ein Abtretungsverbot *Fuhrmann*, Das Bankgeheimnis, S. 26 ff.

der Nichtabtretung seiner Forderung. [427] Zudem könne den Sparkassen nicht durch die Berufung auf eine gesetzliche Pflicht zur Wahrung des Bankgeheimnisses ein zusätzlicher Wettbewerbsvorteil gegenüber anderen Banken eingeräumt werden. Daran ändere auch ihr Auftrag zur öffentlich-rechtlichen Daseinsvorsorge nichts, da dieser im Wettbewerb mit anderen Banken immer mehr zurücktrete.[428] Erst recht gelte dies nach dem Wegfall der Gewährträgerhaftung, da seither die Kreditvergabe durch Sparkassen nur noch selten vor dem Hintergrund der öffentlich-rechtlichen Daseinsvorsorge erfolge.[429] Hinzukomme, dass der BGH bei ähnlich verändertem Wettbewerbsumfeld die Amtsträgereigenschaft von Mitarbeitern der Deutschen Bahn AG[430] und der Flughafen Frankfurt Main AG,[431] die zum Teil ebenfalls noch einen öffentlich-rechtlichen Auftrag besäßen, verneint.[432] In einer jüngeren Entscheidung hat der BGH die Abtretbarkeit von Darlehensforderungen durch Sparkassen bejaht, wobei das Gericht die Frage nach der strafrechtlichen Amtsträgereigenschaft von Sparkassenmitarbeitern ausdrücklich offen gelassen hat. Der BGH geht davon aus, dass kein sachlicher Grund bestehe, Forderungsabtretungen durch solche Institute anders zu behandeln als bei privatrechtlich organisierten Banken. Vielmehr sei die gesetzgeberische Entscheidung, das Bankgeheimnis der Privatbanken nicht in den Schutzbereich von § 203 Abs. 1 StGB aufzunehmen, auch auf § 203 Abs. 2 Nr. 1 StGB zu übertragen. Dessen einschränkende Auslegung ergebe, dass die Forderungsabtretung durch Sparkassen schon keine fremden Geheimnisse verletze, so dass aus § 134 BGB kein gesetzliches Abtretungsverbot folge.[433]

Mag auch die Begründung dieser Entscheidung nicht im einzelnen überzeugen, so ist dem BGH im Ergebnis zuzustimmen, wonach öffentlich-rechtliche Sparkassen ebenso wie private Banken Forderungen ohne Verstoß gegen § 203

---

427 Eingehend dazu *Schalast/Safran/Sassenberg*, NJW 2008, S. 1486, S. 1487 ff.; *Schulz/Schröder*, DZWIR 2008, S. 177, S. 181 ff. m.w.N.

428 *Schalast/Safran/Sassenberg*, NJW 2008, S. 1486, S. 1487 ff. m.w.N.

429 *Schulz/Schröder*, DZWIR 2008, S. 177, S. 178 f.

430 BGH, Urteil vom 16.07.2004 - 2 StR 486/03 = BGHSt 49, S. 214 ff. = NJW 2004, S. 3129 ff.

431 BGH, Urteil vom 03.03.1999 - 2 StR 437-98 = BGHSt 45, S. 16 ff. = NJW 1999, S. 2378 ff.

432 *Schalast/Safran/Sassenberg*, NJW 2008, S. 1486, S. 1488.

433 BGH, Urteil vom 27.10.2009 = WM 2009, S. 2307 = NJW 2010, S. 361, mit Anmerkung von *Laier*, GWR 2009, S. 467; ablehnend *Stoll*, DZWIR 2010, S. 139, S. 142 ff., der auch insoweit eine asudrückliche Vereinbarung für notwendig hält; OLG Schleswig, *Urteil* vom 18.10.2007 - 5 U 19/07 = BKR 2007, S. 25; *Bunte*, AGB-Banken, Rn. 79; ein dinglich wirkendes Abtretungsverbot bei Sparkassen in Betracht ziehend *Koch*, BKR 2006, S. 182, S. 191.

Abs. 2 Nr. 1 StGB abtreten können.[434] Dagegen spricht auch nicht, dass dadurch das Vertrauen der Bürger in Amtsträger generell schaden nehmen könnte, da den Sparkassen alleine aufgrund ihrer öffentlich-rechtlichen Organisationsform seitens der Bürger ein besonderes Vertrauen entgegengebracht werde.[435] Denn ein besonderes Vertrauensverhältnis von Kunden und Sparkassen lässt sich vor dem Hintergrund von deren verändertem Wettbewerbsverhalten, das die Sparkassen ihren privaten Konkurrenten gleichstellt, kaum begründen.[436] Hinzukommt, dass seit langem neben den öffentlich-rechtlich organisierten Sparkassen auch sogenannte freie Sparkassen bestehen,[437] die dementsprechend auch keinen Auftrag zur Daseinsvorsorge haben und auch nicht unter § 203 Abs. 2 Nr. 1 StGB fallen können.[438] Da den Kunden der einzelnen Institute die rechtlichen Unterschiede in deren Organisationsform aber kaum bewusst sein dürften, ist auch von daher eine unterschiedliche Behandlung in Hinblick auf die Abtretbarkeit von Forderungen nicht geboten.

4.1.2 In Luxemburg

Auch in Luxemburg kann das Bankgeheimnis den Charakter einer gewohnheitsrechtlichen Verpflichtung der Banken beanspruchen. Wie in Deutschland gilt allerdings die vertragliche Beziehung zwischen Kreditinstitut und Kunde als dessen zentrale Grundlage.[439] Der luxemburgische Code Civil (CC) kennt ebenso wie das BGB jedoch keine ausdrückliche das Bankgeheimnis betreffende Bestimmung. Dieses wird vielmehr aus den allgemein geltenden Grundsätzen hergeleitet. So entfaltet nach Art. 1134 CC ein rechtmäßig geschlossener Vertrag für die Parteien dieselbe Wirkung wie das Gesetz. Eine ausdrückliche Vereinbarung oder eine Regelung in den AGB der Banken über das Bankgeheimnis ist in Luxemburg zwar eher unüblich, nach herrschender Meinung wird diese Pflicht aber stillschweigend von den Parteien vorausgesetzt und damit vertraglich anerkannt.[440]

---

434 Ausführlich zur Kritik an der Begründung des BGH *Haas/Fischera*, NZG 2010, S. 457 ff.

435 So aber *Fuhrmann*, Das Bankgeheimnis, S. 26 ff.

436 Vgl. auch *Wech*, Das Bankgeheimnis, S. 253 ff.

437 Diese sind im Verband der freien deutschen Sparkassen organisiert, siehe dazu dessen Homepage: http://www.verband-freier-sparkassen.de/ (Stand: 17.11.2010).

438 *Schulz/Schröder*, DZWIR 2008, S. 177, S. 182.

439 *Kauffman*, Professional secrecy of bankers, S. 30; *Spielmann*, Le secret Bancaire, S. 22 m.w.N.

440 Vgl. *Lasserre Capdeville*, Le secret bancaire, Rn. 54 ff.

Daneben ist auch im luxemburgischen Zivilrecht der Anspruch einer Person auf Schutz ihres Privatlebens allgemein anerkannt. Implizit ergibt sich dieser Schutz aus den deliktsrechtlichen Normen der Art. 1382 ff. CC.[441] Daneben gewährt Art. 1 des Gesetzes vom 11. August 1982 über den Schutz des Privatlebens[442] ausdrücklich jedermann einen Anspruch auf Achtung seines Privatlebens. Bisher sprechen sich jedoch nur vereinzelte Stimmen in der Literatur dafür aus, das Bankgeheimnis persönlichkeitsrechtlich zu begründen.[443] Ein neueres Urteil der luxemburgischen Cour de Cassation deutet aber darauf dahin, dass die Rechtsprechung das Bankgeheimnis auch als Teil des Persönlichkeitsrechts ansieht.[444] Es erscheint daher nicht unwahrscheinlich, dass sich zukünftig auch in Luxemburg die Ansicht durchsetzen wird, dass das Bankgeheimnis persönlichkeitsrechtlichen Charakter besitzt.[445]

4.1.3 In Österreich

Wie in Deutschland und Luxemburg wird in Österreich das Zivilrecht als wesentliche Grundlage des Bankgeheimnisses angesehen. Dessen ausdrückliche gesetzliche Anerkennung hat daran nichts geändert, vielmehr wurde § 23 Ö-KWG, heute § 38 BWG, als privatrechtliche Norm verstanden, durch die der Gesetzgeber dem Bankgeheimnis klare rechtliche Konturen geben und bestehende Unklarheiten über seine rechtliche Reichweite beseitigen wollte.[446] Bereits davor war allgemein anerkannt, dass die Pflicht zur Wahrung des Bankgeheimnisses zwischen Bank und Kunde zumindest stillschweigend vereinbart wird.[447] Das Bankgeheimnis wird dabei als vertragliche Nebenpflicht im Sinne einer Treuepflicht der Bank aus dem Geschäftsbesorgungsverhältnis mit dem Kunden abgeleitet.[448]

---

441 *Lasserre Capdeville*, Le secret bancaire, Rn. 145.

442 Mémorial A – N° 86, 12.10.1982, S. 1840.

443 In diese Richtung *Hoffmann*, Bulletin droit et banque, N° 2, 1983, S. 3, S. 5 f., der die Frage offen lässt; ohne Erläuterung der Rechtsquelle spricht sich *Thiel*, in: De Schengen à Mondorf-les-Bains, S. 91, S. 93 f. für eine persönlichkeitsrechtliche Komponente des Bankgeheimnisses aus.

444 Cour de Cassation Urteil vom 14. 03.2004 = Bulletin Droit et Banque, N° 35, 2004, S. 46, S. 50 f.

445 *Lasserre Capdeville*, Le secret bancaire, Rn. 146 ff.

446 OGH, Entscheidung vom 25.02.1992 - 4 Ob 114/91; *Jabornegg/Strasser/Floretta*, Bankgeheimnis, S. 34; *Eckl*, Das Bankgeheimnis, S. 94; *Apathy/Iro/Koziol*, Österreichisches Bankvertragsrecht, 2/2.

447 *Doralt*, ÖJZ 1981, S. 652.

448 *Apathy/Iro/Koziol*, Österreichisches Bankvertragsrecht, 2/2.

Insbesondere vor der ausdrücklichen gesetzlichen Normierung des Bankgeheimnisses gab es daneben Ansätze in der österreichischen Literatur, das Bankgeheimnis aus dem zivilrechtlichen allgemeinen Persönlichkeitsrecht im Sinne des in § 16 ABGB herzuleiten, da dieses auch ein Recht auf Wahrung der Geheimsphäre umfasst. Diese konnten sich aber nicht durchsetzen, da dieses Recht vornehmlich die Intimsphäre eines Menschen schützt und deswegen nur ausnahmsweise Informationen des primär wirtschaftlich orientierten Bankgeheimnisses mit einschließen wird, so dass § 16 ABGB nicht geeignet ist, das Bankgeheimnis als Rechtsinstitut zu begründen.[449] Gleiches gilt auch für das 2004 neu in § 1328a ABGB aufgenommene Recht auf Wahrung der Privatsphäre, bei dessen Auslegung Art. 8 EMRK heranzuziehen ist.[450] § 1328a ABGB schützt insbesondere private Lebensumstände einer Person, wobei der Gesetzgeber einige berufliche Geheimhaltungspflichten, wie die ärztliche Verschwiegenheitspflicht, davon erfasst sieht. Das Bankgeheimnis wurde hingegen nicht erwähnt.[451] Als Grund dafür erscheint wiederum der praktisch rein wirtschaftliche Inhalt des Bankgeheimnisses, dem der Zusammenhang zur Privatsphäre eines Menschen fehlt. Daher erscheint eine rechtliche Verankerung des Bankgeheimnisses in § 1328a ABGB nicht möglich.[452]

4.1.4 In der Schweiz

Das Zivilrecht wird auch in der Schweiz als zentrale Grundlage des Bankgeheimnisses angesehen. Neben seiner gewohnheitsrechtlichen Begründung,[453] wird es aus verschiedenen Normen des Zivilgesetzbuchs (ZGB)[454] und des Obligationenrechts (OR) hergeleitet. Das Bankgeheimnis wird primär als vertragliche Pflicht eines Kreditinstituts angesehen, die dieses auch ohne explizite Erklärung der Parteien zu beachten hat.[455] Dabei soll diese Vereinbarung Bestandteil jedes einzelnen Vertrages sein, da die Annahme eines allgemeinen Bankvertra-

449 *Jabornegg/Strasser/Floretta*, Bankgeheimnis, S. 25; *Martinek*, in: Festschrift für Schütze, S. 503, S. 513 m.w.N.

450 Zur Möglichkeit einer Herleitung des Bankgeheimnisses aus Art. 8 EMRK siehe unten S. 104 f.

451 Vgl. die Materialien zum Zivilrechtsänderungsgesetz 2004, Nr. 173 der Beilagen (XXII. Gesetzgebungsperiode), S. 16 ff., abrufbar unter: http://www.parlament.gv.at/PG/DE/X X II/ I/I_00173/ pmh.shtml (Stand: 17.11.2010).

452 *Apathy*, ÖBA 2006, S. 33, S. 37 f.

453 *Vogler*, Das Schweizer Bankgeheimnis, S. 24 ff.

454 AS **24** 233, zuletzt geändert durch AS **2010** 281.

455 *Mueller*, Wegleitung zum schweizerischen Bankgeheimnis, S. 65.

ges auch in der Schweiz unüblich ist.[456] Dabei wird zwischen solchen Verträgen unterschieden, auf die ganz oder teilweise die Regeln des Auftragsrechts Anwendung finden, und solchen, die kein auftragsrechtliches Element aufweisen. Bei ersteren wird das Bankgeheimnis als besondere Treupflicht aus der in Art. 398 Abs. 2 OR enthaltenen Pflicht des Auftragnehmers zur getreuen und sorgfältigen Ausführung des ihm übertragenen Geschäfts hergeleitet.[457] Bei Verträgen ohne auftragsrechtliches Element wird, sofern keine ausdrückliche Vereinbarung darüber getroffen wurde, vermutet, dass der Wille der Parteien diese Verpflichtung der Bank einschließt. Ist dies nicht möglich ist, wird die Pflicht zur Wahrung des Bankgeheimnisses aus der in Art. 2 Abs. 1 ZGB enthaltenen allgemeinen Verpflichtung zum Handeln nach Treu und Glauben hergeleitet.[458]

Neben dieser vertraglichen Begründung wird dem Bankgeheimnis in der Schweiz in stärkerem Maße als in Deutschland eine persönlichkeitsrechtliche Komponente beigemessen.[459] Bedeutung hat dies insbesondere im vorvertraglichen Stadium, da sich damit der Geheimhaltungsanspruch einer Person ohne weiteres begründen lässt.[460] Der Persönlichkeitsschutz ist, anders als etwa im BGB, ausdrücklich in den Art. 27 und 28 ZGB festgeschrieben. Art. 27 ZGB statuiert dabei den sogenannten internen Schutz der Person im Sinne eines Persönlichkeitsschutzes vor dem Träger selbst. Das Bankgeheimnis wird als Teil des von Art. 28 ZGB umfassten externen Schutzes der Persönlichkeit angesehen. Dieser gewährt einen Anspruch auf gerichtliche Ahndung widerrechtlicher Persönlichkeitsverletzungen.[461] Eine Verletzung des Persönlichkeitsrechts im Sinne des ZGB kann Schadensersatzansprüche nach Art. 41 OR sowie spezielle Genugtuungsansprüche aus Art. 49 OR nach sich ziehen.[462] Diese können gemeinsam mit etwaigen weiteren Ansprüchen aufgrund einer Verletzung des Bankgeheimnisses geltend gemacht werden.[463]

---

456 *De Capitani*, in: Basel II: Folgen für Kreditinstitute und ihre Kunden, S. 125, S. 127; Eckl, Das Bankgeheimnis, S. 90 f.

457 *Besson*, Le secret bancaire, S. 17; *Glaser Tomasone*, Amtshilfe und Bankgeheimnis, S. 81; *Volonté/Noi*, in: Investitions- und Steuerstandort Schweiz., S. 225, S. 227; vgl. zu diesem Pflichtenkreis *Wiegand/Gutknecht*, Sorgfaltspflichten des Bankiers, in: Banken und Bankrecht im Wandel, S. 155, S. 169 ff.

458 Aubert, Le secret bancaire suisse, S. 50 f.; *de Capitani*, in: Beiträge zur Finanzgeschichte, S. 14.

459 *Schwarz*, SJZ 91 (1995), S. 281, S. 282; *Honegger/Frick*, SZW 1996, S. 1, S. 2; *Besson*, Le secret bancaire, S. 17; *Glaser Tomasone*, Amtshilfe und Bankgeheimnis, S. 80.

460 *Joyce Rappo*, Rn. 244.

461 *Taisch*, Diskretion am Bankschalter, S. 7.

462 *Mueller*, Wegleitung zum schweizerischen Bankgeheimnis, S. 61.

463 Siehe dazu unten S. 391 ff.

4.1.5 In Liechtenstein

Ebenso wie in den anderen Vergleichsländern wird in Liechtenstein seit langem das Zivilrecht als wesentliche Grundlage des Bankgeheimnisses angesehen. Die Verschwiegenheitspflicht wurde bereits als Teil der vertraglichen Bank-Kunden-Beziehung angesehen, bevor diese im L-BankG ihre explizite rechtliche Anerkennung fand.[464] Das Bankgeheimnis wird als vertragliche Nebenpflicht angesehen, die auch ohne besondere Erklärung darüber als vereinbart gilt, da jeder Kunde darauf vertrauen dürfe dass ein Bankier diese Pflicht wahre.[465] Sofern ein Bankgeschäft auftragsrechtlichen Charakter aufweist, wird die Verschwiegenheitspflicht, ähnlich wie in der Schweiz, aus § 1009 des liechtensteinischen Allgemeinen Bürgerlichen Gesetzbuchs (L-ABGB)[466] hergeleitet.[467]

Das Persönlichkeitsrecht ist wie in Deutschland und der Schweiz in Liechtenstein als weitere Wurzel des liechtensteinischen Bankgeheimnisses anerkannt. Anders als bei einer vertraglichen Herleitung, die nur zwischen den Beteiligten wirkt, handelt es sich dabei um Rechte, die von jedermann ohne besondere Vereinbarung zu achten sind.[468] Das Persönlichkeitsrecht geht insoweit also über eine vertragliche Vereinbarung hinaus. Es ist im Personen- und Gesellschaftsrecht vom 20. Januar 1926 (PGR)[469] umfassend geregelt. Dieses unterscheidet zwischen natürlichen Personen und Verbandspersonen (juristischen Personen) und normiert den Schutz ihrer persönlichen Verhältnisse (Persönlichkeitsgüter). Die Persönlichkeitsgüter natürlicher Personen werden in Art. 39 Abs. 1 PGR nicht abschließend aufgezählt. Dazu gehören unter anderem Kredit- und Geschäftsverhältnisse sowie andere ähnliche Verhältnisse. Die vom Bankgeheimnis erfassten Informationen sind Teil dieser vom Persönlichkeitsrecht umfassten geschäftlichen Verhältnisse. Juristische Personen genießen nach Art. 115 PGR den gleichen Persönlichkeitsschutz wie natürliche Personen, soweit sich nicht aus der Beschränkung ihrer Rechts- und Handlungsfähigkeit oder aus der Natur der Verhältnisse eine Einschränkung ergibt. Der Schutz geschäftlicher

464 *Wagner*, Bankenplatz Liechtenstein, S. 168 f.

465 Beschluss des Fürstlich Liechtensteinischen Obergerichtes vom 09.01.1986, 5 C 273/85-10 (unveröffentlicht), zitiert nach *Frommelt*, Das Bankgeheimnis, S. 8 Fn. 13.

466 Das L-ABGB wurde bereits zu Beginn des 19. Jahrhunderts von Liechtenstein auf der Basis des österreichsichen ABGB übernommen. Seine Geltung wurde durch das Gesetz vom 05. Oktober 1967 über die Bereinigung der vor dem 01. Januar 1863 erlassenen Rechtsvorschriften (LGBl. 1967 Nr. 3) bestätigt. Zuletzt wurde das L-ABGB geändert durch LGBl. 2007 Nr. 272.

467 *Frommelt*, Das Bankgeheimnis, S. 10, unter Verweis auf die in § 1009 L-ABGB enthaltene Pflicht zur emsigen und redlichen Geschäftsbesorgung.

468 *Wagner*, Bankenplatz Liechtenstein, S. 167 f.

469 LGBl. 1926 Nr. 4, zuletzt geändert durch LGBl. 2010 Nr. 142

Verhältnisse gehört auch bei ihnen zum Persönlichkeitsrecht.[470] Diese sind nach Art. 38 PGR, der inhaltlich dem schweizerischen Art. 27 ZGB entspricht, unveräußerlich. Die unbefugte Verletzung und die Bedrohung von Persönlichkeitsgütern kann, vorbehaltlich besonderer Bestimmungen über Art. 39 PGR abgewehrt werden.[471] Im Falle einer schuldhaften Verletzung von Persönlichkeitsgütern kann der Geschädigte darüber hinaus nach Art. 40 PGR Schadensersatz und Genugtuung[472] verlangen.[473]

4.1.6 Zusammenfassung

Abschließend kann festgehalten werden, dass die vertragliche Beziehung zwischen Bank und Kunden in allen Vergleichsländern als wesentliche Grundlage des Bankgeheimnisses angesehen wird. Dies gilt als vertragliche Nebenpflicht oder als besonders ausgeprägte Treuepflicht der Kreditinstitute. Aufgrund der Relativität von Schuldverhältnissen entfaltet das Bankgeheimnis in seiner zivilrechtlichen Ausprägung grundsätzlich jedoch nur Wirkung gegenüber den Vertragsparteien. Dritte sind daraus weder berechtigt noch verpflichtet, so dass daraus auch kaum Abwehrrechte gegenüber diesen hergeleitet werden können.

Die herrschende Ansicht in Deutschland, der Schweiz und Liechtenstein leitet das Bankgeheimnis unabhängig von seiner vertraglichen Begründung auch aus dem zivilrechtlichen allgemeinen Persönlichkeitsrecht ab. Dessen Schutz geht insoweit über den eines nur vertraglich begründeten Bankgeheimnisses hinaus, als auch Dritte nicht zu Eingriffen in das Persönlichkeitsrecht befugt sind. Neuere Stimmen in Luxemburg sprechen sich ebenfalls für eine persönlichkeitsrechtliche Begründung des Bankgeheimnisses aus, bisher hat sich dieser Ansatz aber noch nicht allgemein durchgesetzt. Demgegenüber wird eine entsprechende Herleitung in Österreich abgelehnt, weil das Persönlichkeitsrecht dort nicht dem Schutz rein wirtschaftlicher Interessen dient.

470 *Taisch*, Diskretion am Bankschalter, S. 7.

471 Dieser erlaubt die gerichtliche Klärung der Verhältnisse, die Beseitigung (Ablassung) der Störung, die Wiederherstellung des früheren Zustandes durch Widerruf und dergleichen und die Unterlassung weiterer Störung, ohne dass ein Verschulden des anderen Teils zu beweisen ist.

472 Zum Begriff der Genugtuung siehe Art. 1323 ABGB i.V.m. § 35 der Schlussabteilung zum PGR. Genugtuung ist danach die Schadloshaltung einschließlich des entgangenen Gewinns und die Tilgung der verursachten Beleidigung.

473 *Wagner*, Bankenplatz Liechtenstein, S. 167 f

4.2 Die strafrechtlichen Grundlagen des Bankgeheimnisses

In Luxemburg, Österreich, der Schweiz und Liechtenstein ist die Verletzung des Bankgeheimnisses anders als in Deutschland aufgrund besonderer Straftatbestände strafbar. Geschichtlich betrachtet handelt es sich dabei durchweg um Normen des 20. Jahrhunderts, die das zivilrechtlich anerkannte Bankgeheimnis um eine strafrechtliche Dimension erweitert haben. Dadurch wurde diese Geheimhaltungspflicht von einer den Kreditinstituten gewohnheitsrechtlich oder vertraglich obliegenden Verpflichtung zu einer expliziten gesetzlichen Pflicht, deren Durchbrechung nur in den darin vorgesehenen Fällen möglich ist und deren Verletzung mit staatlichen Zwangsmitteln geahndet werden kann. Zudem führte die Einführung dieser Tatbestände dazu, dass nicht mehr nur die Banken selbst sondern auch die für sie tätigen Personen unmittelbar und nicht nur (arbeits-)vertraglich der Pflicht zur Wahrung des Bankgeheimnisses unterliegen. Zugleich ergibt sich aus der gesetzlichen Normierung des Bankgeheimnisses ein Bekenntnis dieser Staaten zur Achtung dieser Verpflichtung, da er sich durch die gesetzlichen Durchbrechungstatbestände selbst bindet. Dadurch hat gerade die strafrechtliche Verankerung des Bankgeheimnisses dessen Wahrnehmung in den Augen der Öffentlichkeit stark beeinflusst und den Mythos von der besonderen Diskretion der Finanzplätze Luxemburg, Österreich, Schweiz und Liechtenstein geprägt.

4.2.1 In Deutschland

In Deutschland ist die Verletzung des Bankgeheimnisses als solche grundsätzlich nicht strafbar. Lediglich die Mitarbeiter der öffentlich-rechtlich organisierten Sparkassen unterliegen wie bereits gezeigt nach herrschender Meinung als Amtsträger im strafrechtlichen Sinne über § 203 Abs. 2 Nr. 1 i.V.m § 11 Abs. 1 Nr. 2 lit. c StGB einer gesetzlichen Geheimhaltungspflicht in Hinblick auf alle ihnen anvertrauten fremden Geheimnisse, die das Bankgeheimnis einschließt. Insgesamt erscheint jedoch eine zurückhaltende Auslegung dieser gesetzlichen Pflicht angebracht.[474] Eine analoge Anwendung von § 203 StGB auf Angestellte privatrechtlich organisierter Kreditinstitute scheidet aufgrund des in Art. 103 GG niedergelegten nulla poene sine lege Grundsatzes zwingend aus.[475] Nur vereinzelt wird gefordert, das Bankgeheimnis durch die Einbezie-

474 Vgl. zur engen Auslegung dieser Pflicht im Zusammenhang mit Forderungsabtretung durch Sparkassen schon oben S. 82 ff.

475 *Rögner*, NJW 2004, S. 3230, 3231.

hung von Bankangestellten in § 203 Abs. 1 StGB oder die Schaffung einer besonderen Strafnorm gesetzlich aufzuwerten.[476] In Zeiten, in denen das Bankgeheimnis von deutscher Seite aus regelmäßig auf internationaler Ebene als Begünstigung von Geldwäschern und Steuerhinterziehern angeprangert wird, erscheint diese Forderung jedoch nicht durchsetzbar, ohne dadurch die internationale Glaubwürdigkeit Deutschlands zu gefährden.

Abgesehen von § 203 Abs. 2 StGB wird das Bankgeheimnis zum Teil auch von anderen Strafnormen erfasst, die die Verletzung besonderer Geheimhaltungspflichten betreffen. Insoweit genießt es über diese Normen indirekt strafrechtlichen Schutz. Auf diese Bestimmungen wird nachfolgend noch genauer eingegangen.[477]

4.2.2 In Luxemburg

In Luxemburg ist die Verletzung des Bankgeheimnisses unter den Voraussetzungen des Art. 41 des Gesetzes vom 05. April 1993 strafbar. Die inhaltliche Reichweite dieser Geheimhaltungspflicht sowie der Kreis der Geheimnisträger wurden bereits erläutert, worauf hier verwiesen sei.[478] Eine Verletzung des Bankgeheimnisses liegt in der vorsätzlichen unerlaubten Offenbarung eines Kundengeheimnisses an einen Nichtberechtigten. Ein darüber hinausgehender Taterfolg im Sinne einer Verwertung des Geheimnisses ist nicht erforderlich.

Die Berechtigung zur Kenntnisnahme von dem Bankgeheimnis unterliegenden Informationen kann sich insbesondere aus den Art. 41 Abs. 2 bis 5bis des Gesetzes vom 05. April 1993 ergeben, worin die wesentlichen Durchbrechungen dieser Geheimhaltungspflicht aufgeführt werden. Auf die wichtigsten Fälle, in denen eine Geheimnisoffenbarung gesetzlich vorgesehen ist, wird im Verlauf dieser Arbeit noch näher eingegangen. Diese Voraussetzungen gelten wegen Art. 41 Abs. 6 des Gesetzes vom 05. April 1993 auch für die Weiterverwendung ursprünglich rechtmäßig offenbarter Informationen. Diese ist, abgesehen von der Erlaubnis durch eine strafrechtliche Norm, nur zulässig, wenn in diesem Falle die erstmalige Offenbarung des Geheimnisses zulässig wäre. Durch diesen Spezialitätsvorbehalt soll sichergestellt werden, dass dem Bankgeheimnis unterliegende Informationen nicht nachträglich für andere als die gesetzlich vorgesehenen Fälle, etwa für steuerliche Zwecke, verwendet werden, und so der Geheimnisschutz umgangen wird.

---

476 *Tiedemann*, NJW 2003, S. 2213, S. 2215; *Eckl*, Das Bankgeheimnis, S. 190.

477 Siehe dazu unten S. 108 ff.

478 Siehe dazu oben S. 26 ff. und S. 42 f.

Liegt danach eine rechtmäßige Offenbarung vor, kann ein Geheimnisträger deswegen aufgrund der Haftungsfreistellung in Art. 41 Abs. 7 des Gesetzes vom 05. April 1993 weder zivil- noch strafrechtlich belangt werden.

Eine unerlaubte Geheimnisoffenbarung kann hingegen nach Art. 41 Abs. 1 des Gesetzes vom 05. April 1993 i.V.m. Art. 458 CP mit einer Geldstrafe von 500 Euro bis 5.000 Euro oder einer Haftstrafe von acht Tagen bis zu sechs Monaten geahndet werden. Auch eine Kombination dieser Strafen ist möglich.

4.2.3 In Österreich

Der bereits erläuterte § 38 BWG legt die gesetzliche Pflicht zur Wahrung des Bankgeheimnisses fest und benennt deren wichtigste Durchbrechungen. § 101 BWG greift diese Verpflichtung auf und stellt ihre Verletzung unter Strafe.[479] Diese Norm lautet:

> (1) Wer Tatsachen des Bankgeheimnisses offenbart oder verwertet, um sich oder einem anderen einen Vermögensvorteil zu verschaffen oder um einem anderen einen Nachteil zuzufügen, ist vom Gericht mit Freiheitsstrafe bis zu einem Jahr oder mit Geldstrafe bis zu 360 Tagessätzen zu bestrafen.
>
> (2) Der Täter ist im Falle des Abs. 1 nur mit Ermächtigung des in seinem Interesse an der Geheimhaltung Verletzten zu verfolgen.

Der Tatbestand des § 101 Abs. 1 BWG beschränkt sich auf die Umschreibung der Tathandlung einer Verletzung des Bankgeheimnisses sowie des subjektiven Tatbestands. Die Legaldefinition des Bankgeheimnisses sowie der Kreis der Geheimnisträger sind aus § 38 Abs. 1 BWG zu entnehmen.[480] § 101 Abs. 1 BWG stellt ein Sonderdelikt dar, weil taugliche Täter nur die dort genannten Personen sind. Die in § 38 Abs. 1 S. 2 BWG aufgeführten Organe von Behörden sowie der Österreichischen Nationalbank werden allerdings nicht § 101 Abs. 1 BWG unterworfen, sondern der strengeren Pflicht zur Wahrung des Amtsgeheimnisses. Außenstehende können sich bei einer Verletzung des Bankgeheimnisses nur der Beteiligung im Sinne von § 12 Ö-StGB strafbar machen. Tatbestandsvoraussetzung ist, dass dem Bankgeheimnis unterliegende Tatsachen verwertet oder offenbart werden. Eine Offenbarung liegt vor, wenn einem Dritten die Geheimnisse zugänglich gemacht werden, der diese nicht

479 Ebenso wurde die von § 23 Ö-KWG erstmals in Österreich gesetzlich normierte Pflicht zur Wahrung des Bankgeheimnisses von § 34 Ö-KWG aufgegriffen und unter Strafe gestellt. Nach OGH, Entscheidung vom 27.02.2002 - 3Ob281/01x handelt es sich bei § 38 BWG i.V.m. § 101 BWG im Wesentlichen um eine Fortschreibung dieser Normen, daher gelten die dazu entwickelten Grundsätze weiter.

480 Siehe dazu oben S. 44 ff.

kennt und auch nicht dazu berechtigt ist. Dies kann in jeglicher Form, die einen Einblick in die Geheimnisse ermöglicht, geschehen. Eine Verwertung liegt in der Ausnutzung von Geheimnissen durch den Geheimnisträger für wirtschaftliche Zwecke zum Nachteil des Kunden. Dabei wird der Begriff des Verwerten eng ausgelegt, um die übliche Geschäfts- und Beratungstätigkeit von Banken nicht zu beschränken.[481] Die Verwertungshandlung muss sich auf den konkreten Inhalt eines Kundengeheimnisses beziehen. [482] Eine unerlaubte Geheimnisverwertung liegt beispielsweise dann vor, wenn eine Bank ihr Wissen über den Verkauf bestimmter Aktien durch einen Kunden nutzt, um ohne Nennung dieses Kunden anderen Kunden vor einem dadurch ausgelösten Kursrutsch zu einem Verkauf eben dieser Aktien zu raten, wodurch deren Kurs sinkt und der Kunde, dessen Absicht die Bank für ihre Empfehlung genutzt hat, Verluste erleidet.[483] Der subjektive Tatbestand der Verletzung des Bankgeheimnisses setzt sowohl bei der Verwertung als auch bei der Offenbarung von Geheimnissen die Absicht[484] des Täters voraus, sich oder einem anderen einen Vermögensvorteil zu verschaffen, was als Bereicherungsabsicht zu verstehen ist, oder die Absicht, einem anderen Nachteil zuzufügen, wofür jeder ideelle oder vermögensrechtliche Nachteil genügt, der über den bloßen Verlust der Geheimhaltung hinausgeht.[485] Strafbar ist daher nicht die Geheimnisoffenbarung oder -verwertung als solche, sondern nur diejenige, die in dieser Absicht geschieht.[486] Durch dieses Erfordernis unterscheidet sich § 101 Abs. 1 BWG wesentlich von Art. 41 des Gesetzes vom 05. April 1993 aber auch vom nachfolgend dargestellten schweizerischen und liechtensteinischen Recht, die diese subjektive Tatbestandsvoraussetzung jeweils nicht kennen. Aus strafrechtlicher Sicht weist das österreichische Bankgeheimnis damit einen engeren Anwendungsbereich auf als dasjenige von Luxemburg, der Schweiz und Liechtenstein.

Eine strafbare Verletzung des Bankgeheimnis scheidet aus, wenn die Geheimnisoffenbarung oder Verwertung gerechtfertigt ist. Die wichtigsten Durch-

481 Näher dazu *Apathy/Iro/Koziol*, Österreichisches Bankvertragsrecht, 2/56; *Flora*, Das Bankgeheimnis, S. 28 f.; *Hörtner*, in: Investitions- und Steuerstandort Österreich, S. 219, S. 223. *Jabornegg/Strasser/Floretta*, Bankgeheimnis, S. 86 f. gehen davon aus, dass nur die Verwertung solcher Kundengeheimnisse strafbar ist, die zugleich ein Geschäfts- oder Betriebsgeheimnis darstellen.

482 *Jabornegg/Strasser/Floretta*, Bankgeheimnis, S. 86 f. gehen daher davon aus, dass nur die Verwertung solcher Kundengeheimnisse strafbar ist, die zugleich ein Geschäfts- oder Betriebsgeheimnis darstellen.

483 Vgl. *Apathy/Iro/Koziol*, Österreichisches Bankvertragsrecht, 2/56 mit Fn. 215.

484 Die Legaldefinition der Absicht im österreichischen Strafrecht findet sich in § 5 Abs. 2 Ö-StGB.

485 *Ortner*, Das Bankgeheimnis, S. 27.

486 *Flora*, Das Bankgeheimnis,S. 33.

brechungsgründe ergeben sich dabei aus § 38 Abs. 2 BWG.[487] Die dortige Auflistung ist allerdings nach herrschender Ansicht nicht abschließend.[488] Es sind zahlreiche weitere Durchbrechungen anerkannt, die teils ausdrücklich teils implizit die Aufhebung des Bankgeheimnisses bedingen. Darauf wird noch näher eingegangen.[489]

Wegen § 101 Abs. 2 BWG ist die Verletzung des Bankgeheimnisses ein sogenanntes Ermächtigungsdelikt. Ein solches darf nach § 4 Abs. 2 i.V.m. § 92 Ö-StPO nur mit der Ermächtigung des gesetzlich Berechtigten verfolgt werden. Fehlt diese, ist das Verfahren zwingend einzustellen. In der Regel ist dabei das Tatopfer zur Ermächtigung berechtigt. Dies ist im Falle einer Verletzung des Bankgeheimnisses grundsätzlich der Geheimnisherr.[490]

4.2.4 In der Schweiz

Das schweizerische Recht unterscheidet bei der strafbaren Verletzung des Bankgeheimnisses zwischen der Tatbegehung durch einen gesetzlich benannten Geheimnisträger nach Art. 47 Abs. 1 Lit. a BankG und der versuchten Verleitung eines Geheimnisträger zu einer Geheimnisverletzung durch einen Dritten gemäß Art. 47 Abs. 1 Lit. b BankG.

Der Grundtatbestand nach Art. 47 Abs. 1 Lit. a BankG stellt die vorsätzliche Offenbarung ihm beruflich anvertrauter Geheimnisse durch einen Geheimnisträger unter Strafe.[491] Eine Offenbarung liegt in jedem Zugänglichmachen von Informationen an einen nicht dazu Berufenen. Dies sind alle Personen, denen kein Auskunftsrecht zusteht, auch wenn sie selbst, wie beispielsweise ein Anwalt, einer allgemeinen Geheimhaltungspflicht unterliegen.[492] In Art. 47 Abs. 5 BankG werden durch Verweis auf die eidgenössischen und kantonalen Bestimmungen über die Zeugnis- und Auskunftspflicht die wichtigsten Durchbrechungen des Bankgeheimnisses benannt. Dabei handelt es sich nach allgemeiner Ansicht keinesfalls um eine abschließende Aufzählung, sondern lediglich um einen Hinweis darauf, dass eine Aufhebung der Geheimhaltungspflicht möglich ist. Auf die wichtigsten darunter zu verstehenden Fälle wird noch zurückgekommen.

---

487 *Jabornegg/Strasser/Floretta*, Bankgeheimnis, S. 36 ff. m.w.N.

488 VwGH, Erkenntnis vom 28.10.1994 - 94/17/0297; *Tahedl*, ÖBA 1994, S. 786, S. 788 ff.; *Apathy*, ÖBA 2006, S. 33, S. 35 f. m.w.N.

489 Siehe dazu unten S. 137 ff.

490 Eingehend zur Frage des Kreises der Antragberechtigten *Flora*, Das Bankgeheimnis, S. 34 m.w.N.

491 Vgl. zum Begriff des Bankgeheimnisses oben S. 33 ff.; zum Kreis der Geheimnisträger oben S. 47 f.

492 *Abegg*, in: Schweizerisches Bankenrecht, S. 264.

Eine Besonderheit der schweizerischen Regelung liegt darin, dass Art. 47 Abs. 1 lit. b BankG ausdrücklich auch die versuchte Verleitung zum Geheimnisverrat unter Strafe stellt, die nach den allgemeinen strafrechtlichen Grundsätzen ansonsten straffrei wäre. Darunter versteht die herrschende Auffassung die versuchte Anstiftung eines Geheimnisträgers zur Verletzung des Bankgeheimnisses durch einen außenstehenden Dritten.[493] Eine andere Ansicht geht sogar davon aus, dass jede Einwirkung auf einen Geheimnisträger strafbar sei, die diesen zur Verwirklichung des objektiven Tatbestandes des Art. 47 Abs. 1 lit. a BankG bringen soll. Danach soll, obschon es sich um ein Sonderdelikt handelt, die Tatbegehung durch einen Außenstehenden in mittelbarer Täterschaft möglich sein.[494] Dies widerspricht jedoch den nach Art. 47 Abs. 6 S. 2 BankG anwendbaren allgemeinen Regeln des Strafrechts, die die Begehung eines Sonderdelikts in mittelbarer Täterschaft grundsätzlich ausschließen. Richtigerweise erfasst Art. 47 Abs. 1 lit. b BankG daher nur die versuchte Anstiftung zur Geheimnisoffenbarung.

Eine weitere Besonderheit des schweizerischen Bankgeheimnisses liegt darin, dass seit jeher auch dessen fahrlässige Verletzung strafbar ist. Die entsprechende Strafandrohung findet sich heute in Art. 47 Abs. 2 BankG. Ansonsten kennen nur wenige andere Länder, wie Liechtenstein, das sich insoweit an der Schweiz orientiert hat, eine solche Regelung.[495] Tatbeispiele bilden das laute Tischgespräch zweier Bankangestellter über einen Kunden, das ein Dritter belauscht, oder die vergessene Aktentasche des Bankiers mit Kundeninformationen, die ein Dritter findet.[496]

Der Tatbestand der Verletzung des Bankgeheimnisses ist damit wesentlich weiter als die vergleichbaren Regelungen in Luxemburg und vor allem in Österreich, weil die Tat dort nur bei Nachweis einer Bereicherungs- oder Schädigungsabsicht des Täters strafbar ist.

Die vorsätzliche Verletzung des Bankgeheimnisses kann mit Geldbuße oder Gefängnisstrafe bis zu drei Jahren geahndet werden. Die Höhe der Geldbuße bestimmt sich wegen Art. 47 Abs. 6 S. 2 BankG, der die Geltung der allgemei-

---

493 *Joyce Rappo*, Rn. 700 ff. m.w.N.

494 Stratenwerth, in: Basler Kommentar, Bankenrecht, Art. 47 Rn. 17.

495 Ein weiteres Beispiel bildet Singapur, das als die „Schweiz Asiens" gilt, vgl. Chambost, Bankgeheimnisse, S. 304 ff. Allerdings hat sich Singapur kürzlich zum OECD-Standard (vgl. dazu unten S. 303 ff.) bekannt und damit sein Bankgeheimnis in steuerlichen Angelegenheiten gegenüber dem Ausland erheblich gelockert, vgl. dazu die Mitteilung des Finanzministeriums von Singapur vom 03.03.2009 unter: http://www.news.gov.sg/public/sgpc/en/media_releases/agencies/mof/press_release/P-20090307-1.html (Stand: 17. 11.2010).

496 *Abegg*, in: Schweizerisches Bankenrecht, S. 265.

nen strafrechtlichen Bestimmungen anordnet, nach dem S-StGB. Danach können gemäß Art. 34 S-StGB als Geldbuße maximal 360 Tagessätze mit einer Höhe von jeweils maximal 3.000 Franken verhängt werden, je nach den persönlichen und wirtschaftlichen Verhältnissen des Täters. Eine Kumulation von Gefängnisstrafe und Geldstrafe ist entgegen dem Wortlaut von Art. 47 Abs. 1 möglich. Die fahrlässige Verletzung des Bankgeheimnisses kann nach Art. 47 Abs. 2 BankG mit einer Buße von bis zu 250.000 Franken geahndet werden. Durch das FINMAG wurde Art. 47 Abs. 3 BankG neu in das BankG aufgenommen. Dieser ordnet für Wiederholungsfälle innerhalb von fünf Jahren nach einer rechtskräftigen Verurteilung eine Mindestgeldstrafe von 45 Tagessätzen an.

Eine Verletzung des Bankgeheimnis kann, anders als nach österreichischem Recht, als Offizialdelikt auch ohne Strafantrag des Verletzten verfolgt werden, was die Effektivität der Strafandrohung steigern soll.[497]

Schließlich finden sich in Art. 47 Abs. 6 BankG noch Bestimmungen betreffend die Zuständigkeit für die Verfolgung von Zuwiderhandlungen gegen diese Norm und das anwendbare Recht. Danach sind für die Verfolgung und Beurteilung von Verletzungen des Bankgeheimnisses die Kantone zuständig. Ferner wird auf die Geltung der allgemeinen Bestimmungen des S-StGB verwiesen, so dass diese zur Auslegung von Art. 47 BankG herangezogen werden können.[498]

4.2.5 In Liechtenstein

Das L-BankG unterscheidet wie das BWG zwischen der Legaldefinition des Bankgeheimnisses in Art. 14 Abs. 1 L-BankG und einem besonderen Verletzungstatbestand. Strafbar ist eine Verletzung des Bankgeheimnisses unter Erfüllung der Voraussetzungen des Art. 63 Abs. 1 lit. a L-BankG, der folgenden Wortlaut hat.:

> Art. 63 Vergehen und Übertretungen
>
> (1) Vom Landgericht wird wegen Vergehen mit Freiheitsstrafe bis zu einem Jahr oder mit Geldstrafe bis zu 360 Tagessätzen bestraft:
>
> a) wer als Organmitglied und Mitarbeiter sowie sonst für eine Bank oder Wertpapierfirma tätige Person, als Revisor sowie als Mitglied der FMA-Beschwerdekommission oder Mitarbeiter oder Beauftragter der FMA die Pflicht zur Geheimhaltung verletzt oder wer hierzu verleitet oder zu verleiten sucht;
>
> […]
>
> Die Strafen können miteinander verbunden werden.

---

497 *Abegg*, in: Schweizerisches Bankenrecht, S. 265.

498 Botschaft des Bundesrates zum Bundesgesetz über die Eidgenössische Finanzmarktaufsicht (Finanzmarktaufsichtsgesetz; FINMAG) vom 01. Februar 2006 (BBl. 2006 2829, S 2891); vor dem Erlass des FINMAG galt dies nach Art. 50 und 51bis BankG a.F., vgl. *Aubert*, Le secret bancaire suisse, S. 112 ff.

(2) [...]

(3) [...]

(4) Bei fahrlässiger Begehung werden die Strafobergrenzen auf die Hälfte herabgesetzt.

(5) Im Übrigen findet der allgemeine Teil des Strafgesetzbuches sinngemäß Anwendung.

(6) [...]

(7) Ein Schuldspruch nach diesem Artikel ist mit Bezug auf die Beurteilung der Schuld und der Widerrechtlichkeit sowie die Bestimmung des Schadens für den Zivilrichter nicht verbindlich.

Art. 63 Abs. 1 Nr. 1 Lit. a L-BankG spricht nicht vom Bankgeheimnis, sondern von der Verletzung einer Pflicht zur Geheimhaltung, da er nicht nur das Bankgeheimnis, sondern auch die bereits erläuterte Verschwiegenheitspflicht der Revisoren sowie das Amtsgeheimnis der Mitarbeiter der L-FMA umfasst. Es handelt sich um ein Sonderdelikt, das nur von den dort genannten Geheimnisträgern begangen werden kann.[499] Der Umfang der Geheimhaltungspflicht ist dabei dem bereits erläuterten § 14 Abs. 1 L-BankG zu entnehmen. Der in Art. 63 Abs. 1 Nr. 1 Lit. a L-BankG Kreis aufgeführte Kreis der Geheimnisträger entspricht ebenfalls § 14 Abs. 1 L-BankG, so dass darauf verwiesen werden kann.[500] Die Tathandlung wird schlicht mit der Verletzung der Geheimhaltungspflicht umschrieben. Darunter wird, wie in Luxemburg, Österreich und der Schweiz, eine vorsätzliche unerlaubte Geheimnisoffenbarung verstanden, die darin liegt, dass einem unbefugten Dritten ein Geheimnis zur Kenntnis gebracht wird.[501] Die wichtigsten gesetzlichen Durchbrechungen der Geheimhaltungspflicht, bei deren Vorliegen die Offenbarung erlaubt ist, sind Art. 14 Abs. 2 L-BankG zu entnehmen, worauf nachfolgend noch näher eingegangen wird.

Außenstehende, die keine gesetzlichen Träger des Bankgeheimnisses sind, machen sich strafbar, wenn sie eine geheimhaltungspflichtige Person dazu verleiten, geschützte Informationen zu offenbaren oder dazu Hilfe leisten. Daneben wird ebenso wie in der Schweiz auch in Liechtenstein die versuchte Verleitung zum Geheimnisverrat unter Strafe gestellt. Darunter ist in Liechtenstein wie nach der vorzugswürdigen schweizerischen Auffassung die versuchte Anstiftung zum Geheimnisverrat zu verstehen.[502] Daneben folgt aus Art. 63 Abs. 4 L-BankG, dass vergleichbar der Schweiz auch die fahrlässige Verletzung des Bankgeheimnisses strafbar ist.[503]

499 *Wagner*, Bankenplatz Liechtenstein, S. 231 f.

500 Siehe dazu oben S. 36 ff. und S.50 ff.

501 *Frommelt*, Das Bankgeheimnis, S. 80.

502 Siehe dazu oben S. 96.

503 *Wagner*, Bankenplatz Liechtenstein, S. 232 ff.

Damit ist eine Verletzung des Bankgeheimnisses in Liechtenstein praktisch unter denselben Voraussetzungen strafbar wie in der Schweiz, wohingegen das luxemburgische und insbesondere das österreichische Recht als enger erscheinen.

Eine vorsätzliche Verletzung der Geheimhaltungspflicht kann in Liechtenstein mit Freiheitsstrafe bis zu einem Jahr oder Geldstrafe bis zu 360 Tagessätzen sanktioniert werden, wobei die Kombination dieser Strafen möglich ist. Im Falle von Fahrlässigkeit wird das Höchstmaß der Strafe auf die Hälfte vorgenannten Maßes reduziert. Art. 63 Abs. 5 L-BankG verweist ergänzend auf die allgemeinen Regeln des liechtensteinischen Strafrechts, die etwa in Bezug auf die Höhe der Tagessätze einer Geldstrafe anzuwenden sind.[504]

4.2.6 Zusammenfassung:

Mit Ausnahme Deutschlands, wo nur die Mitarbeiter öffentlich-rechtlicher Sparkassen einer gesetzlichen Geheimhaltungspflicht unterliegen, die das Bankgeheimnis erfasst, ist die unerlaubte Offenbarung des Bankgeheimnisses in allen Vergleichsländern als solche strafbar und wird mit Geld- und/oder Freiheitsstrafen geahndet. Dabei handelt es sich um Sonderdelikte, bei denen nur die im Bankengesetz der jeweiligen Länder benannten Geheimnisträger taugliche Täter sind. Dritte können sich entsprechend den allgemeinen Regeln des Strafrechts der Beteiligung am Geheimnisverrat strafbar machen, wobei in der Schweiz und Liechtenstein daneben auch die versuchte Anstiftung eines Geheimnisträgers zum Geheimnisverrat strafbar ist. Ebenso steht nur dort die fahrlässige Geheimnisverletzung unter Strafe. Dadurch erweist sich der Verletzungstatbestand in diesen Ländern als weiter als in Luxemburg und in Österreich. Hingegen erscheint er in Österreich als besonders eng, denn dort ist eine Geheimnisoffenbarung nur dann strafbar, wenn dem Täter eine besondere Bereicherungs- oder Schädigungsabsicht nachweisbar ist. Zudem handelt es sich in Österreich um ein Antragsdelikt, das nur auf Antrag der in ihrem Geheimhaltungsanspruch verletzten Person verfolgt wird, wohingegen dies in Luxemburg, der Schweiz und Liechtenstein von Amts wegen möglich ist.

---

504 Die Anzahl der Tagessätze und die Höhe einer Geldstrafe bestimmen sich nach Art. 19 L-StGB. Danach muss eine Geldstrafe mindestens zwei Tagessätze umfassen. Diese sind nach den persönlichen Verhältnissen und der wirtschaftlichen Leistungsfähigkeit des Täters im Zeitpunkt des Urteils erster Instanz zu bemessen. Ein Tagessatz beträgt dabei mindestens 10 und höchstens 1.000 Franken.

4.3 Die verfassungsrechtlichen Grundlagen des Bankgeheimnisses

Eine weitere, wenn auch nicht die primäre rechtliche Grundlage des Bankgeheimnisses bildet das Verfassungsrecht. Dieses wird in den Vergleichsländern in unterschiedlichem Maße herangezogen, um den besonderen Stellenwert dieser Geheimhaltungspflicht hervorzuheben und die absoluten Grenzen zu ermitteln, die für staatliche Eingriffe darin gelten.

4.3.1 In Deutschland

Da eine ausdrückliche einfachgesetzliche Normierung des Bankgeheimnisses in Deutschland nicht besteht, gehen die meisten Stimmen in der Literatur davon aus, dass das Bankgeheimnis auch eine grundrechtliche Wurzel besitze. Die hierzu vertretenen Begründungsansätze variieren dabei stark. Meist wird insoweit zwischen den Grundrechten des Bankkunden sowie denjenigen der Banken differenziert.[505] Sparkassen werden aufgrund ihrer öffentlich-rechtlichen Organisationsform hingegen allgemein nicht als grundrechtsfähig angesehen.[506] Nur ganz vereinzelt wird in der Literatur eine grundrechtliche Herleitung des Bankgeheimnisses abgelehnt.[507]

Aus Sicht des Kunden stützt diese Ansicht das Bankgeheimnis vielfach auf das vom BVerfG erstmals im Volkzählungsurteil[508] herangezogene Recht auf informationelle Selbstbestimmung aus Art. 2 Abs. 1 i.V.m. Art. 1 Abs. 1 GG als speziellem Ausfluss des allgemeinen Persönlichkeitsrechts.[509] Das BVerfG betonte in dieser Entscheidung, dass der Einzelne das Recht habe, „selbst zu entscheiden, wann und innerhalb welcher Grenzen persönliche Lebenssachverhalte

505 Vgl. dazu *Huhmann*, Die verfassungsrechtliche Dimension des Bankgeheimnisses; *Magg*, Der verfassungsrechtliche Schutz des Bankgeheimnisses.

506 *Magg*, Der verfassungsrechtliche Schutz des Bankgeheimnisses, S. 99 ff.; a.A. *Huhmann*, Die verfassungsrechtliche Dimension des Bankgeheimnisses, S. 385 ff.; *Miebach*, Das Bankgeheimnis, S. 120 ff.

507 So offensichtlich aber *Kahler/Werner*, die betonen, das Bankgeheimnis habe ausschließlich vertraglichen Charakter, *vgl. Kahler/Werner*, Electronic Banking und Datenschutz, S. 143 f.

508 BVerfG, Urteil vom 15.12.1983 - 1 BvR 209/83 = BVerfGE 65, S. 1 ff. = NJW 1984, S. 419 ff.; vgl. dazu auch BVerfG, Beschluss vom 13.06.2007 - 1 BvR 1550/03 = BVerfGE 118, S. 168 = NJW 2007, S. 2464 ff.

509 *Koberstein/Windpassinger*, WM 1999, S. 473, S. 475 f.; *Grabau/Hundt/Hennecka*, ZRP 2002, S. 430, S. 431; *Rögner*, NJW 2004, S. 3230, 3231; *Eckl*, DZWIR 2004, S. 221, S. 224; *Herzog*, in: Basel II: Folgen für Kreditinstitute und ihre Kunden, S. 47, S. 59 ff.; *Magg*, Der verfassungsrechtliche Schutz des Bankgeheimnisses, S. 39 ff. m.w.N.;

offenbart werden."[510] Zu den danach schützenswerten Lebenssachverhalten zählen nach dieser Auffassung auch die dem Bankgeheimnis unterliegenden Informationen.[511]

Einige Vertreter der Literatur kritisieren insoweit, dass das Recht auf informationelle Selbstbestimmung durch die Einbeziehung von Art. 1 Abs. 1 GG vor allem der Abwehr solcher Grundrechtseingriffe diene, die eine besondere Gefahr für dessen würdebezogene Aspekte bedeuteten.[512] Das Bankgeheimnis sei aber vor allem auf den Schutz wirtschaftlicher Interessen bezogen, wohingegen persönlichkeitsrechtliche Aspekte praktisch nicht betroffen seien.[513] Diese Ansicht sieht daher alleine Art. 2 Abs. 1 GG, der die allgemeine Handlungsfreiheit und als Teilaspekt davon die Vertragsfreiheit schützt, als verfassungsrechtliche Grundlage des Bankgeheimnisses.[514]

Teilweise wird daneben auch vertreten, dass Firmenkunden aus ihrer Berufsfreiheit im Sinne von Art. 12 Abs. 1 GG einen Anspruch auf Wahrung des Bankgeheimnisses hätten, sofern ihre einer Bank anvertrauten Informationen zugleich ein Berufs- oder Geschäftsgeheimnis darstellten.[515] Vereinzelt wird bei Firmenkunden der Anspruch auf Wahrung des Bankgeheimnisses aus der Eigentumsgarantie nach Art. 14 Abs. 1 GG hergeleitet.[516]

Verbreiteter ist die Ansicht, wonach das Bankgeheimnis sich nur bei Banken aus deren Berufsfreiheit herleiten lässt.[517] Eingriffe darin werden als solche in die Berufsausübungsfreiheit angesehen werden, was zur Folge hat, dass gesetzliche Beschränkungen in relativ weitem Ausmaß möglich sind.[518] Zum Teil wird auch hier die Eigentumsgarantie aus Art. 14 GG als einschlägig angesehen, da

510 BVerfG, Urteil vom 15.12.1983 - 1 BvR 209/83 = BVerfGE 65, S. 1 ff. = NJW 1984, S. 419 ff.

511 *Huhmann*, Die verfassungsrechtliche Dimension des Bankgeheimnisses, S. 125 f;

512 *Budke*, Das Bankgeheimnis, S. 19 f.

513 *Canaris*, Bankvertragsrecht, Rn. 36; *Kümpel*, Bank- und Kapitalmarktrecht, 2.145.

514 *Grabau/Hundt/Hennecka*, ZRP 2002, S. 430, S. 432; *Glauben*, DRiZ 2002, S. 104.; *Findeisen*, in: Basel II: Folgen für Kreditinstitute und ihre Kunden, S. 95, S. 103; *Budke*, Das Bankgeheimnis, S. 20; *Kalkbrenner/Koch*, Bankgeheimnis und Datenschutz, S. 10; *Claussen*, in: *Claussen*, Bank- und Börsenrecht, § 3 Rn. 5; *Vollborth*, Forderungsabtretung durch Banken, S. 67 f. m.w.N.

515 *Magg*, Der verfassungsrechtliche Schutz des Bankgeheimnisses, S. 71 ff.

516 *Scholz*, BKR 2008, S. 485, S. 487; *Huhmann*, Die verfassungsrechtliche Dimension des Bankgeheimnisses, S. 312 ff.; *Miebach*, Das Bankgeheimnis, S. 286 f; zurecht ablehnend *Magg*, Der verfassungsrechtliche Schutz des Bankgeheimnisses, S. 76 ff.

517 *Eckl*, DZWIR 2004, S. 221, S. 224; *Kalkbrenner/Koch*, Bankgeheimnis und Datenschutz, S. 11; *Magg*, Der verfassungsrechtliche Schutz des Bankgeheimnisses, S. 75 f. und S. 98 f. m.w.N.

518 *Canaris*, Bankvertragsrecht, Rn. 38; *Budke*, Das Bankgeheimnis, S. 20.

die Bindung der Kunden an ihre Bank und das darin liegende Vertrauen unabdingbar für deren Geschäftsbetrieb seien.[519]

Entgegen der allgemeinen Anerkennung des Bankgeheimnisses im Bereich des Zivilrechts[520] und den vielfältigen theoretischen Versuchen, es verfassungsrechtlich zu begründen,[521] hat sich das BVerfG bisher nicht explizit dazu geäußert, ob und inwieweit das Bankgeheimnis grundrechtlichen Schutz genießt. Es scheint vielmehr, dass das Gericht es stets vermeidet, das Bankgeheimnis ausdrücklich als solches zu benennen, geschweige denn, es als grundrechtlich besonders geschützt anzuerkennen, so etwa im Falle der Durchsuchungen und Beschlagnahmen bei der Dresdner Bank[522] oder des Abrufs von Kontostammdaten bei Banken durch die Finanzämter und andere Behörden. In der zuletzt genannten Entscheidung hat das BVerfG betont, dass Kontostammdaten keine besondere Persönlichkeitsrelevanz aufwiesen. Jedoch könnten, die im Anschluss an deren Ermittlung erhebbaren Informationen über Kontoinhalte für den Persönlichkeitsschutz des Betroffenen bedeutsam sein. Denn nach den gegenwärtigen Gepflogenheiten würden die meisten Zahlungsvorgänge, die über Bargeschäfte des täglichen Lebens hinausgingen, über Konten abgewickelt. Das gezielte Zusammentragen von Informationen über die Inhalte der Konten einer bestimmten Person durch Behörden ermögliche daher einen Einblick in die Vermögensverhältnisse und die sozialen Kontakte des Betroffenen, soweit diese, wie etwa Mitgliedsbeiträge oder Unterhaltsleistungen, eine finanzielle Dimension aufwiesen. Manche Konteninhaltsdaten, etwa die Höhe von Zahlungen im Rahmen verbrauchsabhängiger Dauerschuldverhältnisse, könnten auch weitere Rückschlüsse auf das Verhalten des Betroffenen ermöglichen[523] Ausgehend von dieser Rechtsprechung des BVerfG genießt das Bankgeheimnis an sich keinen besonderen grundrechtlichen Schutz. Insoweit erscheint auch die Aussage des BVerfG im „Flick Urteil“, dass das Steuergeheimnis nach § 30 AO als solches kein Grund-

---

519 *Huhmann*, Die verfassungsrechtliche Dimension des Bankgeheimnisses, S. 393 ff.; zurecht ablehnend *Magg*, Der verfassungsrechtliche Schutz des Bankgeheimnisses, S. 53 ff. und 98 f.; *Miebach*, Das Bankgeheimnis, S. 185 ff.

520 Siehe dazu oben S. 78 ff.

521 Siehe dazu nur die sehr ausführlichen Arbeiten von: *Huhmann*, Die verfassungsrechtliche Dimension des Bankgeheimnisse sowie *Magg*, Der verfassungsrechtliche Schutz des Bankgeheimnisses; Überblick auch bei *Lerche*, ZHR 149 (1985), S. 165 ff. m.w.N.

522 BVerfG, *Beschluss* vom 23.03.1994 - 2 BvR 396/94 = NJW 1994, S. 2079 ff.; BVerfG *Beschluss* vom 13.12.1994 - 2 BvR 894/94 = NJW 1994, S. 2839 ff., siehe dazu unten S. 152 f.

523 BVerfG, Beschluss vom 13.06.2007 - 1 BvR 1550/03 = BVerfGE 118, S. 168 = NJW 2007, S. 2464 ff., siehe dazu unten S. 214 f.

recht sei,[524] auf das Bankgeheimnis übertragbar.[525] Die davon erfassten Informationen stellen jedoch, soweit sie persönlichkeitsrechtliche Relevanz besitzen, eine von vielen Ausprägungen des Rechts auf informationalle Selbstbestimmung einer Person im Sinne von Art. 2 Abs. 1 i.V.m. Art. 1 Abs. 1 GG dar, weil sie Rückschlüsse auf die Lebensweise einer Person zulassen. Kreditinstitute betreffend erscheint es möglich, das Bankgeheimnis als Teil von deren grundrechtlich verbürgter Berufsausübungsfreiheit im Sinne des Art. 12 GG anzusehen, da das Vertrauen der Kunden in die vertrauliche Behandlung ihrer Daten für sie eine wesentliche Voraussetzung für einen reibungslosen Geschäftsbetrieb ist. Im Ergebnis ergeben sich daraus aber keine Unterschiede hinsichtlich der Schranken, die gesetzlichen Eingriffen in diese Grundrechte gezogen sind, da Durchbrechungen des Bankgeheimnisses in beiden Fällen unter Beachtung des Übermaßverbotes durch oder aufgrund von Gesetzen möglich sind.[526] Damit sind die grundrechtlichen Anforderungen an eine rechtmäßige Einschränkung des Bankgeheimnisses in Deutschland als relativ niedrig anzusehen, da sich praktisch immer übergeordnete Gründe des Gemeinwesens finden werden, die Eingriffe in diese Grundrechte rechtfertigen können. Dies belegen die immer zahlreicher und weitreichender werdenden gesetzlichen Durchbrechungen des Bankgeheimnisses, auf die im Einzelnen noch zurückzukommen ist. Da das BVerfG diese unter dem Gesichtspunkt einer Verletzung des Bankgeheimnisses bisher nicht beanstandet hat, zeigt sich, dass gegenüber dem Staat auch dessen völlige Aufhebung möglich wäre. Denn bereits heute kann in Deutschland von einem Bankgeheimnis gegenüber staatlichen Stellen kaum noch gesprochen werden.[527]

---

524 BVerfG, Urteil vom 17.07.1984 - 2 BvE 11/83, 2 BvE 15/83 = BVerfGE 67, S. 100 = NJW 1984, S. 2271, *Bürger*, in: Steuerstrafrecht in Europa und den Vereinigten Staaten, S. 161, S. 184 f. m.w.N.

525 *Budke*, Das Bankgeheimnis, S. 19 f.; in diese Richtung auch *Kirchhof*, in: Basel II: Folgen für Kreditinstitute und ihre Kunden, S. 79, S. 84; *Findeisen*, in: Basel II: Folgen für Kreditinstitute und ihre Kunden, S. 95, S. 103.

526 *Glauben*, DRiZ 2002, S. 104, *Findeisen*, in: Basel II: Folgen für Kreditinstitute und ihre Kunden, S. 95, S. 103 f.; vgl. auch *Grabau/Hundt/Hennecka*, ZRP 2002, S: 430, S. 431 f. Sie formulieren treffend: „Das „Bankgeheimnis“ konkretisiert sich im Übermaßverbot.“

527 Besonders deutlich zeigt sich dies an der Möglichkeit zum automatischen Abruf von Kontostammdaten nach § 93 Abs. 8 AO durch die Finanzbehörden und andere staatliche Stellen in Deutschland, vgl. unten S. 170 f.

4.3.2 In Luxemburg

In der luxemburgischen Literatur wird das Bankgeheimnis meist allein auf einfachgesetzlicher Basis begründet.[528] Als verfassungsrechtliche Grundlage dieser Pflicht käme namentlich Art. 11 Abs. 3 der Verfassung des Großherzogtums Luxemburg vom 17. Oktober 1868[529] in Frage, der die natürlichen Rechte der Person und der Familie garantiert. Jedoch erscheint diese Anordnung den Vertretern der Literatur als zu allgemein formuliert, um daraus die konkrete Anerkennung eines Geheimhaltungsanspruchs herzuleiten.[530] Die Rechtsprechung hat sich soweit ersichtlich noch nicht mit der Frage einer verfassungsrechtlichen Grundlage des Bankgeheimnisses auseinandergesetzt. Ein besonderer verfassungsrechtlicher Schutz kommt dem luxemburgischen Bankgeheimnis daher nicht zu.

4.3.3 In Österreich

Eine besonders herausgehobene rechtliche Stellung genießt das Bankgeheimnis hingegen in Österreich, wo es gemäß § 38 Abs. 5 BWG im Range einer Verfassungsbestimmung steht. Dadurch wird § 38 BWG zwar nicht selbst Teil der österreichischen Verfassung, jedoch können Änderungen dieser Norm nur bei Erreichen eines gesetzlichen Mindestquorums im Parlament erfolgen.[531] Voraussetzung dafür ist die Anwesenheit von mindestens der Hälfte der Abgeordneten des Nationalrats und eine Mehrheit von zwei Dritteln der abgegebenen Stimmen. Da dieses Quorum im parlamentarischen Alltag nicht die Regel ist, wird das Bankgeheimnis vor häufigen gesetzgeberischen Änderungen bewahrt.[532]

Daneben kann ein begrenzter verfassungsrechtlicher Schutz des Bankgeheimnisses in Österreich aus anderen Normen im Verfassungsrang hergeleitet werden. So etwa aus der in diesem Rang stehenden Konvention zum Schutze der Menschenrechte und Grundfreiheiten (Europäische Menschenrechtskonvention, EMRK).[533] Dabei ist Österreich das einzige der Vergleichsländer, die alle dieser

528 Vgl. *Lasserre Capdeville*, Le secret bancaire, Rn. 50; Spielmann, Le secret bancaire, S. 22 f.

529 Mémorial A – N° 23, 22.10.1868, S. 220, zuletzt geändert durch Mémorial A – N° 43, 12.03.2009.

530 *Lasserre Capdeville*, Le secret bancaire, Rn. 145.

531 *Apathy/Iro/Koziol*, Österreichisches Bankvertragsrecht, 2/4; *Eckl*, Das Bankgeheimnis, S. 93.

532 So scheiterte beispielsweise ein erster Entwurf für ein Gesetzes, das Österreich die Einhaltung der OECD-Mindeststandards erlauben sollte, an einer fehlenden parlamentarischen Mehrheit. Siehe dazu unten S. 334.

533 Ö-BGBl. Nr. 210/1958, zuletzt geändert durch Ö-BGBl. III Nr. 47/2010.

Konvention beigetreten sind, in dem das Bankgeheimnis teilweise unter Verweis auf dieses Abkommen begründet wird. Grundlage dieser Ansicht ist Art. 8 EMRK, der das Recht auf Geheimhaltung der Privat- und Familiensphäre beinhaltet, worunter auch ein Anspruch auf Wahrung des Bankgeheimnisses subsumiert werden kann.[534] Da Art. 8 EMRK jedoch vorrangig dem Schutz intimer persönlicher Informationen und weniger der Geheimhaltung wirtschaftlicher Daten dient, wird er praktisch nur selten Informationen umfassen, die unter das Bankgeheimnis fallen. Hinzukommt, dass ist Art. 8 EMRK auf behördliche Eingriffen in diese Geheimsphäre beschränkt ist, so dass das Bankgeheimnis auch insoweit nur unvollständig von dieser Norm erfasst wird [535] Insgesamt lässt sich daher anhand von Art. 8 EMRK nur sehr begrenzt ein verfassungsrechtlicher Schutz des Bankgeheimnisses begründen.[536] Daher erstaunt es nicht, dass in den anderen Vergleichsländern die EMRK nicht als rechtliche Grundlage des Bankgeheimnisses genannt wird.

Als weitere verfassungsrechtliche Quelle des Bankgeheimnisses wird auch das Grundrecht auf Datenschutz im Sinne des Art. 1 Abs. 1 Bundesgesetz über den Schutz personenbezogener Daten (Datenschutzgesetz 2000, DSG 2000)[537] genannt.[538] Dieses Grundrecht beinhaltet anders als Art. 8 EMRK auch den Schutz wirtschaftlicher Daten.[539] Während das DSG 2000 die allgemeinen Voraussetzungen für die rechtmäßige Verwendung von Daten festlegt, stellt das Bankgeheimnis eine umfassende Verschwiegenheitspflicht der Kreditinstitute unabhängig von der Art der jeweiligen Informationen und deren Verwendung dar. Beide Regelungen weisen daher unterschiedliche Schutzrichtungen auf und gelangen kumulativ zur Anwendung.[540] Da das DSG 2000 somit nur bestimmte vom Bankgeheimnis erfasste Sachverhalte einschließt, erscheint es insgesamt weniger geeignet, dieses verfassungsrechtlich zu begründen.

Daher erscheint der grundrechtliche Schutz des Bankgeheimnisses in Österreich trotz verschiedener Herleitungsmöglichkeiten nur schwach ausgeprägt.

---

534 *Budke*, Das Bankgeheimnis, S. 26.

535 *Apathy/Iro/Koziol*, Österreichisches Bankvertragsrecht, 2/4.

536 Vgl. *Apathy*, ÖBA 2006, S. 33, S. 37 f.

537 Ö-BGBl. I Nr. 165/1999, zuletzt geändert durch Ö-BGBl. I Nr. 135/2009.

538 So schon zu dessen Vorgängerregelung *Budke*, Das Bankgeheimnis, S. 26 und S. 35.

539 *Stärker*, DSG § 1 S. 32

540 OGH, Entscheidung vom 25.02.1992 - 4Ob114/91; genauer dazu unten S. 121 ff.

4.3.4 In der Schweiz

In der Schweiz wird eine Einbeziehung des Bankgeheimnisses in den Schutzbereich der Grundrechte der Bundesverfassung (BV)[541] von der herrschenden Lehre[542] und in der Rechtsprechung[543] abgelehnt. Denn das Persönlichkeitsrecht, das als Teilaspekt das Bankgeheimnis umfasse, sei über die gesetzliche Normierung in den Art. 27 und 28 ZGB ausreichend abgesichert.[544] Das Bankgeheimnis ist nach dieser Auffassung weder als geschriebenes noch als ungeschriebenes verfassungsmäßiges Recht angesehen.[545] Nur ganz vereinzelt wird angenommen, es sei vom Schutz der Privatsphäre in Art. 13 BV erfasst.[546]

Gleichwohl gab es von Seiten einiger Parteien, insbesondere der Schweizerischen Volkspartei (SVP), immer wieder Initiativen, das Bankgeheimnis in den Status von Verfassungsrecht zu erheben, um so das Vertrauen der Bankkunden in den Standort Schweiz zu stärken und nicht zuletzt auch gegenüber dem Ausland ein klares Bekenntnis zu dieser Geheimhaltungspflicht abzulegen.[547] Ebenso haben einige Schweizer Kantone für eine Ergänzung von Art. 13 BV um einen Absatz betreffend die Gewährleistung des Bankgeheimnisses plädiert. Der Nationalrat hat diese Initiative zunächst befürwortend aufgegriffen, letztlich aber verworfen.[548] Angesichts der derzeitigen Diskussion um die Bedeutung der Schweiz als Steueroase und, die damit einhergehende Kritik, ist die Diskussion um die Aufnahme des Bankgeheimnisses in die Bundesverfassung erneut aufgeflammt. Eine Eidgenössische Volksinitiative[549] mit dem Titel „Verteidigen wir

541 AS **1999** 2556, zuletzt geändert durch AS **2010** 3821.

542 *Heine*, in: Gedächtnisschrift für Theo Vogler, S. 67, S. 68; d*e Capitani*, in: Basel II: Folgen für Kreditinstitute und ihre Kunden, S. 125, S. 126; sehr kritisch auch *Ulrich*, Tages-Anzeiger vom 13.01.2004, S. 2; bejahend hingegen *Abegg*, in: Schweizerisches Bankenrecht, S. 263.

543 Vgl. BGE 115 Ib 68, S. 83.

544 Zum Persönlichkeitsrecht im Sinne der Art. 27 und 28 ZGB siehe oben S. 88 f.

545 BGE 104 Ia 49 S. 53; *Glaser Tomasone*, Amtshilfe und Bankgeheimnis, S. 81 f.

546 *De Capitani*, in: Beiträge zur Finanzgeschichte, S. 14; *Eckl*, Das Bankgeheimnis, S. 88.

547 Das entsprechende Positionspapier der SVP vom September 2008 ist abrufbar unter: http://www.svp.ch (Stand: 17.11.2010).

548 Die Protokolle zur Standesinitiative Bankgeheimnis aus der 2. Sitzung der Sondersession des Nationalrats vom Mai 2006 sind abrufbar unter: http://www.parlament.ch/ab/frameset/d/index.htm (Stand: 17.11.2010).

549 Eine von 100.000 Stimmberechtigten initierte Volksinitiative kann nach Art. 139 BV einen Vorschlag zur Teilrevision der BV machen, der bei Erreichung dieses Quorums grundsätzlich das Parlament bindet.

die Schweiz! Das Bankgeheimnis muss in die Bundesverfassung“, die für eine Ergänzung von Art. 13 BV eintrat, scheiterte jedoch bereits im Vorverfahren.[550]

Das schweizerische Bankgeheimnis genießt damit keinen besonderen verfassungsrechtlichen Schutz.

4.3.5 In Liechtenstein

Anders verhält es sich in Liechtenstein. Dort hat sich das höchste Gericht, der Staatsgerichtshof (StGH), erstmals im Jahr 1997 mit den verfassungsrechtlichen Grundlagen des Bankgeheimnisses auseinandergesetzt.[551] In seiner damaligen Entscheidung lehnte der StGH es ab, das Bankgeheimnis unter das in Art. 32 der Verfassung des Fürstentums Liechtenstein vom 5. Oktober 1921 (LV)[552] verankerte Brief- und Schriftengeheimnis zu subsumieren, und hob dessen einfachgesetzliche Grundlagen hervor. Zugleich ließ der StGH ausdrücklich offen, ob das Bankgeheimnis nicht Teil des ebenfalls in Art. 32 LV verankerten Grundrechts der persönlichen Freiheit sei, welches als Auffanggrundrecht unter anderem der Abwehr massiver Eingriffe in die Intimsphäre vor allem im Bereich des Datenschutzes diene. *Frommelt* ging im Anschluss an diese Entscheidung davon aus, der StGH werde das Bankgeheimnis als Teil des grundrechtlich geschützten Persönlichkeitsrechtes anerkennen.[553] Tatsächlich haben der StGH und ihm folgend der L-OGH diese Auffassung bestätigt und entschieden, dass dem auf Gesetzesstufe verankerten Bankgeheimnis materiell Verfassungsrang zukomme. Das Bankgeheimnis solle die finanziellen Aspekte der Geheim- und Privatsphäre eines Rechtssubjektes im Rahmen der gesetzlichen Schranken schützen, was durch das in Art. 32 LV verankerte Recht der persönlichen Freiheit gewährleistet werde. Der StGH hob aber zugleich hervor, dass das Bankgeheimnis nicht absolut gelte, sondern nur im Rahmen der gesetzlichen Schranken.[554] Daraus

550 Die Volksinitiative konnte nicht die für einen Volksentscheid erforderliche Stimmenzahl aufbringen. Ihr Wortlaut sowie weitere Details sind abrufbar auf der Homepage der Schweizerischen Bundeskanzlei: http://www.admin.ch/ch/d/pore/vi/vis369.html (Stand: 17.11.2010).

551 StGH, Urteil vom 24.04.1997 - 1996/42 =LES 1998, S. 185; teilweise abgedruckt in: Bankengesetz des Fürstentums Liechtenstein, Art. 63 BankG, S. 158; eine Zusammenfassung der Folgerungen aus diesem Urteil findet sich auch im Praxisbericht 2006 der L-FMA, dieser kann abgerufen werden unter: www.fma-li.li/file/FMA-Praxis_2006.pdf (Stand: 17.11.2010).

552 LGBl. 1921 Nr. 15, zuletzt geändert durch LGBl. 2009 Nr. 227.

553 *Frommelt*, in: *Schwärzler/Wagner*, Verantwortlichkeit, S. 159, S. 165.

554 StGH, Urteil vom 06.02.2006 - 2005/51 = LES 2007, S. 396, insbesondere S.405 f.; L-OGH, Beschluss vom 07.05.2009 - RZ 2008.731, S. 7.

ergibt sich, dass es trotz seiner grundrechtlichen Begründung relativ weit gesetzlich einschränkbar ist.

4.3.6 Zusammenfassung

Die rechtsvergleichende Betrachtung der verfassungsrechtlichen Grundlagen des Bankgeheimnisses zeigt, dass diese in keinem der behandelten Länder als dessen eigentliche Basis angesehen werden kann. Im Gegenteil spricht sich in Luxemburg, Österreich und der Schweiz die herrschende Meinung gegen eine entsprechende Begründung aus oder erwähnt sie nur ganz am Rande. Als zentrale Grundlage des Bankgeheimnisses wird das Zivilrecht hervorgehoben. Nur in Liechtenstein ist höchstgerichtlich anerkannt, dass das Bankgeheimnis als Teil der grundrechtlich in der Landesverfassung verbürgten Grundrechte materiell im Verfassungsrang steht. In Deutschland mag das Fehlen einer ausdrücklichen gesetzlichen Grundlage des Bankgeheimnisses der Grund sein, warum sich dort die meisten Literaturvertreter für eine grundrechtliche Verankerung des Bankgeheimnisses aussprechen, um so dessen zivilrechtlich naturgemäß beschränkte Reichweite gegenüber Dritten, insbesondere dem Staat, zu verstärken. Die vielfältigen dazu vorgebrachten Begründungsansätze hat das BVerfG in zahlreichen Entscheidungen bisher jedoch nicht aufgegriffen. Vielmehr scheint es jeglichen Schritt in diese Richtung bewusst zu meiden. Aus diesem Grunde erscheint es auch nicht möglich, dem Bankgeheimnis einen besonderen verfassungsrechtlich garantierten Gehalt zuzusprechen. Vielmehr stellt es sich als Teil des Rechts auf informationelle Selbstbestimmung im Sinne von Art. 2 Abs. 1 i.V.m. Art. 1 Abs. 1 GG dar, das gesetzlich relativ weit einschränkbar ist. Gleiches gilt, wenn man das Bankgeheimnis in Bezug auf Kreditinstitute als Ausprägung von deren Berufsausübungsfreiheit im Sinne von Art. 12 Abs. 1 GG ansieht. Dementsprechend ergeben sich in der Praxis der Gesetzgebung und der Rechtsanwendung auch kaum grundrechtliche Beschränkungen in Hinblick auf eine Durchbrechung des Bankgeheimnisses in Deutschland.

4.4 Weitere Rechtsgrundlagen des Bankgeheimnisses

Neben den bereits dargestellten Ansätzen zur zivil-, straf- und verfassungsrechtlichen Begründung des Bankgeheimnisses wird dieses in der deutschen Literatur zum Teil auch aus dem Abgabenrecht hergeleitet. Hingegen sind in Luxemburg, Österreich, der Schweiz und Liechtenstein, abgesehen von den bereits genannten Rechtsgrundlagen, keine anderen rechtlichen Herleitungen des Bankgeheimnisses üblich, so dass sich nachfolgend ein näheres Eingehen auf diese Länder erübrigt.

In Deutschland dreht sich die Diskussion darum, inwieweit § 30a AO zu Beschränkungen der Ermittlungsbefugnisse der Finanzbehörden bei Banken führt. Zugespitzt geht es dabei um die Frage der Anerkennung eines abgabenrechtlichen Bankgeheimnisses.[555] Auslöser hierfür waren ursprünglich die bereits erwähnten Bankenerlasse aus den Jahren 1949 und 1979.[556] § 30a AO wurde erst durch das Steuerreformgesetz 1990[557] in die AO aufgenommen. Trotz gewisser sprachlicher Anpassungen entspricht er inhaltlich vollständig dem Bankenerlass von 1979.[558] Die aktuelle Fassung von § 30a AO lautet:

> § 30a Schutz von Bankkunden
>
> (1) Bei der Ermittlung des Sachverhalts (§ 88) haben die Finanzbehörden auf das Vertrauensverhältnis zwischen den Kreditinstituten und deren Kunden besonders Rücksicht zu nehmen.
>
> (2) Die Finanzbehörden dürfen von den Kreditinstituten zum Zweck der allgemeinen Überwachung die einmalige oder periodische Mitteilung von Konten bestimmter Art oder bestimmter Höhe nicht verlangen.
>
> (3) Die Guthabenkonten oder Depots, bei deren Errichtung eine Legitimationsprüfung nach § 154 Abs. 2 vorgenommen worden ist, dürfen anlässlich der Außenprüfung bei einem Kreditinstitut nicht zwecks Nachprüfung der ordnungsmäßigen Versteuerung festgestellt oder abgeschrieben werden. Die Ausschreibung von Kontrollmitteilungen soll insoweit unterbleiben.
>
> (4) In Vordrucken für Steuererklärungen soll die Angabe der Nummern von Konten und Depots, die der Steuerpflichtige bei Kreditinstituten unterhält, nicht verlangt werden, soweit nicht steuermindernde Ausgaben oder Vergünstigungen geltend gemacht werden oder die Abwicklung des Zahlungsverkehrs mit dem Finanzamt dies bedingt.
>
> (5) Für Auskunftsersuchen an Kreditinstitute gilt § 93. Ist die Person des Steuerpflichtigen bekannt und gegen ihn kein Verfahren wegen einer Steuerstraftat oder einer Steuerordnungswidrigkeit eingeleitet, soll auch im Verfahren nach § 208 Abs. 1 Satz 1 ein Kreditinstitut erst um Auskunft und Vorlage von Urkunden gebeten werden, wenn ein Auskunftsersuchen an den Steuerpflichtigen nicht zum Ziele führt oder keinen Erfolg verspricht.

---

555 Vgl. nur *Bruchner/Krepold*, in: *Schimansky/Bunte/Lwowski*, Bankrechtshandbuch, § 39 Rn. 232, die in § 30a AO erkennen wollen, dass der Gesetzgeber „die besondere Bedeutung des Vertrauensverhältnisses zwischen Bank und Kunden anerkannt und damit dem zivilrechtlichen Bankgeheimnis auch im Bereich des Steuerrechtes einen hohen Stellenwert zugemessen" hat.

556 Zum Bankenerlass von 1979 vgl. *Bilsdorfer*, DStR 1984, S. 498, S. 502 ff.

557 BGBl. 1988 I S. 1093

558 Siehe oben S. 7 f.

Für die Herleitung eines abgabenrechtlichen Bankgeheimnisses aus § 30a Abs. 1 AO scheint dessen Wortlaut zu sprechen, der den Begriff des Bankgeheimnisses zwar nicht explizit erwähnt, jedoch von der Pflicht der Finanzbehörden zur Rücksichtnahme auf das besondere Vertrauensverhältnis zwischen Banken und ihren Kunden bei der Ermittlung steuerrelevanter Sachverhalte spricht. Dabei ist jedoch zu berücksichtigen, dass den Finanzbehörden allgemein kein Ermessen bezüglich der Ermittlung steuerrelevanter Sachverhalte zusteht, da dies mit dem verfassungsrechtlichen Gebot der Gleichmäßigkeit der Besteuerung unvereinbar wäre.[559] Aus diesem Grunde können sich aus § 30a AO keine besonderen Beschränkungen der Ermittlungstätigkeit der Finanzbehörden „im Bankenbereich" ergeben, die über die generell zu beachtenden Grundsätze der Verhältnismäßigkeit und der Zumutbarkeit hinausgehen.[560] Bei verfassungskonformer Auslegung erscheint § 30a Abs. 1 AO daher als eine Art Präambel, die das allgemeine Leitmotiv der folgenden Absätze abbildet.[561]

Ebenso besitzt auch § 30a Abs. 2 AO, wonach die einmalige oder periodische Mitteilung von Bankkonten durch die Finanzbehörden zu allgemeinen Überwachungszwecken nicht verlangt werden kann, rein deklaratorischen Charakter, da dadurch nichts verboten wird, was anderenfalls rechtlich zulässig wäre, denn die Finanzbehörden dürfen ohnehin nicht ohne besondere Anhaltspunkte „ins Blaue hinein" Auskünfte bei Banken einholen.[562]

Kernpunkt der Diskussion um die rechtliche Bedeutung der Norm ist demgegenüber § 30a Abs. 3 AO. Diesbezüglich herrscht Uneinigkeit, ob und gegebenenfalls welchen Beschränkungen die Finanzbehörden bei der Ausschreibung von Kontrollmitteilungen im Rahmen der Außenprüfungen bei Banken in Hinblick auf nach § 154 Abs. 2 AO legitimationsgeprüfte Konten[563] unterliegen. Auch die Rechtsprechung des Bundesfinanzhofs (BFH) in dieser Frage war lange Zeit uneinheitlich.[564] Stets unbestritten war, dass nicht legitimationsgeprüfte Konten von § 30a Abs. 3 AO nicht erfasst würden. Einigkeit bestand ferner, dass

559 Ausführlich zur Auslegung von § 30a Abs. 1 AO: *Miebach*, Das Bankgeheimnis, S. 40 ff.

560 Von einer „vagen Ermessenrichtlinie" in diesem Zusammenhang spricht *Kretschmer*, wistra 2008, S. 180, S. 182; a.A wohl *Fischer/Klanten*, Bankrecht, 4.39 f.

561 BFH, Urteil vom 18.02.1997 - VIII R 33/95 = BFHE 183, S. 45 = BStBl 1997 II, S. 499 = NJW 1997, S. 2067 = DStR 1997, S. 961; *Rüsken*, in: *Klein/Orlopp*, AO, § 30a Rn. 8; *Wieland*, JZ 2000, S. 272, S. 274; *Rüth*, DStZ 2000, S. 30, S. 32.

562 BFH, Urteil vom 18.02.1997 - VIII R 33/95 = BFHE 183, S. 45 = BStBl 1997 II, S. 499 = NJW 1997, S. 2067 = DStR 1997, S. 961.

563 Siehe dazu schon oben S. 69 f.

564 Einerseits BFH, Urteil vom 18.02.1997 - VIII R 33/95 = BFHE 183, S. 45 = BStBl 1997 II, S. 499 = NJW 1997, S. 2067 = DStR 1997, S. 961 und andererseits BFH, Beschluss vom 28.10.1997 – VII B 40/97 = BFH/NV 1998/424 = DStRE 1998, S. 241.

Zufallserkenntnisse, die den Verdacht einer Steuerverkürzung im Einzelfall begründen, auch hinsichtlich legitimationsgeprüfter Konten mitgeteilt werden dürfen. [565] Auf steuerstrafrechtliche Ermittlungen hat § 30a Abs. 3 AO danach keine Auswirkungen.[566] Unterschiedlich waren die Auffassungen aber in Hinblick auf die Ausschreibung von Kontrollmitteilungen als Prüfmaterial für die Steuerveranlagung.

Der 7. Senat des BFH ging stets im Wege einer von ihm vorgenommenen verfassungskonformen Interpretation davon aus, dass § 30 Abs. 3 AO lediglich stichprobenartige Ermittlungen „ins Blaue hinein" verhindern solle. Danach wurden solche Maßnahmen, insbesondere Kontrollmitteilungen, als zulässig angesehen, für deren Durchführung „ein hinreichender Anlass" vorliege. Dieser sei bereits dann gegeben, wenn die Finanzbehörde aufgrund einer nach allgemeiner Erfahrung getroffenen Prognoseentscheidung im Wege vorweggenommener Beweiswürdigung zu dem Ergebnis komme, dass eine Kontrollmitteilung zur Aufdeckung steuerrechtlicher Tatsachen führen könne. Für diese Auslegung spreche auch, dass sie sich mit derjenigen der §§ 93 Abs. 1 und 208 Abs. 1 Nr. 3 AO decke. Eine restriktivere Auslegung von § 30 Abs. 3 AO widerspreche dagegen den Anforderungen des BVerfG an die Gleichmäßigkeit der Besteuerung und führe zu dessen Verfassungswidrigkeit.[567]

Hingegen entschied der 2. Senat des BFH, dass § 30 Abs. 3 AO eine über die allgemein zu beachtenden Grundsätze der Verhältnismäßigkeit und der Zumutbarkeit hinausgehende Wirkung entfalte, indem er einen „Kernbestand des Bankgeheimnisses" garantiere, wodurch die Ermittlungsbefugnisse der Finanzbehörden bei Banken beschränkt würden.[568] In der Literatur ist diese Ansicht vielfach bestätigt worden.[569] Eine Wende ist in dem Urteil des 7. Senats des BFH vom 09. Dezember 2008 zu sehen, worin dieser seine Rechtsprechung betreffend Kontrollmitteilungen über bankinterne Aufwandskonten präzisiert. [570] Danach soll § 30a Abs. 3 AO keine Sperrwirkung bei der Gewinnung von Prüf-

565 *Intemann*, in: *Pahlke/Koenig*, AO § 30a Rn. 37 ff; *Rüsken*, in: *Klein/Orlopp*, AO, § 30a Rn. 22; *Bilsdorfer*, DStR 1996, S. 1953, S. 1954; *Wieland*, JZ 2000, S. 272, S. 275.

566 BFH, Beschluss vom 02.08.2001 - VII B 290/99 = NJW 2001, S. 3655, S. 3656.

567 BFH, Urteil vom 18.02.1997 - VIII R 33/95 = BFHE 183, S. 45 = BStBl 1997 II, S. 499 = NJW 1997, S. 2067 = DStR 1997, S. 961 m.w.N. zu den verschiedenen Auslegungen von § 30a AO; für Verfassungswidrigkeit dieses Absatzes *Rüth*, DStZ 2000, S. 30, S. 34 ff.; insgesamt für Verfassungswidrigkeit der Norm *Tipke*, BB 1998, S. 241 ff.

568 BFH, Beschluss vom 28.10.1997 – VII B 40/97 = BFH/NV 1998/424 = DStRE 1998, S. 241.

569 *Huhmann*, Die verfassungsrechtliche Dimension des Bankgeheimnisses, S. 237 ff. m.w.N.; ablehnend *Wieland*, JZ 2000, S. 272, S. 275.

570 BFH, Urteil vom 09.12.2008 - VII R 47/07 = BFHE 224, S. 1 = NJW 2009, S. 1437 = DStR 2009, S. 581.

material über legitimationsgeprüfte Konten durch die Steuerbehörden entfalten, wenn ein hinreichender Anlass für die Kontrollmitteilung besteht.[571] Ein solcher liege dann vor, wenn das zu prüfende Bankgeschäft Auffälligkeiten gegenüber alltäglichen und banküblichen Geschäften aufweise.[572] Darin sieht der 7. Senat des BFH eine hinereichende Schranke der Ermittlungstätigkeit der Finanzbehörden bei Banken, die zur Wahrung eines Kernbestands des Bankgeheimnisses ausreichend sei. Da dieses Kriterium letztlich kaum mehr als eine Erinnerung an das Verbot von Ermittlungen „ins Blaue" hinein ist, scheint die Auslegung des § 30a Abs. 3 AO durch den BFH nunmehr dahingehend einheitlich, dass dieser die Ermittlungsbefugnisse der Finanzbehörden über die Grundsätze der Verhältnismäßigkeit und der Zumutbarkeit hinaus nicht zusätzlich beschneidet.[573] Daher erscheint § 30a Abs. 3 AO, obwohl der 7. Senat des BFH nach wie vor einen Kernbestand des Bankgeheimnisses darin verankert sieht, auch kaum geeignet, dieses rechtlich zu begründen.

Bei den weiteren Absätzen von § 30a AO ist weitgehend anerkannt, dass sich daraus keine besonderen Beschränkungen der Tätigkeit der Finanzbehörden bei Banken ergeben. Wenn etwa § 30a Abs. 4 AO anordnet, dass Vordrucke für Steuererklärungen nicht allgemein die Angabe von Konten und Depots verlangen sollen, bestätigt dies nur die ohnehin bestehende Rechtslage. Denn deren Angabe ist für die Besteuerung grundsätzlich unerheblich und deshalb auch nicht notwendig.[574] Ist hingegen die Nummer eines Bankkontos oder Depots ausnahmsweise besteuerungsrelevant, besteht auch ein hinlänglicher Anlass zu ihrer Ermittlung, und die Soll-Vorschrift des § 30a Abs. 4 AO greift nicht ein.[575]

Einen offensichtlich rein deklaratorischen Charakter weist § 30a Abs. 5 S. 1 AO auf, da es sich dabei um einen bloßen Verweis auf § 93 AO handelt, der die Auskunftspflicht Dritter im Besteuerungsverfahren betrifft. Auch aus § 30a Abs. 5 S. 2 AO, wonach auch im Verfahren nach § 208 Abs. 1 AO Auskünfte oder die Vorlage von Urkunden von Kreditinstituten nicht verlangt werden sollen, wenn der Steuerpflichtige bekannt und auskunftsbereit ist, lässt sich kein abgabenrechtliches Bankgeheimnis herleiten. Dabei kann es sich nur um einen Ver-

571 *Plewka/Klümpen-Neusel*, NJW 2009, S. 1392, S. 1393.

572 BFH, Urteil vom 09.12.2008 - VII R 47/07 = BFHE 224, S. 1 = NJW 2009, S. 1437 = DStR 2009, S. 581; siehe dazu auch unten S. 172.

573 In diese Richtung auch *Sangen-Emden*, GWR 2009, S. 49; vgl. auch *Plewka/Klümpen-Neusel*, NJW 2009, S. 1392, S. 1393; differenzierend *Wieland*, JZ 2000, S. 272, S. 274 f.

574 *Rüsken*, in: Klein/Orlopp, § 30a, Rn. 27; *Bruschke*, BB 1990, S. 392, S. 393 f.; *Rüth*, DStZ 2000, S. 30, S. 34.

575 BFH, Urteil vom 18.02.1997 - VIII R 33/95 = BFHE 183, S. 45 = BStBl 1997 II, S. 499 = NJW 1997, S. 2067 = DStR 1997, S. 961.

weis auf § 208 Abs. 1 Nr. 3 AO handeln, da dessen Nr. 1 und Nr. 2 Steuerstraftaten und -ordnungswidrigkeiten betreffen und somit als Bezugspunkte der Norm ausscheiden. § 208 Abs. 1 Nr. 3 AO handelt von der Erforschung unbekannter Steuersachverhalte durch die Steuerfahndung. Insofern könnte man in § 30a Abs. 5 S. 2 AO eine Beschränkung der Ermittlungsbefugnisse der Steuerbehörden sehen, weil diese die Steuerfahndung nicht bei einem Kreditinstitut gegen einen kooperationsbereiten Steuerpflichtigen ermitteln lassen dürfen.[576] Dahinter steckt letztlich jedoch der allgemein gültige Gedanke des Übermaßverbotes, das bei der Anwendung von § 208 Abs. 1 Nr. 3 AO auch ohne die Anordnung in § 30a Abs. 5 S. 2 AO zu beachten wäre. Deswegen kann dieses Ergebnis auch über eine teleologische Reduktion von § 208 Abs. 1 Nr. 3 AO erzielt werden, so dass es keines Rückgriffs auf § 30a Abs. 5 S. 2 AO bedarf. Damit ist auch darin eine rein deklaratorische Bestimmung zu sehen.[577]

Das BVerfG hat sich bisher inhaltlich nur am Rande zu § 30a AO geäußert und dabei die Frage nach dessen Verfassungsmäßigkeit ausdrücklich offen gelassen.[578] Allerdings sprach sich das Gericht bereits im sogenannten „Zinsurteil“ deutlich dagegen aus, dass der Gesetzgeber aus gesamtwirtschaftlichen Gründen, die normativ bestehende Besteuerungsgleichheit durch Defizite in der Durchsetzung des Steueranspruchs gefährde. § 30a AO sei vor diesem Hintergrund als „ein Hindernis für die Gewährleistung von Gleichheit im steuerlichen Belastungserfolg“ anzusehen.[579]

Vor diesem Hintergrund erscheint jedwede aus § 30a AO hergeleitete Einengung der Ermittlungsbefugnisse der Finanzbehörden gegenüber Banken als unzulässige Gefährdung der Besteuerungsgleichheit, was die Verfassungswidrigkeit dieser Bestimmung zur Folge hätte. Es erscheint daher nicht möglich aus § 30a AO ein abgabenrechtliches Bankgeheimnis herzuleiten.[580] Insgesamt han-

576 *Bruschke*, BB 1990, S. 392, S. 394.

577 BFH, Urteil vom 18.02.1997 - VIII R 33/95 = BFHE 183, S. 45 = BStBl 1997 II, S. 499 = NJW 1997, S. 2067 = DStR 1997, S. 961; *Miebach*, Das Bankgeheimnis, S. 58; ähnlich: *Rüth*, DStZ 2000, S. 30, S. 33 f.

578 Vgl. etwa BVerfG, Beschluss vom 10.03.2008 - 2 BvR 2077/05 = NJW 2008, S. 2637, S. 2638 m.w.N.

579 BVerfG, Urteil vom 27.06.1991 - 2 BvR 1493/89 = BVerfGE 84, S. 239 = BStBl 1991 II, S. 654 = NJW 1991, S. 2129

580 Ablehnend auch *Bruschke*, BB 1990, S. 392, S. 395; *Miebach*, Das Bankgeheimnis, S. 59 f. m.w.N.; *Herzog*, in: Basel II: Folgen für Kreditinstitute und ihre Kunden, S. 47, S. 56; vgl. auch *Glauben*, DRiZ 2002, S. 104, S. 106.

delt es sich dabei um eine gesetzgeberisch misslungene Norm, die aufgrund der durch sie hervorgerufenen Rechtsunsicherheit aufgehoben werden sollte.[581]

4.5 Zusammenfassung

Die Untersuchung der rechtlichen Grundlagen des Bankgeheimnisses zeigt, dass es sich dabei um ein Gefüge ineinander greifender Normen aus verschiedenen Rechtsgebieten handelt, die auf unterschiedliche Weise dazu beitragen, die Geheimnissphäre eines Bankkunden vor ungerechtfertigten äußeren Eingriffen abzuschirmen.

Diese haben sich aus der jahrhundertelang geübten Verschwiegenheitspraxis der Banken entwickelt, die zur gewohnheitsrechtlichen Anerkennung des Bankgeheimnisses geführt hat. Daraus entwickelte sich die allgemein anerkannte vertragliche Herleitung der Pflicht zur Wahrung des Bankgeheimnisses im Sinne einer Nebenpflicht der Kreditinstitute. Daneben wird dieses in Deutschland, der Schweiz und Liechtenstein auch aus dem zivilrechtlichen allgemeinen Persönlichkeit abgeleitet.

Während das Bankgeheimnis in Deutschland keinen besonderen strafrechtlichen Schutz genießt, steht seine Verletzung aufgrund besonderer Strafnormen in den übrigen Vergleichsländern unter Strafe. Diese Bestimmungen wurden in Luxemburg, Österreich, der Schweiz und Liechtenstein erst im Laufe und teilweise sogar erst gegen Ende des 20. Jahrhunderts eingeführt. Sie erscheinen vor diesem Hintergrund als ausdrückliche gesetzliche Anerkennung und Verstärkung der weitaus älteren zivilrechtlichen Pflicht durch den Gesetzgeber. Zugleich erfuhr das Bankgeheimnis durch seine gesetzliche Normierung eine präzisere rechtliche Ausgestaltung, da durch die Formulierung des Straftatbestands eine gesetzliche Definition des Bankgeheimnisses in den jeweiligen Ländern geschaffen wurde. Ebenso wurde durch die damit verbundene Normierung gesetzlicher Durchbrechungsgründe die Reichweite des Bankgeheimnisses gegenüber staatlichen Eingriffen – zumindest im Kern – festgelegt.[582] Nicht zuletzt

581 So auch *Grabau/Hundt/Hennecka*, ZRP 2002, S: 430, S. 433; *Rüth*, DStZ 2000, S. 30, S. 41; ablehnend *Dahm*, WM 1996, S. 1285, S. 1288 f., der § 30a AO einerseits als weitgehend deklaratorisch ansieht, die Existenz der Norm aber zur Erinnerung der Steuerermittler an die dennoch bestehenden rechtlichen Grenzen der Einbeziehung von Banken in ihre Ermittlungen für geboten hält; eine umfassende Gegenüberstellung nicht nur rechtlicher Argumente für und wider die Abschaffung des § 30a AO findet sich bei *Milewski*, Bankgeheimnis, S. 51 ff.

582 Bereits aus tatsächlichen Gründen kann eine gesetzliche Bestimmung über das Bankgeheimnis nicht sämtliche möglichen Durchbrechungstatbestände erfassen, da dieses eine Vielzahl unterschiedlicher Lebenssachverhalte betrifft. Daher ist in allen Vergleichslän-

unterstreicht die strafrechtliche Verankerung des Bankgeheimnisses gegenüber ausländischen Staaten den hohen Stellenwert, den man ihm beimisst. Eine relativ junge Erscheinung stellen die Bestrebungen in der Literatur dar, das Bankgeheimnis verfassungsrechtlich durch Einbeziehung in die Grundrechte zu begründen. In Liechtenstein hat das höchste Gericht des Landes diese Stimmen aufgegriffen und das Bankgeheimnis als Teil des verfassungsmäßig garantierten Rechts der persönlichen Freiheit angesehen. Hingegen hat das BVerfG die zahlreichen deutschen Befürworter einer solchen Einbeziehung bisher nicht in ihrer Auffassung bestätigt. Das Bankgeheimnis genießt in Deutschland daher keinen herausgehobenen verfassungsrechtlichen Schutz. In Luxemburg, Österreich und der Schweiz plädiert jeweils nur eine Minderheit für eine verfassungsrechtliche Begründung des Bankgeheimnisses. Eine Besonderheit des österreichischen Bankgeheimnisses liegt in seiner Stellung als Verfassungsbestimmung, die es vor allzu häufigen Änderungen durch den Gesetzgeber schützt.

Entgegen einer in Deutschland vertretenen Ansicht genießt das Bankgeheimnis keinen besonderen Schutz im Abgabenrecht. Ein „abgabenrechtliches Bankgeheimnis" kann nicht aus § 30a AO hergeleitet werden, da dieser teils offensichtlich deklaratorischen Charakter hat und im Übrigen verfassungskonform eng auszulegen ist, da anderenfalls ein Verstoß gegen das verfassungsrechtliche Gebot der Gleichmäßigkeit der Besteuerung vorläge, wodurch § 30a AO verfassungswidrig und damit nichtig wäre.

Aus dieser Betrachtung ergibt sich insgesamt, dass das Zivilrecht als die eigentliche rechtliche Grundlage des Bankgeheimnisses anzusehen ist.

---

dern anerkannt, dass neben den geschriebenen auch ungeschriebene Durchbrechungen des Bankgeheimnisses bestehen. Vgl. dazu auch unten S. 137 ff.

5 Bankgeheimnis und Datenschutz

Im Rahmen der Beziehung zu einem Kunden erlangen Banken höchst sensible Informationen über diesen, insbesondere über seine wirtschaftlichen Verhältnisse. Das Bankgeheimnis trägt diesem Umstand Rechnung, indem es die Banken gegenüber Dritten zur Geheimhaltung dieser Informationen verpflichtet, solange eine Offenbarung nicht gerechtfertigt ist. Neben diese primär zivilrechtliche Verpflichtung treten in allen hier verglichenen Ländern besondere Gesetze über den Datenschutz, die auch die Tätigkeit von Kreditinstituten beeinflussen. Vor dem Hintergrund des Schutzes persönlicher Daten, regeln diese Gesetze insbesondere, welche Vorgaben im Bereich der elektronischen Datenverarbeitung im Umgang mit Daten zu beachten sind. Im Folgenden soll insbesondere das Verhältnis der einzelnen Datenschutzgesetze zum Bankgeheimnis näher untersucht und bestimmt werden, unter welchen Voraussetzungen sie die Datenverarbeitung erlauben. Dabei ähneln sich die Datenschutzgesetze der Vergleichsländer im Kern sehr, da sie als Mitgliedstaaten der EU (Deutschland, Österreich und Luxemburg) bzw. der EFTA (Schweiz und Liechtenstein) alle dieselbe diesbezügliche EG-Richtlinie[583] umgesetzt haben.

5.1 In Deutschland

Die entsprechenden Regelungen finden sich in Deutschland im Bundesdatenschutzgesetz (BDSG).[584] Dieses dient dem Schutz des Grundrechts auf informationelle Selbstbestimmung. Das BDSG findet auf öffentliche Stellen des Bundes sowie zum Teil auch der Länder, die daneben innerhalb ihrer Gesetzgebungszuständigkeit eigene Landesdatenschutzgesetze verabschiedet haben, Anwendung. Zudem gilt es nach § 1 Abs. 2 Nr. 3 BDSG für nicht-öffentliche Stellen, wenn diese Daten unter Einsatz von Datenverarbeitungsanlagen verarbeiten, nutzen oder dafür erheben oder die Daten in oder aus nicht automatisierten Dateien verarbeiten, nutzen oder dafür erheben. Ausgenommen aus dem Anwendungsbereich des BDSG ist lediglich die Erhebung, Verarbeitung oder Nutzung von Daten, die ausschließlich für persönliche oder familiäre Tätigkeiten erfolgt. Nicht-öffentliche Stellen im Sinne des BDSG sind natürliche und juristische Personen, Gesellschaften und andere Vereinigungen des privaten Rechts, die keine öffent-

583 Richtlinie 95/46/EG des Europäischen Parlaments und des Rates vom 24. Oktober 1995 zum Schutz natürlicher Personen bei der Verarbeitung personenbezogener Daten und zum freien Datenverkehr (ABl. L 281 vom 23.11.1995, S. 31).

584 In der Fassung der Bekanntmachung vom 14. Januar 2003 (BGBl. I S. 66), zuletzt geändert durch Artikel 1 des Gesetzes vom 14. August 2009 (BGBl. I S. 2814).

lichen Aufgaben wahrnehmen. Damit sind sowohl die Sparkassen als öffentliche Stellen als auch die übrigen Banken als nicht-öffentliche Stellen vom Anwendungsbereich des BDSG erfasst. Daten in diesem Sinne sind nach § 3 Abs. 1 BDSG Einzelangaben über persönliche oder sachliche Verhältnisse einer bestimmten oder bestimmbaren natürlichen Person. Auf Daten juristischer Personen findet das BDSG hingegen keine Anwendung.[585]Aus dieser Beschränkung ergibt sich, dass der Anwendungsbereich des BDSG enger ist als der des Bankgeheimnisses, das keine Unterscheidung in Hinblick auf die Art der davon geschützten Kunden kennt. Ebenso ist das Bankgeheimnis inhaltlich grundsätzlich nicht auf bestimmte (Kunden-)Daten beschränkt, wohingegen der Datenbegriff essentiell für die Anwendbarkeit des BDSG ist.[586]

Das Verhältnis zwischen dem BDSG und dem Bankgeheimnis folgt aus § 1 Abs. 3 S. 2 BDSG. Danach bleibt die Verpflichtung zur Wahrung gesetzlicher Geheimhaltungspflichten sowie von Berufs- oder Amtsgeheimnissen, die nicht auf gesetzlichen Vorschriften beruhen, unberührt. Das Bankgeheimnis stellt wie gezeigt ein allgemein anerkanntes ungeschriebenes Berufsgeheimnis dar und geht damit dem BDSG vor, soweit es einen höheren Schutzumfang bietet als dieses. Dem Datenschutzrecht des BDSG kommt damit eine Auffangfunktion zu.[587] Das bedeutet, es kommt immer dort zur Anwendung, wo eine vorrangige Geheimhaltungspflicht keine Regelung trifft und ergänzt diese.[588]

Wichtigstes Beispiel in Bezug auf das Bankgeheimnis stellen dabei die Voraussetzungen für die rechtmäßige Erhebung, Verarbeitung und Nutzung von Daten mittels Datenverarbeitungsanlagen dar, die § 3 Abs. 2 BDSG unter dem Begriff der automatisierten Verarbeitung zusammenfasst. Diesbezüglich erweist sich das BDSG als wesentlich detaillierter als das Bankgeheimnis, dass keine Aussage über die modernen Formen der Verarbeitung von Kundendaten durch eine Bank trifft. Insoweit hat sich ein Kreditinstitut daher nach den Bestimmungen BDSG zu richten. Nach § 4 Abs. 1 BDSG dürfen personenbezogene Daten nur dann erhoben, verarbeitet und genutzt werden, wenn das BDSG oder eine andere Rechtsvorschrift dies erlaubt oder anordnet oder der Betroffene eingewil-

---

585 Jedoch werden die Daten, der hinter einer juristischen Person stehenden natürlichen Personen dann vom BDSG erfasst, wenn die Angaben über die Personengemeinschaft auf sie durchschlagen, vgl. *Gola*, in: Gola/Schomerus, BDSG, § 3 Rn. 11 f.

586 *Gutmann*, Outsourcing bei Kreditinstituten, S. 224 ff.

587 Strittig, wie hier BGH, Urteil vom 27.02.2007 - XI ZR 195/05 = BGHZ 171, S. 180 ff. = NJW 2007, S. 2106, S. 2108 m.w.N; *Koberstein/Windpassinger*, WM 1999, S. 473, S. 476 f.; *Kalkbrenner/Koch*, Bankgeheimnis und Datenschutz, S. 13; a.A. *Milewski*, Bankgeheimnis, S. 20, der von Anspruchskonkurrenz ausgeht.

588 *Gola*, in: Gola/Schomerus, BDSG, § 1 Rn. 25; *Kahler/Werner*, Electronic Banking und Datenschutz, S. 152 f.

ligt hat. Ebenso wie beim Bankgeheimnis kann also diejenige Person, deren Daten verarbeitet werden, über ihren gesetzlichen Anspruch auf Datenschutz nach dem BDSG disponieren. Eine solche Einwilligung ist nach § 4a Abs. 1 BDSG grundsätzlich nur wirksam, wenn sie schriftlich abgegeben wird und auf der freien und aufgeklärten Entscheidung des Betroffenen beruht.[589] Da die Einholung einer Einwilligung aber nicht in allen Fällen praktikabel erscheint, bestehen nach § 28 BDSG Ausnahmen von diesem Erfordernis. So bedarf es nach § 28 Abs. 1 Nr. 1 BDSG keiner Einwilligung des Betroffenen für das Erheben, Speichern, Verändern oder Übermitteln personenbezogener Daten oder ihre Nutzung als Mittel für die Erfüllung eigener Geschäftszwecke, wenn diese dem Zweck eines Vertragsverhältnisses oder vertragsähnlichen Vertrauensverhältnisses mit dem Betroffenen entspricht. Ferner gilt dies nach § 28 Abs. 1 Nr. 2 BDSG, soweit die vorgenannten Datenanwendungen zur Wahrung berechtigter Interessen der verantwortlichen Stelle erforderlich sind und kein Grund zu der Annahme besteht, dass das schutzwürdige Interesse des Betroffenen an dem Ausschluss der Verarbeitung oder Nutzung überwiegt. Dieser Tatbestand bedingt eine Interessenabwägung zwischen dem Datenverwendungsinteresse der Bank und dem Geheimhaltungsinteresse des betroffenen Kunden. Überwiegt danach das Interesse der Bank stellt § 28 Abs. 1 Nr. 2 BDSG einen Rechtfertigungsgrund dar, der eine Durchbrechung des Bankgeheimnisses ermöglicht. Sollen hingegen außerhalb des Vertragszwecks von Bank und Kunde Daten weitergegeben werden, etwa an Fremdfirmen zu Werbezwecken, scheidet die Rechtfertigung mittels dieser allgemeinen Interessenabwägung aus. Denn in diesem Falle geht das Bankgeheimnis dem BDSG vor und verbietet die Übermittlung.[590] Aufgrund der sich daraus ergebenden Unsicherheitsfaktoren holen Banken in der Praxis vor der Übermittlung von Kundendaten zumeist formularmäßig deren Einwilligung ein.[591]

5.2 In Luxemburg

Ähnlich wie in Deutschland stellen sich die datenschutzrechtlichen Bestimmungen in Luxemburg dar. Die wichtigste Bestimmung stellt, nach der Aufhebung des ersten Datenschutzgesetz aus dem Jahr 1979,[592] das aufgrund seiner besonderen Strenge kaum einzuhalten war und daher praktisch nicht mehr zur An-

589 *Kahler/Werner*, Electronic Banking und Datenschutz, S. 185 ff.

590 *Gola*, in: Gola/Schomerus, BDSG, § 28 Rn. 10.

591 *Evers/Kiene*, NJW 2003, S. 2726.

592 Loi du 31 mars 1979 réglementant l´utilisation des données nominatives dans les traitements informatiques (Mémorial A – N° 29, 11.04.1979, S. 582 ff.), aufgehoben durch Art. 44 Abs. 1 des Gesetzes vom 2. August 2002.

wendung gelangte,[593] das Gesetz vom 2. August 2002 zum Schutz personenbezogener Daten bei der Datenverarbeitung (Gesetz vom 02. August 2002)[594] dar. Auch dieses Gesetz ging ursprünglich in seinen Anforderungen weit über die ihm zugrunde liegenden europarechtlichen Vorgaben hinaus, namentlich indem es auch juristische Personen in den Datenschutz einbezog.[595] In Fachkreisen wurde es daher rasch kritisiert und eine getreuere Umsetzung des Europarechts verlangt.[596] Dieser Kritik folgend wurde das Gesetz vom 2. August 2002 nur wenige Jahre nach seinem Erlass einer dahingehenden Totalrevision unterzogen.[597] Wie das BDSG erfasst der Anwendungsbereich des Gesetzes vom 2. August 2002 seither nur noch natürliche Personen. Insoweit erweist sich sein Schutz damit als enger als der durch das Bankgeheimnis vermittelte, da dieses sämtliche Kunden einer Bank erfasst. Daten sind nach Art. 2 des Gesetzes vom 2. August 2002 Informationen jeglicher Art über eine bestimmte oder bestimmbare natürliche Person. Als Datenverarbeitung gilt jeder Vorgang, der mit oder ohne Hilfe automatisierter Verfahren durchgeführt und auf Daten angewandt wird. Beispiele dafür bilden das Erheben und Speichern, die Organisation, Aufbewahrung, Anpassung oder Veränderung, das Auslesen, die Benutzung, die Übertragung, die Verbreitung oder jede andere Form der Bereitstellung, Kombination oder Verknüpfung, sowie das Sperren, Löschen oder Vernichten von Daten. Daraus ergibt sich, dass das Datenschutzrecht insgesamt eine andere Schutzrichtung als das Bankgeheimnis aufweist, da es insbesondere die Verarbeitung von Daten regelt, wohingegen das Bankgeheimnis allgemein die Geheimhaltung von Informationen über Bankkunden betrifft. Daher sind die Bestimmungen des Gesetzes vom 2. August 2002 sowie diejenigen über das Bankgeheimnis von Kreditinstituten kumulativ zu beachten.[598]

Hinsichtlich der Voraussetzungen einer zulässigen Datenverarbeitung stimmt das Gesetz vom 2. August 2002 im Wesentlichen mit den im BDSG genannten Erlaubnistatbeständen überein. Neben den gesetzlich vorgesehenen

---

593 *Yurtmann*, in: Droit administratif et fiscal, S. 247, S. 250 f.; *Santer/Hoss, in:* Droit bancaire et financier au Luxembourg, S. 369, S. 370 f.

594 Loi du 2 août 2002 relative à la protection des personnes à l'égard du traitement des données à caractère personnel (Mémorial A – N° 91, 13.08.2002, S. 1836 ff.), zuletzt geändert durch Mémorial A – N° 131, 08.08.2007, S. 2230 ff.;

595 Vgl. dazu *Yurtmann*, in: Droit administratif et fiscal, S. 247, S. 252; *Santer/Hoss*, in: Droit bancaire et financier au Luxembourg, S. 369, S. 373 f.

596 Yurtmann, in: Droit administratif et fiscal, S. 247, S. 255 f.

597 Loi du 27 juillet 2007 portant modification de la loi du 2 août 2002 relative à la protection des personnes à l'égard du traitement des données à caractère personnel (Mémorial A – N° 131, 08.08.2007, S. 2230 ff.).

598 *Lasserre Capdeville*, Le secret bancaire, Rn. 165.

Verpflichtungen zur Datenverarbeitung nennt Art. 5 Abs. 1 des Gesetzes vom 2. August 2002 als Rechtfertigungsgrund insbesondere die Einwilligung der betroffenen Person, [599] wobei diese anders als in Deutschland nicht zwingend schriftlich erfolgen muss. Zu Beweiszwecken erscheint die Einhaltung der Schriftform aber geboten. Daneben wird auch die Datenverarbeitung zur Ausführung solcher vertraglicher oder vorvertraglicher Pflichten erlaubt, an denen die betroffene Person beteiligt ist. Ferner ist die Datenverarbeitung zur Verwirklichung der legitimen Interessen des für die Verarbeitung Verantwortlichen zulässig, sofern diese die Interessen und die Grundrechte und Grundfreiheiten der betroffenen Person im Sinne des Gesetzes vom 2. August 2002 überwiegen. Insoweit bedarf es, ähnlich wie bei § 28 Abs. 1 Nr. 2 BDSG, einer Abwägung des Datenschutzinteresses eines Kunden mit dem Verarbeitungsinteresse einer Bank.[600]

5.3 In Österreich

In Österreich gilt im Bereich des Datenschutzes das bereits erwähnte DSG 2000. Während für dessen Vorgängerregelung umstritten war, ob sie mit dem Bankgeheimnis kumulativ zur Anwendung gelange[601] oder von diesem verdrängt werde,[602] legt Art. 15 DSG 2000 eindeutig fest, dass das Datengeheimnis im Sinne dieses Gesetzes unbeschadet sonstiger gesetzlicher Verschwiegenheitspflichten besteht. Daraus folgt, dass, wie Deutschland und Luxemburg auch, Datenschutzrecht und Bankgeheimnis kumulativ zur Anwendung gelangen. Das DSG 2000 dient dabei mehr dem Schutz des Persönlichkeitsrechts eines Bankkunden, das über § 1 DSG 2000 als Grundrecht geschützt ist, wohingegen die Wahrung des Bankgeheimnisses primär als zivilrechtliche Verpflichtung der Kreditinstitute angesehen wird, die einen mehr wirtschaftlichen Charakter aufweist.[603]

Das Datenschutzgesetz findet dabei nach § 4 DSG 2000 auf jegliche Form der Verwendung von Daten sowohl durch private als auch durch öffentliche Stellen Anwendung. Als Daten in diesem Sinne gelten alle Angaben über natür-

---

599 Als solche gilt nach Art. 2 lit. c des Gesetzes vom 02. August 2002 „jede freie, spezifische und in Kenntnis der Sachlage abgegebene Willensbekundung, durch welche die betroffene Person oder ihr gesetzlicher, rechtlicher oder satzungsgemäßer Vertreter einwilligt, dass die personenbezogenen Daten verarbeitet werden."

600 *Santer/Hoss*, in: Droit bancaire et financier au Luxembourg, S. 369, S. 384 ff.

601 OGH, Entscheidung vom 25.02.1992, 4Ob114/91; *Fally*, Verschwiegenheitspflicht der Kreditinstitute, S. 22 f.

602 Vgl. dazu *Apathy/Iro/Koziol*, Österreichisches Bankvertragsrecht, 2/6.

603 *Apathy/Iro/Koziol*, Österreichisches Bankvertragsrecht, 2/6.

liche und juristische Personen, deren Identität bestimmt oder bestimmbar ist.[604] Durch die Einbeziehung juristischer Personen erweist sich der Anwendungsbereich des DSG 2000 als weiter als derjenige des BDSG und des Gesetzes vom 02. August 2002 und deckt sich insoweit mit demjenigen des Bankgeheimnisses.

Das DSG 2000 ist insbesondere dann neben dem Bankgeheimnis zu beachten, wenn ein Kreditinstitut Kundendaten maschinell verarbeitet. Die allgemeinen Grundsätze einer rechtmäßigen Datenanwendung werden in § 6 DSG 2000 definiert[605] und in den folgenden Paragraphen näher ausgestaltet. Für die Datenanwendung durch Banken ist insbesondere § 8 DSG 2000 von Bedeutung. Danach wird das Grundrecht auf Datenschutz bei der Verwendung sogenannter nicht sensibler Daten, zu denen die unter das Bankgeheimnis fallenden Informationen zählen,[606] unter anderem dann nicht verletzt, wenn der Betroffene ihrer Verwendung zugestimmt hat. Als Zustimmung gilt nach § 4 Nr. 4 DSG 2000 die gültige, ohne Zwang abgegebene Willenserklärung des Betroffenen, der in Kenntnis der Sachlage im konkreten Fall in die Datenanwendung einwilligt. Während das DSG 2000 für diese Einwilligung die Schriftform nicht vorschreibt, sieht § 38 Abs. 2 Nr. 5 BWG diese zwingend bezüglich solcher Informationen vor, die dem Bankgeheimnis unterliegen. Eine allgemein gehaltene Einwilligungsklausel in den AGB einer Bank zur Übermittlung von Daten genügt dieser Form nicht, da sie dem Betroffenen die Reichweite des dadurch möglichen Eingriffs in das Bankgeheimnis nicht hinreichend aufzeigt.[607] Wie in Deutschland und Luxemburg kann die Verwendung von Daten außer durch die Einwilligung des Betroffenen nach § 8 Abs. 1 Nr. 4 DSG 2000 auch durch ein überwiegendes Interesse des Verwenders gerechtfertigt werden. Ein solches besteht nach § 8 Abs. 3 Nr. 4 DSG 2000 insbesondere dann, wenn die Datenverarbeitung zur Erfüllung einer vertraglichen Verpflichtung des Verwenders gegenüber dem Betroffenen notwendig ist.

5.4 In der Schweiz

Das schweizerische Datenschutzrecht wird durch das Bundesgesetz über den Datenschutz (S-DSG)[608] vom 19. Juni 1992 bestimmt. Dieses erfasst nach

604 Näher dazu *Stärker*, DSG § 4 S. 45 ff. und § 5 S. 57 f.

605 Siehe dazu *Stärker*, DSG § 6 S. 58 ff.

606 Sensible Daten stellen nach § 4 Nr. 2 DSG 2000 nur solche Daten natürlicher Personen dar, die über ihre rassische und ethnische Herkunft, politische Meinung, Gewerkschaftszugehörigkeit, religiöse oder philosophische Überzeugung, Gesundheit oder ihr Sexualleben auskunft geben

607 OGH, Entscheidung vom 22.03.2001 - 4Ob28/01y.

608 AS **1993** 1945, zuletzt geändert durch AS **2007** 4873.

Art. 2 S-DSG das Bearbeiten von Daten natürlicher und juristischer Personen durch private Personen sowie durch Bundesorgane. Die Einbeziehung juristischer Personen in den Anwendungsbereich dieses Gesetzes führt, wie in Österreich, dazu, dass dieser ebenso weit ist wie derjenige des Bankgeheimnisses. Unter Personendaten bzw. Daten werden nach Art. 3 Abs. 1 S-DSG alle Angaben, die sich auf eine bestimmte oder bestimmbare Person beziehen, verstanden. Das Bearbeiten im Sinne dieses Gesetzes umfasst jeden Umgang mit Personendaten, unabhängig von den angewandten Mitteln und Verfahren, insbesondere das Beschaffen, Aufbewahren, Verwenden, Umarbeiten, Bekanntgeben, Archivieren oder Vernichten von Daten. Aus der Weite dieser Anordnung ergibt sich, dass die Bestimmungen des S-DSG beim Bearbeiten von Daten durch Banken neben dem Bankgeheimnis zu beachten sind.[609] Die Bearbeitung von Daten ist in der Schweiz unter vergleichbaren Voraussetzungen zulässig wie in den bereits dargestellten Ländern. Wesentliche Zulässigkeitsgründe sind nach Art. 13 S-DSG die Einwilligung desjenigen, dessen Daten bearbeitet werden, oder ein überwiegendes privates oder öffentliches Interesse. Letzteres wird insbesondere angenommen, wenn Daten in unmittelbarem Zusammenhang mit dem Abschluss oder der Abwicklung eines Vertrags bearbeitet werden oder sie zur Prüfung der Kreditwürdigkeit einer anderen Person benötigt werden, wobei dabei weder besonders schützenswerte Personendaten noch Persönlichkeitsprofile[610] bearbeitet werden dürfen. Dritten dürfen solche Daten nur bekannt gegeben werden, wenn diese sie für den Abschluss oder die Abwicklung eines Vertrages mit der betroffenen Person benötigen. Die Verarbeitung von Kundendaten durch Banken kann demnach insbesondere durch die Einwilligung der Betroffenen sowie im Zusammenhang mit der Abwicklung ihrer Geschäftsverbindung gerechtfertigt werden.

5.5 In Liechtenstein:

Das Liechtensteinische Datenschutzgesetz vom 14. März 2002 (L-DSG)[611] orientiert sich weitgehend am S-DSG, zum Teil aber auch am DSG 2000.[612] Das

609 Dies bestätigen auch die von der FINMA für das Outsourcing durch Banken aufgestellten Regeln, die von der kumulativen Geltung von S-DSG und BankG ausgehen, siehe dazu unten S. 132 ff.

610 Besonders schützenswert sind nach Art. 3 lit. c S-DSG beispielsweise Informationen über die Weltanschauung einer Person oder über deren Gesundheit; ein Persönlichkeitsprofil ist nach Art. 3 lit. d S-DSG eine Zusammenstellung von Daten, die eine Beurteilung wesentlicher Aspekte der Persönlichkeit einer natürlichen Person erlaubt.

611 LGBl. 2002 Nr. 55, zuletzt geändert durch LGBl. 2009 Nr. 46. Detailbestimmungen zu einzelnen Artikeln des L-DSG finden sich in der Verordnung vom 09. Juli 2002 zum

L-DSG stellt nach Ansicht des Gesetzgebers im Verhältnis zum Bankgeheimnis und anderen Berufsgeheimnissen die allgemeinere Regelung dar, weshalb diese neben dem L-DSG anwendbar sind.[613] Da nach Art. 2 Abs. 1 L-DSG sowohl die Daten natürlicher als auch juristischer Personen von diesem Gesetz erfasst werden, ergibt sich daraus für letztere vergleichbar der Rechtslage in Österreich und der Schweiz neben dem Bankgeheimnis ein zusätzlicher Schutz ihrer Daten.

Der Datenbegriff umfasst nach Art. 3 Abs. 1 lit. a L-DSG alle Angaben, die sich auf eine bestimmte oder bestimmbare Person beziehen. Danach werden die vom Bankgeheimnis erfassten Informationen vom Anwendungsbereich des L-DSG erfasst.[614] Eine rechtmäßige Datenverarbeitung im Sinne des L-DSG ist nach Art. 4 Abs. 3 L-DSG auf solche Zwecke beschränkt, die dem Betroffenen bei deren Beschaffung angegeben wurden oder die gesetzlich vorgesehen sind. Bei der automatischen Bearbeitung von Daten über die Kreditwürdigkeit einer Person sind die besonderen Voraussetzungen des Art. 6 L-DSG zu beachten.[615] Eine Datenbearbeitung darf nach Art. 16 L-DSG generell nicht ohne Rechtfertigungsgrund erfolgen, da sonst das Persönlichkeitsrecht des Betroffenen verletzt wird. Rechtfertigungsgründe sind nach Art. 17 L-DSG die Einwilligung des Verletzten, ein überwiegendes privates oder öffentliches Interesse oder ein Gesetz. Die Einwilligung muss nach Art. 4 Abs. 4 L-DSG freiwillig und nach ausreichender Information erfolgen. Ein überwiegendes Interesse liegt, vergleichbar der Regelung im BDSG, nach Art. 17 Abs. 2 L-DSG unter anderem vor, wenn der Verarbeiter Daten in unmittelbarem Zusammenhang mit dem Abschluss oder der Abwicklung bearbeitet. Darüber hinaus kommt als Grund für ein über-

---

Datenschutzgesetz (Datenschutzverordnung, DSV), LGBl. 2002 Nr. 102, zuletzt geändert durch LGBl. 2009 Nr. 209.

612 Vgl. dazu die Protokolle zu den Beratungen des liechtensteinischen Landtages anlässlich der 1. und 2. Lesung über das Datenschutzgesetz in den Sitzung vom 28.06.2001 und vom 13./14.03.2002 auf den S. 459 ff. und den S. 104 ff.

613 Siehe dazu Landtagsprotokoll vom 13.03.2002, S. 104, S. 106 ff.

614 Sie zählen jedoch nicht zu den vom L-DSG als besonders schützenwert eingestuften Daten, die nur unter wesentlich engeren Voraussetzungen als andere Informationen verarbeitet werden dürfen, da ein dahingehender Antrag vom Parlament unter Verweis auf die ausländische Datenschutzgesetze und deren Auslegung sowie die speziagesetzliche Regelung durch das L-BankG abgelehnt wurde, vgl. Landtagsprotokoll vom 28.06.2001, S. 459, S.469 ff. und Landtagsprotokoll vom 13.03.2002, S. 104, S. 106 ff.

615 Danach darf eine Entscheidung über die Kreditwürdigkeit einer Person, die ausschließlich aufgrund einer automatisierten Datenbearbeitung erfolgen soll, nur dann stattfinden, wenn die betreffende Person im Rahmen der Bearbeitung eines Vertragsangebots zuvor Gelegenheit zur Stellungnahme hatte, oder falls die Bearbeitung gesetzlich zugelassen ist.

wiegendes Interesse zur Rechtfertigung der Datenverarbeitung durch Banken die Prüfung der Kreditwürdigkeit einer Person in Betracht.[616]

5.6 Zusammenfassung

Die Datenschutzgesetze der Vergleichsländer gelangen überall kumulativ zum Bankgeheimnis zur Anwendung, das heißt die Zulässigkeit jeglicher Form der Datenerhebung und -nutzung ist sowohl anhand des Bankgeheimnisses als auch anhand der datenschutzrechtlichen Bestimmungen zu prüfen.

Eine wesentliche Verengung gegenüber dem Bankgeheimnis erfahren die Datenschutzgesetze in Deutschland und in Luxemburg durch die Beschränkung ihres Anwendungsbereichs auf die Daten natürlicher Personen. Da hingegen die Datenschutzgesetze von Österreich, der Schweiz und Liechtenstein sowohl auf die Daten natürlicher als auch auf die Daten juristischer Personen Anwendung finden, decken sich Datenschutzrecht und Bankgeheimnis insoweit.

Namentlich im Bereich der automatisierten Datenverarbeitung erweisen sich die Datenschutzgesetze der Vergleichsländer als wesentlich detaillierter als das Bankgeheimnis, so dass die darin niedergelegten Grundsätze darauf zu übertragen sind. Die Rechtmäßigkeitsvoraussetzungen der Erhebung, Nutzung, Verarbeitung und Übermittlung von Daten stimmen jedoch praktisch überein, denn sowohl beim Bankgeheimnis als auch nach den Datenschutzgesetzen der einzelnen Länder ist die Einwilligung des Betroffenen der vorrangige Rechtfertigungsgrund. Daneben ist die Datenverarbeitung auch ohne diese zum Zwecke der Abwicklung eines Vertrages mit dem Betroffenen erlaubt. Ferner kann ein überwiegendes Interesse des Verwenders die Datenverarbeitung rechtfertigen. Dabei bedarf es der Abwägung der Interessen des Datenverwenders mit dem Anspruch der betroffenen Person auf die Geheimhaltung ihrer Daten, wobei das Bankgeheimnis als Abwägungskriterium zu berücksichtigen ist.

616 Dabei dürfen weder schützenswerte Personendaten noch Persönlichkeitsprofile im Sinne von Art. 3 Abs. 1 lit.e-f L-DSG bearbeitet und Dritten nur solche Daten bekannt gegeben werden, die diese für den Abschluss oder die Abwicklung eines Vertrages mit der betroffenen Person benötigen.

6 Bankgeheimnis und Outsourcing

Aus Gründen der Wettbewerbsfähigkeit ist bereits seit einigen Jahrzehnten die Tendenz zu beobachten, dass Unternehmen einen oder mehrere Geschäftsbereiche, die nicht zu ihrem Kerngeschäft gehören, zugleich aber für die Geschäftsabwicklung unerlässlich sind, an externe Dienstleister auslagern. Dieses sogenannte Outsourcing wird insbesondere mit Effizienzsteigerungen und Kosteneinsparungen begründet. Auch unter den europäischen Kreditinstituten ist die Auslagerung von Geschäftsbereichen auf Drittanbieter weit verbreitet, was zahlreiche Fragen in Bezug auf die rechtliche Zulässigkeit solcher Auslagerungen sowie die Verantwortlichkeit für den ausgelagerten Bereich aufwirft.[617] So ist der grundsätzliche Gegensatz zwischen dem wirtschaftlichen Interesse einer Bank am Outsourcing und dem Interesse ihrer Kunden an der Wahrung des Bankgeheimnisses unverkennbar, denn dabei müssen vielfach auch an sich geheim zu haltende Kundendaten übermittelt werden.[618] Wenn aber schon bankintern aufgrund des inneren Bankgeheimnisses Kundendaten nur an diejenigen Personen weitergegeben werden dürfen, die diese für ihre Tätigkeit unmittelbar benötigen, stellt sich im Außenverhältnis zu Fremddienstleistern in noch größerem Maße die Frage der Zulässigkeit dieser Weitergabe.[619] Das Verhältnis von Bankgeheimnis und Outsourcing sowie dessen wesentliche Zulässigkeitsvoraussetzungen sollen im Folgenden daher kurz dargestellt werden.

6.1 In Deutschland

Den Konflikt zwischen dem Geheimhaltungsinteresse der Bankkunden einerseits und dem vorrangig wirtschaftlich begründeten Interesse einer Bank am Outsourcing löst die herrschende Ansicht, indem sie eine (stillschweigende) Einwilligung der Kunden zum Outsourcing durch eine Bank annimmt. Eine Informationsweitergabe durch letztere soll nur bei erkennbar entgegenstehendem Willen eines Kunden unzulässig sein. Zur Begründung führt diese Auffassung an, dass sich die Erwartungshaltung der Kunden dahingehend gewandelt habe, dass diese wissen und grundsätzlich einverstanden seien, dass Hilfspersonen des Kreditinstitutes oder beauftragte Dritte von vertraulichen Tatsachen Kenntnis erlangten, sofern dies im Zusammenhang mit der Ausführung von Kundenauf-

---

617 Ausführlich zu den Gründen für Outsourcing bei Banken und zu den typischerweise von diesen ausgelagerten Bereichen *Gutmann, Outsourcing bei* Kreditinstituten, S. 21 ff.

618 *Wech*, Das Bankgeheimnis, S. 333 ff.; *Gutmann, Outsourcing bei* Kreditinstituten, S. 10 m.w.N.

619 *Steding*, BB 2001, S. 1693, S. 1694 f.; *Köndgen*, NJW 2004, S. 1288, S. 1290.

trägen erforderlich und in gleicher Weise wie bei der Bank selbst Vertraulichkeit gewährleistet sei.[620] Die Gegenauffassung sieht im Outsourcing hingegen einen rechtfertigungsbedürftigen Eingriff in das Bankgeheimnis und lehnt die Annahme eines stillschweigenden Einverständnisses des Kunden ab. Sie verweist darauf, dass mehr noch als bankintern, wo das innere gelte, ein Bankkunde darauf vertrauen dürfe, dass seine Daten von dem Kreditinstitut nicht an Dritte weitergegeben würden.[621] Rein wirtschaftliche Argumente für das Outsourcing könnten eine Durchbrechung des Bankgeheimnisses nicht rechtfertigen.[622] Auch die Einhaltung der Voraussetzungen des § 25a KWG sei kein Rechtfertigungsgrund, weil dieser keine Aussage zum Bankgeheimnis treffe. Nach dieser Ansicht bedarf es stets der ausdrücklichen Einwilligung des Bankkunden in die Datenübermittlung an Dritte.[623]

Diese Ansicht ist abzulehnen, da sie aufgrund der hohen Anforderungen, die sie an die Auslagerung von Geschäftsfeldern durch Banken stellt, in keiner Weise mehr mit deren Geschäftspraxis zu vereinbaren ist.[624] Zwar vermögen wirtschaftliche Gründe alleine keinen Eingriff in das Bankgeheimnis rechtfertigen, die herrschende Meinung geht aber zurecht davon aus, dass Bankkunden sich heutzutage der Tatsache des Outsourcings bei Banken bewusst sind. Daher kann man auch von ihrer stillschweigenden Einwilligung darin ausgehen, sofern der externe Dienstleister durch die auslagernde Bank ausdrücklich zur Wahrung des Bankgeheimnisses verpflichtet wird.[625] Davon scheint auch der Gesetzgeber auszugehen, der durch die Schaffung eines flexiblen rechtlichen Rahmens das Outsourcing in weitem Maß ermöglicht.[626] Einschränkend gilt, dass dem Dienstleister stets nur diejenigen kundenbezogenen Informationen weitergeleitet werden dürfen, die er für seine Dienstleistung konkret benötigt.[627]

Aus bankenrechtlicher Sicht sind vor allem die Voraussetzungen des § 25a Abs. 2 KWG zu beachten, der für die Auslagerung wesentlicher Geschäftsberei-

---

620 *Bruchner/Krepold*, in: *Schimansky/Bunte/Lwowski*, Bankrechtshandbuch, § 39 Rn. 27 ff.

621 *Wech*, Das Bankgeheimnis, S. 333 ff., S. 376 ff. und S. 449 ff.

622 *Steding*, BB 2001, S. 1693, S. 1695.

623 *Wech*, Das Bankgeheimnis, S. 333 ff., S. 376 ff. und S. 449 ff.

624 Dies erkennt auch *Steding*, BB 2001, S. 1693, S. 1701, der eine ausdrückliche Einwilligung für erforderlich hält, und wegen der tatsächlichen Probleme, diese von allen Kunden zu erhalten, davon ausgeht, dass das Outsourcing am Bankgeheimnis scheitern müsse.

625 *Braun*, in: Boos/Fischer/Schulte-Mattler, KWG, § 25a KWG Rn. 625 ff.

626 *Bruchner/Krepold*, in: *Schimansky/Bunte/Lwowski*, Bankrechtshandbuch, § 39 Rn. 27.

627 *Gutmann*, Outsourcing bei Kreditinstituten, S. 215 ff.

che durch Banken gilt.[628] Die BaFin hat die von Finanzdienstleistern beim Outsourcing zu beachtenden Bestimmungen sowie Mindeststandards dafür in einem Rundschreiben zusammengefasst.[629] Darin werden auslagerungsfähige Geschäftsbereiche benannt und Richtlinien für die Gestaltung von Auslagerungsvereinbarungen festgelegt.[630] Die Vertragsgestaltung zwischen dem auslagernden Kreditinstitut und dem Outsourcing-Partner hat danach sicherzustellen, dass dieser nur die für seine Tätigkeit notwendigen Informationen erhält und diese geheim hält. Zudem sind die Kontrollmöglichkeiten der auslagernden Stelle und der BaFin sicherzustellen.[631] Das Rundschreiben verweist auch auf die Bestimmungen des BDSG. Diese sind einschlägig, wenn bei der Auslagerung auch Daten natürlicher Personen weitergegeben werden sollen. Es gelten dann die in § 11 BDSG festgelegten Grundsätze für die Auftragsdatenverarbeitung, sofern die datenverarbeitende Stelle auf Weisung der Bank handelt, die die Daten erhoben hat.[632] In diesem Falle liegt keine einwilligungspflichtige Datenübermittlung im Sinne des BDSG vor.[633] Die rechtliche Verantwortung und die Pflicht zur Aufsicht über den Auftragnehmer verbleiben beim Auftraggeber.[634] Anders verhält es sich, wenn eine Funktionsübertragung stattfindet, also eine nicht weisungsgebundene dauerhafte Aufgabenverlagerung. Dann muss der Bankkunde einwilligen oder ein gesetzlicher Erlaubnistatbestand eingreifen.[635] Als solcher kommt insbesondere eine Interessenabwägung nach § 28 Abs. 1 Nr. 2 BDSG in Frage. Diesbezüglich wird zugunsten des Outsourcings argumentiert, dass dieses für ein wirtschaftliches Arbeiten einer Bank heutzutage unerlässlich sei und damit in deren überwiegendem Interesse erfolge, so dass es keiner besonderen Einwil-

---

628 Ausführlich zu den bankenaufsichtsrechtlichen Aspekten des Outsourcings *Braun*, in: Boos/Fischer/Schulte-Mattler, KWG, § 25a KWG Rn. 625 ff.; *Kaetzler/Weirauch*, BKR 2008, S. 265 ff.; *Gutmann*, Outsourcing bei Kreditinstituten, S. 285 ff.

629 Rundschreiben 15/2009 (BA) vom 14.08.2009 - Mindestanforderungen an das Risikomanagement – MaRisk, abrufbar unter: www.bafin.de (Stand: 22.08.2010); eingehend zur vorherigen Fassung der MaRisk, die gegenüber der aktuellen Fassung im Bereich des Outsourcings kaum Unterschiede aufweist, *Zimmermann*, BKR 2007, S. 475 ff.

630 *Kaetzler/Weirauch*, BKR 2008, S. 265, S. 269 f.

631 *Kalkbrenner/Koch*, Bankgeheimnis und Datenschutz, S. 15 f.

632 Näher dazu *Kahler/Werner*, Electronic Banking und Datenschutz, S. 198 ff.

633 *Evers/Kiene*, NJW 2003, S. 2726, S. 2727; *Kalkbrenner/Koch*, Bankgeheimnis und Datenschutz, S. 15.

634 Näher dazu Evers/Kiene, NJW 2003, S. 2726 ff.; *Kaetzler/Weirauch*, BKR 2008, S. 265, S. 266.

635 *Kalkbrenner/Koch*, Bankgeheimnis und Datenschutz, S. 15.

ligung eines Kunden bedürfe.[636] Gleichwohl wird diese in der Praxis regelmäßig formularmäßig eingeholt.[637]

Auch der Auslagerung von Geschäftsbereichen ins Ausland stehen weder das Bankgeheimnis noch das Bankenaufsichtsrecht noch das BDSG entgegen, sofern die Einhaltung der entsprechenden Standards dort ebenfalls gewährleistet ist.[638] Dies wird durch entsprechende Gestaltung der Outsourcingverträge gesichert.[639]

6.2 In Luxemburg

Noch im Jahr 1996 ging das Institut Monétaire Luxembourgeois (IML), die Vorgängerbehörde der CSSF, in einem Rundschreiben von der Unzulässigkeit der Übermittlung vertraulicher Daten durch Banken im Zuge des Outsourcing aus. Durch ein Gesetz aus dem Jahr 2003[640] ist eine Änderung dieser sehr restriktiven Haltung eingeleitet worden, die dem zunehmenden Trend zum Outsourcing im Finanzsektor Rechnung trug.[641] Damit wurde Art. 41 Abs. 5 des Gesetzes vom 05. April 1993 neu eingefügt. Danach besteht die Verpflichtung zur Wahrung des Bankgeheimnisses nicht gegenüber den in den Art. 29-1, 29-2, 29-3 und 29-4 des Gesetzes vom 05. April 1993 aufgeführten Kreditinstituten und sonstigen Gewerbetreibenden, sofern die Übermittlung der Daten im Zuge eines Dienstleistungsvertrages mit diesen erfolgt. Dienstleister in diesem Sinne sind Kundenkommunikationsstellen, Verwaltungsstellen für den Finanzsektor, primäre und sekundäre EDV-Systembetreiber sowie die Betreiber von Kommunikationsnetzen. Diese bedürfen wie Banken für die Aufnahme ihrer Tätigkeit einer vorherigen Genehmigung der CSSF. Die Übermittlung von Daten, die dem Bankgeheimnis unterliegen, an diese Dienstleister ist vom Bestehen eines Servicevertrages mit einer Bank abhängig und ist auf das zur Erfüllung der resultierenden Pflichten unbedingt notwendige Ausmaß zu beschränken. Dies bedingt eine kontinuierliche Überprüfung der Daten auf Seiten des auslagernden Kreditinstituts. Die rechtliche Verantwortung für den ausgelagerten Bereich verbleibt

636 *Bruchner/Krepold*, in: *Schimansky/Bunte/Lwowski*, Bankrechtshandbuch, § 39 Rn. 28; ausführlich *Gutmann*, Outsourcing bei Kreditinstituten, S. 232 ff., insbesondere S. 265 ff.

637 *Evers/Kiene*, NJW 2003, S. 2726, S. 2728 f.

638 *Kaetzler/Weirauch*, BKR 2008, S. 265, S. 266 f.

639 *Gutmann*, Outsourcing bei Kreditinstituten, S. 277 f.

640 Mémorial A – N° 112, 14.08.2003, S. 2364, S. 2367 f.

641 *Spielmann*, Le secret bancaire, S. 36 f.

stets bei diesem. Die CSSF hat die dabei zu beachtenden Standards mittels Rundschreiben konkretisiert.[642]

Aus datenschutzrechtlicher Sicht sind daneben beim Outsourcing auch die Bestimmungen des Gesetzes vom 2. August 2002 zu beachten. Dieses erlaubt auch eine Übermittlung von Daten ins Ausland nach Art. 18 des Gesetzes vom 2. August 2002, sofern dort die Einhaltung eines angemessenen Datenschutzes sichergestellt ist, was auf sämtliche EU-Mitgliedstaaten sowie die EFTA-Staaten zutrifft.[643]

6.3 In Österreich

Auch in Österreich lagern zahlreiche Banken Geschäftsbereiche auf externe Dienstleister aus. Dabei haben sie neben der Einhaltung datenschutzrechtlicher Bestimmungen auch die Wahrung gesetzlicher Geheimhaltungspflichten abzusichern.[644] Das Bankgeheimnis steht dem Outsourcing nach allgemeiner Auffassung nicht entgegen, sofern dieses für die bankgeschäftliche Tätigkeit eines Kreditinstituts sinnvoll ist. Dem jeweiligen Dienstleister dürfen, alle für die Erfüllung der ihm übertragenen Aufgaben notwendigen Informationen übermittelt werden, auch wenn sie grundsätzlich dem Bankgeheimnis unterliegen. Allerdings ist die Informationsweitergabe auf das unbedingt erforderliche Maß zu beschränken. Die Mitarbeiter des Fremddienstleisters unterliegen dann als „sonst für Kreditinstitute tätige Personen" im Sinne des § 38 Abs. 1 BWG der Pflicht zur Wahrung des Bankgeheimnisses.[645] Die Einhaltung dieser Pflicht hat eine Bank als auslagerndes Unternehmen kontinuierlich zu überwachen. Andernfalls haftet sie ihren Kunden im Falle eines Geheimnisbruchs beim Dienstleister.[646]

Die Ö-FMA weist in dem von ihr herausgegebenen Standard Compliance Code der österreichischen Kreditwirtschaft auf die Grundsätze ordnungsmäßiger

---

642 So insbesondere im Rundschreiben CSSF 05/178 betreffend die Auslagerung von IT-Diensten, abrufbar unter: www.cssf.lu (Stand: 22.08.2010).

643 Vgl. *Santer/Hoss*, in: Droit bancaire et financier au Luxembourg, S. 369, S. 400 ff.

644 Zur grundsätzlichen Problematik des Outsourcings aus österreichischer Sicht *Schmelz*, ecolex 2004, S. 413 ff., in Bezug auf Geheimhaltungspflichten insbesondere S. 415 f.

645 In § 39 Abs. 2a BWG wird die Zulässigkeit der Auslagerung der Risikoklassifizierung auf Dienstleister anerkannt. Letztere unterliegen danach ausdrücklich dem Bankgeheimnis, daraus kann aber nicht der Umkehrschluss gezogen werden, dass andere Dienstleister nicht dem Bankgeheimnis unterliegen, vgl. in Bezug auf Kreditevidenzstellen: *Apathy/Iro/Koziol*, Österreichisches Bankvertragsrecht, 2/20 und 2/54.

646 Das Gesetz geht in § 40 Abs. 8 BWG davon aus, dass Outsourcing-Partner Vertreter der auslagernden Bank sind. Dann verpflichtet deren Handeln im Rahmen der Regeln über die Stellvertretung die Bank unmittelbar.

Compliance, also der Risikoüberwachung, hin. Darin finden sich auch einige allgemeine Hinweise auf die Sorgfalts- und Risikobegrenzungsanforderungen beim Outsourcing von Geschäftsbereichen durch Kreditinstitute. Eine detaillierte Darstellung der bankenrechtlichen Voraussetzungen des Outsourcings nach österreichischem Recht beinhaltet der Standard Compliance Code jedoch nicht.[647]

Neben dem Bankgeheimnis sind beim Outsourcing auch die datenschutzrechtlichen Bestimmungen des DSG 2000 von Kreditinstituten zu beachten, sofern dabei Personendaten übermittelt werden. § 10 Abs. 1 DSG 2000 bestimmt insoweit allgemein, dass Auftraggeber bei ihren Datenanwendungen Dienstleister in Anspruch nehmen dürfen, wenn diese ausreichende Gewähr für eine rechtmäßige und sichere Datenanwendung bieten. Dies ist vom Auftraggeber mittels entsprechender vertraglicher Vereinbarungen und durch fortlaufende Kontrolle des Dienstleisters sicherzustellen. Daneben legt § 11 DSG 2000 bestimmte vom Dienstleister einzuhaltende Standards fest.[648]

Nach § 12 Abs. 1 DSG 2000 ist die Übermittlung von Daten ins EU-Ausland und andere Staaten mit vergleichbarem Datenschutz, wie die Schweiz und Liechtenstein, ohne besondere Genehmigung hierfür möglich. Bei anderen Staaten gelten die strengeren Voraussetzungen des § 13 DSG 2000. Eine Auslagerung von Daten ins EU-Ausland bedarf nicht der Zustimmung der von der Übermittlung betroffenen Person.[649]

6.4 In der Schweiz

Auch in der Schweiz ist allgemein anerkannt, dass Banken ohne Verstoß gegen das Bankgeheimnis Geschäftsbereiche auf externe Dienstleister auslagern können.[650] Die FINMA hat die Voraussetzungen, die seitens Banken einzuhalten sind, in einem Rundschreiben zusammengefasst.[651] Danach sind grundsätzlich alle Geschäftsbereiche einer Bank auslagerungsfähig, sofern gewährleistet ist, dass die in dem Rundschreiben aufgeführten Bestimmungen auch nach der Auslagerung beachtet werden. Eine auslagernde Bank hat insoweit kumulativ die Einhaltung der Datenschutzbestimmungen des S-DSG, die Wahrung ihres Geschäftsgeheimnisses sowie des Bankgeheimnisses durch den Outsourcing-

---

647 Vgl. die von der FMA herausgebenen Grundsätze ordnungsmäßiger Compliance (Stand: 28.12.2007), diese sind abrufbar unter: www.fma.gv.at (Stand: 22.08.2010)

648 *Schmelz*, ecolex 2004, S. 413, S. 415.

649 *Schmelz*, ecolex 2004, S. 413, S. 414 f.

650 *Flury-Schmitt*, in: Schweizerisches Bankenrecht, S. 354.

651 Das entsprechende Rundschreiben 2008/7 - Outsourcing Banken ist abrufbar unter: http://www.finma.ch/d/regulierung/Seiten/rundschreiben.aspx (Stand: 17.11.2010).

Partner sicherzustellen. Die Verantwortung zur Wahrung dieser Vorschriften verbleibt stets bei dem auslagernden Kreditinstitut, wobei das Handeln des Dienstleisters im ausgelagerten Bereich der Bank als eigenes zugerechnet wird. Schweizerische Outsourcing-Partner sind durch eine entsprechende Vertragsgestaltung in die Pflicht zur Wahrung der vorgenannten Vorschriften einzubeziehen. Bei Auslagerung ins Ausland ist deren Einhaltung seitens der auslagernden Bank mit angemessenen technischen und organisatorischen Maßnahmen sicherzustellen.

Bankkunden sind in geeigneter Form auf das Outsourcing hinzuweisen, etwa mittels Hinweis in den AGB der jeweiligen Bank. Ein allgemeine Hinweis auf die Möglichkeit der Auslagerung genügt dabei jedoch nicht den Anforderungen der FINMA, vielmehr ist genau anzugeben, welche Tätigkeitsbereiche vom Outsourcing betroffen sind. Vor der Auslagerung von Daten ins Ausland muss ein besonderer Hinweis an die Kunden ergehen. Sofern nicht nur anonymisierte Daten, die keine Rückschlüsse auf konkrete Kunden zulassen, weitergegeben werden, muss diesen vor der Datenübermittlung die Gelegenheit zum Abbruch ihrer Beziehungen mit der auslagernden Bank gegeben werden. [652]

6.5 In Liechtenstein

Aufgrund der verhältnismäßig geringen Größe des Bankensektors und der Nähe zum Finanzplatz Schweiz sind die liechtensteinischen Banken in besonderem Maße aus Wettbewerbsgründen auf die kostengünstige Erbringung von Dienstleistungen angewiesen. Die Auslagerung von Geschäftsbereichen auf Dritte stellt deswegen eine verbreitete Möglichkeit dar, Kosten einzusparen. Der Gesetzgeber hat dies erkannt und den liechtensteinischen Banken in weitem Maße die Möglichkeit des Outsourcings eröffnet. Die dabei zu beachtenden Regeln werden allgemein durch das L-BankG sowie im Detail in der L-BankV definiert. Diese Bestimmungen orientieren sich weitgehend am schweizerischen Recht, um Wettbewerbsnachteile gegenüber den dortigen Banken zu vermeiden.[653]

Wie sich aus Art. 19 L-DSG ergibt, der die Zulässigkeitsvoraussetzungen der Datenverarbeitung im Auftrag durch Dritte definiert, gelangt das L-DSG kumulativ mit dem L-BankG zur Anwendung, denn eine solche Datenverarbei-

652 Vgl. auch die Informationen der FINMA unter: http://www.finma.ch/d/faq/beaufsichtigte/Seiten/faq-outsourcing.aspx (Stand: 17.11.2010).

653 Vernehmlassungsbericht der Regierung betreffend das Gesetz über die Abänderung des Gesetzes über die Banken und Finanzgesellschaften (BankG), Vernehmlassungsfrist: 19. Mai 2006, S. 7 f.; abrufbar unter: http://www.llv.li/llv-rk-amtsgeschaefte-vernehmlassungen (Stand: 17.11.2010).

tung ist nur dann zulässig, wenn die Daten so bearbeitet werden, wie der Auftraggeber sie selbst bearbeiten dürfte, und wenn ihr keine gesetzliche oder vertragliche Geheimhaltungspflicht entgegensteht. Mit Blick auf die Bestimmungen des L-DSG für die Datenverarbeitung sei auf die Ausführungen im vorstehenden Kapitel verwiesen.[654] Zusätzlich hat eine Bank eine Verletzung des Bankgeheimnisses, das eine gesetzliche Geheimhaltungspflicht im Sinne des Art. 19 L-DSG darstellt, auszuschließen und insoweit die Vorschriften des L-BankG zu beachten. Darin wird in Art. 14a Abs. 1 L-BankG allgemein die Zulässigkeit des Outsourcings sowohl ins In- als auch ins Ausland klargestellt. In Art. 14a Abs. 2 L-BankG sowie Art. 27e L-BankV werden die besonderen Voraussetzungen für die Auslagerung der Datenverarbeitung einer Bank benannt. Insoweit wird vor allem die Datenauslagerung ins Ausland als besonders sensibel angesehen, da dabei naturgemäß viele Daten den direkten Einflussbereich einer Bank sowie der liechtensteinischen Aufsichtsbehörden. Eine Auslagerung ins Ausland ist daher nur zulässig, wenn im Interesse des Geheimnisschutzes angemessene Sicherheitsvorkehrungen eingehalten werden. Kumulativ sind die liechtensteinischen und ausländischen Vorschriften betreffend Buchführung, bankinterne Organisation, Geheimhaltung und Datenschutz einzuhalten. Bankkunden sind über die Datenauslagerung zu informieren. Sofern nur anonymisierte Daten, die keine Rückschlüsse auf eine bestimmte Person zulassen, übermittelt werden, genügt dazu ein allgemeiner Hinweis auf das Outsourcing, etwa in den AGB einer Bank. Werden hingegen personenbezogene Daten weitergegeben, muss ein gesondertes Anschreiben an die betroffenen Kunden ergehen und diesen die Möglichkeit zum Abbruch ihrer Beziehungen zur auslagernden Bank gegeben werden.[655]

In Bezug auf die Auslagerung anderer Geschäftsbereiche als der Datenverarbeitung finden sich Detailregelungen in Art. 35 sowie Anhang 6 zur L-BankV, der „Richtlinien zur Auslagerung von Geschäftsbereichen (Outsourcing)" festlegt. In Bezug auf das Bankgeheimnis ist insbesondere Anhang 6 Abschnitt I Lit. C Nr. 9 hervorzuheben. Dieser ordnet an, dass ein liechtensteinischer Dienstleister dem Geschäftsgeheimnis der Unternehmung und, soweit ihm Kundendaten bekannt sind, dem Bankgeheimnis zu unterstellen ist. Bei der Auslagerung ins Ausland ist mit angemessenen technischen und organisatorischen Maßnahmen sicherzustellen, dass das Bankgeheimnis und der Datenschutz nach liechtensteinischem Recht eingehalten werden. Auch hier sind die Kunden vor

654 Siehe dazu oben S. 124 ff.

655 Demgegenüber war die frühere Fassung von Art. 14 BankG weit enger. Sie sah nur die anonymisierte Datenübermittlung ins Ausland als zuläsig an. Der Kunde musste in den AGB der auslagernden Bank auf die Auslagerung aufmerksam gemacht werden und überdies sein schriftliches Einverständnis dazu geben.

der Auslagerung zu informieren, bevor ihre Daten übermittelt werden. Vor dem Hintergrund dieser eindeutigen gesetzlichen Regelung sind die in der Literatur geäußerten Bedenken entkräftet, ob die Einbeziehung von Dienstleistern in Kundengeheimnisse im Zuge des Outsourcings, das über ein Tätigwerden für eine Bank im Sinne des Art. 14 Abs. 1 L-Bank hinausgehe, überhaupt möglich ist.[656]

6.6 Zusammenfassung

Insgesamt kann festgehalten werden, dass weder das Bankgeheimnis noch datenschutzrechtliche oder aufsichtsrechtliche Bestimmungen der Auslagerung von Geschäftsbereichen durch Banken in den hier verglichenen Staaten entgegenstehen, sofern das auslagernde Institut die Einhaltung dieser Bestimmungen auf Seiten des Dienstleisters sichert. Dies gilt insbesondere auch im Falle einer Auslagerung ins Auslands.

Gleichwohl birgt gerade eine solche Auslagerung stets das Risiko eines unerwünschten Datenzugriffs. Dies zeigt der jahrelange Eingriff der USA in die Daten des belgischen Unternehmens SWIFT, eines weltweit operierenden Dienstleisters für Finanztransaktionen.[657] Zur Überprüfung auf Hinweise betreffend die Terrorismusfinanzierung überwachen und durchforschen die USA im Rahmen des „Terrorist Finance Tracking Programme“ seit den Anschlägen vom 11. September 2001 den US-Server von SWIFT, auf dem auch Daten aus dem europäischen Überweisungsverkehr gespeichert sind. Nachdem dies in Europa erstmals bekannt wurde, wurden Verstöße gegen das europäische Datenschutzrecht festgestellt.[658] Der Zugriff der amerikanischen Behörden auf die dort gespeicherten Daten konnte jedoch nicht unterbunden werden. Es gelang aber im Juni 2007 ein Abkommen zwischen der EU und den USA über die beim Datenabruf einzuhaltenden Standards abzuschließen.[659] Nachdem sich SWIFT im Jahr 2009 entschloss, die betreffenden Daten nicht mehr in den USA zu speichern, sondern einen neuen Hauptserver innerhalb Europas zu errichten, entbrannte die

---

656 Vgl. zu dieser Kritik *Frommelt*, in: *Schwärzler/Wagner*, Verantwortlichkeit, S. 159, S. 175 ff.

657 SWIFT ist die Abkürzung für „Society for Worldwide Interbank Financial Telecommunication“, vgl. dazu *Martinek*, in: Festschrift für Schütze, S. 503, S. 519 ff.; nähere Informationen zu SWIFT finden sich auch auf deren Homepage: http://www.swift.com (Stand: 17.11.2010).

658 Vgl. dazu *Kahler/Werner*, Electronic Banking und Datenschutz, S.237 f.

659 Vgl. dazu die Mitteilung des Rats der Europäischen Union vom 13.07.2010 (12076/10), abrufbar unter: http://www.consilium.europa.eu/uedocs/cms_data/docs/pressdata/de/ecofin/116048.pdf (Stand: 17.11.2010).

Debatte über den Datenzugriff der USA erneut, da diese die Kontrollmöglichkeit über die europäischen SWIFT Daten nicht verlieren wollten. Nach langen Verhandlungen zwischen Vertretern der Europäischen Union und der amerikanischen Regierung, in denen die europäische Seite insbesondere die Einhaltung bestimmter datenschutzrechtlicher Mindeststandards durchgesetzt hatte, wurde im Sommer 2010 ein neues SWIFT Abkommen[660] abgeschlossen.[661]

660 Das Abkommen zwischen der Europäischen Union und den Vereinigten Staaten von Amerika über die Verarbeitung von Zahlungsverkehrsdaten und deren Übermittlung aus der Europäischen Union an die Vereinigten Staaten für die Zwecke des Programms zum Aufspüren der Finanzierung des Terrorismus ist abrufbar unter: http://register.consilium.europa.eu/pdf/de/10/st11/st11222-re01.de10.pdf (Stand: 17.11.2010).

661 F.A.Z. vom 09.07.2010, S. 1f.

7 Durchbrechungen des Bankgeheimnisses auf nationaler Ebene

Das Bankgeheimnis wurde hier als primär zivilrechtliche begründete Verpflichtung der Banken zur Geheimhaltung aller ihnen geschäftlich bekannt gewordenen Informationen über einen Kunden gegenüber außenstehenden Dritten definiert. Grundsätzlich ist dabei nur der Kunde als Geheimnisherr berechtigt, diese Verpflichtung aufzuheben. Gleichwohl stellt das Bankgeheimnis weder in Deutschland noch in den anderen Vergleichsländern eine absolute Geheimhaltungspflicht dar, denn eine solche liefe in vielen Fällen den Interessen Dritter oder der Allgemeinheit entgegen. Daher ist allgemein anerkannt, dass es vielfältigen Durchbrechungen unterliegt, was die in den Bankengesetzen von Luxemburg, Österreich, der Schweiz und Liechtenstein enthaltene Auflistung der wichtigsten Durchbrechungstatbestände deutlich belegt. Darin hat der Gesetzgeber in den einzelnen Ländern versucht, einen Interessenausgleich zwischen dem Geheimhaltungswunsch des Bankkunden und den Interessen Dritter an Kenntnissen über die Bankbeziehung zu finden. Dabei zeigt sich, dass die gesetzlich vorgesehen Durchbrechungen vielfach dem Grunde nach identisch sind und sich häufig nur im Detail unterscheiden. Daraus ergeben sich jedoch gerade im Bereich der internationalen Amts- und Rechtshilfe große Unterschiede, da die dort möglichen Durchbrechungen des Bankgeheimnisses stark davon abhängen, inwieweit das Bankgeheimnis zugunsten nationaler Behörden und Gerichte aufgehoben wird. Grundsätzlich trifft dies auch auf Deutschland zu, denn obwohl das Bankgeheimnis dort nicht ausdrücklich gesetzlich geschützt ist, stellt es als gewohnheitsrechtlich anerkannte Regelung doch eine allgemein beachtete Schranke bei der Ausforschung von Bankdaten dar, wobei allerdings die Eingriffshürden niedriger scheinen als in den anderen Vergleichsländern.

Einen wichtigen Hinweis auf die Reichweite des Bankgeheimnisses liefert die Ausgestaltung der in den verschiedenen gerichtlichen Verfahren möglichen Durchbrechungen des Bankgeheimnisses. Denn dort kollidiert in unterschiedlichem Ausmaß das Geheimhaltungsinteresse des einzelnen Bankkunden mit dem Interesse des Staates und der Allgemeinheit an einer geordneten Justiz.

Als weiteres Einfallstor für einen Eingriff des Staates in das Bankgeheimnis scheint das Steuerrecht prädestiniert. Denn der Zugriff von Steuerbehörden auf die Kundendaten von Banken bietet die Möglichkeit, die umfassende Besteuerung der meisten Vermögenswerte einer Person sicherzustellen, da diese meist dort verwaltet werden und Kreditinstitute in aller Regel sehr gut über die Vermögensverhältnisse ihrer Kunden informiert sind. Hier haben die Vergleichsländer höchst unterschiedliche Zugriffsvoraussetzungen entwickelt, die deutlich belegen, welcher Stellenwert dem Bankgeheimnis im Verhältnis zum Staat jeweils beigemessen wird. Die Darstellung der Zugriffsmöglichkeiten der Steuerbehörden auf Bankdaten ist insbesondere auch deswegen wichtig, weil sich daraus konkrete Auswirkungen auf den Umfang der Gewährung von internationaler Amts- und Rechtshilfe durch die einzelnen Vergleichsländer ergeben.

Da Banken aufgrund ihrer zentralen Stelle im weltweiten Finanzgefüge in der Vergangenheit und leider auch in der Gegenwart häufig ungewollt zur Begehung krimineller Machenschaften missbraucht wurden und werden, soll ferner untersucht werden, inwieweit das Bankgeheimnis im Zusammenhang mit Maßnahmen zu deren Prävention durchbrochen wird. Diese Maßnahmen werden unter dem Stichwort der Verhinderung von Geldwäsche und Terrorismusfinanzierung zusammengefasst. Insoweit wird auch untersucht, welche besonderen Pflichten Banken in diesem Zusammenhang zu beachten haben.

Abschließend sollen weitere wichtige Durchbrechungen des Bankgeheimnisses kurz erläutert werden.

Aus systematischen Gründen werden dabei zunächst die Durchbrechungen des Bankgeheimnisses auf nationaler Ebene, das heißt im rein innerstaatlichen Verhältnis, behandelt, ehe anschließend die internationale Dimension des Bankgeheimnisses zur Sprache kommt.

7.1 Prozessuale Durchbrechungen

Eine im Alltag sehr bedeutende Gruppe von Durchbrechungen des Bankgeheimnisses stellen die verschiedenen gerichtlichen Verfahren dar, bei denen jeweils das Allgemeininteresse an der Wahrheitsfindung und der justizförmigen Verfahrensgestaltung mit dem legitimen Interesse eines Bankkunden an der Geheimhaltung seiner Vermögensverhältnisse, welches sich im Bankgeheimnis manifestiert, zum Ausgleich gebracht werden muss. Daraus ergibt sich je nach Art des Prozesses eine unterschiedliche Gewichtung der involvierten Interessen, die in unterschiedlichem Maße einen Eingriff in das Bankgeheimnis erlaubt. Nachfolgend wird untersucht, inwieweit das Bankgeheimnis in den Verfahren vor den Zivil-, Straf- und Verwaltungsgerichten durchbrochen wird.[662]

662 Diese Gerichte sind in allen Vergleichsländern bekannt. Daneben bestehen Verfassungsgerichte sowie in einigen Ländern etwa in Deutschland auch Gerichte der besonderen Gerichtsbarkeit, wie Arbeitsgerichte. In den Verfahren vor diesen Gerichten erscheint eine Durchbrechung des Bankgeheimnisses jedoch wenig wahrscheinlich, so dass darauf nicht näher eingegangen wird.

7.1.1 Das Zivilverfahren

Der Zivilprozess dient allgemein der Feststellung des Bestehens und der Durchsetzung von Ansprüchen des Einzelnen. Der Verfahrensausgang bindet grundsätzlich nur die beteiligten Parteien, auf Dritte hat das Verfahren allgemein keine Auswirkungen. Dennoch kann im Einzelfall jedermann verpflichtet sein, an einem Zivilprozess mitzuwirken, namentlich dann, wenn er als Zeuge geladen wird. Dadurch kann es zu einer Kollision zwischen der Aussagepflicht mit einer anerkannten beruflichen Schweigepflicht kommen. Diesem Konflikt tragen die verschiedenen Zivilprozessordnungen in den Vergleichsländern durch die typisierte Angabe von Zeugnisverweigerungsrechten Rechnung. Zu Klären ist, ob auch die Pflicht zur Wahrung des Bankgeheimnisses zu einem solchen Recht führt. Daneben bestehen im Zivilprozess weitere Verfahrenskonstellationen, in denen ein Ausgleich zwischen dem generellen Geheimhaltungsinteresse eines Bankkunden und dem Offenbarungsinteresse einer Bank notwendig ist. So wird eine Bank etwa dann Kundeninformationen offen legen wollen, wenn sie sich in einem Rechtsstreit mit eben diesem Kunden befindet. Ferner kann es vorkommen, dass eine Bank in einem Prozess mit einem Dritten Kundendaten preisgeben will so dass der Kunde als unbeteiligter Dritter erscheint. Schließlich kann der Kunde einen Rechtsstreit mit einem Dritten führen, so dass die Bank in Bezug auf dieses Verfahren als Dritter anzusehen ist. Die Bewältigung dieser Verfahrenskonstellationen in den einzelnen Vergleichsländern wird nachfolgend untersucht.

7.1.1.1 In Deutschland

Dem Konflikt zwischen der Aussagepflicht eines Zeugen mit dessen persönlichen und beruflichen Interessen trägt die ZPO durch die Festlegung von Zeugnisverweigerungsrechten in den §§ 383 und 384 ZPO Rechnung. Dabei ergibt sich aus § 383 Abs. 1 Nr. 3 – 6 ZPO, in welchen Fällen aus beruflichen Gründen die Aussage verweigert werden kann.[663] Insoweit ist unumstritten, dass Bankmitarbeiter zu den in § 383 Abs. 1 Nr. 6 ZPO angesprochenen Personen gehören, denen kraft ihres Gewerbes Tatsachen anvertraut sind, deren Geheimhaltung durch ihre Natur geboten ist. Daher steht ihnen in Bezug auf dem Bankgeheimnis unterliegende Tatsachen ein Zeugnisverweigerungsrecht zu.[664] Aufgrund ihrer vertraglichen Treuepflicht zu ihren Kunden ist eine Bank verpflichtet, von diesem Recht Gebrauch zu machen, sofern der Kunde sie nicht nach

663 Vgl. *Damrau*, in: MüKoZPO, § 383 Rn. 2.

664 *Kretschmer*, wistra 2009, S. 180, S. 183; *Junker*, DStR 1996, S. 224, S. 226.

§ 385 Abs. 2 ZPO von der Verschwiegenheitspflicht entbindet.[665] Sparkassenmitarbeiter bedürfen zudem nach umstrittener Auffassung wegen § 376 ZPO der Genehmigung eines Vorgesetzten zur Aussage.[666] Diese Ansicht erscheint vor dem Hintergrund der neueren Rechtsprechung des BGH zur beschränkten Anwendbarkeit von § 203 Abs. 2 Nr. 1 StGB auf Sparkassenmitarbeiter jedoch fraglich.[667]

Neben dem Zeugnisverweigerungsrecht aufgrund des Bankgeheimnisses kann ein solches Recht auch auf § 384 Nr. 3 ZPO gestützt werden, sofern der Aussagende ein Gewerbegeheimnis offenbaren müsste. Anders als das Bankgeheimnis handelt es sich dabei um ein eigenes Geheimnis einer Bank, so dass diese alleine entscheiden kann, ob ihre Mitarbeiter von dem Zeugnisverweigerungsrecht Gebrauch machen sollen oder nicht. Somit kann sich ein als Zeuge geladener Bankmitarbeiter im Zivilprozess stets auf ein Zeugnisverweigerungsrecht berufen, es sei denn, dass keinerlei Kunden- oder Gewerbegeheimnisse aufzudecken sind. Dies abzuwägen, ist seine Entscheidung.[668]

Im Verfahren eines Kunden mit einem Dritten, zu dem ein Bankier als Zeuge geladen wird, kann der Kunde diesen als Geheimnisherr von seiner Geheimhaltungspflicht entbinden, was häufig stillschweigend erfolgen wird. Ein Zeugnisverweigerungsrecht steht dem Bankier dann nur in Bezug auf solche Informationen zu, die das Bankgeheimnis eines anderen Kunden oder ein Gewerbegeheimnis der Bank betreffen.[669]

Sieht sich eine Bank in einem Zivilverfahren gegen einen ihrer Kunden gezwungen, Informationen über diesen zu offenbaren, die dem Bankgeheimnis unterliegen, so kann sie dies in dem zur sachgerechten Wahrnehmung ihrer Interessen notwendigen Rahmen tun.[670] In diesen Fällen wird der Rechtsgedanke der Wahrnehmung berechtigter Interessen nach § 193 StGB herangezogen. Das Kreditinstitut haftet wegen der Offenbarung nur, wenn diese unnötig weitgehend oder missbräuchlich war. Dann kann der betroffene Kunde von der Bank verlangen, dass sie die Urkunden und Schriftsätze, die seinen Geheimhaltungsan-

---

665 *Milewski*, Bankgeheimnis, S. 12.

666 *Bruchner/Krepold*, in: *Schimansky/Bunte/Lwowski*, Bankrechtshandbuch, § 39 Rn. 282 f. m.w.N.

667 Vgl. dazu schon oben S. 83 ff.

668 OLG Köln, Beschluss vom 13.07.1968 – 9 W 47/68 = MDR 1968, S. 931.

669 Beruft sich eine Partei zu Unrecht auf das Bankgeheimnis und vereitelt dadurch die Beweiserhebung kann das Gericht daraus durchaus auch Schlüsse zum Nachteil dieser Partei ziehen, vgl. BGH, Urteil vom 20.06.1967 - VI ZR 201/65 = NJW 1967 S. 2012 ff.

670 *Wech*, Das Bankgeheimnis, S. 470 f. m.w.N.

spruch verletzen, aus den Gerichtsakten entfernen lässt.[671] Klagt der Kunde gegen seine Bank, so kann darin die konkludente Einwilligung zur Offenlegung derjenigen Informationen gesehen werden, die die Bank zu ihrer Verteidigung vorbringen muss. Gleichwohl ist auch in solchen Fällen eine Geheimnisverletzung nicht ausgeschlossen. Denn auch wenn die zu offenbarenden Tatsachen sowohl der Bank als auch dem Kunden bereits bekannt sind, so wird durch die Offenlegung im Prozess der Kreis derjenigen Personen, die davon Kenntnis haben, stets zumindest um die Gerichtsmitglieder und die Prozessbevollmächtigten erweitert.[672]

Klagt die Bank gegen einen Dritten oder wird sie verklagt, kommt eine Durchbrechung des Bankgeheimnisses zulasten eines unbeteiligten Bankkunden grundsätzlich nicht in Betracht, da hier dessen Geheimhaltungsinteresse höher zu gewichten ist, als die Interessen der Parteien.[673]

Soll ein Kreditinstitut, das nicht selbst Partei eines zivilgerichtlichen Verfahrens ist, Urkunden herausgeben, kann es aufgrund des Verweises von § 142 Abs. 2 ZPO auf die Normen über die Zeugnisverweigerung die Herausgabe verweigern, sofern es Tatsachen die dem Bankgeheimnis unterliegen oder eigene Gewerbegeheimnisse offenbaren müsste. Im Verfahren mit einem Kunden darf eine Bank hingegen die zur Prozessführung notwendigen Urkunden vorlegen. Im Rechtsstreit mit Dritten kommt die Vorlage von Urkunden über unbeteiligte Kunden hingegen grundsätzlich nicht in Betracht.

7.1.1.2 In Luxemburg

Ganz ähnlich stellt sich die Rechtslage in Luxemburg dar. Das Zivilprozessrecht ist dort im Nouveau Code de Procédure Civile (CPC)[674] geregelt. Nach Art. 406 CPC besteht eine allgemeine Pflicht, auf Ladung als Zeuge zu erscheinen und auszusagen, sofern nicht ein legitimer Grund zur Aussageverweigerung besteht. Als solchen Grund sieht die Rechtsprechung die Wahrung der von Art. 458 CP erfassten Berufsgeheimnisse an.[675] Zum Bankgeheimnis hat sie sich bisher nicht entsprechend geäußert, gleichwohl ist, wie in Deutschland, allgemein anerkannt, dass dieses ebenfalls einen legitimen Grund im Sinne von Art. 406 CPC zur

671 OLG Koblenz, Urteil vom 16.11.2006 – 6 U 150/06 = DStRE 2007, S. 986 ff.

672 Vgl. OLG Koblenz, Urteil vom 16.11.2006 – 6 U 150/06 = DStRE 2007, S. 986 ff.; a.A. OLG Düsseldorf, Urteil vom 13.01.2005 – I-6 U 70/04.

673 *Wech*, Das Bankgeheimnis, S. 471.

674 Mémorial A – N° 64, 17.08.1998, S. 1106 ff., zuletzt geändert durch Mémorial A – N° 134, 15.06.2009, S. 1889 f.

675 Nachweis dazu bei *Lasserre Capdeville*, Le secret bancaire, Rn. 659. Die Ladung und Vernehmung eines Zeugen, der ohne wirksame Entbindung von seiner Geheimhaltungspflicht aussagt, führt jedoch nicht zur Unverwertbarkeit seiner Aussage.

Aussageverweigerung darstellt.[676] Anders als in Deutschland ist jedoch in Luxemburg heftig umstritten, ob dem Kunden als Geheimnisherrn das Recht zusteht, einen Bankier von seiner Geheimhaltungspflicht zu entbinden, oder ob nur dieser über sein Zeugnisverweigerungsrecht verfügen kann. Letzteres ist nach einer verbreiteten Literaturmeinung, die auf eine von *Schaus* begründete Auffassung zurückgeht,[677] der Fall.[678] Ein Bankkunde hat danach keine Möglichkeit, in die Durchbrechung des Bankgeheimnisses einzuwilligen.[679] Begründet wird dies vor allem damit, dass das Bankgeheimnis Teil des luxemburgischen Ordre public sei, so dass es nicht zur Disposition des Kunden stehe.[680] Diese Ansicht verkennt, dass es sich beim Bankgeheimnis vor allem um ein Recht des Bankkunden handelt, das den Schutz seiner Geheimsphäre bezweckt. Wenn das Bankgeheimnis daher als Teil des Ordre public angesehen wird, dann nur, weil die Allgemeinheit diese Interessen generell für schutzwürdig hält und ihre Achtung sichern will. Das Bankgeheimnis wirkt also nur zugunsten und nicht zulasten eines Bankkunden. Daher muss dieser das Recht haben, einen Bankmitarbeiter von seiner Geheimhaltungspflicht über die ihn betreffenden Geheimnisse zu entbinden.[681]

Im Bezug auf Verfahren zwischen der Bank und ihrem Kunden wird ebenso wie in der deutschen Literatur vertreten, dass die Offenbarung von Geheimnissen zur Wahrnehmung der berechtigten Interessen der Bank zulässig ist. Dies bedingt eine umfassende Abwägung der Interessen der Bank und derjenigen des Kunden. Inhaltlich ist die Offenbarung auf das unbedingt notwendige Maß zu beschränken.[682]

---

676 *Lasserre Capdeville*, Le secret bancaire, Rn. 660 ff.

677 Ein Zitat aus dessen Werk einschließlich Quellennachweis findet sich unter anderem bei *Schiltz/Schiltz*, in: Droit bancaire et financier au Luxembourg, S. 307, S. 308.

678 *Kauffman*, Professional secrecy of bankers, S. 11; *Spielmann*, Le secret bancaire, S. 56 f.; *Lemmer*, in: Feuille de Liaison de la conférence Saint-Yves, S. 31, S. 36.

679 *Kauffman*, Professional secrecy of bankers, S. 11.

680 Ausführlich dazu *Serebriakoff*, in: Droit bancaire et financier au Luxembourg, S. 283 ff; für die herrschende Meinung, vgl. nur *Hoffmann*, Bulletin droit et banque, N° 2, 1983, S. 3, S. 9 f.; *Heymer*, Bulletin Droit et Banque, N° 41, 2008, S. 17, S. 20; *Liebertz/Schmidt*, Bulletin droit et banque, Hors Serie, 2005, S. 37, S. 39 ff. m.w.N.; gegen die Einbeziehung des Bankgeheimnisses in den ordre public ist *Thiel*, in: De Schengen à Mondorf-les-Bains, S. 91, S. 102 f.

681 Vgl. *Lasserre Capdeville*, Le secret bancaire, Rn. 676 ff.

682 Tribunal d'Arrondissement de Luxembourg, Entscheidung vom 11.01.2001, zitiert nach Vogel, Les Pandectes, Droit pénal, Dossier XIV, S. 11; *Schmit*, Bulletin Droit et Banque, N° 2, 1983, S. 11, S. 12 f.; *Guill*, Bulletin Droit et Banque, N° 2, 1983, S. 17; *Steichen*, Bulletin Droit et Banque, N° 24, 1995, S. 24, S. 31; Spielmann, Le secret bancaire, S. 54 f.

Ebenso wie in Deutschland ist unbestritten, dass eine Durchbrechung des Bankgeheimnisses in Verfahren zwischen einer Bank mit einem Dritten ausgeschlossen ist, weil das Gesetz eine solche Durchbrechung nicht vorsieht.[683]

Soll eine Bank, die nicht Partei eines Zivilverfahrens ist, Urkunden, die Kundengeheimnisse beinhalten, herausgeben, kann sie dies verweigern. Aus Art. 60 Abs. 2 S. 2 CPC folgt zwar eine allgemeine Pflicht Dritter, auf gerichtliche Anordnung in ihrem Besitz befindliche Urkunden herauszugeben. Diese Pflicht besteht jedoch nicht, wenn ein legitimer Grund besteht, die Herausgabe zu verweigern. Dass das Bankgeheimnis in Bezug auf Zeugenaussagen einen solchen Grund darstellt, wurde bereits erörtert. Gleiches muss dann auch für die Urkundenherausgabe im Sinne von Art. 60 Abs. 2 S. 2 CPC gelten, denn anderenfalls ließe sich ein bestehendes Zeugnisverweigerungsrecht durch die Aufforderung zur Urkundenherausgabe leicht umgehen.[684]

7.1.1.3 In Österreich

Auch in Österreich bleibt das Bankgeheimnis im Zivilprozess generell gewahrt. Vor dem Erlass des Ö-KWG wurde ein Zeugnisverweigerungsrecht von Bankmitarbeitern aus § 321 Abs. 1 Nr. 5 der Zivilprozessordnung (Ö-ZPO)[685] hergeleitet, der Geschäftsgeheimnisse betrifft.[686] Nunmehr ergibt sich dieses Recht aus § 321 Abs. 1 Nr. 3 Ö-ZPO, wonach eine Person, die einer staatlich anerkannten Geheimhaltungspflicht unterliegt, die Aussage verweigern kann. Das Bankgeheimnis ist nicht nur staatlich anerkannt, sondern aufgrund von § 38 BWG eine gesetzliche Pflicht. Daher muss ein als Zeuge geladener Bankier im Interesse seiner Kunden von diesem Zeugnisverweigerungsrecht Gebrauch machen.[687] Diese Pflicht entfällt nach § 321 Abs.1 Nr. 3 Ö-ZPO nur im Falle der gültigen Entbindung von der Geheimhaltungspflicht. Dazu ist der Bankkunde als Geheimnisherr berechtigt.[688] Neben den Geheimnissen der Kunden haben Ban-

683 *Lasserre Capdeville*, Le secret bancaire, Rn. 650.

684 Vgl. *Lasserre Capdeville*, Le secret bancaire, Rn. 663 ff., der zur Begründung dieses Ergebnisses insbesondere auf das französische Recht und die dazu ergangene Rechtsprechung abstellt.

685 Ö-RGBl. Nr. 113/1895, zuletzt geändert durch BGBl. I Nr. 58/2010.

686 *Achleitner*, Beurteilung des Bankgeheimnisses, S. 38.

687 *Ortner*, Das Bankgeheimnis, S. 109.

688 *Klauser/Kodek*, ZPO, § 321, E 15, danach muss sich die Einwilligung explizit auf eine Zeugenaussage beziehen. Die Einwilligung eines Kunden in eine schriftliche Auskunft der Bank über ein Konto kann daher nicht zugleich als Einwilligung in eine Zeugenaussage von deren Mitarbeitern angesehen werden.

kiers auch die Geschäftsgeheimnisse ihrer Bank zu wahren. Diesbezüglich steht ihnen aus § 321 Abs. 1 Nr. 5 Ö-ZPO ein Zeugnisverweigerungsrecht zu.[689]

Im Falle eines Prozesses einer Bank mit einem Kunde geht die herrschende Meinung in Österreich, ebenso wie in Deutschland und Luxemburg, von einem Recht der Bank zur Offenbarung solcher Informationen aus, die an sich dem Bankgeheimnis unterliegen. Damit soll den Banken die wirksame Wahrnehmung ihrer Eigeninteressen gegenüber Kunden ermöglicht werden. Der OGH hat dazu schon vor dem Erlass des BWG entschieden, dass ein Kunde verpflichtet sei, der Offenbarung von Geheimnissen zuzustimmen, da er sich ansonsten rechtsmissbräuchlich verhalte.[690] Diese Rechtsprechung bestätigt § 38 Abs. 2 Nr. 7 BWG, wonach das Bankgeheimnis durchbrochen wird, „soweit die Offenbarung zur Klärung von Rechtsangelegenheiten aus dem Verhältnis zwischen Kreditinstitut und Kunden erforderlich ist." Das Gesetz selbst begrenzt allerdings die Offenbarungsbefugnis dabei durch das Erforderlichkeitsmerkmal auf die für den Prozess notwendigen Informationen.[691] Um diese zu ermitteln, bedarf es der Abwägung zwischen dem Offenbarungsinteresse der Bank und dem Geheimhaltungsinteresse des Kunden.[692]

Darüber hinaus trifft § 38 Abs. 2 BWG keine Aussage zum Zivilprozess, so dass mangels gesetzlicher Anordnung davon ausgegangen wird, dass das Bankgeheimnis nicht weiter als eben dargestellt durchbrochen wird.[693] Daher darf eine Bank im Prozess mit einem Dritten ohne Einwilligung des Betroffenen keine Geheimnisse offenbaren.

Eine generelle Pflicht unbeteiligter Dritter zur Urkundenherausgabe kennt das österreichische Zivilprozessrecht, anders als das deutsche und luxemburgische Recht, nicht. Eine solche Pflicht besteht nur in den in § 308 Abs. 1 Ö-ZPO genannten Fällen, die solche Urkunden im Besitz eines Dritten betreffen, die den Parteien des Prozesses zuzuordnen sind.[694] Ist § 308 Abs. 1 Ö-ZPO einschlägig, besteht eine unbedingte Herausgabepflicht, da dort keine den Zeugnisverweige-

---

689 *Achleitner*, Beurteilung des Bankgeheimnisses, S. 38.

690 OGH,Entscheidung vom 20.04.1989 7 - Ob 707/88.

691 *Ortner*, Das Bankgeheimnis, S. 109 f.

692 *Arnold*, ÖBA 1986, S. 527, S. 537; *Arnold*, ÖBA 1987, S. 622, S. 623.

693 *Ortner*, Das Bankgeheimnis, S. 109.

694 Danach besteht eine Herausgabepflicht nur, wenn sich diese aus den Vorschriften des bürgerlichen Rechtes ergibt oder wenn sich die Urkunde aufgrund ihres Inhalts als gemeinschaftliche Urkunde des Beweisführers und des Dritten darstellt. Eine Beispiel für eine derartige Herausgabepflicht stellt § 1358 ABGB dar, aus dem sich im Falle der Zahlung einer fremden Schuld durch einen Sicherungsgeber dessen Recht ergibt, vom befriedigten Gläubiger alle vorhandenen Rechtsbehelfe und Sicherungsmittel herauszuverlangen.

rungsrechten entsprechende Rechte vorgesehen sind. Zu einer analogen Anwendung der Normen über die Zeugnisverweigerungsrechte finden sich, anders als zu den gleichlautenden liechtensteinischen Normen, [695] in der österreichischen Literatur keine Stellungnahmen. Allerdings ist eine Verletzung des Bankgeheimnisses insoweit auch kaum denkbar, da die Parteien ja gesetzlich über die betreffende Urkunde verfügen können. Dies erscheint in der Regel nur möglich, wenn eine der Parteien Kunde derjenigen Bank ist, die diese in ihrem Besitz hat. Dann aber wird diese Partei auch Geheimnisherr der Urkunde sein, so dass sie die Bank von ihrer Geheimhaltungspflicht entbinden kann.

7.1.1.4 In der Schweiz

Überraschenderweise stellt sich gerade in der Schweiz, die ja gemeinhin für die Strenge ihres Bankgeheimnisses bekannt ist, die Rechtslage im Zivilprozessrecht weniger klar dar als in den übrigen Vergleichsländern. Dies ist der Tatsache geschuldet, dass in der Schweiz anders als dort bisher kein einheitliches Prozessrecht existiert. Vielmehr hat jeder Kanton jeweils eigene Prozessordnungen für die verschiedenen Gerichtszweige erlassen.[696] Hinzu kommen die für die Bundesgerichte geltenden Bundesprozessordnungen. Nach längeren Debatten[697] wurde jedoch zur Beseitigung der bisherigen Rechtszersplitterung die am 01. Januar 2011 in Kraft tretende einheitliche Schweizerische Zivilprozessordnung (S-ZPO) verabschiedet.[698] Art. 47 BankG trifft über das Verhältnis zwischen Bankgeheimnis und gesetzlichen Zeugnis- und Auskunftspflichten keine Aussage, sondern verweist in seinem Abs. 5 lediglich darauf, dass diese als Durchbrechungen des Bankgeheimnisses vorbehalten bleiben. Das bedeutet, dass jeweils anhand der einschlägigen gesetzlichen Anordnung zu prüfen ist, ob daraus eine Zeugnis- und Auskunftspflicht folgt oder nicht.

Es ist daher zu untersuchen, inwieweit sich aus den in der Schweiz geltenden Zivilprozessordnungen bzw. künftig der S-ZPO Zeugnis- und Auskunftspflichten von Bankmitarbeitern herleiten lassen bzw. inwieweit diese zur Zeugnisverweigerung berechtigt sind. Gemeinsam ist allen bisherigen schweizerischen Zivilprozessordnungen, dass sie von einer generellen Aussagepflicht ausgehen, die nur in den gesetzlich bestimmten Fällen aufgehoben ist. Diesbezüg-

695 Siehe zum liechtensteinischen Recht sogleich unten S. 149.

696 Einen ersten Überblick hierüber gibt die vom Bundesgericht erstellte Übersicht über die Gerichtsorganisation in der Schweiz unter: http://www.bger.ch/acf11d.pdf (Stand: 17.11.2010).

697 Vgl. dazu unter http://www.admin.ch/aktuell/00089/index.html?lang=de&msg-id=5877 (Stand: 17.11.2010).

698 AS **2010** 1739.

lich lassen sich drei Gruppen unterscheiden. In der ersten sind diejenigen Prozessordnungen zu nennen, die den unter Art. 47 Abs. 1 BankG fallenden Geheimnisträgern kein Zeugnisverweigerungsrecht zubilligen. Auf der anderen Seite stehen diejenigen Zivilprozessordnungen, die jedem Berufsgeheimnisträger ein Recht zur Zeugnisverweigerung gewähren. Dazwischen stehen solche Prozessordnungen, die im konkreten Einzelfall dem Richter die Abwägung überlassen, ob das Interesse an der Wahrheitsfindung oder das Geheimhaltungsinteresse des Berufsgeheimnisträgers höher zu werten ist.[699] Zu der letztgenannten Gruppe gehört unter anderem Art. 42 Abs. 2 des Bundesgesetzes vom 4. Dezember 1947 über den Bundeszivilprozess (BZP).[700] Wird danach eine Durchbrechung des Bankgeheimnisses vom Richter bejaht, ermöglicht es Art. 38 BZP diesem, Beweismittel unter Ausschluss der Gegenpartei oder aller Parteien zur Kenntnis zu nehmen, wenn dies zur Wahrung von Geschäftsgeheimnissen einer Partei oder eines Dritten nötig ist. Dadurch wird deren Geheimhaltungsinteresse Rechnung getragen, indem der Personenkreis minimiert wird, der Kenntnis von einem Geheimnis erlangt.[701] Folglich unterscheidet sich die Rechtslage in der Schweiz von Kanton zu Kanton. Das Bankgeheimnis berechtigt somit die Mitarbeiter von Kreditinstituten, anders als in den bisher besprochenen Ländern, nicht generell, sondern nur in bestimmten Kantonen zur Zeugnisverweigerung. Es ist also in jedem Einzelfall zu prüfen, ob das kantonale Recht insoweit ein Zeugnisverweigerungsrecht vorsieht.

Kein Unterschied zu den übrigen Vergleichsländern ergibt sich, wenn es um Verfahren zwischen einer Bank und einem Kunden geht. Auch in der Schweiz wird einer Bank dann das Recht zur Offenbarung von Informationen, die an sich dem Bankgeheimnis unterliegen, zugestanden, damit sie ihre Rechte effektiv wahrnehmen kann. Dies wird entweder mit einer konkludenten Einwilligung des Kunden in die Geheimnisoffenbarung begründet, oder damit, dass sein vertragsbrüchiges Verhalten, etwa Säumigkeit, der Bank einen hinreichenden Anlass zur Klageerhebung gebe.[702]

Im Rechtsstreit mit einem Dritten wird eine Bank demgegenüber generell als zur Wahrung des Bankgeheimnisses verpflichtet angesehen. Lediglich in Ausnahmefällen wird einem Kreditinstitut von der Literatur mit Verweis auf allge-

---

699 *Schwarz*, SJZ 91 (1995), S. 281, S. 282 ff.; *Lasserre Capdeville*, Le secret bancaire, Rn. 669 ff. mit vollständiger Auflistung der in den einzelnen kantonalen Zivilprozessordnungen enthaltenen Bestimmungen zur Zeugnisverweigerung.

700 AS **1948** 485, zuletzt geändert durch AS **2009** 6605.

701 *Aubert*, Le secret bancaire suisse, S. 139 f, hält es generell in Einzelfällen für möglich, zum Schutz des Bankgeheimnisses die Öffentlichkeit vom Verfahren auszuschließen und das Akteneinsichtsrecht der Gegenpartei zu beschränken

702 Auführlich dazu *Aubert*, Le secret bancaire suisse, S. 172 ff.

meine Notstandsregeln das Recht zur Offenbarung von Kundengeheimnissen zugestanden. Dazu soll es der Abwägung zwischen den einer Bank ohne die Offenbarung drohenden Nachteilen mit denjenigen, die dem jeweiligen Kunden dadurch drohen, bedürfen.[703]

Ob eine Bank im Zivilverfahren als unbeteiligte Dritte zur Urkundenherausgabe verpflichtet werden kann, bestimmt sich nach den meisten Zivilprozessordnungen aufgrund eines gesetzlichen Verweises auf die Regeln über die Zeugnisverweigerung. Auch dort, wo ein solcher Verweis fehlt, wird die analoge Anwendung dieser Regeln befürwortet, um die Umgehung von Zeugnisverweigerungsrechten zu verhindern.[704] Dementsprechend sind auch hier die drei oben genannten Gruppen von Zivilprozessordnungen zu unterscheiden, die entweder gar kein oder im Gegenteil ein absolutes oder ein von der Interessenabwägung durch den Richter abhängiges Recht zur Zeugnisverweigerung kennen.[705] Ein Beispiel für eine von der richterlichen Abwägung abhängige Norm stellt Art. 51 Abs.1 BZP dar, der auf den soeben besprochenen Art. 42 BZP verweist.

Auch die S-ZPO geht in Art. 160 S-ZPO von einer generellen Mitwirkungspflicht der Parteien und von Dritten bei der Beweiserhebung aus. Darunter werden sowohl die Aussagepflicht wie auch eine Pflicht zur Urkundenherausgabe verstanden.[706] Art. 163 S-ZPO legt fest, unter welchen Voraussetzungen eine Partei berechtigt ist, diese Mitwirkung zu verweigern. Das Bankgeheimnis zählt nicht zu den dort genannten Geheimnissen im Sinne des Art. 321 S-StGB, die stets von der Mitwirkungspflicht befreien. Vielmehr fällt es unter die Abs. 2 dieser Norm in Bezug genommenen anderen gesetzlich gschützten Berufsgeheimnisse, bei denen eine Partei glaubhaft machen muss, dass das Geheimhaltungsinteresse das Interesse an der Wahrheitsfindung überwiegt.[707]

Art. 166 S-ZPO regelt, in welchen Fällen Dritte die Mitwirkung im Zivilprozess verweigern können. Art. 166 Abs. 2 S-ZPO entspricht dabei Art. 163 Abs. 2 S-ZPO. Es bedarf also der Glaubhaftmachgung eines überwigenden Geheimhaltungsinteresses. Insoweit gelten dieselben Anforderung wie bei Art 163 S-ZPO.[708]

---

703 *Aubert*, Le secret bancaire suisse, S. 172 f; d*e Capitani*, in: Basel II: Folgen für Kreditinstitute und ihre Kunden, S. 125, S. 128.

704 *Aubert*, Le secret bancaire suisse, S. 138 f.

705 *Lasserre Capdeville*, Le secret bancaire, Rn. 671.

706 Näher dazu *Schmid*, in KuKo ZPO, Art. 160.

707 Vgl. Schmid, in KuKo ZPO, Art. 163, insbesondere Rn. 16 f.

708 Schmid, in KuKo ZPO, Art. 166 Rn. 10.

7.1.1.5 In Liechtenstein

Das liechtensteinische Zivilprozessrecht nach dem Gesetz vom 10. Dezember 1912 über das gerichtliche Verfahren in bürgerlichen Rechtsstreitigkeiten (Zivilprozessordnung, L-ZPO)[709] entspricht weitgehend der Ö-ZPO, so dass auf die dort gemachten Ausführungen verwiesen werden kann. Entsprechend § 321 Abs. 1 Nr. 3 Ö-ZPO ordnet § 321 Abs. 1 Nr. 3 L-ZPO an, dass Personen, die durch ihre Aussage Tatsachen offenbaren müssten, deren Verbreitung eine staatlich anerkannte Pflicht zur Verschwiegenheit verletzt, zur Zeugnisverweigerung berechtigt sind. Vorbehalten bleibt auch hier die gültige Befreiung des Zeugen von dieser Pflicht. Das Bankgeheimnis stellt aufgrund seiner gesetzlichen Anordnung in § 14 L-BankG eine solche Pflicht dar, so dass einem Bankier im Zivilprozess ein Zeugnisverweigerungsrecht in Bezug auf dieses betreffende Fragen zusteht.[710] Ob dies in Bezug auf den Aussagegegenstand der Fall ist, muss dieser selbst entscheiden. Er trägt das Risiko, sich entweder zu Unrecht auf ein solches Recht zu berufen oder einem Kunden zu haften, sofern es dieses fälschlicherweise verneint und Geheimnisse offenbart.[711]

Neben dem aus dem Bankgeheimnis folgenden Zeugnisverweigerungsrecht wird ein Zeugnisverweigerungsrecht von Bankmitarbeitern auch aus § 321 Abs. 1 Nr. 5 L-ZPO hergeleitet, der Geschäftsgeheimnisse schützt. Darunter werden sowohl eigene Geheimnisse einer Bank als auch die ihr bekannten Geschäftsgeheimnisse Dritter verstanden.[712]

Im Falle eines Rechtsstreits zwischen einer Bank und einem Kunden wird der Bank in Liechtenstein, wie in den anderen Vergleichsländern, das Recht zur Offenbarung von Geheimnissen dieses Kunden zugesprochen. Begründet wird dies vergleichbar der schweizerischen Auffassung damit, dass der Kunde, sofern er die Klage erhoben hat, konkludent in die Geheimnisoffenbarung einwillige. Im Falle der Klageerhebung durch die Bank, wird hingegen im Sinne eines möglichst umfassenden Geheimnisschutzes gefordert, dass diese zunächst eine gütliche Einigung oder ein Schiedsverfahren mit dem Kunden anstrebt. Denn anderenfalls könnte die Drohung mit einer gerichtlichen Klage und der damit einhergehenden Offenbarung von Geheimnissen als Druckmittel gegen den Kunden missbraucht werden.[713] Sofern die Klage nicht missbräuchlich erscheint, darf eine Bank dann zur effektiven Prozessführung unter das Bankgeheimnis fallende

---

709 LGBl. 1912 Nr. 9/1, zuletzt geändert durch LGBl. 2009 Nr. 206.

710 Beschluss des Fürstlichen Obergerichts vom 09.01.1986 (unveröffentlicht), zitiert nach *Frommelt*, Bankgeheimnis, S. 142 Fn. 43.

711 *Wagner*, Bankenplatz Liechtenstein, S. 277 f.

712 *Frommelt*, Bankgeheimnis, S. 145 f.; *Wagner, Bankenplatz Liechtenstein*, S. 279 f.

713 *Frommelt*, Bankgeheimnis, S. 162 ff.

Informationen offenbaren, was sich ebenfalls mit einer stillschweigenden Einwilligung des Kunden oder mit der Wahrung berechtigter Interessen durch die Bank begründen lässt.[714]

In Verfahren gegen einen Dritten soll eine Bank außer in den seltenen Fällen, in denen ein Rechtfertigungsgrund eingreift, uneingeschränkt zur Geheimhaltung von Kundengeheimnissen verpflichtet sein. Anders soll es sich nur verhalten, wenn der Prozess und die Geheimnisoffenbarung gerade dem Interesse des betroffenen Kunden dienen. In diesem Falle wird wiederum von einer stillschweigenden Entbindung der Bank von ihrer Geheimhaltungspflicht ausgegangen.[715]

Wie die Ö-ZPO kennt auch die L-ZPO keine allgemeine Urkundeneditionspflicht Dritter. Eine unbedingte Herausgabepflicht besteht nur unter den Voraussetzungen des § 308 Abs. 1 L-ZPO, der § 308 Abs. 1 Ö-ZPO entspricht.[716] Da befürchtet wird, dass sich über das Verlangen nach der Herausgabe von Urkunden das Bankgeheimnis umgehen ließe, befürwortet die liechtensteinische Literatur die analoge Anwendung der Regeln über die Zeugnisverweigerungsrechte, so dass eine Bank die Herausgabe von Kundenunterlagen verweigern könnte, sofern diese nicht darin einwilligen.[717]

7.1.1.6 Zusammenfassung:

Abschließend kann festgehalten werden, dass das Bankgeheimnis im Zivilprozess allgemein als eine zu beachtende Geheimhaltungspflicht anerkannt ist. Dementsprechend kann sich ein als Zeuge geladener Bankmitarbeiter in allen Vergleichsländern, mit Ausnahme der Schweiz, wo sich die Rechtslage bisher von Kanton zu Kanton unterscheidet, unter Verweis auf diese Geheimhaltungspflicht auf ein Zeugnisverweigerungsrecht berufen. Dabei ist der Kunde als Geheimnisherr berechtigt, den Bankier von dieser Pflicht zu entbinden, wodurch dass Zeugnisverweigerungsrecht entfällt.

Im Rechtsstreit zwischen einer Bank und einem Kunden wird einer Bank sowohl in Deutschland als auch in Luxemburg, Österreich, der Schweiz und Liechtenstein die Möglichkeit zur Offenbarung von Geheimnissen gegeben, damit sie ihre berechtigten Interesses wahrnehmen kann. Dabei ist die Geheimnisoffenbarung auf das geringst mögliche Maß zu beschränken.

---

714 Wagner, Bankenplatz Liechtenstein, S. 288 ff.

715 Wagner, Bankenplatz Liechtenstein, S. 287 f.

716 Eine Herausgabepflicht besteht dann, wenn sich diese nach bürgerlichem Recht besteht oder wenn die Urkunde ihrem Inhalt nach dem Beweisführer und dem Dritten gemeinschaftlich ist

717 Frommelt, Bankgeheimnis, S. 149 ff.; Wagner, Bankenplatz Liechtenstein, S. 282.

In Verfahren gegen Dritte darf ein Kreditinstitut hingegen grundsätzlich keine Informationen über einen unbeteiligten Kunden offenbaren, es sei denn, es greifen in Ausnahmefällen Rechtfertigungsgründe hierfür ein.

Zur Herausgabe von Urkunden kann eine unbeteiligte Bank im Zivilverfahren in den Vergleichsländern unter unterschiedlichen Voraussetzungen gezwungen werden. In Deutschland gelten insoweit die Normen über die Zeugnisverweigerung entsprechend, so dass das Bankgeheimnis zur Herausgabeverweigerung berechtigt. Gleiches gilt für Luxemburg, wo das Bankgeheimnis als legitimer Verweigerungsgrund angesehen wird. In der Schweiz gelten die gleichen Besonderheiten wie im Falle einer Zeugenladung, so dass das Bestehen eines Verweigerungsrechts vom anwendbaren Recht abhängt. In Österreich und Liechtenstein hängt die Herausgabepflicht vom Bestehen eines allgemeinen gesetzlichen Herausgabeanspruchs oder vom Inhalt der Urkunde ab. Generell ist eine Offenbarung von Kundengeheimnissen aufgrund dessen nur selten zu erwarten.

7.1.2 Das Strafverfahren

Anders als im Zivilprozess stehen sich im Strafprozess nicht überwiegend die Privatinteressen einzelner Personen gegenüber, sondern das Interesse der Allgemeinheit an der Verfolgung und Ahndung von Straftaten und das Geheimhaltungsinteresse eines einzelnen Bankkunden. Diese unterschiedlichen Interessen sind durch Abwägung zu einem praktischen Ausgleich zu bringen.[718] Insoweit hat der Gesetzgeber in allen Vergleichsländern die Interessen der Allgemeinheit als höherrangig erachtet und daher das Bankgeheimnis im Strafverfahren zugunsten weitreichender Ermittlungsmöglichkeiten durchbrochen. Dabei sind jedoch die gesetzlichen Anforderungen, die an die rechtmäßige Durchführung einzelner Maßnahmen gestellt werden, durchaus unterschiedlich.

7.1.2.1 In Deutschland

Mit Blick auf strafrechtliche Ermittlungen bei Banken gelangen in Deutschland die Vorschriften der StPO, im Steuerstrafverfahren durch Verweis in § 385 AO,[719] zur Anwendung. Diese sehen keine besonderen Ermittlungsbeschränkungen aufgrund des Bankgeheimnisses vor. So ist ein als Zeuge geladener Bankmitarbeiter nicht zur Zeugnisverweigerung berechtigt, da er in der abschließenden Aufzählung der beruflich bedingten Zeugnisverweigerungsrechte in § 53

718 Vgl. *Sandkühler*, Bankrecht, S. 31.

719 Zum Steuerstrafverfahren siehe unten S. 171 ff.

Abs. 1 StPO nicht aufgeführt ist. [720] Diese ist aus Gründen der Rechtssicherheit auch nicht analogiefähig.[721] Hingegen sollen nach einer Auffassung die Bediensteten von Sparkassen andere Personen des öffentlichen Dienstes im Sinne des § 54 Abs. 1 StPO sein und deswegen zur Aussage der Genehmigung eines Vorgesetzten bedürfen.[722] Dagegen spricht, dass das Bankgeheimnis praktisch nur private Interessen schützt, so dass öffentliche Geheimhaltungsinteressen im Falle einer Aussage nicht beeinträchtigt werden.[723] Hinzu kommt die veränderte Wettbewerbsstellung der Sparkassen, die sie den privatrechtlich organisierten Banken gleichstellt, so dass ebenso wie bei der Anwendung der Geheimhaltungspflicht nach § 203 Abs. 2 Nr. 1 StGB[724] eine enge Auslegung von § 54 Abs. 1 StPO geboten erscheint. Daher benötigen die Bediensteten von Sparkassen keiner besonderen Aussagegenehmigung eines Vorgesetzten, sofern ihre Aussage nur die Offenbarung privater Geheimnisse zur Folge hat, die vom Bankgeheimnis erfasst werden.

Neben der gerichtlichen Aussagepflicht sind Bankangestellte wie jedermann bereits im strafrechtlichen Ermittlungsverfahren gemäß § 161a Abs. 1 StPO verpflichtet, auf Ladung vor der Staatsanwaltschaft zu erscheinen und auszusagen, nicht hingegen bei der Polizei.[725] Eine Aussagepflicht besteht nur dann nicht, wenn ein Bankmitarbeiter Gefahr liefe sich selbst einer Straftat zu belasten, da er insoweit wie jede andere Person wegen § 55 Abs. 1 StPO die Auskunft verweigern kann.[726] Bisher wurde bei öffentlich-rechtlichen Sparkassen aufgrund ihrer Organisationsform davon ausgegangen, dass sie Behörden im strafrechtlichen Sinne seien, woraus sich nach § 161 StPO eine allgemeine Auskunfts-

---

720 LG Frankfurt am Main, Beschluss vom 25.11.1953 - 5/7 Qs 183/53 = NJW 1954, S. 688; LG Hamburg, Beschluss vom 10.01.1978 - (86a) Qs 68/77 = NJW 1978, S. 958.

721 Vgl. BVerfG, Beschluss vom 19.07.1972 - 2 BvL 7/71= NJW 1972, S. 2214; BVerfG, Beschluss vom 15.01. 1975 - 2 BvR 65/74 = NJW 1975, S. 588, wonach sich auch aus der Verfassung selbst nur ausnahmsweise ein Zeugnisverweigerungsrecht ableiten lässt; *Herzog*, in: Basel II: Folgen für Kreditinstitute und ihre Kunden, S. 47, S. 61 f.

722 *Senge*, in: KKStPO, § 54 Rn. 8 m.w.N.

723 *Neubeck*, in: KMRStPO, § 54 Rn. 6.

724 Vgl. dazu oben S. 83 ff.

725 Ausführlich zur Rechtsstellung von Kreditinstituten im strafrechtlichen Ermittlungsverfahren *Ungnade*, WM 1976, S. 1210, S. 1211 ff.; aus der fehlenden Kooperationspflicht gegenüber der Polizei lässt sich aber kaum herleiten, dass das Bankgeheimnis grundsätzlich auch Straftaten decke, weil es sich dabei nicht um ein Privileg der Banken handelt, sondern um eine allgemein geltende Regel, anders *Milewski*, Bankgeheimnis, S. 15.

726 Vgl. mit Blick auf ausländische Geheimhaltungspflichten *Odenthal*, NStZ 1985, S. 117 f.

pflicht gegenüber der Staatsanwaltschaft ergäbe.[727] Auch hier erscheint eine Anpassung an die neue BGH Rechtsprechung angebracht, so dass Sparkassen nur unter denselben Voraussetzungen wie andere Banken auskunftspflichtig sind.

Neben der Zeugenvernehmung kommen als Ermittlungsmaßnahmen bei Banken aufgrund der Fülle der dort vorhandenen Informationen insbesondere Hausdurchsuchungen gemäß den §§ 102 ff. StPO sowie die Durchsicht von Geschäftsunterlagen nach § 110 StPO in Betracht.[728] Dabei aufgefundene Beweismittel können unter den Voraussetzungen der §§ 94 ff. StPO beschlagnahmt werden. [729] Das Bankgeheimnis steht diesen Maßnahmen nicht entgegen.[730] Klärung über den zulässigen Umfang und die notwendige Begründung solcher Ermittlungsmaßnahmen haben in den 1990er Jahren die Aufsehen erregenden Fälle der Beschlagnahme von Kundenunterlagen bei der Dresdner Bank gebracht. Einzelne Mitarbeiter dieser Bank standen im Verdacht, Kunden durch anonymen Transfer von Geldern von und zu ihrer luxemburgischen Tochtergesellschaft systematisch Beihilfe zur Hinterziehung von Steuern geleistet zu haben. Das BVerfG wies in zwei Beschlüssen die Verfassungsbeschwerden der Dresdner Bank gegen die einer Durchsuchung der Bank und der Beschlagnahme von Unterlagen stattgebenden gerichtlichen Beschlüsse ab.[731] Dabei betonte es, dass die angeordneten Maßnahmen nicht unverhältnismäßig gewesen seien, da die Geschäftspraxis dieser Bank, gegen die Pflicht zur Kontenwahrheit nach § 154 AO zu verstoßen, einen hinreichenden Verdacht der Beihilfe zur Steuerhinterziehung begründe.[732] Die Art des Anfangsverdachts rechtfertige die umfänglichen Durchsuchungen, da eine Vielzahl von Fällen von Steuerhinterziehung zu erwar-

---

727 LG Hof, Beschluss vom 23. 10. 1967 - Qs 232/67 = NJW 1968, S. 65 mit zustimmender Anmerkung von *Müller*; *Griesbaum*, in: KKStPO, § 161 Rn. 8; *Knierim*, in: *Wabnitz/Janovsky*, Wirtschafts- und Steuerstrafrecht, Kapitel 8 Rn. 80.

728 Ist ein solcher Beschluss ergangen, wird einer Bank das Recht zugestanden, die Durchsuchung durch freiwillige Herausgabe der entsprechenden Akten und Erteilung von Auskünften abzuwenden, vgl. *Köhler*, in: *Wabnitz/Janovsky*, Wirtschafts- und Steuerstrafrecht, Kapitel 7 Rn. 410 m.w.N.

729 Ausführlich dazu *Bruchner/Krepold*, in: *Schimansky/Bunte/Lwowski*, Bankrechtshandbuch, § 39 Rn. 102 ff.

730 *Nack*, in: KKStPO, § 95 Rn.2; *Tolani*, BKR 2007, S. 275, S. 279; *Kretschmer*, wistra 2009, S. 180, S. 180 ff., spricht sich daneben für die Unzulässigkeit der Beschlagnahme von Unterlagen betreffend ein Anderkonto eines Rechtsanwalts bei Banken aus.

731 BVerfG, *Beschluss* vom 23.03.1994 - 2 BvR 396/94 = NJW 1994, S. 2079 ff.; BVerfG *Beschluss* vom 13.12.1994 - 2 BvR 894/94 = NJW 1994, S. 2839 ff.; zur Beschlagnahme bei Sparkassen: KG, *Beschluss* vom 23.08.1988 - 4 Ws 154/88 = NStZ 1989, S. 192.

732 Näher zur Begründung dieses Verstoßes *Carl/Klos*, wistra 1994, S. 211, S. 213 f.; zweifelnd *Trzaskalik*, DB 1994, S. 550, S. 551 f.

ten sei, wodurch die Besteuerungsgleichheit gefährdet sei.[733] In der Literatur sind diese Beschlüsse auf vielfältige Kritik gestoßen.[734] Insbesondere wurde bemängelt, dass das BVerfG alleine aufgrund der statistischen Wahrscheinlichkeit von Steuerhinterziehungen einen hinreichenden Anfangsverdacht für weitreichende Ermittlungsmaßnahmen angenommen habe.[735] Gleichwohl hat bisher keine Änderung dieser Rechtsprechung stattgefunden, so dass in der Praxis nach wie vor in weitem Maße bei Banken ermittelt werden kann.

7.1.2.2 In Luxemburg

Auch in Luxemburg wird das Bankgeheimnis im Strafverfahren durchbrochen. Dessen Ausgestaltung bestimmt sich nach dem Code d'instruction criminelle (CIC).[736] Bezüglich Zeugenladungen bestimmt Art. 77 Abs. 1 CIC, dass jedermann als Zeuge geladen werden kann und zur Aussage verpflichtet ist. Vorbehalten bleibt dabei unter anderem das Berufsgeheimnis im Sinne des Art. 458 CP. Daraus wird abgeleitet, dass ein Berufsgeheimnisträger in diesem Sinne wählen könne, ob er aussagt oder nicht. Da Art. 458 CP von Art. 41 des Gesetzes vom 05. April 1993 in Bezug genommen wird, folgert die herrschende Literaturmeinung daraus, dass auch dem Bankier ein solches Wahlrecht zustehen müsse.[737] Dies wird entsprechend der im Zivilprozess vertretenen Ansicht vor allem damit begründet, dass das Bankgeheimnis als Teil des luxemburgischen Ordre public anzusehen sei.[738] Daher könne auch ein Kunde nicht in die Aussage eines Bankiers einwilligen. Nur letzterer könne darüber entscheiden, ob er aussage oder nicht.[739] Etwas anderes soll sich danach auch nicht aus Art. 40 des Gesetzes vom 05. April 1993 ergeben, der eine allgemeine Kooperations-

733 BVerfG, *Beschluss* vom 23.03.1994 - 2 BvR 396/94 = NJW 1994, S. 2079, S. 2080 f.

734 *Leisner*, BB 1994, S. 1941 ff.; *Dahm*, WM 1996, S. 1285, S. 1291 f.; *Tolani*, BKR 2007, S. 275, S. 280; *Herzog*, in: Basel II: Folgen für Kreditinstitute und ihre Kunden, S. 47, S. 63 ff.; *Bruchner/Krepold*, in: *Schimansky/Bunte/Lwowski*, Bankrechtshandbuch, § 39 Rn. 278 m.w.N.; kritisch zu den vorangegangen Beschlüssen des AG Düsseldorf *Trzaskalik*, DB 1994, S. 550 ff.; a.A. *Carl/Klos*, wistra 1994, S. 211 ff.; *Carl/ Klos*, DStZ 1994, S. 391, S. 397 ff.

735 *Bruchner/Krepold*, in: *Schimansky/Bunte/Lwowski*, Bankrechtshandbuch, § 39 Rn. 278; mit Blick auf das Europarecht *Hamacher*, DB 1995, S. 2284, S. 2288 f.

736 Dieser wurde 1808 in Luxemburg eingeführt als das Großhezotgum während der französichen Revolution zu Frankreich gehörte. Zuletzt wurde der CIC geändert durch Mémorial A – N° 193, 03.11.2010, S. 3172.

737 *Kauffman*, Professional secrecy of bankers, S. 11 ff.; *Spielmann*, Le secret bancaire, S. 57; *Elvinger*, Bulletin droit et banque, N° 29, 1999, S. 35, S. 37.

738 *Liebertz/Schmidt*, Bulletin droit et banque, Hors Serie, 2005, S. 37, S. 39 ff.

739 *Kauffman*, Bulletin droit et banque, N° 32, 2002, S. 16, S. 18 f.

pflicht der Banken mit den Behörden festlegt.[740] Denn dabei soll es sich nicht um eine eigenständige Durchbrechung des Bankgeheimnisses handeln, sondern um eine bloße Verweisnorm.[741]

Vorzugswürdig erscheint es mit einer Mindermeinung, die sich durch jüngere Urteile luxemburgischer Gerichte bestätigt sieht,[742] ein Zeugnisverweigerungsrecht des Bankiers im Strafverfahren zu verneinen.[743] Dies gebieten die bei der Durchführung eines Strafverfahrens in Rede stehenden Interessen der Allgemeinheit und möglicher Tatopfer.[744] Das Bankgeheimnis schützt keine so hochrangigen Individualinteressen, dass dadurch ein Strafverfahren behindert werden darf. Dem Geheimhaltungsinteresse des Bankkunden kann durch einen möglichst schonenden Umgang mit seinen Informationen Rechnung getragen werden. Im Übrigen muss, wie schon beim Zivilverfahren, derjenigen Ansicht widersprochen werden, die davon ausgeht, dass der Kunde nicht befugt sei, über das Bankgeheimnis zu disponieren. Dies trifft wie schon gezeigt deswegen nicht zu, weil es sich beim Bankgeheimnis alleine um ein Recht des Kunden handelt und sich dieses nicht gegen ihn wenden kann. Für die hier vertretene Auffassung spricht aber auch ein ganz pragmatischer Grund. Denn auch die herrschende Gegenmeinung bestreitet nicht, dass Hausdurchsuchungen und Beschlagnahmen bei Banken gemäß den Art. 63 bis 67 CIC gesetzlich erlaubt sind, ohne dass eine Bank deren Durchführung verhindern könnte.[745] Bejahte man daher ein Zeugnisweigerungsrecht für Bankiers im Strafverfahren, könnte die darauf gestützte Verweigerung der Aussage dazu führen, dass stattdessen eine Durchsuchung mit anschließender Beschlagnahme von Unterlagen bei einer Bank durchgeführt würde, um die gesuchten Informationen zu erlangen. Dadurch droht aber eine

---

740 Dieser lautet in seiner französichen Originalfassung: „Art. 40. L'obligation de coopérer avec les autorités: Les établissements de crédit et les autres professionnels du secteur financier sont obligés de fournir une réponse et une coopération aussi complètes que possible à toute demande légale que les autorités chargées de l'application des lois leur adressent dans l'exercice de leurs compétences. “

741 *Kauffman*, Bulletin droit et banque, N° 32, 2002, S. 16, S. 18.

742 Tribunal d'Arrondissement de Luxembourg, Entscheidung vom 08.06.2000 = Bulletin droit et banque, N° 31, 2001, S. 20 ff. und diesem folgend die Cour d'Appel de Luxembourg, Entscheidung vom 30.03.2004 = Bulletin droit et banque, N° 35, 2004, S. 57; kritisch dazu etwa *Kauffman*, Bulletin droit et banque, N° 32, 2002, S. 16, S. 18 f.

743 *Schmit*, Bulletin Droit et Banque, N° 2, 1983, S. 11, S. 13; für ein generelles Recht des Kunden zur Entbindung vom Bankgeheimnis: *Serebriakoff*, in: Droit bancaire et financier au Luxembourg, S. 283, S. 300 ff.

744 Vgl. *Steichen*, Bulletin droit et banque, N° 24, 1994, S. 24, S. 32.

745 *Lemmer*, in: Feuille de Liaison de la conférence Saint-Yves, S. 31, S. 36 f.

weitaus größere Durchbrechung des Bankgeheimnisses als durch eine einzelne Aussage.[746]

Im Zuge der Umsetzung internationaler Abkommen wurden durch Gesetz vom 27. Oktober 2010 in Luxemburg erstmals die Auskunft über Bankkonten sowie deren laufende Überwachung durch die Strafverfolgungsbehörden gesetzlich geregelt, indem die Strafprozessordnung um die Art. 66-2 bis Art. 66-5 CIC ergänzt wurde.[747] Deren Anwendung steht unter dem Vorbehalt, dass andere Ermittlungsmaßnahmen aufgrund der Art oder der besonderen Umstände einer Sache keinen Erfolg versprechen. Zudem muss wegen des Verdachts auf bestimmte schwere Straftaten, zu denen unter anderem Geldwäsche und Terrorismusfinanzierung zählen, ermittelt werden. Nur dann kann nach Art. 66-2 CIC der Ermittlungsrichter anordnen, dass eine Bank Auskunft darüber erteilt, ob eine bestimmte Personen bei ihr Konten unterhält oder unterhielt oder darüber Vollmacht hatte. Unter den gleichen Voraussetzungen kann nach Art. 66-3 CIC angeordnet werden, dass sämtliche Bankgeschäfte einer Person während einer bestimmten Zeitspanne, die pro Beschluss einen Monat und im Falle wiederholter Anordnung insgesamt drei Monate nicht überschreiten darf, überwacht werden. Schließlich kann der Ermittlungsrichter nach Art. 66-4 CIC ein Kreditinstitut auch zur Herausgabe von Unterlagen über ein näher bezeichnetes Konto oder Bankgeschäft auffordern, wenn dies der Wahrheitsfindung dient. Art. 66-5 CIC regelt die Form, in der die Anordnung dieser Maßnahmen einer Bank mitgeteilt wird. Ferner wird darin bestimmt, dass die Weigerung eines Kreditinstituts einer Anordnung nach 66-3 oder 66-4 CIC nachzukommen mit Geldbußen von 1.250 bis 125.000 Euro geahndet werden kann.

Nach umstrittener Auffassung ist eine Bank berichtigt und aufgrund ihrer vertraglichen Treuepflicht gegenüber einem Kunden sogar verpflichtet, einen Kunden über die gegen ihn laufenden Ermittlungen zu informieren, sofern ihr dies nicht ausdrücklich von den Strafverfolgungsbehörden untersagt wurde.[748]

---

746 *Lasserre Capdeville*, Le secret bancaire, R. 841.

747 Loi du 27 octobre 2010 portant 1. approbation de la Convention du 29 mai 2000 relative à l'entraide judiciaire en matière pénale entre les États membres de l'Union européenne 2. approbation du Protocole du 16 octobre 2001 à la Convention relative à l'entraide judiciaire en matière pénale entre les États membres de l'Union européenne 3. modification de certaines dispositions du Code d'instruction criminelle et de la loi du 8 août 2000 sur l'entraide judiciaire internationale en matière pénale (Mémorial A – N° 194, 03. November 2010, S. 3194).

748 Vgl. *Spielmann*, in: Droit bancaire et financier au Luxembourg, S. 327, S. 334 ff. m.w.N., wonach die im Strafverfahren verfolgten Allgemeininteressen einer solchen Mitteilung nicht entgegenstehen, weil die Strafverfolgungsbehörden jederzeit ein Mitteilungsverbot aussprechen könnten, sofern sie dadurch eine Behinderung ihrer Ermittlungen befürchteten; a.A. *Lasserre Capdeville*, Le secret bancaire, Rn. 847 f.

Das Bankgeheimnis wird damit nach luxemburgischem Recht im Strafverfahren ebenso weitreichend durchbrochen wie in Deutschland.

7.1.2.3 In Österreich

Auch die österreichische Strafprozessordnung (Ö-StPO),[749] die zum 1. Januar 2008 nach einer völligen Neufassung in Kraft getreten ist, sieht die Durchbrechung des Bankgeheimnisses im Strafverfahren vor. Während vor der Novelle der Untersuchungsrichter die Ermittlungen leitete, ist nunmehr die Staatsanwaltschaft in Zusammenarbeit mit der Kriminalpolizei dafür verantwortlich.[750] Bestimmte Zwangsmittel stehen ihr jedoch nur aufgrund gerichtlicher Bewilligung zur Verfügung, dazu zählen unter anderem gemäß § 116 Abs. 3 Ö-StPO die sogenannte Auskunft über Bankkonten und Bankgeschäfte. § 38 Abs. 2 Nr. 1 BWG bestimmt dementsprechend, dass die Verpflichtung zur Wahrung des Bankgeheimnisses nicht im Zusammenhang mit einem Strafverfahren aufgrund einer gerichtlichen Bewilligung (§ 116 Ö-StPO) gegenüber den Staatsanwaltschaften und Strafgerichten besteht. Auch bei Gefahr im Verzug kann nicht auf die richterliche Anordnung verzichtet werden.[751]

Dem Streit darüber, welche Anforderungen an die Einleitung eines Strafverfahrens zu stellen sind, damit das Bankgeheimnis durchbrochen werden kann, hat der Gesetzgeber durch den zusammen mit der Ö-StPO neugefassten § 38 BWG die Grundlage entzogen. Danach hängt die Durchbrechung des Bankgeheimnisses nicht länger von der Einleitung eines Strafverfahrens ab, sondern von einer gerichtlichen Bewilligung.[752] Entgegen Bedenken in der Literatur , die Verfahrenseinleitung zum Teil an besondere Förmlichkeiten knüpfen wollte,[753] hat der Gesetzgeber damit implizit die Rechtsprechung des OGH bestätigt. Dieser hatte unter Hinweis auf die bestehenden Beschwerdemöglichkeiten betroffener Personen entschieden, dass zur Verfahrenseinleitung im Strafprozess jede Maßnahme ausreicht, die gegen einen bekannten oder unbekannten Täter ergriffen wird.[754]

---

749 Ö-BGBl.Nr. 631/1975, zuletzt geändert durch Ö-BGBl. I Nr. 64/2010.

750 *Koenig/Pilnacek*, ÖJZ 2008, S. 10; zu einzelnen thematischen Bereichen der Neuregelung vergleiche auch die einzelnen Artikel der Serie „StPO-Neu" in den jeweiligen Ausgaben der ÖJZ 2008.

751 *Bachner-Foregger*, StPO, § 116, S. 147.

752 Vgl. zu diesem Streit *Arnold*, ÖBA 1986, S. 527, S. 531 f.

753 *Bertel*, ÖBA 1992, S. 12, S. 12 f.; *Apathy/Iro/Koziol*, Österreichisches Bankvertragsrecht, 2/83; kritisch *Jabornegg*, ÖBA 1997, S. 663, S. 666 f.

754 OGH, Entscheidung vom 18.01.1988 - 14Os170/88 = JBl 1989,454 mit zustimmender Anmerkung von *Liebscher*; *Arnold*, ÖBA 1986, S. 527, S. 533 f.; *Kerres/Pröll*, ecolex 2009, S. 623, S. 624.

Die Zulässigkeit einzelner Ermittlungsmaßnahmen bei Banken richtet sich dann nach den jeweiligen gesetzlichen Voraussetzungen. Diese wurden vor dem Erlass von § 145a Ö-StPO a.F., der erstmals das Kontoauskunftsverfahren eingehend regelte, unmittelbar aus § 38 Abs. 2 Nr. 1 BWG hergeleitet. Bei der Neufassung der Ö-StPO hat der Gesetzgeber die von der Rechtsprechung zur Auslegung dieser Norm entwickelten Kriterien weitgehend in den §§ 109 und 116 Ö-StPO übernommen. Damit wurden einheitliche Voraussetzungen für die Durchführung von Ermittlungen bei Banken geschaffen.[755]

Im Wesentlichen geht es dabei um die Einholung von Auskünften bei Banken über bestimmte Konten oder Geschäfte. § 109 Nr. 3 lit. a Ö-StPO definiert als Auskunft über Bankkonten und Bankgeschäfte, „die Bekanntgabe des Namens und sonstiger Daten über die Identität des Inhabers einer Geschäftsverbindung sowie dessen Anschrift und die Auskunft, ob ein Beschuldigter eine Geschäftsverbindung mit diesem Institut unterhält, aus einer solchen wirtschaftlich berechtigt ist oder für sie bevollmächtigt ist, sowie die Herausgabe aller Unterlagen über die Identität des Inhabers der Geschäftsverbindung und über seine Verfügungsberechtigung." Daraus ergibt sich, dass eine Kontoauskunft ausschließlich über den einer Straftat Beschuldigten eingeholt werden kann.[756] Die Einholung von Auskünften über Dritte, die zu diesem private oder geschäftliche Kontakte unterhalten, ist unzulässig.[757] § 109 Nr. 3 lit. b Ö-StPO ist weiter gefasst und schließt die Einsicht in Urkunden und sonstige Unterlagen eines Kreditinstituts über eine bestimmte Geschäftsverbindung und damit verbundene Geschäftsvorgänge sowie sonstige Geschäftsvorfälle innerhalb eines vergangenen oder zukünftigen Zeitraums ein. Die weiteren Voraussetzungen für die Auskunft über Bankkonten und Bankgeschäfte sind detailliert in § 116 Ö-StPO aufgeführt. Danach muss die Auskunft wegen § 116 Abs. 1 Ö-StPO stets der Aufklärung eines Verbrechens oder Vergehens dienen, das nach § 31 Abs. 2 bis 4 Ö-StPO in die Zuständigkeit des Landesgerichtes fällt. Ausgenommen sind damit Verfahren, für die nach Art. 30 Abs. 1 Ö-StPO das Bezirksgericht zuständig ist. In dessen Zuständigkeit fallen grundsätzlich alle Verfahren wegen Straftaten, die mit einer Geldstrafe und/oder mit einer ein Jahr nicht übersteigenden Freiheitsstrafe bedroht sind. [758] In den Fällen von § 109 Nr. 3 lit. b Ö-StPO ist nach § 116 Abs. 2 Nr. 1 Ö-StPO zusätzlich erforderlich, dass bestimmte Tatsachen darauf hin-

---

755 Entwurf eines Strafprozessreformgesetzes, Erläuterungen, Nr. 25 der Beilagen (XXII Gesetzgebungsperiode), S. 153, abrufbar unter: http://www.parlament.gv.at/PAKT/VHG/XXII/I/I_00025/index.shtml (Stand: 17.11.2010).

756 *Bachner-Foregger*, StPO, § 116, S. 147.

757 *Juhász*, ÖJZ 2009, S. 755, S. 758; *Apathy/Iro/Koziol*, Österreichisches Bankvertragsrecht, 2/84.

758 Im Einzelnen dazu *Flora*, ÖJZ 2008, S. 315, S. 315 f.

weisen, dass die abgefragte Geschäftsverbindung im Zusammenhang mit einer strafbaren Handlung steht und entweder ein Verdächtiger der Inhaber dieser Verbindung ist oder zu erwarten ist, dass der Verdächtige sie für Transaktionen verwendet hat oder verwenden wird. Danach muss für eine Auskunft über Bankkonten und Bankgeschäfte, wie schon von der früher herrschenden Meinung gefordert, ein unmittelbarer persönlicher und sachlicher Zusammenhang zwischen einer bestimmten Bankverbindung und einem Strafverfahren bestehen.[759] Ein solcher persönlicher Zusammenhang liegt vor, wenn der Beschuldigte rechtlich oder faktisch über die Verbindung verfügen konnte. Die weiteren Anforderungen an den sachlichen Zusammenhang unterscheiden sich danach, ob die Bankverbindung eines Beschuldigten oder eines Dritten offen gelegt werden soll.[760] Im Falle des Beschuldigten genügt es, wenn sich aus der Auskunft über dessen Bankverbindung Hinweise ergeben können, die für die Schuldfrage im Strafverfahren von Bedeutung sein können. Eine tatsächliche Verfügung im Zusammenhang mit einer Straftat ist nicht erforderlich.[761] Entgegen älterer Stimmen in der Literatur[762] ist auch die Offenlegung von Bankverbindungen Dritter möglich. Jedoch bedarf es in diesen Fällen des konkreten Verdachts, dass sich der Beschuldigte bei der Begehung einer Straftat die aus dieser Geschäftsverbindung erwachsende Verfügungsmöglichkeit zunutze gemacht hat oder nutzen wird.[763] Die Einholung einer Kontoauskunft ist nach § 116 Abs. 2 Nr. 2 Ö-StPO ferner dann möglich, wenn ein Zusammenhang mit einer Straftat steht, wegen der ein Vermögensvorteil abzuschöpfen ist oder ein Vermögensverfall angeordnet werden kann.[764]

In jedem Falle unzulässig ist die Kontoeröffnung zur Erzielung bloßer Erkundungsbeweise oder von Negativbeweisen, die nur dem Auffinden möglicher Beweismittel dienen soll („Fishing Expedition").[765]Als problematisch werden vor diesem Hintergrund Auskunftsersuchen angesehen, die sich gleichzeitig an alle österreichischen Banken richten.[766] Um eine gerichtliche Kontrolle zu er-

---

759 OGH, Entscheidung vom 10.02.1987 - 11Os171/86; VwGH, Erkenntnis vom 29.01.1991 - 14Os4/02; *Apathy/Iro/Koziol*, Österreichisches Bankvertragsrecht, 2/87.

760 *Flora*, ÖBA 2002, S. 21.

761 OGH, Entscheidung vom 26.11.1996 - 11Os176/96; OGH, Entscheidung vom 29.01.2002 - 14Os4/02.

762 *Treichl*, ÖBA Sonderheft 1/81, S. 60, S. 72 f.; *Wychera*, ÖBA Sonderheft 1/81, S.73, S. 77.

763 OGH, Entscheidung vom 26.11.1996 - 11Os176/96; *Flora*, ÖBA 2002, S. 21.

764 *Bachner-Foregger*, StPO, § 116, S. 147; vgl. auch die §§ 20 und 20b Ö-StGB.

765 *Apathy/Iro/Koziol*, Österreichisches Bankvertragsrecht, 2/87; vgl.auch *Prillinger*, ecolex 2008, S. 359, S. 360 f.; *Kerres/Pröll*, ecolex 2009, S. 623, S. 624.

766 *Juhász*, ÖJZ 2009, S. 755, S. 760 ff.

möglichen, sind daher der Tatverdacht, die Erforderlichkeit der Kontoauskunft sowie deren Adressat hinreichend zu belegen.[767] Die der Auskunftserteilung zugrunde liegenden Tatsachen sind nach § 116 Abs. 4 Ö-StPO neben weiteren Angaben in deren Anordnung und Bewilligung anzugeben.[768]

Gemäß § 116 Abs. 5 Ö-StPO hat die Staatsanwaltschaft die Anordnung der Kontoauskunft dem Kreditinstitut, dem Beschuldigten sowie den aus der Geschäftsverbindung Verfügungsberechtigten zuzustellen, sobald sie Kenntnis davon erlangt hat. Während das betroffene Kreditinstitut stets unverzüglich zu informieren ist, kann die Mitteilung gegenüber dem Beschuldigten sowie den Verfügungsberechtigten aufgeschoben werden, sofern andernfalls der Ermittlungszweck gefährdet wäre. Das Kreditinstitut ist in diesem Falle darauf hinzuweisen, dass es gegenüber betroffenen Kunden und gegenüber Dritten die Anordnung der Kontoauskunft und alle damit verbundenen Tatsachen und Vorgänge geheim zu halten hat. Es besteht also ein gesetzliches Mitteilungsverbot.

Schließlich stellt § 116 Abs. 6 Ö-StPO klar, dass die Kredit- und Finanzinstitute und ihre Mitarbeiter zur Auskunftserteilung verpflichtet sind. Erklären diese, gegen die Anordnung Beschwerde einzulegen, und verweigern sie die Erteilung von Auskünften oder die Einsicht in Unterlagen, so können Zwangsmaßnahmen bis hin zur Durchsuchung des Kreditinstituts verhängt werden. Dazu bedarf es jedoch einer gerichtlichen Bewilligung.[769] Die dadurch erlangten Unterlagen sind bis zur Entscheidung über die Beschwerde durch das Oberlandesgericht zu hinterlegen.[770] Sollen weitere Auskünfte erteilt oder weitere Urkunden oder Unterlagen zur Einsicht oder Herausgabe zur Verfügung gestellt werden, die von der Anordnung und Bewilligung nicht umfasst sind, kann das betroffene Kreditinstitut dagegen unter Berufung auf das Bankgeheimnis nach § 112 Ö-StPO vorgehen. Danach sind die Unterlagen gegen unbefugte Einsichtnahme oder Veränderung zu sichern und dem Gericht vorzulegen, bevor sie eingesehen werden dürfen. Dieses hat die Aufzeichnungen und Datenträger zu sichten und über den Umfang ihrer weiteren Sicherstellung zu entscheiden oder sie dem Betroffenen zurückzustellen. Gegen diese Entscheidung kann Beschwerde eingelegt werden.[771]

Die zur Wahrung des Bankgeheimnis verpflichteten Personen gehören angesichts der soeben beschriebenen Auskunftspflichten weder zum Kreis der nach § 156 Ö-StPO von der Aussage befreiten Personen noch nach § 157 Abs. 1 Ö-

767 *Juhász*, ÖJZ 2009, S. 755, S. 758 ff.

768 Vgl. auch *Leitner/Toifl/Brandl*, Österreichisches Finanzstrafrecht, Rn. 1945 ff.

769 *Flora*, ÖJZ 2008, S. 315, S. 316.

770 *Flora*, Das Bankgeheimnis, S. 182 ff.

771 Unklar bleibt aber, welche Instanz darüber entscheidet, vgl. *Flora*, Das Bankgeheimnis, S. 184 f.

StPO zu dem der zur Aussageverweigerung berechtigten Berufsgeheimnisträger.[772]

Die weiteren strafrechtlichen Durchbrechungen des Bankgeheimnisses im Falle eingeleiteter Strafverfahren wegen vorsätzlicher Finanzvergehen gemäß § 38 Abs. 2 Nr. 1 BWG werden wegen des systematischen Zusammenhangs mit dem Steuerecht dort behandelt.[773]

7.1.2.4 In der Schweiz

Im Strafprozess kennen weder die Prozessordnungen der Kantone noch diejenige des Bundes ein Zeugnisverweigerungsrecht zugunsten der Bankiers.[774] Im Unterschied zu den in Art. 321 S-StGB genannten Berufsgeheimnissen wird in der Lehre auch keine Herleitung eines entsprechenden Rechts versucht.[775] Dies gilt auch für die Strafprozessordnungen der Kantone Waadt und Neuenburg, die über Generalklauseln allen Berufsgeheimnisträgern ein Zeugnisverweigerungsrecht zusprechen.[776] Das Bankgeheimnis stellt zwar ein Berufsgeheimnis dar, anders als im Zivilprozessrecht werden die strafprozessualen Zeugnisverweigerungsrechte jedoch eng auslegt, so dass sich Bankiers nicht darauf berufen können.[777] Ein solches Recht kann einem einzelnen Bankmitarbeiter daher nur aufgrund der allgemein geltenden strafrechtlichen Grundsätze zustehen, etwa dann, wenn er sich durch seine Aussage selbst einer Straftat bezichtigen würde.[778]

Daneben sind Schweizerische Banken und ihre Mitarbeiter daher wie jeder Nichtberufsgeheimnisträger gegenüber den Strafverfolgungsbehörden auch zur Bereitstellung von Unterlagen, die für die strafrechtlichen Ermittlungen von Bedeutung sein können, und zur Duldung von Zwangsmaßnahmen wie Hausdurchsuchungen und Beschlagnahmen verpflichtet.[779] Bei der Durchführung dieser Maßnahmen sind die Strafverfolgungsbehörden jedoch aus Gründen der Ver-

---

772 Vgl. zu den zur Aussageverweigerung berechtigten Personen *Nimmervoll*, ÖJZ 2008, S. 583 ff.

773 Siehe dazu unten S. 182 ff.

774 *Buttliger*, SJZ 90 (1994), S. 377.

775 *Stratenwerth*, in: Basler Kommentar, Bankenrecht, Art. 47 Rn. 33; *Molo*, SZIER 2006, S. 559, S. 561.

776 Vgl. Art. 196 Nr. 1 StPO-Waadt und Art. 147 Nr. 2 StPO-Neuenburg.

777 *Lasserre Capdeville*, Le secret bancaire, Rn. 845.

778 *Lentjes Meili*, Stellung der Banken, S. 171 f.

779 BGE 119 IV 175; näher dazu auch *Lentjes Meili*, Stellung der Banken, S. 163 ff. und S. 280 ff.

hältnismäßigkeit gesetzlich gehalten, möglichst schonend mit Privatgeheimnissen, zu denen das Bankgeheimnis zählt, umzugehen.[780]

Im Falle von Ermittlungen gegen einen Bankkunden ist es üblich, dass dessen Bank von den Ermittlungsbehörden ein sogenanntes Mitteilungsverbot auferlegt wird. Dadurch wird es dem Kreditinstitut bei Strafe verboten, den Kunden über die gegen ihn laufenden Ermittlungen zu informieren.[781] Obwohl eine spezielle Rechtsgrundlage dafür fehlt, wird allgemein von der Zulässigkeit solcher Anordnungen ausgegangen.[782]

7.1.2.5 In Liechtenstein

Bis vor wenigen Jahren kannte auch die liechtensteinische Strafprozessordnung (L-StPO)[783] hinsichtlich von strafrechtlichen Ermittlungen bei Banken keine besonderen Vorschriften. Vielmehr waren Bankiers nach § 105 L-StPO wie jede andere Person einer allgemeinen Zeugnispflicht unterworfen. Ein auf das Bankgeheimnis gestütztes Zeugnisverweigerungsrecht bestand nicht.[784] Bereits im Jahr 2003 wurden jedoch die Voraussetzungen, unter denen eine Bank zur Auskunft über einen Kunden sowie zur Herausgabe von Urkunden gezwungen werden kann, in dem neu erlassenen § 98a L-StPO[785] verschärft. Da daraus jedoch keine Beschränkung in Hinblick auf die Vernehmung von Bankmitarbeitern folgte, ließen sich die Voraussetzungen des § 98a L-StPO theoretisch umgehen.

---

780 In diesem Sinne etwa Art. 59 Abs. 3 der StPO des Kantons Glarus sowie Art. 69 des Bundesgesetzes über die Bundesstrafrechtspflege vom 15. Juni 1934, vgl. auch *Lasserre Capdeville*, Le secret bancaire, Rn. 854. Dieser sieht in Ausnahmefällen die Möglichkeit, das vom Bundesgericht aus der Bundesverfassung abgeleitete Akteneinsichtsrecht der Parteien im Strafprozess zugunsten des Schutzes solcher Geheimnisse zu beschränken, wenn das zuständige Gericht dies nach entsprechender Interessenabwägung für notwendig erachtet

781 Näher dazu *Buttliger*, SJZ 90 (1994), S. 377 ff.

782 *Bernasconi*, in: Beiträge zum schweizerischen Bankenrecht, S. 343, S. 378 ff.; *Schultz*, Bankgeheimnis, S. 33 f.; *Glaser Tomasone*, Amtshilfe und Bankgeheimnis, S. 105; *Lentjes Meili*, Stellung der Banken, S. 238 ff. m.w.N.

783 LGBl. 1988 Nr. 62, zuletzt geändert durch LGBl. 2009 Nr. 134.

784 Einzig aus § 108 Abs. 1 L-StPO lässt sich für seltene Ausnahmefälle ein Zeugnisverweigerungsrecht ableiten, sofern die Aussage für den Prozess keine besondere Bedeutung hat, jedoch für den Aussagenden oder einen seiner Angehörigen einen unmittelbaren, bedeutenden Vermögensnachteil nach sich ziehen würde, vgl. *Wagner*, Bankenplatz Liechtenstein, S. 292 ff; *Frommelt*, Bankgeheimnis, S. 169 ff.

785 Diese wurde durch das Gesetz vom 22. Oktober 2003 über die Abänderung der Strafprozessordnung (LGBl. 2003 Nr. 237) in die L-StPO neu eingefügt.

Der Ende 2008 verabschiedete § 98a Abs. 1a L-StPO[786] stellt nunmehr klar, dass eine Zeugenvernehmung von Bankmitarbeitern über Kundengeheimnisse nur dann zulässig ist, wenn im selben Fall eine Bank zur Auskunft oder zur Herausgabe von Urkunden verpflichtet wäre.

Nach § 98a Abs. 1 L-StPO sind Banken auf richterlichen Beschluss hin verpflichtet, den Namen und sonstige ihnen bekannte Daten über die Identität des Inhabers einer Geschäftsverbindung sowie dessen Anschrift bekannt zu geben. Gegebenenfalls müssen sie Auskunft erteilen, ob eine verdächtige Person eine Geschäftsverbindung zu ihnen unterhält, aus einer solchen wirtschaftlich berechtigt ist oder für sie bevollmächtigt ist. Soweit dies der Fall ist, müssen Banken alle zur Bezeichnung einer Geschäftsverbindung erforderlichen Angaben machen sowie sämtliche Unterlagen über deren Inhaber übermitteln. Auf entsprechende Anordnung hin müssen sie zudem Urkunden und andere Unterlagen über Art und Umfang einer Geschäftsverbindung, damit in Zusammenhang stehende Geschäftsvorgänge und sonstige Geschäftsvorfälle eines bestimmten vergangenen oder zukünftigen Zeitraums herausgeben.

Zentrale Zulässigkeitsvoraussetzung für die Anordnung der letztgenannten Maßnahmen sowie für die Vernehmung von Bankmitarbeitern ist, dass Ermittlungen im Zusammenhang mit den in § 98a Abs. 1 L-StPO genannten Delikten durchgeführt werden. Dazu zählen Geldwäscherei und deren Vortaten[787] sowie Taten im Zusammenhang mit organisierter Kriminalität. Ferner können diese Maßnahmen angeordnet werden, wenn anzunehmen ist, dass eine Geschäftsverbindung für die Transaktion eines Vermögensvorteils benutzt wurde oder wird, der nach § 20 L-StGB durch eine strafbare Handlung erlangt oder dafür empfangen wurde oder der im Sinne von § 20b L-StGB der Verfügungsmacht einer kriminellen Organisation oder terroristischen Vereinigung unterliegt oder der als Mittel der Terrorismusfinanzierung bereitgestellt oder gesammelt wurde.[788]

Der richterliche Beschluss, mit dem Maßnahmen nach § 98a Abs. 1 L-StPO angeordnet werden, ist einer Bank nach § 98a Abs. 3 L-StPO zwingend zuzustellen. Der Beschluss kann vorsehen, dass die Bank die betroffenen Kunden nicht über die Ermittlungen informieren darf, wenn dadurch der Ermittlungszweck gefährdet würde. In Liechtenstein sind damit, ähnlich wie in Österreich und anders als in der Schweiz, die Voraussetzungen für ein Mitteilungsverbot gesetzlich normiert.

---

786 Neu eingefügt in die L-StPO durch das Gesetz vom 11. Dezember 2008 über die Abänderung der Strafprozessordnung (LGBl. 2009 Nr. 37).

787 Dies sind nach § 165 L-StGB im wesentlichen Verbrechen, also Taten, die nach § 17 Abs. 1 L-StPO mit mindestens dreijähriger Freiheitsstrafe bedroht sind,

788 Vgl. zu den Sorgfaltspflichten der liechtensteinischen Banken in Bezug auf Geldwäsche und Terrorismusfinanzierung auch unten S. 210 ff.

Weigert sich eine Bank dem Beschluss Folge zu leisten, so kann gemäß § 98a Abs. 4 L-StPO die Durchsuchung ihrer Räume und die Beschlagnahme von Unterlagen gemäß den §§ 96 ff. L-StPO angeordnet werden.[789]

7.1.2.6 Zusammenfassung:

Alle hier untersuchten Rechtsordnungen stimmen darin überein, dass das Bankgeheimnis im Strafverfahren durchbrochen werden kann. Es berechtigt weder zur Zeugnisverweigerung noch kann es gegen die Durchführung anderer Ermittlungsmaßnahmen wie Durchsuchungen und Beschlagnahmen bei Banken eingewendet werden.

Insoweit gelten für die Durchführung von Ermittlungsmaßnahmen bei Banken in Deutschland und der Schweiz die allgemeinen strafprozessualen Vorschriften. In Luxemburg, Österreich und Liechtenstein bestehen daneben besondere Vorschriften, die mit Blick auf das Bankgeheimnis, die Durchführung bestimmter Ermittlungsmaßnahmen bei Banken an besondere Voraussetzungen knüpfen. Dies sind in Luxemburg die Art. 66-2 bis 66-5 CIC, in Österreich die §§ 109 und 116 Ö-StPO und in Liechtenstein § 98a L-StPO.

Liegen die gesetzlichen Eingriffsvoraussetzungen vor, rechtfertigt dies die Offenbarung von Kundengeheimnissen an die Strafverfolgungsbehörden durch ein Kreditinstitut.

7.1.3 Das Verwaltungsgerichtliche Verfahren

Neben dem Zivil- und Strafverfahren kommt eine Durchbrechung des Bankgeheimnis insbesondere in verwaltungsgerichtlichen Verfahren in Betracht, da die Verwaltungsgerichte in der Regel für die Überprüfung von Verfügungen der Bankenaufsichtsbehörden zuständig sind. Daher ist zu untersuchen, inwieweit Bankmitarbeiter vor den Verwaltungsgerichten zur Offenlegung von Informationen verpflichtet sind, die dem Bankgeheimnis unterliegen.

7.1.3.1 In Deutschland

In Deutschland finden auf das Verfahren vor den Verwaltungsgerichten gemäß § 98 der Verwaltungsgerichtsordnung (VwGO)[790] die Vorschriften der ZPO über die Zeugenvernehmung entsprechende Anwendung. Daher sind Bankmitarbeiter dort ebenso wie im Zivilprozess wegen § 383 Abs. 1 Nr. 6 ZPO sowie § 384 Nr.

---

789 Zur Durchführung von Durchsuchungen und Beschlagnahmen nach der L-StPO siehe *Wagner*, Bankenplatz Liechtenstein, S. 295 ff.

790 BGBl. 1991 I S. 686, zuletzt geändert durch Artikel 3 des Gesetzes vom 21. August 2009 (BGBl. I S. 2870).

3 ZP in Bezug auf Tatsachen, die unter das Bankgeheimnis fallen, zur Verweigerung des Zeugnisses berechtigt.[791]

7.1.3.2 In Luxemburg

Ebenso verhält es sich im Verfahren vor den Verwaltungsgerichten in Luxemburg. Dort gelangt das Gesetz vom 21. Juni 1999 betreffend das Verfahrensrecht vor den Gerichten der Verwaltungsgerichtsbarkeit[792] zur Anwendung. Zeugenvernehmungen sind darin nicht vorgesehen, so dass mangels gesetzlicher Anordnung eine Durchbrechung des Bankgeheimnisses in diesen Verfahren nicht möglich scheint. Erwägt man eine analoge Anwendung der zivilprozessualen Regeln, stellt das Bankgeheimnis einen legitimen Grund zur Zeugnisverweigerung im Sinne von Art. 406 CPC dar.

7.1.3.3 In Österreich

In Österreich ist im Bereich des Verwaltungsrechts gemäß Art. 130 des Bundes-Verfassungsgesetzes (B-VG)[793] der VwGH zur Entscheidung über die Rechtswidrigkeit von Bescheiden der Verwaltungsbehörden einschließlich der unabhängigen Verwaltungssenate zuständig. Das Verfahren vor dem VwGH richtet sich nach den Art. 130 bis 136 B-VG sowie dem Verwaltungsgerichtshofgesetz 1985 (VwGG).[794] Letzteres verweist in Hinblick auf das anzuwendende Verfahrensrecht in § 62 Abs. 1 VwGG auf das Allgemeine Verwaltungsverfahrensgesetz 1991 (AVG).[795] Danach steht gemäß § 49 Abs. 1 Nr. 2 AVG allen Personen, die einer gesetzlich anerkannten Verschwiegenheitspflicht unterliegen, ein Zeugnisverweigerungsrecht zu. Da das Bankgeheimnis eine solche Pflicht darstellt, steht einem Bankier im Verfahren vor dem VwGH ein Zeugnisverweigerungsrecht hinsichtlich diesbezüglicher Tatsachen zu.

---

791 Ebenso verweisen § 46 Abs. 2 des Arbeitsgerichtsgesetzes (ArbGG), § 118 Abs. 1 des Sozialgerichtsgesetzes (SGG) sowie § 29 des Gesetzes über das Verfahren in Familiensachen und in den Angelegenheiten der freiwilligen (FamFG) auf die zivilprozessualen Vorschriften, so dass auch Bankmitarbeitern auch in diesen Verfahren ein Zeugnisverweigerungsrecht zusteht, vgl. *Bruchner/Krepold*, in: *Schimansky/Bunte/Lwowski*, Bankrechtshandbuch, § 39 Rn. 284.

792 Loi du 21 juin 1999 portant règlement de procédure devant les juridictions administratives (Mémorial A – N° 98, 26.07.1999, S. 1892 ff.).

793 Ö-BGBl. Nr. 1/1930, zuletzt geändert durch Ö-BGBl. I Nr. 57/2010.

794 Ö-BGBl. Nr. 10/1985, zuletzt geändert durch Ö-BGBl. I Nr. 4/2008.

795 Ö-BGBl. Nr. 51/1991, zuletzt geändert durch Ö-BGBl. I Nr. 135/2009.

7.1.3.4 In der Schweiz

Auf das Verfahren vor dem Schweizerischen Bundesverwaltungsgericht (BVGer) findet das Bundesgesetz über das Bundesverwaltungsgericht (Verwaltungsgerichtsgesetz, VGG)[796] Anwendung. Dieses verweist in Artikel 37 VGG allgemein auf das Bundesgesetz über das Verwaltungsverfahren (VwVG)[797] soweit im VGG nichts anderes bestimmt wird. Da dies in Bezug auf Zeugenaussagen nicht der Fall ist, gilt insoweit das VwVG, das seinerseits in Art. 16 Abs. 1 VwVG auf Artikel 42 BZP verweist. Während jedoch Art. 42 Abs. 2 BZP für den Zivilprozess eine richterliche Interessenabwägung zwischen dem prozessualen Offenbarungsinteresse und dem Geheimhaltungsinteresse eines Berufsgeheimnisträgers vorsieht, gesteht Art. 16 Abs. 2 VwVG abweichend davon jedem Berufsgeheimnisträger ein Zeugnisverweigerungsrecht zu, soweit nicht aus einem anderen Bundesgesetz die Zeugnispflicht folgt. Somit steht einem als Zeuge geladenen Bankmitarbeiter in Verfahren vor dem Bundesverwaltungsgericht grundsätzlich ein Zeugnisverweigerungsrecht zu. Entsprechende Verweise auf die zivilprozessualen Bestimmungen finden sich in den Verwaltungsprozessgesetzen der meisten Kantone. Andere Verwaltungsprozessordnungen gewähren allen Berufsgeheimnisträgern ein Zeugnisverweigerungsrecht. Daher sind Bankmitarbeiter in Verfahren vor den kantonalen Verwaltungsgerichten stets zur Zeugnisverweigerung berechtigt.[798] Das Bankgeheimnis wird somit im normalen Verwaltungsprozess in der Schweiz nicht durchbrochen.

Etwas anderes gilt nur im Verwaltungsstrafverfahren, das eine besondere gesetzliche Regelung im Bundesgesetz über das Verwaltungsstrafrecht (VStrR)[799] gefunden hat. Dieses gilt nach Art. 1 VStrR für die Verfolgung und Beurteilung von Widerhandlungen, die einer Verwaltungsbehörde des Bundes übertragen wurden, wovon insbesondere das Steuerrecht und Zölle erfasst werden.[800] Eine genauere Behandlung des schweizerischen Steuerrechts sowie etwaiger Durchbrechungen des Bankgeheimnisses in diesem Kontext soll an dieser Stelle aber noch nicht erfolgen, insoweit sei auf die späteren Ausführungen verwiesen.[801]

---

796 AS **2006** 2197, zuletzt geändert durch AS **2008** 5207.

797 AS **1969** 737, zuletzt geändert durch AS **2008** 5207.

798 Vgl. *Aubert*, Le secret bancaire suisse, S. 178 mit Beispielen für die Inbezugnahme dieses Gesetzes.

799 AS **1974** 1857, zuletzt geändert durch AS **2009** 361.

800 *Lasserre Capdeville*, Le secret bancaire, Rn. 920 mit Fußnote 1046. Siehe dazu unten S. 185 ff.

801 Siehe dazu unten S. 185 ff.

7.1.3.5 In Liechtenstein

In Liechtenstein entscheidet der Verwaltungsgerichtshof (L-VwGH) als einzige gerichtliche Instanz in Verwaltungssachen gemäß Art. 102 Abs. 5 LV grundsätzlich über sämtliche Beschwerden gegen Entscheidungen oder Verfügungen der Regierung und der an ihrer Stelle eingesetzten besonderen Kommissionen.[802] Zeugen, die zu einem entsprechenden Verfahren geladen werden, sind nach Art. 70 Abs.1 Landesverwaltungspflegegesetz (LVG)[803] zum Erscheinen und zur Aussage verpflichtet. In Bezug auf Zeugnisverweigerungsrechte verweist Art. 68 Abs. 1 LVG auf die Bestimmungen des Zivilprozesses. Daraus folgt, dass Bankiers wegen § 321 Abs. 1 Nr. 3 bzw. Nr. 5 L-ZPO vor dem L-VwGH grundsätzlich ein Zeugnisverweigerungsrecht zusteht und das Bankgeheimnis somit gewahrt bleibt.[804]

7.1.3.6 Zusammenfassung:

Zusammenfassend kann festgehalten werden, dass das Bankgeheimnis im Verwaltungsprozess in allen Vergleichsländern, ähnlich wie im Zivilprozess, zur Zeugnisverweigerung berechtigt und damit gewahrt bleibt.

7.1.4 Zusammenfassung

Eine Gesamtbetrachtung der Durchbrechungen des Bankgeheimnisses in zivil-, straf- und verwaltungsgerichtlichen Verfahren in den Vergleichsländern ergibt, dass diese grundsätzlich identisch sind. Mit Blick auf die Verpflichtung eines Bankiers zur Zeugenaussage über kundenbezogene Tatsachen, die dem Bankgeheimnis unterliegen, lässt sich festhalten, dass dieses in zivil- und verwaltungsgerichtlichen Verfahren, mit Ausnahme des Zivilprozesses der Schweiz, wo kantonale Besonderheiten zu berücksichtigten sind, gewahrt bleibt. Der Kunde hat jedoch die Möglichkeit einer Offenbarung seiner Geheimnisse zuzustimmen, so dass das Zeugnisverweigerungsrecht entfällt. Hingegen wird im Strafverfah-

---

802 Als erste Instanz in einer Verwaltungssache entscheidet eine Amtsstelle, eine Kommission mit Entscheidungsbefugnis oder der Gemeinderat einer Gemeinde. Deren Entscheidungen können bei der Regierung oder einer speziellen Beschwerdekommission angefochten werden. Gegen diese Entscheidung ist der Rechtsweg zum L-VwGH eröffnet, vgl.dazu: http://www.liechtenstein.li/eliechtenstein_main_sites/portal_fuerstentum_liechtenstein/fl-staat-staat/fl-staat-justiz/fl-staat-justiz-gerichtsbarkeit/fl-staat-justiz-gerichtsbarkeit-verwaltung.htm (Stand: 17.11.2010).

803 LGBl. 1922 Nr. 24, zuletzt geändert durch LGBl. 2010 Nr. 247.

804 Zu den Zeugnisverweigerungsrechten im liechtensteinischen Zivilprozessrecht siehe oben S. 148 f.

ren das Bankgeheimnis in allen besprochenen Ländern durchbrochen. Während in Deutschland, Luxemburg und der Schweiz insoweit die allgemeinen strafprozessualen Vorschriften gelten, bestehen in Österreich und Liechtenstein besondere Vorschriften in Hinblick auf die Durchführung von Ermittlungen bei Banken.

7.2 Durchbrechungen im Steuerrecht:

Kaum jemandem sind – abgesehen von ihr selbst – so viele Informationen über die Vermögensverhältnisse einer Person bekannt wie ihrer Bank. Das Bankgeheimnis dient der Geheimhaltung dieser allgemein als besonders sensibel geltenden persönlichen Verhältnisse gegenüber Dritten, zu denen grundsätzlich auch der Staat zählt. Allerdings ist dieser zur Finanzierung seiner vielfältigen Aufgaben gegenüber der Allgemeinheit auf kontinuierliche Steuereinnahmen und damit auf den Zugriff auf private Vermögen angewiesen. Allerdings ist die Tendenz, Steuern durch das Verheimlichen von Einkünften „einzusparen", weit verbreitet. Daher liegt es nahe, den Steuerbehörden Zugriff auf die Kundendaten von Banken zu ermöglichen, da sich so das Vermögen einer Person im Wesentlichen erfassen lässt. Dabei zeichnet sich ein Konflikt zwischen dem Bankgeheimnis als umfassender Geheimhaltungspflicht der Kreditinstitute über die Verhältnisse ihrer Kunden und dem Interesse des Staates ab, diese Informationen bei der Festsetzung der Steuern zu verwenden. Nachfolgend wird eingehend untersucht, wie dieser Konflikt in den Vergleichsländern bewältigt wird.

Dabei wird aus dem unterschiedlichen nationalen Umgang der einzelnen Vergleichsländer mit dem Bankgeheimnis im steuerrechtlichen Bereich heraus auch deren Haltung im Kontext der internationalen Amts- und Rechtshilfe verständlich.

7.2.1 In Deutschland

Dass es ein abgabenrechtliches Bankgeheimnis in Deutschland nicht gibt, wurde anhand von § 30a AO bereits gezeigt.[805] Die folgende Darstellung dient der Erörterung der weitreichenden Befugnisse der Steuerbehörden gegenüber den Steuerpflichtigen und Dritten, namentlich auch Banken, die gleichzeitig Auswirkungen auf das Bankgeheimnis haben.

Die Grundlagen des deutschen Steuerrechts, insbesondere über das Besteuerungsverfahren, finden sich in der AO.[806] Steuerpflichtiger ist danach gemäß

805 Siehe dazu oben S. 108 ff.

806 *Ax/Große/Melchior*, AO, Rn. 1 ff. mit Übersichten zum Steuerverwaltungsverfahren der AO.

§ 33 Abs. 1 AO grundsätzlich derjenige, der eine Steuer schuldet, dafür haftet, diese für Rechnung eines Dritten einzubehalten und abzuführen hat, wer eine Steuererklärung abzugeben, Sicherheit zu leisten, Bücher und Aufzeichnungen zu führen oder andere ihm durch die Steuergesetze auferlegte Verpflichtungen zu erfüllen hat.[807] Steuerpflichtiger ist wegen § 33 Abs. 2 AO jedoch nicht, wer in einer fremden Steuersache Auskunft zu erteilen, Urkunden vorzulegen, ein Sachverständigengutachten zu erstatten oder das Betreten von Grundstücken, Geschäfts- und Betriebsräumen zu gestatten hat. Eine Bank ist daher nicht als Steuerpflichtiger anzusehen, wenn ein Finanzamt von ihr Informationen über einen ihrer Kunden zum Zwecke seiner Besteuerung verlangt.[808] Die Finanzbehörden haben nach § 85 AO den Auftrag, die Steuern nach Maßgabe der Gesetze gleichmäßig festzusetzen und zu erheben. Den zugrunde liegenden Sachverhalt haben sie gemäß § 88 Abs. 1 S. 1 AO von Amts wegen zu ermitteln. Dabei ist der Steuerpflichtige jedoch augrund seines Informationsvorsprungs gegenüber den Steuerbehörden nach § 90 Abs. 1 AO zur Mitwirkung verpflichtet, indem er die für seine Besteuerung erheblichen Tatsachen vollständig und wahrheitsgemäß offen zu legen und die ihm bekannten Beweismittel anzugeben hat. Daneben bestehen besondere Mitwirkungspflichten.[809] Die Finanzbehörde kann zudem nach ihrem Ermessen dem Steuerpflichtigen weitere Pflichten auferlegen, soweit dies notwendig und zumutbar ist. Kommt der Steuerpflichtige diesen nicht nach, schätzt die Finanzbehörde seine Besteuerungsgrundlagen gemäß § 162 AO.[810] Bei Sachverhalten mit Auslandsbezug bestehen generell wegen § 90 Abs. 3 AO besondere Aufzeichnungspflichten.[811] Diese werden durch das Mitte 2009 erlassene Gesetz zur Bekämpfung der Steuerhinterziehung (Steuerhinterziehungsbekämpfungsgesetz)[812]weiter verschärft, sofern ein Steuerpflichtiger geschäftliche Beziehungen zu einer sogenannten „Steueroase", das heißt einem Land, das den OECD-Standard [813] nicht erfüllt, unterhält. Kommt der Steuerpflichtige diesen Pflichten nicht nach, drohen ihm erhebliche steuerliche

807 Daneben erweitern die §§ 34 und 35 AO den Kreis der Steuerpflichtigen auf die gesetzlichen Vertreter, Vermögensverwalter und Verfügungsberechtigte eines Steuerpflichtigen, indem sie ihnen die Erfüllung seiner steuerlichen Pflichten auferlegen, vgl. *Koenig*, in: *Pahlke/Koenig*, AO § 34 und § 35.

808 Ax/Große/Melchior, AO, Rn. 96.

809 Am bekanntesten ist die Pflicht zur Abgabe einer Steuererklärung nach § 140 AO, Mitwirkungspflichten ergeben sich aber aus anderen Gesetzen wie dem Handelsgesetzbuch, vgl. *Seer*, in: *Tipke/Lang*, Steuerrecht, § 21 Rn. 172 ff.

810 *Seer*, in: *Tipke/Lang*, Steuerrecht, § 21 Rn. 182 ff.

811 *Korts/Korts*, IStR 2006, S. 869, S. 870 f.; *Ax/Große/Melchior*, AO, Rn. 1010a.

812 Gesetz zur Bekämpfung der Steuerhinterziehung vom 29. Juli 2009 (BGBl. I S. 2302).

813 Siehe dazu unten S. 303 ff.

Nachteile.[814] Da mittlerweile jedoch alle von der OECD vormals als unkooperativ eingestuften Staaten deren Standard einhalten, läuft das Gesetz leer.[815]

In Rahmen eines Besteuerungsverfahrens hat ein Steuerpflichtiger als Beteiligter kein Recht zur Verweigerung der Mitwirkung.[816] Die Auskunfts- und Vorlageverweigerungsrechte der §§ 101 bis 106 AO finden keine Anwendung, insbesondere ist eine Berufung auf das Bankgeheimnis oder andere Geschäfts- und Betriebsgeheimnisse nicht möglich.[817] Allerdings dürfen gegen einen unkooperativen Steuerpflichtigen keine Zwangsmitteln angewendet werden, sofern er sich selbst einer Steuerstraftat oder -ordnungswidrigkeit bezichtigen müsste.[818]

Ein wichtiges Mittel der Finanzbehörden zur Feststellung der Besteuerungsgrundlagen stellen die Außenprüfungen nach den §§ 193 ff. AO dar, bei denen vor Ort beim Steuerpflichtigen dessen steuerliche Verhältnisse sowie die steuerlichen Verhältnisse derjenigen Personen ermittelt werden, für die dieser Steuern entrichten, einbehalten oder abführen muss. Werden den Steuerbehörden dabei steuerliche Verhältnisse weiterer Personen bekannt, so ist deren Auswertung nach § 194 Abs. 3 AO zulässig, soweit dies für deren Besteuerung von Bedeutung ist oder die Feststellungen eine unerlaubte Hilfeleistung in Steuersachen betreffen. Um dies zu ermitteln werden sogenannte Kontrollmitteilungen erstellt.[819] Wie schon oben erläutert ergeben sich diesbezüglich aus § 30a Abs. 3 AO keine wesentlichen Beschränkungen bei der Ausschreibung von Kontrollmitteilungen im Rahmen der Außenprüfung von Banken.[820] Unzulässig sind jedoch solche Außenprüfungen die alleine zum Zwecke der Feststellung der steuerlichen Verhältnisse Dritter vorgenommen werden. Auch Rasterfahndungen sind nicht erlaubt.[821]

Eine besonders weitreichende Durchbrechung des Bankgeheimnis ergibt sich aus den §§ 93 Abs. 7, 93b Abs. 1 AO. Danach ist es den Finanzbehörden

---

814 Dabei erweist sich bereits das Bestehen einer Geschäftsverbindung zu bestimmten Staaten als verdächtig in Bezug auf mögliche Steuerverkürzungen. Diesen Verdacht hat der Steuerpflichtige zu widerlegen. Aus diesem Grunde halten *Kleinert/Göres*, NJW 2009, S. 2713 ff. das Steuerhinterziehungsbekämpfungsgesetz für verfassungs- und europarechtswidrig.

815 F.A.Z. vom 06.01.2010 S. 9.

816 Beteiligte sind nach § 78 AO Antragsteller und Antragsgegner, diejenigen, an die die Finanzbehörde einen Verwaltungsakt richten will oder gerichtet hat, diejenigen, mit denen die Finanzbehörde einen öffentlich-rechtlichen Vertrag schließen will oder geschlossen hat.

817 *Seer*, in: *Tipke/Lang*, Steuerrecht, § 21 Rn. 195.

818 *Ax/Große/Melchior*, AO, Rn. 1024.

819 Vgl. *Claussen*, in: *Claussen*, Bank- und Börsenrecht, § 3 Rn. 11.

820 Siehe dazu oben S. 108 ff.

821 Vgl. *Intemann*, in: *Pahlke/Koenig*, AO § 30a Rn. 54 ff.

möglich, über das Bundeszentralamt für Steuern im Wege des automatisierten Abrufs von Kontoinformationen auf die von Kreditinstituten wegen § 24c KWG zu führenden Dateien mit den Kontostammdaten ihrer Kunden Zugriff zu nehmen. Die Verfassungsmäßigkeit dieser Normen ist in der Literatur vielfach in Zweifel gezogen werden.[822] Das Bundesverfassungsgericht ist diesen Stimmen jedoch nicht gefolgt, sondern hat § 93 Abs. 7 AO als verfassungsgemäß angesehen.[823] Der Informationsabruf ist danach zulässig, wenn er zur Festsetzung oder Erhebung von Steuern erforderlich ist und ein Auskunftsersuchen an den Steuerpflichtigen nicht erfolgreich war oder von vorneherein keinen Erfolg verspricht. Die Kontostammdaten umfassen nach § 24c Abs. 1 KWG die Nummer eines Kontos oder Depots, den Tag der Errichtung und Auflösung, den Namen des Inhabers sowie gegebenenfalls sein Geburtsdatum und den Namen eines wirtschaftlich Berechtigten. Eine Einsicht in Kontostände oder -bewegungen ist damit nicht möglich. Die Finanzbehörden können diese Informationen aber durch weitere Ermittlungen nach § 93 Abs. 1 AO erlangen.[824]

Danach sind auch Nichtbeteiligte in weitem Umfange zur Auskunft verpflichtet, wobei die Finanzbehörden sie erst darum ersuchen sollen, wenn die Sachverhaltsaufklärung durch die Beteiligten nicht zum Ziel führt oder keinen Erfolg verspricht. Daher sind Rasterfahndungen und Ermittlungen ohne konkreten Anlass „ins Blaue hinein" unzulässig.[825] Auskunfts- und Vorlageverweigerungsrechte ergeben sich aus den §§ 101 bis 106 AO. So räumt § 102 AO bestimmten Berufsgeheimnisträgern ein solches Recht ein. Das Bankgeheimnis ist darin aber nicht eingeschlossen, so dass ein Kreditinstitut, das um Auskunft über einen Kunden ersucht wird, diese nicht verweigern darf.[826] Ein begrenztes Auskunftsverweigerungsrecht kann sich allenfalls aus § 103 AO ergeben, wenn sich ein Bankmitarbeiter durch die Erteilung einer Auskunft selbst einer Straftat oder Ordnungswidrigkeit bezichtigen müsste.[827] Dies gilt auch für das Verfahren vor den Finanzgerichten, da zwar einerseits § 82 der Finanzgerichtsordnung (FGO)[828] in Hinblick auf Zeugenvernehmungen auf die ZPO verweist, gleichzei-

822 Eingehend zur dieser Frage: *Samson/Langrock*, Der »gläserne« Bankkunde; vgl. auch *Herzog*, in: Basel II: Folgen für Kreditinstitute und ihre Kunden, S. 47, S. 71 ff.

823 BVerfG, Beschluss vom 13.06.2007 - 1 BvR 1550/03 = BVerfGE 118, S. 168 = NJW 2007, S. 2464.

824 *Ax/Große/Melchior*, AO, Rn. 1018.

825 BFH, Urteil vom 23.10.1990 - VIII R 1/86 = BFHE 162, S. 539 ff. = BStBl 1991 II, S. 277 ff.

826 *Seer*, in: *Tipke/Lang*, Steuerrecht, § 21 Rn. 195

827 *Bülte*, wistra 2008, S. 292, S. 293.

828 BGBl. 2001 I S. 442, 2262 (2002 I S. 679), zuletzt geändert durch Artikel Artikel 6 des Gesetzes vom 30. Juli 2009 (BGBl. I S. 2449)

tig aber § 84 Abs. 1 FGO bezüglich der Zeugnisverweigerungsrechte die Geltung der §§ 101 bis 103 AO anordnet, die, wie eben gezeigt, das Bankgeheimnis nicht erfassen.[829] Eine analoge Anwendung der zivilprozessualen Regeln scheidet mangels Regelungslücke aus.[830]

Kreditinstitute sind außerdem nach § 43 Einkommensteuergesetz (EStG)[831] verpflichtet eine Quellensteuer auf bestimmte Kapitalerträge zu erheben und diese an das Finanzamt abzuführen, sofern ein bestimmter Freibetrag überschritten wird. Um den Abzug der Quellensteuer zu vermeiden, kann der Empfänger der Erträge einen Freistellungsauftrag stellen. Um Missbräuche durch mehrfache Inanspruchnahme des Freibetrages zu verhindern, sind Banken nach § 45d EStG verpflichtet, alle Freistellungsaufträge an das Bundeszentralamt für Steuern zu melden.[832] Durch diese Meldepflicht wird das Bankgeheimnis durchbrochen.[833]

Daher ist festzuhalten, dass im Besteuerungsverfahren nach der AO kein Bankgeheimnis besteht. Dies gilt auch, wenn ein Steuerstraf- oder Steuerordnungswidrigkeitenverfahren eingeleitet wird. Den zentralen Straftatbestand des Steuerstrafrechts bildet die Steuerhinterziehung im Sinne des § 370 AO.[834] Dieser lautet:

> § 370 Steuerhinterziehung
>
> (1) Mit Freiheitsstrafe bis zu fünf Jahren oder mit Geldstrafe wird bestraft, wer
>
> 1. den Finanzbehörden oder anderen Behörden über steuerlich erhebliche Tatsachen unrichtige oder unvollständige Angaben macht,
>
> 2. die Finanzbehörden pflichtwidrig über steuerlich erhebliche Tatsachen in Unkenntnis lässt oder
>
> 3. […]
>
> (2) Der Versuch ist strafbar.

Strafbar ist nach § 370 Abs. Nr. 1 und Nr. 2 AO die Täuschung über Tatsachen, sei es durch aktives Tun oder Unterlassen, nicht hingegen die bloße Nichterfüllung des staatlichen Steueranspruchs. Während Täter der in Nr. 1 aufgeführten Variante jedermann sein kann, stellen Nr. 2 und Nr. 3 Sonderdelikte dar, die nur von einem Täter mit entsprechender Garantenstellung begangen werden

---

829 Vgl. auch *Hopt*, in: *Baumbach/Hopt*, HGB, Bankgeschäfte Rn. A/13.

830 BFH, Beschluss vom 21.12.1992 - XI B 55/92 = NJW 1993, S. 2831; BFH, Beschluss vom 07.05.2007 - X B 167/06.

831 BGBl. 2009 I S. 3366 (3862), zuletzt geändert durch Artikel 1 des Gesetzes vom 8. April 2010 (BGBl. I S. 386).

832 *Kalkbrenner/Koch*, Bankgeheimnis und Datenschutz, S. 41.

833 *Tolani*, BKR 2007, S. 275, S. 280 f.

834 Dieser schützt nach herrschender Meinung das öffentliche Interesse am rechtzeitigen und vollständigen Steueraufkommen, vgl. *Seer*, in: *Tipke/Lang*, Steuerrecht, § 23 Rn. 20.

können. Dies sind neben dem Steuerpflichtigen alle Personen, die zur Mitteilung steuererheblicher Tatsachen oder zur Verwendung von Steuerzeichen verpflichtet sind, wie etwa Steuerberater, deren Angestellte oder auch Finanzbeamte.[835] Der tatbestandliche Erfolg liegt in der Verkürzung von Steuern oder der Erlangung ungerechtfertigter Steuervorteile. Zumeist wird die Tat durch unrichtige Angaben in Steuererklärungen begangen.[836] Genauere Konturen erhält der als Blankettnorm formulierte Tatbestand erst im Zusammenspiel mit den Regelungen des materiellen Steuerrechts.[837] Die Strafen bei Steuerhinterziehung reichen von einer Geldstrafe bis hin zu einer Freiheitsstrafe von bis zu fünf Jahren.[838]

Die Strafbarkeit von Bankangestellten wegen Beihilfe zur Steuerhinterziehung und anderen Delikten kann hier nur kurz umrissen werden. Sie richtet sich nach den allgemeinen Regeln des Strafrechts und wird von der herrschenden Meinung danach bestimmt, ob das in Frage stehende Verhalten sich als neutrale Handlung im Rahmen ihrer gewöhnlichen Berufsausübung bewegt oder nicht.[839] Beispielsweise stellt die Durchführung einer Überweisung ins Ausland keine Beihilfe zur Steuerhinterziehung dar, solange der ausführende Bankmitarbeiter nicht weiß, dass diese der Steuerhinterziehung dienen soll und sich dieser Zweck auch nicht geradezu aufdrängt. Eine strafbare Beihilfehandlung liegt insbesondere bei Missachtung beruflicher Sorgfaltsregeln vor, wie bei anonymisierten Auslandsüberweisungen über ein CpD.[840] Denn hier solidarisiert sich der Bankier durch seine Tätigkeit mit dem Steuerhinterzieher und unterstützt diesen bei der Tatbegehung.[841]

---

835 *Seer*, in: *Tipke/Lang*, Steuerrecht, § 23 Rn. 23 ff.

836 *Ax/Große/Melchior*, AO, Rn. 2992 f. mit Beispielen zu unrichtigen und unvollständigen Angaben. Eine Übersicht zu aktuellen Entwicklungen des Steuerstrafrechts und insbesondere zu § 370 AO findet sich bei *Bilsdorfer*, NJW 2008, S. 1362 ff.

837 *Bilsdorfer*, NJW 2008, S. 1362; vgl. dazu auch *Bürger*, in: Steuerstrafrecht in Europa und den Vereinigten Staaten, S. 161, S. 163 ff.

838 Vgl. zur Strafzumessung in den Fällen von Steuerhinterziehung BGH, Urteil vom 2. 12. 2008 - 1 StR 416/08 = NJW 2009, S. 528 ff., mit Besprechung bei *Bilsdorfer*, NJW 2009, S. 476 ff. m.w.N. und bei *Plewka/Klümpen-Neusel*, NJW 2009, S. 1392, S. 1392 f.

839 Näher dazu *Sahan/Ruhmannseder*, IStR 2009, S. 715 ff.; *Bürger*, in: Steuerstrafrecht in Europa und den Vereinigten Staaten, S. 161, S. 206 ff. m.w.N.

840 Ausführlich zur möglichen Beihilfe-Strafbarkeit von Bankmitarbeitern sowohl von inländischen als auch von ausländischen Banken aus deutscher Sicht: *Bielefeld/Prinz*, DStR 2008, S. 1122 ff.; zur Überprüfung von CpD durch die Steuerfahndung: *Dörn*, ZBB 1993, S. 164 ff.

841 BGH, Urteil vom 1. 8. 2000 - 5 StR 624/99 = BGHSt 46, S. 107 = NJW 2000, S. 3010 mit ausführlicher Darstellung zum früheren Streitstand bzgl. neutraler Handlungen von Bankmitarbeitern; Anmerkung von *Marx*, DStR 2001, S. 96.

Das Ermittlungsverfahren wegen Steuerstraftaten liegt nach § 386 Abs. 1 AO grundsätzlich in der Hand der zuständigen Finanzbehörde. Diese tritt an die Stelle der Staatsanwaltschaft und nimmt deren Kompetenzen wahr.[842] Dabei gelangen über § 385 AO zum einen die Vorschriften der StPO zur Anwendung, daneben legt die AO eigene Verfahrensvorschriften fest. Die Staatsanwaltschaft ist jedoch zuständig, wenn es sich um ein Verfahren handelt, in dem nicht ausschließlich Steuerstraftaten verfolgt werden. Sie kann zudem jederzeit ein von den Finanzbehörden geleitetes Strafverfahren an sich ziehen (sogenanntes Evokationsrecht) oder diese kann das Verfahren an die Staatsanwaltschaft abgeben.

Die Finanzbehörden sind nach § 208 Nr. 2 und Nr. 3 AO auch für die Ermittlung der Besteuerungsgrundlagen im Zusammenhang mit Steuerstraftaten und Steuerordnungswidrigkeiten sowie zur Aufdeckung und Ermittlung bisher unbekannter Steuerfälle zuständig. Zu diesem Zwecke können sie auf die bereits erläuterten Ermittlungsbefugnisse im Besteuerungsverfahren nach der AO zurückgreifen.[843]

Wie schon oben beim Strafverfahren erläutert wurde, wird das Bankgeheimnis im strafrechtlichen Ermittlungsverfahren durchbrochen. Somit sind auch im Steuerstrafverfahren Durchsuchungen von Banken zulässig, sofern die Voraussetzungen der §§ 102, 103 StPO vorliegen.[844] Unzulässig ist es, aufgrund eines nicht näher konkretisierten „Betriebsverdachts" ein gesamtes Unternehmen zu durchsuchen oder einen Verdacht zu konstruieren, um so an Material für neue Ermittlungen gegen bisher unbekannte Steuerstraftäter zu gelangen.[845]

In Deutschland ist nach § 397 Abs. 1 AO ein Steuerstrafverfahren eingeleitet, sobald die Finanzbehörde, die Polizei, die Staatsanwaltschaft, eine ihrer Er-

---

842 Innerhalb der Finanzbehörden sind die Straf- und Bußgeldstellen organisatorisch für die Verfolgung von Steuerstraftaten zuständig. Davon zu unterscheiden sind die Steuerfahndung und die Zollfahndung, welche jeweils als Ermittlungspersonen der Staatsanwaltschaft tätig werden, vgl. dazu *Seer*, in: *Tipke/Lang*, Steuerrecht, § 24 Rn. 6.

843 Diesbezüglich ist umstritten, ob die Steuerbehröde nach der Eröffnung eines Steuerstrafverfahrens alleine nach den Regeln der StPO vorgehen darf oder ob ein Wechsel zu den weiteren Rechten aus dem Besteuerungsverfahren nach der AO zulässig ist. Während der BFH (Beschluss vom 28.10.1997 - VII B 40/97 = WM 1997, S. 2344 ff. m.w.N.) dies bejaht, spricht sich die Vertreter wegen Bedenken in Hinblick auf die Rechtsschutzmöglichkeiten der Betroffenen überweigend gegen diese Befugnis aus, vgl. *Bruchner/Krepold*, in: *Schimansky/Bunte/Lwowski*, Bankrechtshandbuch, § 39 Rn. 263 m.w.N.

844 Insofern sei hier auch auf die bereits erwähnten Entscheidungen im Zusammenhang den Durchsuchungsaktionen bei der Dresdner Bank verwiesen, welche die Voraussetzungen für Durchsuchungen und Beschlagnahmen bei Banken konkretisiert haben. Siehe dazu schon oben S. 152.

845 *Seer*, in: *Tipke/Lang*, Steuerrecht, § 24 Rn. 17.

mittlungspersonen oder der Strafrichter eine Maßnahme trifft, die erkennbar darauf abzielt, gegen jemanden wegen einer Steuerstraftat strafrechtlich vorzugehen. Ein besonderer Bescheid an den Beschuldigten ergeht nicht. Dieser ist jedoch spätestens zu informieren, wenn er dazu aufgefordert wird, Tatsachen darzulegen oder Unterlagen vorzulegen, die im Zusammenhang mit der ihm zur Last gelegten Straftat stehen.[846] Das steuerstrafrechtliche Ermittlungsverfahren endet mit Erhebung der öffentlichen Anklage oder der Einstellung, sofern kein Tatverdacht besteht oder Geringfügigkeit vorliegt. Gegebenenfalls erfolgt auch eine Einstellung gegen Auflagen oder es wird ein Strafbefehl erlassen.[847]

Anders als das Steuerstrafverfahren stellt das Verfahren wegen Steuerordnungswidrigkeiten primär ein Verwaltungsverfahren dar, weshalb die Zuständigkeit sowohl für die Verfolgung als auch für die Ahndung der entsprechenden Taten zunächst bei den Finanzbehörden liegt und eine gerichtliche Kontrolle erst im Rechtsbehelfsverfahren erfolgt. Zentraler Tatbestand des Steuerordnungswidrigkeitenrechts ist die leichtfertige Steuerverkürzung im Sinne des § 378 AO. Hinsichtlich der Tatbestandsvoraussetzungen verweist dieser auf § 370 AO, setzt aber anders als dieser eine leichtfertige Tatbegehung voraus, was eine grob fahrlässige Verletzung steuerlicher Offenbarungspflichten voraussetzt.[848] Wichtigste Sanktion im Steuerordnungswidrigkeitenrecht ist die Verhängung eines Bußgeldes. Dabei gelten aufgrund der Verweisungen in § 410 AO im Wesentlichen die Vorschriften des Gesetzes über Ordnungswidrigkeiten (OWiG)[849] sowie zahlreiche Regeln über das Steuerstrafverfahren.[850] Im Bußgeldverfahren kommen der Finanzbehörde wegen § 46 Abs. 2 OWiG die gleichen Rechte und Pflichten zu wie der Staatsanwaltschaft bei der Verfolgung von Straftaten.[851] Daraus folgt, dass die Finanzbehörden das Bankgeheimnis auch im Zuge von Ermittlungen wegen Steuerordnungswidrigkeiten durchbrechen können.

---

846 Aufgrund des Nemo-tenetur-Grundsatzes im Strafverfahren besteht dabei jedoch keine Pflicht, sich selbst zu belasten. Daher können, wie § 393 Abs. 1 S. 2 AO klarstellt, auch in einem noch laufenden Besteuerungsverfahren keine Zwangsmittel mehr gegen einen Steuerpflichtigen angewandt werden, vgl. *Seer*, in: *Tipke/Lang*, Steuerrecht, § 24 Rn. 12. Wie noch zu zeigen ist, kommt der Art und Weise der Einleitung eines Steuerstrafverfahrens eine entscheidende Bedeutung für die Gewährung internationaler Rechtshilfe durch Österreich zu, siehe dazu unten S. 326.

847 *Ax/Große/Melchior*, AO, Rn. 3035 mit schematischer Darstellung des Verfahrensablaufs.

848 *Bilsdorfer*, NJW 2008, S. 1362, S. 1364.

849 BGBl. 1987 I S. 602, zuletzt geändert durch Artikel 2 des Gesetzes vom 29. Juli 2009 (BGBl. I S. 2353).

850 *Ax/Große/Melchior*, AO, Rn. 3051 mit schematischer Darstellung des Verfahrensablaufs.

851 *Seer*, in: *Tipke/Lang*, Steuerrecht, § 24 Rn. 52 ff.

Eine weitreichende Durchbrechung des Bankgeheimnisses folgt auch aus § 33 Abs. 1 Erbschaftsteuer- und Schenkungsteuergesetz (ErbStG).[852] Danach sind alle, die sich geschäftsmäßig mit der Verwahrung oder Verwaltung fremden Vermögens befassen, verpflichtet, die in ihrem Gewahrsam befindlichen Vermögensgegenstände und die gegen sie gerichteten Forderungen, die beim Tod eines Erblassers zu dessen Vermögen gehörten oder über die diesem zur Zeit seines Todes die Verfügungsmacht zustand, dem für die Verwaltung der Erbschaftsteuer zuständigen Finanzamt schriftlich anzuzeigen.[853] Diese Anzeigepflicht trifft insbesondere auch Kreditinstitute. Ihr Sinn liegt darin, den Finanzämtern die Ausschreibung von Kontrollmitteilungen zur Sicherung einer gleichmäßigen Besteuerung zu ermöglichen.[854] Die Nichtanzeige stellt eine Steuerordnungswidrigkeit dar.[855] Nach einem jüngeren Urteil des BFH schließt die Anzeigepflicht nach § 33 Abs. 1 ErbStG auch solche Vermögensgegenstände ein, die von einer rechtlich unselbständigen Zweigstelle eines inländischen Kreditinstituts[856] im Ausland verwahrt oder verwaltet werden. [857] Anderenfalls könne sich ein Steuerpflichtiger durch eine Geldanlage im Ausland seiner Steuerpflicht entziehen. Diese Auslegung von § 33 Abs. 1 ErbStG führe auch nicht zu einem völkerrechtlich unzulässigen Eingriff in einen fremden Hoheitsbereich. Denn es gebe keinen allgemeinen Grundsatz, der einer unbeschränkten Steuerpflicht einer im Inland lebenden Person entgegenstehe, die auch Auslandssachverhalte einbeziehe. Ein Verstoß gegen Völkerrecht liege auch deswegen nicht vor, weil sich § 33 Abs. 1 ErbStG nur an inländische Rechtssubjekte richte und die daraus folgenden Pflichten von den Finanzbehörden auch nur im Inland erzwungen werden könnten. Auch die europarechtlich garantierte Niederlassungsfreiheit sei nicht verletzt, da die ausländische Niederlassung eines Kreditinstituts nicht als Anknüpfung für die Auferlegung einer zusätzlichen Pflicht diene, son-

---

852 BGBl. 1997 I S. 378, zuletzt geändert durch Artikel 6 des Gesetzes vom 22. Dezember 2009 (BGBl. I S. 3950).

853 *Milewski*, Bankgeheimnis, S. 27.

854 *Jülicher*, in: *Troll/Gebel/Jülicher*, ErbStG, § 33 Rn. 43 f.; anders noch *Felix*, BB 1988, S. 2011, S. 2011 f.

855 Details der Anzeigepflicht regelt die Erbschaftsteuer-Durchführungsverordnung (ErbStDV). Danach sind von dieser Pflicht alle Vermögenswerte betroffen, die insgesamt die Summe von 2.500 Euro übersteigen. Die Anzeige hat in der Regel binnen eines Monats ab dem Zeitpunkt zu erfolgen, ab welchem dem Vermögensverwalter oder Verwahrer der Todesfall bekannt wurde. Ausführlich dazu *Müller*, ErbStB 2005, S. 295, S. 296; *Jülicher*, in: *Troll/Gebel/Jülicher*, ErbStG, § 33 m.w.N.

856 Hingegen werden rechtlich selbständige Zweigstellen inländischer Institute nicht von der Anzeigepflicht erfasst, siehe dazu *Jülicher*, in: *Troll/Gebel/Jülicher*, ErbStG, § 33 Rn. 3.

857 BFH, Urteil vom 31.05.2006, II R 66/04 = BFHE 215, S. 520 = DStR 2006, S. 2299.

dern inländische und ausländische Sachverhalte gerade gleichbehandelt würden.[858] Teile der Literatur lehnen die vom BFH vorgenommene Erstreckung des § 33 Abs. 1 ErbStG auf Auslandssachverhalte mit Blick auf das gesetzlich verankerte Bankgeheimnis anderer Staaten ab. Sie sehen darin einen Konflikt zwischen dem deutschen Recht und dem Recht am Niederlassungsort der Zweigniederlassung einer inländischen Bank. Die Auslegung des § 33 Abs. 1 ErbStG durch den BFH verstoße gegen das völkerrechtliche Nichteinmischungsgebot, gegen die europarechtlich garantierte Niederlassungsfreiheit sowie gegen das grundgesetzliche Verbot staatlichen Zwangs zur strafrechtlichen Selbstbelastung. § 33 Abs. 1 ErbStG müsse verfassungskonform eng ausgelegt werden und dürfe nicht auf ausländische Zweigstellen deutscher Kreditinstitute angewandt werden.[859]

Abschließend kann festgehalten werden, dass das Bankgeheimnis im deutschen Steuerrecht in allen Verfahrensabschnitten vom Besteuerungsverfahren bis hin zu einem möglichen Steuerstrafverfahren vollständig durchbrochen ist.

7.2.2 In Luxemburg

Anders stellt sich die Rechtslage in Luxemburg dar. Dort hängt die Möglichkeit zur Durchbrechung des Bankgeheimnisses ganz wesentlich davon ab, ob eine Maßnahme im Rahmen des Besteuerungsverfahrens oder des Steuerstrafverfahrens stattfinden soll. Der luxemburgischen Abgabenordnung, die auch als Loi générale des impôts (LGI) bekannt ist, liegt trotz zahlreicher späterer Änderungen im Kern bis heute die RAO zugrunde. Daher beruht die Steuererhebung in Luxemburg wie in Deutschland zwar auf dem Prinzip der Selbstdeklaration des Steuerpflichtigen, die Steuerbehörden haben aber schon im Besteuerungsverfahren weitreichende Ermittlungsbefugnisse sowohl gegenüber dem Steuerpflichtigen als auch gegenüber Dritten, um dessen Angaben zu überprüfen. So ergibt sich aus § 175 LGI ein weitreichendes Auskunftsrechts der Finanzbehörden gegenüber Dritten.[860] Soweit es um die Steuerpflicht eines Kreditinstituts selbst geht, ist dieses den Steuerbehörden uneingeschränkt zur Auskunft verpflichtet. Das Bankgeheimnis kann nicht als Grund für deren Verweigerung herangezogen werden, da sich eine Bank ansonsten dadurch ihrer korrekten Besteuerung entziehen könnte.[861]

---

858 BFH, Urteil vom 31.05.2006, II R 66/04 = BFHE 215, S. 520 = DStR 2006, S. 2299.

859 Ausführlich dazu *Gärditz*, WM 2010, S. 437.

860 Ausführlich zu den rechtlichen Grundlagen des luxemburgischen Steuersystems und zum Ablauf des Besteuerungsverfahrens *Steichen*, Droit fiscal, Tome 1, Rn. 561 ff.; zu den einzelnen Steuerarten eingehend siehe *Steichen*, Droit fiscal, Tome 2.

861 *Lasserre Capdeville*, Le secret bancaire, Rn. 914.

Geht es hingegen in einem Besteuerungsverfahren um die Steuerpflicht eines Dritten ist ein Kreditinstitut in Luxemburg im Unterschied zu einem in Deutschland ansässigen den Steuerbehörden nicht zur Auskunft verpflichtet. Wie bereits erwähnt, wurde das Auskunftsrecht der Finanzbehörden gegenüber Dritten aus § 175 LGI schon seit der unmittelbaren Nachkriegszeit gegenüber Banken eng ausgelegt, obwohl das Bankgeheimnis an sich nicht von den darin vorgesehenen gesetzlichen Ausnahmen erfasst wurde. Daraus entwickelte sich eine feste Verwaltungspraxis, die durch Verordnungen, die eine Aufhebung des Bankgeheimnisses im Besteuerungsverfahren nur in besonderen Fällen zuließen, implizit bestätigt wurde.[862] Durch die großherzogliche Verordnung vom 24. März 1989 zur Präzisierung des Bankgeheimnisses in Steuersachen und zur Beschränkung der Ermittlungsbefugnisse der Steuerbehörden wurde diese Praxis dann auf eine ausdrückliche gesetzliche Grundlage gestellt. [863] In Art. 1 dieser Verordnung heißt es, „die Steuerbehörden sind nicht berechtigt, von Finanzinstituten individuelle Auskünfte über deren Kunden zu verlangen, außer in den im Gesetz über die richtige und genaue Erhebung der Einregistrierungs- und der Erbschaftssteuer vom 28. Januar 1948 vorgesehenen Fällen“.[864] Gleichzeitig mit dieser Verordnung wurde § 178bis LGI neu eingeführt, der in Bezug auf Banken die allgemeine Aufhebung des Berufsgeheimnisses gegenüber den Steuerbehörden in § 175 LGI für unanwendbar erklärt. Somit bleibt das Bankgeheimnis im Besteuerungsverfahren in Luxemburg gewahrt.

§ 178bis LGI findet auch dann Anwendung, wenn der Verdacht auf die Begehung eines Steuervergehens besteht, denn die Ermittlungen wegen solcher Delikte fallen grundsätzlich nach § 421 Abs. 1 LGI in die Zuständigkeit der Finanzbehörden. Eine solches Steuervergehen stellt die einfache Steuerhinterziehung im Sinne von § 396 Abs. 1 LGI dar. Das Bankgeheimnis kann hier nicht durchbrochen werden. [865] Besteht hingegen der Verdacht auf eine Steuerstraftat, die gemäß § 421 Abs. 4 LGI in die Zuständigkeit der Strafverfolgungsbehörden fällt, gelangen die Normen über das Strafverfahren nach dem CIC zur Anwen-

---

862 Siehe dazu *Kauffman*, Bulletin droit et banque, N° 2, 1983, S. 32, 33 f.

863 Règlement grand-ducal du 24 mars 1989 précisant le secret bancaire en matière fiscale et délimitant le droit d'investigation des administrations fiscales (Mémorial A – N° 15, 28.03.1989, S. 189 f.).

864 Übersetzung durch den Verfasser. Die amtliche französische Fassung dieser Norm lautet: „Les administrations fiscales ne sont pas autorisées à exiger des établissements financiers des renseignements individuels sur leurs clients, sauf dans les cas prévus par la loi du 28 janvier 1948 tendant à assurer la juste et exacte perception des droits d'enregistrement et de succession.“

865 *Lasserre Capdeville*, Le secret bancaire, Rn. 928.

dung.[866] Das bedeutet, das Bankgeheimnis wird bei Ermittlungen wegen Steuerstraftaten wie auch sonst im Strafverfahren in Luxemburg durchbrochen.[867] Wichtigstes Beispiel einer Steuerstraftat ist der Steuerbetrug. [868] Dieser wurde durch das Gesetz vom 22. Dezember 1993 über den Betrug in Steuersachen als § 396 Abs. 5 LGI neu eingeführt. [869] Der Tatbestand des § 396 LGI lautet:

> § 396
>
> (1) Wer zum eigenen Vorteil oder zum Vorteil eines anderen nicht gerechtfertigte Steuervorteile erschleicht oder vorsätzlich bewirkt, dass Steuereinnahmen verkürzt werden, wird wegen Steuerhinterziehung mit Geldstrafe bestraft. Das Maximum der Geldstrafe beträgt das Vierfache des hinterzogenen Steuerbetrages.
>
> [...]
>
> (5) Wenn die Steuerhinterziehung einen wesentlichen Teil der Steuern umfasst, sei es in Bezug auf den absoluten Betrag, sei es in Bezug auf die geschuldete Jahressteuer, und durch den systematischen Gebrauch betrügerischer Machenschaften erfolgt mit dem Ziel, der Verwaltung rechtserhebliche Tatsachen zu verschleiern oder ihr falsche Tatsachen vorzuspiegeln, so wird er als Steuerbetrug mit Gefängnisstrafe von einem Monat bis zu fünf Jahren und Geldstrafe von 50.000 Franken bis zum Zehnfachen der umgangenen Steuer bestraft.[870]

Der Steuerbetrug stellt sich als qualifizierte Form der Steuerhinterziehung dar. Bei letzterer besteht die Tathandlung nach § 396 Abs. 1 LGI in der Erschleichung ungerechtfertigter Steuerverorteile oder der Verkürzung von Steuern zum eigenen Vorteil oder dem eines anderen. Steuerhinterziehung wird meist durch unrichtige Angaben in der Steuererklärung begangen. Der Tatversuch ist gemäß § 397 Abs. 1 LGI strafbar. Die wichtigste Sanktion gegen Steuerhinterzieher besteht in der Abschöpfung der ihnen zu Unrecht gewährten Steuervorteile. Daneben kann eine Geldstrafe verhängt werden, die sich in Abhängigkeit von der Schwere der Vorwerfbarkeit des Vergehens bis auf das Vierfache des hinterzogenen Betrages belaufen kann.[871]

---

866 Siehe dazu schon oben S. 153 ff.

867 *Lasserre Capdeville*, Le secret bancaire, Rn. 924.

868 *Bock/Leuk*, IStR 2009, S. 792.

869 Loi du 22 décembre 1993 sur l'escroquerie en matière des impôts (Mémorial A – N° 99, 24.12.1993, S. 2024).

870 Übersetzung von § 396 Abs. 5 LGI durch den Verfasser. Dessen amtliche französischsprachige Fassung lautet: „Si la fraude porte sur un montant significatif d'impôt soit en montant absolu soit en rapport avec l'impôt annuel dû et a été commise par l'emploi systématique de manœuvres frauduleuses tendant a dissimuler des faits pertinents à l'autorité ou à lui persuader des faits inexacts, elle sera puni comme escroquerie fiscale d'un emprisonnement d'un mois à cinq ans et d'une amende de cinquante mille francs à un montant représentant le décuple des impôts éludés. "

871 *Steichen*, Droit fiscal, Tome 1, Rn. 758 ff.

Der Steuerbetrug ist die schwerwiegendste Steuerstraftat in Luxemburg und unterscheidet sich von den übrigen Steuerdelikten dadurch, dass der Steuerpflichtige sich nicht schlicht steuerunehrlich verhält, sondern sich systematisch betrügerischer Machenschaften zur Verminderung der geschuldeten Steuern bedient.[872] Dadurch muss es zur Hinterziehung eines betragsmäßig oder in Bezug auf die geschuldete Jahressteuer wesentlichen Teils von Steuern kommen.[873] In diesem Sinne ist die Geldanlage einer ausländischen natürlichen Person in Luxemburg mit dem Ziel, diese Anlage in der Steuererklärung im Heimatland zu verheimlichen, kein Steuerbetrug sondern allenfalls eine Steuerhinterziehung, da dieses Vorgehen keine besonderen Machenschaften erfordert.[874] Anders ist die Situation zumeist bei Firmenkunden zu werten, da hier häufig Scheingesellschaften für den Geldtransfer eingesetzt werden, so dass betrügerische Machenschaften vorliegen.[875] Vorbild für § 396 Abs. 5 LGI war das schweizerische Recht, das einen ähnlichen Tatbestand kennt,[876] der jedoch in der Praxis enger ausgelegt wird als in Luxemburg.[877] § 396 Abs. 5 LGI ist inhaltlich identisch mit Art. 29 des Gesetzes über die richtige und genaue Erhebung der Einregistrierungs- und der Erbschaftssteuer vom 28. Januar 1948,[878] das indirekte Steuern

---

872 *Steichen*, Droit fiscal, Tome 1, Rn. 761 ff.

873 Anders als in einem frühen Gesetzesentwurf vorgesehen, fehlen in § 396 Abs. 5 LGI konkrete Angaben darüber, wann ein wesentlicher Teil der Steuern hinterzogen wurde. Das Tribunal d'arrondissement de Luxembourg, Entscheidung vom 14.02.2002 = Bulletin droit et banque, N° 33, 2002, S. 44 ff. schloss diese Lücke in der ersten dazu ergangenen Entscheidung dahingehend, dass dazu sowohl ein in Hinblick auf die absolute Summe hoher Betrag als auch ein bezogen auf die geschuldete Jahressteuer prozentual großer Betrag den Tatbestand genügt. *Lasserre Capdeville*, Le secret bancaire, Rn. 926 bemängelt die offene Formulierung des Tatbestandes und befürwortet die Angabe fester Werte und Prozentsätze sowie die Definition der betrügerischen Machenschaften, da sonst ein zu weiter Auslegungsspielraum für die Rechtsprechung eröffnet sei; hingegen sieht *Endres*, wistra 2002, S. 457, S. 460, die in den Gesetzesmaterialien enthaltenen konkreten Angaben, die aber nicht der tatsächlichen erlassenen Norm entsprechen, als Ausdruck des gesetzgeberischen Willens und insofern als Leitlinien für die Rechtsanwendung an.

874 *Steichen*, Bulletin Droit et Banque, N° 24, 1995, S. 24, S. 50 f.

875 *Lasserre Capdeville*, Le secret bancaire, Rn. 927; *Steichen*, Bulletin Droit et Banque, N° 24, 1995, S. 24, S. 51.

876 *Lasserre Capdeville*, Le secret bancaire, Rn 923.

877 Vgl. dazu unten S. 188 ff.

878 Mémorial A – N° 9, 31.01.1948, S. 179, zuletzt geändert durch Mémorial A – N° 99, 24.12.1993, S. 2024.

betrifft und durch das Gesetz vom 22. Dezember 1993 über den Betrug in Steuersachen neu gefasst wurde.[879]

Das Bankgeheimnis wird auch beim Tode eines Bankkunden durchbrochen, da in diesem Fall Kreditinstitute, ähnlich wie in Deutschland, nach den Art. 16 und 17 des Gesetzes über die richtige und genaue Erhebung der Einregistrierungs- und der Erbschaftssteuer vom 28. Januar 1948 verpflichtet sind, der zuständigen Behörde vor einer Verfügung an einen Dritten alle Namenspapiere und sonstigen Vermögenswerte anzuzeigen, wenn sie Kenntnis vom Tode des früheren Inhabers erhalten. Dadurch soll die gleichmäßige Erhebung der Erbschaftssteuer sichergestellt werden. Die Meldepflicht gilt jedoch nur für Vermögen von Einwohnern des Großherzogtums nicht hingegen für dasjenige im Ausland ansässiger Kunden.[880]

7.2.3 In Österreich

Auch in Österreich sind Banken in wesentlich geringerem Umfang als in Deutschland verpflichtet, Auskünfte über ihre Kunden an die Finanzbehörden zu erteilen. Grundlage des Abgabenverfahrens ist dort die Bundesabgabenordnung (BAO).[881] Diese ist nach § 115 Abs. 1 BAO vom Amtsermittlungsgrundsatz geprägt, so dass die Abgabenbehörden von Amts wegen die tatsächlichen und rechtlichen Verhältnisse ermitteln, die für die Abgabenpflicht und die Erhebung der Abgaben erheblich sind. Dies gilt nur insoweit nicht, als ein bestimmter Vorgang antragsgebunden ist oder eine Nachweispflicht einer Partei besteht.[882] Zudem entbindet der Amtsermittlungsgrundsatz die Abgabenpflichtigen nicht von der allgemeinen Pflicht zur Offenlegung ihrer Verhältnisse und zur Mitwirkung bei der Ermittlung einer möglichen Abgabenpflicht.[883] Diese Pflicht wird bei Sachverhalten mit Auslandselementen aufgrund der insoweit beschränkten Ermittlungsmöglichkeiten der Abgabenbehörden dahingehend verschärft, dass Abgabenpflichtige alle im Zusammenhang mit ihren Auslandsaktivitäten stehenden Beweise selbst beschaffen müssen und entsprechend vorsorgepflichtig sind.[884] Ferner besteht eine erhöhte Mitwirkungspflicht dann, wenn die Abgabenbehörde aufgrund gesetzlicher Bestimmungen selbst nur beschränkt ermit-

879 *Endres*, wistra 2002, S. 457, S. 459; *Lasserre Capdeville*, Le secret bancaire, Rn. 923 mit Fußnote 1054.

880 *Steichen*, Bulletin Droit et Banque, N° 24, 1995 S. 24, S. 37.

881 Ö-BGBl.Nr. 194/1961, zuletzt geändert durch Ö-BGBl. I Nr. 58/2010.

882 *Ritz*, BAO, § 115 Rn. 1 f.

883 VwGH, Erkenntnis vom 23.01.1992, 90/16/0154.

884 *Ritz*, BAO, § 115 Rn. 8 f.

teln kann.[885] Dies nimmt die Rechtsprechung[886] trotz erheblicher Kritik von Teilen der Literatur in Bezug auf Auskünfte über Bankverbindungen an, welche die Abgabenbehörden aufgrund des Bankgeheimnisses im Verfahren nach der BAO nicht selbst anfragen dürfen.[887]

In Bezug auf seine eigene Abgabenpflicht kann sich ein Kreditinstituts nach § 38 Abs. 3 BWG nicht auf das Bankgeheimnis berufen, soweit die Offenbarung eines Geheimnisses zur Feststellung seiner eigenen Abgabepflicht erforderlich ist. In der Literatur wird unter Verweis auf Entscheidungen des VfGH zu anderen Berufsgeheimnissen im Abgabenverfahren versucht, diese Durchbrechung des Bankgeheimnisses zu beschränken.[888] Die österreichische Finanzverwaltung tritt dieser Auffassung zurecht unter Verweis auf den eindeutigen Wortlaut von § 38 Abs. 3 BWG entgegen. Denn jede einengende Auslegung von § 38 Abs. 3 BWG würde letztlich dazu führen, dass ein Kreditinstitut selbst bestimmen könnte, welche Unterlagen es der Finanzverwaltung vorlegen will. Dies aber wäre mit der Gleichmäßigkeit der Besteuerung und dem Legalitätsprinzip nicht zu vereinbaren. Vielmehr treffen ein Kreditinstitut in Bezug auf seine eigene Steuerpflicht dieselben Pflichten wie alle anderen Abgabenpflichtigen. [889]

Die grundsätzliche Befugnis der Abgabenbehörden von jedermann Auskünfte zu verlangen, auch wenn es sich nicht um seine persönliche Abgabenpflicht handelt, ergibt sich aus § 143 Abs. 1 BAO.[890] Auf diese Auskunftspflicht finden nach § 143 Abs. 3 BAO die Bestimmungen der §§ 170 bis 174 BAO entsprechende Anwendung. Diese betreffen unter anderem die Zeugnisverbote und die Zeugnisverweigerungsrechte im Abgabenverfahren, worauf sogleich näher eingegangen wird. Daneben ist grundsätzlich jedermann gemäß § 169 BAO verpflichtet, vor den Abgabenbehörden über alle ihm bekannten für ein Abgabenverfahren relevanten Tatsachen auszusagen, sofern gesetzlich nichts anders bestimmt ist. Insoweit legen die §§ 170 bis 174 BAO Zeugnisverbote und Zeugnisverweigerungsrechte fest. Von diesen ist vorliegend sowohl in Bezug auf die allgemeine Auskunftspflicht als auch auf die Pflicht zur Zeugenaussage vor allem § 171 Abs. 1 lit. c BAO bedeutsam. Dieser spricht unter anderem denjenigen Personen ein Zeugnisverweigerungsrecht zu, die bestimmte Fragen nicht beantworten könnten, ohne eine gesetzlich anerkannte Pflicht zur Verschwie-

885 *Ritz*, BAO, § 115 Rn. 10 f.

886 VwGH, Erkenntnis vom 16.09.1986 - 86/14/0020.

887 Ablehnend etwa *Arnold*, ÖBA 1987, S. 557 ff.; *Ritz*, BAO, § 115 Rn. 11 m.w.N.

888 So etwa in Hinblick auf den Inhalt von Fahrtenbüchern, die im Abgabenverfahren vorgelegt werden müssen, vgl. *Endfellner*, ecolex 2006, S. 1034.

889 So die ablehnende Ansicht zum vorgenannten Aufsatz von *Philipp*, ecolex 2006, S. 1035.

890 *Ritz*, BAO, § 143 Rn. 5.

genheit zu verletzen. Eine solche Pflicht stellt unbestrittenermaßen das Bankgeheimnis dar, so dass von Kreditinstituten und ihren Mitarbeitern weder Auskünfte nach § 143 Abs. 1 BAO noch eine Zeugenaussage im Sinne des § 169 BAO verlangt werden können. Jedoch kann ein abgabenpflichtiger Bankkunde der Offenbarung seiner Geheimnisse zustimmen, so dass das Zeugnisverweigerungsrecht aus § 171 Abs. 1 lit. c BAO entfällt.[891]

Eine in der Praxis besonders wichtige Durchbrechung des Bankgeheimnisses findet nach § 38 Abs. 2 Nr. 1 BWG im Zusammenhang mit eingeleiteten Strafverfahren wegen vorsätzlicher Finanzvergehen, ausgenommen Finanzordnungswidrigkeiten, gegenüber den Finanzstrafbehörden statt. Der Ablauf eines Finanzstrafverfahrens bestimmt sich nach dem Bundesgesetz vom 26. Juni 1958, betreffend das Finanzstrafrecht und das Finanzstrafverfahrensrecht (Finanzstrafgesetz, FinStrG).[892] Es handelt sich dabei um ein strafrechtliches Nebengesetz, das verschiedene als solche bezeichnete Finanzvergehen sowie Vorschriften betreffend deren Ahndung durch die Finanzstrafbehörden und die Strafgerichte beinhaltet. Das FinStrG ist als abschließende Regelung zu betrachten, so dass ein Rückgriff auf die allgemeinen Normen des Ö-StGB grundsätzlich nicht möglich ist.[893]

Als Finanzvergehen gelten nach § 1 FinStrG Zuwiderhandlungen gegen die Finanzhoheit des Bundes nach den §§ 33 bis 52 FinStrG sowie andere mit Strafe bedrohte Taten, soweit sie in einem Bundesgesetz ausdrücklich als Finanzvergehen oder Finanzordnungswidrigkeit bezeichnet werden.[894] Das wichtigste Finanzvergehen stellt die Abgabenhinterziehung im Sinne von § 33 FinStrG dar. Dieser lautet:

> § 33
>
> (1) Der Abgabenhinterziehung macht sich schuldig, wer vorsätzlich unter Verletzung einer abgabenrechtlichen Anzeige-, Offenlegungs- oder Wahrheitspflicht eine Abgabenverkürzung bewirkt.
>
> […]

Tatbestandlich für eine Abgabenhinterziehung ist jede Verursachung einer Abgabenverkürzung entgegen einer Anzeige-, Offenlegungs- oder Wahrheitspflicht im Sinne der BAO. Solche jeden Abgabenpflichtigen treffenden Mitwirkungspflichten ergeben sich unter anderem aus den §§ 119 und 120 BAO.[895] Die

891 Näher dazu *Ritz*, BAO, § 143 Rn. 9 und *Ritz*, BAO, § 171 Rn. 18 ff.; vgl. auch *Liebscher*, ÖJZ 1984, S. 253, S. 254.

892 Ö-BGBl. Nr. 129/1958, zuletzt geändert durch Ö-BGBl. I Nr. 54/2010.

893 *Leitner*, in: Steuerstrafrecht in Europa und den Vereinigten Staaten, S. 377, S. 381.

894 Vgl. *Leitner*, in: Steuerstrafrecht in Europa und den Vereinigten Staaten, S. 377, S. 392.

895 *Leitner*, in: Steuerstrafrecht in Europa und den Vereinigten Staaten, S. 377, S. 410 f.

Abgabenhinterziehung wird mit Geldstrafe bis zum Zweifachen des Verkürzungsbetrages sowie mit Freiheitsstrafe von bis zu zwei Jahren bestraft. Der Verkürzungsbetrag ist diejenige Summe, um die die festzusetzende Steuer im Abgabenverfahren zu niedrig festgesetzt wurde.[896] Die wichtigste Sanktion im System des FinStrG ist die Geldstrafe, die bei jedem Finanzvergehen anzuordnen ist Freiheitsstrafen stellen hingegen grundsätzlich nur eine Nebenstrafe dar, die nach Maßgabe des § 15 Abs. 2 FinStrG nur zu verhängen ist, „wenn es ihrer bedarf, um den Täter von weiteren Finanzvergehen abzuhalten oder der Begehung von Finanzvergehen durch andere entgegenzuwirken." Freiheitsstrafen dürfen nur bei vorsätzlichen Finanzvergehen verhängt werden, wobei § 15 Abs. 3 FinStrG im verwaltungsbehördlichen Finanzstrafverfahren das Höchstmaß der zu verhängenden Freiheitsstrafen auf drei Monate begrenzt. [897] Diese Einschränkung hat erhebliche Auswirkungen auf die Gewährung internationaler Rechtshilfe durch Österreich, auf die im Verlauf dieser Arbeit noch näher eingegangen wird.[898]

Die Schwere des Finanzvergehens entscheidet darüber, welcher Spruchkörper zu dessen Ahndung berufen ist. Das FinStrG sieht dabei entweder die Zuständigkeit der Finanzstrafbehörden oder der Gerichte vor. Je nach Zuständigkeit wird vom verwaltungsbehördlichen oder vom gerichtlichen Finanzstrafverfahren gesprochen. Die Abgrenzung erfolgt nach § 53 FinStrG. Vereinfacht dargestellt ergibt sich eine gerichtliche Zuständigkeit in den Fällen, in denen der Betrag, um den Steuern verkürzt wurden, 75.000 Euro (bei Schmuggel und Hehlerei 37.500 Euro) übersteigt. In den übrigen Fällen ist die Finanzverwaltung für die Ahndung von Finanzvergehen zuständig. Finanzordnungswidrigkeiten im Sinne der §§ 49 bis 52 FinStrG, die als Finanzvergehen minderschweren Grades anzusehen sind,[899] fallen in die ausschließliche Zuständigkeit der Finanzstrafbehörden.[900]

Diesen steht nach § 99 Abs. 1 FinStrG für die Zwecke des Finanzstrafverfahrens ein allgemeines Auskunftsrecht gegenüber jedermann zu. Da insofern weder Zeugnisverbote noch Zeugnisverweigerungsrechte bestehen, gilt dieses Recht auch gegenüber Kreditinstituten. Die Offenlegung von Konten eines Beschuldigten ist bereits dann zulässig, wenn sie für das Finanzstrafverfahren hilfreich erscheint. Hingegen bedarf es zur Offenlegung von Konten Dritter des Nachweises, „dass zwischen dem offen zu legenden Bankkonto und der wegen

---

896 *Leitner*, in: Steuerstrafrecht in Europa und den Vereinigten Staaten, S. 377, S. 412.

897 *Leitner*, in: Steuerstrafrecht in Europa und den Vereinigten Staaten, S. 377, S. 404 f.

898 Siehe dazu unten S. 323 ff.

899 *Leitner*, in: Steuerstrafrecht in Europa und den Vereinigten Staaten, S. 377, S. 420 f.

900 Vgl. im Einzelnen dazu *Leitner*, in: Steuerstrafrecht in Europa und den Vereinigten Staaten, S. 377, S. 422 ff.

einer bestimmten Straftat bereits in Untersuchung gezogenen Person eine solche – rechtliche oder tatsächliche – Verbindung besteht, die schlüssig den Verdacht zu begründen vermag, der Beschuldigte habe sich (auch) die aus dieser speziellen Verbindung erwachsende Verfügungsmöglichkeit bei Begehung der Straftat zu Nutze gemacht."[901] Die Beschlagnahme von Unterlagen durch die Finanzstrafbehörden ist unter den Voraussetzungen des § 89 Abs. 3 und 4. FinStrG i.V.m. § 38 Abs. 2 Nr. 1 BWG zulässig. Die Zulässigkeit einer Hausdurchsuchung durch die Finanzstrafbehörden richtet sich nach § 93 FinStrG.[902] Sowohl der VfGH[903] als auch der VwGH[904] sehen es in diesem Kontext als rechtsstaatlich zwingend geboten an, dass die von den Ermittlungen betroffene Person von der Einleitung eines verwaltungsbehördlichen Finanzstrafverfahrens wegen des Verdachts auf ein vorsätzliches Finanzvergehen, das keine Finanzordnungswidrigkeit darstellt, durch rechtsmittelfähigen Bescheid zu informieren ist. Damit soll dem Betroffenen Gelegenheit gegeben werden, Rechtsmittel gegen die Verfahrenseröffnung zu erheben und so eine mögliche Durchbrechung des Bankgeheimnisses bereits im Vorfeld zu verhindern.[905] Besondere Bedeutung erlangt diese Rechtsprechung in der internationalen Rechtshilfe speziell im Verhältnis zu Deutschland, worauf noch zurückzukommen ist.[906]

Im gerichtlichen Finanzstrafverfahren richten sich die Zulässigkeitsvoraussetzungen für Durchsuchungen und Beschlagnahmen bei Banken nach den bereits erläuterten Normen der Ö-StPO, da das FinStrG insoweit keine besonderen Bestimmungen beinhaltet, sondern über § 195 Abs. 1 FinStrG auf die Ö-StPO verweist.[907] Insbesondere sind dann die Voraussetzungen der bereits erläuterten §§ 109 und 116 Ö-StPO über die Auskunft über Bankkonten und Bankgeschäfte zu beachten.[908] Anders als im verwaltungsbehördlichen Verfahren werden hier keine besonderen Voraussetzungen an die Verfahrenseinleitung gestellt. Denn das Bankgeheimnis kann nach § 116 Ö-StPO nur aufgrund gerichtlicher Bewilligung durchbrochen werden, gegen die der Betroffene Beschwerde einlegen

---

901 VwGH, Erkenntnis vom 18.10.2007 - 2007/15/0120; Prillinger, ecolex 2008, S. 359, S. 361 f.

902 Näher dazu *Leitner/Toifl/Brandl*, Österreichisches Finanzstrafrecht, Rn. 1988 ff.

903 VfGH, Beschluss vom 09.06.1988 – B 92/82, mit Anmerkung von *Arnold*, ÖBA 1988, S. 983 ff.

904 VwGH, Erkenntnis vom 26.07.2006 - 2004/14/0022 = IStR 2006, S. 878 ff. = BB 2006, S. 878 ff. m.w.N., mit Anmerkung von *Arnold*, ÖBA 2006, S. 722 ff.

905 *Leitner*, in: Steuerstrafrecht in Europa und den Vereinigten Staaten, S. 377, S. 433 ff.

906 Siehe dazu unten S. 326.

907 *Apathy/Iro/Koziol*, Österreichisches Bankvertragsrecht, 2/96 ff.

908 Siehe dazu schon oben S. 156 ff.

kann, so dass seine Verfahrensrechte auch ohne besonderen Einleitungsbescheid gewahrt bleiben.[909]

Es kann damit festgehalten werden, dass das Bankgeheimnis in Österreich sowohl im verwaltungsbehördlichen als auch im gerichtlichen Finanzstrafverfahren durchbrochen werden kann. Jedoch kommt eine solche Durchbrechung nur in Bezug auf vorsätzliche Finanzvergehen in Betracht. Bei fahrlässigen Finanzvergehen und bloßen Finanzordnungswidrigkeiten ist sie unzulässig.[910]

Zum 01. August 2008 wurden in Österreich die Erbschafts- und die Schenkungssteuer abgeschafft, da der VfGH in zwei Erkenntnissen die Verfassungswidrigkeit einiger Teile der entsprechenden Gesetze festgestellt hatte.[911] Nach der Abschaffung der Schenkungssteuer sind zur Verhinderung vorgetäuschter Schenkungen durch Steuerzahler jedoch bestimmte Schenkungen an das Finanzamt zu melden.[912] Diese Meldepflicht trifft jedoch nur den Schenker und den Erwerber, sofern wenigstens einer von ihnen seinen Wohnsitz in Österreich hat. Eine Meldepflicht von Banken folgt daraus nicht.[913] Die dem deutschen § 33 Abs. 1 ErbStG entsprechende Meldepflicht geschäftsmäßiger Vermögensverwahrer und -verwalter gegenüber dem Finanzamt beim Tod des Berechtigten wurde in Österreich bereits mit Wirkung vom 08. Juni 2000 aufgehoben. Dabei wurde jedoch vom Gesetzgeber übersehen, die entsprechende Verweisung in § 38 Abs. 2 Nr. 8 BWG zu streichen.[914]

7.2.4 In der Schweiz

Das schweizerische Steuerrecht ist geprägt von einem nebeneinander von Gemeinde-, Kantons- sowie Bundessteuern, wobei hier nur die vom Bund erhobenen Steuern zur Sprache kommen sollen. Die direkten Bundessteuern werden nach dem Bundesgesetz über die direkte Bundessteuer vom 14. März 1990 (DBG)[915] erhoben. Auch dieses geht vom Prinzip der Selbstdeklaration aus.[916]

909 Vgl. dazu schon oben S. 156.

910 Ausführlich dazu *Leitner*, in: Steuerstrafrecht in Europa und den Vereinigten Staaten, S. 377, S. 436 ff.

911 VfGH, Erkenntnis vom 07.03.2007 – G54/06 und VfGH Erkenntnis vom 15.06.2007 – G23/07.

912 Diese Pflicht folgt aus dem Schenkungsmeldegesetz 2008 (Ö-BGBl. I Nr. 85/2008).

913 Das österreichische Bundesministerium der Finanzen hat die entsprechenden Pflichten am 18.07.2008 in dem Dokument BMF-010000/0032-VI/6/2008 zusammengefasst. Dieses ist abrufbar unter dem Thema „Schenkung" unter: https://www.bmf.gv.at/ (Stand: 17.11.2010).

914 Vgl. auch *Apathy/Iro/Koziol*, Österreichisches Bankvertragsrecht, 2/127.

915 AS **1991** 1184, zuletzt geändert durch AS **2010** 455.

Diese Mitwirkung kann ein Steuerpflichtiger nicht unter Berufung auf das Bankgeheimnis verweigern, vielmehr ist er nach Ansicht der Eidgenössischen Steuerverwaltung (ESTV) verpflichtet, von seiner Bank alle notwendigen Bescheinigungen beizubringen.[917] Auch die Träger von Berufsgeheimnissen, vor allem auch Banken, können die Mitwirkung an ihrem eigenen Besteuerungsverfahren nicht verweigern, da das DBG in eigener Sache kein Berufgeheimnis kennt.[918] Die Entscheidung darüber, ob bestimmte Informationen offen zu legen sind, bedarf jedoch im Einzelfall einer genauen Abwägung zwischen dem Interesse des Staates an einer gerechten Besteuerung und dem Geheimhaltungsinteresse des Berufsgeheimnisträgers.[919] Wird die Offenbarung von Geheimnissen Dritter von einem Berufsgeheimnisträger verlangt, so ist es der ESTV jedenfalls verwehrt, diese zum Zwecke der Besteuerung des Dritten zu verwenden.[920]

Neben den persönlichen Mitwirkungspflichten sind auch Dritte nach Art. 127 bis 129 DBG in bestimmten Fällen bescheinigungs-, auskunfts- oder meldepflichtig. So wird aus den Art. 126 Abs. 2, 127 Abs. 1 DBG die Pflicht der Banken zur Erteilung einer sogenannten Vollständigkeitsbescheinigung an ihre Kunden hergeleitet.[921] In dieser sind alle Einzelbeziehungen des Kunden zu dem Kreditinstitut, etwa Konten und Depots, vollständig aufzulisten.[922] Eine solche Bescheinigung darf eine Bank jedoch nur auf Verlangen ihres Kunden ausstellen. Denn Art. 127 Abs. 2 S. 2 DBG legt fest, dass gesetzlich geschützte Berufsgeheimnisse, zu denen das Bankgeheimnis wegen Art. 47 BankG gehört, vorbehalten bleiben.[923] Die Steuerbehörden sind daher nicht befugt, aus eigenem Antrieb eine Vollständigkeitsbescheinigung bei einer Bank anzufordern.[924]

916 Dazu hat er gemäß Art. 124 DBG nach öffentlicher Bekanntgabe oder Zustellung eines entsprechenden Formulars eine Steuererklärung einzureichen, und dieser nach Art. 125 DBG bestimmte Belege zum Nachweis beizufügen. Auch darüber hinaus ist er gemäß Art. 126 DBG zur Mithilfe bei seiner vollständigen und richtigen Veranlagung verpflichtet.

917 ESTV, Kreisschreiben Nr. 19 vom 07.03.1995, S. 4, abrufbar unter: http://www.estv.admin.ch/bundessteuer/dokumentation/00242/00380/index.html?lang=de (Stand: 17.11.2010).

918 ESTV, Kreisschreiben Nr. 19 vom 07.03.1995, S. 3.

919 ESTV, Kreisschreiben Nr. 19 vom 07.03.1995, S. 3.

920 *Blumenstein/Locher*, System des schweizerichen Steuerrechts, S. 434.

921 Das amtliche Muster einer Vollständigkeitsbescheinigung, das sogenannte Formular 13b, ist abrufbar unter: http://www.estv.admin.ch/bundessteuer/dienstleistungen/00666/index.html?lang=de (Stand: 17.11.2010).

922 *Lasserre Capdeville*, Le secret bancaire, Rn. 905.

923 *Molo*, SZIER 2006, S. 559, S. 561; *Blumenstein/Locher*, System des schweizerichen Steuerrechts, S. 439 f.

924 ESTV, Kreisschreiben Nr. 19 vom 07.03.1995, S. 6.

Daher ist festzuhalten, dass das Bankgeheimnis, wie in Luxemburg und Österreich, in der Schweiz im Besteuerungsverfahren gewahrt bleibt, da die Steuerbehörden Informationen aus der Steuererklärung einer Bank nicht gegen deren Kunden verwenden dürfen und auch nicht direkt Auskünfte bei Kreditinstituten zur Besteuerung ihrer Kunden einholen dürfen.[925] Die persönlichen Mitwirkungspflichten der Steuerpflichtigen relativieren den dadurch vermittelten Geheimnisschutz jedoch, da eine unzureichende Kooperation das Risiko birgt, nach Art. 130 Abs. 2 DBG von Amts wegen veranlagt zu werden.

Im Steuerstrafverfahren nach den Art. 174 ff. DBG ist eine Aufhebung des Bankgeheimnisses stets dann möglich, wenn der Verdacht auf ein Steuervergehen, wozu insbesondere der Steuerbetrug zählt, besteht. Wird hingegen wegen anderer Delikte, die keine Steuerdelikte ermittelt, bliebt das Bankgeheimnis gewahrt.[926] Zu diesen Delikten zählt namentlich die Steuerhinterziehung im Sinne des Art. 175 Abs. 1 DBG. Dieser lautet:

> Art. 175 Vollendete Steuerhinterziehung
>
> (1) Wer als Steuerpflichtiger vorsätzlich oder fahrlässig bewirkt, dass eine Veranlagung zu Unrecht unterbleibt oder dass eine rechtskräftige Veranlagung unvollständig ist, wer als zum Steuerabzug an der Quelle Verpflichteter vorsätzlich oder fahrlässig einen Steuerabzug nicht oder nicht vollständig vornimmt, wer vorsätzlich oder fahrlässig eine unrechtmäßige Rückerstattung oder einen ungerechtfertigten Erlass erwirkt, wird mit Buße bestraft
>
> […]

Täter einer Steuerhinterziehung kann nur ein Steuerpflichtiger sein. Die Tathandlung besteht in der vorsätzlichen oder fahrlässigen Steuerverkürzung, die vollendet ist, wenn der aufgrund der unrichtigen Angaben des Steuerpflichtigen erstellte Veranlagungsbescheid rechtsbeständig wird.[927] Zuvor liegt lediglich eine gemäß Art. 176 DBG strafbare versuchte Steuerhinterziehung oder eine Steuergefährdung im Sinne von Art. 174 DBG vor.[928] Anstiftung, Gehilfenschaft und Mitwirkung an der Steuerhinterziehung eines Dritten sind durch § 177 DBG mit Buße bedroht und führen zur solidarischen Mithaftung für die hinterzogenen

---

925 *Trechsel,* ZStR 2005, S. 256, S. 275, fordert hingegen, dass die Steuerbehörden selbst Informationen bei Banken abfragen dürfen, um so einen objektiven Ablauf des Besteuerungsverfahrens zu gewährleisten, da dann kaum ein Steuerpflichtiger mehr in die Versuchung geriete, seine Bankverbindungen geheim zu halten.

926 Unrichtig daher *Claussen*, in: *Claussen*, Bank- und Börsenrecht, § 3 Rn. 3, der generell nach schweizerischem Recht eine Durchbrechung des Bankgeheimnisses bei Steuerdelikten verneint.

927 Näher dazu *Blumenstein/Locher*, System des schweizerichen Steuerrechts, S. 363.

928 *Cadosch*, DBG, § 175 Rn. 1 f.

Steuern.[929] Nach § 181 DBG haftet auch eine juristische Person, zu deren Gunsten eine Steuerhinterziehung begangen wurde, für diese Tat. Gemäß Art. 182 Abs. 2 DBG bestimmt sich das Verfahren zur Verfolgung der Steuerhinterziehung nach den Grundsätzen des Veranlagungs- und des Beschwerdeverfahrens. Somit findet auch Art. 127 Abs. 2 DBG Anwendung, so dass einer Informationsanfrage der Steuerbehörde bei einer Bank das Bankgeheimnis entgegengehalten werden kann.

Von der Steuerhinterziehung ist der Steuerbetrug im Sinne des Art. 186 DBG abzugrenzen. Dieser lautet:

> Art. 186 Steuerbetrug
>
> (1) Wer zum Zwecke einer Steuerhinterziehung im Sinne der Artikel 175–177 gefälschte, verfälschte oder inhaltlich unwahre Urkunden wie Geschäftsbücher, Bilanzen, Erfolgsrechnungen oder Lohnausweise und andere Bescheinigungen Dritter zur Täuschung gebraucht, wird mit Gefängnis oder mit Buße bis zu 30 000 Franken bestraft.
>
> (2) Die Bestrafung wegen Steuerhinterziehung bleibt vorbehalten.

Der Tatbestand des Steuerbetrugs stellt eine Mischung aus Steuerhinterziehung, Betrug und Urkundenfälschung dar.[930] Er ist als Gefährdungsdelikt ausgestaltet, so dass die Tatvollendung eintritt, ehe die mit dem Steuerbetrug bezweckte Steuerhinterziehung vollendet ist. Gegenüber dieser qualifiziert sich der Steuerbetrug durch den Gebrauch gefälschter, verfälschter oder inhaltlich unwahrer Urkunden, weshalb auch vom Urkundenmodell gesprochen wird.[931] Neben den auch im deutschen Recht bekannten Tatbeständen des Fälschens oder Verfälschens einer Urkunde ist in der Schweiz nach Art. 251 S-StGB auch die private Falschbeurkundung, also die Erstellung inhaltlich unwahrer Urkunden, strafbar.[932] Dies meint aber nicht bloße schriftliche Lügen, sondern nur solche Dokumente, denen eine erhöhte Überzeugungskraft zukommt. Diese ist nach dem Bundesgericht dann anzunehmen, „wenn allgemeingültige objektive Garantien die Wahrheit der Erklärung gewährleisten.“[933] Diese Auslegung von Art. 251 S-StGB gilt auch für Art. 186 DBG.[934] Die Vorlage einer einfachen Erklärung, etwa einer unvollständigen Einkommenserklärung, erfüllt mangels besonderer Beweiskraft daher nicht den Tatbestand des Steuerbetrugs. Freiberufler, die keine Buchführungspflicht trifft, begehen somit durch die Abgabe einer fal-

929 Näher dazu *Cadosch*, DBG § 177.

930 *Heine*, in: Gedächtnisschrift für Theo Vogler, S. 67, S. 69.

931 *Cadosch*, DBG, § 186 Rn. 1; *Klos*, wistra 1998, S. 96, S. 97 f.

932 Näher dazu *Blumenstein/Locher*, System des schweizerichen Steuerrechts, S. 364.

933 Grundlegend dazu BGE 117 IB 35.

934 *Heine*, in: Gedächtnisschrift für Theo Vogler, S. 67, S. 72 m.w.N.

schen Einnahmen-Überschussrechnung keinen Steuerbetrug.[935] Die Steuererklärung selbst besitzt ebenfalls keine Urkundenqualität. Das bloße „Vergessen" von Angaben in einer Steuererklärung ist deswegen ebenfalls nicht als Steuerbetrug zu qualifizieren.[936] Durch die Bezugnahme auf Urkunden erscheint der schweizerische Tatbestand des Steuerbetrugs damit enger als derjenige Luxemburgs, das sich beim Erlass von § 396 Abs. 5 LGI an Art. 186 DBG orientiert hat.

Wird wegen Steuerbetrugs ermittelt, kann eine Bank einer Auskunftsanfrage der ESTV nicht unter Verweis auf das Bankgeheimnis widersprechen. Denn der Steuerbetrug zählt zu den von Art. 190 DBG erfassten schweren Steuerwiderhandlungen, für deren Verfolgung ein besonderes Ermittlungsverfahren gilt.[937] Gegenüber unbeteiligten Dritten richtet sich das Verfahren gemäß Art. 192 Abs. 1 DBG nach den Art. 19 bis 50 VStrR. Dieses sieht, wenn sich der Sachverhalt nicht auf andere Weise klären lässt, in Art. 41 Abs. 1 VStrR die Vernehmung von Zeugen vor. In Hinblick auf Zeugnisverweigerungsrechte verweist Art. 41 Abs. 1 VStrR auf die Artikel 74 bis 85 des Bundesgesetzes vom 15. Juni 1934 über die Bundesstrafrechtspflege.[938] Dieses Gesetz sieht kein auf das Bankgeheimnis gestütztes Zeugnisverweigerungsrecht vor. [939] Die Aussagepflicht nach dem VStrR ist umfassend. Soweit andere bundesgesetzliche Bestimmungen Kreditinstituten ein umfangreicheres Schweigerecht einräumen, gilt dieses Recht nur für Verfahren im Rahmen dieser Gesetze, nicht aber für Strafverfahren nach dem VStrR.[940] Auf Aufforderung ist eine Bank nach Art. 192 Abs. 3 DBG auch verpflichtet, die in ihrem Besitz befindlichen sachdienlichen Unterlagen und sonstigen Gegenstände zu Ermittlungszwecken herauszugeben.[941] Verweigert sie die Mitwirkung kann gemäß den Art. 45 ff. VStrR eine Durchsuchung und die Beschlagnahme von Unterlagen angeordnet werden.[942]

---

935 BGE 125 II 250; ablehend *Binder*, wistra 2000, S. 254, S. 255 f.; *Spriegel/Wiese*, wistra 2000, S. 409, S. 413 f.; kritisch auch *Heine*, in: Gedächtnisschrift für Theo Vogler, S. 67, S. 73 ff.

936 *Heine*, in: Gedächtnisschrift für Theo Vogler, S. 67, S. 69 f.

937 Als schwere Steuerwiderhandlungen gelten daneben auch die fortgesetzte Hinterziehung großer Steuerbeträge durch vollendete oder versuchte Steuerhinterziehung im Sinne der Art. 175 und 176 DBG sowie die Veruntreuung von Quellensteuern im Sinne des Art. 187 DBG

938 AS **50** 68, zuletzt geändert durch AS **2009** 6605.

939 Siehe dazu schon oben S. 161.

940 BGE 104 IV 125.

941 *Molo*, SZIER 2006, S. 559, S. 562; vgl. das auch das Urteil des schweizerischen Bundesverwaltungsgerichts vom 05.03.2009 - A-7342/2008 und A-7426/2008, S. 19 ff. m.w.N., dieses sowie die weiteren nachfolgend zitierten Urteile dieses Gerichts sind abrufbar unter: http://www.bundesverwaltungsgericht.ch (Stand: 17.11.2010).

942 Vgl. *Blumenstein/Locher*, System des schweizerichen Steuerrechts, S. 475 f.

Neben der förmlichen Zeugenvernehmung kann die ESTV nach Art. 40 VStrR mündliche oder schriftliche Auskünfte einholen oder Auskunftspersonen hören. Personen, die aufgrund eines Zeugnisverweigerungsrechts die Aussage verweigern können, sind auf dieses Recht hinzuweisen. Da Bankmitarbeitern kein solches Recht zusteht, können Auskünfte von ihnen ohne weiteres auch auf diesem Wege eingeholt werden.[943]

Die Ermittlungen enden nach Art. 193 DBG mit einem Untersuchungsbericht der ESTV. Kommt diese zu dem Ergebnis, dass eine Steuerhinterziehung begangen wurde, verpflichtet sie die zuständige kantonale Behörde zu deren Verfolgung nach dem oben geschilderten Verfahren, in dem das Bankgeheimnis gewahrt bleibt. Ist das Ergebnis hingegen, dass ein Steuervergehen begangen wurde, so erstattet die ESTV Anzeige bei der zuständigen kantonalen Strafverfolgungsbehörde. In dem nachfolgenden Strafverfahren ist das Bankgeheimnis nach allgemeinem Strafprozessrecht durchbrochen.[944]

Das schweizerische Steuerrecht erlaubt daneben auch im Bereich der indirekten Steuern unter bestimmten Voraussetzungen eine Durchbrechung des Bankgeheimnisses. Ebenso wie bei den direkten Steuern gibt es auch bei den indirekten Steuern, beispielhaft genannt sei hier die Mehrwertsteuer nach dem Bundesgesetz über die Mehrwertsteuer vom 12. Juni 2009 (Mehrwertsteuergesetz, MWSTG),[945] kein Berufsgeheimnis in eigener Sache, so dass eine Bank zum Zwecke ihrer eigenen Besteuerung alle notwendigen Informationen zu offenbaren hat. Dabei sind sie jedoch als Berufsgeheimnisträger wegen Art. 68 Abs. 2 S. 1 MWSTG berechtigt, Namen und Adresse, nicht jedoch den Wohnort von Kunden unkenntlich zu machen oder zu anonymisieren. Im Veranlagungsverfahren von dritten Personen unterliegen Banken keiner Auskunftspflicht nach Art. 73 Abs. 1 MWSTG, da nach Abs. 3 der Norm gesetzlich geschützte Berufsgeheimnisse vorbehalten bleiben. Das Bankgeheimnis bleibt damit wie bei den direkten Steuern im Veranlagungsverfahren nach dem MWSTG gewahrt.[946] Hingegen gelten bei Widerhandlungen gegen die Vorschriften des MWSTG generell die Vorschriften des VStrR, die eine Durchbrechung des Bankgeheimnisses vorsehen. Ein Bankier muss also Tatsachen über Kunden preisgeben.[947] Maßgeblich ist hier der Tatbestand des Abgabebetrugs im Sinne des Art. 14

943 *Aubert*, Le secret bancaire suisse, S. 181. Einziger Unterschied der Auskunft zur förmlichen Zeugenvernehmung ist, dass für den nach Art. 40 VStrR Befragten keine Wahrheitspflicht besteht

944 *Molo*, SZIER 2006, S. 559, S. 561.

945 AS **2009** 5203 mit Berichtigung in AS **2010** 1469.

946 Vgl. *Lasserre Capdeville*, Le secret bancaire, Rn. 913.

947 Vgl. *Heine*, in: Gedächtnisschrift für Theo Vogler, S. 67, S. 69 ff. zum früheren MWSTG.

VStR, dessen Auslegung für die Gewährung von internationaler Amts- und Rechtshilfe durch die Schweiz von großer Bedeutung ist. Dieser lautet:

> Art. 14
>
> 1) Wer die Verwaltung, eine andere Behörde oder einen Dritten durch Vorspiegelung oder Unterdrückung von Tatsachen arglistig irreführt oder sie in einem Irrtum arglistig bestärkt und so für sich oder einen andern unrechtmäßig eine Konzession, eine Bewilligung oder ein Kontingent, einen Beitrag, die Rückerstattung von Abgaben, eine andere Leistung des Gemeinwesens erschleicht, oder bewirkt, dass der Entzug einer Konzession, einer Bewilligung oder eines Kontingents unterbleibt, wird mit Gefängnis oder mit Buße bestraft.
>
> 2) Bewirkt der Täter durch sein arglistiges Verhalten, dass dem Gemeinwesen unrechtmäßig und in einem erheblichen Betrag eine Abgabe, ein Beitrag oder eine andere Leistung vorenthalten oder dass es sonst am Vermögen geschädigt wird, so ist die Strafe Gefängnis bis zu einem Jahr oder Buße bis zu 30 000 Franken.
>
> 3) [...]
>
> 4) Zielt eine Handlung nach Absatz 1 oder 2 bei der Ein-, Aus- und Durchfuhr von Waren auf erhebliche Gewinne und handelt der Täter als Mitglied einer Bande, die sich zur fortgesetzten Verübung von Leistungs- oder Abgabebetrug (qualifizierter Abgabebetrug) zusammengefunden hat, so wird er mit Freiheitsstrafe bis zu fünf Jahren oder Geldstrafe bestraft. Mit der Freiheitsstrafe ist eine Geldstrafe zu verbinden.

Der Tatbestand des Abgabebetrugs folgt nicht dem Urkundenmodell wie Art. 186 DBG, sondern nach ständiger Rechtsprechung des Bundesgerichts dem sogenannten Arglistmodell, das sich am Betrugstatbestand des Art. 146 S-StGB orientiert.[948] Das Arglistmodell umfasst dabei alle Fallgruppen, die unter den Steuerbetrug fallen,[949] also die Verwendung falscher, verfälschter oder unrichtiger Urkunden. Darüber hinaus aber auch Fälle von arglistiger Täuschung der Steuerbehörden. [950] Voraussetzung dafür ist das der Steuerpflichtige „besondere Machenschaften, Kniffe oder ein ganzes Lügengebäude" nutzt, um diesen die Aufklärung des wahren Sachverhalts zu erschweren, etwa durch ein undurchschaubares Zusammenwirken mit Dritten. Auch bloßes Schweigen kann arglistig sein, wenn der Täuschende eine Behörde bewusst von einer möglichen Sachverhaltsüberprüfung abhält oder voraussieht, dass diese mit Rücksicht auf ein

---

948 Grundlegend dazu BGE 111 Ib 242; siehe auch BGE 125 II 250, S. 252; BGE 115 Ib 68, S. 78; *Heine*, in: Gedächtnisschrift für Vogler, S. 67, S. 68 f.

949 Das Bundesgericht verwendete den Begriff des Steuerbetrugs in seiner früheren Rechtsprechung quasi als Synonym zum Abgabebetrug. Da der Tatbestand des Steuerbetrugs erst 1990 geschaffen wurde ist insofern, bei der Lektür älterer Gerichtsentscheidungen und Literatur Vorsicht geboten, vgl. *Spriegel/Wiese*, wistra 2000, S. 409, S. 411.

950 *Heine*, in: Gedächtnisschrift für Theo Vogler, S. 67, S. 70 mit Fn. 16; *Bernasconi*, SJZ 95 (1999), S. 401 f.

besonderes Vertrauensverhältnis davon absehen wird.[951] Den Empfehlungen der FATF folgend wurde zum 01. Februar 2009 der Tatbestand des qualifizierten Abgabebetrugs neu in Art. 14 Abs. 4 VStrR eingefügt.[952] Dieser betrifft Fälle, in denen durch Abgabetrug erhebliche Gewinne gezielt werden sollen oder die fortgesetzt bandenmäßig erfolgen.[953] Die Einführung dieses Tatbestands hatte eine Ausweitung der internationalen Rechtshilfe in Strafsachen durch die Schweiz zur Folge, worauf nachfolgend näher eingegangen wird.[954]

Im Todesfall einer Person werden zur Abrechnung der direkten Steuern und zur Erhebung der Erbschaftssteuern sogenannte Vermögensinventare aufgestellt.[955] Dritte, die Vermögenswerte des Erblassers verwahren oder verwalten oder denen gegenüber dieser geldwerte Rechte oder Ansprüche hatte, sind gemäß Art. 158 Abs. 1 DBG verpflichtet, auf Verlangen der Erben der Inventarbehörde schriftlich alle damit zusammenhängenden Auskünfte zu erteilen. Die Behörde selbst kann keine Auskünfte einholen, da im Inventarverfahren aufgrund des Verweises von Art. 158 Abs. 3 auf Art. 127 DBG gesetzlich geschützte Berufsgeheimnisse wie das Bankgeheimnis gewahrt bleiben.[956]

7.2.5 In Liechtenstein

Die Grundlage des liechtensteinischen Steuerrechts bildet das Gesetz vom 30. Januar 1961 über die Landes- und Gemeindesteuern (Steuergesetz, SteG).[957] Zu den wichtigsten darin normierten Steuern zählen die Erwerbssteuer im Sinne des Art. 45 ff. SteG sowie die Vermögenssteuer nach Art. 41 ff. SteG. Zu deren Festsetzung hat der Steuerpflichtige gemäß Art. 35 SteG eine Steuererklärung

951 BGE 111 IB 242, S. 248; vgl. auch *Klos*, wistra 1998, S. 96, S. 97; *Meier-Schatz/Nobel/Waldburger*, Auswirkungen eines EU-Beitritts, S. 248 ff.

952 Bundesgesetz zur Umsetzung der revidierten Empfehlungen der Groupe d'action financière vom 03. Oktober 2008 (AS **2009** 361).

953 Botschaft zur Umsetzung der revidierten Empfehlungen der Groupe d'action financière (GAFI) vom 15. Juni 2007, S. 6269, S. 6278 f.; kritisch zu den FATF Empfehlungen: *Dietzi*, in: Banken und Bankrecht im Wandel, S. 1, S. 14.

954 Siehe dazu unten S. 340.

955 *Abegg*, in: Schweizerisches Bankenrecht, S. 270 f.

956 *Cadosch*, DBG, § 158.

957 LGBl. 1961, Nr. 7, zuletzt geändert durch LGBl. 2008 Nr. 149. Ausführlich dazu *Wagner*, Bankenplatz Liechtenstein, S.306 ff. Das SteG wird gegenwärtig einer Totalrevision unterzogen, die zum 01.01.2011 in Kraft treten soll. Diese Reform betrifft insbesondere im Bereich der Besteuerung von Unternehmen und Stiftungen und soll sicherstellen, dass Liechtenstein die sich aus dem OECD-Standard sowie seiner EWG-Mitgliedschaft ergebenden Pflichten erfüllen kann, vgl. dazu Landtagsprotokoll vom 08.06.2010, S. 744, S. 744 ff.; *Werner*, IStR 2010, S. 589, S. 595 f.

gemäß amtlichem Formular abzugeben, die Grundlage des Einschätzungsverfahrens (Veranlagungsverfahrens) durch die Steuerverwaltung ist. Versäumt der Steuerpflichtige dies oder kommt er einer Aufforderung zu persönlichem Erscheinen nicht nach, sind die Steuern nach Art. 37 SteG nach freiem Ermessen der Steuerverwaltung zu veranlagen.[958]

Aus Art. 9 Abs. 1 SteG ergibt sich ein weites Kontrollrecht der Steuerverwaltung gegenüber allen der Landessteuerhoheit unterstellten Personen, da sie von diesen Auskünfte verlangen und Einsicht in ihre Belege nehmen kann. Dieses Kontrollrecht gilt nach Art. 9 Abs. 3 SteG jedoch nicht gegenüber solchen Personen, die durch ein Amts- oder Berufsgeheimnis über Angelegenheiten von Dritten zur Verschwiegenheit verpflichtet sind. Das Bankgeheimnis wird darin ausdrücklich genannt, so dass es im Veranlagungsverfahren gegenüber der Steuerverwaltung gewahrt bleibt. Im Besteuerungsverfahren ist ein Bankier daher ohne ausdrückliche Aufforderung durch einen Kunden weder berechtigt noch verpflichtet, der Steuerverwaltung Unterlagen über ihn zur Verfügung zu stellen oder Auskünfte zu erteilen.[959]

Anders verhält es sich, wenn ein steuerstrafrechtliches Verfahren eröffnet wird, indem es je nach Art des in Rede stehenden Deliktes zu einer Durchbrechung des Bankgeheimnisses kommen kann. Das liechtensteinische Steuerstrafrecht unterscheidet dabei wie das schweizerische zwischen Steuerhinterziehung und Steuerbetrug. Art. 145 SteG normiert die Steuerhinterziehung und lautet:

> Art. 145 Steuerhinterziehung
>
> Wer durch unrichtige oder unvollständige Angaben in Steuererklärungen, Steueranzeigen oder Auskünften hinsichtlich einer von ihm zu entrichtenden Steuer deren Einforderung verhindert, oder auf sonstige Art schuldhaft pflichtige Steuern vorenthält, wird mit einer Strafsteuer, die neben der Nachsteuer (Art. 21) zu entrichten ist, bestraft.
>
> […]

Eine Steuerhinterziehung liegt danach in jeder schuldhaften Vorenthaltung geschuldeter Steuern. Diese kann durch unrichtige Angaben in seiner Steuererklärung, einer Steueranzeige oder in Auskünften oder auf andere Weise bewirkt werden. Der Steuerpflichtige ist in jedem Falle zur Zahlung von Nachsteuern sowie in Abhängigkeit von der Schwere seiner Schuld zur Zahlung einer Straf-

958 *Frommelt*, Das Bankgeheimnis, S. 237 ff.

959 Näher dazu *Wagner, Bankenplatz Liechtenstein*, S. 310 mit Hinweis auf eine eher theoretische Durchbrechung des Bankgeheimnisses im Beschwerdeverfahren nach Art. 67 Abs. 1 LVG bei Gemeingefahren für Leib, Leben, Gesundheit und Eigentum.

steuer verpflichtet.[960] Die Verfolgung einer als Steuerhinterziehung eingestuften Tat obliegt nach Art. 155 Abs. 2 SteG der Steuerverwaltung. Auf das Verfahren finden nach Art. 156 Abs. 1 SteG die verwaltungsstrafrechtlichen Vorschriften der Art. 152 bis 159 LVG sinngemäß Anwendung, die ihrerseits auf die Vorschriften der L-StPO verweisen, sofern das SteG keine abweichenden Regeln enthält.[961] In Bezug auf die Befragung von Berufsgeheimnisträgern ist Art 9 Abs. 3 SteG als abweichende Regelung in diesem Sinne anzusehen, so dass die Bestimmungen der L-StPO nicht zur Anwendung gelangen. Das Bankgeheimnis wird daher in einem Verfahren zur Verfolgung von Steuerhinterziehung nicht durchbrochen.[962] Anders verhält es sich jedoch, wenn wegen Steuerbetrugs ermittelt wird. Dieser wird in Art. 146 SteG wie folgt definiert:

> Art. 146 Steuerbetrug
> Wer eine Steuerhinterziehung durch vorsätzlichen Gebrauch falscher, verfälschter, inhaltlich unwahrer Geschäftsbücher oder anderer Urkunden begeht, wird vom Landgericht wegen Vergehens mit einer Freiheitsstrafe bis zu sechs Monaten oder einer Geldstrafe bis zu 360 Tagessätzen bestraft.

Der Steuerbetrug wird häufig auch als qualifizierte Steuerhinterziehung bezeichnet, da deren Tatbestand um den vorsätzlichen Gebrauch falscher, verfälschter, inhaltlich unwahrer Geschäftsbücher oder anderer Urkunden erweitert wird. Damit ähnelt dieser Tatbestand demjenigen des Steuerbetrugs im schweizerischen DBG. Die Tat wird mit Freiheitsstrafe bis zu sechs Monaten oder Geldstrafe bis zu 360 Tagessätzen bestraft. Zudem besteht auch hier die Pflicht zur Steuernachzahlung.[963] Die Verfolgung des Steuerbetrugs ist gemäß Art. 155 Abs. 3 SteG dem Schöffengericht übertragen, wobei auf das Verfahren nach Art. 156 Abs. 2 SteG die Vorschriften der L-StPO uneingeschränkt Anwendung finden. Es handelt sich demnach im Unterschied zum Verfahren bei Steuerhinterziehung um ein normales Strafverfahren, so dass wie in jedem anderen Strafverfahren in Liechtenstein auch, das Bankgeheimnis durchbrochen wird.[964]

---

960 Die Nachsteuer beträgt nach Art. 21 Abs. 1 SteG die Höhe der Differenz zwischen den gezahlten und den vorenthaltenen Steuern zuzüglich Zinsen. Die Strafsteuer beträgt gemäß Art. 145 Abs. 2 SteG zwischen 100% und 300% der vorenthaltenen Steuern. Bei Fahrlässigkeit oder einer geringen hinterzogenen Summe von maximal 10% der Gesamtsteuer kann die Strafsteuer auf 50% der Differenzsumme ermäßigt werden

961 *Frommelt*, Das Bankgeheimnis, S. 255 f.

962 Wagner, Bankenplatz Liechtenstein, S. 315 f.

963 *Frommelt*, Das Bankgeheimnis, S. 257.

964 Wagner, Bankenplatz Liechtenstein, S. 316 f.

Auch in Liechtenstein kann das Bankgeheimnis im Bereich der indirekten Steuern in bestimmten Fällen durchbrochen werden. Wichtigstes Beispiel dafür ist die Mehrwertsteuer nach dem Gesetz vom 22. Oktober 2009 über die Mehrwertsteuer (Mehrwertsteuergesetz, L-MWSTG).[965] Geht es um die Pflicht einer Bank Mehrwertsteuern abzuführen, bleibt wegen Art. 55 Abs. 2 L-MWSTG das Bankgeheimnis als gesetzlich geschütztes Berufsgeheimnis vorbehalten. Danach sind die Träger solcher Berufsgeheimnisse gegenüber der Steuerverwaltung zwar zur Vorlage von Büchern und Aufzeichnungen verpflichtet. Sie dürfen aber Namen und Adresse, nicht jedoch den Wohnsitz oder den Sitz ihrer Klienten abdecken oder durch Codes ersetzen. Durch diese Unkenntlichmachung wird eine Bekanntgabe vom Bankgeheimnis erfasster Informationen vermieden. Geht es um die Besteuerung eines Dritten, greift Art. 60 Abs. 3 L-MWSTG, der die gesetzlich geschützten Berufsgeheimnisse vorbehält, so dass eine Bank unter Verweis auf das Bankgeheimnis jegliche Auskünfte verweigern kann. Nimmt die Steuerverwaltung Kontrollen bei einer Bank vor, hat sie nach Art. 65 Abs. 5 L-MWSTG das Bankgeheimnis zu wahren. Sie darf also nicht Informationen über Bankkunden sammeln und verwerten. Bei Verdacht auf eine Steuerstraftat kann das Bankgeheimnis hingegen durchbrochen werden. Das L-MWSTG unterscheidet insoweit wie das SteG zwischen Steuerhinterziehung nach Art. 87 L-MWSTG und Steuerbetrug nach Art. 88 L-MWSTG.[966] Daneben kennt das im Jahr 2009 neu erlassene L-MWSTG auch den Tatbestand der qualifizierten Steuerhinterziehung nach Art. 89 L-MWSTG, der das Anwerben Dritter zur Begehung einer Steuerhinterziehung sowie deren gewerbsmäßige Begehung besonders sanktioniert. Für die Verfolgung der Steuerhinterziehung ist gemäß Art. 95 Abs. 1 L-MWSTG die Steuerverwaltung zuständig. Das Verfahren richtet sich über Art. 97 L-MWSTG vorbehaltlich abweichender Regelungen in den darauf folgenden Artikeln nach den verwaltungsstrafrechtlichen Bestimmungen des LVG und damit nach den Art. 152 ff. LVG. Da die Art 97 bis 104 L-MWSTG in Bezug auf gesetzliche Geheimhaltungspflichten keine Aussage treffen, gelangt insoweit das LVG zur Anwendung. Dieses nimmt in den

965 LGBl. 2009 Nr. 330.

966 Steuerhinterziehung im Sinne des L-MWSTG begeht, wer vorsätzlich oder fahrlässig die Steuerforderung zulasten des Landes verkürzt, etwa durch die unvollständige Deklaration seiner Einnahmen. Gegenüber dem Tatbestand der Steuerhinterziehung im SteG erscheint dieser Tatbestand als weiter, insbesondere da hier auch die fahrlässige Steuerverkürzung strafbar ist. Steuerhinterziehung im Sinne des L-MWSTG wird mit Buße bis 800.000 Franken oder einem Betrag bis zum Doppelten des erzielten Steuervorteils bestraft, wenn dieser höher war. Der Steuerbetrugstatbestand des L-MWSTG entspricht demjenigen des SteG, wobei die Strafandrohung im L-MWSTG gegenüber dem SteG auf ein Jahr Freiheitsstrafe erhöht ist.

Art. 152 ff. LVG seinerseits Bezug auf die L-StPO, so dass das Bankgeheimnis durchbrochen werden kann. Für die Verfolgung von Steuerbetrug und qualifizierter Steuerhinterziehung ist nach Art. 95 Abs. 2 L-MWSTG das Landgericht zuständig. Das Verfahren richtet sich nach Art. 96 L-MWSTG auch in diesem Falle weitgehend nach der L-StPO. Dementsprechend kann auch hier das Bankgeheimnis durchbrochen werden.[967]

Eine Meldepflicht von Banken gegenüber den Steuerbehörden zur Festsetzung der Nachlasssteuern im Todesfall eines Kunden kennt das liechtensteinische Recht nicht.

7.2.6 Zusammenfassung

Die Untersuchung des Steuerrechts der Vergleichsländer zeigt, dass das Bankgeheimnis nirgends so weitreichend durchbrochen wird wie in Deutschland. Denn zum einen wird es nur dort in allen Stufen des Besteuerungsverfahrens, vom Veranlagungsverfahren bis hin zu einem möglichen Steuerstrafverfahren durch die weitreichenden Auskunfts- und Ermittlungsbefugnisse der Steuerbehörden durchbrochen. Zum anderen haben nur die deutschen Steuerbehörden einen automatisierten Zugang zu den Kontostammdaten von Kreditinstituten. Ferner müssen diese den Steuerbehörden beim Tode eines Kunden die bei ihnen verwahrten Vermögenswerte melden.

Eine auf Vermögen inländischer Verstorbener begrenzte Meldepflicht von Banken kennt daneben nur das luxemburgische Steuerrecht. Ansonsten bleibt das Bankgeheimnis dort ebenso wie in Österreich, der Schweiz und Liechtenstein auch im Besteuerungsverfahren unangetastet. Sofern es nicht um ihre eigene Besteuerung geht, sind Banken den Steuerbehörden nicht zur Auskunft verpflichtet. Denn das Bankgeheimnis kann in diesen Ländern nur im Verfahren wegen bestimmter Steuerdelikte durchbrochen werden. In Luxemburg ist dies der Steuerbetrug im Sinne des § 396 Abs. 5 LGI, in Österreich sind es die vorsätzlichen Finanzvergehen mit Ausnahme der Finanzordnungswidrigkeiten, insbesondere die Abgabenhinterziehung nach § 33 FinStrG, in der Schweiz der Steuerbetrug nach Art. 186 DBG sowie der Abgabebetrug nach Art. 14 VStrR und in Liechtenstein der Steuerbetrug nach Art. 146 SteG, die Steuerhinterziehung nach Art. 87 L-MWSTG, der Steuerbetrug nach Art. 88 L-MWSTG sowie die qualifizierte Steuerhinterziehung nach Art. 89 L-MWSTG. Aufgrund der internen Ermittlungsbeschränkungen ihrer nationalen Behörden haben diese Staaten es bisher stets abgelehnt, gegenüber dem Ausland in größerem Maße Amts- und Rechtshilfe im Bereich der Fiskaldelikte zu leisten. Durch die vor

967 Siehe zum Strafverfahren nach der L-StPO schon oben S. 161 ff.

kurzem von den Regierungen von Luxemburg, Österreich der Schweiz und Liechtenstein erklärte Bereitschaft, den OECD-Standard zur Zusammenarbeit in Steuersachen einzuhalten, ist es jedoch in diesem Bereich zu weitreichenden Änderung gekommen, auf die noch näher eingegangen wird.[968]

7.3 Die Sorgfaltspflichten der Banken – das Bankgeheimnis im Spannungsfeld zu Geldwäsche und Terrorismusfinanzierung

Als Reaktion auf die international operierende organisierte Kriminalität wurden in den letzten Jahrzehnten weltweit verschärfte Maßnahmen zur Bekämpfung krimineller Machenschaften getroffen. Prägend dafür war vor allem das Recht der USA.[969] Während bis in die1980er Jahre vor allem die aktive Bekämpfung des Drogenhandels international im Vordergrund stand, wurde später erkannt, dass für eine effektive Kriminalitätsbekämpfung die Abschöpfung der daraus resultierenden Gelder unerlässlich ist, um so die finanzielle Basis krimineller Organisationen auszutrocknen. Neuere Abkommen zielen daher darauf ab, das Einbringen von Geldern aus Straftaten in den legalen Finanzkreislauf, die sogenannte Geldwäsche,[970] in Österreich, der Schweiz und Liechtenstein als Geldwäscherei bezeichnet, möglichst zu verhindern und das Aufspüren solcher Gelder zu erleichtern. In neuerer Zeit ist daneben auch das Ziel getreten, die Finanzströme des weltweiten Terrorismus zu unterbrechen.[971]

968 Siehe dazu unten S. 310 ff.

969 *Kaufmann*, Bekämpfung der Geldwäsche, S. 34 ff.

970 Nach dem allgemein anerkannten Drei-Phasen-Modell vollzieht sich Geldwäsche in drei aufeinander folgenden Schritten. In der ersten Phase, der sogenannten Platzierung („Placement"), wird das inkriminierte Vermögen in den legalen Finanzkreislauf eingeführt, etwa durch Einzahlung bei einer Bank. Die zweite Phase, die sogenannte Schichtung („Layering"), dient dazu seine kriminelle Herkunft zu verschleiern. Vielfach werden dazu Vermögenswerte innerhalb kurzer Zeit auf verschiedenste Konten, die sich häufig in Offshore-Zentren befinden, transferiert, um so den Nachweis der illegalen Herkunft zu erschweren. Diese ist in der dritten Phase, der sogenannten „Integration", nicht mehr nachweisbar, so dass die Vermögenswerte im normalen Geschäftsverkehr frei verwendbar sind, vgl. *De Capitani*, SJZ 94 (1998), S. 97; *Siska*, Die Geldwäsche, S. 45 ff.; *Kaufmann*, Bekämpfung der Geldwäsche, S. 72 ff.; *Lauber*, in: Aktuelle Themen zum Finanzplatz Liechtenstein, S. 41, S. 53 f.

971 Die Terrorismusfinanzierung lässt sich auch als „umgekehrte Geldwäsche" verstehen, bei der „sauberes" Geld erst durch den seine Zweckbestimmung zu „schmutzigem" Geld wird, vgl. *Lauber*, in: Aktuelle Themen zum Finanzplatz Liechtenstein, S. 41, S. 57.

Die einzelstaatlichen Maßnahmen zur Bekämpfung der Geldwäsche und der Terrorismusfinanzierung beruhen größtenteils auf völkerrechtlichen Vereinbarungen sowie auf europäischem Recht.[972] Auf der Ebene der EU-Mitgliedstaaten resultieren sie derzeit insbesondere aus dem Übereinkommen über Geldwäsche sowie Ermittlung, Beschlagnahme und Einziehung von Erträgen aus Straftaten vom 08. November 1990 (Geldwäscheübereinkommen)[973] sowie aus zwei EG-Richtlinien, zu denen insbesondere die sogenannte EU-Geldwäscherichtlinie zählt.[974] Daneben werden regelmäßig die Empfehlungen der FATF[975] und anderer Organisationen zur Bekämpfung von Geldwäsche und Terrorismusfinanzierung umgesetzt. Die EWR Staaten Schweiz und Liechtenstein haben die vorgenannten Richtlinien aufgrund ihrer Assoziierungsabkommen mit der EU ebenfalls umgesetzt und daneben weitere Übereinkommen zur Bekämpfung der Geldwäsche ratifiziert. Daraus erklärt sich, warum die Bestimmungen zur Bekämpfung der Geldwäsche und der Terrorismusfinanzierung in den Vergleichsländern im Wesentlichen übereinstimmen.

Aufgrund ihrer Schnittstellenfunktion im Geldverkehr sind nicht zuletzt Kreditinstitute gesetzlich und aufgrund interner Standards ihrer Berufsverbände dazu aufgerufen, aktiv an der Bekämpfung der Geldwäsche und Terrorismusfinanzierung mitzuwirken. Der Finanzsektor gilt als Achillesferse der legalen Wirtschaft.[976] Der Konflikt zwischen dem Geheimhaltungsinteresse der Bank-

---

972 Vgl. zu diesen Rechtsquellen aus deutscher Sicht *Kaufmann*, Bekämpfung der Geldwäsche, S. 38 ff.

973 Abrufbar auf der Homepage des Europarates unter: http://conventions.coe.int/Treaty/GER/v3DefaultGER.asp (Stand: 17.11.2010).

974 Richtlinie 2005/60/EG des Europäischen Parlaments und des Rates vom 26. Oktober 2005 zur Verhinderung der Nutzung des Finanzsystems zum Zwecke der Geldwäsche und der Terrorismusbekämpfung (ABl. L 309 vom 25.11.2005, S. 15), die zuletzt durch die Richtlinie 2009/110/EG des Europäischen Parlaments und des Rates vom 16. September 2009 (ABl. L 267 vom 10.10.2000, S. 7) geändert worden ist. Sowie Richtlinie 2006/70/EG der Kommission vom 01. August 2006 mit Durchführungsbestimmungen für die Richtlinie 2005/60/EG des Europäischen Parlaments und des Rates hinsichtlich der Begriffsbestimmung von „politisch exponierte Personen" und der Festlegung der technischen Kriterien für vereinfachte Sorgfaltspflichten sowie für die Befreiung in Fällen, in denen nur gelegentlich oder in sehr eingeschränktem Umfang Finanzgeschäfte getätigt werden (ABl. L 214 vom 04.08.2006, S. 29), vgl. dazu *Höche*, WM 2005, S. 8 ff.

975 Deren 40 Empfehlungen zur Bekämpfung der Geldwäsche wurden erstmals 1990 veröffentlicht und in den Jahren 1996 und 2003 erneuert. Sie werden von den meisten internationalen Organisation als Standard anerkannt und sind abrufbar auf der Homepage der FATF: http://www.fatf-gafi.org (Stand: 17.11.2010).

976 BGE 119 IV 242, S. 246 f.; *Meier-Schatz/Nobel/Waldburger*, Auswirkungen eines EU-Beitritts, S. 233.

kunden und dem internationalen Interesse an der Bekämpfung der Geldwäsche ist mittlerweile allgemein dahingehend beantwortet, dass das Bankgeheimnis die Geldwäschebekämpfung nicht behindern darf.[977] Die Durchbrechungen des Bankgeheimnisses aufgrund von Vorschriften zur Bekämpfung der Geldwäsche und der Terrorismusfinanzierung sowie die wesentlichen damit zusammenhängenden Sorgfaltspflichten der Banken sollen im Folgenden näher untersucht werden. Auf die einzelnen Geldwäschetatbestände und die Voraussetzungen strafbarer Terrorismusfinanzierung soll dabei nicht näher eingegangen werden, da sie das Bankgeheimnis nicht direkt berühren. Fragen der internationalen Amts- und Rechtshilfe werden an dieser Stelle ausgeklammert.[978]

7.3.1 In Deutschland

Die Maßstäbe für die Verhinderung von Geldwäsche und Terrorismusfinanzierung ergeben sich in Deutschland aus dem Gesetz über das Aufspüren von Gewinnen aus schweren Straftaten (Geldwäschegesetz, GwG).[979] Die Geldwäsche ist nach § 261 StGB strafbar, die Terrorismusfinanzierung nach den §§ 129a und 129b StGB.[980]

§ 1 GwG enthält Begriffsbestimmungen zu den Zielen dieses Gesetzes, zu den in Bezug genommenen Straftaten und zu den Sorgfaltspflichten nach dem GwG.[981] Die Adressaten des Gesetzes werden in § 2 GwG bestimmt.[982] Sie haben allgemeine Sorgfaltspflichten zu beachten, die sich in bestimmten gesetzlich definierten Fällen verstärken oder abschwächen.[983] Zu den Sorgfaltspflichtigen zählen gemäß § 2 Abs. 1 Nr. 1 GWG unter anderem Kreditinstitute im Sinne des

---

977 Vgl. *Lasserre Capdeville*, Le secret bancaire, Rn. 788 ff.; kritisch dazu Herzog, in: Basel II: Folgen für Kreditinstitute und ihre Kunden, S. 47, S. 73 ff.

978 Siehe dazu unten S. 285 ff.

979 Geldwäschegesetz vom 13. August 2008 (BGBl. I S. 1690), zuletzt geändert durch Artikel 4 Absatz 9 des Gesetzes vom 30. Juli 2009 (BGBl. I S. 2437); Erläuterungen zum gesetzlichen Hintergrund und den Zielen des GWG ergeben sich aus der Bundestagsdrucksache 16/9038, S. 22 ff., diese ist abrufbar unter: http://dipbt.bundestag.de/dip21/btd/16/090/1609038.pdf (Stand: 17.11.2010); siehe auch *Hetzer*, EuZW 2008, S. 560, S. 560 f.

980 Ausführlich zu § 261 StGB *Stree/Hecker*, in: Schönke/Schröder, StGB, § 261 m.w.N.

981 Ausführlich zu den Sorgfaltspflichten nach dem GWG *Siska*, Die Geldwäsche, S. 233 ff.

982 Vgl. *Hetzer*, EuZW 2008, S. 560, S. 562.

983 Das GwG folgt damit, anders als der starre Katalog der alten Fassung, einem risikoorientierten Ansatz, der die Sorgfaltspflichten am konkreten Einzelfall festmacht, vgl. *Kallert*, DStR 2008, S. 1661, S. 1662.

KWG sowie Inland gelegene Zweigstellen und Zweigniederlassungen von Kreditinstituten mit Sitz im Ausland.[984]

Zu den allgemeinen Sorgfaltspflichten im Sinne des § 3 Abs. 1 GwG gehören die Pflicht zur Identifizierung des Vertragspartners, gegebenenfalls die Klärung des Zwecks der angestrebten Geschäftsbeziehung, die Feststellung eines wirtschaftlich daraus Berechtigten sowie die kontinuierliche Überwachung der Geschäftsbeziehung einschließlich der durchgeführten Transaktionen.[985] Diese Pflicht wird verbreitet unter dem Schlagwort „Know-Your-Customer" zusammengefasst. Nach § 3 Abs. 2 GwG sind diese Sorgfaltspflichten zu erfüllen bei der Aufnahme einer Geschäftsbeziehung sowie bei einmaligen oder zusammenhängenden Transaktionen mit einem Wert von 15.000 Euro oder mehr. Ferner dann, wenn der Verdacht besteht, dass eine Transaktion der Geldwäsche nach § 261 StGB oder der Terrorismusfinanzierung dient sowie bei Zweifeln über die Identität des Vertragspartners oder des wirtschaftlich Berechtigten. Der Umfang der einzuhaltenden Pflichten hängt nach § 3 Abs. 4 GwG von der Risikoeinstufung der Beziehung durch den Verpflichteten ab. Anders als nach früherem Recht werden Geschäftsbeziehungen damit kontinuierlich überwacht, so dass neue Umstände, die eine zunächst unverdächtige Beziehung nachträglich verdächtig machen, erkannt werden können.[986] Kann die Erfüllung dieser Pflichten nicht sichergestellt werden, darf nach § 3 Abs. 6 GwG eine Geschäftsbeziehung nicht eingegangen werden. Besteht eine solche bereits, ist sie ungeachtet anderer gesetzlicher oder vertraglicher Bestimmungen durch Kündigung oder auf andere Weise zu beenden.[987]

Die Identifizierung des Vertragspartners soll nach § 4 Abs. 1 GwG möglichst vor der Eingehung einer Geschäftsbeziehung oder Durchführung einer Transaktion erfolgen. Sie kann aber bei geringem Geldwäscherisiko auch währenddessen durchgeführt werden, soweit der normale Geschäftsbetrieb dies erfordert. Ein Absehen davon ist nach § 4 Abs. 2 GwG nur möglich, wenn diese Pflichten bereits bei einer früheren Gelegenheit erfüllt wurden und keine Zweifel an der Richtigkeit der älteren Angaben bestehen.[988]

---

984 *Kaufmann*, Bekämpfung der Geldwäsche, S. 122 ff.

985 Diese und weitere im GwG verwendete Begriffe werden in § 1 GwG legaldefiniert.

986 Bundestagsdrucksache 16/9038, S. 34.

987 *Hetzer*, EuZW 2008, S. 560, S. 563 f.

988 Zu erfassen sind nach § 4 Abs. 3 GwG bei natürlichen Personen Name, Geburtsort, Geburtsdatum, Staatsangehörigkeit und Anschrift, bei juristischen Personen und Personengesellschaften Firma, Name oder Bezeichnung, Rechtsform, soweit vorhanden Registernummer, sowie Anschrift des Sitzes oder der Hauptniederlassung und die Namen der Mitglieder des Vertretungsorgans oder der gesetzlichen Vertreter. Zählt zu den Vertretern eine juristische Person, so sind deren Firma, Name oder Bezeichnung, die Rechts-

In den Fällen des § 5 GwG werden die vorgenannten Sorgfaltspflichten vereinfacht. Wenn nur ein geringes Risiko auf Geldwäsche oder Terrorismusfinanzierung besteht, kann von der Einhaltung der allgemeinen Sorgfaltspflichten zum Teil abgesehen werden, es sei denn, es liegt diesbezüglich ein konkreter Verdacht vor.

Bei erhöhtem Risiko in Hinblick auf Geldwäsche und Terrorismusfinanzierung verstärkt § 6 GwG hingegen die einzuhaltenden Sorgfaltspflichten. Die einzelnen Fälle, wann dies der Fall ist und welche Pflichten dafür gelten, sind gesetzlich nicht abschließend aufgeführt.[989] Ein erhöhtes Risiko ist jedenfalls bei Geschäften mit sogenannten politisch exponierten Personen (PEP) anzunehmen.[990]

§ 7 GwG erlaubt es den Verpflichteten im Sinne dieses Gesetzes bei der Erfüllung ihrer Sorgfaltspflichten auf Dritte zurückzugreifen. § 8 GwG legt eine Aufzeichnungs- und Aufbewahrungspflicht für alle Unterlagen betreffend Maßnahmen nach dem GWG fest. § 9 GwG legt intern von den Sorgfaltspflichtigen zu treffende Maßnahmen fest, damit diese nicht zur Geldwäsche und zur Terrorismusfinanzierung missbraucht werden. Dazu gehören die Bestellung von Geldwäschebeauftragten, die Erarbeitung interner Sicherungssysteme sowie die Schulung von Mitarbeitern in Bezug auf die Verhinderung solcher Taten.[991]

Bei Verdacht auf Geldwäsche oder Terrorismusfinanzierung besteht nach § 11 GwG eine Meldepflicht gegenüber der zuständigen Strafverfolgungsbehörde sowie dem Bundeskriminalamt,[992] wo zur Bearbeitung dieser Fälle eine soge-

---

form, die Registernummer soweit vorhanden und die Anschrift des Sitzes oder der Hauptniederlassung ebenfalls zu erheben. Zur Identifizierung ist bei natürlichen Personen die Vorlage eines gültigen amtlichen Ausweises mit Lichtbild erforderlich, bei juristischen Personen oder Personengesellschaften ein Handels- oder Genossenschaftsregisterauszug oder ein vergleichbarer amtlicher Register- oder Verzeichnisauszug, die Gründungsdokumente oder gleichwertige beweiskräftige Dokumente oder die Einsicht in das Register oder Verzeichnis. Eventuelle wirtschaftlich Berechtigte sind gemäß § 4 Abs. 5 GwG sind namentlich zu benennen. Änderungen seiner Daten hat der Vertragspartner wegen § 4 Abs. 6 GwG unverzüglich anzuzeigen.

989 Siehe dazu auch *Kallert*, DStR 2008, S. 1661, S. 1663.

990 Zur Bestimmung dieses Begriffs verweist das GwG auf Art. 2 der Richtlinie 2006/70/EG der Kommission vom 01. August 2006 mit Durchführungsbestimmungen für die Richtlinie 2005/60/EG des Europäischen Parlaments und des Rates; zu diesem Begriff auch *Hetzer*, EuZW 2008, S. 560, S. 563; kritisch zu dessen Definition unter Verweis auf das schweizerische Recht: *Höche*, WM 2005, S. 8, S. 12.

991 *Kallert*, DStR 2008, S. 1661, S. 1663 f.

992 Die einzelnen Zentralstellen für Verdachtsanzeigen und die Bedingungen der Zusammenarbeit und Datenübermittlung mit ausländischen Zentralstellen werden in § 10

nannte Financial Intelligence Unit (FIU) eingerichtet wurde.[993] Der Inhalt einer Anzeige unterliegt nach § 11 Abs. 6 GwG einem Spezialitätsvorbehalt, das bedeutet, dass eine Verwendung der übermittelten Informationen nur in den gesetzlich vorgesehen Fällen zulässig ist. Dazu zählen die Verfolgung der in § 15 GwG bezeichneten Taten[994] sowie alle Taten, die im Höchstmaß mit einer Freiheitsstrafe von mindestens drei Jahren bedroht sind. Diese Einschränkung wird jedoch stark dadurch relativiert, dass die Verwendung der Informationen aus einer Verdachtsmeldung auch im Besteuerungsverfahren sowie zum Zwecke der allgemeinen Gefahrenabwehr zulässig ist.

Ein Verdächtiger darf nach § 12 GwG nicht über die Erstattung einer Verdachtsanzeige sowie die laufenden Ermittlungen benachrichtigt werden.

§ 13 GwG legt eine umfassende Haftungsfreistellung fest. Danach kann niemand wegen einer Anzeige nach dem GwG zur Verantwortung gezogen werden, wenn Tatsachen auf Geldwäsche oder Terrorismusfinanzierung hingewiesen haben, und die Anzeige nicht vorsätzlich oder grob fahrlässig unrichtig erstattet wurde. Dann sind sowohl zivilrechtliche Schadensersatzansprüche gegen den Anzeigenerstatter bzw. dessen Arbeitgeber als auch sonstige Sanktionen wie arbeitsrechtliche Maßnahmen oder strafrechtliche Verfolgung ausgeschlossen.

Verstöße gegen die im GwG festgelegten Pflichten werden nach Maßgabe von § 17 GWG als Ordnungswidrigkeiten sanktioniert.[995] Daneben besteht das Risiko strafrechtlicher Verfolgung wegen Beihilfe oder Mittäterschaft zur Geldwäsche.[996]

7.3.2 In Luxemburg

Luxemburg hat die oben aufgeführten Bestimmungen zur Bekämpfung der Geldwäsche und der Terrorismusfinanzierung durch das inzwischen mehrfach angepasste Gesetz vom 12. November 2004 über die Bekämpfung der Geldwäsche und gegen die Finanzierung des Terrorismus (Gesetz vom 12. November

GWG festgelegt. Vgl. auch *Kirchhof*, in: Basel II: Folgen für Kreditinstitute und ihre Kunden, S. 79, S. 111 ff.

993 Als FIU wird allgemein eine zentrale staatliche Stelle bezeichnet, die für die Prüfung und Weiterleitung von Verdachtsmitteilungen zuständig ist, und bestimmte Mindeststandards einhält. International haben sich die einzelnen FIUs in einem Netzwerk, der so genanten Egmont Group zusammengeschlossen, vgl. *Lauber*, in: Aktuelle Themen zum Finanzplatz Liechtenstein, S. 41 f.; siehe auch die Homepage der Egmont Group: http://www.egmontgroup.org/ (Stand: 17.11.2010).

994 Dieser verweist auf die §§ 261Abs. 1 und 129a Abs. 2 StGB.

995 *Kallert*, DStR 2008, S. 1661, S. 1664.

996 *Otto*, wistra 1995, S. 323 ff. m.w.N.

2004)[997] umgesetzt.[998] Die Geldwäsche ist in Art. 506-1 CIC mit Strafe bedroht. Die Terrorismusfinanzierung ist strafbar gemäß den Art. 135-5 und 135-6 CIC.[999]

Sorgfaltspflichtig sind nach Art. 2 Abs. 1 Nr.1 des Gesetzes vom 12. November 2004 neben anderen natürlichen und juristischen Personen insbesondere auch Kreditinstitute im Sinne des Gesetzes vom 05. April 1993. Das Bankgeheimnis steht der Erfüllung von Pflichten im Sinne des Gesetzes vom 12. November 2004 nicht entgegen, denn Art. 39 Abs. 1 des Gesetzes vom 05. April 1993 weist ausdrücklich auf die Pflicht der Kreditinstitute zur Wahrung dieser Bestimmungen hin.[1000]

Art. 3 des Gesetzes vom 12. November 2004 definiert, wie § 3 GWG, die allgemeinen Sorgfaltspflichten und legt den Umfang der zum Zwecke der Risikoeinschätzung in Bezug auf Geldwäsche und Terrorismusfinanzierung zu treffenden Maßnahmen fest. Auch hier gilt das Prinzip „Know-Your-Customer“.

In Art. 3-1 des Gesetzes vom 12. November 2004 finden sich die § 5 GWG entsprechenden Regeln betreffend die vereinfachten Sorgfaltspflichten bei geringem Risiko in Hinblick auf Geldwäsche und Terrorismusfinanzierung. Demgegenüber beinhaltet Art. 3-2 des Gesetzes vom 12. November 2004, der § 6 GWG entspricht, die Fälle, in denen bei erhöhtem Risiko verstärkte Sorgfaltspflichten einzuhalten sind.

Art. 4 des Gesetzes vom 12. November 2004 bestimmt, welche internen Maßnahmen die Verpflichteten zum Zwecke der adäquaten Risikoeinschätzung nach diesem Gesetz zu treffen haben.

In Art. 5 des Gesetzes vom 12. November 2004 finden sich Regeln über die Zusammenarbeit der Sorgfaltspflichtigen mit den Behörden zum Zwecke der Bekämpfung der Geldwäsche und der Terrorismusfinanzierung. Die wichtigste Pflicht der Verpflichteten besteht nach Art. 5 Abs. 1 des Gesetzes vom 12. November 2004 darin, dem Staatsanwalt bei dem Bezirksgericht in Luxemburg ei-

997 Loi du 12 novembre 2004 relative à la lutte contre le blanchiment et contre le financement du terrorisme portant transposition de la directive 2001/97/CE du Parlement européen et du Conseil du 4 décembre 2001 modifiant la directive 91/308/CEE du Conseil relative à la prévention de l'utilisation du système financier aux fins du blanchiment de capitaux (Mémorial A – N° 183, 19.11.2004, S. 2776 ff.), zuletzt geändert durch Mémorial A – N° 193, 03.11.2010, S. 3172.

998 Vgl. dazu auch Lemmer, in: Feuille de Liaison de la conférence Saint-Yves, S. 31, S. 42 ff.

999 Vgl. dazu auch Lemmer, in: Feuille de Liaison de la conférence Saint-Yves, S. 31, S. 41 f.

1000 Art. 2 Abs. 2 des Gesetzes vom 12. November 2004 stellt insoweit klar, dass auch die inländischen Filialen ausländischer Kreditinstitute dazu zählen.

ne Verdachtsanzeige zu erstatten. Dort wurde die Zentralstelle für solche Verdachtsanzeigen, die Cellule de renseignement financier (CRF), eingerichtet.[1001] Vor der Erstattung einer Verdachtsmeldung dürfen verdächtige Transaktionen von einem Kreditinstitut grundsätzlich nicht ausgeführt werden.[1002] Den Sorgfaltspflichtigen ist es nach Art. 5 Abs. 5 des Gesetzes vom 12. November 2004 verboten, betroffene Kunden über die Erstattung einer Verdachtsanzeige sowie über die gegen sie laufenden Ermittlungen zu unterrichten.[1003]

Art. 5 Abs. 4 des Gesetzes vom 12. November 2004 beinhaltet eine allgemeine Haftungsfreistellung der Meldepflichtigen. Diese entspricht dem § 13 GWG. Darin ist festgelegt, dass die gutgläubige Erstattung einer Meldung im Sinne des Gesetzes vom 12. November 2004 keine Verletzung vertraglicher oder gesetzlicher Verschwiegenheitspflichten darstellt und zu keinerlei Haftung des Meldenden oder seines Arbeitsgebers führt.

Der wissentliche Verstoß gegen die Sorgfalts- und Meldepflichten im Sinne des Gesetzes vom 12. November 2004 kann nach dessen Art. 9 mit Geldstrafen geahndet werden.

7.3.3 In Österreich

In Österreich sind die von Kreditinstituten einzuhaltenden Sorgfaltspflichten zur Bekämpfung von Geldwäscherei und Terrorismusfinanzierung in den §§ 40 bis 41 BWG niedergelegt.[1004] Die Geldwäscherei steht nach § 165 Ö-StGB unter Strafe.[1005] Die Terrorismusfinanzierung ist nach § 278d Ö-StGB strafbar.[1006]

1001 Es handelt sich dabei, um die französische Übersetzung des Begriffs der Financial Intelligence Unit. Auch Luxemburg gehört der Egmont Group an.

1002 Der Staatsanwalt kann auf die Anzeige hin ein Durchführungsverbot aussprechen, das längstens drei Monate gilt. Eine mündliche Anordnung muss binnen drei Tagen schriftlich bestätigt werden.

1003 Dieses Verbot war vor Erlass des Gesetzes vom 14. November 2004 in Art. 40 Abs. 4 des Gesetzes vom 05. April 1993 festgelegt. Insofern ist im Gegensatz zum Vorliegen eines Benachrichtigungsverbots bei anderen strafrechtlichen Ermittlungsmaßnahmen gegen Bankkunden hier unumstritten, dass ein solches besteht, vgl. *Spielmann*, in: Droit bancaire et financier au Luxembourg, S. 327, S. 337 ff.

1004 Ausführlich dazu *Siska*, Die Geldwäsche, S. 157 ff.

1005 Die Besonderheit dieser Bestimmung gegenüber den von den übrigen hier behandelten Ländern erlassenen Geldwäschetatbeständen besteht darin, dass der Vortäter, aus dessen Tat die zu waschenden Vermögenswerte stammen, nicht zugleich Täter der Geldwäscherei sein kann, da nur Vermögensbestandteile, die aus der Tat eines anderen herrühren, vom Tatbestand erfasst werden, vgl. *Burgstaller*, ÖBA 1994, S. 173, S. 175.

1006 Vgl. dazu die Materialien zum Strafrechtsänderungsgesetz 2002, Nr. 1166 der Beilagen (XXI. Gesetzgebungsperiode), S. 16 f. und S. 34 ff., diese sind abrufbar unter:

§ 40 BWG regelt, vergleichbar den §§ 3 und 4 GWG, die Pflicht zur Feststellung der Identität eines Bankkunden sowie gegebenenfalls eines von diesem verschiedenen wirtschaftlich Berechtigten. Ferner beinhaltet er die Pflicht zur Einschätzung des Geldwäscherisikos in Bezug auf eine konkrete Geschäftsbeziehung („Know-Your-Customer"). Darüber hinaus enthält § 40 BWG die bereits erläuterten Vorschriften zum Umgang mit den heute verbotenen anonymen Konten.[1007]

§ 40a BWG entspricht § 5 GWG und betrifft diejenigen Kundenbeziehungen, in denen aufgrund eines geringen Geldwäscherisikos die Sorgfaltspflichten der Kreditinstitute vereinfacht werden. § 40b BWG beschreibt demgegenüber vergleichbar § 6 GWG die Fälle, in denen diese verstärkte Sorgfaltspflichten zu beachten haben.[1008]

In § 41 BWG werden, wie in § 11 GWG, meldepflichtige Geschäftsvorfälle definiert. Eine Meldepflicht besteht danach, wenn der Verdacht besteht, dass eine bereits erfolgte, eine laufende oder eine bevorstehende Transaktion der Geldwäscherei im Sinne des § 165 Ö-StGB dient[1009] oder bei einem terroristischen Hintergrund einer Transaktion. Entsprechende Transaktionen sind zu dokumentieren. Die intern umzusetzenden Standards zur Erfüllung dieser Pflichten werden in § 41 Abs. 4 BWG festgelegt. Zuständig für die Entgegennahme und Auswertung von Verdachtsmeldungen ist die Meldestelle Geldwäsche beim österreichischen Bundeskriminalamt.[1010]

Das Bankgeheimnis ist ausdrücklich nach § 38 Abs. 2 Nr. 2 Alt. 1 BWG in den Fällen einer Meldepflicht nach § 41 BWG durchbrochen. Auf Verlangen des Bundeskriminalamtes sind diesem nach § 41 Abs. 2 BWG alle Auskünfte zu er-

---

http://www.parlament.gv.at/PAKT/VHG/XXI/I/I_01166/index.shtml (Stand: 17.11. 2010)

1007 Siehe dazu schon oben S. 71 ff.

1008 Die §§ 40c und 40d BWG haben daneben Sorgfaltspflichterleichterungen bei bestimmten Überweisungen sowie unzulässige Geschäftsbeziehungen zum Gegenstand.

1009 Dabei kommt es nur auf die objektive Eignung an, über das Vorliegen des subjektiven Tatbestandes muss sich ein Bankmitarbeiter keine Gedanken machen, vgl. *Hörtner*, in: Investitions- und Steuerstandort Österreich, S. 219, S. 225, anders als bei § 165 Ö-StGB werden auch solche Fälle unter § 41 BWG gefasst, in denen Vermögensbestandteile transferiert werden sollen, die aus einer strafbaren Handlung des Täters selbst herrühren, vgl. *Siska*, Die Geldwäsche, S. 187 f.

1010 Dies folgt aus § 41 Abs. 1 BWG i.V.m. § 6 Bundesgesetz über die Organisation der Sicherheitsverwaltung und die Ausübung der Sicherheitspolizei (Sicherheitspolizeigesetz; Ö-BGBl.Nr. 566/1991, zuletzt geändert durch Ö-BGBl. I Nr. 133/2009); auch Österreich ist Mitglied der Egmont Group, näher dazu die Homepage der Meldestelle: http://www.bmi.gv.at/cms/BK/meldestellen/geldwaesche/start.aspx (Stand: 17.11. 2010).

teilen, die zur Verhinderung oder zur Verfolgung von Geldwäscherei oder von Terrorismusfinanzierung erforderlich scheinen. Nach einer Verdachtsmeldung dürfen seitens des Kreditinstituts keine Transaktionen mehr auf einem verdächtigen Konto abgewickelt werden.[1011]

Hat ein Kreditinstitut eine Verdachtsmeldung übermittelt, so darf es nach § 41 Abs. 3b BWG den Kunden hierüber nicht informieren, es sei denn es wurde angeordnet, dass Transaktionen aufgeschoben oder nicht durchgeführt werden. Dann darf das Kreditinstitut den Kunden an das Bundeskriminalamt verweisen.

Nach § 41 Abs. 6 BWG dürfen die in einer Verdachtsanzeige übermittelten Informationen nicht in ausschließlich wegen Finanzvergehen geführten Verfahren verwendet werden. Ausgenommen davon sind nur die in die Zuständigkeit der Gerichte fallenden Finanzvergehen des Schmuggels und der Hinterziehung von Eingangs- oder Ausgangsabgaben. Die Missachtung dieses Verbots führt zur Nichtigkeit des Verfahrens.[1012] Anders als in Deutschland ist eine Verwendung der Informationen aus einer Verdachtsmeldung für steuerliche Zwecke damit weitgehend ausgeschlossen.

Entsprechend der Haftungsfreistellung in § 13 GWG, können zu unrecht verdächtigte Kunden wegen § 41 Abs. 7 BWG keine Schadensersatzansprüche daraus herleiten, dass ein Kredit- oder Finanzinstitut oder ein dort Beschäftigter in fahrlässiger Unkenntnis, dass der Verdacht auf Geldwäscherei falsch war, eine Verdachtsmeldung erstattet hat.

Die Verletzung der vorgenannten Pflichten wird, vorbehaltlich einer Strafbarkeit nach anderen Normen, über § 99 Nr. 8 BWG sanktioniert.

7.3.4 In der Schweiz

Auch in der Schweiz hat die Bekämpfung der Geldwäscherei hat entgegen gängiger Klischees eine lange Tradition. Bereits in den 1970er Jahren erlegte die SBVg den Banken erstmals entsprechende Sorgfaltspflichten auf, die bis heute regelmäßig aktualisiert werden und vom schweizerischen Staat als Standard für die Konkretisierung der gesetzlichen Sorgfaltspflichten der Banken anerkannt werden.[1013]

Letztere werden durch das Bundesgesetz über die Bekämpfung der Geldwäscherei und der Terrorismusfinanzierung im Finanzsektor (Geldwäschereigesetz,

---

1011 Dieses kann jedoch verlangen, dass die zuständige Behörde sich bis zum Ende des nächsten Bankarbeitstages über die Aufrechterhaltung der Sperre äußert, andernfalls darf die Transaktion durchgeführt werden.

1012 Zur Geldwäscherei nach österreichischem Recht, vgl. *Apathy/Iro/Koziol*, Österreichisches Bankvertragsrecht, 2/107 ff.

1013 So ausdrücklich festgelegt in Art. 14 Geldwäschereiverordnung-FINMA 1.

S-GwG) [1014] sowie die dazu ergangene Verordnung der Eidgenössischen Finanzmarktaufsicht über die Verhinderung von Geldwäscherei und Terrorismusfinanzierung im Banken-, Effektenhändler- und Kollektivanlagenbereich (Geldwäschereiverordnung-FINMA 1, GwV-FINMA 1)[1015] festgelegt. Die von der SBVg ausgearbeitete „Vereinbarung über die Standesregeln zur Sorgfaltspflicht der Banken" vom 07. April 2008 (VSB 2008)[1016] gestaltet die darin festgelegten Pflichten näher aus.[1017] Die Geldwäscherei steht nach Art. 305bis S-StGB,[1018] die Finanzierung des Terrorismus nach Art. 260^{quinquies} S-StGB unter Strafe.[1019]

Sorgfaltspflichtig sind nach Art. 2 Abs. 1 S-GwG Finanzintermediäre, zu denen nach lit. a dieser Norm insbesondere Banken im Sinne des BankG zählen.[1020]

Die Sorgfaltspflichten nach dem S-GWG entsprechen denen des GWG in Deutschland. Dazu zählen nach Art. 3 S-GwG die Identifizierung der Vertragspartei bei Aufnahme von Geschäftsbeziehungen („Know-Your-Customer"), die Feststellung der wirtschaftlich berechtigten Person nach Art. 4 S-GwG, gegebenenfalls deren erneute Identifizierung oder Feststellung nach Art. 5 S-GwG sowie die Pflicht zur Abklärung des Hintergrundes einer Transaktion nach Art. 6 S-GwG. Ein Verzicht darauf ist nach Art. 7a S-GwG nur möglich, wenn die Geschäftsbeziehung nur geringe Vermögenswerte betrifft und keine Verdachtsmomente auf Geldwäscherei oder Terrorismusfinanzierung hindeuten. Wegen Art. 8 S-GwG sind Banken dabei verpflichtet, organisatorische Maßnahmen zur Verhinderung von Geldwäscherei und Terrorismusfinanzierung zu treffen

In Verdachtsfällen sind die Sorgfaltspflichtigen nach Art. 9 S-GwG gesetzlich zur Meldung verpflichtet.[1021] Verdachtsmeldungen sind nach Art. 23 S-

---

1014 AS **1998** 89, in der Fassung vom 03.10.2008 (AS **2009** 361) zuletzt geändert durch AS **2009** 5597.

1015 AS **2003** 554, zuletzt geändert durch AS **2008** 5613.

1016 Abrufbar unter: http://www.swissbanking.org/20080410-vsb-cwe.pdf (Stand: 17.11. 2010).

1017 Ausführlich dazu *Siska*, Die Geldwäsche, S. 257 ff.; vgl. auch *Cerutti*, ZSR 2008, S. 69, S. 71 f.; *Wiegand/Gutknecht*, Sorgfaltspflichten des Bankiers, in: Banken und Bankrecht im Wandel, S. 155, S. 171 ff.

1018 Siehe dazu *de Capitani*, SJZ 94 (1998), S. 97, S. 98 ff.; *Vest*, SJZ 100 (2004), S. 53 ff.

1019 Im Falle der Missachtung von Pflichten kann unter bestimmten Voraussetzungen auch eine Bank als Unternehmen wegen dieser Taten strafrechtlich belangt werden, vgl. dazu *Arzt*, in: Banken und Bankrecht im Wandel, S. 75, S. 79 ff.

1020 Auch ausländische Zweigniederlassungen und Gruppengesellschaften schweizerischer Banken haben wegen Art. 3 Abs. 1 GwV-FINMA 1 bestimmte Mindeststandards zur Bekämpfung dieser Taten einzuhalten.

1021 Vgl. zu Begründung eines Verdachtsfalles: *Vest*, SJZ 100 (2004), S. 53, S. 57 ff.; *Nobel*, SJZ 105 (2009), S. 7, S. 10; d*e Captini* führt dazu auf, dass mit dem Erlass dieser

GwG beim Bundesamt für Polizei einzureichen, bei dem die Meldestelle für Geldwäscherei (MROS) eingerichtet ist.[1022] Die Voraussetzungen unter denen ein erhöhtes Risiko in Hinblick auf solche Taten besteht, die die Meldepflicht auslösen, werden in der GwV-FINMA 1 näher definiert. [1023]

Das von der Meldung betroffene Vermögen ist nach Art. 10 S-GwG zu sperren, wovon der Kunde wegen Art. 10a S-GwG nicht unterrichtet werden darf.[1024]

Wer in gutem Glauben eine mit einer Vermögenssperre verbundene Verdachtsmeldung nach Art. 9 S-GwG zu Unrecht veranlasst, kann aufgrund der Haftungsfreistellung in Art. 11 S-GwG nicht wegen Verletzung des Amts-, Berufs- oder Geschäftsgeheimnisses belangt oder wegen Vertragsverletzung haftbar gemacht werden. Aus dieser Haftungsfreistellung folgt im Umkehrschluss auch, dass das Bankgeheimnis von der Meldepflicht nach Art. 9 S-GwG durchbrochen wird.

Norm gleich „zwei heilige Kühe geschlachtet" worden seien, da es sich einerseits um den ersten Fall überhaupt handele, in dem eine Privatperson zu einer Anzeige verpflichtet sei und andererseits damit auch noch das Bankgeheimnis durchbrochen werde, vgl. *de Capitani*, in: Basel II: Folgen für Kreditinstitute und ihre Kunden, S. 125, S. 133.

1022 Diese ist ebenfalls Mitglied der Egmont Group. Siehe zur MROS auch unter: http://www.fedpol.admin.ch/fedpol/de/home/themen/kriminalitaet/geldwaescherei.htm l (Stand: 17.11.2010).

1023 Darin werden nach Art. 1 GwV-FINMA 1 Sorgfaltsplfichten zum Umgang mit politisch exponierten Personen und nach Art. 7 GwV-FINMA 1 in Hinblick auf Geschäftsbeziehungen mit erhöhtem Risiko festgelegt. Daneben beinhaltet Art. 4 GwV-FINMA 1 das Verbot der Annahme von Vermögenswerten aus Korruption und anderen Verbrechen. Aus den Art. 5 und 5bis GwV-FINMA 1 folgen das Verbot der Terrorismusfinanzierung und von Geschäftsbeziehungen mit kriminellen Organisationen sowie das Verbot von Geschäftsbeziehungen mit fiktiven Banken. Ferner wird den Finanzintermediären die Durchführung organisatorischer Maßnahmen zur Verhinderung von Geldwäscherei und Terrorismus auferlegt, ferner die Einrichtung einer Geldwäschereifachstelle sowie Mitarbeiterschulungen in Hinblick auf verdächtige Geschäfte. Die Art. 17 bis 22 GwV-FINMA 1 konkretisieren, wann ein erhöhtes Risiko auf Geldwäscherei und Terrorismusfinanzierung vorliegt.

1024 Die Sperre und das Informationsverbot gelten wegen Art. 26 GwV-FINMA längstens fünf Bankwerktage, ergeht innerhalb dieser Frist keine Behördenverfügung, kann der Finanzintermediär selbst über die Aufrechterhaltung der Sperre sowie der Geschäftsbeziehung überhaupt entscheiden. Wird diese abgebrochen, ist nach Art. 28 GwV-FINMA 1 sicherzustellen, dass der Rückzug bedeutender Vermögenswerte nur in einer Form gestattet wird, die es den Strafverfolgungsbehörden erlaubt, deren Spur weiterzuverfolgen. Stehen behördliche Sicherstellungsmaßnahmen unmittelbar bevor, muss die Geschäftsbeziehung aufrechterhalten werden. Wird die Beziehung weitergeführt, ist sie nach Art. 29 GwV-FINMA weiterhin genau zu überwachen. Näher dazu *Abegg*, in: Schweizerisches Bankenrecht, S. 325 ff.

Die Verletzung von Pflichten im Sinne des S-GWG kann nach Art. 37 S-GwG mit Geldbußen geahndet werden.[1025] Daneben können sich Personen, die sich berufsmäßig mit der Annahme, Aufbewahrung und Übertragung von Vermögenswerten beschäftigen, nach Art. 305ter Abs. 1 S-StGB strafbar machen, wenn sie es unterlassen, mit der nach den Umständen gebotenen Sorgfalt die Identität des wirtschaftlich Berechtigten festzustellen. Aus Art. 305ter Abs. 2 S-StGB ergibt sich ein Melderecht der vorgenannten Personen, wenn sie den Verdacht haben, dass Vermögenswerte aus einem Verbrechen herrühren.[1026] Dieses Melderecht rechtfertigt ebenso wie dasjenige nach Art. 9 S-GwG eine Durchbrechung des Bankgeheimnisses.[1027]

Die VSB 2008 verstehen sich nach ihrem Art. 3 in Abgrenzung zum S-GwG und zur GwV-FINMA 1 als Standesregeln, die die geltenden Regeln einer den guten Sitten entsprechenden Bankführung verbindlich festgelegen. Sie sollen bestimmte im Geldwäschereigesetz geregelte Sorgfaltspflichten, insbesondere in Hinblick auf die Identifikation von Kunden nach Art. 3 bis 5 S-GwG, sowie den Begriff der „nach den Umständen gebotenen Sorgfalt“ bei der Entgegennahme von Vermögenswerten im Sinne des Art. 305ter S-StGB konkretisieren.[1028] Obwohl es sich demnach bei der VSB 2008 nicht um staatliche Rechtsnormen handelt, wird die Einhaltung der darin enthaltenen Standesregeln in der Praxis auch von der FINMA als von allen schweizerischen Banken zu wahrender Standard angesehen.[1029]In Hinblick auf die Identifizierung der Vertragspartei und die Feststellung des wirtschaftlich Berechtigten gelten die VSB 2008 nach Art. 14 Geldwäschereiverordnung-FINMA 1 als allgemeingültiger Standard, der von allen Finanzintermediären zu wahren ist.[1030] Neben die gesetzlichen Pflichten tritt das standesrechtliche Verbot der Mitglieder der SBVg, aktiv an Kapitalflucht und Steuerhinterziehung mitzuwirken. Verletzungen ihrer Standesregeln kann die SBVg mit Konventionalstrafen bis zu 10 Mio. Schweizer Franken ahnden.

1025 Siehe dazu *Nobel*, SJZ 105 (2009), S. 7, S. 11f.

1026 *Dietzi*, in: Banken und Bankrecht im Wandel, S. 1, S. 42.; *Meier-Schatz/Nobel/Waldburger*, Auswirkungen eines EU-Beitritts, S. 224 f.

1027 *Lentjes Meili*, Stellung der Banken, S. 155.

1028 *Dietzi*, in: Banken und Bankrecht im Wandel, S. 1, S. 16 f. und S. 28 f.

1029 Vgl. dazu das FINMA Rundschreiben 2008/10, Selbstregulierung als Mindeststandard, welches eine Liste der von der FINMA anerkannten Selbstregulierung beinhaltet; vgl. auch *Cerutti*, ZSR 2008, S. 69, S. 92 f.; *Volonté/Noi*, in: Investitions- und Steuerstandort Schweiz., S. 225, S. 229; *Wiegand/Gutknecht*, Sorgfaltspflichten des Bankiers, in: Banken und Bankrecht im Wandel, S. 155, S. 167 f.

1030 *Nobel*, SJZ 105 (2009), S. 7, S. 11.

7.3.5 In Liechtenstein

In Liechtenstein finden sich die entsprechenden Standards im Gesetz vom 11. Dezember 2008 über berufliche Sorgfaltspflichten zur Bekämpfung von Geldwäscherei, organisierter Kriminalität und Terrorismusfinanzierung (Sorgfaltspflichtgesetz, SPG)[1031] sowie der Verordnung vom 17. Februar 2009 (Sorgfaltspflichtverordnung, SPV).[1032] Dabei beinhaltet das SPG die Grundzüge der zu beachtenden Sorgfaltspflichten, während die SPV diese im Detail näher ausgestaltet.[1033] Geldwäscherei ist nach § 165 L-StGB strafbar, organisierte Kriminalität sowie Terrorismusfinanzierung nach den §§ 278 und 278d L-StGB. Der Geldwäschereiparagraph ist dabei in enger Anlehnung an § 165 Ö-StGB formuliert.[1034]

Das SPG und die SPV orientieren sich dagegen an den entsprechenden schweizerischen Regelungen, wobei sich Unterschiede aus den verschiedenartigen gesellschaftsrechtlichen Strukturen der beiden Länder ergeben. Ziel dieser Regeln ist es nach Art. 1 SPG, jeden, der berufsmäßig eine der diesem Gesetz unterstellten Tätigkeiten ausübt, dazu zu verpflichten, bei der Bekämpfung von Geldwäscherei im Sinne des § 165 L-StGB und organisierter Kriminalität und Terrorismusfinanzierung im Sinne der §§ 165, 278 bis 278d L-StGB aktiv mitzuwirken. Zugleich dienen sie damit der Umsetzung europäischer Richtlinien und der Empfehlungen der FATF.[1035]

Zu den Sorgfaltspflichtigen gehören nach Art. 3 Abs. 1 Nr. 1 SPG insbesondere Banken mit einer Zulassung nach dem L-BankG sowie über Art. 3 Abs. 2 SPG auch die liechtensteinischen Zweigstellen ausländischer Banken.

Der Umfang der Sorgfaltpflichten wird in Art. 5 SPG definiert und in folgenden Artikeln des SPG näher ausgestaltet. Diese entsprechenden denjenigen des GWG und umfassen die Verpflichtung zur Feststellung und Überprüfung der

---

1031 LGBl. 2009 Nr. 47, zuletzt geändert durch LGBl. 2010 Nr. 195.

1032 LGBl. 2009 Nr. 98.

1033 Dies folgt ausdrücklich z.B. aus Art. 5 Abs. 4 und Art. 6 Abs. 3 SPG. Zuvor gab es Sorgfaltspflicht-vereinbarungen aus den Jahren 1977 und 1989 (VSB), welchen sich die liechtensteinischen Banken und andere Berufsgeheimnisträger freiwillig auf vertraglicher Basis unterworfen hatten. Diese wurden 1997 durch das 2004 revidierte Sorgfaltspflichtgesetz sowie eine dazu ergangene Verordnung ersetzt; vgl. dazu auch *Zwiefelhofer*, Sorgfaltspflichten, S. 45 ff und S. 56 ff., sowie: *Wagner*, Bankenplatz Liechtenstein, 2. Auflage, S. 98 ff. Zur heutigen Rechtslage: *Wagner*, Bankenplatz Liechtenstein, 3. Auflage, S. 174 ff.; *Siska*, Die Geldwäsche, S. 285 ff.

1034 Anders als dort kommt als Geldwäscher nach § 165 Abs. 4 L-StGB jedoch auch der Vortäter in Frage, da die Vermögenswerte nach liechtensteinischem Recht nicht aus der Tat eines anderen herrühren müssen.

1035 *Wagner*, Bankenplatz Liechtenstein, S. 174 ff.

Identität des Vertragspartners nach Art. 6 SPG („Know-Your-Customer"),[1036] die Feststellung und Überprüfung der Identität einer wirtschaftlich berechtigten Person gemäß Art. 7 SPG, die Erstellung eines Geschäftsprofils gemäß Art. 8 SPG sowie die risikoadäquate Überwachung der Geschäftsbeziehung nach Art. 9 SPG.[1037]

Die Sorgfaltspflichten sind gemäß Art. 5 Abs. 2 SPG sowohl bei der Aufnahme einer Geschäftsbeziehung als auch bei der Abwicklung von gelegentlichen, also außerhalb einer Geschäftsbeziehung stattfindenden, Transaktionen in der Höhe von 25 000 Franken oder mehr wahrzunehmen. Ferner sind sie dann zu beachten, wenn Zweifel an der Echtheit oder Angemessenheit zuvor erhaltener Daten zur Identität des Vertragspartners oder der wirtschaftlich berechtigten Person bestehen sowie bei Verdacht auf Geldwäscherei oder deren Vortaten oder auf organisierte Kriminalität oder auf Terrorismusfinanzierung. Ist die Einhaltung dieser Sorgfaltspflichten nicht möglich, so ist nach Art. 5 Abs. 3 SPG von der Aufnahme einer Geschäftsbeziehung bzw. der Durchführung einer Transaktion abzusehen, eine schon bestehende Geschäftsbeziehung ist unter hinreichender Dokumentation des Abflusses der Vermögenswerte abzubrechen, wenn keine Mitteilungspflicht im Sinne von Art. 17 SPG besteht. In den Fällen des Art. 10 SPG gelten für die Abwicklung von Geschäftsbeziehungen vereinfachte Sorgfaltspflichten. Dagegen verschärft Art. 11 SPG die Sorgfaltspflichten bei erhöhtem Risiko, so etwa bei Beziehungen zu politisch exponierten Persönlichkeiten.

Art. 17 SPG beinhaltet die Verpflichtung zur Mitteilung von Verdachtsfällen auf Geldwäscherei oder deren Vortaten, auf organisierte Kriminalität oder auf Terrorismusfinanzierung an die Stabsstelle Financial Intelligence Unit (L-FIU).[1038] Das Bankgeheimnis ist insoweit durchbrochen.[1039] Besteht eine Anzei-

1036 Eine ausführliche Erläuterung zu der in Art. 5 und 6 SPG statuierten Identifizierungspflicht und des diesen zugrunde liegenden „Know-Your-Customer" Prinzips zur Fassung des SPG von 2005 findet sich bei *Zwiefelhofer*, Sorgfaltspflichten, S. 67 ff.

1037 Diese Begriffe und weitere Definitionen finden sich in Art. 2 SPG. Nähere Erläuterungen zur Neufassung des SPG finden sich auch in der Stellungnahme der Regierung des Fürstentums Liechtenstein an den Landtag des Fürstentums Liechtenstein (Nr. 160/2008) anlässlich der parlamentarischen Debatte über dieses Gesetz.

1038 Rechtliche Grundlage für deren Tätigkeit ist das Gesetz vom 14. März 2002 über die Stabsstelle Financial Intelligence Unit (FIU) (LGBl. 2002 Nr. 57). Bei dieser handelt es sich um eine neutrale Stelle zur Vorprüfung von Verdachtsanzeigen. Sie ist keine Strafverfolgungsbehörde und auch nicht Aufsichtsbehörde des meldenden Sorgfaltspflichtigen, vgl. dazu *Lauber*, in: Aktuelle Themen zum Finanzplatz Liechtenstein, S. 41 ff. sowie die Internetseite der L-FIU: http://www.sfiu.llv.li/ (Stand: 17.11.2010).

gepflicht in diesem Sinne ist nach Art. 18 Abs. 1 SPG die Durchführung verdächtiger Transaktionen grundsätzlich nicht erlaubt.[1040] Zudem ist es den Sorgfaltspflichtigen nach Art. 18 Abs. 3 SPG verboten, ihren Vertragspartner, die wirtschaftlich berechtigte Person oder Dritte, mit Ausnahme der L-FMA, von der Erstattung einer Verdachtsmitteilung zu unterrichten.[1041]

Art. 19 Abs. 1 SPG bewahrt Sorgfaltspflichtige, die eine unbegründete Verdachtsmitteilung an die L-FIU erstattet haben, durch den Ausschluss der zivil- und strafrechtlichen Verantwortlichkeit vor Schadensersatzforderungen der davon betroffenen Personen sowie vor strafrechtlicher Verfolgung, es sei denn die Mitteilung erfolgte vorsätzlich unrichtig. Dies gilt nach Art. 19 Abs. 2 SPG auch dann, wenn im Mitteilungsfall eine Transaktion trotz ausdrücklichem Verlangen des Betroffenen nicht durchgeführt wurde oder eine Geschäftsbeziehung nicht eröffnet oder abgebrochen wurde.

Um die Erkennung von Verdachtsfällen sicherzustellen, normieren die Art. 20 ff. SPG umfangreiche interne Dokumentationspflichten und Organisationsmaßnahmen.

Die Nichteinhaltung der Sorgfaltspflichten nach dem SPG kann nach Art. 30 SPG mit Gefängnisstrafen bis zu sechs Monaten oder Geldstrafe bis zu 360 Tagessätzen verfolgt werden oder nach Art. 31 SPG als Übertretung mit Geldbußen bis zu 100.000 Franken geahndet werden. Daneben bleiben nach Art. 32 SPG die allgemeinen Strafgesetze anwendbar, sowie nach Art. 34 SPG die für einzelne Sorgfaltspflichtige geltenden Sonderbestimmungen.

7.3.6 Zusammenfassung

Dieser Vergleich zeigt, dass die Bestimmungen zur Verhinderung der Nutzung des Finanzsektors für Geldwäsche und Terrorismusfinanzierung in den Vergleichsländern inhaltlich praktisch identisch sind. Entsprechend dem „Know-

---

1039 Zum Zusammenhang von Verdachtsmitteilungen und den von den Strafverfolgungsbehörden verhängbaren Zwangsmaßnahmen gegen den Bankkunden, siehe: StGH, Entscheidung vom 27.09.2005 – 2005/23.

1040 Der Abbruch einer verdächtigen Geschäftsbeziehung ist unzulässig. Ferner sind nach Art. 18 Abs. 2 SPG alle Handlungen zu unterlassen, die die Tätigkeit der Strafverfolgungsbehörden gefährden könnten, es sei denn, die L-FIU erlaubt sie. Erfolgt keine gegenteilige Verfügung darf die Geschäftsbeziehung nach Ablauf von fünf Werktagen ab Eingang der Anzeige bei der L-FIU normal weitergeführt werden.

1041 *Wagner*, Bankenplatz Liechtenstein, S. 180 sieht dadurch den Sorgfaltspflichtigen in dem Dilemma, den wirtschaftlich Berechtigten über die Gründe für die Nichtdurchführung eines Auftrags anzulügen. Kommt jedoch zu dem Ergebnis, dass ihn der Haftungsausschluss nach dem SPG im Falle einer unberechtigten Anzeige immerhin vor Schadensersatzforderungen bewahrt.

Your-Customer" Gedanken bestehen weitreichende Sorgfaltspflichten der Banken zur laufenden Überwachung von Geschäftsbeziehungen in Hinblick auf Verdachtsmomente für Geldwäsche und Terrorismusfinanzierung, die mit einer Meldepflicht gegenüber den zuständigen Zentralstellen einhergehen.[1042] Diese Meldepflicht durchbricht in allen Vergleichsländern das Bankgeheimnis. Die Anzeige erstattende Bank ist bei fahrlässigen Fehlanzeigen durch gesetzliche Haftungsausschlüsse vor Schadensersatzforderungen betroffener Kunden befreit.

7.4 Sonstige Durchbrechungen des Bankgeheimnisses

Neben den bereits dargestellten Durchbrechungen des Bankgeheimnisses kann dieses in allen Vergleichsländern auch in zahlreichen weiteren Fällen aufgrund einfachgesetzlicher Anordnung sowohl gegenüber staatlichen Stellen als auch zugunsten von privaten Dritten durchbrochen werden. Die wichtigsten Beispiele hierfür sollen nachfolgend dargestellt werden, wobei rein bankenaufsichtsrechtliche Sachverhalte, etwa Meldepflichten bei der Vergabe von Großkrediten, ausgeklammert bleiben. Denn dort werden häufig nur anonymisierte Daten weitergegeben und die jeweiligen Aufsichtsbehörden haben die empfangenen Informationen grundsätzlich als Amtsgeheimnis auch gegenüber anderen staatlichen Stellen zu wahren, so dass dadurch in das Bankgeheimnis nicht oder lediglich am Rande eingegriffen wird.[1043]

7.4.1 In Deutschland

Besonders weitreichende Durchbrechungen des Bankgeheimnisses sowohl zugunsten von Einzelpersonen als auch von Behörden bestehen in Deutschland. Einen besonders weitreichenden Eingriff in das Bankgeheimnis erlauben die §§ 93 Abs. 7 und 8, 93b AO. Danach sind bestimmte Behörden berechtigt, das Bundeszentralamt für Steuern um Abruf der von den Kreditinstituten gemäß § 24c Abs. 1 KWG zu führenden Dateien mit Kontostammdaten zu ersuchen.[1044] Die ursprüngliche Fassung des § 93 Abs. 8 AO erlaubte allen Behörden und Gerichten, die für den Vollzug von Gesetzen zuständig sind, die an Begriffe des

---

1042 Die Wirksamkeit der Maßnahmen zur Bekämpfung der Geldwäsche ist allerdings mittlerweile zunehmend umstritten, vgl. zu dieser Kritik *Arzt*, in: Banken und Bankrecht im Wandel, S. 75 ff.

1043 Vgl. zum Amtsgeheimnis der Bankenaufsichtsehörden oben für Deutschland S. 40, für Luxemburg S. 42, für Österreich S. 45, für die Schweiz S 48 und für Liechtenstein S. 51.

1044 Siehe zur Verwendung dieser Daten im Besteuerungsverfahren schon oben S. 170.

Einkommenssteuergesetzes anknüpfen, ein entsprechendes Ersuchen zu stellen. Das BVerfG sah diese Bestimmung, anders als § 93 Abs. 7 AO, als zu unbestimmt an und nahm daher einen Verstoß gegen das Recht auf informationelle Selbstbestbestimmung an.[1045] In der Neufassung ist der Gesetzgeber daher zur abschließenden Aufzählung der abrufberechtigten Behörden übergegangen. Namentlich sind dies die für die Verwaltung der Grundsicherung für Arbeitsuchende nach dem Zweiten Buch Sozialgesetzbuch, der Sozialhilfe nach dem Zwölften Buch Sozialgesetzbuch, der Ausbildungsförderung nach dem Bundesausbildungsförderungsgesetz und der Aufstiegsfortbildungsförderung nach dem Aufstiegsfortbildungsförderungsgesetz zuständigen Behörden. Voraussetzung für den Abruf von Kontostammdaten durch das Bundeszentralamt für Steuern auf deren Ersuchen ist, dass diese Behörden die Daten zur Überprüfung des Vorliegens der Anspruchsvoraussetzungen eines der genannten Gesetze benötigen und ein vorheriges Auskunftsersuchen an den Betroffenen keinen Erfolg hatte oder von vorneherein aussichtslos erscheint. Für andere Zwecke ist ein Datenabruf nur zulässig, soweit er durch ein Bundesgesetz ausdrücklich zugelassen ist.[1046]

Eine allgemeine Auskunftspflicht, der das Bankgeheimnis nicht entgegengehalten werden kann, besteht auch im Rahmen der Bedürfnisprüfung für die Arbeitslosenhilfe durch die Agentur für Arbeit nach § 315 Sozialgesetzbuch (SGB) Drittes Buch (III)[1047] sowie gegenüber den Sozialversicherungsträgern im Falle zu Unrecht bezogener Renten nach § 118 Abs. 4 SGB VI.[1048] Eine Auskunftspflicht gegenüber den Sozialämtern besteht hingegen nur bei ausdrücklicher Ermächtigung durch den Antragsteller oder Leistungsempfänger, zu deren Erteilung dieser jedoch wegen § 60 Abs. 1 SGB I[1049] verpflichtet ist.[1050]

Zivilrechtlich sind neben den bereits dargestellten Fallgruppen als ungeschriebene Durchbrechungen des Bankgeheimnisses insbesondere diejenigen

---

1045 BVerfG, Beschluss vom 13.06.2007 - 1 BvR 1550/03 = BVerfGE 118, S. 168 = NJW 2007, S. 2464; eingehend zur Verfassungswidrigkeit der alten Normfassung auch *Samson/Langrock*, Der »gläserne« Bankkunde.

1046 Siehe dazu *Wünsch*, in: *Pahlke/Koenig*, AO § 93 Rn. 35.

1047 SGB III vom 24. März 1997 (BGBl. I S. 594), zuletzt geändert durch Art. 2 Abs. 1 Gesetz zur Weiterentwicklung der Organisation der Grundsicherung für Arbeitsuchende vom 03.08.2010 (BGBl. I S. 1112).

1048 SGB VI in der Fassung der Bekanntmachung vom 19. Februar 2002 (BGBl. I S. 754, berichtigt BGBl. I S. 1404, S. 3384, zuletzt geändert durch Art. 2 Drittes Gesetz zur Änderung des SGB IV und anderer Gesetze vom 05.08.2010 (BGBl. I S. 1127)

1049 SGB I vom 11. Dezember 1975 (BGBl. I S. 3015), zuletzt geändert durch Art. 7 Abs. 5 Gesetz zur Reform des Kontopfändungsschutzes vom 07.07.2009 (BGBl. I S. 1707).

1050 *Bruchner/Krepold*, in: *Schimansky/Bunte/Lwowski*, Bankrechtshandbuch, § 39 Rn. 290 ff.

Fälle von Bedeutung, in denen die Geheimhaltungspflicht der Bank gegenüber einem Kunden zugunsten einer gesetzlichen Aufklärungspflicht gegenüber einem Dritten zurücktritt. In seltenen Fällen kann die Geheimnisoffenbarung durch eine Bank hier unter dem Gesichtspunkt der Notwehr bzw. des Notstands berechtigt sein. In der Regel bedarf es zur Rechtfertigung einer Geheimnisoffenbarung aber einer umfassenden Interessenabwägung nach § 242 BGB zwischen den Interessen des Kunden und denen des Dritten.[1051] Eine Aufklärungspflicht von Kreditinstituten wird namentlich im Falle der Bürgschaft gegenüber dem Bürgen bejaht, wenn dieser erkennbar falsche Vorstellungen über das Kreditverhältnis zwischen Bank und Schuldner hat. Dies trifft insbesondere dann zu, wenn die Bank im Zeitpunkt der Bürgschaftserklärung die Kreditunwürdigkeit des Schuldners kennt und weiß, dass der Bürge sofort in Anspruch genommen werden wird.[1052]In Ausnahmefällen wird eine Aufklärungspflicht einer Bank über die besonderen Risiken eines Geschäftes mit einem ihrer Kunden auch dann bejaht, wenn die Bank einen konkreten Wissensvorsprung gegenüber dem Dritten hat und dieser besonders aufklärungs- und schutzbedürftig erscheint. [1053] Ein Beispiel hierfür bildet der sich einer Bank ohne weitere Nachforschungen aufdrängende Verdacht der Veruntreuung von Geldern Dritter durch einen Kunden.[1054]

Im Falle eines wirksamen rechtsgeschäftlichen oder gesetzlichen Forderungsübergangs auf einen Dritten tritt dieser an die Stelle des bisherigen Gläubigers.[1055] Der im Zusammenhang mit dem Bankgeheimnis wichtigste Fall ist der gesetzliche Forderungsübergang auf den Bürgen gemäß § 774 BGB nach dessen Inanspruchnahme. Als Neugläubiger kann er gemäß §§ 412, 402 BGB alle zur Durchsetzung seiner Forderungen notwendigen Informationen, Auskünfte und

1051 Vgl. *Grundman*, in: Ebenroth/Boujong/Joost, HGB, Rn. I198 f.

1052 BGH, WM 1986, S. 11; BGH, WM 1987, S. 1481.

1053 BGH, Urteil vom 27.11.1990 – XI ZR 308/89 = NJW 1990, S. 693 f.; BGH, Urteil vom 06. 05. 2008 - XI ZR 56/07 = BKR 2008, S. 381 ff. m.w.N mit zustimmender Anmerkung von *Theewen*, BKR 2008, S. 387 ff.; *Kümpel*, Bank- und Kapitalmarktrecht, 2.168 ff.; *Bütter/Tonner*, BKR 2005, S. 344, S. 348; kritisch demgegenüber Wech, Das Bankgeheimnis, S. 474 ff., da eine Bank so ihre neutrale Rolle zwischen dem Kunden und dem Dritten verlasse, und die Einschätzung von Geschäftsrisiken den beteiligten Parteien überlassen bleiben müsse

1054 BGH, Urteil vom 06. 05. 2008 - XI ZR 56/07 = BKR 2008, S. 381 ff. m.w.N mit zustimmender Anmerkung von *Theewen*, BKR 2008, S. 387 ff.

1055 Vermehrt diskutiert wurde in den letzten Jahren die Wirksamkeit der rechtsgeschäftlichen Forderungszession von Banken zu Refinanzierungszwecken ohne Einwilligung ihrer Kunden. Nach ganz herrschender Ansicht besteht in diesen Fällen kein Abtretungsverbotes aufgrund des Bankgeheimnisses, so dass die Abtretung wirksam ist, vgl.dazu schon oben S. 82 f.

Urkunden von der Bank als Altgläubigerin verlangen, ohne dass dem das Bankgeheimnis entgegengehalten werden kann. Mit Rücksicht darauf sind nur solche persönlichen Daten des Schuldners, die für die Durchsetzung der Forderung nicht benötigt werden, nicht zu offenbaren bzw. unkenntlich zu machen.[1056]

Im Zwangsvollstreckungsverfahren gegen einen ihrer Kunden kann eine Bank gemäß § 840 ZPO zur Abgabe einer Drittschuldnererklärung aufgefordert werden. Dann ist sie verpflichtet, binnen zwei Wochen Auskunft zu geben, ob sie die Forderung anerkennt und zur Zahlung bereit ist. Ferner muss sie mitteilen, ob andere Personen Anspruch auf die Forderung erheben und ob diese bereits anderweitig gepfändet worden ist. Insoweit wird das Bankgeheimnis durchbrochen. Zu weitergehenden Auskünften ist ein Kreditinstitut wegen § 840 ZPO jedoch weder verpflichtet noch berechtigt.[1057]

7.4.2 In Luxemburg

Im luxemburgischen Sozialrecht wird das Bankgeheimnis anders als in Deutschland nicht kraft Gesetzes automatisch durchbrochen. So gewährt das Gesetz vom 29. April 1999 über die Schaffung eines garantierten Mindesteinkommens (Gesetz vom 29. April 1999)[1058] den zuständigen Sozialbehörden bei der Prüfung von Anträgen auf Unterstützung nach diesem Gesetz kein Recht zur Einsicht in die Bankkonten eines Antragstellers.

In Bezug auf Bürgschaften beinhaltet der luxemburgische Code Civil keine Bestimmungen, die dem Bürgen ein Auskunftsrecht betreffend die besicherte Forderung gegenüber dem Bürgschaftsnehmer geben würden. Dennoch spricht sich eine Auffassung in der Literatur für das Bestehen eines solchen Rechtes aus, das dem Bankgeheimnis vorgehe.[1059] Die Gegenansicht begrüßt zwar ein solches Auskunftsrecht, mangels gesetzlicher Anordnung lehnt sie aber eine Durchbrechung des Bankgeheimnisses zugunsten des Bürgen ab. Sie empfiehlt dem Bürgschaftsnehmer, die Einwilligung des Schuldners in die Informationsweitergabe einzuholen.[1060]

1056 *Bruchner/Krepold*, in: *Schimansky/Bunte/Lwowski*, Bankrechtshandbuch, § 39 Rn. 3 ff.

1057 *Bruchner/Krepold*, in: Schimansky/Bunte/Lwowski, Bankrechtshandbuch, § 39 Rn. 285 f.

1058 Loi du 29 avril 1999 portant création d'un droit à un revenu minimum garanti, telle qu'elle a été modifiée, texte coordonné du 22 juin 2004 (Mémorial A – N° 103, 02.07.2004, S. 1626), zuletzt geändert durch Mémorial A – N° 260, 29.12.2009, S. 5474.

1059 *Spielmann*, Le secret bancaire, S. 52 m.w.N.

1060 *Lasserre Capdeville*, Le secret bancaire, Rn. 597.

In der Zwangsvollstreckung kann der Inhaber eines Titels gemäß Art. 693 CPC alle Forderungen und sonstigen Vermögenswerte seines Schuldners bei Dritten pfänden lassen. Letztere sind nach Art. 704 i.V.m. Art. 709 CPC zur Auskunft über die Schuld verpflichtet. Diese Pflicht trifft auch Banken und geht dem Bankgeheimnis vor.[1061]

7.4.3 In Österreich

In Österreich sind Banken gegenüber den Sozialbehörden nicht verpflichtet, Auskünfte über das Vermögen eines Antragstellers zu geben, da die Sozialgesetze der österreichischen Bundesländer keine Durchbrechung des Bankgeheimnisses vorsehen. Jedoch ist ein Antragsteller zur wahrheitsgemäßen Auskunft über seine Vermögensverhältnisse verpflichtet. Dazu fordern die Sozialbehörden zum Teil die Einwilligung von Antragstellern in die Durchbrechung des Bankgeheimnisses, damit sie direkt bei deren Hausbank Informationen einholen können.[1062]

Gegenüber Bürgen und bestimmten anderen Sicherungsgebern sind österreichische Banken aufgrund von § 25c des Bundesgesetzes vom 8. März 1979, mit dem Bestimmungen zum Schutz der Verbraucher getroffen werden (Konsumentenschutzgesetz, KSchG),[1063] zur Aufklärung über die mit dem Sicherungsgeschäft verbundenen Risiken verpflichtet. Dies gilt immer dann, wenn es sich bei diesen Personen um Verbraucher handelt,[1064] und die Bank erkennt oder erkennen muss, dass der Schuldner seine Verbindlichkeit voraussichtlich nicht oder nicht vollständig erfüllen wird. Unterbleibt diese Belehrung, haftet der Sicherungsgeber nur, wenn er auch in Kenntnis des Ausfallrisikos des Schuldners seine Verpflichtung übernommen hätte. Nach allgemeiner Auffassung geht diese Informationspflicht dem Bankgeheimnis vor.[1065] Daneben werden auch aus verschiedenen Bestimmungen des ABGB schon vor Zahlung der Hauptschuld durch den Bürgen Auskunftsrechte gegen die Gläubigerbank hergeleitet, ohne dass es der Einwilligung des Schuldners in die damit verbundene Geheimnisof-

---

1061 *Lasserre Capdeville*, Le secret bancaire, Rn. 730.

1062 Entsprechend erlaubt der 2009 in das Wiener Sozialhilfegesetz eingefügte § 41 Abs. 12 Nr. 9 die Verarbeitung von Daten über Bankverbindungen. Dieses Gesetz ist abrufbar unter: http://www.wien.gv.at/recht/landesrecht-wien/rechtsvorschriften/s.htm (Stand: 17.11.2010).

1063 Ö-BGBl. Nr. 140/1979, zuletzt geändert durch Ö-BGBl. I Nr. 28/2010.

1064 Dieser Begriff ist nach § 1 Abs. 1 KSchG von demjenigen des Unternehmers abzugrenzen. Als Verbraucher handelt danach, wer ein Geschäft tätigt, das nicht zum Betrieb seines Unternehmens gehört.

1065 *Fally*, Verschwiegenheitspflicht der Kreditinstitute, S. 32 ff

fenbarung bedarf.[1066] Wird der Bürge in Anspruch genommen, tritt er nach § 1358 ABGB kraft Gesetzes in die Rechte des Gläubigers ein und ist befugt, von dem Schuldner den Ersatz der bezahlten Schuld zu fordern. Der Altgläubiger ist verpflichtet, dem Bürgen alle vorhandenen Rechtsbehelfe und Sicherungsmittel gegen den Schuldner auszuliefern.[1067] Insoweit steht das Bankgeheimnis der Erteilung von Auskünften nicht entgegen.[1068]

In der Zwangsvollstreckung wegen gepfändeter Forderungen, in Österreich als Forderungsexekution bezeichnet, sind Banken als Drittschuldner auf Antrag des Vollstreckungsgläubigers gemäß § 301 Exekutionsordnung (EO)[1069] sowie in der Zwangsvollstreckung durch ein Finanzamt gemäß § 70 Abgabenexekutionsordnung (AbgEO)[1070] zur Auskunft über die Forderung verpflichtet. Auch diese Auskunftspflicht geht dem Bankgeheimnis vor.[1071] Einem Zwangsverwalter im Sinne der EO stehen die gleichen Verwaltungs- und Auskunftsrechte zu wie einem Masseverwalter im Konkurs. Das heißt, dass der Zwangsverwalter anstelle eines Bankkunden dessen Vermögen verwaltet und Auskünfte hierüber einholen kann, ohne dass ihm das Bankgeheimnis entgegen gehalten werden kann.[1072]

7.4.4 Schweiz

In der Schweiz sind gegenüber den Sozialhilfebehörden der einzelnen Kantone nur die bedürftigen Personen zur Auskunft über ihre wirtschaftlichen Verhältnisse verpflichtet. Das Bankgeheimnis ist gegenüber den Sozialbehörden grundsätzlich nicht durchbrochen.[1073]

Nach schweizerischem Recht treten Bürgen und Drittpfandgeber eines Bankkunden einerseits selbst in ein Vertragsverhältnis zur Bank und können die sich daraus ergebenden Rechte geltend machen. Andererseits sind sie in Bezug auf das von ihnen besicherte Geschäft jedoch als Dritte anzusehen, so dass sie insofern nicht auskunftsberechtigt sind.[1074] Vor Eingehung der Bürgschaftsver-

1066 Kritisch zum Verzicht auf eine Einwilligung: *Laurer*, ÖJZ 1986, S. 385, S. 385 ff.

1067 *Fally*, Verschwiegenheitspflicht der Kreditinstitute, S. 32 ff; *Jabornegg/Strasser/Floretta*, Bankgeheimnis, S. 150 ff. m.w.N.

1068 *Apathy*, ÖBA 2006, S. 33 f. m.w.N.

1069 Ö- RGBl. Nr. 79/1896, zuletzt geändert durch Ö- BGBl. I Nr. 58/2010.

1070 Ö-BGBl. Nr. 104/1949, zuletzt geändert durch Ö- BGBl. I Nr. 151/2009.

1071 *Apathy/Iro/Koziol*, Österreichisches Bankvertragsrecht, 2/138 f.; eine Durchbrechung des Bankgeheimnisses ablehnend *Fremuth/Laurer/Linc/Pötzelberger/Ruess*, BWG § 38 Rn. 2.

1072 *Apathy/Iro/Koziol*, Österreichisches Bankvertragsrecht, 2/39 ff

1073 *Abegg*, in: Schweizerisches Bankenrecht, S. 270.

1074 *Abegg*, in: Schweizerisches Bankenrecht, S. 268.

pflichtung erkennt die schweizerische Rechtsprechung keine Aufklärungspflicht der sicherungsnehmenden Bank über die Vermögensverhältnisse des Schuldners gegenüber dem potentiellen Bürgen an. Eine Durchbrechung des Bankgeheimnisses scheidet insoweit aus.[1075] Ein Auskunftsrecht des Bürgen gegenüber dem Gläubiger besteht nach Art. 505 Abs. 1 OR nur in Bezug auf den Stand der Hauptschuld. Ferner folgt daraus, dass der Gläubiger den Bürgen informieren muss, sofern sich der Schuldner mindestens sechs Monate im Zahlungsverzug befindet.[1076] Diese Regelung wird auf den Drittpfandgeber analog angewendet.[1077] Befriedigt der Bürge den Gläubiger, gehen nach Art. 507 OR in gleichem Maße dessen Rechte auf ihn über. Insoweit ist eine Bank als frühere Gläubigerin verpflichtet, dem Bürgen alle für die Geltendmachung seines Rechts notwendigen Urkunden und Information auszuhändigen. Insoweit wird das Bankgeheimnis durchbrochen.

In der Zwangsvollstreckung sind Dritte, die Vermögenswerte des Schuldners verwahren, gemäß Art. 91 Abs. 4 SchKG verpflichtet, diese dem Schuldbeitreibungsamt anzuzeigen. Diese Pflicht geht dem Bankgeheimnis vor. Die Meldung durch eine Bank ist jedoch inhaltlich auf Informationen über Vermögenswerte zu beschränken und darf keine Auskünfte über persönliche Verhältnisse des Schuldners enthalten.[1078]

7.4.5 Liechtenstein

Personen, die ihren Lebensunterhalt nicht selbst bestreiten können, haben in Liechtenstein nach dem Sozialhilfegesetz vom 15. November 1984[1079] Anspruch auf wirtschaftliche Sozialhilfe zur Sicherung ihres Existenzminimums. Nach Art. 14 der Verordnung vom 7. April 1987 zum Sozialhilfegesetz[1080] sind primär die Bedürftigen zur wahrheitsgemäßen Auskunft über ihre Vermögensverhältnisse verpflichtet. Ergänzend können jedoch Dritte zur Prüfung der Voraussetzungen für die Gewährung wirtschaftlicher Sozialhilfe herangezogen werden.[1081] Zu diesem Zwecke erscheint eine Durchbrechung des Bankgeheimnisses durch die Sozialbehörden möglich.

1075 *Lasserre Capdeville*, Le secret bancaire, Rn. 591.

1076 *Aubert*, Le secret bancaire suisse, S. 384.

1077 *Abegg*, in: Schweizerisches Bankenrecht, S. 268.

1078 *Lasserre Capdeville*, Le secret bancaire, Rn. 727 ff.

1079 LGBl. 1985 Nr. 17, zuletzt geändert durch LGBl. 2009 Nr. 33.

1080 LGBl. 1987 Nr. 18, zuletzt geändert durch LGBl. 2007 Nr. 365.

1081 Nähere Auskünfte zur wirtschaftlichen Sozialhilfe in Liechtenstein unter: http://www.llv.li/llv-solex-amtsgeschaefteleft-lexikon-wirtschaftliche-hilfe-2.htm (Stand: 17.11.2010).

Zu möglichen Auskunftspflichten einer Bank gegenüber einem Bürgen haben sich soweit ersichtlich weder Rechtsprechung noch Literatur in Liechtenstein geäußert. Besondere gesetzliche Bestimmungen, wie sie etwa nach österreichischem Recht zugunsten von Verbrauchern bestehen, fehlen. Daher erscheint wie in der Schweiz eine Durchbrechung des Bankgeheimnisses insoweit nicht möglich. Erst nach seiner Inanspruchnahme kann ein Bürge wegen § 1358 L-ABGB, der dem österreichischen Recht entspricht, die Auslieferung aller vorhandenen Rechtsbehelfe und Sicherungsmittel des Gläubigers verlangen. Dies erlaubt eine Durchbrechung des Bankgeheimnisses, soweit sie zur Geltendmachung der Ansprüche des Bürgen gegen den Schuldner erforderlich ist.

In der Zwangsvollstreckung kann gemäß Art. 223 des Gesetzes vom 24. November 1971 über das Exekutions- und Rechtssicherungsverfahren (Exekutionsordnung, L- EO)[1082] eine Drittschuldnererklärung bezüglich gepfändeter Forderungen vom Vollstreckungsgläubiger beantragt werden. Gleiches gilt nach § 237 L-EO in der Exekution auf Herausgabe und Leistung körperlicher Sachen, die ein Dritter verwahrt. Auch Banken sind zur Abgabe einer Drittschuldnererklärung verpflichtet, das Bankgeheimnis ist demgegenüber nachrangig. [1083]

7.4.6 Zusammenfassung

Auch der Vergleich dieser weiteren Durchbrechungen des Bankgeheimnisses zeigt, dass staatliche Stellen gerade in Deutschland besonders weitreichend darin eingreifen können. Nur dort besitzen zahlreiche Behörden, etwa die Sozialämter, gesetzliche Auskunftsrechte, die ihnen unter anderem den Zugriff auf die Kontostammdaten von Leistungsempfängern ermöglichen. Obwohl das BVerfG diese Praxis im Kern gebilligt hat, scheint sie in Hinblick auf ihre grundrechtliche Relevanz nicht unbedenklich, da die Betroffenen häufig erst spät vom Zugriff auf ihre Daten erfahren. So trifft das Bild vom „gläsernen Bürger“ in Deutschland mehr und mehr zu. Von einem Bankgeheimnis gegenüber dem Staat kann kaum die Rede sein.[1084] Vielmehr entfaltet dieses als zivilrechtliche Verpflichtung nur gegenüber dritten Personen Wirkung.

In Deutschland und Österreich ist anerkannt, dass Bürgen bereits vor der Eingehung dieser Verpflichtung oder vor ihrer Inanspruchnahme gewisse Auskunftsrechte gegenüber einer Bank als Sicherungsnehmerin zustehen. Hat der Bürge den Altgläubiger befriedigt, tritt er in allen Ländern kraft Gesetzes an dessen Stelle und kann die zur Geltendmachung seines Anspruchs gegen den

1082 LGBl. 1972 Nr. 32/2, zuletzt geändert durch LGBL. 2008 Nr. 337.

1083 *Wagner*, Bankenplatz Liechtenstein, S. S. 256 ff.

1084 Entsprechend kritisch auch *Samson/Langrock*, Der »gläserne« Bankkunde, zusammgefasst auf den S. 85 ff.

Schuldner notwendigen Informationen und Unterlagen vom Bürgschaftsnehmer verlangen. Das Bankgeheimnis wird insoweit durchbrochen.

Im Zwangsvollstreckungsverfahren kennen alle Vergleichsländer die Pflicht zur Erteilung einer Drittschuldnererklärung, gegenüber der das Bankgeheimnis zurücktritt.

8 Die Exterritorialität des Bankgeheimnisses

8.1 Der räumliche Geltungsbereich des Bankgeheimnisses

Bisher wurde die rechtliche Tragweite des Bankgeheimnisses im Rahmen dieser Arbeit alleine im nationalen Kontext untersucht. Eine darauf beschränkte Betrachtung erscheint jedoch angesichts der in immer stärkerem Maße internationalen Tätigkeit von Banken und deren Mitarbeitern sowie der zunehmenden Mobilität ihrer Kunden als zu eindimensional. Denn die internationale Tätigkeit von Banken birgt die ständige Gefahr, dass gesetzliche Pflichten in den verschiedenen Märkten, in denen diese operieren, miteinander kollidieren. Daher sind in den letzten Jahrzehnten und nicht zuletzt in der jüngeren Vergangenheit immer wieder Fälle aufgetreten, in denen Kreditinstitute und die für sie tätigen Personen außerhalb ihres Herkunftslands unter behördlichem oder gerichtlichem Zwang eines anderen Staates Kundengeheimnisse offenbart haben.[1085] Insbesondere US-amerikanische Banken wurden bereits häufiger durch dortige Gerichte in Zivilverfahren verpflichtet, Unterlagen ihrer ausländischen Mutter- bzw. Tochtergesellschaften zu beschaffen.[1086] Zudem wurden Bankkunden mit Verbindungen in die USA angehalten, in die Entbindung einer ausländischen Bank vom Bankgeheimnis einzuwilligen.[1087] Außer dem nachfolgend besprochenen sind hingegen in Strafsachen kaum Fälle bekannt, in denen das Bankgeheimnis

---

1085 Vgl. zum allgemeinen Risiko von Bankmitarbeitern im Ausland wegen ihrer Tätigkeit strafrechtlich belangt zu werden: *Elvinger*, Bulletin droit et banque, N° 29, 1999, S. 35, S. 42 ff.

1086 Eine Darstellung der Entwicklung Rechtsprechung verschiedener Staaten, insbesondere auch Amerikas, zu dem Problemkreis der Verpflichtung einer Prozesspartei zur Beweisbeschaffung trotz einer entgegenstehenden ausländischen Geheimhaltungsplficht findet sich bei *Kinsch*, Le fait du prince étranger, S. 86 ff. und S. 198 ff.; Cohen-Tanugi, R.C.D.I.P. 1983, S. 213 ff.; *Demaret*, R.T.D.E. 1985, S. 1, S. 4 ff.; speziell zum luxemburgischen Bankgeheimnis *Kostigoff*, Bulletin droit et banque, N° 6, 1985, S. 51, S. 51 ff.; vgl. auch aus deutscher Sicht *Bosch*, IPRax 1984, S. 127 ff. m.w.N.; aus österreichischer Sicht *Schärf*, ÖBA 1986, S. 583 ff.; aus schweizerischer Sicht gibt *Frei*, SJZ 82 (1986), S. 73 ff. Ratschläge, wie sich von amerikanischen Ermittlungen betroffene Personen verhalten sollten.

1087 Vgl. *Doralt*, ÖBA 1995, S. 699 ff. der sich mit der Frage der Wirksamkeit einer gerichtlicht erzwungenen Entbindung vom Bankgeheimnis auseinandersetzt.

als Begründung für die Verweigerung der Mitwirkung an einem ausländischen Verfahren herangezogen wurde.[1088]

Auch Deutschland ist in letzter Zeit vermehrt von Ermittlungsmaßnahmen amerikanischer Behörden betroffen, wobei zum Teil sensible Informationen von den untersuchten Unternehmen herausverlangt werden. Diese Verfahren betrafen allerdings bisher keine Banken, sondern große international tätige Wirtschaftsunternehmen.[1089] Gleichwohl stößt das Vorgehen der amerikanischen Behörden auf Kritik, die von der Einmischung in die Souveränität Deutschlands über eine Verletzung des Völkerrechts bis hin zur Umgehung der Regeln der internationalen Amts- und Rechtshilfe reicht.[1090]

Überraschenderweise sind die sich im Zusammenhang mit der Exterritorialität des Bankgeheimnisses ergebenden Fragen bisher nicht Gegenstand umfangreicherer Auseinandersetzungen in der juristischen Literatur gewesen.[1091] Ausgehend von den anerkannten völkerrechtlichen Grundprinzipien zum Geltungsbereich von Normen, wird daher hier untersucht, inwieweit dem Bankgeheimnis in den Vergleichsländern eine exterritoriale Wirkung zukommt. Dabei wird zwischen dem Bankgeheimnis als zivilrechtlicher Pflicht auf vertraglicher Basis und der strafrechtlichen Verpflichtung unterschieden. Anschließend wird der Frage nachgegangen, ob und unter welchen Voraussetzungen eine rechtmäßige Geheimnisoffenbarung im Ausland möglich ist.[1092] Darauf aufbauend wird die „Liechtensteiner Steueraffäre" auf die Rechtmäßigkeit des Vorgehens der deutschen Behörden untersucht und geklärt, welche Folgen eine gegen fremdes Recht verstoßende Beweisgewinnung nach deutschen Recht hat.

1088 *Kinsch*, Le fait du prince étranger, S. 212 beschreibt den Fall zweier ehemaliger Angestellter einer luxemburgischen Bank, die vor einem englischen Gericht aussagen sollten. Der Einwand einer möglichen Verletzung des luxemburgischen Bankgeheimnisses wurde von diesem unter Hinweis auf die extreme Unwahrscheinlichkeit der Ahndung dieser Tat durch die luxemburgischen Behörden zurückgewiesen. Tatsächlich ist nicht bekannt, dass ein Verfahren gegen die Bankangestellten in Luxemburg eröffnet wurde.

1089 Vgl. dazu *Wybitul*, BB 2009, S. 609 ff.

1090 Vgl. *Wastl/Litzka/Pusch*, NStZ 2009, S. 68 ff. m.w.N. Diese gehen davon aus, dass in Bezug auf die Äußerungen, der zur Mitwirkung verpflichteten Mitarbeiter solcher Unternehmen, aufgrund des Nemo-tenetur-Prinzips nach deutschem Recht sowohl ein Aussageverweigerungsrecht wie auch ein umfassendes Beweisverwertungsverbot besteht.

1091 Vgl. dazu auch Bülte, wistra 2008, S. 292 ff. m.w.N.

1092 Siehe dazu unten S. 269 ff.

8.1.1 Völkerrechtliche Grundprinzipen zum Geltungsbereich von Normen: Die Lotus-Entscheidung des Ständigen Internationalen Gerichtshofs

Seit der „Lotus-Entscheidung“ des Ständigen Internationalen Gerichtshofs (StIGH) vom 7.9.1927[1093] ist allgemein anerkannt, dass jedes Land innerhalb seines eigenen Territoriums alle Sachverhalte gesetzlich regeln darf, sofern das Völkerrecht dem nicht entgegen steht.[1094] Ebenso unumstritten ist, dass jeder Staat seine Normen durch Ausübung seiner Hoheitsgewalt auch durchsetzen darf. Maßnahmen auf dem Gebiet eines anderen Staates können jedoch ohne Verletzung seiner Souveränität nur mit dessen Einverständnis erfolgen. Es gilt der Nichteinmischungsgrundsatz.[1095] Damit wird der räumliche Geltungsbereich von Normen umschrieben, der im Wesentlichen mit dem Staatsgebiet eines Landes identisch ist. Davon zu unterscheiden ist die Frage, ob eine Norm nur auf Sachverhalte mit Bezug zum eigenen Staat Anwendung findet oder ob sie sich auch auf Sachverhalte mit Auslandsbezug erstreckt, also exterritoriale Wirkung entfaltet. Diese Fragestellung betrifft den sachlichen Geltungsbereich einer Norm.[1096] Dieser darf nach herrschender Ansicht dann auf Auslandsachverhalte erstreckt werden, wenn ein legitimierender bzw. ein sogenannter sinnvoller Anknüpfungspunkt („genuine link“) dafür vorhanden ist.[1097] Die Durchsetzung solcher exterritorial wirkenden Normen darf ein Staat jedoch stets nur auf seinem eigenen Territorium betreiben, es sei denn das Völkerrecht oder ein zwischen-

1093 In dieser Sache ging es um die Kollision eines französischen Postschiffs mit einem türkischen Schiff, bei der mehrere türkische Seeleute starben. Nachdem der Kapitän des französischen Schiffs in der Türkei an Land gegangen war, wurde er verhaftet und zu einer Haftstrafe verurteilt. Auf die Beschwerde Frankreichs, dass den türkischen Gerichten die Zuständigkeit zur Verurteilung des französischen Kapitäns gefehlt habe, entschied der StIGH, dass es dafür keiner positiven Ermächtigungsnorm bedurft habe. Vielmehr könne jeder Staat souverän über seine Zuständigkeiten entscheiden. Beschränkungen könnten sich nur aus freiwilligen Vereinbarungen zwischen Staaten ergeben. Eine eingehende Besprechung dieses Urteils findet sich bei *Menzel/Pierlings/Hoffmann*, Völkerrechtsprechung, S. 291 ff. m.w.N.

1094 *Demaret*, R.T.D.E. 1985, S. 1, S. 25 ff.

1095 *Ambos*, Internationales Strafrecht, § 2 Rn. 2; *Hecker*, Europäisches Strafrecht, § 2 Rn. 9 ff.

1096 *Krafft*, in: Beiträge zum schweizerischen Bankenrecht, S. 207, S. 212; *Stein/von Buttlar*, Völkerrecht, § 3 Rn. 601.

1097 *Ambos*, Internationales Strafrecht, § 2 Rn. 6 f.; *Hecker*, Europäisches Strafrecht, § 2 Rn. 10f.; vgl. zur Anwendung dieses Grundsatzes BGH, Urteil vom 13. 10. 2004 - I ZR 245/01 = GRUR 2005, S. 55, S. 56; OGH, Beschluss vom 11.03.1996 - 1Ob560/95; BGE 118 Ia 137, S. 142.

staatliches Abkommen bestimmen etwas anderes.[1098] Ausgehend von der Lotus-Entscheidung haben sich im Strafrecht bestimmte allgemein anerkannte Anknüpfungspunkte für Auslandssachverhalte herausgebildet, die den sachlichen Geltungsbereich von Normen festlegen. Diese werden allgemein unter dem Begriff des internationalen Strafrechts zusammengefasst, das nachfolgend näher erläutert wird.[1099] Fehlt ein solcher legitimierender Anknüpfungspunkt kann die exterritoriale Anwendung einer Norm einen völkerrechtswidrigen Eingriff in die Hoheitsgewalt eines anderen Staates darstellen.[1100] Das Zivilrecht kennt eigene Anknüpfungspunkte, die im Internationalen Privatrecht (IPR) niederlegt sind. Darauf wird sogleich näher eingegangen.

Bezogen auf das Bankgeheimnis bedeutet dies, dass jeder Staat generell die Möglichkeit hat, diese Geheimhaltungspflicht auch auf Auslandssachverhalte zu erstrecken, ihr also exterritoriale Wirkung zukommen lassen kann. Nachfolgend wird untersucht, inwieweit dies in den einzelnen Vergleichsländern tatsächlich auf zivilrechtlicher und auf strafrechtlicher Ebene der Fall ist.

8.1.2 Der zivilrechtliche Geltungsbereich der Verpflichtung zur Wahrung des Bankgeheimnisses

In Hinblick auf die Ausformung als zivilrechtliche Verhaltens- und Schutzpflicht, ist die Notwendigkeit, das Bankgeheimnis auch auf Auslandssachverhalte zur erstrecken, kaum zu bestreiten. Denn die Dienstleistungen von Banken sind in aller Regel nicht mehr auf einen einzelnen Staat beschränkt, so dass häufig ein internationaler Informationsfluss stattfindet. Auch beim Outsourcing greifen Kreditinstitute vermehrt auf ausländische Dienstleister zurück.[1101] Die Verneinung der zivilrechtlichen Exterritorialität des Bankgeheimnisses würde vor diesem Hintergrund dessen Schutzwirkung erheblich verringern. Denn ein Kreditinstitut könnte sich durch die Verlagerung seiner Daten ins Ausland leicht seiner Geheimhaltungspflicht entziehen. Daher muss ein Bankkunden die Möglichkeit haben, auch bei Auslandssachverhalten seinen Geheimhaltungsanspruch und die aus seiner Verletzung resultierenden Ersatzansprüche geltend zu machen.

Im Folgenden wird untersucht, an welches Recht das IPR der Vergleichsländer anknüpft, wenn bei Auslandssachverhalten vertragliche oder deliktische Ansprüche aus dem Bankgeheimnis hergeleitet werden sollen. Die Bejahung der

---

1098 *Ipsen*, Völkerrecht, § 23 Rn. 85 ff.

1099 Siehe dazu unten S. 233 ff.

1100 *Stein/von Buttlar*, Völkerrecht, § 3 Rn. 608; *Ambos*, Internationales Strafrecht, § 2 Rn. 6 ff.

1101 Siehe dazu schon oben S. 127 ff.

zivilrechtlichen Exterritorialität des Bankgeheimnisses erscheint dabei insoweit rechtlich unproblematisch, da außer den hier verglichenen Staaten auch die meisten anderen Staaten das Bankgeheimnis als zivilrechtliche Geheimhaltungspflicht kennen.[1102] Das für den Umfang und die Grenzen dieser Pflicht maßgebliche Recht ist jeweils nach dem IPR desjenigen Staates zu bestimmen, in dem Ansprüche daraus geltend gemacht werden.

8.1.2.1 In Deutschland, Luxemburg und Österreich

Das IPR ist für die EU-Mitgliedstaaten mit Ausnahme Dänemarks im Bereich der vertraglichen Schuldverhältnisse durch die Verordnung (EG) Nr. 593/2008 des Europäischen Parlaments und des Rates vom 17. Juni 2008 über das auf vertragliche Schuldverhältnisse anzuwendende Recht („ROM I")[1103] vereinheitlicht. Im Bereich der außervertraglichen Schuldverhältnisse gilt für diese Staaten die Verordnung (EG) Nr. 864/2007 des Europäischen Parlaments und des Rates vom 11. Juli 2007 über das auf außervertragliche Schuldverhältnisse anzuwendende Recht („ROM II").[1104]

Ausgenommen von dieser Vereinheitlichung sind nach Art. 1 Abs. 2 lit. G ROM II unter anderem solche deliktischen Ansprüche, die auf einer Verletzung des Persönlichkeitsrechts beruhen. Soweit es also aufgrund einer Verletzung des Bankgeheimnisses zu einer Verletzung des Persönlichkeitsrechts kommt, ist bei der Geltendmachung deliktischer Ansprüche das anwendbare Recht wie bisher nach den Vorschriften des nationalen IPR der EU-Mitgliedstaaten zu bestimmen. Dieses gilt ebenfalls für Sachverhalte, die vor dem Inkrafttreten der ROM II-Verordnung am 11. Januar 2009 abgeschlossen waren. Die ROM I-Verordnung gilt nur für Verträge, die ab dem 17. Dezember 2009 geschlossenen wurden.[1105]

Lassen sich die von einem Kunden geltend gemachten Ansprüche als vertragliche Ansprüche qualifizieren, so wird nach Art. 3 ROM I vorrangig an eine Rechtswahl der Parteien angeknüpft. In der Regel wird dann bei Verträgen mit einer Bank aufgrund von deren AGB, die im Allgemeinen eine Rechtswahlklau-

1102 Eine etwas ältere Übersicht dazu findet sich bei *Chambost*, Bankgeheimnisse, der auf den S. 121 ff. solche Länder darstellt, die wie die Länder des Common Law traditionell über ein nur schwaches Bankgeheimnis verfügen. Auf den S. 257 ff. widmet er sich den „Bankoasen", die wie die Schweiz und Liechtenstein ein starkes Bankgeheimnis mit wenigen Durchbrechungen kennen.

1103 ABl. L 177 vom 04.07.2008, S. 6, berichtigt in Abl. L 309 vom 24.11.2009, S. 87.

1104 ABl. L 199 vom 31.07.2007, S. 40.

1105 Das Datum des Inkrafttretens der ROM I-Verordnung ergibt sich aus Art. 29 ROM I. Im Falle der ROM II-Verordnung folgt das Datum des Inkrafttretens aus Art. 32 ROM II.

sel beinhalten, das Recht ihres Niederlassungsstaats zur Anwendung kommen.[1106] Dies erscheint auch sachgerecht, weil dann auf alle Kunden einer Bank, seien diese Inländer oder Ausländer, das gleiche Recht Anwendung findet. Da es normalerweise der Kunde ist, der den Kontakt zu einer Bank sucht, muss er gegebenenfalls auch mit der Geltung einer ihm fremden Rechtsordnung rechnen.[1107] Liegt keine Rechtswahl vor, ist zunächst eine Anknüpfung nach Art. 4 Abs. 1 ROM I zu prüfen. Wird eine Bank danach im Rahmen eines Dienstleistungsvertrages für einen Kunden tätig, so findet über Art. 4 Abs. 1 lit. b ROM I das Recht desjenigen Staates Anwendung, in dem der Dienstleister seinen gewöhnlichen Aufenthalt hat. Dies ist im Bank-Kunden-Verhältnis grundsätzlich die Bank. Subsidiär kommt eine Anknüpfung nach Art. 4 Abs. 2 ROM I an das Recht am gewöhnlichen Aufenthaltsort des Erbringers der charakteristischen Leistung in Frage. Dies ist bei Bankverträgen ebenfalls zumeist die Bank. Deren gewöhnlicher Aufenthalt liegt nach Art. 19 Abs. 1 ROM I am Ort ihrer Hauptverwaltung. Etwas anderes gilt nach Art. 19 Abs. 2 ROM I dann, wenn ein Vertrag im Rahmen des Betriebs einer Zweigniederlassung, Agentur oder sonstigen Niederlassung geschlossen wird oder eine solche für die Vertragserfüllung verantwortlich ist. Dann gilt als gewöhnlicher Aufenthalt der Ort, an dem sich diese Zweigniederlassung, Agentur oder sonstige Niederlassung befindet. Für vertragliche Ansprüche eines Kunden gegen seine Bank mit Bezug zum Bankgeheimnis gilt daher grundsätzlich das Recht am Niederlassungsort seiner Bank.

Bei Verträgen, die vor dem Inkrafttreten der ROM I-Verordnung abgeschlossen wurden, bestimmt sich das anwendbare Recht in Deutschland, Luxemburg und Österreich nach dem Römischen EWG-Übereinkommen über das auf vertragliche Schuldverhältnisse anzuwendende Recht vom 19. Juni 1980 (EVÜ).[1108] Dieses wurde in Deutschland durch Implementierung in die mit Inkrafttreten der ROM I-Verordnung aufgehobenen Art. 27 ff. des Einführungsge-

---

1106 Eine Rechtswahlklausel zugunsten des deutschen Rechts beinhalten zum Beispiel § 6 Abs. 1 AGB-Banken und § 6 Abs. 1 AGB-Sparkassen; ausführlich zu den AGB der österreichischen Banken *Apathy/Iro/Koziol*, Österreichisches Bankvertragsrecht, 1/431 ff.

1107 Wegen Art. 6 Abs. 2 ROM I kann eine Rechtswahl auch bei Verbraucherverträgen wirksam getroffen werden. Sofern aber eine Bank ihre Tätigkeit grenzüberschreitend auch am gewönhlichen Aufenthaltsort eines Verbrauchers ausübt oder diese auf andere Weise, etwa durch Werbung, darauf ausrichtet, gelten zugunsten des Verbrauchers die zwingenden Verbraucherschutznormen seines Aufenthaltsstaates.

1108 ABl. L 266 vom 09.10.1980, S. 1, zuletzt geändert durch Art. 2 Übereinkommen vom 29.11.1996 (ABl. C 15 S. 10 vom 15.01.1997). Der Abkommenstext wurde amtlich bekannt gemacht in Deutschland in BGBl. 1986 II S. 810 ff.; in Luxemburg in Mémorial A – N° 24, 24.04.1981, S. 615; in Österreich in Ö-BGBl. III Nr. 166/1998, Ö-BGBl. III Nr. 206/1998, Ö-BGBl. III Nr. 208/1998, Ö-BGBl. I Nr. 119/1998.

setzes zum Bürgerlichen Gesetzbuch (EGBGB)[1109] umgesetzt. Die Art. 3 und 4 EVÜ bzw. die Art. 27 und 28 EGBGB entsprachen inhaltlich weitgehend den vorgenannten Bestimmungen der ROM I-Verordnung. Auch danach war vorrangig an eine Rechtswahl der Parteien anzuknüpfen. Fehlte es daran, galt das Recht am Niederlassungsort des Erbringers der charakteristischen Leistung. Daher gelangte man auch bei der Anknüpfung nach dem EVÜ grundsätzlich zur Anwendbarkeit des Rechts am Niederlassungsort einer Bank.[1110]

In Bezug auf deliktische Ansprüche wegen einer Verletzung des Bankgeheimnisses, ausgenommen solche die mit einer Verletzung des Persönlichkeitsrechts begründet werden, gilt gemäß Art. 4 Abs. 1 ROM II das Recht desjenigen Staates, in dem der Erfolg der Verletzungshandlung eingetreten ist. Bei einer Geheimnisverletzung ist dies jeder Ort, an dem es zu Schäden des Geheimnisherrn kommt, so dass gegebenenfalls mehrere Rechtsordnungen anwendbar sind. Haben jedoch Schädiger und Geschädigter ihren Aufenthalt in demselben Staat, so unterliegen die Ansprüche nach Art. 4 Abs. 2 ROM II dem Recht dieses Staates. Zu einem Gleichlauf mit dem Vertragsstatut gelangt man über die Sonderanknüpfung gemäß Art. 4 Abs. 3 ROM II. Danach ist auf deliktische Ansprüche das Recht eines anderen Staates anzuwenden, wenn offensichtlich eine engere Verbindung mit diesem anderen Staat besteht. Eine solche offensichtliche engere Verbindung ist nach Art. 4 Abs. 3 S. 2 ROM II insbesondere dann anzunehmen, wenn ein Rechtsverhältnis, etwa ein Vertrag, zwischen den Parteien besteht, und dieses Rechtsverhältnis in Zusammenhang mit der unerlaubten Handlung steht. Besteht eine vertragliche Beziehung zwischen einer Bank und einem Kunden, ist ein solcher Zusammenhang stets zu bejahen, wenn die Bank ihre Geheimhaltungspflicht verletzt. Denn die Begehung der unerlaubten Handlung wird gerade durch das Bestehen der vertraglichen Beziehung und die damit verbundenen Einwirkungsmöglichkeiten auf den Kunden ermöglicht.

Nach Art. 2 Abs. 1 ROM II findet diese Verordnung auch auf Ansprüche wegen Verschuldens bei Vertragsverhandlungen (culpa in contrahendo) Anwendung. Eine wesentliche Ausnahme von diesem Grundsatz ergibt sich aus Art. 12 Abs. 1 ROM II. Sofern im Stadium vorvertraglicher Verhandlungen vertragsspezifische Pflichten verletzt werden, gilt danach das Recht, das auf einen später abgeschlossenen Vertrag Anwendung gefunden hätte. Dabei kommt es nicht darauf an, ob ein Vertrag tatsächlich geschlossen wurde. Art. 12 Abs. 1 ROM II

1109 BGBl. 1994 I S. 2494, berichtigt in BGBl. 1997 I S. 1061, zuletzt geändert durch Artikel 2 des Gesetzes vom 24. Juli 2010 (BGBl. I S. 977)

1110 Vgl. zur Anknüpfung von Bankverträgen nach dem EVÜ *Welter*, in: *Schimansky/Bunte/Lwowski*, Bankrechtshandbuch, § 26 Rn. 17 ff.; *Sousi-Roubi*, Bulletin droit et banque, N° 21, 1994, S. 7 ff.; *Apathy/Iro/Koziol*, Österreichisches Bankvertragsrecht, 1/406 ff.

verweist insoweit auf die ROM I-Verordnung, da diese, wie schon gezeigt, das auf Vertragsverhältnisse anzuwendende Recht bestimmt. Da die Pflicht zur Wahrung des Bankgeheimnisses eine vertragsspezifische Pflicht im Sinne von Art. 12 Abs. 1 ROM II darstellt, ist danach das anwendbare Recht auch im Falle ihrer Verletzung im vorvertraglichen Stadium über die ROM I-Verordnung zu ermitteln.

Wird im Falle einer unerlaubten Offenbarung des Bankgeheimnisses Schadensersatz unter dem Gesichtspunkt einer Verletzung des Persönlichkeitsrechts begehrt, ist, wie bereits erörtert, die ROM II-Verordnung nicht anwendbar. Das anwendbare Recht bestimmt sich dann nach dem nationalen Kollisionsrecht.

In Deutschland knüpft Art. 40 Abs. 1 S.1 EGBGB die Haftung für unerlaubte Handlungen an das Recht des Handlungsortes an. Liegen Handlungs- und Erfolgsort in verschiedenen Staaten kann der Geschädigte nach Art. 40 Abs.1 S.2 EGBGB auch die Anwendung des Rechts des Erfolgsorts verlangen. Haben Schädiger und Geschädigter im Zeitpunkt der unerlaubten Handlung ihren gewöhnlichen Aufenthalt im gleichen Staat, so ist nach Art. 40 Abs. 2 S. 1 EGBGB vorrangig das Recht dieses Staates anzuwenden. Ergibt sich abweichend davon aus der Gesamtheit der Umstände eine wesentlich engere Verbindung zum Recht eines anderen Staates, so ist nach Art. 41 Abs. 1 EGBGB dieses Recht anzuwenden. Eine wesentlich engere Verbindung in diesem Sinne besteht nach Art. 41 Abs. 2 Nr. 1 EGBGB insbesondere dann, wenn ein tatsächlicher oder rechtlicher Zusammenhang zu einem Schuldverhältnis zwischen den Beteiligten besteht. Ein solcher Zusammenhang ist, wie soeben im Falle der ROM II-Verordnung gezeigt, bei der Geltendmachung deliktischer Ansprüche wegen einer Verletzung des Bankgeheimnisses innerhalb einer vertraglichen Bank-Kunden-Beziehung zu bejahen. Folglich gelangt man auch über Art. 41 Abs. 1, Abs. 2 Nr. 1 EGBGB zum Gleichlauf von Delikts- und Vertragsstatut.

Mangels besonderer gesetzlicher Bestimmungen bestimmt sich in Luxemburg das anwendbare Recht für deliktische Handlungen außerhalb des Anwendungsbereichs der ROM II-Verordnung nach dem Tatortprinzip. Danach gilt das Recht desjenigen Staates, in dem die schädigende Handlung begangen wurde.[1111] Eine im Ausland erfolgte Geheimnisverletzung wird also stets nach dem Recht des Staates beurteilt, in dem die Geheimnisoffenbarung stattgefunden hat. Da derzeit jedoch eine persönlichkeitsrechtliche Begründung des Bankgeheim-

1111 Vgl. dazu die amtlichen Anmerkungen nach Art. 1383 CC im Abschnitt Responsabilité délictuelle ou quasi-délictuelle, III. Droit international privé, Nr. 1°. Diese Anmerkungen sind einsehbar in der amtlichen Gesetzesfasssung, die abgerufen werden kann unter: http://www.legilux.public.lu/leg/textescoordonnes/codes/index.html#code_civil (Stand: 17.11.2010).

nisses in Luxemburg nicht üblich ist,[1112] kommt dieser Anknüpfung keine besondere Bedeutung zu.

Auch in Österreich ist eine solche Herleitung des Bankgeheimnisses, wie bereits gezeigt, eher unüblich.[1113] Außervertragliche Schadensersatzansprüche, die nicht der ROM II-Verordnung unterliegen, knüpft § 48 Abs. 1 des Bundesgesetzes vom 15. Juni 1978 über das internationale Privatrecht (Ö-IPRG)[1114] vorrangig an das von den Parteien bestimmte Recht an. Fehlt eine solche Rechtswahl, ist nach § 48 Abs. 2 Ö-IPRG das Recht desjenigen Staates anwendbar, in dem das den Schaden verursachende Verhalten gesetzt wurde, also wie in Luxemburg dasjenige des Handlungsortes. Besteht jedoch für die Beteiligten eine stärkere Beziehung zum Recht ein und desselben Staates, so ist dessen Recht maßgebend. Eine solche stärkere Beziehung ist insbesondere bei Vorliegen einer vertraglichen Beziehung anzunehmen, die im Zusammenhang mit der deliktischen Handlung steht. Demnach kommt es bei Anknüpfung nach dem Ö-IPRG wie in Deutschland zum Gleichlauf von Vertrags- und Deliktsstatut.

8.1.2.2 In der Schweiz

Das internationale Privatrecht der Schweiz ist in dem Bundesgesetz vom 18. Dezember 1987 über das Internationale Privatrecht (S-IPRG)[1115] festgelegt. Für das Obligationenrecht, das für die Geltendmachung vertraglicher Ansprüche mit Bezug zum Bankgeheimnis maßgeblich ist, bestimmt Art. 116 S-IPRG wie die ROM I-Verordnung, dass sich das anwendbare Recht vorrangig nach einer Rechtswahl der Parteien richtet. Da schweizerische Banken ebenso wie diejenigen in Deutschland, Luxemburg und Österreich im allgemeinen eine Rechtswahl zugunsten des nationalen Rechts treffen, wird daher auf die vertraglichen Beziehungen zu ihren Kunden meist schweizerisches Recht Anwendung finden. Fehlt eine Rechtswahl, so ist nach Art. 117 Abs. 1 S-IPRG das Recht desjenigen Staates maßgeblich, zu dem der Vertrag die engste Verbindung aufweist. Dies ist nach Art. 117 Abs. 2 S-IPRG in der Regel das Recht am Sitz des Erbringers der charakteristischen Leistung, bei Bankverträgen also grundsätzlich das Recht am Niederlassungsort der Bank.[1116] Auch danach gilt Schweizer Recht, was der Anknüpfung nach der ROM I-Verordnung entspricht.

Bei deliktischen Ansprüchen bestimmt sich das anwendbare Recht nach Art. 133 S-IPRG. Danach gilt vorrangig das Recht desjenigen Staates, in dem Schä-

1112 Siehe dazu schon oben S. 86.

1113 Siehe dazu schon oben S. 87.

1114 Ö-BGBl. Nr. 304/1978, zuletzt geändert durch Ö-BGBl. I Nr. 135/2009.

1115 AS **1988** 1776, zuletzt geändert durch AS **2009** 6579.

1116 Vgl. *Aubert*, Le secret bancaire suisse, S. 390 ff.

diger und Geschädigter ihren gemeinsamen gewöhnlichen Aufenthalt haben. Liegt dieser in verschiedenen Staaten, ist nach Art. 133 Abs. 2 S. 1 S-IPRG das Recht desjenigen Staates anzuwenden, auf dessen Gebiet die unerlaubte Handlung begangen wurde. Tritt der Erfolg in einem anderen Staat als dem Handlungsort ein, so gilt nach Art. 133 Abs. 2 S. 1 S-IPRG das Recht des Erfolgsorts, sofern der Schädiger mit dem Eintritt des Erfolges in diesem Staat rechnen musste. Das schweizerische IPR knüpft damit wie das deutsche, luxemburgische und österreichische vorrangig an das Recht des Handlungsortes und nur ausnahmsweise, bei Vorhersehbarkeit für den Schädiger, an das Recht des Erfolgsorts an. Besteht eine vertragliche Beziehung, wie dies bei Banken und ihren Kunden meist der Fall ist, gelangt man zu einem Gleichlauf von Vertrags- und Deliktsstatut. Denn nach Art. 133 Abs. 3 S-IPRG findet auf unerlaubte Handlungen, die ein zwischen Schädiger und Geschädigtem bestehendes Rechtsverhältnis verletzen, vorrangig das Recht Anwendung, dem dieses Rechtsverhältnis unterstellt ist.

8.1.2.3 In Liechtenstein

In Liechtenstein erfolgt die Bestimmung des anwendbaren Rechts nach dem Gesetz vom 19. September 1996 über das internationale Privatrecht (L-IPRG).[1117] Dieses knüpft vertragliche Ansprüche wie die Gesetze der anderen Vergleichsländer in Art. 39 Abs. 1 L-IPRG vorrangig an eine Rechtswahl der Parteien an. Da in der Regel auch liechtensteinische Banken in ihren AGB eine Rechtswahl zugunsten des nationalen Rechts treffen, findet auf die vertraglichen Beziehungen zu ihren Kunden liechtensteinisches Recht Anwendung. Fehlt es an einer Rechtswahl, kennt das L-IPRG in Art. 42 Abs. 1 L-IPRG eine Sonderregelung zur Bestimmung des anwendbaren Rechts bei Bankgeschäften. Danach sind diese nach dem Recht des Staates zu beurteilen, in dem das Unternehmen, das Geschäfte nach dem Bankengesetz betreibt, seine Niederlassung hat. Verletzt also eine in Liechtenstein niedergelassene Bank das Bankgeheimnis, gilt für die daraus erwachsenden vertraglichen Ansprüche des geschädigten Kunden liechtensteinisches Recht.

Außervertragliche Schadensersatzansprüche sind nach Art. 52 Abs. 1 L-IPRG nach dem Recht des Staates zu beurteilen, in dem das schädigende Verhalten stattfand. Es gilt also das Recht des Handlungsortes. Besteht jedoch für die Beteiligten eine stärkere Beziehung zum Recht eines anderen Staates, so ist dessen Recht maßgebend. Eine solche stärkere Beziehung wird man in Bezug auf Verletzungen des Bankgeheimnisses dann annehmen können, wenn Schädiger und Geschädigter ihren gewöhnlichen Aufenthalt im selben Staat haben,

1117 LGBl. 1996 Nr. 194, zuletzt geändert durch LGBl. 2008 Nr. 221.

weil dann unabhängig vom Begehungsort der unerlaubten Handlung ein beiden Seiten vertrautes Recht zur Anwendung gelangt. Als noch gewichtigeres Indiz für eine stärkere Beziehung erscheint ein zwischen Schädiger und Geschädigtem bestehendes vertragliches Schuldverhältnis, das einen Bezug zur schädigenden Handlung aufweist, da dann alle Ansprüche des Geschädigten demselben Recht unterstehen. Damit kommt es auch nach liechtensteinischem IPR zu einem Gleichlauf von Vertrags- und Deliktsstatut.

8.1.2.4 Zusammenfassung

Nach dem internationalen Privatrecht der Vergleichsländer ist bei der Geltendmachung vertraglicher Ansprüche mit Bezug zum Bankgeheimnis grundsätzlich eine Rechtswahl der Parteien vorrangig zu beachten. Eine solche findet sich meist in den AGB der Banken, die das Recht an ihrem jeweiligen Niederlassungsort für anwendbar erklären. Fehlt es an einer Rechtswahl, gelangt man auch über die allgemeinen Kollisionsregeln der ROM I-Verordnung, sowie des S-IPRG zur Anwendbarkeit dieses Rechts, weil danach vertragliche Ansprüche an das Recht am Niederlassungsort des Erbringers der charakteristischen Leistung anzuknüpfen sind. Da dies bei Bankgeschäften grundsätzlich die ausführende Bank ist, gilt demnach das Recht an deren Niederlassungsort. Das liechtensteinische IPR beinhaltet mit Art. 42 Abs.1 L-IPRG sogar eine entsprechende Sonderanknüpfung.

Bei der deliktischen Haftung knüpfen die ROM II-Verordnung sowie die verschiedenen nationalen Gesetze über das internationale Privatrecht, die für die EU-Mitgliedstaaten insbesondere bei deliktischen Haftung wegen Persönlichkeitsrechtsverletzungen noch zur Anwendung gelangen, in unterschiedlicher Weise an das Recht des Handlungs- oder Erfolgsorts der unerlaubten Handlung an. In allen Vergleichsländern ist vorrangig jedoch das Recht desjenigen Staates anzuwenden, zu dem Schädiger und Geschädigter eine engere Verbindung besitzen. Über diese Sonderanknüpfung gelangt man – sofern eine vertragliche Beziehung besteht – überall zum rechtlichen Gleichlauf von Vertrags- und Deliktsstatut.

8.1.3 Die strafrechtliche Exterritorialität des Bankgeheimnisses vor dem Hintergrund der „der Weduwe-Entscheidung“ des Europäischen Gerichtshofs

Infolge der bereits zitierten „Lotus-Entscheidung“ haben sich bestimmte allgemein anerkannte und verbreitete Anknüpfungspunkte über die extraterritoriale

Wirkung von Strafnormen herausgebildet.[1118] Es sind diese insbesondere das aktive und das passive Personalitätsprinzip, das Flaggenprinzip, das Weltrechtsprinzip und das Staatsschutzprinzip. Die beiden erstgenannten Prinzipien betreffen die Verfolgung von Straftaten, die von oder gegenüber einer Person mit der Nationalität des verfolgenden Staates im Ausland begangen wurden.[1119] Das Flaggenprinzip regelt Fälle von Straftaten an Bord und Luft- und Wasserschiffen und anderen Fahrzeugen, die offiziell unter der Flagge eines Landes betrieben werden.[1120] Dieses Prinzip kann hier vernachlässigt werden. Das Weltrechtsprinzip, auch Universalitätsprinzip genannt, regelt die generelle Verfolgbarkeit bestimmter Straftaten, die gegen völkerrechtlich allgemein anerkannte Prinzipen verstoßen, wie etwa Genozide.[1121] Es ist im hiesigen Kontext nicht anwendbar. Das Staatsschutzprinzip, auch als Realprinzip bezeichnet, erlaubt unabhängig vom Begehungs- oder Erfolgsort oder der Person des Täters die Verfolgung solcher Straftaten, deren Begehung nationale Interessen gefährdet.[1122] Die darunter zu fassenden Delikte legt jedes Land eigenständig fest, so dass es prinzipiell zur Herleitung der strafrechtlichen Exterritorialität des Bankgeheimnisses geeignet erscheint.

Inlandssachverhalte unterliegen demgegenüber, unabhängig von der Person des Täters, nach dem allgemein anerkannten Territorialitätsprinizp grundsätzlich dem Recht desjenigen Staates, auf dessen Gebiet die Tat begangen wurde.[1123] Aufgrund dieses rein nationalen Bezugspunkts erscheint das Territorialitätsgrundsprinzip auf den ersten Blick ungeeignet zur Begründung der Exterritorialität des Bankgeheimnisses. Jedoch wird das Territorialitätsgrundsprinzip meist durch den Auswirkungsgrundsatz, auch Ubiquitätsprinzip genannt, gelockert. Dieses besagt, dass eine im Ausland begangene Handlung dann im Inland verfolgt werden kann, wenn sie dort Wirkung entfaltet, insbesondere wenn der Taterfolg im Inland eintritt.[1124] Der Auswirkungsgrundsatz verstößt dabei nicht gegen das völkerrechtliche Nichteinmischungsgebot, denn er verlangt gerade einen

1118 BVerfG, Beschluss vom 15.05.1995 - 2 BvL 19/91 u. a = BVerfGE 92, S. 277 ff. = NJW 1995, S. 1811, S. 1813; BGE 118 Ia 137, S. 142; allgemein zu den Auswirkungen der Lotus-Entscheidung auf das Strafrecht *Ambos*, in: MüKoStGB, Vorbemerkungen zu den §§ 3-7, Rn. 17 ff. m.w.N.

1119 *Ambos*, in: MüKoStGB, Vorbemerkungen zu den §§ 3-7, Rn. 34 m.w.N.

1120 *Ambos*, in: MüKoStGB, Vorbemerkungen zu den §§ 3-7, Rn. 35 ff. und 42 ff. jeweils m.w.N.

1121 Vgl. *Ambos*, Internationales Strafrecht, § 3 Rn. 93 ff.; *Stein/von Buttlar*, Völkerrecht, § 3 Rn. 623 ff.

1122 BVerfG, Beschluss vom 15.05.1995 - 2 BvL 19/91 = BVerfGE 92, S. 277 ff. = NJW 1995, S. 1811, S. 1813.

1123 *Foregger/Fabrizy*, StGB, § 62 Rn. 2.

1124 *Ambos*, Internationales Strafrecht, § 3 Rn. 4 ff.

legitimierenden Anknüpfungspunkt für die Strafverfolgung im jeweiligen Staat.[1125] Gleichwohl kann es dadurch zu Konflikten mit anderen Rechtsordnungen kommen. Denn wenn eine Tat in einem Staat begangen wurde und gleichzeitig Auswirkungen auf einen oder mehrere andere Staaten hat, kann jeder dieser Staaten bei Anwendung des Territorialitätsgrundsprinzip in Verbindung mit dem Auswirkungsgrundsatz seine Jurisdiktion begründen.

Nachfolgend soll geklärt werden, inwieweit dem strafrechtlich verankerten Bankgeheimnis in den einzelnen hier verglichenen Staaten exterritoriale Wirkung zukommt.[1126] Soweit dies der Fall ist, wird untersucht, ob und unter welchen Voraussetzungen ein Staat befugt ist, die Offenbarung von Informationen zu verlangen, die unter das Bankgeheimnis eines anderen Staates fallen.

Klärung in dieser Hinsicht hätte das Urteil des Europäischen Gerichtshofs (EuGH) in der Rechtssache *der Weduwe* bringen können. Darin hatte sich der EuGH im Rahmen eines Vorabentscheidungsverfahrens mit einer Vorlage durch einen belgischen Untersuchungsrichter, Onderzoeksrechter in de Rechtbank van eerste aanleg Turnhout, auseinanderzusetzen. Dieser ermittelte gegen *Paul der Weduwe*, der als Angestellter verschiedener luxemburgischer Banken im Zeitraum von Oktober 1993 bis Mai 1999 aufgrund seiner Tätigkeit bei der Anwerbung von Kunden in Belgien mehrere Straftaten begangen haben soll. Im Zuge des Ermittlungsverfahrens sollten Paul *der Weduwe* als Beschuldigter sowie eine weitere Person als Zeuge vernommen werden. Entgegen der in Belgien bestehenden Aussagepflicht, deren Verletzung unter Strafe steht, verweigerten beide Personen bei ihrer Vernehmung die Aussage. Dabei beriefen sie sich jeweils nicht auf ein Aussageverweigerungsrecht, sondern machten geltend, dass sie durch den gesetzlichen Aussagezwang in Gefahr gerieten, das luxemburgische Bankgeheimnis zu verletzen. Das Gericht bejahte eine exterritoriale Wirkung des luxemburgischen Bankgeheimnisses, weshalb es sich in seiner Ermittlungstätigkeit behindert fühlte. Da es annahm, dass entweder die Exterritorialität des luxemburgischen Bankgeheimnisses oder die Aussagepflicht nach belgischem Recht in unzulässiger Weise in den freien Dienstleistungsverkehrs im Sinne von Art. 49 des Vertrages zur Gründung der Europäischen Gemeinschaft (EGV) eingriffen, rief das Gericht den EuGH an und legte diesem insgesamt vier Fragen zur Vorabentscheidung vor. Diese wurden vom EuGH dahingehend zusammengefasst, dass geklärt werden solle, ob Art. 49 EGV der Verpflichtung zur Zeugenaussage oder der Möglichkeit eines Beschuldigten zur Aussage nach belgi-

1125 Vgl. zur Kritik am Ubiquitätsgrundsatz auch *Hecker*, Europäisches Strafrecht, § 2 Rn. 16 ff. m.w.N.

1126 Dabei wird die Frage eines eventuellen Verstoßes des Bankgeheimnisses der hier verglichenen Länder gegen EG-Recht ausgeklammert, da deren Erörtrtung den Rahmen dieser Arbeit thematisch sprengen würde.

schem Strafprozessrecht entgegenstehe, wenn der Zeuge bzw. Beschuldigte aufgrund der extraterritorialen Wirkung des luxemburgischen Bankgeheimnisses Gefahr laufe deswegen dort strafrechtlich verfolgt zu werden. Umgekehrt solle auch geklärt werden, ob Art. 49 EGV einer exterritorialen Wirkung des luxemburgischen Bankgeheimnisses entgegenstehe, wenn dieses eine Vernehmung als Zeuge oder eine Aussage als Beschuldigter in einem ausländischen gerichtlichen Verfahren verbiete.[1127] Die Entscheidung über eine mögliche exterritoriale Wirkung luxemburgischen Bankgeheimnisses blieb in diesem Verfahren letztlich jedoch offen.[1128] Der EuGH erklärte das Vorabentscheidungsverfahren für unzulässig, da die Vorlagefragen auf einer asymmetrischen und hypothetischen Auslegung des luxemburgischen Rechts beruhten, die keinesfalls dessen einzig denkbare Deutung darstellten.[1129]

8.1.3.1 In Deutschland

Die Frage nach der strafrechtlichen Exterritorialität des deutschen Bankgeheimnis bedarf wegen des Fehlens eines entsprechenden Straftatbestandes hier keiner Erörterung. Der auf Geheimnisverletzungen durch Sparkassenmitarbeiter anwendbare § 203 Abs. 2 Nr. 1 StGB kann insoweit außer Betracht bleiben, da er sich nicht als besondere Ausprägung des Bankgeheimnisses darstellt.[1130]

8.1.3.2 In Luxemburg

In der luxemburgischen Literatur zum Bankgeheimnis ist seit dem Erlass von Art. 16 des Gesetzes vom 23. April 1981 und auch unter dessen Nachfolgeregelung in Art. 41 des Gesetzes vom 05. April 1993 über eine exterritoriale Wirkung des strafrechtlichen Bankgeheimnisses diskutiert worden. Das Bedürfnis nach einer solchen Wirkung ist vor dem Hintergrund der geringen Größe des Großherzogtums verständlich. Jede andere Auslegung hätte zur Folge, dass sich die strafrechtlichen Konsequenzen einer unerlaubten Geheimnisoffenbarung leicht durch eine Tatbegehung im Ausland umgehen ließen.[1131] Dieses rein prak-

---

1127 Urteil des Gerichtshofes vom 10.12.2002, C-153/00 = Slg. 2002, I-11319 = EuZW 2004, S. 280 mit Besprechung bei *Gudenburg*, ELR 2003, S. 72; Urteil und Schlussanträge sind abrufbar unter: http://curia.europa.eu/jurisp/cgi-bin/form.pl?lang=de (Stand: 17.11.2010).

1128 *Gudenburg*, ELR 2003, S. 72, S. 74.

1129 Urteil des Gerichtshofes vom 10.12.2002 , C-153/00, Rn. 36 – 40.

1130 Siehe dazu schon oben S. 91 ff.

1131 So auch ausdrücklich die luxemburgische Regierung in ihrer Stellungnahme in der Rechtssache „der Weduwe“, wiedergegeben in: Schlussanträge des Generalanwalts Philippe Léger vom 23.04.2002, Rechtssache C-153/00 Rn. 47.Vgl. auch *Elvinger*,

tische Argument alleine kann aber nicht als rechtlich tragfähige Begründung für eine Erstreckung des sachlichen Anwendungsbereichs von Art. 41 des Gesetzes vom 05. April 1993 auf Auslandssachverhalte angesehen werden. Ebenso wenig hilft der bereits oben im Rahmen der Bestimmung des Bankenbegriffs erwähnte Art. 35 Abs. 4 des Gesetzes vom 05. April 1993 weiter, der den Anwendungsbereich der Regeln über die Berufspflichten sowie die Aufsichts- und Verhaltensregeln im Finanzsektor festlegt, zu denen das Bankgeheimnis zählt. Diese Norm bestimmt alleine den persönlichen Anwendungsbereich der dort aufgeführten Berufsregeln, trifft aber keine Aussage zu ihrem sachlichen Geltungsbereich. Auch aus Art. 41 des Gesetzes vom 05. April 1993 selbst lassen sich kaum Schlüsse auf den sachlichen Anwendungsbereich der Norm ziehen. Zwar wurden im Zuge einer Gesetzesänderung im Jahre 2001 auch sogenannte „ausländische Betreiber in Luxemburg zugelassener Systeme im Sinne des Teils I dieses Gesetzes“[1132] in den Kreis der Geheimnisträger des Bankgeheimnisses aufgenommen. Dabei ging es jedoch nur um die Erweiterung des persönlichen Anwendungsbereiches von Art. 41 des Gesetzes vom 05. April 1993, um so grenzüberschreitende Synergien durch die gemeinsame Nutzung von Zahlungs- und Wertpapiersystemen zu realisieren. Da der Betreiber eines solchen Systems als Ansprechpartner der Behörden gilt,[1133] erscheint es konsequent, ihn auch deren nationaler Gesetzgebung zu unterstellen. Denn nur so ist eine reibungslose Erfüllung der gesetzlichen Pflichten eines Systembetreibers gewährleistet. Dass mit dieser Gesetzesänderung darüber hinaus der sachliche Anwendungsbereich des Bankgeheimnisses erweitert werden sollte, geht aus den Gesetzesmaterialien nicht hervor und erscheint auch schwer zu begründen, da nur der Systembetreiber und nicht aber die übrigen ausländischen Systemteilnehmer in Art. 41 des Gesetzes vom 05. April 1993 aufgenommen wurden.[1134]

Begründen lässt sich die exterritoriale Wirkung des Bankgeheimnisses demgegenüber unter Rückgriff auf die allgemeinen Bestimmungen des CP und des

Bulletin droit et banque, N° 26, 1997, S. 5, S. 10 f. mit Zitierung schweizerischer Literatur zum Bankgeheimnis.

1132 Nach der Legaldefinition in Art. 34-2 des Gesetzes vom 05. April 1993 handelt es sich um bei einem ausländischen System um eine förmliche Vereinbarung, die dem luxemburgischen Recht oder dem Recht eines anderen Mitgliedstaates unterliegt, als Zahlungs- oder Wertpapierliefer- oder -abrechnungssystem zugelassen ist oder als solche Stelle angesehen wird und der Europäischen Kommission von einem Mitgliedstaat als System gemeldet worden ist. Als Betreiber gilt, wer alleine oder mit anderen zusammen für das Funktionieren des Systems verantwortlich ist und als Verhandlungspartner der Behörden angesehen wird.

1133 Dies folgt aus der Legaldefinition in Art. 34-2 lit. h des Gesetzes vom 05. April 1993.

1134 Andere Ansicht *Spielmann*, Le secret bancaire, S. 66 f.

CIC. Obwohl in dem Gesetz vom 05. April 1993 ein Hinweis auf die Anwendbarkeit dieser Bestimmungen fehlt, erscheint dieser Ansatz richtig, da das Schweigen des luxemburgischen Gesetzgebers eher als technisches Versäumnis, denn als absichtlicher Verzicht erscheint. Diese Deutung bestätigt die Stellungnahme der luxemburgischen Regierung zum Fall *der Weduwe*, die im Schlussbericht des Generalanwaltes wiedergegeben wird. Danach geht die Regierung des Großherzogtums ausdrücklich von der Exterritorialität des Bankgeheimnisses aus.[1135]

Im Code pénal findet sich in Art. 3 CP zunächst die Festlegung des Territorialitätsprinzips. Diesem folgend werden Delikte auf dem Gebiet des Großherzogtums nach Maßgabe der luxemburgischen Gesetze bestraft, unabhängig davon, ob der Täter Luxemburger oder Ausländer ist.

Art. 4 CP legt demgegenüber fest, dass im Ausland begangene Taten nur in den gesetzlich festgelegten Fällen in Luxemburg verfolgt werden. Dabei handelt es sich um einen Verweis auf die Art. 5 bis 7 CIC.[1136] Daraus ergeben sich verschiedene mögliche Anknüpfungspunkte für die Verfolgung im Ausland begangener Straftaten nach luxemburgischem Recht.

Diejenigen Artikel, die nach dem Weltrechts- oder dem Realprinzip die unbeschränkte Anwendbarkeit luxemburgischen Rechts unabhängig vom Begehungsort der Tat und der Person des Täters anordnen, erfassen Art. 41 des Gesetzes vom 05. April 1993 nicht. Danach kann die Exterritorialität des Bankgeheimnisses nicht darauf gestützt werden.[1137]

In Betracht kommt hingegen die Anwendung von Art. 5 CIC, der das aktive Personalitätsprinzip verkörpert. Danach gelangt luxemburgisches Strafrecht auf von Luxemburgern im Ausland begangene Straftaten zur Anwendung. Dies gilt allerdings nur für Verbrechen im Sinne des luxemburgischen Rechts[1138] uneingeschränkt. Vergehen im Sinne des luxemburgischen Strafrecht[1139] werden da-

---

1135 Schlussanträge des Generalanwalts Philippe Léger vom 23.04.2002, Rechtssache C-153/00 Rn. 43 ff.

1136 *Spielmann/Spielmann*, Droit pénal général luxembourgeois, S. 120 f.

1137 Vgl. dazu insbesondere die Art. 5-1, 7, 7-1 und 7-4 CIC; es handelt sich dabei insbesondere um Straftaten gegen den luxemburgischen Staat sowie Wirtschaftsdelikte und schwere Straftaten gegen Personen.

1138 Als Verbrechen in diesem Sinne gelten nach Art. 1 CP solche Taten, die mit einer Kriminalstrafe geahndet werden. Diese werden in den Art. 7 bis 13 CP aufgeführt. Dabei handelt es sich insbesondere um die Verhängung von lebenslangen oder zeitigen Freiheitsstrafen (réclusion à vie ou à temps) sowie Geldbußen. Bei zeitigen Freiheitsstrafen beträgt die Dauer nach Art. 8 CP mindestens fünf Jahre.

1139 Als Vergehen (délit) im Sinne des luxemburgischen Strafrechts gelten nach Art. 1 CP Taten, die mit den in den Art. 14 bis 24 CP vorgesehenen Strafen geahndet werden.

nach nur verfolgt, wenn die entsprechende Tat auch am Begehungsort unter Strafe steht, also die beiderseitige Strafbarkeit gegeben ist. Zudem muss nach Art. 5 Abs. 6 CIC das Vergehen von dem Betroffenen oder demjenigen Staat, auf dessen Gebiet die Tat begangen wurde, offiziell in Luxemburg angezeigt werden.[1140] Bei Art. 41 des Gesetzes vom 05. April 1993 handelt es sich um ein Vergehen im Sinne des Art. 1 CP, da Verstöße nach dem in Bezug genommenen Art. 458 CP nur mit Freiheitsstrafe bis zu sechs Monaten oder Geldstrafe geahndet werden können. Daher kann eine Verletzung des Bankgeheimnisses im Ausland nur dann nach Art. 5 CIC in Luxemburg verfolgt werden, wenn diese Tat auch am Begehungsort strafbar ist. Dieses Ergebnis erweist sich in mehrfacher Hinsicht als unbefriedigend. Denn die dadurch vermittelte Exterritorialität von Art. 41 des Gesetzes vom 05. April 1993 ist lückenhaft. Zum einen gilt Art. 5 CIC ausdrücklich nur für luxemburgische Staatsangehörige, ein großer Teil der Bankangestellten dieses Landes sind jedoch Ausländer. Zum anderen kennen viele Länder keine dem luxemburgischen Recht vergleichbare Strafnorm über das Bankgeheimnis.[1141] So könnte beispielsweise die Verletzung des Bankgeheimnisses durch einen luxemburgischen Bankier in Liechtenstein nach luxemburgischem Recht verfolgt werden. Derselbe Täter könnte jedoch bei einer entsprechenden Offenbarung in Deutschland mangels beiderseitiger Strafbarkeit nicht belangt werden. Auch das Erfordernis einer offiziellen Anzeige dürfte einer Verfolgung solcher Taten in der Regel entgegenstehen.[1142]

Daher herrscht in der luxemburgischen Literatur die Ansicht vor, die über Art. 7-2 CIC zur Erstreckung von Art. 41 Abs. 1 des Gesetzes vom 05. April 1993 auf Auslandssachverhalte kommt. Dieser Artikel ist Ausdruck des Auswirkungsprinzips und unterstellt alle Taten, bei denen wesentliche Tatelemente im Großherzogtum eintreten, dortigem Recht. Über die Frage der Anwendbarkeit dieser Norm auf die Verletzung von Geheimhaltungspflichten wie dem Bankgeheimnis im Ausland haben die luxemburgischen Gerichte bisher noch nicht entschieden.[1143] Diesbezüglich verweist die Literatur auf die entsprechenden französischen und belgischen Normen sowie die dazu ergangene Rechtspre-

Dabei handelt es sich insbesondere um Freiheitsstrafen mit einer Mindestdauer von weniger als fünf Jahren und Geldbußen.

1140 *Spielmann/Spielmann*, Droit pénal général luxembourgeois, S. 137 ff.

1141 Vgl. *Spielmann*, Le secret bancaire, S. 66.

1142 Kritisch zur Anwendung dieser Norm daher auch *Spielmann*, Le secret bancaire, S. 66; Lasserre Capdeville, Le secret bancaire, Rn. 504 f.

1143 Bei Vogel, Les Pandectes, Droit pénal, Dossier I, S. 104 findet sich lediglich eine Entscheidung des Tribunal d'Arrondissement de Luxembourg vom 13.07.1995, in der das Ubiquitätsprinzip als solches anerkannt und dessen wesentliche Voraussetzungen dargestellt werden.

chung.[1144]Die französischen Gerichte haben zwar ebenfalls soweit ersichtlich noch nicht zur Exterritorialität des Bankgeheimnisses Stellung genommen. In anderem Kontext sind sie jedoch der Anwendung des französischen Art. 113-2 CP, der Art. 7-2 CIC entspricht, zum Teil sehr großzügig bei der Annahme „wesentlicher Tatelemente“ auf dem Gebiet Frankreichs gewesen, womit es ihnen gelang, ihre eigene Zuständigkeit und die Anwendbarkeit französischen Rechts zu bejahen.[1145] Eine ebenso großzügige Auslegung von Art. 7-2 CIC würde es daher ermöglichen, dem luxemburgischen Bankgeheimnis strafrechtlich eine umfassende exterritoriale Geltung zu verschaffen. Allerdings ist die französische Rechtsprechung uneinheitlich und in der Literatur keineswegs unumstritten,[1146] was bei der Übertragung auf luxemburgisches Recht zu berücksichtigen ist.[1147]

Bei der Anwendung von Art. 7-2 CIC auf Verletzungen des Bankgeheimnisses erscheint die Tathandlung als primärer Anknüpfungspunkt. Diese liegt in der unerlaubten Geheimnisoffenbarung. Findet letztere im Ausland statt, scheidet eine Anknüpfung an luxemburgisches Recht insoweit aus. In der Literatur wird daher argumentiert, dass auch die Kenntnisnahme der vom Bankgeheimnis umfassten Informationen durch einen Bankier ein wesentliches Tatelement darstelle. Denn dadurch werde diesem die spätere Geheimnisoffenbarung erst ermöglicht. Diese Kenntnisnahme erfolge zumeist in Luxemburg, da ein dort angestellter Bankier seine Tätigkeit überwiegend auch dort ausüben werde. Dann seien auch im Falle einer Geheimnisverletzung im Ausland die Voraussetzungen von Art. 7-2 CIC erfüllt, so dass auf die Tat luxemburgisches Recht Anwendung finde.[1148]

Dieser Ansatz sieht sich jedoch berechtigter Kritik ausgesetzt. Denn bei einem Geheimnisbruch stellt die vorherige Kenntniserlangung der geschützten Informationen durch einen Geheimnisträger zwar eine denknotwendige Voraussetzung dafür dar, dass dieser später überhaupt etwas offenbart kann. Der Tatbestand der Verletzung des Bankgeheimnisses erschöpft sich jedoch in der unerlaubten Geheimnisoffenbarung. Wenn Art. 41 des Gesetzes vom 05. April 1993 von „Auskünften, die ihnen im Rahmen ihrer Berufsausübung anvertraut wurden“ spricht, geht es um die sachliche Abgrenzung von Berufsausübung und privater Aktivität eines Bankiers, die überhaupt erst die Anwendbarkeit dieser

---

1144 Auf das französische Recht verweisen *Elvinger*, Bulletin droit et banque, N° 26, 1997, S. 5, S. 10 f.; *Lasserre Capdeville*, Le secret bancaire, Rn. 500 ff.; zusätzlich auf belgisches Recht verweist *Spielmann*, Le secret bancaire, S. 63 f.

1145 Beispiele dazu finden sich bei *Spielmann/Spielmann*, Droit pénal général luxembourgeois, S. 133 ff.

1146 Siehe dazu aus französischer Sicht: *Gautier*, R.C.D.I.P. 1989, S. 669 ff.

1147 Vgl. *Lasserre Capdeville*, Le secret bancaire, Rn. 500 ff.

1148 *Elvinger*, Bulletin droit et banque, N° 26, 1997, S. 5, S. 10 f.

Norm bewirkt. Dadurch wird jedoch die Kenntnisnahme nicht zum Tatelement eines späteren Geheimnisbruchs. Sie ist bloße Vorbedingung dafür.[1149]

Probleme treten auch dann auf, wenn sowohl die Kenntniserlangung als auch die Geheimnisoffenbarung im Ausland stattgefunden haben, etwa bei einem Geheimnisverrat im Ausland nach einem Hausbesuch des luxemburgischen Bankberaters bei einem Kunden in Belgien. Hier fehlt der räumliche Bezugspunkt der Kenntniserlangung zu Luxemburg, so dass es nahe liegt, die Anwendbarkeit des luxemburgischen Rechts abzulehnen.[1150] Dagegen wird vorgebracht, dass der Kunde berechtigterweise darauf vertrauen könne, der luxemburgische Bankier werde das Bankgeheimnis wahren. Zudem sei es letzterem schon aus praktischen Gründen nicht möglich, zwischen solchen Informationen zu unterscheiden, die er in Ausübung seiner Tätigkeit in Luxemburg erfahren hat, und solchen, von denen er im Ausland Kenntnis erlangt hat.[1151] Alleine die Erwartungshaltung der Kunden in Bezug auf die Verschwiegenheit von Bankmitarbeitern kann in der zuletzt genannten Fallkonstellation strafrechtlich nicht als Argument für eine exterritoriale Wirkung des Bankgeheimnisses dienen. Jedoch ist der Feststellung zuzustimmen, dass ein Bankier rein tatsächlich nicht unterscheiden können wird, welche Kundengeheimnisse er wo wahrgenommen hat. Insoweit kann es nicht darauf ankommen, wo er beruflich Informationen über einen Kunden erlangt hat. Vielmehr muss das Bankgeheimnis alle Kundengeheimnisse erfassen, will man nicht praktisch unlösbare Abgrenzungsprobleme schaffen. Diese Auslegung von Art. 41 des Gesetzes vom 05. April 1993 hat jedoch nicht zur Folge, dass die Kenntniserlangung dadurch zum Tatbestandselement der Verletzung des Bankgeheimnisses wird. Sie bleibt auch dann nur eine notwendige Vorbedingung für einen späteren Geheimnisbruch.

Um möglichst alle Fälle einer Verletzung des Bankgeheimnisses im Ausland strafrechtlich zu erfassen, wird daher in der Literatur unter Verweis auf die französische Rechtsprechung weiter argumentiert, in solchen Fällen seien stets neben den Interessen des Kunden zumindest auch die Interessen der betroffenen luxemburgischen Bank und der luxemburgische Ordre public verletzt. Diese Auswirkungen stellten wesentliche Tatelemente dar, die sich ohne weiteres im

---

1149 *Spielmann*, Le secret bancaire, S. 65.

1150 *Elvinger*, Bulletin droit et banque, N° 26, 1997, S. 5, S. 9 spricht sich unter Verweis auf die Erwartungshaltung der Kunden für die Anwendbarkeit des luxemburgischen Rechts auf Banktätigkeiten im Ausland im Rahmen der freien Dienstleistungserbringung aus. Er gesteht jedoch selbst ein, dass der betroffene andere Staat damit Probleme haben kann, so dass Normkonflikte drohen. Vgl. zu dieser Frage auch *Spielmann*, Le secret bancaire, S. 65.

1151 Vgl. *Elvinger*, Bulletin droit et banque, N° 26, 1997, S. 5, S. 9.

Großherzogtum lokalisieren ließen, weshalb Art. 7-2 CIC einschlägig sei.[1152] Auch dieser Ansatz ist abzulehnen, denn die Verletzung des Bankgeheimnisses setzt als Tathandlung nur die unerlaubte Geheimnisoffenbarung voraus, was die Kenntnisnahme durch einen nicht berechtigten Dritten erfordert. Ein darüber hinaus gehender Erfolg im Sinne einer Rechtsgutsverletzung ist nicht erforderlich. Dann aber kann deren Eintritt auch nicht wesentliches Element der Tat im Sinne des Art. 7-2 CIC sein, da diese schon mit der Tathandlung vollendet ist. Dass die offenbarten Informationen von einem Dritten in irgendeiner Form genutzt werden oder dass dadurch die Interessen einer bestimmten Person oder des Staates verletzt werden, ist für die strafrechtliche Beurteilung der Geheimnisverletzung unbeachtlich.[1153] Das Argument einer Interessenverletzung der betroffenen Bank erscheint auch deshalb zweifelhaft, weil das Bankgeheimnis, wie oben gezeigt, prinzipiell alleine den Schutz des Bankkunden bezweckt und nicht den der Bank. Eine unerlaubte Informationsoffenbarung stellt aus deren Sicht möglicherweise eine Verletzung von Betriebsgeheimnissen dar, nicht aber des Bankgeheimnisses. Ebenso wenig dient dieses vornehmlich dem Schutz staatlicher Interessen. Diese werden im Zusammenhang mit dem Verrat von Geheimnissen vielmehr über die Normen gegen Spionage geschützt.[1154]

Letztlich ist es daher abzulehnen, die Anwendbarkeit von Art. 7-2 CIC auf Verletzungen des Bankgeheimnisses im Ausland unter Verweis auf dadurch eintretende Interessenverletzungen einer Bank oder auf Verletzungen des Ordre public zu begründen, nur um die Effektivität des strafrechtlichen Schutzes des Bankgeheimnisses zu sichern.[1155] Der Eintritt eines solchen Erfolges ist nur zivilrechtlich für die Frage von Bedeutung, ob aufgrund dieser Geheimnisverletzung Ersatzansprüche des betroffenen Kunden bestehen. Art. 7-2 CIC erfasst nur solche Verletzungen des Bankgeheimnisses, bei denen wirklich wesentliche Tatelemente in Luxemburg eintreten. Da sich die Tat im Sinne von Art. 41 des Gesetzes vom 05. April 1993 in der unerlaubten Geheimnisoffenbarung erschöpft, trifft dies nur auf solche Auslandssachverhalte zu, bei denen diese Tathandlung aus Sicht des Täters von vorneherein zumindest auch in Luxemburg erfolgen sollte. Denkbar erscheint dies nur in – wohl eher hypothetischen – Fallkonstellationen, in denen die Geheimnisoffenbarung nicht unmittelbar gegen-

1152 *Elvinger*, Bulletin droit et banque, N° 26, 1997, S. 5, S. 10 f; Lasserre Capdeville, Le secret bancaire, Rn. 503.

1153 Kritisch daher auch *Spielmann*, Le secret bancaire, S. 65.

1154 Eine andere Frage ist es, ob das Bankgeheimnis zum luxemburgischen Ordre public gehört und deshalb in bestimmten Fällen der Staat trotz des Einverständnisses des betroffenen Kunden verbieten kann, dass Informationen an das Ausland offenbart werden, vgl. dazu schon oben S. 141 f.

1155 So aber *Elvinger*, Bulletin droit et banque, N° 26, 1997, S. 5, S. 11.

über dem nichtberechtigten Dritten erfolgt, sondern zeitlich gestreckt abläuft. Gibt beispielsweise ein in Luxemburg tätiger Bankier in Belgien einen Brief mit Kundengeheimnissen an die luxemburgische Steuerbehörde auf, um diese auf eine von dem Kunden begangene Steuerhinterziehung aufmerksam zu machen, tritt die Geheimnisoffenbarung mangels Kenntnisnahme durch die Steuerbehörde als unbefugtem Dritten nicht bereits mit dem Einwerfen des Briefes in Belgien ein, sondern erst mit dessen Ankunft und Wahrnehmung durch den Empfänger in Luxemburg. Die Tathandlung erstreckt sich hier über den gesamten Zeitraum vom Einwerfen des Briefes bis zu dessen Ankunft. Gleiches gilt auch für den umgekehrten Fall, dass der Brief von einem Geheimnisträger aus Luxemburg heraus ins Ausland verschickt wird. In beiden Fällen ist aufgrund der zeitlich gestreckten Tathandlung ohne weiteres der Eintritt wesentlicher Elemente der Tat im Inland im Sinne von Art. 7-2 CIC anzunehmen. Nicht verfolgt werden können hingegen diejenigen Fälle, in denen der Brief im Ausland nicht an einen luxemburgischen Empfänger, sondern in ein anderes Land verschickt wird. Hier versagt die Anknüpfung an Art. 7-2 CIC, weil die Tathandlung vom Absenden des Briefes bis zu dessen Ankunft ausschließlich im Ausland begangen wird und damit keine wesentlichen Tatelemente in Luxemburg eintreten.

Insgesamt weist die strafrechtliche Exterritorialität des luxemburgischen Bankgeheimnisses damit erhebliche Lücken auf. Einen umfassenden strafrechtlichen Schutz des Bankgeheimnisses bei Sachverhalten mit Auslandsberührung könnte der Gesetzgeber nur durch eine ausdrückliche Bestimmung betreffend den sachlichen Anwendungsbereich von Art. 41 des Gesetzes vom 05. April 1993 in solchen Fällen erreichen.[1156] Die Stellungnahme der luxemburgischen Regierung im Fall *der Weduwe* macht jedoch deutlich, dass dahingehende Gesetzesinitiativen kaum zu erwarten sind.[1157] Diese lückenhafte strafrechtliche Exterritorialität des Bankgeheimnisses kann gegenwärtig auch nur zum Teil durch andere exterritorial wirkende Strafnormen kompensiert werden.[1158]

8.1.3.3 In Österreich

Auch aus der österreichischen Rechtsprechung sind keine Entscheidungen über die Reichweite des Bankgeheimnisses bei Auslandssachverhalten bekannt. Diese Frage wurde jedoch im Rahmen eines Gutachtens von *Arnold* zum Thema

---

1156 So *Lasserre Capdeville*, Le secret bancaire, Rn. 503.

1157 Vgl. dazu die Schlussanträge des Generalanwalts Philippe Léger vom 23.04.2002, Rechtssache C-153/00 Rn. 44 worin ausgeführt wird, dass die tatsächliche Situation, die zu einer solchen Streitigkeit führe, zu selten und zu atypisch sei, um den luxemburgischen Gerichten jemals unterbreitet werden zu können.

1158 Siehe dazu unten S. 408 ff.

„Bankgeheimnis – Parlamentarischer Untersuchungsausschuss“ behandelt, das von einem Untersuchungsausschuss des österreichischen Parlaments zur Klärung seiner Ermittlungsbefugnisse in Hinblick auf das Bankgeheimnis angefordert worden war. Darin sollte auch der Frage nachgegangen werden, ob das Bankgeheimnis auch bei Auslandsachverhalten zu wahren ist, wenn es dort keine dem österreichischen Recht entsprechenden Regelungen gibt.[1159] *Arnold* vertrat in dieser Frage, wie die Mehrheit der österreichischen Literatur, die Ansicht, dass alle Banken, die dem BWG unterworfen sind, das Bankgeheimnis stets zu wahren haben, unabhängig davon, wo sie ihre Aktivitäten entfalten. Daher wird eine Pflicht zur Wahrung des Bankgeheimnisses auch dann bejaht, wenn der Kontakt eines Kunden zu einer österreichischen Bank in einer ausländischen Filiale erfolgt.[1160] Dies wird insbesondere damit begründet, dass das BWG auch auf solche Zweigstellen Anwendung finde und eine Ausnahme vom Bankgeheimnis nicht vorgesehen sei. Gegebenenfalls könne es deswegen dazu kommen, dass diese Zweigstellen die Vorschriften mehrerer Staaten über das Bankgeheimnis kumulativ zu beachten hätten. Wenn ein Staat kein dem österreichischen Recht entsprechendes Bankgeheimnis kenne, führt dies hingegen nach dieser Ansicht nicht dazu, dass dieses dann nicht zu beachten sei.[1161] *Arnold* stützt seine Ansicht insoweit auch auf die entsprechenden Stimmen zur Erstreckung des anwaltlichen Berufsgeheimnisses auf Auslandssachverhalte und sieht sich durch das Erkenntnis des VfGH zum Verbot sogenannter Sternsozietäten[1162] implizit bestätigt.[1163]

Der sachliche Geltungsbereich des § 101 Abs. 1 BWG, der unter Verweis auf § 38 BWG Verletzungen des Bankgeheimnis strafrechtlich sanktioniert, wird im BWG nicht definiert und daher allgemein unter Heranziehung der Normen des Ö-StGB bestimmt. Diese gelten für die Beurteilung aller Straftaten im Sinne

---

1159 Kommuniqué des Untersuchungsausschusses betreffend "Finanzmarktaufsicht, BAWAG, Hypo Alpe-Adria und weitere Finanzdienstleister" (3/GO XXIII. Gesetzgebungsperiode); Untersuchungsausschuss (3/GO) - Gutachten zum Thema Bankgeheimnis; das Gutachten ist abrufbar unter: http://www.parlament.gv.at/PG/DE/XXIII/KOMM/KOMM_00002/pmh.shtml (Stand: 17.11.2010).

1160 Fremuth/Laurer/Linc/Pötzelberger/Ruess, BWG, § 101 Rn. 5.

1161 Kommuniqué des Untersuchungsausschusses betreffend "Finanzmarktaufsicht, BAWAG, Hypo Alpe-Adria und weitere Finanzdienstleister" (3/GO XXIII. Gesetzgebungsperiode); Untersuchungsausschuss (3/GO) - Gutachten zum Thema Bankgeheimnis, S. 10.

1162 VfGH, Erkenntnis vom 01.10.2004 – G1/04.

1163 Kommuniqué des Untersuchungsausschusses betreffend "Finanzmarktaufsicht, BAWAG, Hypo Alpe-Adria und weitere Finanzdienstleister" (3/GO XXIII. Gesetzgebungsperiode); Untersuchungsausschuss (3/GO) - Gutachten zum Thema Bankgeheimnis, S. 10 m.w.N.

des österreichischen Rechts zumindest subsidiär. Darin regeln die §§ 62 ff. Ö-StGB den sachlichen Geltungsbereich des österreichischen Strafrechts. Während § 62 Ö-StGB nach dem Territorialitätsprinzip die Anwendung österreichischen Rechts auf dort begangene Straftaten anordnet, sind die §§ 63 bis 65 Ö-StGB dem internationalen Strafrecht gewidmet.

§ 63 Ö-StGB ist Ausdruck des Flaggenprinzips und daher vorliegend praktisch ohne Bedeutung. § 64 Nr. 1 bis 6 und Nr. 8 bis 12 Ö-StGB unterstellen nach dem Real- bzw. dem Weltrechtsprinzip bestimmte Taten unabhängig vom Begehungsort oder der Person des Täters stets österreichischem Recht. In dieser Auflistung ist § 38 i.V.m. § 101 BWG allerdings nicht enthalten, so dass sich die Exterritorialität des Bankgeheimnisses nicht daraus ableiten lässt.

Daneben beinhaltet § 64 Abs. 1 Nr. 7 Ö-StGB in einer gegenüber den hergebrachten Prinzipien, wie sie etwa in Luxemburg gelten, modifizierten Fassung das Personalitätsprinzip. Danach wird eine Auslandstat dann nach österreichischem Recht beurteilt, wenn sie durch einen Österreicher gegen einen Österreicher begangen wurde, sofern beide ihren Wohnsitz oder gewöhnlichen Aufenthalt im Inland haben.[1164] Verletzt also ein österreichischer Bankangestellter, der die Staatsangehörigkeit dieses Landes besitzt, das Bankgeheimnis eines einheimischen Kunden im Ausland, kann diese Tat nach österreichischem Recht verfolgt werden, wenn beide ihren Wohnsitz oder gewöhnlichen Aufenthalt in Österreich haben.[1165] Sind Täter, Opfer oder beide hingegen Ausländer oder ist zumindest einer von ihnen nicht in Österreich ansässig, ist dies nicht möglich. Daher lässt sich aus § 64 Abs. 1 Nr. 7 Ö-StGB nur begrenzt eine exterritoriale Wirkung des Bankgeheimnisses herleiten.

Diese Wirkung ergibt sich auch nicht aus § 65 Ö-StGB, der gegenüber den §§ 63 und 64 Ö-StGB subsidiär ist. Denn nach § 65 Ö-StGB können Auslandstaten nur bestraft werden, wenn sie auch nach den Gesetzen des Tatorts mit Strafe bedroht sind, also die Handlung beiderseitig strafbar ist.[1166] Daran wird es gerade im Falle des Bankgeheimnisses häufig fehlen, weil viele Staaten keine entsprechende Strafnorm kennen. Zudem werden Nichtösterreicher nur dann nach dortigem Recht bestraft, wenn sie wegen eines nicht in der Art oder Eigenschaft der Tat liegenden Grundes nicht ausgeliefert werden. Die Tat muss also generell auslieferungsfähig sein.[1167] Dies ist beim Bankgeheimnis nicht der Fall, weil nach dem dafür maßgeblichen § 11 Abs. 1 Bundesgesetz vom 4. Dezember 1979

1164 *Foregger/Fabrizy*, StGB, § 64 Rn. 7.

1165 *Fremuth/Laurer/Linc/Pötzelberger/Ruess*, BWG, § 101 Rn. 5.

1166 Nach Art. 64 Abs. 3 Ö-StGB reicht es auch aus, dass die Tat nur in Österreich strafbar ist, wenn der Tatort keiner Strafgewalt unterliegt. Dieser selten erfüllte Sonderfall ist jedoch vorliegend nicht relevant.

1167 Vgl. zu § 65 Ö-StGB *Foregger/Fabrizy*, StGB, § 65 Rn. 1 f.

über die Auslieferung und die Rechtshilfe in Strafsachen (Auslieferungs- und Rechtshilfegesetz, ARHG)[1168] die Tat mindestens eine mehr als einjährige Freiheitsstrafe als Sanktion vorsehen muss. Dies trifft auf § 101 BWG nicht zu. § 65 Ö-StGB kann daher die Exterritorialität des Bankgeheimnis nicht begründen.

Auch aus § 67 Abs. 2 Ö-StGB, der den Auswirkungsgrundsatz widerspiegelt, lässt sich diese Wirkung nur begrenzt herleiten. Danach gilt eine mit Strafe bedrohte Handlung als an dem Ort begangen, an dem der Täter gehandelt hat oder hätte handeln sollen oder ein dem Tatbild entsprechender Erfolg ganz oder teilweise eingetreten ist oder nach der Vorstellung des Täters hätte eintreten sollen.[1169] § 67 Abs. 2 Ö-StGB kann dabei nur in seiner ersten Variante, die auf im Inland begangene Tathandlungen abstellt, angewendet werden. Denn § 101 Abs. 1 i.V.m. § 38 Abs. 1 BWG ist ein Tätigkeitsdelikt, das nicht den Eintritt eines von der Tathandlung, hier der Geheimnisoffenbarung oder -verwertung, verschiedenen Erfolgs voraussetzt. Das Delikt ist bereits mit der Offenbarung bzw. Verwertung der Geheimnisse vollendet. [1170] Die bankenrechtliche Literatur geht insoweit davon aus, dass eine Verletzung des Bankgeheimnis im Inland begangen wurde, wenn Teilakte der Geheimnisoffenbarung oder -verwertung dort erfolgt sind. Als Beispiel dafür wird das Absenden eines Briefes durch einen Geheimnisträger aus Österreich heraus ins Ausland angeführt, die der Geheimnisträger in der Absicht vornehme, den Kunden der Verfolgung durch die Finanzbehörden seines Heimatlandes auszusetzen.[1171] Dieser Ansicht ist zuzustimmen, denn sie knüpft die Strafbarkeit nach österreichischem Recht an eine tatsächlich im Inland begangene Tathandlung an. Dies ist hier die Geheimnisoffenbarung, die bereits mit dem Absenden des Briefes in Österreich beginnt und erst mit der Ankunft und Kenntnisnahme vom Inhalt des Briefes im Ausland endet. Dies entspricht der bereits zum luxemburgischen Recht vorgenommenen Auslegung des Auswirkungsprinzips. Ebenfalls von § 67 Abs. 2 Ö-StGB erfasst ist auch der umgekehrte Fall, dass sich ein Geheimnisträger ins Ausland begibt und dort einen Brief nach Österreich verschickt, damit dessen Inhalt dort einem unbefugten Dritten zur Kenntnis gelangt. Auch hier erstreckt sich die Geheimnisoffenbarung als Tathandlung des § 101 Abs. 1 i.V.m. § 38 Abs. 1 BWG beginnend mit dem Absenden des Briefes, das aus österreichischer Sicht im Ausland erfolgt, bis zu dessen Ankunft beim inländischen Empfänger. Dagegen ist § 67 Abs. 2 Ö-StGB dann nicht anwendbar, wenn die Geheimnisoffenbarung ausschließlich im Aus-

---

1168 Ö-BGBl. Nr. 529/1979, zuletzt geändert durch Ö-BGBl. I Nr. 112/2007; siehe dazu auch unten S. 323 ff.

1169 Vgl. zu § 65 Ö-StGB *Foregger/Fabrizy*, StGB, § 67 Rn. 1 f.

1170 *Fremuth/Laurer/Linc/Pötzelberger/Ruess*, BWG, § 101 Rn. 2 sowie oben S. 93 ff.

1171 *Fremuth/Laurer/Linc/Pötzelberger/Ruess*, BWG, § 101 Rn. 5; vgl. auch *Foregger/Fabrizy*, StGB, § 67 Rn. 3.

land erfolgt. Dies ist etwa dann der Fall, wenn der Brief im Ausland an einen Empfänger im Ausland verschickt wird. Handelt der Täter in den genannten Beispielsfällen, weil er sich davon wirtschaftliche Vorteile erhofft, etwa die Zahlung eines Entgelts durch die Finanzbehörden, ist § 101 Abs. 1 i.V.m. § 38 Abs. 1 BWG unter dem Gesichtspunkt einer strafbaren Geheimnisverwertung zu prüfen, die nur in Österreich als besondere Tatbestandsvariante der Verletzung des Bankgeheimnisses unter Strafe steht. In Hinblick auf dessen Exterritorialität nach § 67 Abs. 2 Ö-StGB ergeben sich daraus jedoch keine Unterschiede gegenüber der Tatbestandsvariante der Geheimnisoffenbarung, die anders als der Verwertungstatbestand keinen wirtschaftlichen Tathintergrund voraussetzt. Eine Geheimnisverwertung, die in der konkreten Auswertung von Kundengeheimnissen besteht, erscheint ohne eine damit einhergehende Offenbarung von Kundengeheimnissen bei Auslandssachverhalten kaum denkbar.[1172] So kann etwa der Fall, dass sich ein Bankier ins Ausland absetzt und sich seine Verschwiegenheit über Kundengeheimnisse von dem ihn anstellenden Kreditinstitut oder einem Kunden abkaufen lässt, nicht als Verwertungshandlung in diesem Sinne angesehen werden. Denn die Möglichkeit Geheimnisse zu Erpressungszwecken zu nutzen, stellt keine Verwertung im Sinne von § 101 Abs. 1 i.V.m. § 38 Abs. 1 BWG dar, weil es an einer Auswertung des Geheimnisinhalts fehlt.

Insgesamt erscheint auch nach österreichischem Recht die strafrechtliche Erfassung von Auslandssachverhalten bei einer Verletzung des Bankgeheimnisses vielfach nicht möglich. Diese Lücke kann durch andere Normen des Ö-StGB nur begrenzt geschlossen werden.[1173] Durch die Aufnahme des § 101 Abs. 1 i.V.m. § 38 Abs. 1 BWG in den Katalog der nach § 64 Ö-StGB vom Realprinzip erfassten Taten, könnte hingegen eine umfassende exterritoriale Wirkung des Bankgeheimnisses sichergestellt werden. Dahingehende Gesetzesinitiativen sind jedoch nicht ersichtlich.

8.1.3.4 In der Schweiz

In der schweizerischen Rechtsprechung ist die Frage der Exterritorialität des Bankgeheimnisses trotz des relativ langen Bestehens von Art. 47 BankG bisher noch nicht Gegenstand einer gerichtlichen Entscheidung gewesen. Auch die Gesetzgebungsmaterialien geben darüber keinen Aufschluss. Die bankenrechtliche Literatur ist sich jedoch weitgehend einig darin, dass das Bankgeheimnis exterritoriale Wirkung besitzt. Dabei stützt sich diese Ansicht vorrangig auf den Sinn und Zweck dieser Geheimhaltungspflicht, die einem umfassenden Geheimnis-

---

1172 Vgl. zur Auslegung der Verletzung des Bankgeheimnisses in der Tatbestandsvariante der Geheimnisverwertung auch schon oben S. 94.

1173 Siehe dazu auch unten S. 401 ff.

schutz diene. Die Verneinung der Exterritorialität des Bankgeheimnisses hätte demgegenüber zur Folge, dass dieses sich durch die unerlaubte Offenbarung von Geheimnissen im Ausland leicht umgehen ließe. Dadurch werde es teilweise seines Sinns beraubt.[1174] Im Gegensatz zu dieser allgemeinen Anerkennung der exterritorialen Wirkung des Bankgeheimnisses, erscheint ihre rechtliche Herleitung jedoch unsicher.

Das BankG selbst trifft keine Aussage zum sachlichen Geltungsbereich des Bankgeheimnisses. Die strafrechtliche Beurteilung von Verletzungen des Bankgeheimnisses richtet sich jedoch über Art. 47 Abs. 6 BankG nach den allgemeinen Bestimmungen des S-StGB. Diese wurden zum 01.01.2007 vollständig neu gefasst, wobei auch die Regeln über das internationale Strafrecht umfassend geändert wurden.[1175] Die bankenrechtliche Literatur hat zu den möglichen Auswirkungen dieser Gesetzesänderungen auf die Exterritorialität des Bankgeheimnisses soweit ersichtlich bisher nicht Stellung genommen. Daher ist hier zu untersuchen, ob die auf die frühere Fassung der S-StGB bezogenen Ansichten zu dieser Frage auf die Neufassung übertragbar sind. Das internationale Strafrecht richtet sich in der Schweiz nach den Art. 3 bis 8 S-StGB.[1176]

Es folgt nach Art. 3 S-StGB generell dem Territorialitätsprinzip. Auslandstaten werden nur unter den besonderen Voraussetzungen der Art. 4 bis 7 S-StGB verfolgt. Die Art. 5, 6 und 7 Abs. 2 lit. b S-StGB sind Ausdruck des Weltrechtsprinzips. Die darin aufgeführten Straftaten können unabhängig von ihrem Begehungsort oder möglichen inländischen Auswirkungen der Tat stets nach Schweizer Recht verfolgt werden.[1177] Das Bankgeheimnis wird dort nicht genannt. Daher besitzen diese Normen vorliegend keine Aussagekraft zur Begründung seiner Exterritorialität.

Als Anknüpfungspunkt dafür bietet sich jedoch Art. 7 Abs. 1 S-StGB an. Dieser ersetzt die Art. 5 und 6 S-StGB a.F., die das passive und das aktive Personalitätsprinzip festschrieben[1178] Mit Hilfe dieser Normen ließ sich in der Vergangenheit zumindest in einigen Fällen die Exterritorialität des Bankgeheimnis-

---

1174 *Aubert*, Le secret bancaire suisse, S. 101.

1175 Erster Teil des S-StGB in der Fassung gemäß Ziffer I des Bundesgesetzes vom 13. Dezember 2002, in Kraft seit dem 01.01.2007 (AS **2006** 3459).

1176 Eine ausführliche Gegenüberstellung der alten und der neuen Normen über das Internationale Strafrecht im schweizerischen StGB findet sich bei *Eicker*, ZStrR 2006, S. 295 ff. Eine grundlegende Darstellung des alten Rechts mit besonderem Schwerpunkt auf Wirtschaftsdelikte mit Auslandsbezug findet sich bei *Cassani*, ZStrR 1996, S. 237 ff.

1177 *Eicker*, ZStrR 2006, S. 295, S. 309 ff.

1178 Botschaft zur Änderung des Schweizerischen Strafgesetzbuches vom 21. Dezember 1998, S. 1998.

ses begründen. Jedoch verblieben zahlreiche Fälle, insbesondere wenn Täter oder Opfer der Verletzung des Bankgeheimnisses keine Schweizer waren, die nicht darunter gefasst werden konnten.[1179] Der heutige Art. 7 Abs. 1 S-StGB gilt für alle Auslandstaten, die von oder gegen einen Schweizer Bürger begangen werden.[1180] Art. 7 Abs. 1 S-StGB ist subsidiär gegenüber den Art. 4 bis 6 S-StGB, die jedoch wie gezeigt hier nicht einschlägig sind. Voraussetzung für die Anwendung schweizerischen Rechts auf Auslandstaten ist nach Art. 7 Abs. 1 S-StGB, dass die Tat auch am Begehungsort strafbar ist, also beiderseitige Strafbarkeit vorliegt, oder dass dieser Ort keiner Strafgewalt untersteht. Da die Verletzung des Bankgeheimnisses in vielen Ländern nicht unter Strafe steht, würde die Anknüpfung an Art. 7 Abs. 1 S-StGB häufig bereits an dieser Bedingung scheitern. Weitere Voraussetzung für dessen Anwendbarkeit ist jedoch, dass sich der Täter in der Schweiz aufhält oder dorthin ausgeliefert wird und die Tat nach schweizerischem Recht auslieferungsfähig ist.[1181] Die Auslieferungsfähigkeit bestimmt sich nach Art. 35 Bundesgesetz vom 20. März 1981 über internationale Rechtshilfe in Strafsachen (Rechtshilfegesetz, IRSG).[1182] Danach muss die Tat sowohl im Ausland als auch in der Schweiz mit einer Freiheitsstrafe von mindestens einem Jahr bestraft werden. Diese Bedingung trifft auf Art. 47 BankG nicht zu. Art. 7 S-StGB ist daher nicht geeignet, die Exterritorialität des Bankgeheimnisses zu begründen. Insoweit ist es durch die Neufassung der Allgemeinen Bestimmungen des S-StGB zu einer Verengung gegenüber der früheren Rechtslage gekommen.

Nach früherem Recht wurde die Exterritorialität des Bankgeheimnisses zumeist auf Art. 7 S-StGB a.F. gestützt. Diesem entspricht bis auf einige sprachliche Präzisierungen der heutige Art. 8 S-StGB, der Ausdruck des Ubiquitätsprinzips ist. Danach gilt ein Verbrechen oder Vergehen als dort begangen, wo der Täter es ausführt oder pflichtwidrig untätig bleibt, sowie dort, wo der Taterfolg eingetreten ist. In diesen Fällen gilt die Tat als Inlandstat im Sinne von Art. 3 S-

---

1179 Vgl. dazu *Joyce Rappo*, Rn. 426 ff.; *Aubert*, Le secret bancaire suisse, S. 101; *Lasserre Capdeville*, Le secret bancaire, Rn. 507.

1180 Ob eine juristische Person als „Schweizer“ anzusehen ist, ist umstritten. Das Bundesgericht hat diese Frage bisher offen gelassen, vgl. *Joyce Rappo*, Rn. 430 f. m.w.N. Dafür spricht, dass sich seit einigen Jahren juristische Personen in der Schweiz strafbar machen können. Dann aber erscheint es umgekehrt berechtigt, davon auszugehen, dass sie auch Tatopfer sein können und insoweit als „Schweizer“ anzusehen sind.

1181 Damit sollen Bagatellfälle aus dem Anwendungsbereich der Norm ausgeklammert werden, siehe: Botschaft zur Änderung des Schweizerischen Strafgesetzbuches vom 21. Dezember 1998, S. 1998.

1182 AS **1982** 846, zuletzt geändert durch AS **2010** 1881, siehe dazu unten S. 338 ff.

StGB und kann nach schweizerischem Recht beurteilt werden.[1183] Da Art. 8 S-StGB gegenüber Art. 7 S-StGB a.F. keine inhaltlichen Veränderungen aufweist, erscheint die Übertragung der darauf bezogenen Begründungen der Exterritorialität des Bankgeheimnisses auf das neue Recht möglich. Diese Ansicht stützt sich darauf, dass der Bruch des Bankgeheimnisses stets eine Verletzung der Interessen des betroffenen Kunden zur Folge habe. Wenn dieser in der Schweiz ansässig sei, trete der Taterfolg dort ein, so dass die Voraussetzungen von Art. 8 S-StGB vorlägen.[1184] Dies begegnet in Hinblick auf die Rechtsnatur von Art. 47 BankG Bedenken, denn dieser stellt ein Tätigkeitsdelikt dar, bei dem es zur Erfüllung des Tatbestandes lediglich der Begehung der Tathandlung, also der Geheimnisoffenbarung, bedarf.[1185] Hingegen zählt der Eintritt eines darüber hinausgehenden Erfolges, etwa in Form einer Interessenverletzung des Geheimnisherrn oder eines Dritten, nicht zum gesetzlichen Tatbestand.[1186] Diesen Einwand versucht die wohl herrschende Ansicht in der Literatur durch einen Verweis auf die ältere Rechtsprechung des Bundesgerichts zu entkräften. Das Bundesgericht knüpfte danach auch bei Tätigkeitsdelikten, die an sich keinen Erfolgseintritt voraussetzen, zur Begründung der Anwendbarkeit schweizerischen Rechts an einen gedachten Erfolgsort an. Dazu führte das Bundesgericht aus, dass die Anwendbarkeit des schweizerischen Rechts nach der in Art. 7 S-StGB a.F. verkörperten Ubiquitätstheorie nicht davon abhängen könne, ob der Erfolg als besonderes Tatbestandsmerkmal aufgeführt oder ob er als notwendige Wirkung der Handlung in den Tatbestand eingeschlossen sei. Entscheidend sei vielmehr, dass die Handlung gerade zur Verhinderung dieses Erfolges unter Strafe stehe. Denn es wäre nicht zu verstehen, wenn der Anspruch des in der Schweiz wohnenden Verletzten nur aufgrund der an sich zutreffenden Unterscheidung zwischen Tätigkeits- und Erfolgsdelikten nicht nach schweizerischem Rechte strafrechtlich geschützt sein sollte.[1187] Die Literaturansicht verkennt jedoch, dass das Bundesgericht seine frühere Rechtsprechung zu Art. 7 S-StGB a.F., dem heutigen Art. 8 S-StGB, ausdrücklich aufgegeben und entschieden hat, dass Erfolg im Sinne dieser Bestimmung nur der als Tatbestandselement umschriebene Außenerfolg eines Erfolgsdeliktes sei. Der Tatbestandserfolg sei sorgfältig von der Rechts-

1183 *Eicker*, ZStrR 2006, S. 295, S. 303.

1184 *Aubert*, Le secret bancaire suisse, S. 101 m.w.N. sowie ihm folgend Odenthal, NStZ 1985, S. 117, S. 118.

1185 Generell gegen die Unterscheidung von Tätigkeits- und Erfolgsdelikt *Arzt*, ZStrR 1990, S. 168 ff.

1186 *Lasserre Capdeville*, Le secret bancaire, Rn. 509.

1187 Vgl.in Bezug auf die Nichtleistung von Unterhaltspflichten von Deutschland aus an einen Schweizer: BGE 87 IV 153; in diesem Sinne auch BGE 91 IV 228 sowie BGE 97 IV 205.

gutsverletzung, die jedem Delikt zugrunde liege, abzugrenzen.[1188] Daraus folgt eindeutig, dass bei Tätigkeitsdelikten, wie der Verletzung des Bankgeheimnisses, in Fällen mit Auslandsberührung die Anwendbarkeit schweizerischen Rechts nicht darauf gestützt werden kann, dass es infolge des Geheimnisbruchs im Ausland im Inland zu einer Rechtsgutsverletzung kommt. In späteren Entscheidungen hat das Bundesgericht diese zutreffende enge Auslegung des Erfolgsbegriffs dann wieder weiter gefasst.[1189] Damit scheint es eine neue Kategorie von Tätigkeitsdelikten einzuführen, bei denen die Tathandlung stets eine bestimmte Rechtsgutverletzung bewirkt, die an einem anderen Ort als die schädigende Handlung eintritt und so einen Erfolgsort im Sinne von Art. 8 Abs. 1 S-StGB begründen kann.[1190] In Analogie zu dieser neueren Rechtsprechung des Bundesgerichts erscheint es möglich, den Eintritt einer Interessenverletzung eines Bankkunden infolge des Bruchs des Bankgeheimnisses als Erfolgseintritt im Sinne des Art. 8 Abs. 1 S-StGB anzusehen.[1191] Jedoch wird diese Vorgehensweise dem Charakter von Art. 47 BankG, der als Tätigkeitsdelikt gerade keinen Erfolg voraussetzt, nicht gerecht. Aufgrund der Unbeständigkeit der Rechtsprechung in dieser Frage erscheint es zudem unsicher, ob diese Auslegung vor dem Bundesgericht Bestand hat.[1192] Deshalb sprechen sich neuere Stimmen in der schweizerischen Literatur zurecht gegen die Einschlägigkeit von Art. 8 Abs. 1 S-StGB bei einer im Ausland erfolgten Verletzung des Bankgeheimnisses aus, wenn der einzige Bezugspunkt der Tat zum Inland eine dort eintretende Interessenverletzung ist.[1193] Doch auch wenn man Art. 8 Abs. 1 S-StGB wie die Gegenansicht weit versteht, verbleiben immer noch zahlreiche Auslandssachverhalte, in denen die Geheimnisverletzung nicht in der Schweiz geahndet werden kann. Dies trifft insbesondere dann zu, wenn der betroffene Kunde nicht in der Schweiz ansässig ist. Um diese Lücken zu schließen, wird weiter argumentiert, die Verletzung des Bankgeheimnisses verletze stets auch die Interessen der schweizerischen Bank, so dass die Tat einen inländischen Bezugspunkt habe.[1194]

1188 BGE 105 IV 326; vgl. dazu *Cassani*, ZStrR 1996, S. 237, S. 248 ff. m.w.N.

1189 Insbesondere gilt dies für Ehrverletzungen durch grenzüberschreitend verbreitete Presseerzeugnisse und vom Ausland aus begangene Betrugsdelikte, vgl. BGE 109 IV 1; BGE 124 IV 24, BGE 125 IV 177.

1190 *Joyce Rappo*, Rn. 437.

1191 *Joyce Rappo*, Rn. 438.

1192 Anders *Roth*, ZStrR 1994, S. 1 ff., insbesondere S. 6 ff., der unter Bezug die französische Rechtsprechung und Verweis auf *Arzt* auch weiterhin Art. 8 S-StGB [seinerzeit noch Art. 7 S-StGB] in Bezug auf im Ausland begangene Tätigkeitsdelikte für anwendbar hält.

1193 *Joyce Rappo*, Rn. 438; *Lasserre Capdeville*, Le secret bancaire, Rn. 509.

1194 *Aubert*, Le secret bancaire suisse, S. 101 mit Fn. 238.

Dagegen spricht, neben der Tatsache, dass Art. 47 BankG ein Tätigkeits- und kein Erfolgsdelikt ist, dass das Bankgeheimnis den Schutz des Kunden und nicht der Bank bezwecken soll, weshalb sich letztere nicht darauf berufen kann.[1195] Eine mögliche Interessenverletzung der Bank vermag daher die Anwendbarkeit von Art. 8 Abs. 1 S-StGB nicht zu begründen. Die Anknüpfung an schweizerisches Recht gelingt ohne rechtliche Bedenken nur, wenn die Geheimnisoffenbarung nach dem Willen des Täters in der Schweiz erfolgen soll. Ein Beispiel dafür stellt der von ihm im Ausland abgesendete Brief dar, der im Inland von einem Unbefugten gelesen werden soll.[1196] In diesen Fällen erstreckt sich die Tathandlung vom Absenden des Briefes bis zu dessen Ankunft im Inland, so dass ein Bezugspunkt zu schweizerischem Recht gegeben ist. Auf den Eintritt eines „Taterfolgs" durch eine im Inland erfolgende Interessenverletzung kommt es zur Begründung von dessen Anwendbarkeit nicht an. Schweizerisches Recht gilt auch dann, wenn der Täter den Brief aus dem Inland ins Ausland versendet, denn hier beginnt er mit der Tathandlung im Inland. Nicht von Art. 8 Abs. 1 S-StGB erfasst werden hingegen diejenigen Fälle, in denen die Geheimnisoffenbarung ausschließlich im Ausland stattfindet. Hier fehlt der Tathandlung der Bezugspunkt zur Schweiz.

Insgesamt erscheint auch die Exterritorialität des schweizerischen Bankgeheimnisses begrenzt. Versagt deswegen die Anknüpfung an schweizerisches Recht, kann eine im Ausland erfolgte Geheimnisverletzung in bestimmten Fällen aufgrund anderer exterritorial wirkender Strafnormen, die nachfolgend noch näher erläutert werden, geahndet werden. Wegen deren grundsätzlich anderer Schutzrichtung ist es aber nicht möglich, die lückenhafte exterritoriale Wirkung des schweizerischen Bankgeheimnisses dadurch vollständig zu kompensieren.[1197]

8.1.3.5 Liechtenstein

In Liechtenstein haben soweit ersichtlich weder Rechtsprechung noch Literatur bisher zur Frage der Exterritorialität des Bankgeheimnisses Stellung genommen. Angesichts der geringen räumlichen Ausdehnung des Fürstentums ist diese jedoch fast zwingende Voraussetzung dafür, dass Verstöße gegen diese Ver-

1195 *Joyce Rappo*, Rn. 429.

1196 Vgl. BGE 125 IV 177, wo es um einen im Ausland abgesandten ehrverletzenden Brief ging, der in der Schweiz gelesen wurde. Das Gericht bejaht in dieser Entscheidung seine Gerichtsbarkeit, weil der Brief im Ausland zielgerichtet an individuell bestimmte Personen in der Schweiz versandt und von den Adressaten im Inland zur Kenntnis genommen wurde.

1197 Siehe dazu auch unten S. 406 ff.

schwiegenheitspflicht effektiv geahndet werden können. Gerade in Liechtenstein dürften Auslandssachverhalte häufig sein und deren Nichtverfolgbarkeit würde den Abschreckungscharakter der strafrechtlichen Pflicht zur Wahrung des Bankgeheimnisses erheblich mindern. Sinn und Zweck des Bankgeheimnisses erfordern somit, dass diesem exterritoriale Wirkung zukommt. Ob sich dies auch materiellrechtlich begründen lässt, ist eine andere Frage, der nachfolgend nachgegangen wird.

Das L-BankG selbst gibt keine Hinweise über den sachlichen Geltungsbereich des Bankgeheimnisses. Art. 2 L-BankG trägt zwar die Überschrift „Geltungsbereich“, definiert aber lediglich den persönlichen Anwendungsbereich dieses Gesetzes. Auch Art. 63 L-BankG sagt dazu nichts aus. Jedoch verweist Art. 63 Abs. 5 L-BankG auf den Allgemeinen Teil des L-StGB, so dass das darin normierte internationale Strafrecht zur Anwendung gelangt.

Da sich das L-StGB weitestgehend am Ö-StGB orientiert,[1198] sind dementsprechend die Normen über das internationale Strafrecht in beiden Ländern praktisch identisch. Damit erscheint ein Rückgriff auf die oben dargestellten Grundsätze des österreichischen internationalen Strafrechts sowie die dazu vertretenen Ansichten als logischer Ausgangspunkt einer Untersuchung der Exterritorialität des liechtensteinischen Bankgeheimnisses.

§ 62 L-StGB ordnet die Anwendung des liechtensteinischen Strafrechts auf alle im Fürstentum begangenen Straftaten an und ist damit Ausdruck des Territorialitätsprinzips. In § 63 L-StGB ist das Flaggenprinzip verankert, das vorliegend ohne Relevanz ist.

Diejenigen Straftaten, die ohne Rücksicht auf die Gesetze des Tatorts stets in Liechtenstein verfolgt werden, sind in § 64 L-StGB aufgeführt. Dabei sind wie im österreichischen Recht die Nr. 1 bis 6 und 8 bis 12 Ausdruck des Real- bzw. Weltrechtsprinzips. In diesem Straftatenkatalog ist die Verletzung des Bankgeheimnisses nicht aufgeführt.

§ 64 Abs. 1 Nr. 7 L-StGB ist Ausdruck des Personalitätsprinzips. Danach werden alle Taten, die ein liechtensteinischer Staatsangehöriger gegen einen anderen liechtensteinischen Staatsangehörigen begeht, in Liechtenstein strafrechtlich verfolgt. Weitere Voraussetzung ist jedoch, dass beide ihren Wohnsitz oder gewöhnlichen Aufenthalt im Fürstentum haben. Aus der Vielzahl der danach für die Anwendbarkeit des § 64 Abs. 1 Nr. 7 L-StGB notwendigen Bedingungen ergibt sich, dass sich daraus die Exterritorialität des Bankgeheimnisses nur in begrenztem Umfang ableiten lässt. Erfasst werden nur diejenigen Fälle einer im Ausland erfolgten Geheimnisverletzung, in denen sowohl der offenbarende Bankier als auch der Bankkunde liechtensteinische Staatsangehörige sind und

---

1198 Vgl. dazu Landtagsprotokoll vom 16.06.2000, S. 1301, S. 1309.

dort ansässig sind. Liegt nur eine der genannten Bedingungen nicht vor, etwa wenn der Kunde Ausländer ist, kann die Tat nicht mehr über § 64 Abs. 1 Nr. 7 L-StGB verfolgt werden.

Als Anknüpfungspunkt der exterritorialen Wirkung des Bankgeheimnisses kommt auch der § 65 L-StGB in Betracht. Dieser ist gegenüber den §§ 63 und 64 L-StGB subsidiär und gilt nur in denjenigen Fällen, in denen eine im Ausland begangene Tat auch nach dem Recht des Tatorts strafbar und nach liechtensteinischem Recht auslieferungsfähig ist. Da die Verletzung des Bankgeheimnisses in vielen Ländern nicht strafbar ist, würde die Anwendung von § 65 L-StGB häufig schon an der fehlenden beiderseitigen Strafbarkeit einer Auslandstat scheitern. Es fehlt jedoch generell an der notwendigen Auslieferungsfähigkeit dieses Delikts. Auslieferungsfähig sind nach dem insoweit maßgeblichen Rechtshilferecht nur solche Taten, die mit einer mehr als einjährigen Freiheitsstrafe geahndet werden können.[1199] Eine Verletzung des Bankgeheimnisses kann nach Art. 63 L-BankG aber nur mit einer maximal einjährigen Freiheitsstrafe geahndet werden.

Eine vollständige exterritoriale Wirkung des liechtensteinischen Bankgeheimnisses ließe sich unter Heranziehung der in Luxemburg, Österreich und der Schweiz vertretenen Ansätze zur Begründung eines inländischen Erfolgsorts über das Ubiquitätsprinzip bewirken. Dieses ist in § 67 Abs. 2 L-StGB wortgleich zum Ö-StGB verankert. Straftaten gelten demnach als an jedem Ort begangen, an dem der Täter gehandelt hat oder hätte handeln sollen oder ein dem Tatbild entsprechender Erfolg ganz oder zum Teil eingetreten ist oder nach der Vorstellung des Täters hätte eintreten sollen. Die liechtensteinische Rechtsprechung folgt dabei der Einheitstheorie. Danach genügt für die Anwendbarkeit liechtensteinischen Rechts auf einen Gesamttatkomplex jede im Inland begangene Handlung oder jeder dort eintretende Erfolg, auch wenn es sich dabei nur um die qualifizierende Folge einer Tat handelt.[1200] Geht man, wie die Vertreter der ausländischen Literatur zum Bankgeheimnis, davon aus, dass eine Verletzung des Bankgeheimnisses im Ausland stets auch einen Erfolg im Inland nach sich zieht, sei es, dass die Interessen des Kunden, der Bank oder des Staates als Erfolg der Tathandlung angesehen werden, ist das liechtensteinische Strafrecht über § 67 Abs. 2 L-StGB anwendbar. Diese Auslegung begegnet jedoch denselben Bedenken wie in den anderen Vergleichsländern. Denn Art. 14 i.V.m. Art. 63 Abs. 1 Nr. 1 L-BankG ist kein Erfolgs- sondern ein Tätigkeitsdelikt. Dieses setzt als Tathandlung nur die unerlaubte Geheimnisoffenbarung voraus, die notwendigerweise die Kenntnisnahme durch einen Nichtberechtigten voraussetzt,

1199 Siehe dazu auch unten S. 361 ff.

1200 StGH, Entscheidung vom 22.02.1999 - 1998/48.

nicht aber einen darüber hinausgehenden Verletzungserfolg im Sinne einer Rechtsgut- oder Interessenverletzung.[1201] Daher scheidet eine Anwendung von § 67 Abs. 2 L-StGB auf solche Fälle einer Verletzung des Bankgeheimnisses aus, in denen nur der „Taterfolg" dort eintritt. § 67 Abs. 2 L-StGB ist nur dann einschlägig, wenn die Geheimnisoffenbarung als Tathandlung in Liechtenstein stattfindet. Auch hier kann der von einem Bankier im Ausland dorthin versandte Brief mit Kundengeheimnissen als Beispiel dienen. Ebenso der umgekehrte Fall, dass ein Bankier einen solchen Brief von Liechtenstein ins Ausland schickt. Erfolgt die Geheimnisoffenbarung hingegen vollständig im Ausland, fehlt es am Bezugspunkt der Tathandlung zu Liechtenstein, so dass § 67 Abs. 2 L-StGB nicht anwendbar ist.

Daher kann dem Grunde nach auch für das liechtensteinische Bankgeheimnis grundsätzlich davon ausgegangen werden, dass ihm eine extraterritoriale Wirkung zukommt. Diese kommt jedoch aufgrund der konkreten Ausgestaltung des liechtensteinischen Strafrechts vielfach bei Auslandssachverhalten nicht zum Tragen. Die dadurch entstehenden Lücken im strafrechtlichen Schutz des Bankgeheimnisses lassen sich nur durch Anpassung des internationalen Strafrechts des Fürstentums mittels Aufnahme des Bankgeheimnisses in den Katalog von § 64 L-StGB beheben. Einstweilen kann in Einzelfällen eine Verletzung dieser Geheimhaltungspflicht unter andere exterritorial wirkende Strafnormen subsumiert werden, worauf noch näher eingegangen wird.[1202]

8.1.3.6 Zusammenfassung

Nach der wohl herrschenden Meinung in Luxemburg, Österreich und der Schweiz sowie der hier vorgenommen Analyse des liechtensteinischen Rechts kommt dem Straftatbestand der Verletzung des Bankgeheimnisses in Anknüpfung an das jeweilige internationale Strafrecht dieser Länder exterritoriale Wirkung zu.

Das Personalitätsprinzips kann außer in Luxemburg, wo es in begrenztem Umfang die exterritoriale Anknüpfung von Auslandstaten an nationales Recht ermöglicht, wegen fehlender Auslieferungsfähigkeit der Tat in keinem anderen Vergleichsland zur Begründung der strafrechtlichen Exterritorialität des Bank-

1201 Daher erscheint es unverständlich, warum Frommelt, Das Bankgeheimnis, S. 80 und *Wagner*, Bankenplatz Liechtenstein, S. 232, die Verletzung des Bankgeheimnisses als Erfolgsdelikt ansehen. Auch sie erkennen, dass es nur auf die unerlaubte Offenbarung von Geheimnissen ankommt. Die dafür zwingend notwendige Kenntnisnahme durch einen unbefugten Dritten ist aber nicht der Taterfolg im Sinne eines Erfolgsdeliktes, sondern ein Teil der Tathandlung.

1202 Siehe dazu unten S. 408 ff.

geheimnisses herangezogen werden. Ebenso wenig ist das Realprinzip anwendbar, da das Bankgeheimnis nirgends zum Kreis der davon erfassten Taten zählt.

Die zumeist befürwortete Anknüpfung an das Territorialitätsprinzip in Verbindung mit dem Auswirkungsgrundsatz ist aufgrund der konkreten Ausgestaltung der Straftatbestände über das Bankgeheimnis als Tätigkeitsdelikte auf diejenigen Fälle zu beschränken, in denen die tatbestandliche Geheimnisoffenbarung in dem Staat erfolgt, der die Geheimhaltungspflicht anordnet. Dies trifft auf solche Auslandssachverhalte zu, in denen sich die Tathandlung vom Ausland ins Inland oder umgekehrt vom Inland ins Ausland erstreckt. Als Beispiel hierfür erscheint der von einem Bankier im Ausland an die inländischen Steuerbehörden verschickte Brief mit Kundengeheimnissen. Hingegen ist eine Anknüpfung an einen über die allein maßgebliche Tathandlung hinausgehenden Taterfolg im Sinne einer Interessenverletzung des Kunden oder der Bank oder einer Verletzung des Ordre public unzulässig. Denn die Verletzung des Bankgeheimnisses ist in keinem Vergleichsland als Erfolgsdelikt ausgestaltet.

Insgesamt erweist sich die strafrechtliche Exterritorialität des Bankgeheimnisses daher als überaus lückenhaft.

8.2 Die Exterritorialität des Bankgeheimnisses im Konflikt mit anderen Rechtsordnungen

Wie vorstehend untersucht wurde, kommt dem Bankgeheimnis in den Vergleichsländern generell in zivilrechtlicher und mit Ausnahme Deutschlands in begrenztem Umfang auch in strafrechtlicher Hinsicht exterritoriale Wirkung zu.

Diese exterritoriale Wirkung kann bei Auslandssachverhalten zu Konflikten zwischen den verschiedenen berührten Rechtsordnungen führen, wenn eine von ihnen eine Offenbarungspflicht statuiert, die mit dem Bankgeheimnis eines anderen Staates kollidiert. Der Geheimnisträger steht dann vor dem Dilemma scheinbar zwingend eine der beiden Verpflichtungen missachten zu müssen, weil die Wahrung der einen Pflicht einen Verstoß gegen die andere bedeutet. Egal welcher Pflicht der Geheimnisträger nachkommt, drohen ihm aufgrund der Nichteinhaltung der entgegengesetzten Pflicht dann rechtliche Nachteile. So kann beispielsweise der Fall eintreten, dass der Geheimnisträger in einem zivilrechtlichen Verfahren unterliegt, weil er durch die Wahrung seiner Geheimhaltungspflicht notwendige Beweismittel nicht vorlegen kann. Umgekehrt kann der Geheimnisträger im Falle der Offenbarung von Kundengeheimnissen von den Betroffenen deswegen zivilrechtlich und gegebenenfalls auch strafrechtlich zur Verantwortung gezogen werden. Dies trifft namentlich dann zu, wenn Bankdaten an ausländische Finanzbehörden offenbart werden und die darin benannten Kunden deswegen zu Steuernachzahlungen herangezogen werden oder sogar strafrechtliche Konsequenzen erleiden. In diesen Fällen ist, neben der Frage ob es sich bei den von den betroffenen Kunden erlittenen Nachteilen zivilrechtlich um ersatzfähige Schäden handelt,[1203] vorrangig zu prüfen, ob die Geheimnisoffenbarung rechtswidrig war.

Dazu ist zu klären, ob und unter welchen Voraussetzungen eine rechtmäßige Offenbarung vom Bankgeheimnis erfasster Geheimnisse im Ausland möglich ist. Anschließend soll aus Sicht des deutschen Rechts der Konflikt zwischen ausländischen Geheimhaltungspflichten mit nationalen Aussagepflichten gelöst werden.[1204]

8.2.1 Die Voraussetzungen einer rechtmäßigen Durchbrechung des Bankgeheimnisses im Ausland

Trifft in einem Fall mit Auslandsberührung das Bankgeheimnis als umfassende Pflicht zur Geheimhaltung von Kundengeheimnissen auf eine entgegengesetzte Offenbarungspflicht eines anderen Staates, erscheint es – abgesehen von dem Fall, das eine Rechtsordnung eindeutig gegenüber der anderen zurücktritt oder der Betroffene in die Offenlegung seines Geheimnisse einwilligt[1205] – fraglich, unter welchen Voraussetzungen ein Geheimnisträger seine Geheimhaltungspflicht rechtmäßig durchbrechen kann.

Die hier untersuchten Normen der Vergleichsländer über das Bankgeheimnis treffen dazu keine Aussage. Grundsätzlich erscheinen jedoch drei Auslegungsvarianten denkbar, wie sich diese Geheimhaltungspflicht zu einer auslän-

---

1203 Siehe dazu unten S. 379 ff.

1204 *Bülte*, wistra 2008, S. 292, S. 292 f. erkennt zwar die mögliche Konfliktsituation, in die in Deutschland ansässige Mitarbeiter ausländischer Banken geraten können, wenn sie dortigen Behörden Informationen offenbaren sollen, die vom Bankgeheimnis eines anderen Staates umfasst sind. Er verkennt dabei aber, dass sich zunächst die Frage nach der Zulässigkeit einer solchen Durchbrechung stellt, ehe es um die Frage gehen kann, ob deutsche Aussagepflichten gegenüber dem ausländischen Bankgeheimnis weichen müssen oder ob sich aufgrund dessen für deutsche Behörden Ermittlungsbeschränkungen ergeben.

1205 Im Falle der Einwilligung des Kunden stellt sich gegebenfalls aber die Frage, wie der Geheimnisträger mit einer nur aufgrund staatlichen Drucks zugestandegekommenen Einwilligung umzugehen hat. Dazu finden sich in der Literatur zum Bankgeheimnis verschiedene Ansätze, vgl. dazu *Spielmann*, Le secret bancaire, S. 48; *Stratenwerth*, in: Beiträge zum schweizerischen Bankenrecht, S. 227 ff. m.w.N. Beide halten eine erzwungene Einwilligung, die nicht den Willen des Geheimnisherrn deckt, grundsätzlich für unwirksam. *Stratenwerth* erlegt Banken gerade bei Auslandssachverhalten eine dahingehende Prüfung auf.

dischen Offenbarungspflicht verhält. Diese wurden auch in den Schlussanträgen im Fall *der Weduwe* durch den Generalstaatsanwalt untersucht.

Nach einer ersten Auslegung besitzt das Bankgeheimnis keine exterritoriale Wirkung. Geheimnisverletzungen sind danach nur bei Inlandssachverhalten denkbar, nicht hingegen bei einer Offenbarung im Ausland. Normkonflikte infolge einer Kollisionen mit dem Recht eines anderen Staates sind nach dieser Auslegung von vorneherein ausgeschlossen.[1206]

Diese Auslegung ist abzulehnen. Denn sie widerspricht dem hier gefundenen Ergebnis, wonach das Bankgeheimnis sowohl im zivil- als auch im strafrechtlichen Bereich exterritoriale Wirkung besitzt. Zwar bringt gerade die Exterritorialität des Bankgeheimnisses die Gefahr von Jurisdiktionkonflikten mit sich. Eine Verneinung der Exterritorialität des Bankgeheimnisses beraubte dieses aber in weitem Umfang seiner Schutzfunktion. Denn die Geheimhaltungspflicht ließe sich durch die Preisgabe von Geheimnissen im Ausland leicht sanktionslos umgehen.[1207]

Eine weitere Auslegungsmöglichkeit besteht darin, alleine der Pflicht zur Wahrung des Bankgeheimnisses exterritoriale Wirkung beizumessen, nicht hingegen auch deren Durchbrechungen. Das Bankgeheimnis wäre dann gegenüber ausländischen Stellen, die die Offenbarung darunter fallender Geheimnisse verlangen, stets zu wahren, da die Durchbrechungstatbestände nicht anwendbar wären.[1208] Das hieße, dass ein Bankier ungeachtet etwaigen staatlichen Zwangs durch ausländische Stellen keine Möglichkeit hätte, diesen gegenüber Kundengeheimnisse zu offenbaren, ohne seine Geheimhaltungspflicht zu verletzen.

Dagegen spricht, dass diese Auslegung durch die einseitige Betonung der Geheimhaltungspflicht die Gefahr von Normkollisionen erheblich vergrößert, weil sie für eine rechtmäßige Geheimnisoffenbarung im Ausland keinen Raum lässt. Eine derart strenge Anwendung des Bankgeheimnisses auf Auslandssachverhalte ist vom Sinn und Zweck dieser Pflicht her aber nicht erforderlich. Denn das Bankgeheimnis stellt, wie bereits gezeigt wurde, bei Inlandsfällen keine uneingeschränkt geltende Pflicht dar. Nach dem Schutzzweck des Bankgeheimnisses ist es aber nicht erforderlich bei Auslandssachverhalten einen anderen Maß-

---

1206 Schlussanträge des Generalanwalts Philippe Léger vom 23.04.2002, Rechtssache C-153/00 Rn. 38 f.

1207 Vgl. die Stellungnahme der luxemburgischen Regierung im Fall *der Weduwe* in den Schlussanträgen des Generalanwalts *Philippe Léger* vom 23.04.2002, Rechtssache C-153/00, Strafverfahren gegen Paul der Weduwe, Rn. 47.

1208 Dieser Ansicht ist das vorlegende Gericht in der Rechtssache „*der Weduwe*" gefolgt, jedoch ohne dies näher zu begründen, vgl. die Schlussanträge des Generalanwalts Philippe Léger vom 23.04.2002, Rechtssache C-153/00 Rn. 32.

stab anzulegen. Vielmehr handelt es sich bei dieser Auslegung um eine asymmetrische Rechtsbetrachtung.[1209]

Damit verbleibt eine dritte Auslegungsmöglichkeit, die sich letztlich als vorzugswürdig erweist. Danach kommt sowohl dem Bankgeheimnis als Geheimhaltungspflicht als auch seinen Durchbrechungen exterritoriale Wirkung zu. Die Durchbrechungstatbestände sind dazu auf Auslandssachverhalte so anzuwenden wie auf entsprechende Inlandssachverhalte. Zu diesem Zweck sind ausländische Behörden und Gerichte mit ihren inländischen Pendants gleichzusetzen und es ist zu prüfen, ob bei einem entsprechenden Inlandssachverhalt eine Durchbrechung des Bankgeheimnisses zulässig wäre. [1210] Im Fall *der Weduwe* hieße dies beispielsweise, dass das belgische Strafgericht einem luxemburgischen Gericht gleichzusetzen wäre. Dann wäre zu untersuchen, ob letzterem eine Aufhebung des Bankgeheimnisses möglich wäre. Da Art. 41 des Gesetzes vom 05. April 1993 im Falle strafrechtlicher Untersuchungen eine Durchbrechung des Bankgeheimnisses vorsieht, wäre das belgische Gericht befugt, im Rahmen seiner Ermittlungen die Offenbarung darunter fallender Kundengeheimnisse zu verlangen, ohne dass der Beschuldigte *der Weduwe* durch die Informationspreisgabe das luxemburgische Bankgeheimnis verletzen würde.

Für diese Auslegung spricht insbesondere, dass sie dem Schutzzweck des Bankgeheimnisses gerecht wird. Dieser gebietet es einerseits, diese Geheimhaltungspflicht auf Auslandssachverhalte zu erstrecken, damit sie nicht durch Umgehung leer läuft. Anderseits berücksichtigt diese Auslegung aber, dass auch bei Auslandsfällen eine Durchbrechung der Geheimhaltungspflicht notwendig sein kann. Die Gleichstellung von Auslands- mit Inlandssachverhalten führt insoweit zu vorhersehbaren Ergebnissen und liegt damit im Interesse der Rechtssicherheit. Denn der Anwendungsbereich des Bankgeheimnisses eines Staates wird eindeutig festgelegt, da sich die Geheimhaltungsvoraussetzungen im Inland wie im Ausland stets nach derselben Rechtsordnung richten. Dadurch können sowohl Bankkunden als Geheimnisherren als auch Bankiers als Geheimnisträger aber auch ausländische Staaten die Voraussetzungen, unter denen das Bankgeheimnis eines Staates zu wahren ist bzw. durchbrochen werden kann, klar erkennen.

1209 Urteil des EuGH vom 10.12.2002, C-153/00 Rn. 38.

1210 Schlussanträge des Generalanwalts Philippe Léger vom 23.04.2002, Rechtssache C-153/00 Rn. 38 f. und Rn. 46 ff., vgl.auch *von Hein*, in: Rauscher, Europäisches Zivilprozessrecht, Art. 14 EG-Bew VO, Rn. 14; in diese Richtung argumentiert auch *Elvinger*, in: Bulletin droit et banque, N° 26, 1997, S. 5, S. 11. Er schlägt zusätzlich vor, das ausländische Recht unter dem Gesichtspunkt des nationalen Ordre public zu prüfen, der einer Rechtfertigung aber nur selten entgegenstehen dürfte.

Im Ergebnis ist daher festzuhalten, dass sich die Voraussetzungen einer rechtmäßigen Offenbarung vom Bankgeheimnis erfasster Informationen im Ausland nach den Durchbrechungstatbeständen desjenigen Staates richten, der die Geheimhaltungspflicht anordnet. Die exterritoriale Geltung des Bankgeheimnisses bezieht sich danach auch auf die Möglichkeiten zur Durchbrechung dieser Pflicht. Im Falle der Aufforderungen eines Geheimnisträger zur Informationsoffenbarung durch ausländische Behörden oder Gerichte sind diese in einem ersten Schritt mit den entsprechenden inländischen Stellen des Staates gleichzusetzen, dessen Geheimhaltungspflicht durchbrochen werden soll. Sodann ist zu prüfen, ob diese inländischen Stellen befugt wären, in das Bankgeheimnis einzugreifen.

8.2.2 Die Wirkung exterritorial geltender Normen gegenüber anderen Staaten

Die vorstehenden Untersuchungen hatten zum Ergebnis, dass ein Staat bei Vorliegen eines legitimierenden Anknüpfungspunktes völkerrechtlich befugt ist, den Anwendungsbereich von Normen auf Auslandssachverhalte zu erstrecken. In Bezug auf das Bankgeheimnis wurde ermittelt, dass diese Pflicht sowohl in zivilrechtlicher als auch – in tatsächlich begrenzter Form – in strafrechtlicher Hinsicht exterritoriale Geltung beansprucht und ihre Durchbrechung bei Auslandssachverhalten unter den gleichen Voraussetzungen wie bei einem entsprechenden Inlandssachverhalt zulässig ist.

Diese Auslegung des Bankgeheimnisses betrifft jedoch nur die Rechtsanwendung durch denjenigen Staat, der die Geheimhaltungspflicht festlegt. Daraus folgt jedoch nicht, dass dieser Staat die exterritoriale Wirkung seines Bankgeheimnisses und die Einhaltung der Durchbrechungsvoraussetzungen auch unmittelbar gegenüber einem anderen Staat geltend machen könnte. Denn die Durchsetzung der staatlichen Rechtsordnung auf dem Gebiet eines anderen Staates ist ohne dessen Zustimmung völkerrechtswidrig.[1211] Bei der Exterritorialität von Normen geht es nur um die rechtliche Erfassung von Auslandssachverhalten, nicht aber auch um die exterritoriale Durchsetzung von Normen. Im Allgemeinen ist kein Staat völkerrechtlich verpflichtet, exterritorial wirkende Normen anderer Staaten gegen sich gelten zu lassen.[1212]

Vielmehr kann jeder Staat aufgrund der Staatensouveränität alle Sachverhalte regeln, die sich auf seinem Hoheitsgebiet zutragen. Das bedeutet hier konkret, dass kein Staat daran gebunden ist, dass ein anderer Staat seinem Bankgeheim-

1211 *Stein/von Buttlar*, Völkerrecht, § 3 Rn. 601.

1212 *Stein/von Buttlar*, Völkerrecht, § 3 Rn. 714.

nis exterritoriale Wirkung beimisst. Hält sich ein Geheimnisträger im Gebiet eines anderen Staates auf, kann dieser ohne weiteres nach seinem nationalen Recht auf ihn zugreifen und ihn zur Informationspreisgabe auffordern, ohne dass dessen Herkunftsstaat dies verhindern könnte. Denn es handelt sich für den Aufenthaltsstaat des Bankiers um einen Inlandssachverhalt, den er ohne weiters nach seinem Recht regeln kann. Insoweit kommt es auch nicht darauf an, ob das Recht des Herkunftsstaates in diesem Fall eine Durchbrechung des Bankgeheimnisses zulässt. Denn sowohl derjenige Staat, der eine exterritorial wirkende Geheimhaltungspflicht anordnet, als auch derjenige Staat der eine damit in Konflikt tretende Offenbarungspflicht festlegt, können sich auf ihre völkerrechtliche Souveränität berufen können. Es handelt sich dann um einen klassischen Jurisdiktionskonflikt.[1213]

Daraus erklärt sich, warum in der deutschen Rechtsprechung und Literatur weitgehend anerkannt ist, dass Auskunfts- und Zeugnisverweigerungsrechte nur auf innerstaatliches Recht gestützt werden können und nicht auch auf ausländisches.[1214] Das heißt, eine ausländische Geheimhaltungspflicht, der keine entsprechende inländische Pflicht gegenübersteht, berechtigt nicht zur Berufung auf Auskunfts- und Zeugnisverweigerungsrechte.[1215] Auch Verfahrenshindernisse bestehen grundsätzlich nur bei Verstößen gegen nationales Recht.[1216] Für den Strafprozess wird dies damit begründet, dass § 55 Abs. 1 StPO, der zur Verweigerung der Auskunft berechtigt, wenn sich der Zeuge durch die Aussage in die Gefahr der Verfolgung wegen einer Straftat oder Ordnungswidrigkeit begibt, sich nur auf die Aufdeckung bereits begangener Taten bezieht.[1217] In der hier beschriebenen Konstellation begeht der Aussagende eine Straftat jedoch – wenn überhaupt – erst durch seine Aussage. Davor aber schützt § 55 Abs. 1 StPO nach

1213 Vgl. zu diesem Problemkreis *Stein/von Buttlar*, Völkerrecht, § 3 Rn. 628 ff.; *Ipsen*, Völkerrecht, § 23 Rn. 95; *Bosch*, IPRax 1984, S. 127, S. 132 ff.; ausführlich zur amerikanischen Sichtweise *Cohen-Tanugi*, R.C.D.I.P. 1983, S. 213 ff.

1214 *von Hein*, in Rauscher, Europäisches Zivilprozessrecht, Art. 14 EG-Bew VO, Rn. 14; *Streck/Mack*, BB 1995, S. 2137, S. 2144 f. m.w.N.; *Wastl/Litzka/Pusch*, NStZ 2009, S. 68, S. 72 ff., nehmen dies auch für den durchaus praxisrelevanten Fall an, dass Ermittlungen aufgrund der Anordnung eines fremden Staates durch private Ermittler, etwa Anwaltskanzleien, im Ausland durchgeführt werden.

1215 Vgl. zum Zivilprozess *Damrau*, in: MüKoZPO, § 387 Rn. 2; zum Strafprozess *Senge*, in: KKStPO, § 55 Rn. 9.

1216 So nimmt BVerfG 3. Kammer des Zweiten Senats, Beschluss vom 19.10.1994 - 2 BvR 435/87 = NWJ 1995, S. 651 selbst dann nur ausnahmsweise ein strafrechtliches Verfahrenshindernis an, wenn eine Person im Ausland durch einen Lockspitzel mit List dazu veranlasst wurde, nach Deutschland einzureisen und dort eine Straftat zu begehen.

1217 OLG Zweibrücken, Beschluss vom 16.08.1994 - 1 Ss 84/94 = NJW 1995, S. 1301

herrschender Auffassung nicht.[1218] Entsprechend deutlich urteilte der Bundesfinanzhof in Bezug auf steuerrechtliche Aufklärungspflichten einer deutschen Gesellschaft, die vorbrachte, sie verletze durch die Informationspreisgabe an die deutschen Steuerbehörden eine schweizerische Geheimhaltungspflicht im Sinne von § 273 S-StGB, es könne „dahinstehen, ob der Tatbestand dieser Strafvorschrift […] ernsthaft in Betracht käme […, denn] etwaige Auswirkungen der schweizerischen Strafvorschrift brauche kein anderer Staat gegen sich gelten zu lassen.“[1219]

Demgegenüber sieht eine Mindermeinung ausländische Geheimhaltungspflichten, insbesondere aufgrund der strafbewehrten Pflicht zur Wahrung des Bankgeheimnisses, als den nationalen Geheimhaltungspflichten gleichwertig an, auch wenn sie dort ohne Entsprechung sind. Diese Ansicht plädiert für die analoge Anwendung von § 55 Abs. 1 StPO auf diejenigen Fälle, in denen sich ein Bankier durch seine Aussage in die reale und nicht bloß behauptete Gefahr einer strafrechtlichen Verfolgung im Ausland begibt.[1220] Im Steuerrecht wird diese Auffassung auf das Auskunftsverweigerungsrecht nach § 103 AO übertragen.[1221]

Diese Ansicht sieht sich zurecht dem Vorwurf ausgesetzt, ein hohes Missbrauchspotential in sich zu bergen. Denn ein deutsches Gericht kann in der Regel nicht feststellen, wie hoch die Gefahr der strafrechtlichen Verfolgung im Ausland für einen Auskunftspflichtigen wirklich ist.[1222] Letztlich würde auch die Anwendung des deutschen Rechts von ausländischen Normen abhängig gemacht, was eine Gefahr für die Rechtssicherheit darstellt.[1223]

Gerade mit Blick auf das Bankgeheimnis im deutschen Recht erscheint die vorgenannte Mindermeinung auch deswegen als zu weitgehend, weil dieses dort nur als zivilrechtliche Geheimhaltungspflicht allgemein anerkannt ist. In anderen Bereichen, wie dem Strafrecht oder dem Steuerrecht genießt es keinen be-

---

1218 BVerfG, Beschluss vom 19.10.1994 - 2 BvR 435/87 = NWJ 1995, S. 651; BGH, Urteil vom 15.12.2005 – 3 StR 281/04 = BGHSt 50, S. 318; *Neubeck*, in: KMRStPO, § 55 Rn. 5; *Senge*, in: KKStPO, § 55 Rn. 9.

1219 BFH, Urteil vom 16.04.1980 - I R 75/78 = BFHE 133, S. 19; BFH, Urteil vom 16.04.1986 - I R 32/84 = BFHE 147, S. 14, S. 18

1220 *Odenthal*, NStZ 1985, S. 117, S. 118; *Neubeck*, in: KMRStPO, § 55 Rn. 6 m.w.N.

1221 Ausführlich dazu *Bülte*, wistra 2008, S. 292 ff. m.w.N.

1222 Ablehnend zur Anwendung von § 55 Abs. 1 StPO auf ausländische Geheimhaltungspflichten daher LG Stuttgart, Beschluss vom 24.04.1992 - 11 ARs 1/92 = NStZ 1992, S. 454 mit ablehnender Anmerkung von *Odenthal*, NStZ 1993, S. 52.

1223 Dies erkennt auch *Bülte*, wistra 2008, S. 292, S. 296 ff. Er nimmt jedoch an, dass ein Auskunftsersuchen im Sinne der AO wegen Verstoß gegen das völkerrechtliche Gebot der Nichteinmischung und das Verbot der internationalen Einmischung sowie Verstoß gegen die hoheitliche Fürsorge- und Schutzpflicht des Staates und der Menschenwürde sittenwidrig und damit nichtig ist.

sonderen Schutz sondern ist weitgehend zugunsten staatlicher Eingriffsbefugnisse durchbrochen. Das Bankgeheimnis entfaltet in Deutschland primär gegenüber privaten Dritten Wirkung und nicht gegenüber dem Staat. Insoweit weist es einen geringeren Schutzumfang auf als das Bankgeheimnis der übrigen Vergleichsländer. Da wie bereits erwähnt für einen Staat keine völkerrechtliche Pflicht besteht, exterritorial wirkende Normen eines anderen Landes zu achten, muss diese Wertung auch gelten, wenn ein Bankier einwendet, er verstoße gegen das Bankgeheimnis eines anderen Staates. Denn ein Vorrang der fremden Geheimhaltungspflicht gegenüber dem deutschen Recht besteht nicht.

8.2.3 Die Lösung von Konfliktfällen zwischen Geheimhaltungs- und Offenbarungspflichten verschiedener Staaten

Wie soeben erörtert, kann einerseits jeder Staat den Anwendungsbereich seiner Normen einschließlich deren exterritorialer Wirkung und deren Durchbrechungen definieren, andererseits kann jeder andere Staat dem widersprechende Offenbarungspflichten statuieren, ohne gegen völkerrechtliche Grundsätze zu verstoßen. Im zwischenstaatlichen Verhältnis zueinander kann keiner dieser Staaten einen Anwendungsvorrang seiner Normen begründen. Dies wirkt sich zulasten der Normadressaten aus, die in den Konflikt divergierender Geheimhaltungs- und Offenbarungspflichten verschiedener Staaten geraten können. So kann die schon einleitend geschilderte Konfliktsituation eintreten, dass ein Bankier nach dem Recht eines Staates Informationen offenbaren soll, die er nach dem Recht eines anderen Staates aufgrund des Bankgeheimnisses geheim halten müsste. Dann steht der Geheimnisträger vor dem Dilemma, gegen eine der Pflichten verstoßen zu müssen, wodurch er sich der Gefahr aussetzt, entweder in dem einen Staat wegen einer Verletzung des Bankgeheimnisses belangt zu werden oder in dem anderen Staat Sanktionen auferlegt zu bekommen, weil er die verlangten Informationen nicht preisgibt.

Bei konsequenter Anwendung des oben erarbeiteten Grundsatzes über die exterritoriale Anwendung der Durchbrechungsgründe des Bankgeheimnisses werden solche Fälle in der Praxis jedoch nur selten vorkommen. Wird beispielsweise ein in Luxemburg tätiger Bankier von einem deutschen Strafgericht als Zeuge zur Preisgabe von Kundengeheimnissen aufgefordert, kann er ohne Verstoß gegen das luxemburgische Bankgeheimnis aussagen. Denn stellt man das Auskunftsverlangen des deutschen Gerichts demjenigen eines luxemburgischen Gerichts gleich, liegt aus Sicht des luxemburgischen Rechts ein zulässiger Eingriff in das Bankgeheimnis vor. Denn dieses wird in allen Vergleichsländern im Strafverfahren durchbrochen. Damit kommt es nicht zu einem Konflikt zwischen einer ausländischen Geheimhaltungspflicht mit einer inländischen Offenbarungspflicht.

Anders verhält es sich insbesondere im Abgabenrecht, da dort im Gegensatz zum Strafrecht nur deutsche Banken und ihre Mitarbeiter bereits im Besteuerungsverfahren zur Auskunft über ihre Kunden verpflichtet sind. Verlangt also eine deutsche Steuerbehörde von einem in Luxemburg tätigen Bankier Auskünfte über seine Kunden, kann die Informationspreisgabe nach luxemburgischem Recht nicht gerechtfertigt werden, indem die deutschen den luxemburgischen Steuerbehörden gleichgestellt werden. Denn das luxemburgische Recht sieht im Besteuerungsverfahren keine Durchbrechung des Bankgeheimnisses vor.

Weitere Beispiele stellen insbesondere diejenigen Fälle dar, in denen amerikanische Gerichte Prozessparteien zur Beschaffung von Beweisen verpflichten, die im Ausland belegen sind und dort dem Bankgeheimnis unterliegen.[1224] Dabei handelt es sich meist um zivilrechtliche Verfahren, was mit dem weiten Verständnis des Begriffs „Zivilrecht" in Amerika zusammenhängt.[1225] Zwar erkennen auch die amerikanischen Gerichte das Bestehen eines Jurisdiktionskonflikts als Problem, sie gehen jedoch grundsätzlich davon aus, dass ihr nationales (amerikanisches) Interesse an einer umfassenden Beweisermittlung vorrangig gegenüber fremden Geheimhaltungspflichten ist. Sofern eine Partei aufgrund entgegenstehenden ausländischen Rechts ihren Anordnungen nicht nachkommt, wird erst auf der Sanktionsebene mittels Interessenabwägung („balance of interests test")[1226] ermittelt, inwiefern die ausländische Geheimhaltungspflicht gegenüber der eigenen Offenbarungspflicht berechtigt erscheint und die Nichtoffenbarung dadurch legitimiert wird.[1227] Im Ergebnis wird auch dabei meist das eigene Ermittlungsinteresse höher gewertet.[1228] Namentlich das Bankgeheimnis wird von

---

1224 Vgl. *Kinsch*, Le fait du prince étranger, S. 212 ff. m.w.N. In Deutschland geht es hingegen vornehmlich um zivilrechtliche Fälle ohne Auslandsbezug, in denen eine Bank Kenntnis vom rechtswidrigen Verhalten eines ihrer Kunden erlangt oder in denen eine Schutzpflicht zugunsten eines anderen Kunden besteht, vgl. *Canaris*, Bankvertragsrecht, Rn. 58 ff.; Den Fall einer gerichtlich erzwungenen Einwilligung eines Bankkunden in die Durchbrechung des Bankgeheimnisses beschreibt *Doralt*, in: ÖBA 1998, S. 699 ff.

1225 Vgl. dazu *Frei*, SJZ 82 (1986), S. 73, S. 74.

1226 Dieser Interessenabwägung liegen mehrere von der amerikanischen Rechtsprechung entwickelte Abwägungskriterien zugrunde, die vom American Law Institute zusammengefasst wurden und je nach Sachverhalt zur Anwendung gelangen, vgl. dazu *Stein/von Buttlar*, Völkerrecht, § 3 Rn. 629; *Cohen-Tanugi*, R.C.D.I.P. 1983, S. 213, S. 220 ff.

1227 *Stein/von Buttlar*, Völkerrecht, § 3 Rn. 628 f

1228 Gerade mit Blick auf diese Interesseabwägung haben zahlreiche Staaten aber auch sogenannte „Blockadegesetze" („blocking statutes") erlassen, um einerseits zu verhin-

amerikanischen Gerichten allgemein nicht als besonders schützenswerte Geheimhaltungspflicht angesehen, so dass eine Partei sich nicht mit Verweis darauf der gerichtlichen Anordnung zur Beweisbeschaffung entziehen kann.[1229]

Da in keinem der Vergleichsländer das Bankgeheimnis im Zivilverfahren durchbrochen ist, sofern es sich nicht um einen Prozess einer Bank mit dem betroffenen Kunden handelt oder dieser der Informationspreisgabe zustimmt,[1230] versagt in diesen Fällen die Gleichstellung der amerikanischen Gerichte mit den nationalen Gerichten des Herkunftsstaates des Bankiers zur Rechtfertigung der Geheimnisoffenbarung.

Hier besteht die Gefahr, dass ein Geheimnisträger, der Informationen offenbart, in einem anderen Staat wegen einer Verletzung des Bankgeheimnisses sowohl zivilrechtlich von den betroffenen Kunden als auch strafrechtlich belangt wird. Gerade gegenüber amerikanischen Gerichten wird sich ein Geheimnisträger häufig faktisch gezwungen sehen, Geheimnisse preis zu geben, weil ihm persönlich bzw. der ihn anstellenden Bank im Falle der Nichtbefolgung von deren Anordnungen empfindliche Strafen drohen.

In solchen Konfliktfällen zwischen dem exterritorial wirkenden Bankgeheimnis mit einer fremden Offenbarungspflicht erscheint der Rückgriff auf allgemeine Notstandsregeln notwendig, um den Geheimnisträger von dieser Gefahr zu befreien.[1231] Danach ist mittels einer umfassenden Interessenabwägung zwischen dem Geheimhaltungsinteresse des Bankkunden und den Nachteilen, die dem Geheimnisträger im Falle der Nichtbeachtung der fremden Offenbarungspflicht drohen, zu ermitteln, ob die Durchbrechung des Bankgeheimnisses gerechtfertigt erscheint. [1232] Diese Rechtfertigungslösung bietet sich deswegen

---

dern, dass aufgrund einer ausländischen Anordnung Geheimnisse, nicht zuletzt solche die vom Bankgeheimnis erfasst werden, unkontrolliert ins Ausland übermittelt werden, und anderseits dem amerikanischen Gericht die Bedeutung der Geheimhaltungspflicht zu verdeutlichen, vgl.dazu *Stein/von Buttlar*, Völkerrecht, § 3 Rn. 628 f.; *Cohen-Tanugi*, R.C.D.I.P. 1983, S. 213 ff.; *Demaret*, R.T.D.E. 1985, S. 1, S. 12 ff.

1229 Das überaus weite Verständis der US amerikanischen Gerichte in Hinblick auf die Bejahung ihrer Jurisdiktion und die Ausübung von Hoheitsgewalt mit Auswirkung auf ausländische Staaten ist schon seit langem Gegenstand vielfältiger Kritik, vgl. nur *Bosch*, IPRax 1984, S. 127, S. 132 f.; *Frei*, SJZ 82 (1986), S. 73, S. 74 ff.

1230 Siehe dazu oben S. 139 ff.

1231 In der Regel wird die Berufung der Bank auf Notwehr ausscheiden. Diese erlaubt nur die Verteidigung gegen den Angreifer und die Verletzung von dessen Rechtsgütern. Dies wäre beim Bankgeheimnis der Kunde, der aber in der Regel nicht als „Angreifer" anzusehen sein wird. Dann verbleibt die Berufung auf einen rechtfertigenden oder entschuldigenden Notstand, vgl. dazu *Schärf*, ÖBA 1991, S. 583, S. 586.

1232 Aus luxemburgischer Sicht *Elvinger*, Bulletin droit et banque, N° 26, 1997, S. 5, S. 14; für Österreich *Schärf*, ÖBA 1986, S. 583, S. 586; für die Schweiz *Aubert*, Le secret

an, weil in vergleichbarer Weise auch bei Inlandsfällen argumentiert wird, bei denen das Geheimhaltungsinteresse eines Kunden mit dem Offenbarungsinteresse der Bank kollidiert.[1233] Geht die Interessenabwägung zugunsten des Geheimnisträgers aus, ist die Offenbarung nach dem Recht desjenigen Staates, der die Geheimhaltungspflicht anordnet, gerechtfertigt. Dadurch ist der Geheimnisträger von der Gefahr der Strafverfolgung sowie der Geltendmachung zivilrechtlicher Schadensersatzansprüche eines möglicherweise durch die Geheimnisoffenbarung geschädigten Kunden befreit.[1234]

Diese Rechtfertigungslösung stellt jedoch nur eine Notlösung dar, die nur in Ausnahmefällen herangezogen werden kann. Denn anderenfalls besteht die Gefahr, dass die Exterritorialität des Bankgeheimnisses ausgehöhlt wird. So könnten sich die Behörden und Gerichte eines Staates dazu ermuntert fühlen, den oftmals als beschwerlich und langwierig empfundenen Weg der internationalen Amts- und Rechtshilfe bewusst dadurch zu umgehen, dass sie einen Verfahrensbeteiligten durch die Androhung von Sanktionen in eine Notstandsituation bringen und dadurch zur Geheimnisoffenbarung unter Verletzung des Bankgeheimnisses eines anderen Staates zwingen. Denn wenn dieser die Geheimnisoffenbarung unter dem Gesichtspunkt des Notstands rechtfertigen würde, bliebe der Verstoß folgenlos.[1235]

---

bancaire suisse, S. 105 ff.; in der liechtensteinischen Literatur wird diese Frage soweit ersichtlich nicht behandelt.

1233 *Canaris*, Bankvertragsrecht, Rn. 58 ff.; *Kümpel*, Bank- und Kapitalmarktrecht, 2.172; *Hopt*, in: *Baumbach/Hopt*, HGB, Bankgeschäfte Rn. A/10.; *Bosch*, IPRax 1984, S, 127, S. 131; *Martinek*, in: Festschrift für Schütze, S. 503, S. 514; aus luxemburgischer Sicht *Elvinger*, Bulletin droit et banque, N° 26, 1997, S. 5, S. 14 f.; aus österreichischer Sicht vgl. *Schärf*, ÖBA 1991, S. 583, S. 586; *Jabornegg/Strasser/Floretta*, Bankgeheimnis, S. 142 ff.; *Apathy/Iro/Koziol*, Österreichisches Bankvertragsrecht, 2/146 ff. m.w.N.; ablehend *Fremuth/Laurer/Pötzelberger/Ruess*, KWG, § 23 Rn. 14; aus schweizerischer Sicht Aubert, Le secret bancaire suisse, S. 57 f.; d*e Capitani*, in: Basel II: Folgen für Kreditinstitute und ihre Kunden, S. 125, S. 128; *Stratenwerth*, in: Basler Kommentar, Bankenrecht, Art. 47 Rn. 44; in der liechtensteinischen Literatur zum Bankgeheimnis findet sich keine Stellungnahme zu diesem Problem.

1234 Vgl. *Kinsch*, Le fait du prince étranger, S. 214 m.w.N.

1235 Einen Beispielsfall dafür aus der Schweiz stellt die sogenannte Affäre „Marc Rich" dar. Diese im Kanton Zug ansässige Gesellschaft hatte eine amerikanische Tochter. Diese wurde in einem Zivilverfahren von einem amerikanischen Gericht verpflichtet, Unterlagen aus der Schweiz vorzulegen. Als sie sich auf die strafrechtliche Pflicht zur Wahrung des Geschäftsgeheimnisses nach schweizerischem Recht berief, wurde ihr eine Beugestrafe von 50.000 Dollar pro Tag angedroht und seitens des Gerichts darauf verwiesen, die Firma könne sich nach schweizerischem Recht auf einen rechtfertigenden Notstand berufen. Der Schweizerische Bundesrat protestierte heftig gegen diese

8.2.4 Zusammenfassung

Zusammenfassend kann festgehalten werden, dass sich die Rechtmäßigkeit einer Durchbrechung des Bankgeheimnisses nicht nur bei Inlands- sondern auch bei Auslandssachverhalten nach dem Recht desjenigen Staates beurteilt, der die Geheimhaltungspflicht festlegt. Dazu sind grundsätzlich ausländische Behörden und Gerichte ihren nationalen Pendants gleichzustellen. Unberührt davon bleibt das Recht eines anderen Staates, dem solchermaßen exterritorial wirkenden Bankgeheimnis eines Staates widersprechende Offenbarungspflichten festzulegen, da beide Staaten sich jeweils auf ihre völkerrechtliche Souveränität stützen können. Konflikte drohen aufgrund dessen vor allem im steuerrechtlichen Bereich, weil beispielsweise das deutsche Recht dort sehr viel weitergehende Durchbrechungen des Bankgeheimnisses vorsieht als die übrigen Vergleichsländer. Scheitert eine Rechtfertigung daran, dass das Recht eines Staates kein Offenbarungsrecht vorsieht, wo ein anderer die Offenbarung verlangt, ist eine Rechtfertigung anhand allgemeiner Rechtfertigungsgründe in Betracht zu ziehen.

Zwar ist zwischenzeitlich in einigen Bereichen ein zurückhaltenderer Gebrauch vieler Staaten in der exterritorialen Anwendung von Normen erkennbar. Da es jedoch keine übergeordnete völkerrechtliche Verpflichtung dazu gibt, lassen sich Jurisdiktionskonflikte kaum ausschließen. [1236]

Mit Blick auf das Bankgeheimnis scheint die wechselseitige Gewährung internationaler Amts- und Rechtshilfe als wichtigster Schritt zur Vermeidung solcher Konflikte. Denn diese lenkt den zwischenstaatlichen Informationsaustausch und die Beweismittelbeschaffung in ein geordnetes Verfahren, das ohne Eingriffe in eine fremde Rechtsordnung auskommt.[1237] Kollisionen zwischen divergierenden Geheimhaltungs- und Offenbarungspflichten sind dabei praktisch ausgeschlossen, weil derjenige Staat, der um die Beschaffung von Informationen ersucht wird, auch der Staat ist, der die Geheimhaltungspflicht anordnet. Probleme tauchen jedoch dann auf, wenn die Erfüllung eines Ersuchens nach dem Recht des ersuchten Staates wegen einer entgegenstehenden Geheimhaltungspflicht nicht möglich ist, wenn aber der ersuchende Staat diese Informationen nach sei-

---

Vorgehensweise und prangerte das Vorgehen des Gerichts als Eingriff in die Souveränität der Schweiz an. Der Übermittlung der Unterlagen verhinderte man durch ihre Beschlagnahme, vgl. dazu *Krafft*, in: Beiträge zum schweizerischen Bankenrecht, S. 207, S. 212 f.; *Kinsch*, Le fait du prince étranger, S. 215 m.w.N.

1236 *Stein/von Buttlar*, Völkerrecht, § 3 Rn. 629 f.

1237 In diesem Sinne auch *Bosch*, IPRax 1984, S. 127, S. 134 f.; *Demaret*, R.T.D.E. 1985, S. 1, S. 36 ff.; *Tipke*, BB 1998, S. 241, S. 245; *Krafft*, in: Beiträge zum schweizerischen Bankenrecht, S. 207, S. 225.

nem Recht beschaffen kann. Denn in solchen Fällen kann der ersuchende Staat versuchen, sein Recht ungeachtet der fremden Geheimhaltungspflicht einseitig durchzusetzen. Dies trifft gerade auch auf die vom Bankgeheimnis erfassten Informationen zu, die häufig für steuerliche Zwecke im Ausland Verwendung finden sollen. Im Umfang der von den Vergleichsländern in diesem Bereich mit Blick auf das Bankgeheimnis gewährten internationalen Amts- und Rechtshilfe[1238] liegt eine der wesentlichen Ursachen für die zwischenstaatlichen Streitigkeiten über die Berechtigung dieser Geheimhaltungspflicht.

8.3 Bankgeheimnis und Beweisverbote

Nachdem soeben die Voraussetzungen, unter denen das Bankgeheimnis eines Staates exterritoriale Wirkung entfaltet, sowie dessen Durchbrechungen bei Auslandsfällen untersucht wurden, stellt sich die Folgefrage, inwieweit in einem anderen Staat in behördlichen oder gerichtlichen Verfahren Daten verwendet werden können, die unter Verletzung dieser Geheimhaltungspflicht erlangt wurden.

8.3.1 Die „Liechtensteiner Steueraffäre“ und der Datenankauf aus der Schweiz

Diese Problemfrage soll hier nur aus Sicht des deutschen Rechts beantwortet werden, da nur dort wiederholt illegal aus dem Ausland geschaffte Daten über Bankkunden angekauft wurden. Die übrigen Vergleichsländer sind demgegenüber stets bemüht, ihr Bankgeheimnis gegenüber dem Ausland zu verteidigen, so dass Fälle, in denen sie sich ähnlich wie Deutschland verhalten würden, wohl nur hypothetische Bedeutung besitzen.[1239]

Das erste bekannt gewordene Beispiel für den Ankauf von Bankdaten bildet die „Liechtensteiner Steueraffäre“ aus dem Frühjahr 2008, die nach ihrem prominentesten Opfer, dem früheren Postchef, *Klaus Zumwinkel*, auch als „Zum-

---

1238 Siehe dazu unten S. 285 ff.

1239 Die Frage der Verwertbarkeit von unter Verstoß gegen das nationale Bankgeheimnis gewonnenen Informationen durch die luxemburgische Steuerverwaltung stellt auch *Steichen*, Droit fiscal, Tome 1, Rn. 493, er geht davon aus, dass nach der Rechtsprechung ein Verwertungsverbot nur bei einem Eingriff in die Rechtssphäre des betroffenen Steuerpflichtigen durch die Verletzung des Bankgeheimnisses in Frage komme. Ein solcher liege nicht vor, wenn die Geheimnisverletzung einen Dritten betreffe und die Informationen auch gegen den anderen Steuerpflichtigen verwendet würden. Er tendiert jedoch unter Verweis darauf, dass eine Förderung des Denunziantentums nicht im Interesse des Staates sein könne, für deren Unverwertbarkeit.

winkel Affäre“ bezeichnet wird.[1240] Darin geht es um den ehemaligen Angestellten der LGT Treuhand AG *Heinrich Kieber*, der während seiner Tätigkeit für diese Gesellschaft in den Jahren 2001 und 2002 mehrere DVDs mit Daten vornehmlich ausländischer Kunden der LGT Bank erstellt und diese damit erpresst hatte, er werde die Daten an das Ausland verkaufen. Deshalb wurde er von liechtensteinischen Gerichten wegen Erpressung zu einer Bewährungsstrafe verurteilt. Die DVDs wurden der LGT Treuhand AG übergeben. Nach dem Ende seiner Haft stellte sich dann heraus, dass *Kieber* Kopien der DVDs erstellt hatte, die er dem deutschen Bundesnachrichtendienst (BND) zum Ankauf anbot. Dieser erwarb die DVDs, wofür *Kieber* etwa vier Millionen Euro sowie eine neue Identität erhalten haben soll. Anschließend übergab der BND die DVDs den deutschen Steuerbehörden, die gegen zahlreiche bisher unbekannte Personen wegen des Verdachts der Steuerhinterziehung zu ermitteln begann.[1241] Auch das Ausland profitierte vom Ankauf der Daten, da Datensätze von Kunden der LGT aus anderen europäischen Ländern deren Behörden übergeben wurden.[1242] Liechtenstein sucht seither mittels internationalem Haftbefehl nach *Kieber* wegen des Verdachts der Auskundschaftung von Geschäfts- und Betriebsgeheimnissen zu Gunsten des Auslands im Sinne des § 124 L-StGB sowie des Datendiebstahls nach § 131a L-StGB.[1243] An Deutschland gerichtete Rechtshilfeersuchen in dieser Sache wurden abgewiesen.[1244]

1240 *Tipke*, BB 1998, S. 241, S. 245 berichtete bereits im Jahr 1998, dass den deutschen Steuerbehörden von Angestellten ausländischer Banken Daten über deren deutsche Kunden zum Ankauf angeboten worden seien. Es ist jedoch nicht bekannt, ob es damals tatsächlich zum Datenankauf kam.

1241 Eine ausführliche Darstellung des geschilderten Sachverhalts einschließlich einer recht emotionalen Bewertung desselben findet sich bei *Wagner*, Bankenplatz Liechtenstein, S. S. 365 ff. Die Zeitschrift *Stern*, Ausgabe Nr. 32 vom 05.08.2010, S. 55 ff. gibt die Hintergründe der „Liechtensteiner Steueraffäre“ sowie die Beweggründe *Heinrich Kiebers* in einem Interview mit diesem aus dessen Sicht wieder.

1242 So konnten sie beispielsweise in Österreich zur Feststellung hinterzogener Steuern verwendet werden, da die BAO kein Beweisverwertungsverbot im Falle rechtswidrig in den Besitz der Abgabenbehörden gelangter Informationen kennt, vgl. VwGH, Erkenntnis vom 06.06.1993 - 89/13/0262; *Leitner/Toifl/Brandl*, Österreichisches Finanzstrafrecht, Rn. 1980.

1243 Vgl. den Fahndungsaufruf unter: http://www.landespolizei.li (Stand: 17.11.2010).

1244 Die Verweigerung der Rechtshilfe wird auf Art. 2 lit. b des Europäischen Rechtshilfeübereinkommens gestützt. Demnach kann die Rechtshilfe verweigert werden, wenn der ersuchte Staat, hier Deutschland, der Ansicht ist, dass die Erledigung des Ersuchens geeignet ist, die Souveränität, die Sicherheit, die öffentliche Ordnung (ordre public) oder andere wesentliche Interessen seines Landes zu beeinträchtigen. Siehe dazu etwa den Bericht der Zeitung Liechtensteiner Vaterland vom 24.03.2009, S. 3.

Die vorgenannten Delikte weisen eine im Vergleich zur Verletzung des Bankgeheimnisses weitere Exterritorialität auf und erlauben daher die Ahndung der Geheimnisoffenbarung, obwohl diese nicht in Liechtenstein stattgefunden hat.[1245] Eine Strafbarkeit *Kiebers* wegen Verletzung des Bankgeheimnisses scheidet hingegen, unabhängig von der Frage nach dessen Exterritorialität, aus, weil er als Angestellter einer Treuhandgesellschaft nicht zum strafrechtlichen Kreis der Geheimnisträger dieser Pflicht zählt.[1246] Vielmehr unterstand er dem Treuhändergeheimnis im Sinne des Art. 11 des Gesetz vom 9. Dezember 1992 über die Treuhänder (Treuhändergesetz, TrHG).[1247] Dieses zählt zu den Berufsgeheimnissen im Sinne von § 121 L-StGB, der eine ähnliche Struktur wie das Bankgeheimnis im Sinne der §§ 63 Abs. 1 lit. a, 14 L-BankG aufweist.[1248] Für die strafrechtliche Anknüpfung von Auslandssachverhalten gelten daher die zu diesem getroffenen Aussagen entsprechend.[1249] Auch die Berufsgeheimnisverletzung im Sinne von § 121 L-StGB weist somit nur eine lückenhafte Exterritorialität auf, weil im Falle einer Geheimnisoffenbarung im Ausland der strafrechtliche Anknüpfungspunkt an liechtensteinisches Recht fehlt. Wäre *Kieber* Bankangestellter und nicht Treuhänder gewesen, so wäre er wegen der im Ausland erfolgten Geheimnisoffenbarung strafrechtlich nicht wegen Verletzung des Bankgeheimnisses zu belangen gewesen. Zivilrechtlich wäre seine Inanspruch-

1245 Siehe dazu unten S. 408 f.

1246 Diesbezüglich drängt sich eine Parallele zum so genannnten „CISAL Fall" auf. In diesem Fall, hatte ein externer Mitarbeiter der luxemburgischen Tochtergesellschaft der Commerzbank, der CISAL, bei dieser Kundendaten entwendet, welche er der deutschen Commerzbank zum Kauf anbot. Diese erstattete Anzeige, woraufhin es zur Festnahme des Erpressers und zur Beschlagnahme der gestohlenen Unterlagen kam. Die Staatsanwaltschaft stellte diese wegen des Verdachts auf Steuerhinterziehung gegen die darin genannten Kunden an die Steuerbehörden. Dagegen wandte sich die Commerzbank. Anders als im Liechtensteiner Fall, war die Erlangung der Daten durch die Polizei jedoch damals unstreitig rechtmäßig, Als problematisch erschien nur die Rechtmäßigkeit der Datenweitergabe. Im Ergebnis wurde auch diese für rechtmäßig erachtet. Es wurde davon ausgegangen, dass es sich um einen nach § 108 StPO zu behandelnden Zufallsfund handelte, der auch steuerstrafrechtlich verwendet werden durfte, bzw. dass ein Fall der Amtshilfe im Sinne des § 116 AO vorliege, vgl. OLG Frankfurt am Main, Beschluss vom 20.12.1995 - 3 VAs 25/95 und 3 Vas 26/95 = NStZ 1996, S. 196 ff.; Näher dazu auch *App/Klos*, ZIP 1995, S. 1573, S. 1575 ff.; *Klos*, wistra 1996, S. 176, S. 177; *Klos*, DStZ 1996, S. 32 ff.

1247 LGBl. 1993 Nr. 42, zuletzt geändert durch LGBl. 2008 Nr. 331.

1248 Vgl. *Wagner*, Bankenplatz Liechtenstein, S. 159 f.

1249 Siehe dazu oben S. 253 ff.

nahme durch einen infolge der Geheimnisverletzung geschädigten Kunden hingegen ohne weiteres möglich gewesen.[1250]

Nachdem das mediale Interesse an der „Liechtensteiner Steueraffäre“ abgeklungen war, wurde im Frühjahr 2010 bekannt, dass der deutschen Steuerfahndung Datensätze über rund 1.500 deutsche Kunden einer schweizerischen Bank zum Kauf angeboten wurden. Nach kurzem Zögern teilte die Bundesregierung mit, sie befürworte den Ankauf dieser Daten sowie gegebenenfalls weiterer Datensätze durch die zuständigen Finanzbehörden der Bundesländer, um damit gegen Steuerhinterzieher vorzugehen. Dabei nehme man in Kauf, dass der Verkauf dieser Daten in deren Herkunftsland strafbar sei, da man keine andere Möglichkeit sehe, legal an die für Steuerzwecke notwendigen Informationen zu gelangen.[1251]

8.3.2 Die rechtliche Würdigung des Ankaufs illegal aus dem Ausland verbrachter Daten

Im Falle der „Liechtensteiner Steueraffäre“ steht fest, dass sich *Kieber* durch den Verkauf der Daten nach liechtensteinischem Recht jedenfalls wegen Verletzung von Geschäfts- und Betriebsgeheimnissen strafbar gemacht hat. Ebenso verhält es sich auch im Falle des Verkäufers der schweizerischen Bankdaten, da das schweizerische Recht einen vergleichbaren exterritorial wirkenden Tatbestand kennt.[1252] Dann aber erscheint fraglich, ob deswegen nicht auch die veräußerten Daten selbst den Makel der Rechtswidrigkeit tragen und daher in Deutschland unverwertbar sind. Der Verstoß gegen fremdes Recht, hier das liechtensteinische bzw. schweizerische Recht, ist, wie bereits gezeigt, mangels Bindung deutscher Amtsträger daran unbeachtlich, sofern damit kein innerstaatlicher Rechtsverstoß korrespondiert.[1253] Nur ein Verstoß gegen deutsches Recht kann dort ein Beweisverbot auslösen. Beweisverbote sind Beschränkungen des im Strafrecht geltenden Grundsatzes der Erforschung der materiellen Wahrheit. Danach sind die Strafgerichte zwar grundsätzlich frei in der Wahl der Mittel zur Wahrheitsfindung, diese darf jedoch nicht „um jeden Preis“ erfolgen, sondern

---

1250 Vgl. dazu auch unten S. 379 ff., wo insbesondere die Haftung des Kreditinstituts im Falle einer Datenweitergabe durch einen Mitarbeiter untersucht wird.

1251 Vgl. F.A.Z. vom 02.02.2010, S. 1 und S. 9 sowie F.A.Z. vom 08.02.2010, S. 9. Zu einer abweichenden rechtlichen Beurteilung in Hinblick auf eine mögliche Strafbarkeit ihrer Mitarbeiter durch den Ankauf gestohlener Bankdaten gelangten hingegen die baden-württembergischen Finanzbehörden, die deswegen ein entsprechendes Angebot ablehnten, vgl. F.A.Z. vom 27.02.2010, S. 11.

1252 Siehe dazu unten S. 406 f.

1253 Siehe dazu oben S. 260 ff.

muss die schutzwürdigen Belange der Betroffenen achten.[1254] Die Beweisverbote gliedern sich in zwei große Gruppen, zum einen die Beweiserhebungsverbote (Beweisgewinnungsverbote, Beweisverfahrensverbote), bei denen es um die Art und Weise der Beweisgewinnung geht, und zum anderen die Beweisverwertungsverbote (Verwertungsverbote), die die Verwertbarkeit rechtswidrig erlangter Beweismittel betreffen.[1255] Adressaten dieser Verbote sind jeweils die staatlichen Strafverfolgsorgane. Das Handeln von Privatpersonen ist dem Staat nur ausnahmsweise dann zurechenbar, wenn er sich dieser bedient, um bestimmte Beweise zu erlangen.[1256] Allgemein anerkannt ist, dass nicht jede unzulässige oder rechtswidrige Beweisgewinnung ein Verwertungsverbot in Bezug auf die fehlerhaft gewonnenen Beweise nach sich zieht. Das heißt, ein Beweiserhebungsverbot hat nicht zwingend ein Beweisverwertungsverbot zur Folge. Ein solches besteht nur, wenn aus der rechtswidrigen Beweisgewinnung zugleich ein selbständiges oder unselbständiges Beweisverwertungsverbot folgt.[1257] Selbständige Beweisverwertungsverbote sind eher selten, da sie eine ausdrückliche gesetzliche Regelung voraussetzen, ein Beispiel hiefür ist § 136a Abs. 3 S. 2 StPO, der die Anwendung verbotener Vernehmungsmethoden betrifft. Häufiger sind die unselbständigen Beweisverwertungsverbote. Bei diesen beurteilt sich die Verwertbarkeit rechtswidrig erlangter Beweise nach der von der Rechtsprechung entwickelten Abwägungstheorie. Diese bedingt eine umfassende Interessenabwägung zwischen dem Strafverfolgungsinteresse des Staates und den Rechtsgütern des Beschuldigten. Geht die Abwägung zugunsten der staatlichen Interessen aus, sind die Beweismittel verwertbar, anderenfalls sind sie unverwertbar.[1258]

Im Falle der „Liechtensteiner Steueraffäre" zu der sich zahlreiche Stimmen aus der Literatur geäußert haben, wurde das Geschehen meist in mehrere Phasen aufgeteilt, von denen jede einzelne daraufhin untersucht wurde, ob in ihr ein Rechtsverstoß erfolgt ist, der ein Beweisverwertungsverbot zur Folge hat.

Bedenken erweckte dabei bereits das Zustandekommen des Datenankaufs unter Vermittlung durch den BND. Im Falle des kürzlich bekannt gewordenen Ankaufs der schweizerischen Bankdaten ist über eine solche Beteiligung des Geheimnisdienstes nichts bekannt, so dass daraus jedenfalls nicht dessen Rechtswidrigkeit hergeleitet werden kann. In der „Liechtensteiner Steueraffäre"

1254 Ständige Rechtsprechung seit BGH, Urteil vom 14.06.1960 - 1 StR 683/59 = BGHSt 14, S. 358, S. 365 = NJW 1960, S. 1580.

1255 *Cramer/Bürgle*, Beweisverwertungsverbote, S. 17 f.

1256 BGH, Entscheidung vom 28.04.1987 - 5 StR 666/86 = BGHSt 34, S. 362; *Trüg/Habetha*, NStZ 2008, S. 481, S. 488.

1257 *Cramer/Bürgle*, Beweisverwertungsverbote, S. 17 f.

1258 *Trüg/Habetha*, NStZ 2008, S. 481, S. 485 ff. m.w.N.

ist jedenfalls unstreitig, dass *Kieber* sich die Daten ohne fremde Beeinflussung verschafft hat und mit einer Verkaufsofferte an den BND herangetreten ist. Insoweit erscheint sein strafbares Verhalten dem deutschen Staat nicht zurechenbar, so dass sich damit nicht die Unverwertbarkeit der von ihm erworbenen Daten begründen lässt.[1259] Dass der BDN die technischen Mittel bereithalten durfte, um das Angebot *Kiebers* zu empfangen, scheint nicht zweifelhaft, da die Auslandsüberwachung in Bezug auf schwere Straftaten zu seinen Hauptaufgaben zählt. Das Angebot, das Hinweise auf Steuerstraftaten großen Ausmaßes beinhaltete, stellt sich insoweit als strafrechtliches Nebenprodukt („Beifund") seiner regulären Tätigkeit dar.[1260] Uneinheitlich wird dagegen beurteilt, ob der BND das Angebot an die Steuerbehörden weiterleiten durfte. Nach einer Auffassung bestand aufgrund des Trennungsgebotes von Geheimdiensten und Strafverfolgungsbehörden eine Übermittlungssperre, da letztere selbst keine Auslandsermittlungen durchführen könnten, sondern auf internationale Amts- und Rechtshilfe angewiesen seien.[1261] Der BND wiederum könne mangels Kompetenz hierzu die empfangenen Daten nicht im Wege der Amtshilfe an andere Behörden abgeben.[1262] Nach anderer Auffassung ist die Weiterleitung der Daten durch den BDN als Amtshilfe gemäß den § 116 AO und § 9 Gesetz über den Bundesnachrichtendienst (BNDG) anzusehen.[1263] Denn es bestehe kein Exklusivitätsverhältnis zwischen diesen Normen sondern ein Ergänzungsverhältnis.[1264] Zudem besitze der BND im Einzelfall die Befugnis zur Überwachung des grenzüberschreitenden Kapitalverkehrs bei Geldwäschedelikten, wenn außen- oder sicherheitspolitische Belange betroffen seien. Dies sei hier möglicherweise der Fall, da es diesbezügliche Dossiers des BND zur Bedeutung Liechtensteins gebe.[1265]

Problematischer als die Entgegennahme des Angebots zum Datenverkauf erscheint jedoch sowohl im Falle der liechtensteinischen als auch der schweizerischen Bankdaten der eigentliche Erwerbsvorgang. So gehen in Bezug auf die „Liechtensteiner Steueraffäre" die meisten Stimmen in der Literatur von der

---

1259 Dementsprechend argumentiert das LG Bochum in einem Beschluss vom 07.08.2009 - 2 Qs 2/09 (BeckRS 2010 03157), in dem es die Beschwerde dreier Beschuldigter in einem Strafverfahren zurückwies. Diese wandten sich gegen die Durchsuchungen und Beschlagnahmen, die aufgund der im Zuge der „Liechtensteiner Steueraffäre" erworbenen Daten wegen des Verdachts der Steuerhinterziehung bei ihnen angeordnet wurden.

1260 *Kölbel*, NStZ 2008, S. 241, S. 243.

1261 *Schünemann*, NStZ 2008, S. 305, S. 306 ff.

1262 *Trüg/Habetha*, NJW 2008, S. 887, S. 889 f.

1263 BGBl. 1990 I S. 2954, 2979, zuletzt geändert durch Artikel 1b des Gesetzes vom 31. Juli 2009 (BGBl. I S. 2499).

1264 *Kölbel*, NStZ 2008, S. 241, S. 243.

1265 *Göres/Kleinert*, NJW 2008, S. 1353, S. 1356 f.

Rechtswidrigkeit des Datenankaufs aus. Auch hier wird vor allem auf das Verhalten des BND abgestellt. Danach haben sich dessen Mitarbeiter gleich in mehrfacher Hinsicht strafbar gemacht. Hehlerei wird insoweit ausgeschlossen, da die Daten selbst als unkörperliche Gegenstände kein taugliches Tatobjekt darstellen und die Eigentumsverhältnisse an dem sie beinhaltenden Datenträger unklar sind.[1266] Hingegen wird der Datenerwerb als Begünstigung im Sinne von § 257 Abs. 1 StGB angesehen,[1267] da nach umstrittener Ansicht auch im Ausland begangene Taten als Vortaten der Begünstigung in Frage kommen, sofern der entsprechende Sachverhalt auch nach deutschem Recht strafbar wäre.[1268] Als taugliche Vortaten *Kiebers* werden hier der Verrat von Betriebs- und Geschäftsgeheimnissen im Sinne der §§ 122 und 124 L-StGB genannt, die dem deutschen § 17 Gesetz gegen den unlauteren Wettbewerb (UWG)[1269] entsprechen.[1270] Zugleich soll der Datenankauf einen unerlaubten Erwerb von Betriebs- und Geschäftsgeheimnissen im Sinne von § 17 Abs. 2 Nr. 2 UWG seitens der BND Mitarbeiter darstellen.[1271] Teilweise wird auch vertreten, dass sich diese augrund des hohen Ankaufspreises für die DVDs der Untreue nach § 266 StGB strafbar gemacht hätten.[1272] Ferner liegt nach einer Auffassung ein Verstoß gegen das BDSG vor.[1273] Ähnlich ließe sich auch im Fall der schweizerischen Datensätze argumentieren, da auch hier in dem Verkauf der Daten eine Verletzung von Geschäfts- und Betriebsgeheimnissen durch den Verkäufer zu sehen ist, und deren Ankauf durch die Beamten der Steuerfahndung einen unerlaubten Erwerb solcher Geheimnisse darstellen könnte.

1266 *Trüg/Habetha*, NJW 2008, S. 887, S. 887 f.

1267 *Trüg/Habetha*, NJW 2008, S. 887, S. 889; dagegen *Spernath*, NStZ 2010, S. 307, S. 309.

1268 *Cramer*, in: MüKoStGB, § 257 Rn. 8 m.w.N.; einschränkend wird teilweise gefordert, dass es sich um solche Taten handeln müsse, die zugleich im Inland Individualinteressen, innerstaatliche oder EU-Interessen beträfen, da der Schutz ausländischer Staatsinteressen nicht die Aufgabe des deutschen Rechts sei, vgl. *Stree/Hecker*, in: Schönke/Schröder, StGB, § 257 Rn. 8 m.w.N.

1269 UWG in der Fassung der Bekanntmachung vom 03.03.2010 (BGBl. I S. 254).

1270 *Trüg/Habetha*, NJW 2008, S. 887, S. 888 f., die daneben auch das Ausspähen von Daten entsprechend § 202a StGB als taugliche Vortat ansehen.

1271 *Schünemann*, NStZ 2008, S. 305, S. 308; Betzinger/Rutemöller, ZRP 2008, S. 95.

1272 Vgl. auch *Spernath*, NStZ 2010, S. 307, S. 312, der die Untreuestrafbarkeit daraus herleitet, dass die Vereinbarung über den Datenankauf wegen zahlreicher dadurch bewirkter Rechtsverletzungen zivilrechtlich unwirksam sei, so dass öffentliche Mittel ohne besondere Ermächtigung hierzu alleine aufgrund der Hoffnung auf die Rentabilität des Datenankaufs hergegeben würden.

1273 *Kelnhofer/Krug*, StV 2008, S. 660, S. 663 f.

Eine Strafbarkeit der BND Mitarbeiter bzw. der Beamten der Steuerfahndung im Fall der schweizerischen Daten, die ein Beweisverwertungsverbot nach sich ziehen könnte, würde jedoch dann ausscheiden, wenn ihr Verhalten gerechtfertigt wäre. Im Falle des BND könnte sich dies bereits aus den §§ 2 und 3 BNDG ergeben. Deren Einschlägigkeit wird jedoch verneint, weil sie nur solche Ermittlungen ermöglichten, bei denen bedeutende außen- und sicherheitspolitische Belange der Bundesrepublik in Rede stünden. Dies sei bei einfachen Steuerdelikten nicht der Fall.[1274] Die Rechtfertigung des Datenankaufs kann danach auch nicht auf die steuerstrafrechtlichen Ermittlungsbefugnisse der Finanzbehörden gestützt werden. Denn es liege kein Fall einer normalen Ladung zur Zeugenaussage vor, bei dem *Kieber* als Träger einfacher Betriebs- und Geschäftsgeheimnisse kein Zeugnisverweigerungsrecht zugestanden hätte. Denn auch wenn eine entsprechende Ladung möglich gewesen wäre, bestünde jedenfalls kein Recht der Steuerbehörden *Kieber* für seine Aussage zu bezahlen.[1275] Ebenso wenig seien die Amtshilfenormen der AO einschlägig, da diese keine Kompetenzerweiterung auf Seiten des BND bewirkten und überdies auch keine Befugnis zur Bezahlung von Informanten beinhalteten.[1276] Ebenso wenig soll ein rechtfertigender Notstand gemäß § 34 StGB vorliegen, da bereits dessen Anwendbarkeit auf staatliches Handeln abseits von extremen Notsituationen fraglich sei.[1277] In jedem Falle aber sei die Beweiserhebung durch öffentlich-rechtliche Sondervorschriften abschließend geregelt, so dass ein Rückgriff darauf unmöglich sei.[1278] Folglich haben sich nach dieser Auffassung die Mitarbeiter des BND durch den Datenankauf strafbar gemacht und rechtswidrig Beweise erhoben.[1279]

Demgegenüber geht eine Minderheit in der Literatur davon aus, dass der Datenankauf im Falle der „Liechtensteiner Steueraffäre" rechtmäßig war, so dass schon deswegen Beweisverwertungsverbot ausscheidet.[1280] Nach dieser Ansicht

---

1274 *Kelnhofer/Krug*, StV 2008, S. 660, S. 665.

1275 *Sieber*, NJW 2008, S. 881, S. 884 f.

1276 *Trüg/Habetha*, NJW 2008, S. 887, S. 890.

1277 *Schünemann*, NStZ 2008, S. 305, S. 308.

1278 *Sieber*, NJW 2008, S. 881, S. 885; auch der Rückgriff auf ein ungeschriebenes Notstandsrecht des Bundes wird abgelehnt, vgl. dazu *Betzinger/Rutemöller*, ZRP 2008, S. 95.

1279 Anders *Sieber*, NJW 2008, S. 881, S. 885, der in Bezug auf die Strafbarkeit der Mitarbeiter der Steuerbehörden das Vorliegen eines Verbotsirrtums im Sinne des § 17 StGB in Betracht zieht, wodurch er deren Strafbarkeit im konkreten Fall ausschließen, zugleich aber Wiederholungsfälle vermeiden will.

1280 *Kölbel*, NStZ 2008, S. 241, S. 244; *Göres/Kleinert*, NJW 2008, S. 1353, S. 1357 f.; einschränkend *Sieber*, NJW 2008, S. 881, S. 886, der die Verwendung der Daten auf Fälle von schwerer Steuerkriminalität beschränken will

ist der Ankauf von Daten aus dem Ausland von den allgemeinen strafrechtlichen Ermittlungsbefugnissen der Steuerbehörden umfasst. Auch die Bezahlung von Informationen sei davon gedeckt, weil dadurch nicht in den Rechtskreis derjenigen Personen, deren Daten angekauft würden, eingegriffen, sondern nur auf den Informanten eingewirkt werde.[1281] Moralisierende Argumente, wie eine mögliche Beteiligung des Staates an vom Veräußerer begangenen Delikten, seien nicht geeignet, die Rechtswidrigkeit des Ankaufs solcher Daten zu begründen, da es gerade kein entsprechendes gesetzliches Verbot gebe. Eine Grenze sei dem Erwerb rechtswidrig von Dritten beschafften Informationen nur bei einem dadurch bewirkten Verstoß des Staates gegen Grundrechte gesetzt.[1282] Diese Auffassung scheint auch die Bundesregierung zu teilen, die schon den Ankauf der liechtensteinischen Daten befürwortete und darauf gestützt beim Ankauf der schweizerischen Bankdaten mitteilte, dass man nach eingehender rechtlicher Prüfung zu dem Ergebnis gekommen sei, dass der Datenankauf nach deutschem Recht zulässig sei. Die Ermittlungsbefugnisse der Steuerfahndung schließen danach die Möglichkeit des Erwerbs illegal aus dem Ausland verbrachter Daten sowie die Bezahlung des Informanten ein.

Selbst wenn man entgegen der Ansicht der Bundesregierung die Rechtswidrigkeit des Ankaufs illegal im Ausland beschaffter Daten bejahte, ergäbe sich daraus nicht zwingend ein Beweisverwertungsverbot. Vielmehr wäre dann das Bestehen eines selbständigen oder unselbständigen Beweisverwertungsverbots zu untersuchen.[1283] Die Herleitung eines unselbständigen Beweisverwertungsverbots mit Hilfe der Abwägungslehre wirft dabei in tatsächlicher Hinsicht Probleme auf. So folgt im Falle der „Liechtensteiner Steueraffäre“ ein Beweisverwertungsverbot nicht ohne weiteres aus einem Kompetenzmangel des BND in Hinblick auf die Datenbeschaffung, sofern dieser nicht wissentlich seine Kompetenzen überschritten oder diese grob fahrlässig verkannt hat.[1284] Diese Tatfrage wird sich jedoch kaum aufklären lassen, da niemand angeben wird, Daten ohne Befugnis hierzu zu beschaffen. Aufgrund dieser Unsicherheit spricht sich eine Ansicht in der Literatur dafür aus, die Abwägungslehre nicht heranzuziehen, sondern ein Beweisverwertungsverbot unmittelbar aus dem Grundgesetz herzuleiten. Denn die BND Mitarbeiter hätten durch Ausnutzung des ihnen zurechenbaren strafbaren Verhaltens *Kiebers* und unter Umgehung der für die internationale Amts- und Rechtshilfe geltenden Vorschriften, willkürlich strafbare

1281 *Kölbel*, NStZ 2008, S. 241, S. 243, zweifelnd an dieser auf der offiziellen Sachverhaltsangabe beruhenden Ansicht *Betzinger/Rutemöller*, ZRP 2008, S. 95.

1282 *Göres/Kleinert*, NJW 2008, S. 1353, S. 1357.

1283 *Trüg/Habetha*, NStZ 2008, S. 481, S. 489 f.

1284 *Schünemann*, NStZ 2008, S. 305, S. 309.

Handlungen begangen.[1285] Ähnlich ließe sich auch im Falle des Ankaufs der schweizerischen Bankdaten durch die Steuerbehörden argumentieren.[1286] Die Begehung von Straftaten durch staatliche Organe zur Aufklärung anderer Straftaten verstoße jedoch gegen elementare verfassungsrechtliche Grundsätze, so dass hier unmittelbar aus der rechtswidrigen Beweiserhebung auch ein Beweisverwertungsverbot folge.[1287] Entsprechend ließe sich auch im Falle des Ankaufs der schweizerischen Bankdaten argumentieren, weil auch hier der Weg der internationalen Amts- und Rechtshilfe hätte beschritten werden können.

Die vorgenannte Auffassung verkennt jedoch, dass sich die jeweiligen Informanten freiwillig mit ihrem Angebot zum Verkauf von Daten bei den deutschen Behörden gemeldet haben. Zwar mag die Aussicht auf eine Bezahlung für ihre Daten für diese Personen das zentrale Motiv ihres Handelns gewesen sein.[1288] Daraus folgt aber nicht, dass der deutsche Staat sich ihr Verhalten deswegen zurechnen lassen müsste und beim Ankauf der Daten wegen einer Umgehung der internationalen Amts- und Rechtshilfebestimmungen völkerrechtswidrig gehandelt hätte.[1289]

Dabei ist auch zu berücksichtigen, dass es für die deutschen Steuerbehörden bisher keinen legalen Weg gab, im Wege der internationalen Amts- und Rechtshilfe an die angekauften Bankdaten zu gelangen. Denn sowohl Liechtenstein als auch die Schweiz leisteten in der Vergangenheit in Steuersachen nur sehr begrenzt Amts- und Rechtshilfe. Daher stellt das alleinige Abstellen auf einen Verstoß gegen ausländisches Recht eine zu einseitige Betonung der Interessen des Auslands dar. Vielmehr erscheint es – die Rechtswidrigkeit des Datenankaufs

1285 *Trüg/Habetha*, NStZ 2008, S. 481, S. 490 f.; *Trüg/Habetha*, NJW 2008, S. 887, S. 890; *Bruns*, StraFo 2008, S. 189, S. 190 f.; *Kelnhofer/Krug*, StV 2008, S. 660, S. 666 f.

1286 In diese Richtung schon *Tipke*, BB 1998, S. 241, S. 245, der einen Ankauf von Informationen über Bankkunden durch die Steuerbehörden allgemein für unzulässig hält.

1287 *Trüg/Habetha*, NStZ 2008, S. 481, S. 490 f.; *Trüg/Habetha*, NJW 2008, S. 887, S. 890; *Bruns*, StraFo 2008, S. 189, S. 190 f.; *Kelnhofer/Krug*, StV 2008, S. 660, S. 666 f.; *Tipke*, BB 1998, S. 241, S. 245.

1288 Unter anderem mit diesem Argument verneint auch *Spernath*, NStZ 2010, S. 307, S. 308 eine Rechtfertigung der Datenverkäufer.

1289 Vgl. dazu den bereits oben Fn. 1259 zitierten Beschluss des LG Bochum. Dieser verweist insoweit auf die Resolution der Generalversammlung der Vereinten Nationen Nr. 56/83 über die Verantwortlichkeit der Staaten für völkerrechtswidrige Handlungen vom 12.12.2001/28.02.2002. Danach liege ein dem Staat im Sinne des Art. 2 der Resolution zurechenbares Verhalten des Informanten in der „Liechtensteiner Steueraffäre" nicht vor, da die Voraussetzungen der zur Beurteilung der Zurechenbarkeit maßgeblichen Art. 4 ff. der Resolution nicht erfüllt seien. Insbesondere sei der „Datendiebstahl" nicht gemäß Art. 8 der Resolution im Auftrag, unter der Leitung oder unter der Kontrolle der Bundesrepublik begangen worden.

unterstellt – geboten, nach der Abwägungslehre eine Interessenabwägung vorzunehmen, um zu klären, ob ein Beweisverwertungsverbot in Hinblick auf die angekauften Daten besteht. Diese Abwägung aber geht zugunsten der Interessen des deutschen Staates aus. Denn während der Ankauf der Bankdaten der Sicherung der im Allgemeininteresse liegenden Besteuerungsgleichheit dient, deren hohen Stellenwert das BVerfG bereits mehrfach hervorgehoben hat,[1290] ist ein schutzwürdiges Interesse der mittels der Daten überführten Steuersünder kaum zu begründen. Denn auch wenn man den angekauften Daten eine persönlichkeitsrechtliche Relevanz zuspricht,[1291] können diese Personen nicht geltend machen, auf den Schutz des ausländischen Rechts, insbesondere des dortigen Bankgeheimnisses, vertraut zu haben. Denn dessen Ausgestaltung ermöglichte es ihnen erst, deutsches Recht durch die Hinterziehung von Steuern zu verletzen. Darin aber kann keine schützenswerte Rechtsposition liegen.

Im Ergebnis stellt der Ankauf ausländischer Bankdaten gegen Bezahlung des Informanten damit eine zwar völkerrechtlich bedenkliche, letztlich aber verständliche Gegenreaktion auf die – bisherige – Undurchdringlichkeit des Bankgeheimnisses der Schweiz und Liechtensteins in steuerlichen Angelegenheiten dar.[1292] Selbst wenn man darin, entgegen der hier vertretenen Ansicht, eine völkerrechtswidrige Umgehung der Vorschriften über die internationale Amts- und Rechtshilfe sähe, würde dies nicht unmittelbar zur Unverwertbarkeit der angekauften Daten führen. Denn die Verletzung eines völkerrechtlichen Vertrages, der einem Betroffenen keine individuellen Rechte gibt, kann nur ausnahmsweise dann zu einem Beweisverwertungsverbot führen, wenn die Verwertung des völkerrechtswidrig erlangten Beweises selbst wiederum einen Verstoß gegen Völkerrecht darstellen würde.[1293] Da im Falle des Ankaufs von Steuerdaten der mögliche Verstoß gegen Völkerrecht bereits mit dem Ankauf abgeschlossen ist, scheidet auch unter diesem Gesichtspunkt die Begründung eines Beweisverwertungsverbots in Hinblick auf diese Daten aus.[1294]

Selbst wenn man annimmt, dass angekaufte Bankdaten verfahrensrechtlich unverwertbar sind, folgt daraus nicht, dass auch die aufgrund dieser Daten mittelbar erlangten Beweise unverwertbar sind. Denn die ganz herrschende Meinung in Deutschland lehnt eine Fernwirkung der Beweisverwertungsverbote im

1290 Vgl. dazu im Zusammenhang mit der Bedeutung von § 30a AO schon oben S. 108 ff.

1291 So *Spernath*, NStZ 2010, S. 307, S. 310 f. m.w.N.

1292 Siehe zu den jüngsten Rechtsänderungen aufgrund des Bekenntnisses von Luxemburg, Österreich, der Schweiz und Liechtenstein zum OECD-Standard unten S. 317 ff.

1293 BGH, Beschluss vom 30.04.1990 - 4 BJs 136/89 - 3 StB 8/90 = BGHSt 37, S. 30 = NJW 1990, S. 1801.

1294 Vgl. dazu den bereits oben Fn. 1259 zitierten Beschluss des LG Bochum.

Sinne der „fruit of the poisonous tree doctrine“ nach dem Recht der USA ab.[1295] Das heißt, dass die mittelbar aufgrund eines unverwertbaren Beweises gewonnenen Erkenntnisse sehr wohl in einem Strafverfahren verwendbar sind.[1296] Ausnahmen von diesem Grundsatz werden vor allem dann anerkannt, wenn es um Verstöße im Bereich verbotener Vernehmungsmethoden geht.[1297] Zwar nimmt eine Ansicht eine solche Fernwirkung im Falle der „Liechtensteiner Steueraffäre“ an, da der durch den Datenankauf bewirkte Rechtsverstoß derart schwerwiegend sei, dass der Staat nicht auch noch die Früchte seines verbotenen Tuns ernten dürfe.[1298] Vorzugswürdig erscheint es demgegenüber, das Vorliegen eines mittelbaren Beweisverwertungsverbotes abzulehnen, da es an der Vergleichbarkeit zwischen dem Datenankauf und den erwähnten Ausnahmefällen fehlt.[1299] Gleiches muss auch im Falle des Ankaufs der schweizerischen Daten gelten, da auch hier kein schwerer Eingriff in die Grundrechte der überführten Steuersünder durch den Datenankauf ersichtlich ist, der die Annahme eines Beweisverwertungsverbots bedingen würde.

Entsprechend der hier vertretenen Ansicht hat auch das BVerfG in einem im November 2010 ergangenen Beschluss zur Frage der Verwertbarkeit der in Liechtenstein angekauften Daten in einem Strafverfahren gegen ein der Steuerhinterziehung verdächtiges Ehepaar entschieden, bei dem aufgrund dieser Daten im strafrechtlichen Ermittlungsverfahren eine Wohnungsdurchsuchung stattfand.[1300] Das BVerfG hat in diesem Beschluss allerdings offen gelassen, ob der Datenankauf als solcher rechtmäßig war, da die Beschwerdeführer insoweit ihre Rechtsschutzmöglichkeiten vor den Fachgerichten nicht ausgeschöpft hatten.[1301] Zugleich hat das BVerfG jedoch hervorgehoben, dass die Annahme der von den Beschwerdeführern zunächst angerufenen Fachgerichte nicht zu beanstanden sei, dass sich bei unterstellter Rechtswidrigkeit des Datenankaufs daraus kein Beweisverwertungsverbot ergebe, so dass die Daten zur Bejahung eines strafrechtlichen Anfangsverdachts verwendet werden durften. Es sei nicht zu beanstanden, dass die Fachgerichte es abgelehnt hätten, dass Verhalten des Informanten dem BND zuzurechnen. Ebenso wenig sei die Annahme angreifbar, dass bei einer unterstellten Umgehung der bestehenden Rechtshilfeübereinkommen durch den Datenankauf der darin liegende Rechtsverstoß bereits abgeschlossen

1295 *Cramer/Bürgle*, Beweisverwertungsverbote, S. 91 ff. m.w.N

1296 Sieber, NJW 2008, S. 881, S. 886.

1297 Vgl. dazu *Cramer/Bürgle*, Beweisverwertungsverbote, S. 91 ff. m.w.N.

1298 *Schünemann*, NStZ 2008, S. 305, S. 309 f.

1299 *Kelnhofer/Krug*, StV 2008, S. 660, S. 667.

1300 BVerfG, Beschluss vom 09.11.2010 - 2 BvR 2101/09 = DStR 2010, S. 2512.

1301 BVerfG, Beschluss vom 09.11.2010 - 2 BvR 2101/09, Rn. 36 f. = DStR 2010, S. 2512, S. 2514 f.

sei und die Datenverwendung daher nicht zu einer erneuten Beeinträchtigung der Übereinkommen führe.[1302] Die Beschwerdeführer seien durch die Datenverwendung durch die Bejahung eines strafrechtlichen Anfangsverdachts auch nicht in ihren Grundrechten verletzt. Dabei sei zu berücksichtigen, dass die Daten nur geschäftliche Kontakte und nicht den Kernbereich der privaten Lebensgestaltung der Beschwerdeführer beträfen, so dass deren Belange gegenüber dem Interesse an einer wirksamen Strafverfolgung zurücktreten müssten.[1303] Schließlich sei auch das Trennungsgebot zwischen Geheimdienst und Strafverfolgungsbehörden durch die Weitergabe der Daten nicht verletzt worden. Denn der Informant habe sich freiwillig an den BND gewandt und es sei nicht ersichtlich, dass der BND gezielt eingesetzt worden sei, um seine weitreichenden Möglichkeiten auszunutzen.[1304]

Damit steht fest, dass von einem Informanten aus dem Ausland aus freiem Antrieb angebotene Bankdaten grundsätzlich von deutschen Behörden verwendet werden können.

Gleichwohl ergibt sich bei der Bewertung der „Liechtensteiner Steueraffäre" sowie des Ankaufs der schweizerischen Bankdaten ein zwiespältiges Bild. So lässt sich einerseits nicht leugnen, dass der deutsche Staat durch den Ankauf von illegal im Ausland beschafften Bankdaten Anreize zum Bruch fremden Rechts setzt. Andererseits muss aber auch berücksichtigt werden, dass der Verkauf dieser Daten nur deswegen so attraktiv erscheint, weil offenbar die Mehrzahl der ausländischen Kunden dieser Kreditinstitute ihre Einkünfte nicht versteuert. Dabei ist zu beachten, dass sich die Anleger bewusst dafür entschieden haben, ihr Geld im Ausland anzulegen, weil die deutschen Steuerbehörden dort keine Kontrollmöglichkeiten besitzen und die falschen Angaben dieser Personen nicht überprüfen können. Solche Daten können dann aber in Deutschland keinen besonderen Schutz genießen. Zudem kann auch der Schweiz und Liechtenstein der in der Einleitung zu dieser Arbeit erwähnte Vorwurf gemacht werden, auf Kosten anderer Länder Gewinne im Finanzsektor zu erwirtschaften, weil sie diese Daten über ausländische Anleger in der Vergangenheit, trotz des unbestreitbaren Besteuerungsinteresses Deutschlands und anderer Staaten mit Blick auf das Bankgeheimnis nicht freiwillig übermittelt haben. Hier gilt es für die Zukunft

1302 BVerfG, Beschluss vom 09.11.2010 - 2 BvR 2101/09, Rn. 49 ff. = DStR 2010, S. 2512, S. 2516.

1303 BVerfG, Beschluss vom 09.11.2010 - 2 BvR 2101/09, Rn. 56 f. = DStR 2010, S. 2512, S. 2516 f.

1304 BVerfG, Beschluss vom 09.11.2010 - 2 BvR 2101/09, Rn. 58 ff. = DStR 2010, S. 2512, S. 2517.

eine Lösung zu finden, die sowohl dem generellen Schutz des Bankgeheimnisses als auch dem Interesse an einer vollständigen Besteuerung gerecht wird.[1305]

8.3.3 Die Möglichkeit der Selbstanzeige nach § 371 AO

Der Gefahr, wegen nicht deklarierter ausländischer Vermögenswerte strafrechtlich belangt zu werden, können Steuersündern mittels einer strafbefreienden Selbstanzeige begegnen.[1306] Diese ist nach § 371 AO grundsätzlich in allen Fällen von Steuerhinterziehung im Sinne von § 370 AO möglich und kann von jedem daran Beteiligten erstattet werden.[1307] Voraussetzung für eine wirksame Selbstanzeige ist, dass unrichtige oder unvollständige Angaben bei der Finanzbehörde berichtigt oder ergänzt oder unterlassene Angaben nachgeholt werden.[1308] Dies setzt auch die Offenlegung verdeckter Vermögensmassen, etwa in ausländischen Stiftungen, wie sie verbreitet in Liechtenstein errichtet werden, voraus.[1309] Dementsprechend genügt nach der neuen Rechtsprechung des BGH eine Teilselbstanzeige nicht, um Strafbefreiung zu erlangen. Bildlich gesprochen verlangt der BGH vielmehr, der Täter müsse vollständig „reinen Tisch" machen.[1310]

1305 Vgl. dazu unten S. 376 ff.

1306 Ziel dieser Regelung ist es nach herrschender Auffassung, dem Fiskus bisher verheimlichte Steuerquellen zu eröffnen. Neben dieser rein fiskalisch geprägten Ansicht spricht sich eine andere Auffassung für eine mehr strafrechtliche Begründung dieser Norm aus. Es wird jedoch zunehmend in Frage gestellt, ob es einer solchen Privilegierung von Steuerhinterziehern gegenüber anderen Straftätern überhaupt bedarf; vgl.dazu *Kemper*, ZRP 2008, S. 105 ff.

1307 Demnach kann nicht nur ein Steuerpflichtiger als Täter der Steuerhinterziehung Selbstanzeige erstatten, sondern auch ein daran Beteiligter. Die strafbefreiende Wirkung tritt nur für den Anzeigenden ein, gegen alle anderen Beteiligten kann strafrechtlich vorgegangen werden. In der Vergangenheit wurde immer wieder im Zusammenhang über eine mögliche strafbare Beteiligung von Bankmitarbeitern an der Steuerhinterziehung ihrer Kunden und die Möglichkeit der Selbstanzeige diskutiert, vgl. nur *Bilsdorfer*, DStR 1996, S. 1953, S. 1957 ff.

1308 Dabei ist genau zu ermitteln, für welche Veranlagungszeiträume noch eine Steuerpflicht besteht und in welchen Fällen bereits Festsetzungsverjährung eingetreten ist, vgl. *Mutter/schwarz*, IStR 2009, S. 807, S. 809.

1309 Zu den Schwierigkeiten, die eine vollständige Deklaration in diesen Fällen bereiten kann und zu den Möglichkeiten dennoch eine wirksame Selbstanzeige zu erstatten, vgl. *Mutter/schwarz*, IStR 2009, S. 807, S. 809 f.

1310 BGH, Beschluss vom 20.05.2010 - 1 StR 577/09 = NJW 2010, S. 2146 = DSTR 2010, S. 1133, mit Anmerkung von Gehrmann, GWR 2010, 304112; vgl. auch *Füllsack/Bürger*, BB 2010, S. 2403, S. 2405 f.

Im Falle einer wirksamen Selbstanzeige wird ein Steuerpflichtiger so gestellt, wie er gestanden hätte, wenn er seine Angaben ursprünglich korrekt gemacht hätte.[1311] Die einzige „Strafe“ besteht dann nach § 235 AO in der Nachveranlagung der hinterzogenen Beträge mit 6% Hinterziehungszinsen.[1312]

Eine Strafbefreiung ist jedoch nur möglich, wenn im Zeitpunkt der Selbstanzeige noch keine Sperrwirkung nach § 371 Abs. 2 AO eingetreten ist.[1313] Diese tritt nach § 371 Abs. 2 Nr. 2 AO unter anderem dann ein, wenn die Tat im Zeitpunkt der Berichtigung, Ergänzung oder Nachholung ganz oder zum Teil bereits entdeckt war und der Täter dies wusste oder bei verständiger Würdigung der Sachlage damit rechnen musste. Entdeckt ist eine Tat, wenn Anhaltspunkte vorliegen, die nach gegenwärtiger Einschätzung eine steuerstrafrechtliche Verurteilung wahrscheinlich machen. Dabei genügen Anhaltspunkte, die nur für die Einleitung eines Ermittlungsverfahrens Anlass geben, nicht. Kenntnis von der Tatentdeckung hat nur, wer positiv weiß, dass die Behörden seine Steuerhinterziehung aufgedeckt haben. Ebenso wird behandelt, wer aufgrund seiner individuellen Erkenntnismöglichkeiten davon ausgehen muss, dass dies geschehen ist.[1314]

Im Falle der kürzlich angekauften schweizerischen Daten erscheint eine strafbefreiende Selbstanzeige noch möglich. Denn es ist unklar, welcher Bank bzw. welchen Banken die Daten entwendet wurden, so dass keine bestimmte Kundengruppe mit ihrer Überführung rechnen muss. Zudem ist nicht davon auszugehen, dass die Daten bereits vollständig von den Finanzbehörden ausgewertet wurden, so dass noch eine Vielzahl unbekannter Fälle gegeben ist.[1315] Hingegen dürfte eine strafbefreiende Selbstanzeige in der „Liechtensteiner Steueraffäre“ mittlerweile in den meisten Fällen unmöglich sein, da hier die angekauften Daten bereits weitgehend ausgewertet sein dürften.[1316]

1311 *Klos*, NJW 1996, S. 2336, S. 2337 ff.

1312 *Randt/Schauf*, DStR 2008, S. 489.

1313 Zudem muss ein Steuerpflichtiger eine bereits eingetretene Steuerverkürzung oder zu Unrecht erlangte Steuervorteile innerhalb einer ihm gestellten Frist ausgleichen, vgl. *Klos*, NJW 1996, S. 2336, S. 2339 ff.

1314 *Buse*, DStR 2008, S. 2100, S. 2100 f. m.w.N.

1315 Tatsächlich ist die Zahl der Selbstanzeigen in den einzelnen Bundesländern im Frühjahr 2010 sprunghaft angestiegen, vgl. F.A.Z. vom 23.02.2010, S. 9, wo von mehr als 3.000 Selbstanzeigen die Rede ist.

1316 Vgl. aber auch das Liechtensteiner Vaterland vom 22.10.2009, S. 29, danach hatten die deutschen Steuerbehörden bis Ende 2009 nicht alle angekauften Daten ausgewertet und es fanden immer noch Hausdurchsuchungen bei Verdächtigen statt.

Gegenwärtig wird über eine Änderung von § 371 AO beraten, deren Umsetzung zu einer erheblichen Verschärfung der Voraussetzungen, unter denen eine strafbefreiende Selbstanzeige möglich ist, führen würde.[1317]

8.3.4 Zusammenfassung

Der Ankauf von Bankdaten durch die deutschen Steuerbehörden ist nach der hier vertretenen Ansicht grundsätzlich zulässig, selbst wenn der Informant dadurch gegen exterritorial wirkende Geheimhaltungspflichten seines Herkunftslandes verstößt. Selbst wenn man die Rechtswidrigkeit des Datenkaufs unterstellt, ist es nach der jüngsten Rechtsprechung des BVerfG nicht zu beanstanden, dass die erlangten Daten als Grundlage für strafrechtliche Ermittlungen gegen Steuersünder dienen. Mittels einer strafbefreienden Selbstanzeige haben diese jedoch die Gelegenheit, „reinen Tisch" zu machen.

1317 Ausführlich dazu *Füllsack/Bürger*, BB 2010, S. 2403.

9 Das Bankgeheimnis in der internationalen Amts- und Rechtshilfe

Während einerseits die Internationalisierung der Weltwirtschaft fortschreitet und zwischenstaatliche Beschränkungen der Personen-, Waren- und Dienstleistungsfreiheit mehr und mehr beseitigt werden, enden traditionell die Hoheitsbefugnisse eines jeden Staates an seiner Grenze. Während die Bürger frei im Ausland verkehren können, gelingt es ihrem Heimatstaat nicht, deren für ihn relevanten Auslandsaktivitäten, die vor allem im steuerlichen Bereich liegen, zu überwachen. Dies eröffnet den Bürgern die Möglichkeit, bestimmte Auslandsaktivitäten, wie die Anlage von Vermögenswerten, zu verheimlichen. Denn aufgrund fehlender Zugriffsmöglichkeiten im Ausland erscheint die Gefahr der Entdeckung einer dadurch begangenen Steuerhinterziehung gering. Damit befindet sich ein Staat potentiell gegenüber seinen Bürgern in einem Informationsdefizit. Insoweit zeigen die „Liechtensteiner Steueraffäre" sowie der Ankauf der schweizerischen Bankdaten durch deutsche Behörden, mit welchen Mitteln ein Land versuchen kann, dieses Informationsdefizit auszugleichen.

Glücklicherweise ist im Allgemeinen jedoch kein Staat gezwungen, illegal aus dem Ausland verbrachte Informationen anzukaufen. Denn es gibt verschiedene Möglichkeiten des direkten Verkehrs mit ausländischen Behörden und Gerichten. Diese lassen sich unter dem Stichwort der internationalen Amts- und Rechtshilfe zusammenfassen.[1318] Unter internationaler Rechtshilfe wird allgemein die Unterstützung eines ausländischen gerichtlichen Verfahrens durch einen Staat auf Ersuchen einer Justizbehörde eines anderen Staates angesehen. Dabei wird zwischen der großen Rechtshilfe, die die Auslieferung und die Vollstreckung von Gerichtsurteilen anderer Staaten betrifft, und der kleinen Rechtshilfe, die andere Maßnahmen wie Durchsuchungen, Beschlagnahmen und Zeugenvernehmungen einschließt, unterschieden.[1319] Im hiesigen Kontext ist vor allem der Bereich der kleinen Rechtshilfe in Strafsachen von Bedeutung, da die davon erfassten Maßnahmen die meisten Durchbrechungen des Bankgeheimnisses bedingen. Die große Rechtshilfe sowie die Rechtshilfe in Zivilsachen er-

1318 Eine genaue Abgrenzung zwischen Amts- und Rechtshilfe ist wegen der fließenden Übergänge nicht immer möglich. Sie erscheint aber auch nicht unbedingt erforderlich, da die Voraussetzungen für die Gewährung von Amts- und Rechtshilfe im Wesentlichen gleich sind. Ob es daher der Abgrenzung der Begriffe der Amts- und Rechtshilfe überhaupt bedarf, ist umstritten, vgl. dazu *Schädel*, Bewilligung internationaler Rechtshilfe, S. 51 ff. m.w.N

1319 Vgl. zur Abgrenzung von kleiner und großer Rechtshilfe *Hecker*, Europäisches Strafrecht, § 2 Rn. 62.

scheint demgegenüber nicht von Bedeutung und wird daher ausgeklammert. Unter internationaler Amtshilfe wird demgegenüber diejenige Unterstützung verstanden, die eine Behörde eines Staates einer Behörde eines anderen Staates auf deren Ersuchen bei der Wahrnehmung ihrer öffentlichen Aufgaben leistet. [1320] Die internationale Amtshilfe wird hier insbesondere unter steuerrechtlichen Gesichtspunkten untersucht, da in diesem Bereich die größten Konfliktfelder mit Bezug zum Bankgeheimnis liegen.

Während im strafrechtlichen Bereich die internationale Kooperation seit Jahrzehnten immer stetig ausgebaut wurde, galt das Steuerrecht traditionell als ein Bereich, in dem keine Notwendigkeit zu internationaler Kooperation besteht. Denn nach allgemeiner Auffassung ist jeder Staat selbst für die Sicherung seiner Einnahmen verantwortlich. Dadurch kam es mehr und mehr zu dem bereits beschriebenen Informationsdefizit von Staaten gegenüber ihren Steuerpflichtigen. Denn während ein Staat zu deren korrekter Besteuerung auch Informationen über ihre ausländischen Einkünfte benötigt, die er aber aufgrund fehlender Hoheitsbefugnisse nicht selbst im Ausland ermitteln kann, nutzen die Bürger die Möglichkeit der Kapitalanlage im Ausland, um Teile ihres Einkommens dem Zugriff des Fiskus zu entziehen. Dass Eigenauskünfte der Steuerpflichtigen nicht die zuverlässigste Informationsquelle darstellen, leuchtet unmittelbar ein, ist doch die Versuchung groß, durch das Verheimlichen von im Ausland angelegten Vermögenswerten Steuern zu „sparen." Um so verlockender muss dies erscheinen, wenn der ausländische Staat dafür bekannt ist, dass er das Bankgeheimnis im Verhältnis zum Ausland sehr hoch schätzt, so dass dem Herkunftsstaat die Entdeckung dort angelegter Gelder kaum möglich und damit die Gefahr einer Entdeckung gering ist. Nicht zuletzt deutsche Anleger schätzen dabei zum Leidwesen des Staates die Verschwiegenheit Luxemburgs, Österreichs, der Schweiz oder Liechtensteins als Anlageplatz. Denn diese Länder waren bisher bekannt dafür, weder in der internationalen Amtshilfe noch in der internationalen Rechtshilfe in Strafsachen viele Informationen preiszugeben, soweit einem Ersuchen ein fiskalischer Sachverhalt zugrunde lag. Dabei gehen gerade in diesem Bereich die internationale Amts- und Rechtshilfe Hand in Hand, wird doch aus einem normalen Besteuerungsverfahren bei Verdacht auf Steuerhinterziehung im Ausland rasch ein Steuerstrafverfahren, in dem Informationen im Wege der internationalen Rechtshilfe eingeholt werden.

Nachfolgend werden daher die wesentlichen nationalen Regelungen sowie bi- und multilaterale Abkommen im Bereich der internationalen Rechtshilfe in Strafsachen und der internationalen Amtshilfe in Steuersachen in den Vergleichsländern erläutert und die Schwächen der einzelnen Regelwerke darge-

---

1320 *Ess*kandari, wistra 2002, S. 87, S. 88.

stellt. Daraus wird das zuletzt immer rigidere Vorgehen der internationalen Gemeinschaft gegen Steueroasen verständlich, das Luxemburg, Österreich, die Schweiz und Liechtenstein zu weitreichenden Zugeständnissen im Bereich der internationalen Amtshilfe bewegt hat. Die Auswirkungen dieser Neuerungen auf das Bankgeheimnis der Vergleichsländer im Verhältnis zum Ausland werden eingehend untersucht.

9.1.1 In Deutschland

9.1.1.1 Internationale Rechtshilfe

Die internationale Rechtshilfe beruht in Deutschland im Wesentlichen auf dem Gesetz über die internationale Rechtshilfe in Strafsachen (IRG)[1321] sowie auf völkerrechtlichen Vereinbarungen. Sofern diese unmittelbar geltendes deutsches Recht geworden sind, gehen sie dem IRG grundsätzlich vor.[1322]

§ 1 IRG definiert als Anwendungsbereich dieses Gesetzes den strafrechtlichen Rechtshilfeverkehr mit dem Ausland. Dazu zählen auch Ordnungswidrigkeitenverfahren, sofern darin Geldbußen oder vergleichbare Sanktionen verhängt werden können über deren Festsetzung ein auch in Strafsachen zuständiges Gericht entscheiden kann. Um dies zu beurteilen, ist der einem Rechtshilfeersuchen zugrunde liegende Auslandssachverhalt so umzustellen, als handele es sich um einen Inlandssachverhalt.[1323] Trotz der relativ weiten Fassung des Kreises rechtshilfefähiger Taten nach § 1 IRG ist die Rechtshilfe gerade im Bereich fiskalischer Delikte stark eingeschränkt. Denn im Ausland fehlt es in vielen Fällen bei solchen Steuerdelikten, die als Ordnungswidrigkeiten verfolgt werden, an der Zuständigkeit eines auch in Strafsachen zuständigen Gerichtes, so dass keine rechtshilfefähige Tat im Sinne des § 1 Abs. 2 IRG vorliegt.

Der Fünfte Teil des IRG regelt die sogenannte sonstige Rechtshilfe. Darunter wird nach § 59 Abs. 2 IRG jede Unterstützung verstanden, die auf ein entsprechendes Ersuchen hin für ein ausländisches Verfahren in einer strafrechtlichen Angelegenheit gewährt wird. Dies gilt unabhängig davon, ob das ausländische Verfahren gerichtlich oder behördlich betrieben wird und ob die Rechtshil-

1321 IRG in der Fassung der Bekanntmachung vom 27. Juni 1994 (BGBl. I S. 1537), zuletzt geändert durch Artike 1 des Gesetzes vom 18. Oktober 2010 (BGBl. I S. 1408)

1322 Etwas anderes gilt nach § 91 IRG im Verhältnis Deutschlands zu anderen EU-Mitgliedstaaten, sofern der Zehnte Teil des IRG abschließende Regelungen für bestimmte Rechtshilfemaßnahmen trifft. Diese Vorschriften sind hier aber nicht einschlägig.

1323 *Lagodny*, in: *Schomburg/Lagodny/Gleß/Hackner*, Internationale Rechtshilfe, § 1 IRG Rn. 2 f.

fehandlung von einem Gericht oder von einer Behörde vorzunehmen ist. Die Leistung von Rechtshilfe ist nach § 59 Abs. 3 IRG unter den gleichen Voraussetzungen zulässig, unter denen sich deutsche Gerichte oder Behörden in entsprechenden Fällen Rechtshilfe leisten könnten. Das bedeutet, dass sich die Durchführung der Rechtshilfe stets nach denselben Normen beurteilt, damit nicht im Falle der internationalen Rechtshilfe für Zwangsmaßnahmen andere Maßstäbe gelten als bei einem Inlandssachverhalt. Daraus folgt einerseits, dass die im Zuge der Rechtshilfe durchgeführten Maßnahmen nicht weiter gehen dürfen, als bei einem Inlandssachverhalt. Andererseits stehen sie aber auch nicht dahinter zurück, so dass beispielsweise auch eine strafrechtlich vorgesehene Durchbrechung des Steuergeheimnisses bei der Gewährung von internationaler Rechtshilfe möglich ist.[1324] Das Bankgeheimnis steht wie schon gezeigt strafrechtlichen Ermittlungen in Deutschland generell nicht entgegen, so dass dies bei der Durchführung von Rechtshilfemaßnahmen ebenfalls gilt.[1325] Als generell besonders einschneidende Maßnahmen werden jedoch die Herausgabe und die Beschlagnahme von Gegenständen einschließlich der Durchsuchung angesehen. Die Durchführung dieser Maßnahmen im Zuge der internationalen Rechtshilfe wird daher in den §§ 66 und 67 IRG vom Vorliegen besonderer Voraussetzungen abhängig gemacht. So kann die Herausgabe von Gegenständen nach § 66 IRG insbesondere dann bewilligt werden, wenn diese als Beweismittel für ein ausländisches Verfahren dienen können.[1326] Dies hat der ersuchte Staat zu beurteilen.[1327] Es genügt, wenn die Gegenstände Beweisbedeutung gewinnen können und dies nach den Umständen des Falles nicht völlig ausgeschlossen erscheint.[1328] Weitere Zulässigkeitsvoraussetzung für eine Herausgabe ist, dass die dem Ersuchen zugrunde liegende Tat nach deutschem Recht eine Straftat oder Ordnungswidrigkeit darstellt, dass also beiderseitige Strafbarkeit gegeben ist. Zudem muss eine Beschlagnahmeanordnung einer zuständigen Stelle des ersuchenden Staates vorgelegt werden und die Rechte Dritter müssen unberührt bleiben. Die Beschlagnahme von Gegenständen einschließlich der Durchsu-

---

1324 *Lagodny*, in: *Schomburg/Lagodny/Gleß/Hackner*, Internationale Rechtshilfe, § 59 IRG Rn. 31.

1325 Zu den innerstaatlichen strafrechtlichen Durchbrechungen des Bankgeheimnisses oben S.150 ff.

1326 Weitere Herausgabezwecke sind nach § 66 Abs. 1 Nr. 2 – 4 IRG die Herausgabe der Beute einer Straftat oder von deren Surrogaten und Früchten sowie die Herausgabe von Tatmitteln.

1327 OLG Köln, Beschluss vom 02.08.2010 - 6 AuslS 81/10 m.w.N.

1328 BVerfG, Beschluss vom 14. 08. 2001 - 2 BvR 1142/00 = NStZ-RR 2002, S. 16.

chung kann nach § 67 IRG angeordnet werden, wenn dies der Herausgabe von Gegenständen unter den in § 66 IRG genannten Bedingungen dient.[1329]

Das im Bereich der internationalen Rechtshilfe in Strafsachen wichtigste von Deutschland abgeschlossene Übereinkommen ist das Europäische Übereinkommen über die Rechtshilfe in Strafsachen (EuRhÜbk).[1330] Das EuRhÜbk wird durch zwei Zusatzprotokolle ergänzt und erweitert. Daneben bestehen weitere Abkommen, die auf das EuRhÜbk Bezug nehmen und es weiter ausbauen. Das EuRhÜbk bildet aber immer noch den Kern für die Gewährung von Rechtshilfe durch seine Unterzeichnerstaaten.[1331]

Ziel dieses Übereinkommens ist nach Art. 1 EuRhÜbk, dass sich die Unterzeichnerstaaten in allen Verfahren hinsichtlich strafbarer Handlungen, für deren Verfolgung im Zeitpunkt des Rechtshilfeersuchens die Justizbehörden des ersuchenden Staates zuständig sind, möglichst umfassend Rechtshilfe leisten.[1332]

Entgegen dieser generell rechtshilfefreundlichen Ausrichtung des EuRhÜbk ergeben sich wesentliche Beschränkungen in der Praxis bei der Gewährung von Rechtshilfe aus den in Art. 2 EuRhÜbk aufgeführten Vorbehalten, von deren Beachtung jeder Unterzeichnerstaat durch entsprechende Erklärung die Gewährung von Rechtshilfe abhängig machen kann.[1333] Danach kann Rechtshilfe verweigert werden, wenn sich das Ersuchen auf eine strafbare Handlung bezieht, die vom ersuchten Staat als politische oder damit zusammenhängende oder als fiskalische strafbare Handlung angesehen wird. Ferner kann sie verweigert werden, wenn der ersuchte Staat der Ansicht ist, dass die Erledigung des Ersuchens geeignet ist, seine Souveränität, Sicherheit, öffentliche Ordnung (ordre public)

1329 *Lagodny*, in: *Schomburg/Lagodny/Gleß/Hackner*, Internationale Rechtshilfe, § 67 IRG Rn. 1.

1330 BGBl. 1964 II S. 1386, in Kraft gemäß Bekanntmachung vom 08.11.1976 mit Wirkung vom 01.01.1977.

1331 Dem vom Europarat ausgearbeiteten EuRhÜbk gehören praktisch alle dessen Mitgliedstaaten sowie Chile, Israel, Korea und Südafrika an. Die vielfache Inbezugnahme des EuRhÜbk durch andere Abkommen sowie die zahlreichen Vorbehalte führen bei dessen Anwendung zu nicht unerheblichen Problemen, vgl. *Hecker*, Europäisches Strafrecht, § 12 Rn. 6. Der Ratifizierungsstand des EuRhÜbk sowie dessen Vertragstext mit deutscher Übersetzung sind auf der in Fußnote 973 angegebenen Homepage abrufbar.

1332 Generell von der Rechtshilfe ausgenommen sind nach Art. 1 Abs. 2 EuRhÜbk Verhaftungen, die Vollstreckung verurteilender Erkenntnisse sowie militärisch strafbare Handlungen, die nicht nach gemeinem Recht strafbar sind.

1333 Kritisch dazu bereits *Walter*, NJW 1977, S. 983, S. 987.

oder andere wesentliche Interessen zu beeinträchtigen.[1334] Das Bankgeheimnis kann als solches nicht als Grund für die Verweigerung der Rechtshilfe nach dem EuRhÜbk eingewandt werden. Es erfährt jedoch indirekten Schutz durch die von vielen Unterzeichnerstaaten des EuRhÜbk abgegebenen Vorbehalte in Bezug auf die Leistung von Rechtshilfe bei fiskalischen Straftaten, die sogenannten Fiskalvorbehalte. Denn gerade bei Ermittlungen wegen solcher Delikte, etwa im Falle der Steuerhinterziehung durch die Nichtangabe ausländischen Bankguthabens, müssten im Zuge der internationalen Rechtshilfe vielfach Ermittlungsmaßnahmen bei einer Bank stattfinden, die eine Durchbrechung des Bankgeheimnisses bedingen würden. Zur Durchführung solcher Maßnahmen kommt es jedoch aufgrund des fiskalischen Charakters der dem Ersuchen zugrunde liegenden Tat nicht, so dass auch keine Durchbrechung des Bankgeheimnisses stattfindet. Um die Umgehung von Fiskalvorbehalten zu verhindern, werden Ersuchen, denen sowohl fiskalische als auch sonstige Straftaten zugrunde liegen, in der Regel zwar nicht abgelehnt, jedoch wird die Verwendung übermittelter Daten durch die ersuchenden Staaten von dem ersuchten Staat grundsätzlich einem sogenannten Spezialitätsvorbehalt unterstellt. Dadurch ist die Verwertung der Informationen für andere als die von dem ersuchten Staat ausdrücklich zugelassenen Zwecke unzulässig. Häufig wird so die Verwendung für fiskalische Zwecke, etwa zur Besteuerung eines Straftäters, ausgeschlossen.[1335] Der ersuchende Staat ist völkerrechtlich zur Achtung dieses Vorbehalts verpflichtet.[1336] Nach der Rechtsprechung des BGH ist jedoch ein erst nachträglich von dem ersuchten Staat erklärtes Verwertungsverbot für den ersuchenden Staat jedenfalls nach Abschluss der gerichtlichen Beweiswürdigung und mit Eintritt von (Teil-)Rechtskraft nicht mehr bindend.[1337]

Die Durchführung von Durchsuchungen oder Beschlagnahmen kann nach Art. 5 Abs. 1 EuRhÜbk von jedem Vertragsstaat verschiedenen Bedingungen unterworfen werden. So kann nach Art. 5 Abs. 1 lit. a EuRhÜbk die Durchführung dieser Maßnahmen von der beiderseitigen Strafbarkeit der dem Ersuchen zugrunde liegenden Handlung abhängig gemacht werden. Nach Art. 5 Abs. 1

1334 Zum nomativen Hintergrund, zur Auslegung und zu den Gründen der Geltendmachung entsprechender Vorbehalte siehe *Schädel*, Bewilligung internationaler Rechtshilfe, S. 81 ff.

1335 Vgl. *Schultz*, Bankgeheimnis, S. 44 f.

1336 Siehe dazu *Gless/Eymann*, StV 2008, S. 318, S. 320.

1337 BGH, Beschluss vom 10.1.2007 - 5 StR 305/06 = BGHSt 51, S. 2002 = NJW 2007, S. 853 ff.; Eine Ausnahme davon ist nur anzunehmen, wo der ersuchende Staat den ersuchten Staat durch ein bewusst unvollständiges Ersuchen daran hindert, einen Vorbehalt zu erklären, und sich so eine von diesem nicht gewollte Rechtshilfeleistung erschleicht, vgl.*Gless/Eymann*, StV 2008, S. 318, S. 320 ff.

lit. b EuRhÜbk kann die Auslieferungsfähigkeit dieser Tat zum Durchführungsmaßstab erhoben werden. Schließlich kann die Durchführung von Durchsuchungen oder Beschlagnahmen nach Art. 5 Abs. 1 lit. c EuRhÜbk allgemein von der Vereinbarkeit mit dem Recht des ersuchten Staates abhängig gemacht werden. Deutschland hat einen Vorbehalt nach Art. 5 Abs. 1 lit. a und lit. c EuRhÜbk abgegeben. Voraussetzung für die Durchführung von Durchsuchungen oder Beschlagnahmen im Zuge der internationalen Rechtshilfe ist daher die beiderseitige Strafbarkeit der einem Ersuchen zugrunde liegenden Handlung sowie die Vereinbarkeit dieser Maßnahmen mit deutschem Recht. Daraus folgt, dass Deutschland einem solchen Ersuchen nur dann nachkommt, wenn deutsches Recht diese Maßnahmen bei einem vergleichbaren Inlandssachverhalt zulässt.[1338]

Da die zahlreichen zum EuRhÜbk abgegebenen Vorbehalte der Vertragsstaaten, insbesondere die Fiskalvorbehalte, in der Praxis zu einer wesentlichen Beschränkung der Rechtshilfe führten, wurde das EuRhÜbk im Jahr 1978 durch ein 1. Zusatzprotokoll sowie im Jahr 2001 durch ein 2. Zusatzprotokoll ergänzt.[1339] Deutschland hat beide Zusatzprotokolle unterzeichnet, jedoch ist bisher nur das 1. Zusatzprotokoll in Kraft getreten.[1340] Dieses dient insbesondere der Ausweitung der Rechtshilfe im Bereich der Steuerdelikte, indem es die Zulässigkeit von Fiskalvorbehalten beschränkt. Daneben ergänzt es das EuRhÜbk um neue Rechtshilfemaßnahmen.[1341] Art. 1 des 1. Zusatzprotokolls legt in Abkehr von Art. 2 lit. a EuRhÜbk fest, dass ein Ersuchen nicht allein deswegen abgelehnt werden kann, weil es eine strafbare Handlung betrifft, die die ersuchte Vertragspartei als fiskalische strafbare Handlung ansieht. Zudem gilt danach der Vorbehalt der beiderseitigen Strafbarkeit im Sinne von Art. 5 Abs. 1 lit. a EuRhÜbk bei Fiskaldelikten schon dann als erfüllt, wenn die Handlung nach dem Recht der ersuchenden Vertragspartei strafbar ist und nach dem Recht der ersuchten Vertragspartei einer strafbaren Handlung derselben Art entspricht. Die Rechtshilfe darf auch nicht deswegen verweigert werden, weil das Recht des

---

1338 Umfassend zum EuRhÜbk *Lagodny*, in: *Schomburg/Lagodny/Gleß/Hackner*, Internationale Rechtshilfe, S. 521 ff.

1339 Zusatzprotokoll zum Europäischen Übereinkommen über die Rechtshilfe in Strafsachen vom 17.03.1977 sowie Zweites Zusatzprotokoll zum Europäischen Übereinkommen über die Rechtshilfe in Strafsachen vom 18.11.2001; die Texte und der Ratifizierungsstand der Zusatzprotokolle sind abrufbar auf der oben angegebenen Homepage des Europarates.

1340 Das 1. Zusatzprotokoll wurde am 08.11.1985 ratifiziert und ist mit Wirkung vom 06.06.1991 in Kraft getreten; das 2. Zusatzprotokoll wurde am 08.11.2001 unterzeichnet, aber bisher nicht ratifiziert.

1341 *Schomburg/Lagodny*, NStZ 1992, S. 353, S. 357

ersuchten Staates nicht dieselbe Art von Abgaben oder Steuern oder keine Abgaben-, Steuer-, Zoll- oder Devisenbestimmungen derselben Art wie das Recht der ersuchenden Vertragspartei vorsieht. Gleichwohl lässt auch das 1. Zusatzprotokoll Fiskalvorbehalte grundsätzlich zu. Denn nach Art. 8 Abs. 2 lit. a des 1. Zusatzprotokolls kann die Rechtshilfe in Fiskalsachen auf bestimmte strafbare Handlungen oder bestimmte Kategorien von Fiskaldelikten beschränkt werden und Ersuchen um Durchsuchung oder Beschlagnahme von Gegenständen in Fiskalsachen können generell abgelehnt werden.[1342] Auch diese Vorbehalte schützen, wie die allgemeinen Fiskalvorbehalte im Sinne des Art. 2 EuRhÜbk, indirekt das Bankgeheimnis, weil so viele Ersuchen, die durch Ermittlungen bei Banken dessen Durchbrechung bedingen würden, entweder ganz abgelehnt oder nur ohne die Durchführung von Durchsuchungen oder Beschlagnahmen durchgeführt werden. Entsprechende Vorbehalte haben unter anderem Luxemburg und Österreich abgegeben, was noch erläutert wird.

Das 2. Zusatzprotokoll aus dem Jahr 2001 zielt auf die Beschleunigung und Vereinfachung der Rechtshilfe zwischen den Vertragsstaaten ab. Es orientiert sich weitgehend an dem zwischen den EU-Staaten geltenden Übereinkommen vom 29. Mai 2000 über die Rechtshilfe in Strafsachen zwischen den Mitgliedstaaten der Europäischen Union, auf das sogleich näher eingegangen wird. Insbesondere erweitert das 2. Zusatzprotokoll das EuRhÜbk um moderne Ermittlungsmethoden, die aber in Hinblick auf eine Durchbrechung des Bankgeheimnisses keine besondere Bedeutung besitzen. Zugleich weitet Art. 1 Abs. 3 des 2. Zusatzprotokolls die Rechtshilfe nach dem EuRhÜbk auf Ordnungswidrigkeiten aus. Denn danach sind auch Verfahren in Bezug auf solche Handlungen rechtshilfefähig, die nach dem innerstaatlichen Recht der ersuchenden oder der ersuchten Vertragspartei als Zuwiderhandlungen gegen Rechtsvorschriften durch Verwaltungsbehörden geahndet werden, wenn gegen die Entscheidung dieser Behörde ein in Strafsachen zuständiges Gericht angerufen werden kann. Zudem sieht Art. 11 des 2. Zusatzprotokolls die Möglichkeit zur Erteilung von Spontanauskünften, also der Informationsübermittlung ohne vorheriges Rechtshilfeersuchen, vor. [1343] Die Schweiz und Liechtenstein haben das 2. Zusatzprotokoll bisher nicht ratifiziert, in Luxemburg ist es trotz Ratifizierung nicht in Kraft getreten. Neben Deutschland wendet lediglich Österreich das 2. Zusatzprotokoll an, doch hat dieses dort, wie noch eingehend erläutert wird, aufgrund nationaler Be-

1342 Siehe auch *Lagodny/Schomburg*, in: *Schomburg/Lagodny/Gleß/Hackner*, Internationale Rechtshilfe, S. 539 ff.

1343 Vgl. *Gleß*, in: *Schomburg/Lagodny/Gleß/Hackner*, Internationale Rechtshilfe, S. 547 ff.

sonderheiten in der Praxis keine Ausweitung der Rechtshilfe gegenüber anderen Staaten bewirkt.

Das EuRhÜbk sowie die beiden Zusatzprotokolle lassen damit allgemein zwar in sehr weitem Umfang die Gewährung von Rechtshilfe in Strafsachen zu. Im Bereich fiskalischer Straftaten ist diese jedoch aufgrund vielfältiger Vorbehalte der Vertragsstaaten beschränkt. Ebenso ist die Ermittlung bisher unbekannter Bankverbindungen im Ausland auf der Grundlage des EuRhÜbk praktisch kaum möglich, da den ersuchenden Behörden bereits konkrete Hinweise auf das Bestehen einer solchen Verbindung vorliegen müssen, um ein Ersuchen stellen zu können. Ein nicht solchermaßen konkretisiertes Ersuchen wird von dem ersuchten Staat abgelehnt werden.[1344]

Um diese Unzulänglichkeiten zu beheben, wurde das EuRhÜbk auf der Ebene der EU mehrfach erweitert, um die Bedingungen für die Durchführung der Rechtshilfe zu verringern und das Spektrum der Ermittlungsmaßnahmen zu vergrößern. Den ersten Schritt bildete dabei das am 15. Juni 1985 von Frankreich, Deutschland sowie den Benelux-Ländern unterzeichnete sogenannte Schengener Abkommen über den Abbau der Binnenmarktgrenzen,[1345] das durch das Schengener Durchführungsübereinkommen (SDÜ) vom 19. Juni 1990[1346] umgesetzt wurde.[1347] Das Schengener Abkommen sowie die damit zusammenhängenden Bestimmungen werden als Schengen-Besitzstand bezeichnet. Diesen haben nach den Erstunterzeichnerstaaten später die meisten anderen damaligen EG-Mitgliedstaaten übernommen. Durch ein Protokoll zum Vertrag von Amsterdam[1348] sowie mehrere ergänzende Beschlüsse des Rates der EU ist der

1344 So auch *Kutnzer*, DStR 2006, S. 639, S. 640.

1345 Übereinkommen zwischen den Regierungen der Staaten der Benelux-Wirtschaftsunion, der Bundesrepublik Deutschland und der Französischen Republik betreffend den schrittweisen Abbau der Kontrollen an den gemeinsamen Grenzen vom 14. Juni 1985 (GMBl. 1986, S. 79 ff.).

1346 Übereinkommen zur Durchführung des Übereinkommens von Schengen vom 14. Juni 1985 zwischen den Regierungen der Staaten der Benelux-Wirtschaftsunion, der Bundesrepublik Deutschland und der Französischen Republik betreffend den schrittweisen Abbau der Kontrollen an den gemeinsamen Grenzen vom 19. Juni 1990 (BGBl. 1993 II S. 1013 ff.)

1347 Die Überführung in nationales Recht ist in Deutschland durch das Gesetz zu dem Schengener Übereinkommen vom 19. Juni 1990 betreffend den schrittweisen Abbau der Kontrollen an den gemeinsamen Grenzen (BGBl. 1993 II S. 1010 ff.) erfolgt.

1348 Vertrag von Amsterdam zur Änderung des Vertrags über die Europäische Union, der Verträge zur Gründung der Europäischen Gemeinschaften sowie einiger damit zusammenhängender Rechtsakte - Protokolle - Protokoll zum Vertrag über die Europäische Union und zum Vertrag zur Gründung der Europäische Gemeinschaft - Protokoll

Schengen-Besitzstand dann in den Besitzstand der EU (acquis communautaire) überführt worden. [1349] Dies hat zur Folge, dass, vorbehaltlich von Sondervereinbarungen, alle gegenwärtigen und künftigen Mitgliedstaaten der EU den Schengen-Besitzstand übernehmen müssen. Aufgrund besonderer Vereinbarungen haben auch die Nicht-EU-Staaten Island, Norwegen und Schweiz den Schengen Besitzstand als assoziierte Staaten übernommen, wobei dessen Umsetzung durch die Schweiz nachfolgend noch näher erläutert wird.[1350] Liechtenstein strebt die Aufnahme in den Schengen-Raum an, ein entsprechendes Protokoll wurde Anfang 2008 unterzeichnet.[1351]

Im hiesigen Kontext sind nur die Art. 48 bis 53 SDÜ von Bedeutung, die den Bereich der internationalen Rechtshilfe betreffen. Deren erklärtes Ziel ist nach Art. 48 SDÜ das EuRhÜbk, unbeschadet weitergehender bilateraler Vereinbarungen, zu ergänzen und die Rechtshilfe zwischen den Vertragsstaaten zu vereinfachen. Entsprechend erweitert Art. 49 lit. a SDÜ den Bereich der rechtshilfefähigen Delikte auf solche Taten, die nach dem Recht eines oder beider Vertragsstaaten als Ordnungswidrigkeiten anzusehen sind, sofern gegen die Entscheidung der für deren Verfolgung zuständigen Behörde ein auch in Strafsachen zuständiges Gericht angerufen werden kann. Dies entspricht Art. 1 Abs. 2 IRG und Art. 1 Abs. 3 des 2. Zusatzprotokolls zum EuRhÜbk, so dass sich alle EU-Mitgliedstaaten ungeachtet der Ratifizierung dieses Zusatzprotokolls untereinander im Bereich der Ordnungswidrigkeiten Rechtshilfe leisten müssen. Auch das SDÜ nimmt Bezug auf die nationalen Vorschriften über das Rechtsmittelverfahren im Bereich der Ordnungswidrigkeiten, woraus sich dieselben Beschränkungen ergeben, wie bei der Anwendbarkeit des IGR und des 2. Zusatzprotokolls zum EuRhÜbk. Allerdings folgt aus Art. 50 SDÜ, dass sich die

---

zur Einbeziehung des Schengen-Besitzstands in den Rahmen der Europäischen Union (ABl. Nr. C 340 vom 10.11.1997 S. 93)

1349 Beschluss des Rates vom 20. Mai 1999 zur Bestimmung des Schengen-Besitzstands zwecks Festlegung der Rechtsgrundlagen für jede Bestimmung und jeden Beschluss, die diesen Besitzstand bilden, nach Maßgabe der einschlägigen Bestimmungen des Vertrags zur Gründung der Europäischen Gemeinschaft und des Vertrags über die Europäische Union (1999/435/EG) sowie Beschluss des Rates vom 20. Mai 1999 zur Festlegung der Rechtsgrundlagen für die einzelnen Bestimmungen und Beschlüsse, die den Schengen-Besitzstand bilden, nach Maßgabe der einschlägigen Bestimmungen des Vertrags zur Gründung der Europäischen Gemeinschaft und des Vertrags über die Europäische Union (1999/436/EG), beide Beschlüsse sind veröffentlicht in ABl. Nr. L 176 vom 10.07.1999.

1350 Siehe dazu unten S. 346 ff.

1351 Vgl. zur Entwicklung des Schengen-Raumes: http://europa.eu/legislation_summaries /justice_freedom_security/free_movement_of_persons_asylum_immigration/l33020_de.htm (Stand: 17.11. 2010).

Verpflichtung zur Rechtshilfe auf Delikte im Bereich der Verbrauchsteuern, der Mehrwertsteuer und des Zolls beschränkt. Unbestritten ist, dass nur diese indirekten und nicht auch direkte Steuern vom SDÜ erfasst werden.[1352] Da in den meisten Fällen, in denen es um private Steuerhinterziehung geht, nur direkte Steuern hinterzogen werden, geht das SDÜ insoweit nicht über das EuRhÜbk hinaus. Das Bankgeheimnis wird durch diesen Ausschluss von Delikten im Bereich der direkten Steuern aus dem Anwendungsbereich des SDÜ indirekt geschützt. Gewisse Erleichterungen gegenüber dem EuRhÜbk ergeben sich jedoch aus Art. 51 SDÜ. Danach dürfen Ersuchen um Durchsuchung und Beschlagnahme ausschließlich an die darin genannten Bedingungen geknüpft werden, die gegenüber dem EuRhÜbk wesentlicher weiter sind. So muss einem Ersuchen einerseits dann stattgegeben werden, wenn die zugrunde liegende Handlung nach dem Recht beider Vertragsparteien mit einer Freiheitsstrafe oder die Freiheit beschränkenden Maßregel im Höchstmaß von mindestens sechs Monaten bedroht ist. Andererseits aber auch dann, wenn sie nur nach dem Recht einer Partei mit einer Sanktion dieses Höchstmaßes bedroht ist und nach dem Recht der anderen Partei als Ordnungswidrigkeit durch eine Behörde geahndet wird, sofern gegen deren Entscheidung auch ein in Strafsachen zuständiges Gericht angerufen werden kann.[1353] Demnach hängen Durchsuchungen und Beschlagnahmen nicht von der beiderseitigen Strafbarkeit einer Tat ab, sondern sie sind auch dann anzuordnen, wenn die Tat nach dem Recht eines beteiligten Staates eine Ordnungswidrigkeit ist, sofern gegen die Entscheidung der verfolgenden Behörde ein Rechtsmittel bei einem Strafgericht besteht. Auch hier werden die nationalen Bestimmungen über das Ordnungswidrigkeitenverfahren in Bezug genommen, woraus sich in einigen Staaten wie Österreich Beschränkungen ergeben, auf die zurückzukommen ist. Eine Beschränkung bei der Durchführung von Durchsuchungen und Beschlagnahmen folgt auch aus Art. 51 lit. b SDÜ, der ähnlich wie Art. 5 lit. c EuRhÜbk die Erledigung solcher Ersuchen davon abhängig macht, dass sie mit dem Recht der ersuchten Partei vereinbar sind. Die genaue Auslegung von Art. 51 SDÜ ist unklar, was dem erstrebten Abbau von Vorbehalten bei der Durchführung von Ersuchen um Durchsuchung und Beschlagnahme entgegenwirkt. Jedenfalls meint Art. 51 SDÜ nicht, dass jeder Staat beliebige nationale Vorschriften, etwa bezüglich des Datenschutzes einwenden könnte, um ein Ersuchen abzulehnen, da ansonsten das SDÜ gegenüber dem EuRhÜbk keine Fortentwicklung darstellen würde.[1354]

1352 *Molo*, SZIER 2006, S. 559, S. 567.

1353 Vgl.dazu *Molo*, SZIER 2006, S. 559, S. 568 f.

1354 Eingehend zu den Auslegungsproblemen im Zusammenhang mit dieser Norm *Epiney*, EuZW 2003, S. 421, S. 424 ff.

Zur weiteren Erleichterung der Rechtshilfe innerhalb der EU wird das EuRhÜbk durch das Übereinkommen vom 29. Mai 2000 über die Rechtshilfe in Strafsachen zwischen den Mitgliedstaaten der Europäischen Union (EU-Rechtshilfeübereinkommen)[1355] ergänzt.[1356] Das EU-Rechtshilfeübereinkommen ersetzt unter anderem die soeben besprochenen Artikel 49 lit. a, 52 und 53 SDÜ. Nach Art. 3 Abs. 1 EU-Rechtshilfeübereinkommen sind entsprechend Art. 49 lit. a SDÜ solche Taten rechtshilfefähig, die nach dem innerstaatlichen Recht des ersuchenden oder des ersuchten Mitgliedstaats oder beider Staaten als Zuwiderhandlungen gegen Rechtsvorschriften durch Verwaltungsbehörden geahndet werden, sofern gegen deren Entscheidung ein auch in Strafsachen zuständiges Gericht angerufen werden kann. Eine inhaltliche Ausweitung der Rechtshilfe im Bereich der Ordnungswidrigkeiten hat das EU-Rechtshilfeübereinkommen gegenüber dem SDÜ damit nicht bewirkt. Denn auch hier werden die nationalen Verfahrensvorschriften in Bezug genommen. Eine Ausweitung des Kreises rechtshilfefähiger Delikte ergibt sich demgegenüber aus Art. 3 Abs. 2 EU-Rechtshilfeübereinkommen. Danach ist Rechtshilfe auch dann zu leisten, wenn für die Tat im ersuchenden Mitgliedstaat eine juristische Person verantwortlich gemacht werden kann. Ob das Recht des ersuchten Staates eine entsprechende Strafbarkeit juristischer Personen überhaupt kennt, ist nicht von Bedeutung. Daher muss auch Deutschland, dem eine Strafbarkeit juristischer Personen fremd ist, einem entsprechenden Rechtshilfeersuchen nachkommen.[1357] Neu eingeführt wurde durch Art. 4 EU-Rechtshilfeübereinkommen auch der „forum regit actum" Grundsatz. Danach hat der ersuchte Mitgliedstaat die vom ersuchenden Mitgliedstaat ausdrücklich angegebenen Formvorschriften und Verfahren einzuhalten. Abweichungen sind nur zulässig, soweit im EU-Rechtshilfeübereinkommen etwas anderes bestimmt ist oder wenn die angegebenen Formvorschriften und Verfahren den Grundprinzipien des Rechts des ersuchten Mitgliedstaats zuwiderlaufen. Dadurch wird die Bedeutung von Art. 51 lit. b SDÜ erheblich verringert, denn der ersuchte Staat kann die Ablehnung eines Ersuchens um Durchsuchung oder Beschlagnahme grundsätzlich nicht mehr mit einem Verstoß gegen seine nationalen Formvor-

---

1355 Rechtsakt des Rates vom 29. Mai 2000 über die Erstellung des Übereinkommens - gemäß Artikel 34 des Vertrags über die Europäische Union - über die Rechtshilfe in Strafsachen zwischen den Mitgliedstaaten der Europäischen Union (ABl. C 197 vom 12.07.2000).

1356 In Deutschland erfolgte die Umsetzung im Jahr 2005 durch die Erweiterung des IRG um die §§ 61a, 61b, 83j und 83k (Gesetz zur Umsetzung des Übereinkommens vom 29. Mai 2000 über die Rechtshilfe in Strafsachen zwischen den Mitgliedstaaten der Europäischen Union, BGBl. I S. 2189).

1357 *Gleß*, in: *Schomburg/Lagodny/Gleß/Hackner*, Internationale Rechtshilfe, S. 1002.

schriften begründen.[1358] Neben dieser formellen Erleichterung bei der Gewährung von Rechtshilfe umfasst das EU-Rechtshilfeübereinkommen neue Ermittlungsmethoden, die im hiesigen Kontext aber keine besondere Bedeutung haben.[1359]

In Hinblick auf das Bankgeheimnis ist insbesondere Art. 23 Abs. 1 EU-Rechtshilfeübereinkommen von großer Bedeutung, der den Schutz der nach diesem Abkommen übermittelten personenbezogenen Daten regelt. Danach ist die Verwendung solcher Daten im Empfängerstaat in anderen als dem einem Ersuchen zugrunde liegenden Verfahren unter anderem dann zulässig, wenn diese anderen Verfahren ebenfalls in den Anwendungsbereich des EU-Rechtshilfeübereinkommens fallen würden oder wenn es sich um sonstige justitielle und verwaltungsbehördliche Verfahren handelt, die mit solchen Verfahren unmittelbar zusammenhängen. Darin liegt eine erhebliche Aufweichung der bisherigen Spezialitätsvorbehalte, weil die Verwendung übermittelter Daten vom ersuchten Staat nicht mehr generell auf das einem Ersuchen zugrunde liegende Verfahren beschränkt werden kann. So können beispielsweise Bankdaten, die zum Zwecke der Durchführung eines Strafverfahrens wegen einer Fiskalstraftat übermittelt wurden, auch für strafrechtliche Ermittlungen gegen Dritte oder zum Zwecke der Besteuerung des Täters verwendet werden. Vorbehalte dagegen können nicht erhoben werden. Insoweit verliert auch das Bankgeheimnis an Schutz, weil nationale Beschränkungen des ersuchten Staates bezüglich der Verwendung solcher Daten unbeachtlich werden. Sondervorschriften gelten nur für Luxemburg und die Schweiz, worauf bei der Beschreibung der Rechtshilfepraxis dieser Länder eingegangen wird.[1360]

Noch weitergehende Beschränkungen des Bankgeheimnisses ergeben sich aus dem Protokoll zum EU-Rechtshilfeübereinkommen vom 16.10.2001 (Protokoll von 2001).[1361] Dieses ergänzt neben dem EU-Rechtshilfeübereinkommen auch das SDÜ, das Benelux-Abkommen, das nachfolgend näher beschrieben wird, und das EuRhÜbk.[1362] Das Protokoll von 2001 wurde von Deutschland im

---

1358 *Epiney*, EuZW 2003, S.421, S. 425.

1359 Vgl. dazu *Hecker*, Europäisches Strafrecht, § 12 Rn. 8.

1360 Siehe zum EU-Rechtshilfeübereinkommen auch *Gleß*, in: *Schomburg/Lagodny/Gleß/Hackner*, Internationale Rechtshilfe, S. 995 ff.

1361 Protokoll vom 16. Oktober 2001 zu dem Übereinkommen über die Rechtshilfe in Strafsachen zwischen den Mitgliedstaaten der Europäischen Union (ABl. C 326 vom 21.11.2001).

1362 Erläuternder Bericht über das Protokoll zum Übereinkommen von 2000 über die Rechtshilfe in Strafsachen zwischen den Mitgliedstaaten der Europäischen Union, S.1 (ABl. C 257 vom 24.10.2002, S.1).

Jahre 2005 umgesetzt.[1363] Es erweitert die Rechtshilfe um wesentliche Instrumente zum Aufspüren von Geldern bei ausländischen Banken und vereinfacht den Rechtshilfeverkehr zwischen den Mitgliedstaaten. Nach Art. 1 Abs. 1 des Protokolls von 2001 hat jeder Mitgliedstaat sicherzustellen, dass er auf Antrag eines anderen Mitgliedstaats feststellen kann, ob eine natürliche oder juristische Person, gegen die strafrechtliche Ermittlungen laufen, eines oder mehrere Bankkonten gleich welcher Art bei einer in seinem Gebiet niedergelassenen Bank unterhält, kontrolliert oder in Bezug auf solche Konten bevollmächtigt ist. Ferner muss der ersuchte Staat die Übermittlung entsprechender Angaben gewährleisten. Ungeachtet nationaler Zugriffsmöglichkeiten müssen die EU-Mitgliedstaaten auf Ersuchen einem anderen Mitgliedstaat solche Bankdaten übermitteln. Daraus folgt die Verpflichtung jedes Mitgliedstaates, deren Ermittlung zu ermöglichen. Eine Notwendigkeit eine Zentraldatei mit allen Konten, wie es sie etwa in Deutschland gibt, einzurichten, folgt daraus jedoch nicht.[1364] Überdies ist nach Art. 1 Abs. 2 des Protokolls von 2001 eine kontoführende Bank insoweit zur Auskunft verpflichtet, als sie gesetzlich bereits zur Erhebung bestimmter Daten verpflichtet ist. Das heißt, es besteht aufgrund des Protokolls von 2001 keine Verpflichtung, zusätzliche Kundendaten zu erheben oder zu ermitteln. Erheblich beschränkt wird die Möglichkeit zur Stellung von Auskunftsersuchen durch das in Art. 1 Abs. 3 des Protokolls von 2001 vorgesehene Mindeststrafmaß. Rechtshilfefähig sind danach grundsätzlich nur solche Taten, die nach dem Recht des ersuchenden Staates mit einer Freiheitsstrafe oder einer die Freiheit beschränkenden Maßregel der Sicherung und Besserung von mindestens vier Jahren im Höchstmaß und von mindestens zwei Jahren im ersuchten Staat geahndet werden können.[1365] Da außer in Deutschland in keinem der übrigen Vergleichsländer die einfache Steuerhinterziehung ein entsprechendes Strafmaß vorsieht, besteht dementsprechend auch keine Verpflichtung zur Auskunftserteilung in diesen Fällen. Zur Verhinderung von Ausforschungsdurchsuchungen bei Banken, denen kein konkreter Tatverdacht zugrunde liegt („Fishing expeditions“), bestehen nach Art. 1 Abs. 4 des Protokolls von 2001 besondere

1363 Gesetz zu dem Protokoll vom 16. Oktober 2001 zu dem Übereinkommen über die Rechtshilfe in Strafsachen zwischen den Mitgliedstaaten der Europäischen Union vom 22. Juli 2005 (BGBl. 2005 II S. 661).

1364 Erläuternder Bericht über das Protokoll zum Übereinkommen von 2000 über die Rechtshilfe in Strafsachen zwischen den Mitgliedstaaten der Europäischen Union, S. 2.

1365 Unabhängig von diesem Mindeststrafmaß werden nur Straftaten im Sinne des Europol-Übereinkommens von 1995 sowie des Übereinkommens von 1995 über den Schutz der finanziellen Interessen der Europäischen Gemeinschaften einschließlich der dazugehörigen Protokolle von 1996 und 1997 als rechtshilfefähige Taten angesehen, näher dazu *Götzenberger*, Der gläserne Steuerbürger, S. 196 ff.

Begründungspflichten des ersuchenden Staates. So muss dieser in seinem Ersuchen konkret angeben, warum das Ersuchen im ersuchenden Staat für die Aufklärung einer Straftat wahrscheinlich von wesentlichem Interesse ist, welche Gründe dafür sprechen, dass im ersuchten Staat Konten geführt werden, und welche Kreditinstitute möglicherweise betroffen sind. Die genaue Kenntnis des Kreditinstituts eines Verdächtigen ist jedoch nicht Voraussetzung für die Stellung eines Ersuchens, denn es sollen gerade auch unbekannte Konten ermittelt werden können.[1366] Allerdings kann jeder Mitgliedstaat nach Art. 1 Abs. 5 des Protokolls von 2001 die Erledigung von Ersuchen um Auskunft über Bankkonten von denselben Bedingungen abhängig machen, die für Ersuchen um Durchsuchung oder Beschlagnahme gelten. Dies entspricht einem Verweis auf Art. 51 lit. b SDÜ und Art. 5 EuRhÜbk. Wird ein solcher Vorbehalt erhoben, ist für jeden Staat gesondert zu klären, inwieweit er die Durchführung von Durchsuchungen und Beschlagnahmen in der Rechtshilfe besonderen Bedingungen unterwirft.[1367] Deutschland hat, anders als Luxemburg und Österreich, auf die noch zurückzukommen ist, keinen derartigen Vorbehalt abgegeben.[1368] Das Bankgeheimnis steht einem Kontoauskunftsersuchen im Sinne des Protokolls von 2001 nicht entgegen Denn ein Ersuchen kann nicht alleine mit der Begründung abgelehnt werden, dass nach nationalem Recht keine strafrechtlichen Ermittlungen bei Banken vorgesehen sind oder dass dafür ein höheres Mindeststrafmaß vorgesehen ist als im Protokoll von 2001.[1369] Daher kann etwa die deutsche Steuerverwaltung im Steuerstrafverfahren bei konkretem Verdacht auf Steuerstraftaten, bei denen eine Verbindung zu einem Konto in einem anderen EU-Mitgliedstaat besteht, dieses Konto abfragen, um so die Identität des Inhabers oder eines Bevollmächtigten zu ermitteln.[1370]

Nach Art. 2 Abs. 1 des Protokolls von 2001 ist der ersuchte Staat auf Antrag des ersuchenden Staates verpflichtet, Angaben über bestimmte Bankkonten und Bankgeschäfte, die während eines bestimmten Zeitraums im Zusammenhang mit einem oder mehreren in dem Ersuchen angegebenen Bankkonten getätigt wurden, zu machen. Diese Pflicht schließt Angaben über sämtliche Überweisungs- und Empfängerkonten ein. Damit lassen sich alle Kontobewegungen innerhalb eines bestimmten Zeitraums einschließlich der Konten Dritter, die Gelder überwiesen oder empfangen haben, erfassen, so dass Geldbewegungen transparent

1366 *Dannecker*, in: *Wabnitz/Janovsky*, Wirtschafts- und Steuerstrafrecht, Kapitel 2 Rn. 48; *Kutnzer*, DStR 2006, S. 639, S. 642.

1367 *Götzenberger*, Der gläserne Steuerbürger, S. 198.

1368 Siehe dazu unten S. 315 ff. und S. 330 ff.

1369 Erläuternder Bericht über das Protokoll zum Übereinkommen von 2000 über die Rechtshilfe in Strafsachen zwischen den Mitgliedstaaten der Europäischen Union, S. 4.

1370 *Götzenberger*, Der gläserne Steuerbürger, S. 192 ff.

werden.[1371] Ein solches Ersuchen kann sowohl dann gestellt werden, wenn ein bestimmtes Konto dem ersuchenden Staat bereits bekannt war oder wenn es ihm erst infolge einer Auskunft nach Art. 1 Abs. 1 des Protokolls von 2001 bekannt wurde.[1372] Wegen Art. 2 Abs. 2 des Protokolls von 2001 sind Kreditinstitute ebenso wie nach dessen Art. 1 Abs. 2 nicht zur Erhebung zusätzlicher Daten verpflichtet. Art. 2 Abs. 3 des Protokolls von 2001 dient wie Art. 1 Abs. 3 der Verhinderung von Ausforschungsdurchsuchungen, denn der ersuchende Staat muss begründen, warum die beantragten Auskünfte zur Aufklärung einer Straftat wichtig sind. Die Durchführung von Maßnahmen nach Art. 2 Abs. 1 kann nach dessen Abs. 4 entsprechend Art. 1 Abs. 5 des Protokolls von 2001 von den gleichen Bedingungen abhängig gemacht werden, wie sie auch für Ersuchen um Durchsuchung und Beschlagnahme gelten. Insoweit kann auf die dazu gemachten Ausführungen verwiesen werden.

Eine in der internationalen Rechtshilfe in Strafsachen bis dahin nicht praktizierte Maßnahme stellt die Kontenüberwachung im Sinne des Art. 3 des Protokolls von 2001 dar. Danach verpflichten sich die Mitgliedstaaten, die Voraussetzungen dafür zu schaffen, dass auf ein Ersuchen im Einzelfall alle Bankgeschäfte im Zusammenhang mit den darin genannten Konten überwacht und die Ergebnisse dem ersuchenden Staat übermittelt werden können. Es geht also anders als bei Art. 2 des Protokolls von 2001 nicht um bereits getätigte Bankgeschäfte sondern um eine aktuelle Überwachung. Dies erscheint als problematisch, weil dafür die Inanspruchnahme Dritter, konkret der Kreditinstitute, notwendig ist. Daher überlässt es Art. 3 Abs. 3 des Protokolls von 2001 ausdrücklich dem Recht des ersuchten Staats, in welcher Form die Kontenüberwachung sichergestellt wird.[1373] Daher besteht auch nur eine Pflicht, eine einzelfallbezogene und nicht eine allgemeine Kontoüberwachung zu ermöglichen. Darüber hinaus kann jeder Mitgliedstaat gemäß seinem nationalen Recht die Durchführung einer solchen Kontenüberwachung von besonderen Bedingungen abhängig machen. Beispielsweise kann er die Kontoüberwachung auf bestimmte Arten von Delikten beschränken[1374]

Das Protokoll von 2001 beinhaltet eine besondere Hinweispflicht der Mitgliedstaaten untereinander, die die Durchführung effektiver Ermittlungen sichern soll. Hat der ersuchte Staat Hinweise darauf, dass es für den ersuchenden

1371 Erläuternder Bericht über das Protokoll zum Übereinkommen von 2000 über die Rechtshilfe in Strafsachen zwischen den Mitgliedstaaten der Europäischen Union, S. 5.

1372 *Kutnzer*, DStR 2006, S. 639, S. 642 f.

1373 *Kutnzer*, DStR 2006, S. 639, S. 643.

1374 Erläuternder Bericht über das Protokoll zum Übereinkommen von 2000 über die Rechtshilfe in Strafsachen zwischen den Mitgliedstaaten der Europäischen Union, S. 5 f.

Staat sinnvoll sein könnte, Ermittlungen, die anfänglich nicht vorgesehen waren oder die zum Zeitpunkt des Ersuchens von diesem nicht hätten spezifiziert werden können, durchzuführen, ist er nach Art. 5 des Protokolls von 2001 verpflichtet, die ersuchende Behörde unverzüglich davon in Kenntnis zu setzen, damit diese weitere Maßnahmen ergreifen kann. Diese Verpflichtung gilt nicht nur für Maßnahmen nach dem Protokoll von 2001, sondern umfasst sämtliche Rechtshilfemaßnahmen, an deren Durchführung der ersuchende Staat interessiert sein könnte.[1375]

Das Bankgeheimnis stellt nach Art. 7 des Protokolls von 2001 ausdrücklich keinen zulässigen Grund für die Ablehnung jeglicher Zusammenarbeit in Bezug auf Rechtshilfeersuchen gegenüber einem anderen Mitgliedstaat dar.[1376] Aus der Zusammenschau mit den vorgenannten zulässigen Vorbehalten zu Maßnahmen im Sinne des Protokolls von 2001, etwa bezüglich der Kontoüberwachung im Sinne des Art. 3 des Protokolls von 2001, ergibt sich jedoch, dass das Bankgeheimnis zumindest indirekt von einem Mitgliedstaat geschützt werden kann. Denn es besteht die Möglichkeit, die Leistung von Rechtshilfe in Bezug auf Maßnahmen oder Delikte, die das Bankgeheimnis häufig berühren, zu beschränken. Überdies schließt das in Art. 1 Abs. 4 des Protokolls vorgesehene Mindeststrafmaß für rechtshilfefähige Taten zahlreiche Fiskaldelikte aus dem Anwendungsbereich dieser Norm aus.

Allerdings kann wegen Art. 8 Abs. 1 des Protokolls von 2001 die Rechtshilfe nicht allein deswegen verweigert werden, weil sich ein Ersuchen auf eine strafbare Handlung bezieht, die vom ersuchten Mitgliedstaat als fiskalische strafbare Handlung betrachtet wird. In Art. 8 Abs. 2 des Protokolls von 2001 wird daher der nach Art. 51 SDÜ zulässige Einwand in Bezug auf die Durchführung von Ersuchen um Durchsuchung und Beschlagnahme modifiziert. Danach gilt die Bedingung, dass die einem Ersuchen zugrunde liegende strafbare Handlung beiderseitig strafbar sein muss, bei Fiskaldelikten schon dann als erfüllt, wenn die Handlung nach dem Recht der ersuchten Partei einer strafbaren Handlung derselben Art entspricht. Das bedeutet, ein Ersuchen darf nicht mit der Begründung abgelehnt werden, das Recht des ersuchten Mitgliedstaats kenne nicht dieselbe Art von Abgaben oder Steuern oder keine Abgaben-, Steuer-, Zoll- oder Devisenbestimmungen derselben Art wie das Recht des ersuchenden Mitgliedstaats. Demnach sind im Verhältnis der EU-Mitgliedstaaten untereinander grundsätzlich alle Fiskaldelikte und nicht nur solche im Bereich der indirekten

---

1375 Erläuternder Bericht über das Protokoll zum Übereinkommen von 2000 über die Rechtshilfe in Strafsachen zwischen den Mitgliedstaaten der Europäischen Union, S. 6 f.

1376 Erläuternder Bericht über das Protokoll zum Übereinkommen von 2000 über die Rechtshilfe in Strafsachen zwischen den Mitgliedstaaten der Europäischen Union, S. 7.

Steuern rechtshilfefähig. Daher ist auch Art. 50 SDÜ überflüssig und durch Art. 8 Abs. 3 des Protokolls von 2001 aufgehoben worden.[1377]

Das wichtigste Rechtshilfeabkommen zur Bekämpfung der Geldwäsche stellt das bereits hinsichtlich der national umzusetzenden Standards beschriebene Geldwäscheübereinkommen dar.[1378] Der zweite Abschnitt dieses Übereinkommens ist der internationalen Zusammenarbeit gewidmet. Darin verpflichtet Art. 7 Geldwäscheübereinkommen die Vertragsparteien in größtmöglichem Umfang zum Zwecke von Ermittlungen und Verfahren, die auf die Einziehung von Tatwerkzeugen und Erträgen aus Straftaten oder Forderungen, die aus solchen Taten resultieren, gerichtet sind, zusammenzuarbeiten. Die Art. 8 bis 10 Geldwäscheübereinkommen betreffen das Verfahren zur Unterstützung des ersuchten Staates bei seinen Ermittlungen. Die Art. 11 und 12 Geldwäscheübereinkommen regeln vorläufige Maßnahmen, wie das Einfrieren von Bankguthaben oder dessen Beschlagnahme, zur Verhinderung der Übertragung oder Veräußerung von Vermögensgegenständen. Die Art. 13 bis 17 Geldwäscheübereinkommen betreffen das Verfahren zur Einziehung von Vermögenswerten. Zwar darf das Bankgeheimnis nach Art. 18 Abs. 7 Geldwäscheübereinkommen nicht als Grund für Verweigerung jeglicher Zusammenarbeit herangezogen werden. Jedoch ist nach Art. 18 Abs. 1 lit. d Geldwäscheübereinkommen die Verweigerung von Rechtshilfe bei fiskalischen Delikten zulässig, wodurch das Bankgeheimnis indirekt geschützt ist. Überdies besteht nach Art. 18 Abs. 2 Geldwäscheübereinkommen keine Verpflichtung der Vertragsstaaten, zum Zwecke der Zusammenarbeit im Sinne dieses Übereinkommens Maßnahmen zu treffen, die ihr nationales Recht nicht vorsieht. Daher ergibt sich aus dem Geldwäscheübereinkommen keine Notwendigkeit für einen Vertragsstaat im Bereich der internationalen Rechtshilfe weitergehende Durchbrechungen des Bankgeheimnisses vorzusehen, als die nach seinem nationalen Recht bestehenden.[1379]

9.1.1.2 Internationale Amtshilfe

Im Bereich der internationalen Amtshilfe in Steuersachen stellt § 117 AO die Grundnorm für die Stellung von Amtshilfeersuchen sowie die Gewährung von Amtshilfe dar. Dies gilt unabhängig davon, ob völkerrechtliche Vereinbarungen oder das Europarecht einschlägig sind oder Amtshilfe ohne besondere Vereinba-

---

1377 Siehe dazu auch *Gleß*, in: *Schomburg/Lagodny/Gleß/Hackner*, Internationale Rechtshilfe, S. 1045 ff.

1378 Siehe dazu schon oben S. 197 ff.

1379 Ausführlich zum Geldwäscheübereinkommen *Lagodny*, in: *Schomburg/Lagodny/Gleß/Hackner*, Internationale Rechtshilfe, S. 740 ff.; siehe auch *Forster*, ZStR 2006, S. 275, S. 276 ff.

rung geleistet werden soll. Insbesondere finden sich in der AO Vorschriften über die Befugnisse der Finanzbehörden bei der Durchführung von Amtshilfe sowie über die Anhörung Beteiligter.[1380]

Auf europäischer Ebene gelangen daneben im Bereich der direkten Steuern die Richtlinie 77/799/EWG des Rates vom 19. Dezember 1977 über die gegenseitige Amtshilfe zwischen den zuständigen Behörden der Mitgliedstaaten im Bereich der direkten Steuern (Amtshilferichtlinie) [1381] sowie die Richtlinie 2008/55/EG des Rates vom 26. Mai 2008 über die gegenseitige Unterstützung bei der Beitreibung von Forderungen in Bezug auf bestimmte Abgaben, Zölle, Steuern und sonstige Maßnahmen (Beitreibungsrichtlinie)[1382] zur Anwendung. Da die Beitreibungrichtlinie bereits zum 01.01.2012 zugunsten einer noch weitergehenden Richtlinie außer Kraft treten soll, die alle EU-Mitgliedstaaten zur Gewährung von Amtshilfe gemäß dem OECD-Standard verpflichtet,[1383] wird hier nicht näher auf diese Richtlinie eingegangen.

Der OECD-Standard wird über das OECD-Musterabkommen zur Vermeidung der Doppelbesteuerung auf dem Gebiet der Einkommen- und Vermögensteuern (OECD-Musterabkommen)[1384] definiert. Von Bedeutung mit Blick auf das Bankgeheimnis ist darin insbesondere Art. 26 OECD-Musterabkommen, der den Umfang des Informationsaustauschs nach diesem Abkommen festlegt. Dieser sieht vor, dass die zuständigen Behörden der Vertragsstaaten alle Informationen austauschen, die zur Durchführung des Abkommens selbst sowie des innerstaatlichen Steuerrechts eines Vertragsstaaten voraussichtlich erforderlich sind, sofern nicht die konkrete Besteuerung dem Abkommen widerspricht. Der Informationsaustausch ist dabei nicht durch den in den Artikeln 1 und 2 OECD-Musterabkommen umschriebenen persönlichen und sachlichen Anwendungsbereich des Musterabkommens eingeschränkt. Das bedeutet, dass auf dem OECD-Musterabkommen basierende Abkommen anders als ältere DBA nicht auf den

---

1380 Näher dazu *Korts/Korts*, IStR 2006, S. 869, S. 872 f.

1381 ABl. L 336 vom 27.12.1977, zuletzt geändert durch Art. 1 Änderungsrichtlinie 2006/98/EG vom 20.11.2006 (ABl. L 363 S. 129). Der ursprüngliche Anwendungsbereich der Amtshilferichtlinie ist infolge der späteren Änderungen stark ausgeweitet worden.

1382 ABl. L 150 vom 10.06.2008, S. 28, zuletzt geändert durch Art. 29 Abs. 1 Änderungsrichtlinie 2010/24/EU vom 16.03. 2010 (ABl. L 84 S. 1).

1383 Richtlinie 2010/24/EU des Rates vom 16. März 2010 über die Amtshilfe bei der Beitreibung von Forderungen in Bezug auf bestimmte Steuern, Abgaben und sonstige Maßnahmen (ABl. L 84 vom 31.03.2010), näher dazu *Czakert*, IStR 2010, S. 567, S. 569.

1384 Die aktuellste Fassung dieses Abkommens vom Juli 2008 ist abrufbar unter: http://www.oecd.org/document/50/0,3343,de_34968570_34968855_41206066_1_1_1_1,00.html (Stand: 17.11.2010).

Austausch von Informationen hinsichtlich von Steuerarten beschränkt sind, die den eigentlichen Gegenstand des Abkommen bilden. Vielmehr wird der Austausch jeglicher steuerlich relevanter Informationen verlangt. Einzige Voraussetzung eines Informationsaustauschs nach dem OECD-Musterabkommen ist, dass der Nachweis erbracht wird, dass die Informationen voraussichtlich zur Durchführung des Abkommens oder des Steuerrechts eines Vertragsstaats erforderlich sind. Anders als frühere Fassungen des OECD-Musterabkommens, die den Nachweis der Erforderlichkeit der Informationen für diese Zwecke verlangten, genügt nunmehr eine hohe Wahrscheinlichkeit, dass die Informationen zu Besteuerungszwecken erforderlich sind. Allerdings soll ausgeschlossen werden, dass ein Staat den Informationsaustausch ohne konkreten Anlass zu bloßen Ermittlungszwecken („Fishing expidition“) nutzt.[1385]

Art. 26 Abs. 2 OECD-Musterabkommen legt fest, dass übermittelte Informationen nach dem Recht des Empfängerstaates geheim zu halten sind. Sie dürfen nur solchen Personen oder Behörden einschließlich von Gerichten und Verwaltungsbehörden zugänglich gemacht werden, die mit der Veranlagung oder Erhebung, der Vollstreckung oder Strafverfolgung oder mit der Entscheidung über Rechtsmittel hinsichtlich der in Art. 26 Abs. 1 genannten Steuern befasst sind. Diese Stellen dürfen die ihnen mitgeteilten Informationen nur für die eben genannten Zwecke verwenden. Die Offenlegung von Informationen in einem öffentlichen Gerichtsverfahren oder einer Gerichtsentscheidung ist ebenfalls zulässig. Damit besteht nach dem OECD-Musterabkommen, anders nach den meisten hier behandelten Abkommen, keine Beschränkung der Nutzung übermittelter Informationen auf ein konkretes Verfahren. Vielmehr können diese auch in Verfahren gegen Dritte verwendet werden, sofern diese Verfahren ebenfalls in den Anwendungsbereich des OECD-Musterabkommens fallen. Die Weitergabe von Informationen für andere Zwecke, an andere Stellen oder gar andere Staaten ist nicht erlaubt, kann jedoch von den Vertragsstaaten zusätzlich vereinbart werden.

Art. 26 Abs. 3 OECD-Musterabkommen erscheint auf den ersten Blick geeignet, den in den Absätzen 1 und 2 umschriebenen weiten Informationsaustausch wesentlich zu beschränken. Darin ist aufgeführt, in welchen Fällen der Informationsaustausch von einem Vertragsstaat verweigert werden kann. Danach besteht keine Verpflichtung, Verwaltungsmaßnahmen durchzuführen, die von den Gesetzen und der Verwaltungspraxis eines Vertragsstaats abweichen, oder Informationen zu erteilen, die nach den Gesetzen oder im üblichen Verwal-

---

1385 Offizielle Kommentierung zum OECD-Musterabkommen, S. 351. Zu den Auslegungsproblemen, die der unbestimmte Begriff der „Fishing Expeditions“ mit sich bringt, vgl. *Czakert*, IStR 2010, S. 567, S. 568 f.

tungsverfahren eines Vertragsstaats nicht beschafft werden können. Ferner werden Handels-, Industrie-, Gewerbe- und Berufsgeheimnisse sowie Geschäftsverfahren geschützt. Schließlich kann die Informationsübermittlung auch wegen eines Verstoßes gegen den Ordre public eines Vertragsstaats verweigert werden. Ähnliche Bestimmungen enthalten auch die bereits dargestellten Amts- und Rechtshilfeabkommen. Daraus leiteten Luxemburg, das insoweit auf die durch § 178bis LGI vorgegebene Verwaltungspraxis verwies, wonach die nationalen Steuerbehörden im Besteuerungsverfahren keinen Zugriff auf die Daten von Banken haben, [1386] und andere Staaten die Befugnis her, keine vom Bankgeheimnis erfassten steuerlich relevanten Daten zu übermitteln. Diese Auslegung von Art. 26 Abs. 3 OECD-Musterabkommen widerspricht jedoch dem Sinn dieser Bestimmung. Denn dadurch würde das OECD-Musterabkommen mit Blick auf das Bankgeheimnis gegenüber früheren DBA keinerlei Fortschritt bedeuten, da Kreditinstitute als zur Steuerfestsetzung besonders wichtige Informationsquelle nach wie vor nicht herangezogen werden könnten. Daher erscheint eine enge Auslegung der in Art. 26 Abs. 3 OECD-Musterabkommen vorgesehenen Beschränkungen der Auskunftspflicht geboten.[1387] Gleichwohl bestand in der Vergangenheit in diesem Punkt Uneinigkeit. Dies hatte zur Folge, dass ein Staat auch bei Anwendung eines OECD-konformen Abkommens nicht gezwungen war, sein Bankgeheimnis zu Zwecken des Informationsaustauschs in Steuersachen zu durchbrechen. Daher wurde in die aktuelle Fassung des OECD-Musterabkommens eine diesbezügliche Klarstellung aufgenommen. [1388] Nunmehr legt Art. 26 Abs. 5 OECD-Musterabkommen eindeutig fest, dass die in Abs. 3 genannten Vorbehalte keinesfalls so ausgelegt werden dürfen, dass sie nur deswegen zur Verweigerung des Informationsaustauschs berechtigen, weil die Informationen sich im Besitz einer Bank, eines anderen Finanzinstituts, eines Treuhänders, einer als Agent oder treuhänderisch handelnden Person befinden oder weil sie die Eigentumsverhältnisse an einer juristischen Person betreffen. Daraus folgt unmissverständlich, dass das OECD-Musterabkommen eine vollständige Durchbrechung des Bankgeheimnisses bedingt. Zwar ist nach Art. 26 Abs. 3 OECD-Musterabkommen kein Mitgliedstaat verpflichtet, Maßnahmen zur Informationsbeschaffung zu treffen, die seiner Verwaltungspraxis oder nationalem Recht widersprechen. Wegen Abs. 5 verpflichtet sich aber jeder Vertragsstaat, die Voraussetzungen dafür zu treffen, dass er auch bei Banken Informationen zum Zwecke des späteren Austauschs erheben kann.[1389] Art. 26 Abs. 4

1386 Siehe dazu schon oben S. 177 f.

1387 Zur Auslegung dieser Vorschrift *Engelschalk*, in: *Vogel/Lehner*, DBA, Art. 26 Rn. 98 ff.

1388 Offizielle Kommentierung zum OECD-Musterabkommen, S. 361 f.

1389 Vgl. *Engelschalk*, in: *Vogel/Lehner*, DBA, Art. 26 Rn. 128.

OECD-Musterabkommen verdeutlicht, dass einem Informationsaustausch auch der Umstand nicht entgegen steht, dass der auskunftsgebende Staat die Informationen selbst nicht für eigene steuerliche Zwecke benötigt oder dass er kein Interesse an ihrer Erhebung hat. Vielmehr ist der ersuchte Staat auch dann im Interesse des ersuchenden Staates zur Informationsbeschaffung verpflichtet.

Die Anforderungen des Art. 26 OECD-Musterabkommens werden in der bereits erwähnten neuen Beitreibungsrichtlinie aufgenommen. Mit deren Inkrafttreten kann daher das Bankgeheimnis im Anwendungsbereich dieser Richtlinie von keinem EU-Mitgliedstaat mehr als Grund für Verweigerung von Amtshilfe eingewandt werden.[1390]

Die Amtshilferichtlinie wurde in Deutschland durch das sogenannte EG-Amtshilfe-Gesetz[1391] in nationales Recht umgesetzt. Sie sieht im Bereich der von ihr umfassten Steuern den Austausch von Informationen zwischen Steuerbehörden der Mitgliedstaaten vor, sofern die Informationen für die Steuerfestsetzung relevant sind. Der Informationsaustausch im Sinne dieser Amtshilferichtlinie kann auf Ersuchen, spontan oder automatisch erfolgen. Ein spontaner Austausch ist in den in Art. 4 der Amtshilferichtlinie definierten Fällen vorgesehen, etwa dann, wenn die zuständige Behörde eines Mitgliedstaats Gründe für die Vermutung einer Steuerverkürzung in dem anderen Mitgliedstaat hat.[1392] Die Amtshilferichtlinie bedingt jedoch keine Durchbrechung des Bankgeheimnisses. Denn nach Art. 8 Amtshilferichtlinie ist kein Mitgliedstaat verpflichtet, zu ermitteln oder Auskünfte zu übermitteln, wenn Maßnahmen getroffen werden müssten, die im Widerspruch zu seinen Gesetzen oder seiner Verwaltungspraxis in steuerlichen Angelegenheiten stehen. Zudem kann die Auskunftsübermittlung auch dann verweigert werden, wenn sie zur Preisgabe eines Geschäfts-, Industrie- oder Berufsgeheimnisses oder eines Geschäftsverfahrens führen würde oder wenn die Verbreitung der betreffenden Auskunft gegen die öffentliche Ordnung verstoßen würde.[1393] Da in Deutschland das Bankgeheimnis im Besteuerungsverfahren, anders als etwa in Luxemburg, keinen besonderen Schutz genießt, steht es der internationalen Amtshilfe im Sinne der Amtshilferichtlinie nicht entgegen. Auch die Amtshilferichtlinie soll nach einem Vorschlag der EU

1390 *Czakert*, IStR 2010, S. 567, S. 569.

1391 Gesetz zur Durchführung der EG-Richtlinie über die gegenseitige Amtshilfe im Bereich der direkten Steuern, bestimmter Verbrauchsteuern und der Steuern auf Versicherungsprämien vom 19. Dezember 1985 (BGBl. I S. 2436, S. 2441), zuletzt geändert durch Artikel 17 des Gesetzes vom 20. Dezember 2007 (BGBl. I S. 3150); siehe dazu *Götzenberger*, Der gläserne Steuerbürger, S. 181 ff.

1392 *Korts/Korts*, IStR 2006, S. 869, S. 874.

1393 Vgl. *Meier-Schatz/Nobel/Waldburger*, Auswirkungen eines EU-Beitritts, S. 109 ff.; *Lasserre Capdeville*, Le secret bancaire, Rn. 990.

Kommission geändert werden, um die Zusammenarbeit der Mitgliedstaaten in Steuersachen zu verbessern.[1394] Die neue Amtshilferichtlinie soll wesentlich mehr Steuerarten, insbesondere auch indirekte Steuern, erfassen als die bisherige und über einen automatischen Informationsaustausch zwischen den Mitgliedstaaten, die richtige Besteuerung bei Auslandssachverhalten erleichtern und Verstöße gegen Steuervorschriften erschweren. Die von dem automatischen Informationsaustausch erfassten Einkommens- und Kapitalkategorien sowie dessen genaue Modalitäten sind in dem Richtlinienvorschlag nicht enthalten. Sie sollen erst nach dem Inkrafttreten der Richtlinie von der EU-Kommission bestimmt werden. Daher können die Auswirkungen dieses Vorschlags auf das Bankgeheimnis hier noch nicht konkret abgeschätzt werden. Art. 17 Abs. 2 des Richtlinienvorschlags sieht jedenfalls dem OECD-Standard entsprechend vor, dass ein Ersuchen um Informationsübermittlung nicht nur deswegen verweigert werden kann, weil es sich um Informationen handelt, die sich im Besitz einer Bank befinden. Damit wird das Bankgeheimnis jedenfalls dem Austausch von Informationen auf ein Ersuchen um Amtshilfe nach dieser Richtlinie hin künftig nicht mehr entgegenstehen.

Deutschland ist auch das einzige der hier verglichenen Länder, das das Übereinkommen des Europarates und der OECD über die gegenseitige Amtshilfe in Steuersachen (OECD-Amtshilfeabkommen) unterzeichnet hat. Allerdings wurde dieses Abkommen bisher nicht ratifiziert.[1395] Das OECD-Amtshilfeabkommen entspricht in seinem Umfang weitgehend der Amtshilferichtlinie und umfasst die Gewährung von Amtshilfe zwischen den Unterzeichnerstaaten durch Informationsaustausch einschließlich zeitlich abgestimmter Steuerprüfungen und Teilnahme an Steuerprüfungen im Ausland, die Unterstützung bei der Beitreibung von Steuern einschließlich Sicherungsmaßnahmen und die Zustellung von Schriftstücken. Art. 2 OECD-Amtshilfeabkommen legt den Anwendungsbereich dieses Abkommens fest, der die wichtigsten Steuerarten sowie Sozialversicherungsbeiträge umfasst. Der Informationsaustausch zwischen den Unterzeichnerstaaten kann nach den Art. 4, 6 und 7 OECD-Amtshilfeabkommen auf Ersuchen, automatisch, oder auch spontan erfolgen. Zwar sieht Art. 21 OECD-Amtshilfeabkommen vor, dass sich die Amtshilfe im Rahmen der Gesetze und der Verwaltungspraxis des ersuchten Staates zu bewe-

---

1394 Richtlienenvorschlag KOM(2009)29, dieser ist abrufbar unter: http://www.europarl.europa.eu/meetdocs/2009_2014/documents/com/com_com%282009%290029_/com_com%282009%290029_de.pdf (Stand: 17.11.2010); vgl. dazu auch *Czakert*, IStR 2010, S. 567, S. 569.

1395 Insgesamt haben derzeit 15 Staaten einschließlich der USA das Abkommen ratifiziert. Der Vertragstext sowie der Unterschriften- und Ratifizierungsstand sind auf der in Fußnote 973 angegebenen Homepage abrufbar.

gen hat, wodurch die Rechte der vom Informationsaustausch betroffenen Personen geschützt werden sollen. Ferner kann der ersuchte Staat danach die Amtshilfe verweigern, wenn der ersuchende Staat die begehrten Maßnahmen nach seinem Recht nicht treffen könnte. Schließlich lässt das OECD-Amtshilfeabkommen Handels-, Industrie-, Gewerbe- oder Berufsgeheimnisse sowie den Schutz von Geschäftsverfahren in den Vertragsstaaten unberührt. Bei der entsprechend Art. 26 Abs. 5 OECD-Musterabkommen gebotenen restriktiven Auslegung dieser Beschränkungen steht das Bankgeheimnis der Amtshilfe nach dem OECD-Amtshilfeabkommen jedoch nicht entgegen. Denn anderenfalls wären gerade Banken als besonders wichtige Informationsquelle in Steuersachen nicht nutzbar. Dementsprechend hat, soweit ersichtlich, auch keiner der derzeitigen Vertragsstaaten des OECD-Amtshilfeabkommen Vorbehalte in Bezug auf die Gewährung von Amtshilfe unter Verweis auf das Bankgeheimnis abgegeben.

Im Bereich der indirekten Steuern sind alle EU-Mitgliedstaaten durch die unmittelbar geltende Verordnung (EG) Nr. 1798/2003 des Rates vom 7. Oktober 2003 über die Zusammenarbeit der Verwaltungsbehörden auf dem Gebiet der Mehrwertsteuer und zur Aufhebung der Verordnung (EWG) Nr. 218/92[1396] zur gegenseitigen Gewährung von Amtshilfe verpflichtet. Aufgrund des speziellen Anwendungsbereichs dieser Verordnung kommt eine Durchbrechung des Bankgeheimnisses dadurch jedoch kaum in Betracht. Daher kann auf ihre Darstellung hier verzichtet werden.[1397]

Eine sehr weitgehende Durchbrechung des Bankgeheimnisses im Bereich der internationalen Amtshilfe in Steuersachen hat hingegen die Richtlinie 2003/48/EG des Rates vom 3. Juni 2003 Bereich der Besteuerung von Zinserträgen (Zinsrichtlinie)[1398] zur Folge. Daraus ergibt sich die Verpflichtung der EU-Mitgliedstaaten, Daten über Zinserträge von wirtschaftlichen Eigentümern mit Wohnsitz in einem anderen Mitgliedstaat der Europäischen Gemeinschaft durch eine Zentralstelle zu sammeln und automatisiert an den Wohnsitzstaat des Empfängers zu übermitteln.[1399] Die Zinsrichtlinie wurde in Deutschland durch die Verordnung zur Umsetzung der Richtlinie 2003/48/EG des Rates vom 3. Juni 2003 im Bereich der Besteuerung von Zinserträgen (Zinsinformationsverord-

1396 ABl. L 264 vom 15.10.2003, zuletzt geändert durch die Verordnung (EG) Nr. 143/2008 (ABl. L 44 vom 20.02.2008), die am 01.01.2010 in Kraft getreten ist.

1397 Siehe dazu *Götzenberger*, Der gläserne Steuerbürger, S. 185 f.

1398 ABl. L 157/38 vom 26.06.2003, zuletzt geändert durch die Richtlinie 2006/98 (EG) (ABl. 363 vom 30.12.2006).

1399 Siehe dazu auch *Schwarz*, IStR 2006, S. 83 ff.

nung, ZIV)[1400] umgesetzt. Die ZIV verpflichtet inländische Zahlstellen,[1401] zu denen insbesondere Kreditinstitute zählen, die Identität eines wirtschaftlich Berechtigten[1402] mit Wohnsitz in einem anderen EU-Mitgliedstaat,[1403] der Zinszahlungen[1404] vereinnahmt, zu ermitteln und diese Daten zusammen mit der Angabe der empfangenen Zinszahlungen an das Bundeszentralamt für Steuern zu übermitteln. Letzteres ist nach § 5 Abs. 2 ZIV die deutsche Zentralstelle für die Datenerfassung und -übermittlung nach der Zinsrichtlinie. Das Bundeszentralamt für Steuern übermittelt entsprechend § 9 Abs. 1 ZIV die Daten binnen eines halben Jahres nach Abschluss des Jahres, in dem Zinszahlungen erfolgt sind, an die zuständige Zentralstelle im Wohnsitzstaat des Empfängers, damit dort dessen Besteuerung erfolgen kann. Umgekehrt empfängt es nach § 9 Abs. 3 ZIV entsprechende Daten über ausländische Zinszahlungen an wirtschaftliche Berechtigte mit Wohnsitz in Deutschland und übermittelt diese Daten zu Besteuerungszwecken an die jeweilige Landesfinanzverwaltung.

Aufgrund der Zinsrichtlinie und deren Umsetzung in den Mitgliedstaaten der EU ist es theoretisch einem deutschen Sparer nicht möglich, unbemerkt Gelder im europäischen Ausland anzulegen, da seine persönlichen Daten und die von ihm vereinnahmten Erträge automatisch erfasst und übermittelt werden. Die Zinsrichtlinie erweist sich jedoch gleich in mehrfacher Hinsicht als lückenhaft und unzureichend. Denn zum einen werden nur Daten von natürlichen Personen erfasst und übermittelt, nicht hingegen auch solche von juristischen Personen. Zum anderen ist unverständlich, warum nur Zinszahlungen und nicht auch sonstige Erträge von der Übermittlung betroffen sind, da letztlich nicht die Art der Kapitalanlage darüber entscheiden kann, ob Daten übermittelt werden oder

---

1400 BGBl. I S. 128; 2005, 1695, zuletzt geändert durch die Verordnung vom 05. November 2007 (BGBl. I S. 2562).

1401 Als Zahlstelle gilt nach § 4 Abs. 1 ZIV unter anderem jeder Wirtschaftsbeteiligte, das ist jede natürliche oder juristische Person, die in Ausübung ihres Berufs oder ihres Gewerbes Zinszahlungen tätigt, der dem wirtschaftlichen Eigentümer Zinsen zahlt oder eine Zinszahlung zu dessen unmittelbaren Gunsten einzieht

1402 Als „wirtschaftlicher Eigentümer" gilt nach § 2 Abs. 1 ZIV jede natürliche Person, die eine Zinszahlung vereinnahmt oder zu deren Gunsten eine Zinszahlung erfolgt, es sei denn, sie weist nach, dass sie die Zahlung nicht für sich selbst vereinnahmt hat oder sie nicht zu ihren Gunsten erfolgt.

1403 Der räumliche Geltungsbereich der ZIV wird in § 7 ZIV bestimmt

1404 Der Begriff der „Zinszahlungen" wird in § 6 Abs. 1 ZIV definiert und umfasst unter anderem gezahlte oder einem Konto gutgeschriebene Zinsen, die mit Forderungen jeglicher Art zusammenhängen, insbesondere Erträge aus Staatspapieren, Anleihen und Schuldverschreibungen einschließlich der damit verbundenen Prämien und Gewinne sowie bestimmte Zahlungen an Anteilinhaber von Fonds.

nicht.[1405] Schließlich ist die Wirksamkeit der Zinsrichtlinie auch aufgrund der Begrenzung ihres räumlichen Geltungsbereichs auf die EU beschränkt. Zwar übermitteln einige weitere Staaten sowie abhängige oder assoziierte Gebiete ebenfalls Informationen im Sinne der Zinsrichtlinie,[1406] gleichwohl handelt es sich um einen sehr begrenzten Staatenkreis. Letztlich hat es daher ein Anleger durch die Auswahl des Anlagestaates in der Hand, ob seine Daten erfasst und übermittelt werden oder nicht. Dies zeigt sich auch daran, dass die Schweiz und Liechtenstein nicht zu einer der Zinsrichtlinie vergleichbaren Informationsübermittlung bereit waren, weshalb Luxemburg und Österreich sowie ursprünglich auch Belgien[1407] aus Furcht vor Wettbewerbsnachteilen für sich eine Sonderregelung beansprucht haben, auf die nachfolgend zurückzukommen ist.[1408]

9.1.2 In Luxemburg

9.1.2.1 Internationale Rechtshilfe

Die Voraussetzungen für die Gewährung internationaler Rechtshilfe in Strafsachen richten sich in Luxemburg nach dem Gesetz vom 08. August 2000 über die Rechtshilfe in Strafsachen (Gesetz vom 08. August 2000).[1409] Dieses umfasst nach seinem Art. 1 alle Rechtshilfeersuchen in Strafsachen, die eine Beschlagnahme, Durchsuchung oder eine andere Maßnahme mit entsprechendem Zwangcharakter, mit Ausnahme von Auslieferungen, betreffen.[1410] Das Gesetz vom 08. August 2000 gilt für alle Rechtshilfeersuchen in Strafsachen von Staaten, mit denen Luxemburg keine entsprechenden Abkommen geschlossen hat. Ergänzend findet es auch dann Anwendung, wenn ein solches Abkommen besteht, sofern nicht die Bestimmungen des Gesetzes vom 08. August 2000 denen

1405 Kritisch auch *Schwarz*, IStR 2006, S. 83, S. 84 ff.

1406 Eine Übersicht dieser Gebiete, sowie der mit ihnen erzielten Übereinkommen, findet sich bei *Schwarz*, IStR 2006, S. 83, S. 85.

1407 Belgien ist mit Wirkung vom 01.01.2010 vorzeitig zum automatischen Informationsaustausch im Sinne der Zinsrichtlinie übergegangen.

1408 Dennoch übermittelten die übrigen EU-Staaten wegen Art. 10 Abs. 1 S. 2 Zinsrichtlinie auch diesen Ländern automatisch Kontoinformationen über dort ansässige Sparer.

1409 Loi du 8 août 2000 sur l'entraide judiciaire internationale en matière pénale (Mémorial A – N° 98, 18.09.2000, S. 2201 ff.), zuletzt geändert durch Mémorial A – N° 194, 03. November 2010, S. 3194.

1410 Auf Auslieferungen findet das Gesetz vom 20. Juni 2001 über die Auslieferung (Loi du 20 juin 2001 sur l'extradtion; Mémorial A – N° 82, 18.07.2001, S. 1728 ff.) Anwendung.

des Abkommens widersprechen.[1411] Ein Rechtshilfeersuchen kann nach Art. 3 des Gesetzes vom 08. August 2000 nur abgelehnt werden, wenn es die Unabhängigkeit, die Sicherheit, den Ordre public oder andere wesentliche Interessen des Großherzogtums verletzt oder wenn es sich aus Sicht des luxemburgischen Rechts um politische oder damit zusammenhängende Taten handelt. Das Bankgeheimnis wird nach in Luxemburg herrschender Ansicht zwar als Teil des Ordre public angesehen.[1412] Daraus wird aber nicht abgeleitet, dass es der Gewährung von Rechtshilfe allgemein entgegensteht.[1413] Indirekten Schutz genießt das Bankgeheimnis insoweit, als Art. 3 des Gesetzes vom 08. August 2000 die Rechtshilfe bei Steuer-, Abgaben- und Zolldelikten ausschließt, sofern nicht ein völkerrechtliches Übereinkommen etwas anderes vorsieht. Daher sind zahlreiche Sachverhalte, die eine Durchbrechung des Bankgeheimnisses bedingen würden, nicht nach dem Gesetz vom 08. August 2000 rechtshilfefähig. Zudem ist der Spezialitätsvorbehalt nach Art. 12 des Gesetzes vom 08. August zu beachten. Danach darf der ersuchende Staat die ihm übermittelten Beweismittel nicht in anderen als den in dem Ersuchen genannten Verfahren verwenden. Daraus folgt, dass von Luxemburg übermittelte Beweismittel nicht für Zwecke eines Besteuerungs- oder Steuerstrafverfahrens verwendet werden können. Rechtshilfefähig sind nach Art. 5 Nr. 2 des Gesetzes vom 08. August 2002 nur Delikte, die im ersuchenden Staat und in Luxemburg mit einer maximalen Freiheitsstrafe von mindestens einem Jahr geahndet werden können. Daher ist die Verletzung des Bankgeheimnisses keine rechtshilfefähige Tat, weil sie gemäß Art. 41 des Gesetzes vom 05. April 1993 i.V.m. Art. 458 CP nur mit einer Freiheitsstrafe bis zu sechs Monaten geahndet werden kann. Wie in Deutschland richtet sich auch in Luxemburg gemäß Art. 6 des Gesetzes vom 08. August 2002 die Durchführung der Rechtshilfe nach den innerstaatlich für die begehrte Maßnahme geltenden Vorschriften. Insoweit kann also auf die zum Strafverfahren in Luxemburg gemachten Ausführungen verwiesen werden.[1414] Das Bankgeheimnis steht straf-

1411 Rechtshilfeersuchen sind nach Art. 2 des Gesetzes vom 08. August 2000 an den luxemburgischen Generalstaatsanwalt als zuständige Stelle zu richten. Vor Erlass dieses Gesetzes waren Rechtshilfeersuchen in Strafsachen an das Justizministerium zu richten. Die Kompetenzverlagerung auf den Generalstaatsanwalt sollte der „Entpolitisierung“ der Rechtshilfe dienen, vgl. *Nies*, Agon 2000, N° 29, S. 17, S. 18. Die Zuständigkeitsverlagerung auf den Generalstaatsanwalt war Gegenstand einer Entscheidung des luxemburgischen Verfassungsgerichtshofs (Cour constitutionelle), der sie für verfassungsgemäß erachtete (Arrêt N° 37/06 vom 17.11.2006 = Mémorial A – N° 220, 20.12.2006, S. 3784).

1412 Vgl. zu der Frage, ob das Bankgeheimnis Teil des luxemburgischen Ordre public ist *Serebriakoff*, in: Droit bancaire et financier au Luxembourg, S. 283 ff.

1413 *Lasserre Capdeville*, Le secret bancaire, Rn. 960.

1414 Siehe dazu oben S. 153 ff.

rechtlichen Ermittlungsmaßnahmen danach nicht entgegen. Um eine rasche Durchführung der Rechtshilfe zu gewährleisten, sind die Rechtsmittel der von Rechtshilfemaßnahmen betroffenen Personen nach den Art. 8 und 9 des Gesetzes vom 08. August 2000 eng begrenzt und an sehr kurze Einlegungsfristen gebunden. Dies wird in der Literatur in Hinblick auf die Gewährleistung effektiven Rechtsschutzes kritisch beurteilt.[1415]

Da das Gesetz vom 08. August 2000 nur auf Maßnahmen mit Zwangscharakter wie Beschlagnahmen und Durchsuchungen Anwendung findet, folgt daraus zugleich, dass weniger einschneidende Maßnahmen wie Befragungen, einfache Auskunftsanfragen und Zustellungen nicht nach diesem Gesetz zu beurteilen sind, obwohl sie in der Praxis den Großteil der Rechtshilfeersuchen ausmachen.[1416] Damit wollte der Gesetzgeber vermeiden, dass die Rechtshilfe in Strafsachen in Bezug auf diese Maßnahmen nur unter den engen Voraussetzungen des Gesetzes vom 08. August 2000 gewährt würde.[1417] Soweit jedoch Maßnahmen nicht in den Anwendungsbereich dieses Gesetzes oder eines völkerrechtlichen Abkommens fallen, besteht nunmehr eine gesetzliche Regelungslücke. Denn der vormals anzuwendende Art. 59 des Gesetzes vom 07. März 1980 über die Organisation der Gerichte[1418] wurde mit Erlass des Gesetzes vom 08. August 2000 ausdrücklich dahingehend geändert, dass er die Rechtshilfe in Strafsachen nicht einschließt.[1419] Zur Schließung dieser Lücke erscheint es sinnvoll, das EuRhÜbk analog anzuwenden, was auch der Rechtspraxis vor dem Erlass des Gesetzes vom 08. August 2000 entsprach.[1420] Diese Lösung bietet sich auch deshalb an, weil das EuRhÜbk nach wie vor das wichtigste Abkommen Luxemburgs im Bereich der internationalen Rechtshilfe in Strafsachen darstellt.[1421] Die

---

1415 Eingehend dazu *Spielmann*, Le secret bancaire, S. 137 ff.

1416 *Nies*, Agon 2000, N° 29, S. 17, S. 19.

1417 Vgl. Projet de loi N°4327/02 sur l'entraide judiciaire internationale en matière pénale, Avis du Procureur d'Etat à Diekirch (28.11.1997) und Projet de loi N°4327/08 sur l'entraide judiciaire internationale en matière pénale, Rapport de la Commission Juridique (10.07.2000), abrufbar unter: www.chd.lu (Stand: 22.08.2010).

1418 Loi du 7 mars 1980 sur l´organisation judiciaire (Mémorial A – N° 12, 14.03.1980, S. 143 ff., zuletzt geändert durch Mémorial A – N° 209, 27.10.2009, S. 3562 ff.); vgl. dazu *Edon*, Pasicrisie 1991, S. 483, S. 488 f.

1419 *Nies*, Agon 2000, N° 29, S. 17, S. 19.

1420 Vgl. dazu Projet de loi N°4327/02 sur l'entraide judiciaire internationale en matière pénale, Avis du Juge d'instruction directeur à Luxembourg (22.10.1997), abrufbar unter der in Fußnote 1417 genannten Adresse.

1421 Eine Übersicht der Gesetzgebung Luxemburgs im Bereich der internationalen Rechtshilfe einschließlich dazugehöriger Abkommen findet sich im „Recueil des Lois Spéciales", der abrufbar ist unter: http://www. legilux.public.lu/leg/textescoordonnes/ compilation/index.html (Stand: 17.11.2010).

Anwendung des EuRhÜbk auf die nicht vom Gesetz 08. August 2000 erfassten Fälle vereinfacht damit die Arbeit der für die Gewährung von Rechtshilfe zuständigen Stellen in Luxemburg, da sie dieses Abkommen in allen nicht anderweitig geregelten Verfahren anwenden können.

Das EuRhÜbk ist für Luxemburg im Jahre 1976 in Kraft getreten. [1422] Durch Gesetz vom 27. August 1997 hat Luxemburg das 1. Zusatzprotokoll übernommen.[1423] Das 2. Zusatzprotokoll zum EuRhÜbk hat Luxemburg im Jahr 2008 unterzeichnet, jedoch bisher nicht in nationales Recht umgewandelt.[1424] Durch die Übernahme des 1. Zusatzprotokolls hat Luxemburg die generelle Verweigerung der Rechtshilfe in Bezug auf Fiskaldelikte aufgegeben. Jedoch wurde in Einklang mit Art. 8 des 1. Zusatzprotokolls ein Vorbehalt erklärt. Danach wird einem Ersuchen, dem ein fiskalisches Delikt zugrunde liegt, nur entsprochen, wenn dieses Delikt einem Steuerbetrug im Sinne des § 396 Abs. 5 LGI oder des Art. 29 Abs. 1 des Gesetzes über die richtige und genaue Erhebung der Einregistrierungs- und der Erbschaftssteuer vom 28. Januar 1948 entspricht.[1425] Denn nach luxemburgischem Recht kann das Bankgeheimnis nur in diesen Fällen durchbrochen werden. Dem Steuerbetrug gleichgestellt werden nur solche ausländischen Fiskaldelikte, die nach dem Recht des ersuchenden Staates gerichtlich und nicht bloß verwaltungsbehördlich verfolgt und mit Freiheitsstrafe geahndet werden können.[1426] Zudem muss es sich um ein besonders schwerwiegendes Fehlverhalten handeln, da nur ein solches einem Steuerbetrug im Sinne des luxemburgischen Rechts vergleichbar ist. Fehlt es daran, handelt es sich um eine einfache Steuerhinterziehung, die nach luxemburgischem Recht nicht rechtshilfefähig ist. Die Abgrenzung von Steuerbetrug und einfacher Steuerhinterziehung erfolgt anhand der konkreten Umstände des Einzelfalls.[1427] Das EuRhÜbk bedingt daher keine weitergehende Durchbrechung des Bankgeheimnisses als sie das luxemburgische Recht ohnehin vorsieht.

Dies zeigen auch die Beschränkungen bei der Durchführung von Durchsuchungen und Beschlagnahmen, die sich aus dem luxemburgischen Vorbehalt zu

---

1422 Loi du 21 juillet 1976 portant approbation de la Convention européenne d´entraide judiciaire en matière pénale, signée à Strasbourg, le 20 avril 1959 (Mémorial A – N° 42, 26.07.1976, S. 727).

1423 Loi du 27 août 1997 portant approbation du Protocole additionnel à la Convention européenne d'entraide judiciaire en matière pénale, signé à Strasbourg le 17 mars 1978 (Mémorial A – N° 66, 05.09.1997, S. 2078).

1424 Der Ratifizierungsstand des EuRhÜbk sowie der Zusatzprotokolle sind auf der in Fußnote 973 angegebenen Homepage abrufbar.

1425 Siehe dazu schon oben S. 177 ff.

1426 *Lasserre Capdeville*, Le secret bancaire, Rn. 981.

1427 *Spielmann*, Le secret bancaire, S. 113 ff.

Art. 5 EuRhÜbk ergeben. Danach werden diese Maßnahmen nur durchgeführt, wenn die einem Ersuchen zugrunde liegende Tat nach dem Europäischen Auslieferungsübereinkommen auslieferungsfähig wäre. Danach muss eine Tat nach dem Recht des ersuchenden und des ersuchten Staates im Höchstmaß mit einer Freiheitsstrafe von mindestens einem Jahr bedroht sein. Da die Steuerhinterziehung nach luxemburgischem Recht kein solches Strafmaß vorsieht, folgt auch daraus neben dem Vorbehalt zu Art. 8 des 1. Zusatzprotokolls die Unzulässigkeit der Durchführung von Durchsuchungen und Beschlagnahmen in solchen Fällen.[1428] Werden im Wege der Rechtshilfe nach dem EuRhÜbk Informationen übermittelt, unterliegen diese wie bei der Rechtshilfe nach dem Gesetz vom 08. August 2000 einem strikten Spezialitätsvorbehalt.

Im Verhältnis zu Belgien und den Niederlanden wendet Luxemburg nicht das EuRhÜbk, sondern das Übereinkommen über die Auslieferung und die Rechtshilfe in Strafsachen zwischen dem Königreich Belgien, dem Großherzogtum Luxemburg und dem Königreich der Niederlande vom 27. Juni 1962 (Benelux-Abkommen) an.[1429] Dieses beinhaltet ein gegenüber dem EuRhÜbk vereinfachtes Rechtshilfeverfahren und sieht anders als dieses keine generellen Vorbehalte gegen die Gewährung von Rechtshilfe in Bezug auf Fiskaldelikte vor.[1430] Im Ergebnis geht das Benelux-Abkommen im Fiskalbereich aber nicht über die auch nach dem EuRhÜbk zulässigen Durchbrechungen des Bankgeheimnisses

---

1428 Vgl. *Wolter*, Bulletin Droit et Banque, N° 2, 1983, S. 24, S. 26. f.

1429 Traité d'extradition et d'entraide judiciaire en matière pénale entre le Royaume de Belgique, le Grand-Duché de Luxembourg et le Royaume des Pays-Bas; 2. Protocole concernant la responsabilité civile pour les agents en mission sur le territoire d'une autre Partie (Mémorial A – N°13, 22.03.1965, S. 182 ff.)

1430 Diese werden in Art. 4 Benelux-Abkommen entsprechend dem EuRhÜbk definiert, darüber hinaus werden auch Einfuhr-, Ausfuhr- sowie Transitabgaben umfasst. Bei letzteren ist die Gewährung von Rechtshilfe jedoch von einer besonderen Vereinbarung zwischen den Regierungen der Vertragsstaaten für jedes einzelne Delikt oder jede Gruppe von Delikten abhängig. Eine solche Vereinbarung wurde bis heute jedoch nicht getroffen. Einschränkungen für die Durchführung von Ersuchen um Durchsuchungen und Beschlagnahmen resultieren aus Art. 24 Abs. 2 Benelux-Abkommen, der diese davon abhängig macht, dass die dem Ersuchen zugrunde liegende Tat auslieferungsfähig ist. Dies sind nach Art. 2 Abs. 1 Benelux-Abkommen alle Straftaten, die nach dem Recht der Abkommensstaaten mit Freiheitsstrafe oder einer die Freiheit beschränkenden Maßnahme von sechs Monaten oder mehr geahndet werden können. Wurde eine solche Strafe oder Maßnahme von dem ersuchenden Staat schon verhängt, so muss sie wenigstens drei Monate betragen. Ein Luxemburger Gericht kann nach Art. 20 Abs. 2 Benelux-Abkommen vorab überprüfen, welche Unterlagen übermittelt werden, vgl. *Wolter*, Bulletin Droit et Banque, N° 2, 1983, S. 24, S. 26. f.; *Elvinger/Berscheid*, Bulletin droit et banque, N° 29, 1999, S. 35, S. 41; *Spielmann*, Le secret bancaire, S. 103 ff

hinaus. Allerdings unterliegt die Durchführung von Durchsuchungen und Beschlagnahmen wegen des niedrigeren Mindeststrafmaßes etwas geringeren Voraussetzungen als nach dem Gesetz vom 08. August 2000 und dem EuRhÜbk. Im Bereich der indirekten Steuern besteht ein weiteres Abkommen aus dem Jahr 1969 zwischen Luxemburg, Belgien und den Niederlanden mit Zusatzprotokollen, von denen eines die Gewährung von Amts- und Rechtshilfe umfasst.[1431] Dieses Protokoll erleichtert die Durchführung von Durchsuchungen und Beschlagnahmen.[1432]

Luxemburg gehörte zu den ersten Unterzeichnerstaaten des Schengener Abkommens sowie des SDÜ. Dementsprechend leistet es im Bereich der indirekten Steuern, auf welche das SDÜ das EuRhÜbk und auch das Benelux-Abkommen ausgedehnt hat, Rechtshilfe in Steuersachen gegenüber den EU-Mitgliedstaaten.[1433]

Das EU-Rechtshilfeabkommen sowie das Protokoll von 2001 wurden in Luxemburg durch Gesetz vom 27. Oktober 2010, mit dem auch die die bereits besprochenen Art. 66-2 bis Art. 66-5 CIC betreffend Kontoauskunft und laufende Kontenüberwachung im Strafverfahren neu eingeführt wurden, in nationales Recht umgesetzt.[1434] Das Gesetz vom Gesetz vom 27. Oktober 2010 sieht dabei zahlreiche Erklärungen und Vorbehalte Luxemburgs zum EU-Rechtshilfeabkommen sowie zum Protokoll von 2001 vor. So nimmt Luxemburg gemäß Art. 6 Abs. 7 EU-Rechtshilfeübereinkommen nicht an dem in Abs. 5 S. 1 und Abs. 6 EU-Rechtshilfeübereinkommen vorgesehenen unmittelbaren Informationsaustausch zwischen den beteiligten Behörden teil. Ferner wird eine Erklärung zu der eigens für Luxemburg geschaffenen Sondervorschrift in Art. 23 Abs. 7 EU-Rechtshilfeübereinkommen abgegeben. Entgegen Art. 23 Abs. 1 EU-Rechtshilfeübereinkommen bedarf ein ersuchender Staat danach für die Verwendung der ihm im Wege der Rechtshilfe übermittelten personenbezogenen Daten im Einzelfall der vorherigen Zustimmung Luxemburgs, es sei denn es geht um die Abwehr einer unmittelbaren und ernsthaften Gefahr für seine öffentliche Sicherheit. Dies gilt für alle Verfahren, auf die das EU-Rechtshilfeübereinkommen Anwendung findet, sowie für sonstige justitielle und verwaltungsbehördliche Verfahren, die damit unmittelbar zusammenhängen. Luxemburg kann der Datenverwendung widersprechen, wenn es die Übermittlung oder Verwendung der Daten nach den Bestimmungen des

1431 Convention concernant la coopération administrative et judiciaire dans le domaine des réglementations se rapportant à la réalisation des objectifs de l'Union Economique Benelux et trois Protocoles additionnels (Mémorial A – N° 7, 03.03.1971, S. 48 ff.).

1432 *Spielmann*, Le secret bancaire, S. 109 f.

1433 *Spielmann*, Le secret bancaire, S. 111 f. und S. 117 ff.

1434 Siehe dazu schon oben S. 155 f.

EU-Rechtshilfeübereinkommens, des SDÜ oder des EuRhÜbk verweigern oder einschränken könnte. Daraus ergibt sich, dass der Datenverwendung widersprochen werden kann, wenn ein Ersuchen aus luxemburgischer Sicht eine einfache Steuerhinterziehung und keinen Steuerbetrug betrifft, da insoweit nach den vorgenannten Abkommen keine Verpflichtung zur Leistung von Rechtshilfe besteht. Etwas anderes gilt nur, wenn die betroffene Person der anderweitigen Verwendung ihrer Daten zugestimmt hat.

In Hinblick auf die Rechtshilfe nach dem Protokoll von 2001 behält sich Luxemburg vor, dass Auskunftsersuchen zu Bankkonten gemäß Art. 1 Abs. 1 des Protokolls von 2001, Auskunftsersuchen über Bankgeschäfte nach Art. 2 Abs. 1 des Protokolls von 2001 sowie die Überwachung von Bankkonten im Sinne des Art. 3 Abs. 1 des Protokolls von 2001 von denselben Bedingungen abhängig gemacht werden, die für die Behandlung von Ersuchen um Durchsuchung oder Beschlagnahme gelten. Dabei handelt es sich um einen Verweis auf das Gesetz vom 08. August 2000 bzw. das EuRhÜbk. Dementsprechend werden Ersuchen um Maßnahmen im Sinne der vorgenannten Bestimmungen des Protokolls von 2001, denen ein Fiskaldelikt zugrundeliegt, nur dann erfüllt, wenn das im Gesetz vom 08. August 2000 bzw. im EuRhÜbk in diesem Falle eine Durchsuchung oder Beschlagnahme zulassen würden. Dies trifft auf die einfache Steuerhinterziehung nicht zu, so dass diese von der Rechtshilfe nach dem Protokoll von 2001 ausgeschlossen ist. Die Überwachung von Bankkonten nach Art. 3 Abs. 1 des Protokolls von 2001 wird darüber hinaus auch davon abhängig gemacht, dass die in den Art. 66-3 CIC genannten Voraussetzungen vorliegen. Eine richterliche Anordnung darf danach nur ergehen, wenn aufgrund der besonderen Umstände des Einzelfalls diese Maßnahme notwendig erscheint und andere Ermittlungsmaßnahmen keinen Erfolg versprechen. Ferner muss wegen eines der gesetzlich aufgeführten Delikte ermittelt werden, zu denen insbesondere die Geldwäsche im Sinne des Art. 506-1 CIC und die Terrorismusfinanzierung nach den Art. 135-5 und 135-6 CIC zählen.

Damit ist festzuhalten, dass das EU-Rechtshilfeabkommen sowie das Protokoll von 2001 in Luxemburg zwar die Einführung neuer Ermittlungsmaßnahmen bei Banken bedingt haben. Gleichzeitig ist der Kreis der rechtshilfefähigen Taten im Bereich der Fiskaldelikte durch diese Abkommen jedoch nicht erweitert worden.

Das Geldwäscheübereinkommen ist für Luxemburg mit Wirkung vom 01. Januar 2002 in Kraft getreten. Aus dem zur Umsetzung dieses Übereinkommens erlassenen Gesetz[1435] folgt, dass Luxemburg Rechtshilfe nach dem Geldwäscheübereinkommen nur in Bezug auf bestimmte Rauschmitteldelikte sowie die Geldwäsche im Sinne des Art. 506-1 CP leistet. Rein fiskalische Delikte sind folglich nicht rechtshilfefähig, weil sie nicht von den Bezugsnormen erfasst werden. Zudem unterliegen nach dem Geldwäscheübereinkommen übermittelte Beweismittel einem Spezialitätsvorbehalt.

Auch das Abkommen über die Rechtshilfe in Strafsachen zwischen dem Großherzogtum und den USA aus dem Jahr 1997[1436] sieht keine Durchbrechungen des Bankgeheimnisses vor, die über diejenigen in den vorgenannten Abkommen hinausgingen. Zwar erfasst das Abkommen mit den USA im Bereich der indirekten Steuern die uneingeschränkte Gewährung von Rechtshilfe zwischen den Vertragsstaaten. Hingegen wird für den Bereich der direkten Steuern bestimmt, dass Luxemburg nur in den Fällen von Steuerbetrug zur Gewährung von Rechtshilfe verpflichtet ist.[1437]

9.1.2.2 Internationale Amtshilfe

Die nationalen Begrenzungen der Ermittlungsbefugnisse der luxemburgischen Steuerbehörden aufgrund des Bankgeheimnisses spiegelten sich lange Zeit auch in der internationalen Amtshilfe in Steuersachen wider, die ebenfalls keine Durchbrechung desselben zuließ.[1438] Damit erfüllte Luxemburg nicht den OECD-Standard und wurde im April 2009 von der OECD in die „graue Liste" der als „unkooperativ" bezeichneten Staaten aufgenommen.[1439] Schon zuvor galt das Land vielen als „amts- und rechtshilferesistent"[1440] und wurde als Steueroase

1435 Loi du 14 juin 2001 portant approbation de la Convention du Conseil de l'Europe relative au blanchiment, au dépistage, à la saisie et à la confiscation des produits du crime, faite à Strasbourg, le 8 novembre 1990 (Mémorial A – N° 81, 17.07.2001, S. 1707 ff.).

1436 In Luxemburg umgesetzt durch das Gesetz vom 23. November 2000, Loi du 23 novembre 2000 portant approbation du Traité d'entraide judiciaire en matière pénale entre le Gouvernement du Grand-Duché de Luxembourg et le Gouvernement des Etats-Unis d'Amérique ainsi que de l'échange de lettres y relatif, signés à Luxembourg, le 13 mars 1997 (Mémorial A – N° 130, 15.12.2000, S. 2913).

1437 Die Definition des Steuerbetrugs wird durch einen Notenaustausch zu diesem Abkommen näher bestimmt. Sie erscheint weiter als die entsprechende nationale Definition Luxemburgs. Ob dadurch tatsächlich eine weitergehende Verpflichtung zur Gewähr von Rechtshilfe besteht, ist unklar. Siehe dazu *Lasserre Capdeville*, Le secret bancaire, Rn. 1041.

1438 Vgl. *Lasserre Capdeville*, Le secret bancaire, Rn. 1005 f.

1439 Diese Liste mit Stand vom 02.04.2009 führt daneben auch alle Länder auf, die die Standards einhalten, sowie solche, die sich unkooperativ verhalten. Sie ist abrufbar unter: http://www.oecd.org/dataoecd/38/14/42497950.pdf (Stand: 17.11.2010).

1440 *Carl/Klos*, DStZ 1991, S. 577, S. 581.

bezeichnet.[1441] Als Liechtenstein überraschend seine Bereitschaft zur Änderung seiner bisher sehr restriktiven Amts- und Rechtshilfepraxis erklärte, wuchs der außenpolitische Druck auf diejenigen Staaten, die mit Blick auf ihr Bankgeheimnis die Gewährung von Amtshilfe in Steuersachen von vergleichbar hohen Anforderungen abhängig machten wie das Fürstentum. Nach Abstimmung mit Österreich und der Schweiz gab die luxemburgische Regierung daher im Frühjahr 2009 offiziell ihre Bereitschaft zum Abschluss OECD-konformer bilateraler Abkommen mit allen hieran interessierten Staaten bekannt.[1442] Daraufhin wurden sehr rasch 12 entsprechende Abkommen unterzeichnet, so dass Luxemburg die vorgegebene Mindestanzahl OECD-konformer Abkommen erfüllte und seither von der OECD als kooperativer Staat eingestuft wird.[1443]

Vor dem Abschluss dieses Abkommens war die Amtshilferichtlinie die wesentliche Grundlage für die Gewährung internationaler Amtshilfe in Steuersachen durch Luxemburg. Diese wurde durch das Gesetz vom 15. März 1979 betreffend die internationale Amtshilfe im Bereich der direkten Steuern (Gesetz vom 15. März 1979) in nationales Recht umgesetzt.[1444] Diese Richtlinie erfordert aufgrund der bereits dargestellten Begrenzungen in Art. 8 der Amtshilferichtlinie keine Durchbrechung des Bankgeheimnisses, die über die im luxemburgischen Steuerrecht vorgesehenen hinausginge. Da die luxemburgischen Steuerbehörden wegen § 178bis LGI das Bankgeheimnis im nationalen Besteuerungsverfahren nicht durchbrechen dürfen, steht das nationale Recht der Beschaffung davon erfasster Informationen für Zwecke der internationalen Amtshilfe entgegen.[1445] Etwas anderes gilt jedoch dann, wenn der bereits erörterte Vorschlag zur Neufassung der Amtshilferichtlinie[1446] verabschiedet werden sollte. Dann wäre Luxemburg gegenüber allen EU-Mitgliedstaaten zu einem Informationsaustausch in Steuersachen gemäß dem OECD-Standard sowie zum automatischen Austausch bestimmter Steuerdaten verpflichtet.

Daneben findet auch in Luxemburg die bereits erläuterte Zinsrichtlinie Anwendung. Sie wurde durch das Gesetz vom 21. Juni 2005 über die Umsetzung

---

1441 Siehe nur *Esskandari*, wistra 2002, S. 87; kritisch Endres, wistra 2002, S. 457.

1442 Die offizielle Erklärung des luxemburgischen Finanzministers, Luc Frieden, hierzu ist abrufbar unter: http://www.gouvernement.lu/salle_presse/actualite/2009/03-mars/13-frieden-secret/index.html (Stand: 17.11.2010).

1443 Die neueste Liste ist abrufbar unter: http://www.oecd.org/dataoecd/50/0/43606256.pdf (Stand: 17.11.2010).

1444 Loi du 15 mars 1979 concernant l'assistance administrative internationale en matière d'impôts directs (Mémorial A – N° 22, 23.03.1979, S. 436 f.), zuletzt geändert durch Mémorial A – N° 84, 16.05.2006, S. 1486.

1445 *Bock/Leuk*, IStR 2009, S. 792, S. 793.

1446 Siehe dazu oben S. 306.

der Richtlinie 2003/48/EG des Rates vom 3. Juni 2003 im Bereich der Besteuerung von Zinserträgen (Gesetz vom 21. Juni 2005) umgesetzt.[1447] Allerdings gelten in Luxemburg während eines Übergangszeitraumes Sonderbestimmungen nach den Art. 10 bis 14 der Zinsrichtlinie. Danach ist das Großherzogtum nicht zur Teilnahme am automatischen Kontoinformationsaustausch zwischen den EU-Mitgliedstaaten verpflichtet. Zwar werden die in der Zinsrichtlinie genannten Daten ausländischer Kontoinhaber nach Art. 3 des Gesetzes vom 21. Juni 2005 regelmäßig erhoben. Jedoch wird nach Art. 7 Abs. 1 des Gesetzes vom 21. Juni 2005 anstelle des automatisierten Datenaustauschs grundsätzlich eine Quellensteuer von derzeit 20 % auf Zinserträge [1448] durch die luxemburgischen Zahlstellen einbehalten. Diese übermitteln gemäß Art. 8 des Gesetzes vom 21. Juni 2005 die Gelder an eine nationale Steuerbehörde, die 75 % dieser Gelder an den Wohnsitzstaat des wirtschaftlichen Empfängers abführt. Auf die Erhebung dieser Quellensteuer wird nach Art. 9 Abs. 1 Nr. 1 des Gesetzes vom 21. Juni 2005 nur dann verzichtet, wenn der Kontoinhaber der Datenübermittlung an die zuständige Zentralstelle seines Wohnsitzstaates zustimmt.[1449] In diesem Falle sendet die Zahlstelle die Daten an die luxemburgische Zentralstelle, das Finanzministerium, das sie nach Art. 9 Abs. 2 des Gesetzes vom 21. Juni 2005 an die Zentralstelle des Wohnsitzstaates weiterleitet.[1450] Der luxemburgischen Quellensteuer kommt nach dem deutschen Steuerrecht keine abgeltende Wirkung zu. Das bedeutet, dass eine dort steuerpflichtige Person, die in Luxemburg Erträge im Sinne der Zinsrichtlinie erwirtschaftet und Quellensteuern abführt, die Erträ-

---

1447 Loi du 21 juin 2005 transposant en droit luxembourgeois la directive 2003/48/CE du 3 juin 2003 du Conseil de l'Union européenne en matière de fiscalité des revenus de l'épargne sous forme de paiement d'intérêts (Mémorial A — N° 86, 22.06.2005, S. 1540 ff.), zuletzt geändert durch Mémorial A – N° 234, 27.12.2007, S. 3961.

1448 Der Zinssatz betrug während der ersten drei Jahre nach Inkrafttreten des Gesetzes zunächst 15 %, ab dem Jahr 2011 wird er 35 % betragen.

1449 Von der Erhebung wird nach Art. 9 Abs. 1 Nr. 2 des Gesetzes vom 21. Juni 2005 auch abgesehen, wenn der Empfänger eine Bescheinigung seines Wohnsitzstaates vorlegt, welche zur Nichterhebung der Quellensteuer berechtigt. Eine solche Bescheinigung kann für in Deutschland lebende Personen nach § 13 ZIV ausgestellt werden

1450 Aufgrund einer besonderen Auslegung der Zinsrichtlinie verzichtet Luxemburg im Falle von Personen, die in ihrem Heimatland den Status eines „Ansässigen ohne Wohnsitz" haben, auf die Erhebung der Quellensteuer. Die EU-Kommission sieht darin eine unzulässige Ausnahme von der Zinsrichtlinie und hat, nachdem das Großherzogtum der Aufforderung der Kommission zur Änderung der betreffenden Bestimmungen nicht nachgekommen ist (Stellungnahme der Kommission IP/08/1815), ein Vertragsverletzungsverfahren im Sinne des Art. 226 EG-Vertrag vor dem EuGH angestrengt (Stellungnahme der Kommission IP/ 09/1013), beide abrufbar unter: http://ec.europa.eu/index_de.htm# (Stand: 17.11.2010).

ge dennoch in ihrer Steuererklärung angegeben muss. Anderenfalls läuft sie Gefahr, in Deutschland Steuerhinterziehung zu begehen.[1451]

Die eben beschriebene Sonderregelung kann Luxemburg nicht dauerhaft in Anspruch nehmen. Vielmehr gilt sie nur bis zum späteren der in Art. 10 Abs. 2 Zinsrichtlinie genannten Zeitpunkte. Sind die dort genannten Bedingungen erfüllt, muss Luxemburg zum automatischen Kontoinformationsaustausch mit den anderen EU-Mitgliedstaaten übergehen. Dies hätte für natürliche Personen aus der EU, die dort Spareinlagen besitzen, faktisch das Ende des Bankgeheimnisses zur Folge, da ihre Daten automatisch an ihren Heimatstaat übermittelt würden. Der Übergangszeitraum endet an dem Tag, an dem der Ministerrat einstimmig feststellt, dass einerseits sowohl die Schweiz als auch Liechtenstein, San Marino, Monaco und Andorra dem OECD-Musterabkommen zum Informationsaustausch in Steuersachen vom 18. April 2002 (OECD-Musterabkommen) entsprechende Abkommen mit der EG abgeschlossen haben und andererseits die USA ebenfalls dementsprechende Vereinbarungen mit den Staaten im räumlichen Anwendungsbereich der Zinsrichtlinie getroffen haben. Der Eintritt dieser Bedingungen scheint, wie noch zu zeigen ist, aufgrund neuerer Entwicklungen in der internationalen Amtshilfe in Steuersachen in Luxemburg, Österreich, der Schweiz, Liechtenstein und anderen Staaten, mittlerweile in größere Nähe gerückt, als dies noch vor rund zwei Jahren denkbar erschien.

Das erste OECD-konforme Abkommen wurde am 20. Mai 2009 mit den USA als Zusatzerklärung zu dem bereits bestehenden Doppelbesteuerungsabkommen vom 03. April 1996 mit Briefwechseln zwischen den beiden Staaten (DBA Luxemburg-USA)[1452] abgeschlossen.[1453] Dieses Abkommen sah zwar schon bisher in dem von diesem Abkommen erfassten Bereich der direkten Steuern, insbesondere der Einkommens- und Vermögenssteuern, den Austausch von Informationen über die in einem Abkommensstaat ansässigen Steuerpflich-

---

1451 Werden die Erträge hingegen ordnungsgemäß angegeben, so wird nach § 14 ZIV zur Vermeidung von Doppelbesteuerung die in Luxemburg gezahlte Quellensteuer auf die in Deutschland zu entrichtende Steuer angerechnet. Die Vermeidung der Doppelbesteuerung ist in Art. 14 Zinsrichtlinie vorgegeben.

1452 In Luxemburg umgesetzt durch das Gesetz vom 05. März 1999, das am 20.12.2000 in Kraft trat. (Loi du 5 mars 1999 portant approbation de la Convention entre le Gouvernement du Grand-Duché de Luxembourg et le Gouvernement des Etats-Unis d'Amérique tendant à éviter les doubles impositions et à prévenir la fraude fiscale en matière d'impôts sur le revenu et sur la fortune, signée à Luxembourg, le 3 avril 1996, telle qu'elle a été modifiée par l'échange de lettres entre les deux Gouvernements, du 28 août 1996, Mémorial A – N° 25, 16.03.1999, S. 634)

1453 Eine Liste aller OECD-konformen Abkommen Luxemburgs sowie die Abkommen selbst sind abrufbar unter: http://www.impotsdirects.public.lu/conventions/conv_vig/index.html (Stand: 17.11.2010).

tigen vor. Jedoch beinhaltete dieser Informationsaustausch keine Verpflichtung, entgegen der nationalen Gesetzgebung oder Verwaltungspraxis Maßnahmen vorzunehmen oder Informationen zu erheben. Entsprechend den Befugnissen seiner nationalen Steuerbehörden erfolgte daher seitens Luxemburg außer in Fällen von Steuerbetrug kein Eingriff in das Bankgeheimnis.[1454]

Auch Deutschland und Luxemburg haben sich im Dezember 2009 über eine OECD-konforme Anpassung des bereits bestehenden DBA aus dem Jahr 1959[1455] geeinigt, das bis dahin ebenfalls keine Durchbrechung des Bankgeheimnisses bedingte. Diese Neufassung sowie die weiteren angepassten oder neu abgeschlossenen DBA wurden in Luxemburg durch das Gesetz vom 31. März 2010 in nationales Recht überführt.[1456] Sämtliche von Luxemburg neu abgeschlossenen oder geänderten DBA orientieren sich am OECD-Musterabkommen. Das bedeutet, dass entgegen § 178bis LGI, der die Auskunftsrechte der luxemburgischen Finanzbehörden gegenüber Banken beschränkt, für die internationale Amtshilfe im Sinne des OECD-Musterabkommens die Beschaffung von Informationen bei Banken ermöglicht werden muss.[1457] Dementsprechend sieht Art. 3 Abs. 1 des Gesetzes vom 31. März 2010 vor, dass die Steuerbehörden die Befugnis haben, jegliche Informationen zu beschaffen, die zur Erfüllung von Ersuchen im Sinne eines der durch dieses Gesetz umgesetzten Abkommen notwendig sind. Die Steuerbehörden

---

1454 *Lasserre Capdeville*, Le secret bancaire, Rn. 1046 ff.

1455 Abkommen vom 23. August 1958 zwischen der Bundesrepublik Deutschland und dem Großherzogtum Luxemburg zur Vermeidung der Doppelbesteuerungen und über gegenseitige Amts- und Rechtshilfe auf dem Gebiete der Steuern vom Einkommen und vom Vermögen sowie der Gewerbesteuern und der Grundsteuern (In Luxemburg umgesetzt durch Gesetz vom 17.8.1959, Mémorial A – N° 43, 27.09.1959, S. 1075; in Deutschland durch Gesetz vom 26.11.1959, BGBl. II S. 1269). Geändert durch Ergänzungsprotokoll vom 15. Juni 1973 (In Luxemburg umgesetzt durch Gesetz vom 11. Juli 1978, Mémorial A –N° 42, 27.07.1978, S. 992; in Deutschland durch Gesetz vom 23. Januar 1978 (BGBl. II S. 109). Die im Jahr 2009 vereinbarte Änderung wurde bisher noch nicht in Kraft gesetzt.

1456 Mémorial A – N° 51, 06.04.2010, S. 830. In Deutschland erteilte der Bundestag seine Zustimmung durch Gesetz zu dem Änderungsprotokoll vom 11. Dezember 2009 zum Abkommen vom 23. August 1958 zwischen der Bundesrepublik Deutschland und dem Großherzogtum Luxemburg zur Vermeidung der Doppelbesteuerungen und über gegenseitige Amts- und Rechtshilfe auf dem Gebiete der Steuern vom Einkommen und vom Vermögen sowie der Gewerbesteuern und der Grundsteuern vom 16. Oktober 2010 (BGBl. II S. 1150).

1457 Vgl. dazu auch *Bock/Leuk*, IStR 2009, S. 792, S. 794 f., diese halten es für zulässig, dass den Steuerbehörden nur mittelbar Zugriff auf die Daten von Banken ermöglicht wird, indem diese zur Erfüllung eines Amtshilfeersuchens die Strafverfolgungsbehörden mit der Beschaffung der notwendigen Informationen beauftragen.

prüfen nach Art. 4 des Gesetzes vom 31. März 2010, ob die Voraussetzungen für die Stellung eines Auskunftsersuchens vorliegen und fordern, sofern dies der Fall ist, den Informationsinhaber zur Übermittlung an sie auf. Diese Aufforderung gilt zugleich als Mitteilung gegenüber allen von der Übermittlung betroffenen Personen. Somit ist der Kunde einer Bank, die von den Steuerbehörden zur Auskunft verpflichtet wird, nicht gesondert von dem Ersuchen und dem damit verbundenen Eingriff in das Bankgeheimnis zu benachrichtigen. Da das Gesetz vom 31. März 2010 jedoch nicht vorsieht, dass der Informationsinhaber, hier die Bank, das Ersuchen der Steuerbehörden gegenüber dem Betroffenen geheim zu halten hat, ist aber davon auszugehen, dass eine Bank ihren Kunden von einem Auskunftsverlangen der Steuerbehörden in Kenntnis setzen darf. Denn anderenfalls liefe Art. 6 des Gesetzes vom 31. März 2010 leer, wonach nicht nur der Informationsinhaber, sondern jeder Betroffene gegen die Aufforderung der Steuerbehörden binnen Monatsfrist nach der Bekanntgabe des Auskunftsverlangens Beschwerde vor dem Verwaltungsgericht erheben kann. Kommt der Informationsinhaber der Aufforderung zur Informationserteilung nicht innerhalb eines Monats nach der Bekanntgabe nach, können die Steuerbehörden nach Art. 5 des Gesetzes vom 31. März 2010 eine Geldstrafe von bis zu 250.000 Euro gegen ihn verhängen.

Abschließend kann festgehalten werden, dass Luxemburg in der Vergangenheit sowohl im Bereich der internationalen Rechtshilfe in Strafsachen als auch in der internationalen Amtshilfe sein Bankgeheimnis außer in Fällen von Steuerbetrug nicht durchbrach. Diese Rechtslage hat sich durch den Abschluss OECD-konformer Abkommen über die internationale Amtshilfe geändert. Zur Umsetzung dieser Abkommen war Luxemburg gezwungen, den Austausch von Informationen in jeglichen Steuersachen zu ermöglichen. Dazu sind im Bereich der internationalen Amtshilfe die Befugnisse der nationalen Steuerbehörden erweitert und damit einhergehend das Bankgeheimnis durchbrochen worden. Dennoch leistet Luxemburg auch weiterhin nur auf ein konkretes Ersuchen hin Amtshilfe in Steuersachen. Eine faktische Aufhebung des Bankgeheimnisses natürlicher Personen im Verhältnis zu den anderen EU-Mitgliedstaaten droht, wenn der in der Zinsrichtlinie genannte Übergangszeitraum endet und Luxemburg zum automatischen Kontoinformationsaustausch übergehen muss. Einen tiefgreifenden Einschnitt in das Bankgeheimnis würde auch die Annahme des Richtlinienvorschlags zur Amtshilferichtlinie bedeuten, wobei die Modalitäten des automatischen Informationsaustauschs dort noch nicht feststehen.

9.1.3 In Österreich

9.1.3.1 Internationale Rechtshilfe

Eine ähnliche Entwicklung wie in Luxemburg hat auch das österreichische Bankgeheimnis in der internationalen Amts- und Rechtshilfe genommen. Im außervertraglichen Bereich sowie ergänzend zu bestehenden Abkommen gelangt dort das Bundesgesetz vom 4. Dezember 1979 über die Auslieferung und die Rechtshilfe in Strafsachen (Auslieferungs- und Rechtshilfegesetz, ARHG)[1458] zur Anwendung. § 2 ARHG beinhaltet einen allgemeinen Ordre public Vorbehalt, wonach Rechtshilfe nur gewährt wird, wenn die öffentliche Ordnung oder andere wesentliche Interessen der Republik Österreich dadurch nicht verletzt werden. Zu diesen wesentlichen Interessen zählen auch Geschäftsgeheimnisse, bei deren Bekanntwerden ein schwerer wirtschaftlicher oder sonst unzumutbarer Nachteil eintreten könnte.[1459] Das Bankgeheimnis ist zwar als gesetzliche Verschwiegenheitspflicht in Österreich allgemein als schützenswert anerkannt. Gleichwohl wird deswegen nicht jegliche Rechtshilfe in Bezug auf davon erfasste Informationen verweigert. Vielmehr wird deren Preisgabe im Einzelfall nicht als Verletzung wesentlicher Landesinteressen angesehen. Eine solche läge nur bei einer völligen Preisgabe des Bankgeheimnisses vor. Ebenso wenig wird wegen § 2 ARHG pauschal die Gewährung von Rechtshilfe in Fiskalsachen unter Verweis auf nach österreichischem Recht bestehende Geheimhaltungspflichten abgelehnt. Vielmehr wird stets geprüft, ob sich die begehrte Rechtshilfehandlung im österreichischen Recht wieder findet und die Durchbrechung der betroffenen Geheimhaltungspflicht zulässt.[1460] Nur wenn dies nicht der Fall ist, kann die Gewährung von Rechtshilfe eine wesentliche Beeinträchtigung der österreichischen Staatsinteressen darstellen.[1461]

Die allgemeinen und die besonderen Voraussetzungen für die Gewährung von Rechtshilfe in Strafsachen finden sich in den §§ 50 ff. ARHG. § 51 ARHG bestimmt diejenigen Fälle, in denen keine Rechtshilfe geleistet wird. Dies ist dann der Fall, wenn die dem Ersuchen zugrunde liegende Handlung entweder nach österreichischem Recht nicht mit gerichtlicher Strafe bedroht ist oder nach den §§ 14, 15 und 19 Nr. 1 und 1 ARHG nicht auslieferungsfähig ist. Zudem wird keine Rechtshilfe geleistet, wenn die Voraussetzungen für die Vornahme bestimmter Ermittlungsmaßnahmen nach dem 8. Hauptstück der Ö-StPO nicht

1458 Ö-BGBl. Nr. 529/1979, zuletzt geändert durch Ö-BGBl. I Nr. 112/2007.

1459 *Linke/Epp/Dokoupil/Felsenstein*, Internationales Strafrecht, § 2 ARHG.

1460 OGH, Entscheidung vom 16.12.1993 - 15Os167/93 = wistra 1995, S. 38 ff.

1461 *Rosbaud*, in: *Schomburg/Lagodny/Gleß/Hackner*, Internationale Rechtshilfe, S. 1928; *Lanser*, wistra 1999, S. 213, S. 214 m.w.N.

vorliegen oder durch die Rechtshilfe eine nach § 76 Abs. 2 Ö-StPO auch den Strafgerichten gegenüber zu wahrende Geheimhaltungspflicht verletzt würde. Als nicht auslieferungsfähig in diesem Sinne gelten nach § 15 ARHG solche Taten, die nach österreichischem Recht ausschließlich in der Verletzung von Abgaben-, Monopol-, Zoll- oder Devisenvorschriften oder von Vorschriften über die Warenbewirtschaftung oder über den Außenhandel bestehen.[1462] Zu den abgabenrechtlichen Straftaten im Sinne des § 15 ARHG zählen insbesondere auch Finanzvergehen im Sinne des FinStrG.[1463] Liegen einem Rechtshilfeersuchen also nur Fiskaldelikte zugrunde, gewährt Österreich nach dem ARHG keine Rechtshilfe. Anders verhält es sich, wenn eine Tat zugleich einen Tatbestand des allgemeinen Strafrechts verwirklicht. Hier greift das Auslieferungsverbot nicht und es wird Rechtshilfe geleistet. Fiskalvergehen, die auf betrügerische Weise oder durch Täuschung begangen werden, werden jedoch ausschließlich als Fiskaldelikte angesehen, so dass das Verbot eingreift.[1464]

Liegt einem Ersuchen eine rechtshilfefähige Tat zugrunde, gelten gemäß § 51 Abs. 1 Nr. 1 ARHG für die Durchführung von Maßnahmen die materiellen Voraussetzungen des 8. Hauptstücks der Ö-StPO. Dieses umfasst die bereits besprochenen §§ 109, 116, 156, 157 und 158 Ö-StPO.[1465] Folglich sind Ermittlungsmaßnahmen bei Banken in der internationalen Rechtshilfe nach dem ARHG unter den gleichen Bedingungen zulässig, wie sie für ein entsprechendes innerösterreichisches Verfahren gelten.[1466] Nichts anderes folgt aus der Inbezugnahme von § 76 Abs. 2 Ö-StPO. Denn österreichische Behörden und die OeNB haben das Bankgeheimnis zwar als Amtsgeheimnis zu wahren, so dass die allgemeine Amts- und Rechtshilfevorschrift des § 76 Abs. 1 Ö-StPO nicht eingreift. Unter den strengeren Voraussetzungen des § 38 Abs. 2 BWG sind sie gegenüber Strafgerichten jedoch zu dessen Durchbrechung verpflichtet.[1467]

Gemäß § 58 ARHG werden Maßnahmen in der internationalen Rechtshilfe aufgrund von Ersuchen um Beschlagnahme, um Auskünfte über Bankkonten

---

1462 *Flora*, Das Bankgeheimnis, S. 168.

1463 Siehe dazu oben S. 182 ff.

1464 *Rosbaud*, in: *Schomburg/Lagodny/Gleß/Hackner*, Internationale Rechtshilfe, S. 1941.

1465 Siehe dazu oben S. 156 ff.

1466 Eine Mindermeinung spricht sich dafür aus, dass die Durchbrechungen des Bankgeheimnisses nur für innerösterreichische Verfahren gelten. Dann aber entbehrten die Rechtshilfevorschriften in diesem Bereich jeglichen praktischen Sinns. Dementsprechend stellen der OGH und die herrschende Ansicht ausländische Gerichte den inländischen gleich, vgl. dazu *Jabornegg/Strasser/Floretta*, Bankgeheimnis, S. 155 m.w.N.; für Zivilverfahren vgl. OGH, Beschluss vom 01.12.1998 - 10Ob322/98w; siehe dazu auch *Schefold*, IPRax 2000, S. 234 ff.

1467 Vgl. *Juhász*, ÖJZ 2009, S. 755, S. 756 f. m.w.N.

und Bankgeschäfte sowie bestimmte andere Ermittlungsmaßnahmen stets nur zeitlich befristet durchgeführt.

§ 59a ARHG sieht die spontane Datenübermittlung durch österreichische Behörden an ausländische Strafverfolgungsorgane vor. Eine solche Spontanauskunft ist jedoch nur in Bezug auf auslieferungsfähige Taten zulässig. Daher können auf diese Weise in Fiskalsachen keine Informationen übermittelt werden.

Insgesamt kann festgehalten werden, dass bei der Gewährung von Rechtshilfe nach dem ARHG das Bankgeheimnis unter denselben Voraussetzungen durchbrochen wird wie in einem rein österreichischen Strafverfahren. Insbesondere sind die Voraussetzungen von § 116 Ö-StPO zu beachten.[1468] In Bezug auf die Verletzung abgabenrechtlicher Strafbestimmungen, die eine solche Durchbrechung häufig erfordern würden, lässt das ARHG nur sehr beschränkt die Gewährung von Rechtshilfe zu.

Dagegen sieht der Vertrag zwischen der Republik Österreich und der Bundesrepublik Deutschland über Rechtsschutz und Rechtshilfe in Abgabensachen vom 04. Oktober 1954 (Rechtshilfevertrag Deutschland-Österreich)[1469] im Grundsatz eine weitergehende Rechts- und Amtshilfe auf diesem Gebiet vor. Dieses Abkommen beinhaltet nach seinem Art. 3 die Verpflichtung der Vertragsstaaten, sich in Abgabensachen, im Ermittlungs-, Feststellungs- und Rechtsmittelverfahren, im Sicherungs- und Vollstreckungsverfahren sowie im Verwaltungsstrafverfahren gegenseitig Rechtshilfe zu leisten. Dabei ist mit Ausnahme der Verbrauchsteuern sowie der Zölle und Monopolabgaben die Gewährung von Rechtshilfe ohne Beschränkung auf bestimmte Arten von Delikten vorgesehen. Der Fiskalvorbehalt des ARHG ist im Verhältnis zu Deutschland also unbeachtlich.[1470]

Rechtshilfemaßnahmen werden nach Art. 5 Rechtshilfevertrag Deutschland-Österreich gemäß dem Recht des ersuchten Staates durchgeführt. Bei der Durchführung von Ermittlungsmaßnahmen in Österreich gelten also die gleichen Voraussetzungen wie in einem innerstaatlichen Verfahren. Dazu wird ein deutsches Steuerstrafverfahren einem österreichischen Finanzstrafverfahren gleichgestellt.[1471] Ergibt diese Gleichstellung, dass die dem Rechtshilfeersuchen zugrunde liegende Tat in Österreich als Finanzordnungswidrigkeit eingestuft wird, werden keine Ermittlungen bei Banken durchgeführt, da § 38 Abs. 2 Nr. 1 BWG dem entgegensteht. Außerdem umfasst die Rechtshilfe im Sinne dieses Abkom-

1468 *Juhász*, ÖJZ 2009, S. 755, S. 756 f.

1469 BGBl. II 1955, S. 834 ff.; Ö-BGBl. 249/1955.

1470 *Lanser*, wistra 99, S. 213, S. 215.

1471 VfGH, Erkenntnis vom 20.03.1986 - B410/85; a.A. *Arnold*, ÖBA 1985, S. 19, S. 20.

mens nach Art. 14 Rechtshilfevertrag Deutschland-Österreich keine Maßnahmen wie Durchsuchungen, Beschlagnahmen, Verhaftungen oder Vollzug von Freiheitsstrafen. Insoweit scheidet also auch bei grundsätzlich rechtshilfefähigen Finanzvergehen eine Durchbrechung des Bankgeheimnisses aus. Eine solche könnte jedoch auch durch andere Ermittlungsmaßnahmen wie Auskünfte im Sinne des § 99 Abs. 1 FinStrG[1472] bewirkt werden. Deswegen stehen der von den Ermittlungen betroffenen Person in Österreich bestimmte Rechtsmittel zu, um eine Geheimnisoffenbarung schon im Vorfeld abzuwehren. Damit bereits frühzeitig eine dahingehende Beschwerde erhoben werden kann, wird der ordnungsgemäßen Einleitung eines Finanzstrafverfahrens durch einen gerichtlich besonders anfechtbaren Bescheid in Österreich große Bedeutung beigemessen.[1473] Da die Möglichkeit einer Durchbrechung des Bankgeheimnisses in einem Rechtshilfeverfahren nach dem Rechtshilfevertrag Deutschland-Österreich besteht, wird dieses Erfordernis auf deutsche Steuerstrafverfahren, die einem österreichischen Finanzstrafverfahren entsprechen, erstreckt. Insoweit wird verlangt, dass auch ein deutsches Steuerstrafverfahren mittels eines gerichtlich besonders anfechtbaren Bescheids eingeleitet wird.[1474] Dies führt zu Problemen, da nach § 397 Abs. 1 AO ein Steuerstrafverfahren in Deutschland bereits dann eingeleitet ist, wenn Maßnahmen getroffen werden, die erkennbar darauf abzielen, gegen jemanden wegen des Verdachts einer Steuerstraftat strafrechtlich zu ermitteln. Dazu genügt ein Aktenvermerk, ein besonderer gerichtlich anfechtbarer Einleitungsbescheid ist nicht vorgesehen. Der von den Ermittlungen Betroffene ist nach § 397 Abs. 3 AO vielmehr erst dann zwingend über das gegen ihn laufende Verfahren zu informieren, wenn er aufgefordert wird, Tatsachen darzulegen oder Unterlagen vorzulegen.[1475] Demnach genügt die Verfahrenseinleitung im Steuerstrafverfahren in Deutschland im Allgemeinen nicht den Anforderungen des § 38 Abs. 2 Nr. 1 BWG. Daher wird das Bankgeheimnis bei der Gewährung von Rechtshilfe nach dem Rechtshilfevertrag Deutschland-Österreich nicht durchbrochen.[1476]

1472 Siehe zum FinStrG oben S. 182 f.

1473 VfGH, Beschluss vom 09.06.1988 – B 92/88; VwGH, Erkenntnis vom 23.05.1993 – 89/13/0237, vom 14.02.1990 - 90/16/0210 und vom 16.02.1994 - 91/13/0203.

1474 VwGH, Erkenntnis vom 26.07.2006 - 2004/14/0022 = IStR 2006, S. 878 ff. = BB 2006, S. 878 ff. m.w.N.; eine Besprechung der Rechtsprechung zu dieser Frage und zusätzliche Anmerkungen dazu finden sich bei *Arnold*, ÖBA 2006, S. 722 ff.

1475 Vgl. *Seer*, in: *Tipke/Lang*, Steuerrecht, § 24 Rn. 12.

1476 VwGH Erkenntnis vom 26.07.2006 - 2004/14/0022 = BB 2006, S. 878 ff.; vgl. dazu auch *Stahlschmidt*, BB 2006, S. 2786, S. 2787 f.

Nicht wesentlich anders stellt sich die Lage bei Anwendung des EuRhÜbk dar, dem Österreich mit Wirkung zum 31. Dezember 1968 beigetreten ist.[1477] Ursprünglich wurde dabei ein genereller Fiskalvorbehalt gemäß Art. 2 lit. a EuRhÜbk abgegeben. Ferner wurde angegeben, dass unter „anderen wesentlichen Interessen", bei deren Verletzung die Rechtshilfe nach Art. 2 lit. b EuRhÜbk verweigert werden kann, insbesondere die in den österreichischen Gesetzen vorgesehenen Geheimhaltungspflichten verstanden werden. Dazu zählt auch das Bankgeheimnis. Auch hier ist jedoch, wie bei der Auslegung des ARHG, die einschränkende Rechtsprechung des OGH zu beachten. Danach stellt das Bankgeheimnis zwar eine gesetzlich vorgesehene Geheimhaltungspflicht dar, seine Durchbrechung im Einzelfall bedeutet aber keine Verletzung wesentlicher Interessen Österreichs. Das Bankgeheimnis kann vielmehr nur dann als Begründung für die Verweigerung der Rechtshilfe nach Art. 2 lit. b EuRhÜbk herangezogen werden, wenn es durch die Erfüllung eines Ersuchens in seinem Bestand gefährdet wäre.

Praktisch bedeutsamer ist demgegenüber der Vorbehalt nach Art. 5 Abs. 1 lit. c EuRhÜbk Danach werden Durchsuchungen und Beschlagnahmen nur durchgeführt, wenn sie mit dem Recht Österreichs als ersuchtem Staat vereinbar sind. Dabei handelt es sich um einen Verweis auf die innerstaatlichen Rechtsvorschriften, so dass diese Maßnahmen in der Rechtshilfe nach dem EuRhÜbk unter den gleichen Voraussetzungen wie bei einem Inlandssachverhalt zulässig sind.[1478] Um dies zu ermitteln, ist der dem Ersuchen zugrunde liegende Sachverhalt so umzustellen, als ob er in Österreich stattgefunden hätte. Dann ist zu prüfen, ob in diesem Fall die begehrte Maßnahme durchgeführt werden könnte. Im gerichtlichen Strafverfahren nach der Ö-StPO sowie im finanzgerichtlichen Strafverfahren nach dem FinStrG, das insoweit auf die Ö-StPO verweist, sind dabei insbesondere die Voraussetzungen von § 116 Ö-StPO zu beachten.[1479] Danach bedarf die Durchsuchung eines Kreditinstituts einer gerichtlichen Bewilligung, die nur dann erteilt wird, wenn die dem Ersuchen zugrunde liegende Tat einen sachlichen Zusammenhang mit den begehrten Maßnahmen aufweist.[1480] Dadurch wird die Stellung von Ersuchen zu bloßen Erkundungszwecken verhindert („Fishing expedition").

Im Jahr 1983 hat Österreich das 1. Zusatzprotokoll zum EuRhÜbk ratifiziert und dabei gleichzeitig seinen ursprünglichen Vorbehalt zu Art. 2 lit. a EuRhÜbk abgeändert.[1481] Die übrigen Vorbehalte wurden aufrecht erhalten. Anstelle der

1477 Ö-BGBl. Nr. 41/1969, zuletzt geändert durch Ö-BGBl. Nr. 296/1983.

1478 *Flora*, Das Bankgeheimnis, S. 164.

1479 *Juhász*, ÖJZ 2009, S. 755, S. 757.

1480 Vgl. dazu oben S. 156 ff.

1481 Ö-BGBl. Nr. 296/1983.

generellen Verweigerung der Rechtshilfe in Fiskalsachen wurde ein Verweis auf die innerstaatliche Gesetzgebung eingefügt. Dadurch wird das ARHG in Bezug genommen, woraus sich keine sachliche Änderung gegenüber dem ursprünglichen Vorbehalt ergibt. Denn auch das ARHG lässt Rechtshilfe in Abgabensachen nur dann zu, wenn zugleich auch wegen anderer Delikte ermittelt wird. Im Anwendungsbereich des 1. Zusatzprotokolls leistet Österreich ungeachtet des fiskalischen Charakters der einem Ersuchen zugrunde liegenden Tat Rechtshilfe.[1482] Dabei liegt wegen Art. 2 Nr. 1 des 1. Zusatzprotokolls die bei der Durchführung von Durchsuchungen und Beschlagnahmen erforderliche beiderseitige Strafbarkeit in Bezug auf Fiskaldelikten schon dann vor, wenn die dem Rechtshilfeersuchen zugrunde liegende strafbare Handlung nach dem Recht der ersuchenden Vertragspartei strafbar ist und einer strafbaren Handlung derselben Art nach dem Recht der ersuchten Vertragspartei entspricht. Es ist also nicht erforderlich, dass das österreichische Recht eine identische Abgabe wie das Recht des ersuchenden Staates kennt.[1483] Da jedoch im Übrigen die nationalen Verfahrensvorschriften anzuwenden sind, kann das Bankgeheimnis gleichwohl nur dann durchbrochen werden, wenn wegen einer Finanzstraftat und nicht nur einer Finanzordnungswidrigkeit im Sinne des österreichischen Rechts ermittelt wird. Übermittelte Informationen unterliegen aufgrund eines Vorbehalts Österreichs zu Art. 8 des 1. Zusatzprotokolls einem Spezialitätsvorbehalt. Danach ist ihre Verwendung nur für das Verfahren, für das das Ersuchen gestellt wurde, sowie für die unmittelbar damit zusammenhängenden Verfahren wegen Verstößen gegen Abgaben-, Steuer- oder Zollvorschriften zulässig. In anderen Verfahren, insbesondere solchen gegen Dritte, dürfen übermittelte Informationen hingegen nicht verwendet werden.

Somit kann das Bankgeheimnis aufgrund eines Rechtshilfeersuchens nach dem EuRhÜbk sowie dem 1. Zusatzprotokoll unter den gleichen Bedingungen wie in einem innerösterreichischen Verfahren durchbrochen werden. Das 2. Zusatzprotokoll zum EuRhÜbk hat Österreich bisher nicht unterzeichnet.

Im Verhältnis zu anderen EU-Mitgliedstaaten wendet Österreich neben dem EuRhÜbk die weitergehenden europäischen Amts- und Rechtshilfevorschriften an. Im Zuge seines EU-Beitritts im Jahr 1995 ist Österreich aufgrund eines Staatsvertrages mit den übrigen Teilnehmerstaaten zunächst dem Schengen Raum beigetreten[1484] und hat dabei das SDÜ übernommen.[1485] Im Bereich der

---

1482 *Flora*, Das Bankgeheimnis, S. 168.

1483 *Lanser*, wistra 1999, S. 213, S. 215.

1484 Protokoll über den Beitritt der Regierung der Republik Österreich zu dem Übereinkommen von Schengen vom 14. Juni 1985 zwischen den Regierungen der Staaten der Benelux-Wirtschaftsunion, der Bundesrepublik Deutschland und der Französischen Republik betreffend den schrittweisen Abbau der Kontrollen an den gemeinsamen

Fiskaldelikte leistet Österreich seither nach Maßgabe von Art. 50 SDÜ auch im Bereich der dort aufgeführten indirekten Steuern Rechtshilfe. Eine wesentliche Einschränkung ergibt sich insoweit aufgrund der nach Art. 51 SDÜ zulässigen Vorbehalte bei der Erledigung von Rechtshilfeersuchen um Durchsuchung und Beschlagnahme. Diese Maßnahmen werden bei Steuerdelikten von Österreich vielfach nicht durchgeführt. Dies liegt an der im österreichischem Recht geltenden Unterscheidung zwischen Finanzvergehen, für deren Ahndung eine gerichtliche Zuständigkeit besteht, und solchen Finanzvergehen, die von den Finanzstrafbehörden geahndet werden.[1486] Während bei Finanzvergehen, die in die gerichtliche Zuständigkeit fallen, ohne weiteres die in Art. 51 SDÜ genannten Voraussetzungen erfüllt sind, trifft dies auf diejenigen Finanzvergehen, die in die Zuständigkeit der Finanzstrafbehörden fallen, nicht zu. Diese wären zwar als Vergehen, die von einer Verwaltungsbehörde geahndet werden, grundsätzlich ebenfalls rechtshilfefähig. Jedoch sieht Art. 51 lit. a SDÜ ein Mindeststrafmaß von sechs Monaten vor. Die österreichischen Finanzstrafbehörden dürfen wegen § 15 Abs. 3 FinStrG jedoch im Höchstmaß keine Freiheitsstrafen von über drei Monaten verhängen. Zudem verlangt Art. 51 lit. a SDÜ, dass gegen die Entscheidung einer Behörde ein auch in Strafsachen zuständiges Gericht angerufen werden kann. Ein solches Rechtsmittel gegen Entscheidungen der Finanzstrafbehörden kennt das österreichische Recht jedoch nicht. Rechtshilfeersuchen um Durchsuchung und Beschlagnahme in Steuersachen werden im Rahmen des SDÜ daher nur erfüllt, wenn eine Tat nach österreichischem Recht in die gerichtliche Zuständigkeit fällt.

Da Art. 51 lit. b SDÜ darüber hinaus auf die allgemeine Vereinbarkeit eines solchen Ersuchens mit dem Recht des ersuchten Staates abstellt, ist in zuletzt

---

Grenzen, in der Fassung der Protokolle vom 27. November 1990, 25. Juni 1991 und 06. November 1992 über den jeweiligen Beitritt der Regierungen der Italienischen Republik, des Königreichs Spanien und der Portugiesischen Republik sowie der Griechischen Republik, in Kraft seit 01. Dezember 1997 (Protokoll in Ö-BGBl. III Nr. 89/1997, in Kraft getreten durch Ö-BGBl. III Nr. 202/1997).

1485 Übereinkommen über den Beitritt der Republik Österreich zu den am 19. Juni 1990 in Schengen unterzeichneten Übereinkommen zur Durchführung des Übereinkommens von Schengen vom 14. Juni 1985 zwischen den Regierungen der Staaten der Benelux-Wirtschaftsunion, der Bundesrepublik Deutschland und der Französischen Republik betreffend den schrittweisen Abbau der Kontrollen an den gemeinsamen Grenzen, dem die Italienische Republik, das Königreich Spanien und die Portugiesische Republik sowie die Griechische Republik jeweils mit den Übereinkommen vom 27. November 1990, vom 25. Juni 1991 und vom 06. November 1992 beigetreten sind, in Kraft seit 01.12.1997 (Protokoll in Ö-BGBl. III Nr. 90/1997, in Kraft getreten durch Ö-BGBl. III Nr. 203/1997).

1486 Siehe dazu oben S. 183.

genannten Fällen weiter zu prüfen, ob die Voraussetzungen des § 38 Abs. 2 Nr. 1 BWG i.V.m § 116 Ö-StPO vorliegen, wenn eine Durchsuchung oder Beschlagnahme bei einer Bank stattfinden soll. Daher wird das Bankgeheimnis durch das SDÜ nicht weiter durchbrochen als in einem nationalen Verfahren.

Im Jahr 2005 hat Österreich das EU-Rechtshilfeübereinkommen[1487] und das Protokoll von 2001[1488] in nationales Recht überführt, nachdem mit einer Novelle der Ö-StPO von 2004 die innerstaatlichen Voraussetzungen für die Durchführung der darin beschriebenen Rechtshilfemaßnahmen geschaffen wurden.[1489] Anders als Luxemburg kann sich Österreich nicht auf eine Sondervorschrift zu Art. 23 Abs. 1 EU Rechtshilfeübereinkommen berufen. Daher bedarf die Verwendung der im Zuge der Rechtshilfe übermittelten personenbezogenen Daten durch den Empfängerstaat im Rahmen des EU-Rechtshilfeübereinkommen nicht der Zustimmung Österreichs. Das bedeutet, dass Bankdaten, die zum Zwecke der Durchführung eines konkreten Strafverfahrens übermittelt wurden, auch für sonstige justitielle und verwaltungsbehördliche Verfahren, die damit unmittelbar zusammenhängen, verwendet werden dürfen. So können die übermittelten Daten auch für Besteuerungszwecke und in Verfahren gegen Dritte verwendet werden. Abgesehen davon folgen aus dem EU- Rechtshilfeübereinkommen keine weitergehenden Durchbrechungen des Bankgeheimnisses als nach früherem Recht. Denn Finanzordnungswidrigkeiten im Sinne des österreichischen Rechts sind wegen Art. 3 Abs. 1 EU-Rechtshilfeübereinkommen nicht rechtshilfefähig, da gegen die Entscheidung der für ihre Ahndung zuständigen Finanzstrafbehörden kein auch in Strafsachen zuständiges Gericht angerufen werden kann.

Hingegen scheint das zum EU-Rechtshilfeübereinkommen gehörende Protokoll von 2001 gegenüber der früheren Rechtslage in wesentlich größerem Umfang in das Bankgeheimnis einzugreifen. Denn das Protokoll von 2001 sieht, wie schon erörtert, sehr weitreichende Ermittlungsmaßnahmen bei Banken vor, ohne dass nach Art. 7 des Protokolls von 2001 das Bankgeheimnis als Begründung für die Ablehnung jeglicher Rechtshilfe dienen kann.[1490] Darin liegt jedoch aus österreichischer Sicht keine Neuerung, da das Bankgeheimnis der internationalen Rechtshilfe schon bisher nicht generell entgegenstand. Allerdings haben die bisherigen Fiskalvorbehalte Österreichs wegen Art. 8 des Protokolls von

1487 Ö-BGBl. III Nr. 65/2005.

1488 Ö-BGBl. III Nr. 66/2005.

1489 Vgl. Entwurf eines Strafprozessreformgesetzes, Erläuterungen, Nr. 25 der Beilagen (XXII. Gesetzgebungsperiode), S. 160 ff., abrufbar unter der in Fußnote 755 genannten Adresse.

1490 *Dannecker*, in: *Wabnitz/Janovsky*, Wirtschafts- und Steuerstrafrecht, Kapitel 2 Rn. 49, geht sogar davon aus, dass das „Bankgeheimnis zwischen den Mitgliedstaaten der EU endgültig aufgehoben ist“.

2001 im Verhältnis zu anderen EU-Mitgliedstaaten ihre Bedeutung verloren, weil danach die Rechtshilfe nicht alleine unter Verweis auf den fiskalischen Charakter einer Tat verweigert werden darf.[1491]

Dennoch bestehen gerade in diesem Bereich derzeit bei der Durchführung von Rechtshilfemaßnahmen im Sinne des Protokolls von 2001 noch erhebliche Einschränkungen auf Seiten Österreichs. Dies gilt insbesondere für Ersuchen um Kontoauskünfte im Sinne des Art. 1 Abs. 1 des Protokolls von 2001, wenn die einem Ersuchen zugrunde liegende Tat bei Begehung in Österreich, in die Zuständigkeit der Finanzstrafbehörden fiele. Denn Art. 1 Abs. 3 des Protokolls von 2001 sieht bei Ersuchen um Kontoauskünfte vor, dass die einem Ersuchen zugrundeliegende Tat im Mindestmaß mit einer maximalen Freiheitsstrafe von vier Jahren im ersuchenden Staat und zwei Jahren im ersuchten Staat geahndet werden kann. Daraus ergibt sich bei solchen Steuerdelikten, die von den Finanzstrafbehörden verfolgt werden, die Unzulässigkeit des Rechtshilfeersuchens. Denn nur die österreichischen Gerichte können in einem Strafverfahren nach der Ö-StPO oder in einem Finanzstrafverfahren nach dem FinStrG Freiheitsstrafen mit einer Dauer von mehr als drei Monaten verhängen.[1492] Eine Zuständigkeit der Finanzstrafgerichte besteht grundsätzlich jedoch erst ab einem Betrag von 75.000 Euro an hinterzogenen Steuern, was ein entsprechend hohes zu versteuerndes Vermögen des Abgabenpflichtigen voraussetzt. In der Praxis engt dies die Möglichkeit zur Einholung von Kontoauskünften im Sinne vom Art. 1 Abs. 1 des Protokolls von 2001 bei einer österreichischen Bank stark ein.[1493] Zudem hat Österreich die Erteilung von Auskünften über Bankkonten gemäß Art. 1 Abs. 5 des Protokolls von 2001 von denselben Bedingungen abhängig gemacht, die für Ersuchen um Durchsuchung oder Beschlagnahme gelten. Eine entsprechende Erklärung wurde gemäß Art. 2 Abs. 4 des Protokolls bezüglich der Überwachung von Konten nach Art. 2 Abs. 1 des Protokolls von 2001 abgegeben. Diese Erklärungen entsprechen den österreichischen Vorbehalten zu Art. 5 Abs. 1 lit. c EuRhÜbk und Art. 51 SDÜ, so dass auch hier zu prüfen ist, ob bei einem Inlandssachverhalt die Anordnung einer Durchsuchung oder Beschlagnahme zulässig wäre. Insoweit ist die Einhaltung der Voraussetzungen von § 38 Abs. 2 Nr. 1 BWG i.V.m. § 116 Ö-StPO zu beachten.[1494] Das Protokoll von 2001 geht auch in Hinblick auf die danach möglichen Rechtshilfemaßnahmen insgesamt kaum über die bisher von Österreich geleistete Rechtshilfe hinaus. Denn bereits vor dessen Umsetzung wurden, vorbehaltlich der Einhaltung der

1491 *Dannecker*, in: *Wabnitz/Janovsky*, Wirtschafts- und Steuerstrafrecht, Kapitel 2 Rn. 49 f.

1492 *Leitner/Toifl/Brandl*, Österreichisches Finanzstrafrecht, Rn. 2388 ff.

1493 Vgl. *Götzenberger*, Der gläserne Steuerbürger, S. 198 ff. mit Anwendungsbeispielen.

1494 *Juhász*, ÖJZ 2009, S. 755, S. 757; *Flora*, Das Bankgeheimnis, S. 172 ff.

Voraussetzungen der Ö-StPO, Ersuchen um Auskünfte über konkrete Bankgeschäfte wie sie Art. 2 Abs. 1 des Protokolls von 2001 vorsieht sowie um Kontoüberwachung gemäß Art. 3 Abs. 1 des Protokolls von 2001 erfüllt. Eine Neuerung stellt daher nur die aus Art. 1 Abs. 1 des Protokolls von 2001 folgende Pflicht dar, Kontoauskünfte auch ohne die Angabe einer genauen Bankverbindung zu erteilen. Um die hierfür notwendige Ermittlung von Bankverbindungen zu ermöglichen, wurden § 145 Ö-StPO a.F. bzw. § 116 Ö-StPO erlassen.[1495] Aufgrund der Koppelung an den in Art. 1 Abs. 2 des Protokolls von 2001 vorgesehenen hohen Mindeststrafrahmen erscheint die dadurch bedingte Durchbrechung des Bankgeheimnisses nur wenig weiter als nach früherem Recht. Denn fiskalische Delikte, die eine solche Durchbrechung häufig bedingen würden, sehen zumeist kein entsprechendes Strafmaß vor, so dass auch keine Verpflichtung zur Leistung von Rechthilfe besteht. [1496]

Zudem ist auch bei der Anwendung des Protokolls von 2001 die österreichische Rechtsprechung zur Notwendigkeit der Einleitung eines behördlichen Finanzstrafverfahrens mittels gerichtlich gesondert anfechtbaren Bescheids zu beachten. Ein nicht entsprechend eingeleitetes ausländisches Verfahren verpflichtet Österreich nicht zur Rechtshilfe, da diese besondere Form der Verfahrenseinleitung nach dortigem Recht als rechtsstaatlich zwingend geboten angesehen wird, um einen ungerechtfertigten Eingriff in das Bankgeheimnis schon im Vorfeld abzuwehren. Die Verweigerung der Rechtshilfe in den Fällen, in denen ein ausländisches behördliches Finanzstrafverfahren ohne gerichtlicht besonders anfechtbaren Bescheid eingeleitet wurde, widerspricht auch nicht Art. 7 des Protokolls von 2001. Denn dieser verbietet nur die generelle Ablehnung der Rechtshilfe aufgrund des Bankgeheimnisses nicht aber die Berufung auf allgemein geltende Verfahrensgrundsätze.[1497]

Das Geldwäscheübereinkommen ist in Österreich mit Wirkung vom 01.11.1997 in Kraft getreten.[1498] Dabei wurde als Vorbehalt angeben, dass Rechtshilfe nur geleistet wird, wenn der Geldwäscherei nach österreichischem Recht ein Verbrechen zugrunde liegen würde. Daraus ergibt sich, dass die Rechtshilfe immer dann verweigert wird, wenn die Vortat der Geldwäscherei

---

1495 Vgl. Entwurf eines Strafprozessreformgesetzes, Erläuterungen, Nr. 25 der Beilagen (XXII. Gesetzgebungsperiode), S. 160, abrufbar unter der in Fußnote 755 genannten Adresse.

1496 *Leitner/Toifl/Brandl*, Österreichisches Finanzstrafrecht, Rn. 2405.

1497 So auch *Stahlschmidt*, BB 2006, S. 2786, S. 2788 f.

1498 Ö-BGBl. III Nr. 153/1997.

alleine ein Finanzvergehen ist. Denn diese stellen in keinem Fall Verbrechen dar.[1499]

9.1.3.2 Internationale Amtshilfe

Auch eine umfassende Amtshilfe in Steuersachen hat Österreich lange Zeit mit Blick auf das Bankgeheimnis abgelehnt. Zwar wurde die Amtshilferichtlinie durch das Bundesgesetz zur Durchführung der Richtlinie der Europäischen Gemeinschaften über die Amtshilfe im Bereich der direkten Steuern und der Steuern auf Versicherungsprämien (EG-Amtshilfegesetz, EG-AHG)[1500] in nationales Recht umgesetzt. Da die Amtshilferichtlinie jedoch ausdrücklich die Berufung eines Staates auf seine nationale Verwaltungspraxis zulässt, war Österreich nicht gezwungen, Durchbrechungen des Bankgeheimnisses einzuführen, die nicht schon in einem österreichischen Besteuerungsverfahren vorgesehen wäre. Daher können Banken allgemeinen Auskunftsverlangen und Verpflichtungen zur Zeugenaussage durch die Finanzbehörden ein Verweigerungsrecht entgegen halten, sofern nicht der betroffene Kunde in die Geheimnisoffenbarung einwilligt.[1501] Sollte jedoch der Richtlinienvorschlag zur Amtshilferichtlinie in Kraft treten, entfällt dieses Recht, da dann das Bankgeheimnis nicht mehr als Grund für die Verweigerung von Amtshilfe gilt.[1502]

Am automatischen Kontoinformationsaustausch im Sinne der Zinsrichtlinie nimmt Österreich ebenso wie Luxemburg während des dort bestimmten Übergangszeitraums nicht teil. Vielmehr führt es eine Quellensteuer auf Zinserträge von wirtschaftlichen Eigentümern mit Wohnsitz in einem anderen EU-Mitgliedstaat ab. Der Umsetzung der Zinsrichtlinie dient das EU-Quellensteuergesetz (EU-QuStG),[1503] das inhaltlich der luxemburgischen Umsetzung der Zinsrichtlinie entspricht. Das EU-QuStG sieht die Einbehaltung einer Quellensteuer auf Zinsen vor, die eine inländische Zahlstelle an eine natürliche Person mit Wohnsitz in der EU als wirtschaftlichen Eigentümer zahlt oder zu dessen Gunsten einzieht. Dies gilt nach § 10 EU-QuStG nur dann nicht, wenn der wirtschaftliche Eigentümer eine Nichtveranlagungsbescheinigung seines Wohnsitzfinanzamtes vorlegt oder in den Austausch seiner Kontoinformationen

1499 Ein Verbrechen wird nach § 17 Abs. 1 Ö-StGB mit lebenslanger oder mehr als dreijähriger Freiheitsstrafe bestraft. Selbst bei Vorliegen erschwerender Umstände kann nach § 38 Abs. 1 FinStrG bei Abgabenhinterziehung und anderen Finanzvergehen nur eine maximale Freiheitsstrafe von drei Jahren verhängt werden.

1500 Ö-BGBl. Nr. 657/1994, zuletzt geändert durch Ö-BGBl. I Nr. 24/2007.

1501 Siehe dazu schon oben S. 181 f.

1502 Siehe zu diesem Richtlinienvorschlag schon oben S. 306.

1503 Ö-BGBl. I Nr. 33/2004, zuletzt geändert durch Ö-BGBl. I Nr. 65/2008.

einwilligt. Anderenfalls überweist die Zahlstelle die einbehaltene Quellensteuer an das österreichische Bundesministerium der Finanzen als zuständige Zentralstelle. Dieses übernimmt die Auszahlung der einbehaltenen Quellensteuer an die Wohnsitzstaaten der wirtschaftlichen Eigentümer.[1504]

Bis zum Jahr 2009 hatte Österreich rund 80 DBA abgeschlossen, die sämtlich nicht dem OECD-Standard entsprachen, da sie keine Durchbrechung des Bankgeheimnisses zum Zwecke des Informationsaustauschs in Steuersachen zuließen. Erst im Frühjahr 2009 erklärte sich Österreich ebenso wie Luxemburg, die Schweiz und Liechtenstein bereit, künftig OECD-konforme DBA abzuschließen und bestehende Abkommen entsprechend anzupassen. Da dies einen bisher nicht möglichen Eingriff in das Bankgeheimnis bedingte, musste § 38 BWG angepasst werden, wozu es wegen § 38 Abs. 5 BWG einer parlamentarischen Zweidrittelmehrheit bedurfte. Nachdem ein erster Entwurf für ein „Bundesgesetz über die Umsetzung der OECD-Grundsätze der internationalen abgabenrechtlichen Amtshilfe (Amtshilfe-Durchführungsgesetz, ADG)“[1505]keine Aussicht auf die erforderliche Parlamentsmehrheit hatte,[1506] nahm das österreichische Parlament im September 2009 einen geänderten Entwurf des ADG an.[1507]

Dieses Gesetz ist insgesamt sehr eng an das OECD-Musterabkommen angelehnt. Entsprechend definiert § 1 ADG den Anwendungsbereich des Gesetzes mit der Umsetzung der OECD-Grundsätze für bilateralen Informationsaustausch in Steuerfragen. § 2 Abs. 1 ADG legt die Grundlagen für Amtshilfeersuchen nach diesem Gesetz fest. Es sind dies das europäische Gemeinschaftsrecht, Doppelbesteuerungsabkommen, andere völkerrechtliche Verträge sowie sonstige innerstaatliche oder im Verhältnis zu ausländischen Gebieten anzuwendende

1504 Für 2008 hat Österreich rund 60 Millionen Euro an andere EU-Mitgliedstaaten überwiesen. Die genaue Aufschlüsselung der Überweisungsbeträge für die Jahre 2006 bis 2008 ist abrufbar unter: https://www.bmf.gv.at/Steuern/Fachinformation/WeitereSteuern/EUQuellensteuer/_start.htm (Stand: 17.11.2010).

1505 Dieser erste Entwurf, 681/A (XXIV. Gesetzgebungsperiode) – Initiativantrag, ist abrufbar unter: http://www.parlament.gv.at/PAKT/VHG/XXIV/A/ A_00681/index.shtml (Stand: 17.11.2010)

1506 Vgl. Parlamentskorrespondenz des österreichischen Parlaments Nr. 631 vom 08.07.2009, abrufbar unter: http://www.parlament.gv.at/PG/PR/JAHR_2009/2009.shtml (Stand: 17.11.2010). Siehe auch F.A.Z. vom 09.07.2009, S. 15.

1507 Dennoch war auch der geänderte Entwurf bis zuletzt Gegenstand heftiger Kritik, da er teilweise als „Ausverkauf der Interessen Österreichs“ angesehen wurde, und in absehbarer Zeit eine endgültige Aufhebung des Bankgeheimnisses befürchtet wurde, vgl. Parlamentskorrespondenz des österreichischen Parlaments Nr. 724 vom 01.09.2009 sowie Nr. 727 vom 03.09.2009, jeweils abrufbar unter der in Fußnote 1506 genannten Adresse.

Rechtsgrundlagen. Der Umfang der Amtshilfe richtet sich nach dem ADG selbst sowie nach den österreichischen Abgaben- und sonstigen maßgeblichen Rechtsvorschriften. Bei der Durchführung eines Ersuchens sind die erforderlichen Erhebungsmaßnahmen in gleicher Weise vorzunehmen, wie in einem inländischen Verfahren. Soll Amtshilfe nicht zur Abgabenfestsetzung, sondern auch für Zwecke der Strafverfolgung geleistet werden, muss der ersuchende Staat die Einleitung eines behördlichen oder gerichtlichen Finanzstrafverfahren mitteilen. Dann gelten über § 2 Abs. 2 ADG die österreichischen Verfahrensvorschriften zum verwaltungsbehördlichen Finanzstrafverfahren. Aus dieser Inbezugnahme der nationalen Verfahrensvorschriften ließ sich bisher herleiten, dass das Bankgeheimnis im Besteuerungsverfahren gar nicht und im Finanzstrafverfahren nur bei vorsätzlichen Finanzvergehen mit Ausnahme von Finanzordnungswidrigkeiten durchbrochen werden konnte.[1508] Demgegenüber bestimmt § 2 Abs. 3 ADG, dass eine Durchbrechung des Bankgeheimnisses im Zuge der Amtshilfe nach diesem Gesetz immer dann stattfinden kann, wenn die dem Ersuchen zugrunde liegende Rechtsgrundlage eine Amtshilfebestimmung enthält, wonach die Erteilung von Informationen in keinem Fall nur deshalb abgelehnt werden darf, weil sich die Informationen bei einem Kreditinstitut befinden. Dabei handelt es sich um eine wörtliche Übernahme von Art. 26 Abs. 5 OECD-Musterabkommen. Das Bankgeheimnis kann also im Rahmen der internationalen Amtshilfe in Österreich dann aufgehoben werden, wenn ein Ersuchen auf der Basis eines Abkommens gestellt wird, das an die neueste Fassung des OECD-Musterabkommens angepasst ist. Einen automatischen Informationsaustausch sieht das ADG hingegen nicht vor.[1509] Die entsprechende Anpassung des bestehenden DBA mit Deutschland steht derzeit noch aus. Mit anderen Staaten hat Österreich jedoch bereits neue OECD-konforme Abkommen abgeschlossen.[1510]

Das Verfahren zur Beschaffung von Auskünften bei Banken bestimmt sich nach § 3 Abs. 1 ADG. Danach ist bei Vorliegen der Voraussetzungen des § 2 Abs. 3 ADG ein österreichisches Kreditinstitut unter Aufhebung des Bankgeheimnisses verpflichtet, alle Informationen, über die es verfügt, zu erteilen und die betreffenden Urkunden und Unterlagen einsehen zu lassen. Das Vorliegen der Voraussetzungen für eine solche Auskunft kann das betroffene Kreditinstitut mangels entsprechender Rechtsmittel nicht nachprüfen lassen.[1511]

1508 Siehe dazu oben S. 182 ff.

1509 *Fugger*, ZEV 2009, S. 507.

1510 Eine vollständige Liste aller Abkommen ist abrufbar unter: http://www.bmf.gv.at/Steuern/Fachinformation/InternationalesSteu_6523/Diesterreichi schenD_6527/_start.htm (Stand: 17.11.2010).

1511 Diese stehen lediglich der von dem Ersuchen betroffenen verfügungsberechtigten Person zu. Wegen § 4 Abs. 1 ADG ist diese von der zuständigen österreichischen Behörde

Rechtsmittel gegen die Erteilung von Bankauskünften nach dem ADG stehen nach § 4 AGD nur den aus der jeweiligen Geschäftsverbindung verfügungsberechtigten Personen zu. Sie sind unverzüglich über das ausländische Amtshilfeersuchen und die erbetenen Auskünfte zu informieren, wenn die für die Durchführung der Amtshilfe zuständige österreichische Behörde die Voraussetzungen für eine Durchbrechung des Bankgeheimnisses nach § 2 Abs. 3 ADG als erfüllt ansieht. Die Betroffenen können dann mit begründetem Antrag eine erneute Prüfung dieser Voraussetzungen durch die Behörde verlangen. Wird dem Antrag nicht stattgegeben, ergeht ein gerichtlich anfechtbarer Bescheid.

Gemäß § 5 Abs. 1 ADG fällt die gerichtliche Rechtshilfe nicht in den Anwendungsbereich dieses Gesetzes. Jedoch ist es nach § 5 Abs. 2 ADG zulässig, dass sich eine Justizbehörde des ersuchenden Staat im Rahmen eines abgabenrechtlichen Strafverfahrens innerstaatlich im Wege der Amtshilfe an eine Verwaltungsbehörde wendet und diese um Unterstützung bei der Sachverhaltsermittlung bietet. Diese Behörde kann dann ihrerseits, ungeachtet der Möglichkeiten der Justizbehörde zur Erlangung von Rechtshilfe, ein wirksames Amtshilfeersuchen nach dem ADG stellen. Diese gesetzliche Klarstellung ist deshalb notwendig, weil die bereits beschriebenen Rechtshilfevorschriften in Österreich aufgrund des Bankgeheimnisses bisher keinen so umfassenden Informationsaustausch in Steuersachen zulassen wie das ADG. Wegen § 5 Abs. 2 ADG kann jeder Staat sich die weitergehenden Möglichkeiten zur Erlangung von Bankdaten im Wege der Amtshilfe nach dem ADG zunutze machen, ohne dass darin eine Umgehung der Rechtshilfevorschriften läge.

Durch das ADG unterwirft sich Österreich vollständig dem OECD-Standard. Jedoch werden die darin enthaltenen Bestimmungen über die Durchbrechung des Bankgeheimnisses erst nach einer Anpassung der bestehenden bzw. dem Neuabschluss von Abkommen an die große Auskunftsklausel im Sinne der neuesten Fassung des OECD-Musterabkommens wirksam. Bemerkenswert ist, dass das Bankgeheimnis durch das ADG nur gegenüber Ausländern in Steuersachen durchbrochen wird, weil es auf Inlandssachverhalte keine Anwen-

---

nach der Prüfung gemäß § 2 Abs. 3 ADG unverzüglich über das ausländische Amtshilfeersuchen und die erbetenen Auskünfte zu benachrichtigen. Anschließend hat der Betroffene gemäß § 4 Abs. 2 ADG innerhalb einer zweiwöchigen Frist die Möglichkeit, mittels begründeten Antrags die erneute Prüfung der Rechtshilfevoraussetzungen zu verlangen. Diese Nachprüfung erstreckt sich aber nur auf das Vorliegen der Voraussetzungen für die Durchbrechung des Bankgeheimnisses. Sonstige Einwände gegen die Rechtsmäßigkeit eines Ersuchens sind nicht erlaubt. Die zuständige Behörde hat darüber mittels Bescheid zu entscheiden, gegen den der Betroffene nach § 4 Abs. 3 ADG binnen sechs Wochen nach Zustellung Beschwerde beim VwGH oder beim VfGH einlegen kann.

dung findet.[1512] Zugleich wird das Bankgeheimnis im Bereich der internationalen Amtshilfe erstmals stärker durchbrochen als in der Rechtshilfe. Die bisher für die Aufhebung des Bankgeheimnisses relevante Unterscheidung zwischen Finanzordnungswidrigkeiten und vorsätzlichen Finanzvergehen verliert dadurch erheblich an Bedeutung. Daher erscheint es nicht unwahrscheinlich, dass Österreich auch in der internationalen Rechtshilfe die Voraussetzungen für die Durchbrechung des Bankgeheimnisses lockern wird.

Eine besonders einschneidende Beschränkung des Bankgeheimnisses resultiert aus der Verpflichtung Österreichs, ebenso wie Luxemburg am Ende des in der Zinsrichtlinie bestimmten Übergangszeitraums zum automatischen Kontoinformationsaustausch mit den übrigen EU-Mitgliedstaaten überzugehen. Denn damit wird das Bankgeheimnis für natürliche Personen aus diesen Ländern, die in Österreich Konten unterhalten, praktisch aufgehoben. In die gleiche Richtung geht der Richtlinienvorschlag zur Änderung der Amtshilferichtlinie, der von Österreich umzusetzen wäre.

9.1.4 In der Schweiz

9.1.4.1 Internationale Rechtshilfe

In besonderem Maße sieht sich seit Jahrzehnten die Schweiz wachsendem internationalen Druck auf ihr Bankgeheimnis ausgesetzt. Häufig wird der Vorwurf erhoben, sie ermögliche ausländischen Anlegern in großem Ausmaße Steuerhinterziehung, weshalb die Schweiz als „Steueroase" gilt.[1513] Auch im Inland ist das Bankgeheimnis deshalb nicht unumstritten. Kritische Stimmen gehen schon seit langem davon aus, dass die Schweiz dieses Rechtsinstitut nicht dauerhaft gegenüber dem Ausland verteidigen könne.[1514] Selbst im Parlament sprechen sich

---

1512 Anläßlich der Verabschiedung des ADG im österreichischen Nationalrat wurde seitens einiger kritischer Redner jedoch angemerkt, dass auch Österreicher im Ausland und solche mit wirtschaftlichem Bezug ins Ausland von der weitgehenden Durchbrechung des Bankgeheimnisses betroffen sein könnten. Dies bedeute eine gleichheitswidrige Schlechterstellung gegenüber anderen Österreichern, weshalb der VfGH das Bankgeheimnis möglicherweise insgesamt zur Disposition stellen werde, vgl. dazu die Parlamentskorrespondenz des österreichischen Parlaments Nr. 724, vom 01.09.2009, abrufbar unter der in Fußnote 1506 genannten Adresse.

1513 Vgl. *Besson*, Le secret bancaire, S. 83 ff.

1514 Vgl. *Trepp*, Das Bankgeheimnis, S. 53, der das Bankgeheimnis als „Steuerhinterziehungsgeheimnis" sieht.

einige Abgeordnete daher für die völlige Abschaffung des Bankgeheimnisses aus.[1515]

Dass dieses jedoch keineswegs, wie vielfach behauptet, im Verhältnis zum Ausland praktisch undurchlässig ist, widerlegt bereits die bloße Zahl von allein über 70 DBA zwischen der Schweiz und anderen Staaten,[1516] die Vielzahl von bi- und multilateralen Abkommen betreffend die internationale Amts- und Rechtshilfe sowie die daneben bestehenden nationalen Normen in diesem Bereich.[1517]

Die schweizerische internationale Rechtshilfe in Strafsachen beruht im außervertraglichen Bereich auf dem Bundesgesetz vom 20. März 1981 über internationale Rechtshilfe in Strafsachen (Rechtshilfegesetz, IRSG)[1518]. Dieses findet ergänzend auch dann Anwendung, wenn es günstigere Bestimmungen als ein Rechtshilfeabkommen beinhaltet.[1519] Detailregelungen, insbesondere solche die das Verfahren und die Durchführung der Rechtshilfe betreffen, finden sich in der zum IRSG ergangenen Verordnung über internationale Rechtshilfe in Strafsachen (Rechtshilfeverordnung, IRSV).[1520] Nach Art. 1 Abs. 3 IRSG umfasst die Leistung von Rechtshilfe durch die Schweiz alle strafrechtlichen Verfahren, in denen nach dem Recht des ersuchenden Staates ein Richter angerufen werden kann. Ein genereller Vorbehalt bezüglich der Wahrung des Bankgeheimnisses findet sich im IRSG nicht mehr.[1521] Jedoch wird die Rechtshilfe durch einen Ordre public Vorbehalt in Art. 1a IRSG allgemein dahingehend beschränkt, dass dadurch wesentliche Interessen der Schweiz nicht beeinträchtigt werden dür-

1515 So beispielsweise schon anläßlich der Verhandlungen der Schweiz im Rahmen der sogenannten „Bilateralen II" der Nationalrat *Tillmanns*, vgl. die Pressemitteilung des EFD vom 25.06.2003, abrufbar unter: http://www.presseportal.ch/fr/meldung/1004643 41/ (Stand: 17.11.2010).

1516 Eine Liste aller DBA sowie Informationen zu laufenden Verhandlungen finden sich auf der Homepage der ESTV unter: http://www.efd.admin.ch/dokumentation/zahlen/ 00579/00608/00642/index.html?lang=de (Stand: 17.11.2010).

1517 Eine vollständige Übersicht aller schweizerischen Abkommen findet sich auf der Internetseite des Eidgenössischen Departements für auswärtige Angelegenheiten (EDA) unter: http://www.eda.admin.ch/eda/de/home/topics/intla/intrea/dbstv.html (Stand: 17.11.2010).

1518 AS **1982** 846, zuletzt geändert durch AS **2010** 1881,

1519 *Lasserre Capdeville*, Le secret bancaire, Rn. 955.

1520 AS **1982** 878, zuletzt geändert durch AS **2006** 4705.

1521 Anders noch der inzwischen aufgehobene Art. 10 Abs. 2 IRSG, der die Übermittlung von Tatsachen, die eine Bank üblicherweise geheim halten muss, verbot; siehe dazu *Brun*, Die Beschlagnahme von Bankdokumenten, S. 116 f.

fen.[1522] Vergleichbar der österreichischen Auffassung zum ARHG, wird das Bankgeheimnis in der Schweiz jedoch nicht zu diesen wesentlichen Interessen gezählt, sofern es nicht „durch die verlangten Informationen geradezu ausgehöhlt würde."[1523] Dies trifft auf solche Rechtshilfemaßnahmen, die einen begrenzten Personenkreis betreffen, nicht zu.[1524] Bezüglich der Wahrung von Geheimhaltungspflichten verweist Art. 9 IRSG auf die strafrechtlichen Vorschriften über das Zeugnisverweigerungsrecht, die, wie oben bereits erörtert, kein Zeugnisweigerungsrechts der Bankmitarbeiter vorsehen.[1525] In Hinblick auf die Durchführung von Durchsuchungen und die Versiegelung von Papieren wird auf Art. 69 des Bundesgesetzes über die Bundesstrafrechtspflege vom 15. Juni 1934 verwiesen. Dieser ordnet einerseits an, dass Privatgeheimnisse möglichst zu schonen sind, andererseits bleiben jedoch nur bestimmte Berufsgeheimnisse gewahrt, zu denen das Bankgeheimnis nicht zählt.[1526] Folglich berechtigt das Bankgeheimnis ein Kreditinstitut nicht, die Mitwirkung an einem Rechtshilfeverfahren nach dem IRSG zu verweigern. Der in Art. 3 Abs. 3 S. 1 IRSG vorgesehene allgemeine Fiskalvorbehalt schützt das Bankgeheimnis jedoch indirekt, da er in vielen Fällen dessen Durchbrechung im Bereich der internationalen Rechtshilfe verhindert. Nach diesem Vorbehalt wird einem Ersuchen nicht entsprochen, wenn Gegenstand des Verfahrens eine Tat ist, die auf eine Verkürzung fiskalischer Abgaben gerichtet erscheint oder Vorschriften über währungs-, handels- oder wirtschaftspolitische Maßnahmen verletzt.[1527] Eine Ausnahme stellen die Fälle des Abgabebetrugs dar, in denen einem Ersuchen nach Art. 3 Abs. 3 lit. a IRSG entsprochen werden kann. Die Rechtshilfe beschränkt sich dann jedoch auf Maßnahmen nach dem dritten Teil des IRSG, in dem die kleine Rechtshilfe geregelt ist, worauf nachfolgend näher eingegangen wird. Ausgeschlossen von der Rechtshilfe sind damit Auslieferungen, die stellvertretende Strafrechtspflege sowie die Vollstreckung ausländischer Strafentscheide durch

---

1522 Zur grundsätzlichen Bedeutung des Ordre public Vorbehalts im schweizerischen Recht, siehe: *Popp*, Internationale Rechtshilfe, Rn. 397 ff. Vorbehalten bleibt nach Art. 2 IRSG ferner die Wahrung bestimmter grundrechtlicher Mindeststandards durch den ersuchenden Staat. Bei politischen und militärischen Straftaten ist die Gewährung nach Art. 3 Abs. 1 IRSG von Rechtshilfe grundsätzlich ausgeschlossen.

1523 BGE 125 II 83; *Meier-Schatz/Nobel/Waldburger*, Auswirkungen eines EU-Beitritts, S. 236.

1524 Kritisch dazu unter Verweis auf die Freiheitsrechte der schweizerischen Bundesverfassung *Popp*, Internationale Rechtshilfe, Rn. 394.

1525 Siehe dazu oben S. 160 f.

1526 Zum Vorgehen nach Art. 9 IRSG siehe: *Brun*, Die Beschlagnahme von Bankdokumenten, S. 51 ff.

1527 Vgl. zur Reichweite des Fiskalvorbehalts: BGE 112 Ib 339, S. 340.

die Schweiz.[1528] Der Begriff des Abgabebetrugs entspricht dabei nach herrschender Meinung in Rechtsprechung[1529] und Literatur[1530] demjenigen des Art. 14 Abs. 2 VStrR. Die Gegenansicht geht davon aus, Art. 3 Abs. 3 lit. a IRSG verweise auf die Vorschriften über die Steuerhinterziehung. Dies hätte eine engere Begrenzung der Rechtshilfegewährung zur Folge als bei einer Inbezugnahme des Abgabebetrugs.[1531] Denn der Abgabebetrug schließt tatbestandlich sämtliche Fälle des Steuerbetrugs ein, ist aber insgesamt weiter gefasst.[1532] Die Richtigkeit der seit langem herrschenden Meinung lässt sich mit Art. 24 Abs. 1 IRSV sowie mit dem erst im Jahr 2008 eingeführten Art. 3 Abs. 3 lit. b IRSG belegen. Nach Art. 24 Abs. 1 IRSV darf prozessualer Zwang in den Fällen des Art. 3 Abs. 3 IRSG nur bei Abgabebetrug im Sinne des Art. 14 Abs. 2 VStrR ausgeübt werden. Nach Art. 3 Abs. 3 lit. b IRSG wird als Rückausnahme zu lit. a bei qualifiziertem Abgabebetrug im Sinne des 14 Abs. 4 VStrR vollumfänglich Rechtshilfe nach dem IRSG gewährt. Diese Inbezugnahme des Qualifikationstatbestands macht nur dann Sinn, wenn in den Fällen des 3 Abs. 3 lit. a IRSG der Grundtatbestand des Abgabebetrugs anwendbar ist. Denn anderenfalls wäre die Rechtshilfefähigkeit von Ersuchen in fiskalischen Angelegenheiten an verschiedenen nicht deckungsgleichen Vorschriften zu messen.

Wird ein Rechtshilfeersuchen von einem Land gestellt, das wie Deutschland den Tatbestand des Abgabebetrugs nicht kennt, wird der dem Ersuchen zu Grunde liegende Sachverhalt so umgestellt, als ob er sich in der Schweiz zugetragen hätte. Läge dann ein Abgabebetrug vor, so wird dem Ersuchen stattgeben, anderenfalls greift der Fiskalvorbehalt ein und es wird abgelehnt.[1533] Die diesbezüglichen Entscheidungen des Bundesgerichts werden im Ausland oftmals kritisiert, da das Bundesgericht bei der Annahme eines Abgabebetrugs häufig sehr restriktiv ist und die von ihm aufgestellten Abgrenzungskriterien unklar erscheinen.[1534]

Der von Art. 3 Abs. 3 lit. a IRSG in Bezug genommene dritte Teil des IRSG sieht als Rechtshilfemaßnahmen in Art. 63 IRSG insbesondere Auskünfte sowie

---

1528 Vgl. *Spriegel/Wiese*, wistra 2000, S. 409, S. 411; *Heine*, in: Gedächtnisschrift für Vogler, S. 67, S. 75 f.

1529 BGE 125 II 250, S. 252.

1530 *Meier-Schatz/Nobel/Waldburger*, Auswirkungen eines EU-Beitritts, S. 259 ff.; *Schultz*, Bankgeheimnis, S. 26; a.A. *Blumenstein/Locher*, System des schweizerichen Steuerrechts, S. 480.

1531 Zu diesem Meinungsstreit *Gstöhl*, Geheimnisschutz, S. 117 f.

1532 Siehe dazu schon oben S. 188 ff.

1533 Siehe dazu *Volonté/Noi*, in: Investitions- und Steuerstandort Schweiz., S. 225, S. 230 ff.

1534 Vgl. nur *Binder*, wistra 2000, S. 254 ff.; *Spriegel/Wiese*, wistra 2000, S. 409, S. 413 f.

nach schweizerischem Recht zulässige Prozesshandlungen und andere Amtshandlungen vor, soweit sie für ein Verfahren in strafrechtlichen Angelegenheiten im Ausland erforderlich erscheinen oder dem Beibringen der Beute dienen.[1535] Zwangsmaßnahmen werden nach Art. 64 IRSG grundsätzlich nur angeordnet, wenn nach dem zugrunde liegenden Sachverhalt die im Ausland verfolgte Handlung die objektiven Merkmale eines nach schweizerischem Recht strafbaren Tatbestandes aufweist.[1536] Für die Durchführung von Prozesshandlungen gilt nach Art. 12 IRSG grundsätzlich das in Strafsachen maßgebende Prozessrecht. Dabei handelt es sich um einen Verweis auf die entsprechenden kantonalen und Bundesvorschriften.[1537] Dies hat zur Folge, dass das Bankgeheimnis ebenso wie in einem rein innerschweizerischen Strafverfahren durchbrochen wird, da die Strafprozessordnungen der Kantone und des Bundes kein Zeugnisverweigerungsrecht und kein Recht zur Verweigerung der Herausgabe von Akten für Banken und ihrer Mitarbeiter vorsehen.[1538]

Art. 67 IRSG beinhaltet einen allgemeinen Spezialitätsvorbehalt, wonach die im Zuge der Rechtshilfe erlangten Auskünfte und Schriftstücke im ersuchenden Staat in Verfahren wegen Taten, bei denen Rechtshilfe nicht zulässig ist, weder für Ermittlungen genutzt noch als Beweismittel verwendet werden dürfen. Aufgrund des Fiskalvorbehalts in Art. 3 IRSG zählen dazu alle steuerrechtlichen Delikte mit Ausnahme des Abgabebetrugs, so dass insoweit eine nicht vom Gegenstand der Rechtshilfe erfasste Verwendung durch den ersuchenden Staat grundsätzlich nicht erlaubt ist.[1539]

1535 Konkret sind dies unter anderem die Zustellung von Schriftstücken, die Beweiserhebung, insbesondere die Durchsuchung von Personen und Räumen, die Beschlagnahme, der Herausgabebefehl, Gutachten, die Einvernahme und Gegenüberstellung von Personen, die Herausgabe von Akten und Schriftstücken sowie die Herausgabe von Gegenständen oder Vermögenswerten zur Einziehung oder Rückerstattung an den Berechtigten.

1536 Vgl. *Jacquemoud*, SZW 2005, S. 221, S. 229; etwas anderes gilt nach Art. 64 Abs. 2 IRSG nur zur Entlastung des Verfolgten und zur Verfolgung von Taten, die sexuelle Handlungen mit Unmündigen darstellen.

1537 *Schultz*, Bankgeheimnis, S. 28 f.; *Bernasconi*, in: Beiträge zum schweizerischen Bankenrecht, S. 343, S. 353 f.

1538 *Bernasconi*, in: Beiträge zum schweizerischen Bankenrecht, S. 343, S. 358 f.; *Gstöhl*, Geheimnisschutz, S. 193 ff.; siehe zum Bankgeheimnis im Strafverfahren in der Schweiz auch schon oben S. 160 ff.

1539 Diese bedarf vielmehr im Einzelfall der Zustimmung des Bundesamtes für Justiz, es sei denn die Tat, auf die sich das Ersuchen bezieht, stellt einen anderen Straftatbestand dar, für den die Gewährung von Rechtshilfe zulässig wäre, oder das ausländische Strafverfahren richtet sich gegen andere Personen, die an der strafbaren Handlung teilgenommen haben. Für die Anwesenheit ausländischer Vertreter bei den Rechtshilfe-

Art. 67a Abs. 1 IRSG sieht die unaufgeforderte Übermittlung von Beweismitteln und Informationen vor. Danach kann eine schweizerische Strafverfolgungsbehörde mittels einer sogenannten Spontanauskunft Beweismittel, die sie für eine eigene Strafuntersuchung erhoben hat, unaufgefordert an eine ausländische Strafverfolgungsbehörde übermitteln, wenn diese aus ihrer Sicht geeignet scheinen, im Ausland ein Strafverfahren einzuleiten oder eine anhängige Strafuntersuchung zu erleichtern.[1540] Zwar erklärt Art. 67a Abs. 4 IRSG Spontanauskünfte für unzulässig, wenn Beweismittel den Geheimbereich betreffen.[1541] Obwohl das Bankgeheimnis diesem Geheimbereich zuzurechnen ist, steht es in den Fällen des Art. 67a Abs. 5 IRSG einer Spontanauskunft nicht entgegen. Danach können Informationen, die den Geheimbereich betreffen, übermittelt werden, wenn sie geeignet sind, dem ausländischen Staat zu ermöglichen, ein Rechtshilfeersuchen an die Schweiz zu stellen. Der Umfang einer solchen Spontanauskunft ist nur dadurch beschränkt, dass sie nicht zur Vorwegnahme der Rechtshilfe führen darf. [1542] Lassen die zu übermittelnden Informationen auch Rückschlüsse auf eine Bank oder Dritte zu, die nicht mit von den Ermittlungen der schweizerischen Behörde betroffen sind, werden diese Informationen vor der Übermittlung unkenntlich gemacht.[1543]

Obwohl das IRSG also eine grundsätzlich sehr rechtshilfefreundliche Haltung einnimmt und auch eine Durchbrechung des Bankgeheimnisses in weitem

---

handlungen und die Akteneinsicht durch diese gelten diese Bedingungen ebenfalls. Denn nach Art. 65a IRSG ist die Anwesenheit von Personen, die am ausländischen Prozess beteiligt sind, bei Rechtshilfehandlungen sowie die Akteneinsicht durch diese Personen zulässig, wenn der ersuchende Staat die Anwesenheit gestützt auf seine Rechtsordnung verlangt, sowie allgemein dann, wenn sie die Ausführung des Ersuchens oder die Strafverfolgung im Ausland erheblich erleichtern kann. Tatsachen aus dem Geheimbereich dürfen diesen Personen jedoch erst zugänglich gemacht werden, wenn die zuständige Behörde über die Gewährung und den Umfang der Rechtshilfe entschieden hat. Dabei ist strikt darauf zu achten, dass dadurch nicht gegen die im IRSG niedergelegten Spezialitätsvorbehalte verstoßen wird, indem einer ausländischen Behörde Informationen für Zwecke zugänglich gemacht werden, für die keine Rechtshilfe gewährt werden darf, vgl. dazu *Bernasconi*, in: Beiträge zum schweizerischen Bankenrecht, S. 343, S. 361 ff.; *Popp*, Internationale Rechtshilfe, Rn. 420 ff.; *Gstöhl*, Geheimnisschutz, S. 282 ff.

1540 Eingehend dazu Gstöhl, Geheimnisschutz, S. 342 ff

1541 Ebenso wenig dürfen Informationen über Beweismittel, die sich in einem dritten Staat befinden übermittelt werden, da nur die Stellung eines Rechtshilfeersuchens an die Schweiz ermöglicht werden soll, siehe dazu *Wyss*, SJZ 93 (1997), S. 37, S. 41 ff.; *Popp*, Internationale Rechtshilfe, Rn. 424.

1542 BGE 125 II 356 , S. 367

1543 Vgl. *Bernasconi*, in: Beiträge zum schweizerischen Bankenrecht, S. 343; *Lasserre Capdeville*, Le secret bancaire, Rn. 957.

Maß zulässt, wurde und wird das Verfahren nach diesem Gesetz teilweise als zu langsam angesehen.[1544] Der schweizerische Gesetzgeber hat infolgedessen bereits die Zahl der zulässigen Rechtsmittel gegen Maßnahmen im Sinne des IRSG deutlich verringert.[1545] Zugleich hat das Bundesgericht seine langjährige Rechtsprechung[1546] revidiert und entschieden, dass eine Bank, die im Zuge der Rechtshilfe zur Mitwirkung bei Untersuchungen gegen einen ihrer Kunden verpflichtet wird, im Falle einer Durchbrechung des Bankgeheimnisses nicht als Beteiligter des Verfahrens anzusehen ist.[1547] Seither kann eine Bank nicht mehr die einem Beteiligten zustehenden Rechtsmittel einlegen, sondern sich nur gegen solche Maßnahmen wehren, die in ihre persönliche Rechtssphäre eingreifen.[1548]

Vorrangig gegenüber dem IRSG wendet die Schweiz das EuRhÜbk[1549] an, dessen 2. Zusatzprotokoll sie vor einigen Jahren ebenfalls ratifiziert hat.[1550] Das 1. Zusatzprotokoll, das die allgemeine Aufhebung der Fiskalvorbehalte im Sinne des EuRhÜbk vorsieht, hat die Schweiz hingegen bis heute nicht ratifiziert. Aufgrund des schweizerischen Vorbehalts zum EuRhÜbk ist diese Art von Delikten von der Rechtshilfe ausgeschlossen, sofern einem Ersuchen nicht ein Steuer- bzw. Abgabebetrug im Sinne des schweizerischen Rechts zugrunde liegt.[1551] Damit geht die Rechtshilfe nach dem EuRhÜbk im Bereich der Steuerdelikte nicht über das IRSG hinaus.[1552]

Dem Geldwäscheübereinkommen ist die Schweiz mit Wirkung zum 01.09.1993 beigetreten.[1553] Als Vorbehalt wurde unter anderem angegeben, dass Rechtshilfe nur dann geleistet wird, wenn der Geldwäscherei ein Verbrechen im Sinne des schweizerischen Rechts zugrunde liegt. Da selbst der Steuerbetrug als schwerwiegendes Fiskaldelikt kein Verbrechen ist, folgt daraus, dass diese generell keine tauglichen Vortaten der Geldwäscherei und damit nicht rechtshilfefä-

---

1544 Vgl. *Wyss*, SJZ 93 (1997), S. 37 ff.; *Messerli*, ZStR 1993, S. 121 ff.; *Lasserre Capdeville*, Le secret bancaire, Rn. 958 m.w.N.

1545 *Dietzi*, in: Banken und Bankrecht im Wandel, S. 1, S. 18 g.

1546 BGE 116 Ib 106; BGE 118 Ib 442; in diesem Sinne auch *Bernasconi*, in: Beiträge zum schweizerischen Bankenrecht, S. 343, S. 367 ff.

1547 BGE 128 II 211, S. 220 f.

1548 *Gstöhl*, Geheimnisschutz, S. 360 ff., insbesondere S. 369 f.

1549 AS **1967** 831.

1550 Zweites Zusatzprotokoll zum Europäischen Übereinkommen über die Rechtshilfe in Strafsachen (AS **2005** 333), in Kraft getreten am 01.01.2005.

1551 *Lasserre Capdeville*, Le secret bancaire, Rn. 968 ff.

1552 Vgl. dazu auch *Molo*, SZIER 2006, S. 559, S. 563 ff.

1553 AS **1993** 2386.

hig im Sinne des Geldwäscheübereinkommens sind.[1554] Werden in einem Rechtshilfeverfahren Beweismittel übermittelt, unterliegen diese einem Spezialitätsvorbehalt und dürfen nicht für steuerliche Zwecke verwendet werden.[1555]

Über die Rechtshilfe nach dem IRSG und dem EuRhÜbk geht der im Verhältnis zu den USA geltende Staatsvertrag zwischen der Schweizerischen Eidgenossenschaft und den Vereinigten Staaten von Amerika über gegenseitige Rechtshilfe in Strafsachen aus dem Jahr 1973 (RVUS) hinaus.[1556] Zwar fallen nach Art. 2 Nr. 5 RVUS Verstöße gegen Vorschriften über Steuern sowie über Zollabgaben, staatliche Monopolgebühren und den Zahlungsverkehr mit dem Ausland grundsätzlich nicht unter dieses Abkommen. Der RVUS lässt aber weitreichende Ausnahmen davon zu, die diesen Fiskalvorbehalt erheblich abmildern.[1557] Insbesondere in Fällen organisierter Kriminalität besteht ungeachtet des fiskalischen Charakters der einem Ersuchen zugrunde liegenden Tat eine Pflicht zur Leistung von Rechtshilfe. [1558] In diesen Fällen spielt die Unterschei-

---

1554 Urteil des Bundesgerichts 1A.188/2005 vom 24.10.2005; *Bernasconi*, SJZ 95 (1999), S. 401; vgl. zu Beschlagnahmen bei Banken aufgrund von Rechtshilfemaßnahmen nach diesem Abkommen auch *de Preux*, SJZ 104 (2008), S. 33 ff.

1555 Vgl. zu dessen Anwendung und den Anforderungen an die Konkretiserung von Rechtshilfeersuchen in der Schweiz auch *Forster*, ZStR 2006, S. 275, S. 276 ff.; *de Preux*, SJZ 104 (2008), S. 29 ff.

1556 Staatsvertrag zwischen der Schweizerischen Eidgenossenschaft und den Vereinigten Staaten von Amerika über gegenseitige Rechtshilfe in Strafsachen vom 25. Mai 1973, in Kraft getreten am 23.01.1977 (AS 1977 42) mit Briefwechseln. Dieser wird auf schweizerischer Seite umgesetzt durch das Bundesgesetz zum Staatsvertrag mit den Vereinigten Staaten von Amerika über gegenseitige Rechtshilfe in Strafsachen vom 03. Oktober 1975 (AS 1977 17, zuletzt geändert durch AS 2006 2197), vgl.zu diesem Abkommen Stauder/Stauder, IPRax 1984, S. 46 ff.; Kleiner, ÖBA 1987, S. 535 f.

1557 Die entsprechenden Ausnahmen sind in den Nummern 26 und 30 sowie 34 und 35 der zum RVUS gehörigen Liste näher aufgeführt. Dazu gehören etwa Rauschgift-, Chemikalien- und Waffenhandel. Die Art der einem Rechtshilfeersuchen zugrunde liegenden Tat ist in einem solchen Fall unbeachtlich. Auch bei fiskalischen Delikten muss dann Rechtshilfe geleistet werden

1558 Der Begriff der organisierten Kriminalität im Sinne dieses Abkommens ist Art. 6 RVUS zu entnehmen. Danach gilt als „organisierte Verbrechergruppe" eine Vereinigung oder Gruppe von Personen, die sich auf längere oder unbestimmte Zeit zusammengetan hat, um ganz oder zum Teil mit rechtswidrigen Mitteln Einkünfte oder andere Geldwerte oder wirtschaftliche Gewinne für sich oder andere zu erzielen und ihre rechtswidrige Tätigkeit gegen strafrechtliche Verfolgung abzuschirmen, und die zur Erreichung ihrer Zwecke in methodischer und systematischer Weise:
a. wenigstens bei einem Teil ihrer Tätigkeit Gewaltakte oder andere zur Einschüchterung geeignete beidseitig strafbare Handlungen begeht oder zu begehen droht; und
b. entweder

dung von Steuerhinterziehung zu Steuer- und Abgabebetrug wie sie ansonsten für die Rechtshilfe in der Schweiz essentiell ist keine Rolle. Insoweit geht der RVUS also im fiskalischen Bereich über das IRSG und die übrigen Rechtshilfeabkommen der Schweiz hinaus.

Das Bankgeheimnis steht der Übermittlung von Informationen nach dem RVUS nur ausnahmsweise entgegen. Zwar kann die Rechtshilfe nach Art. 3 Abs. 1 lit. a RVUS verweigert werden, wenn die Erledigung eines Ersuchens die Souveränität, Sicherheit oder ähnliche wesentliche Interessen des ersuchten Staates beeinträchtigen würde. Durch Briefwechsel zwischen den Vertragsstaaten des RVUS ist jedoch geklärt worden, wie der Begriff der „ähnlichen wesentlichen Interessen" sich zu den schweizerischen Normen über den Schutz von Fabrikations- und Geschäftsgeheimnissen sowie zum Bankgeheimnis verhält. Danach wird deren Preisgabe nur dann als Verletzung „ähnlicher wesentlicher Interessen" angesehen, wenn sie für die schweizerische Wirtschaft einen erheblichen Nachteil befürchten ließe und dieser unter Berücksichtigung der Bedeutung der Tat nicht zumutbar wäre. Dies entspricht der Auslegung von Art. 1a IRSG.[1559] Art. 10 Abs. 2 RVUS erlaubt darüber hinaus die Übermittlung von Informationen, die eine Bank üblicherweise geheim zu halten hat, über Personen, die mit der dem Ersuchen zugrunde liegenden Straftat in keiner Weise in Verbindung stehen. Voraussetzung dafür ist jedoch, dass das Ersuchen die Untersuchung oder Verfolgung einer schweren Straftat betrifft. Die Auslegung des Begriffs „der schweren Straftat" ist ebenfalls durch Briefwechsel zwischen den Vertragsstaaten geklärt. Es handelt sich dabei im Wesentlichen um die im Anhang zum RVUS aufgeführten Delikte. In diesen Fällen muss die Offenbarung des Geheimnisses für die Ermittlung oder den Beweis einer für die Untersuchung oder das Verfahren wesentlichen Tatsache wichtig sein und in den Vereinigten Staaten müssen vor der Stellung des Rechtshilfeersuchens angemessene, aber erfolglos gebliebene Bemühungen unternommen worden sein, die Beweise oder Auskünfte auf anderem Wege zu beschaffen.[1560]

---

(1) einen Einfluss auf Politik oder Wirtschaft anstrebt, insbesondere auf politische Körperschaften oder Organisationen, öffentliche Verwaltungen, die Justiz, auf Geschäftsunternehmungen, Arbeitgebervereinigungen oder Gewerkschaften oder andere Arbeitnehmervereinigungen; oder

(2) sich formell oder formlos einer oder mehreren ähnlichen Vereinigungen oder Gruppen anschliesst, von denen mindestens eine die in Ziffer 1 hievor beschriebene Tätigkeit ausübt.

1559 Vgl. *Aubert*, Le secret bancaire suisse, S. 561 ff.; *Lasserre Capdeville*, Le secret bancaire, Rn. 950 ff.

1560 Dies entspricht dem inzwischen aufgehobenen Art. 10 Abs. 1 IRSG; siehe dazu *Brun*, Die Beschlagnahme von Bankdokumenten, S. 107 ff.

Auch im Verhältnis zur EU hat die Schweiz in den letzten Jahren Zugeständnisse im Bereich der internationalen Rechtshilfe bei Fiskaldelikten gemacht. Es bleiben jedoch gerade im Bereich der direkten Steuern einige seit langem bestehende Kritikpunkte bestehen. Nachdem das schweizerische Volk Ende 1992 in einem Volksentscheid den Beitritt zum Europäischen Wirtschaftsraum (EWR) abgelehnt und sich für den Abschluss besonderer Vereinbarungen mit der EU ausgesprochen hat, wurden umfangreiche bilaterale Übereinkünfte zwischen der Schweiz und der EU, die sogenannten Bilaterale I und Bilaterale II,[1561] getroffen. Darin verpflichtet sich die Schweiz, bestimmte Teile des acquis communautaire in nationales Recht umzusetzen. Im Gegenzug hat sie insbesondere einen vereinfachten Zugang zu den europäischen Märkten sowie eine größere Personenfreizügigkeit im Verhältnis zur EU gewonnen. Die einzelnen Teilabkommen der hier bedeutenden Bilateralen II sind so gestaltet, dass die Schweiz verpflichtet wird, auch an der Weiterentwicklung der ihnen zugrunde liegenden europäischen Rechtsakte und Maßnahmen teilzunehmen und diese umzusetzen. Die Nichtbeachtung dieser Verpflichtung führt zur Beendigung der gesamten Bilateralen II, was als Guillotine-Klausel bezeichnet wird. Eines dieser Abkommen, das Abkommen zwischen der Schweizerischen Eidgenossenschaft und der Europäischen Union, der Europäischen Gemeinschaft über die Assoziierung dieses Staates bei der Umsetzung, Anwendung und Entwicklung des Schengen-Besitzstands vom 26. Oktober 2004 (SAA),[1562] behandelt die Übernahme des oben besprochenen Schengen-Besitzstandes durch die Schweiz.

Im SAA erklärt die Schweiz ihre Bereitschaft zur Gewährung von Rechtshilfe in Strafsachen gegenüber den EU-Mitgliedstaaten gemäß den Bestimmungen des SDÜ. Zugleich verzichtet sie auf die Geltendmachung der damit unvereinbaren Vorbehalte zum EuRhÜbk.[1563] Das bedeutet, dass die Schweiz die Rechtshilfe in Fiskalsachen nicht mehr generell auf den Abgabebetrug beschränken darf. Allerdings beschränkt sich diese Ausweitung der Rechtshilfe wegen Art. 50 SDÜ auf den Bereich der indirekten Steuern.[1564] Zusätzlich ließ die Schweiz in Art. 7 Abs. 5 SAA festschreiben, dass sie die Umsetzung solcher Rechtsakte und

---

1561 Die im Rahmen der Bilateralen I abgeschlossenen Abkommen sind unter anderem veröffentlicht in Abl. L 114 vom 30.04.2002; zu deren Auswirkungen auf den Finanzsektor *Meier-Schatz/Nobel/Waldburger*, Auswirkungen eines EU-Beitritts, S. 14 ff.

1562 AS **2008** 481.

1563 Vgl. dazu die Erklärung der Schweiz zur Anwendung des Europäischen Übereinkommens über die Rechtshilfe in Strafsachen und des Europäischen Auslieferungsübereinkommens in der Schlussakte des SAA (AS **2008** 481, S. 505)

1564 Siehe dazu auch die Botschaft zur Genehmigung der bilateralen Abkommen zwischen der Schweiz und der Europäischen Union, einschließlich der Erlasse zur Umsetzung der Abkommen («Bilaterale II») vom 1. Oktober 2004, S. 6159 ff. (BBl. 2004 5965).

Maßnahmen verweigern darf, die bewirken, dass die Erledigung von Rechtshilfeersuchen in Strafsachen oder die Anerkennung von Anordnungen zur Durchsuchung und/oder zur Beschlagnahme von Beweisen aus einem anderen Mitgliedstaat nicht mehr den Bedingungen des Artikels 51 SDÜ unterworfen werden kann. In diesem Falle kann die Schweiz binnen 30 Tage der Kommission anzeigen, dass sie die Umsetzung verweigert, ohne dass dies die Anwendung der Guillotine-Klausel bewirken würde. Das heißt, dass die Schweiz die Erledigung von Rechtshilfeersuchen um Durchsuchung und Beschlagnahme gegenüber den EU-Mitgliedstaaten gegenwärtig und auch zukünftig von den in Artikels 51 SDÜ genannten Bedingungen abhängig machen kann. Diese Maßnahmen werden also nur durchgeführt, wenn das darin genannte Mindeststrafmaß von sechs Monaten erfüllt ist. Ordnungswidrigkeiten sind nur rechtshilfefähig, wenn gegen die Entscheidung der für ihre Ahndung zuständigen Behörde ein auch in Strafsachen zuständiges Gericht angerufen werden kann. Daraus ergeben sich wesentliche Beschränkungen der Rechtshilfe in Bezug auf Delikte im Bereich der direkten Steuern. Denn Steuerordnungswidrigkeiten wie die einfache Steuerhinterziehung werden in der Schweiz durch die Steuerbehörden verfolgt. Da diese keine Freiheitsstrafen mit einem Höchstmaß von sechs Monaten verhängen können, ist die erstgenannte Alternative von Art. 51 SDÜ stets unanwendbar. Gleiches gilt für die zweite Tatbestandsalternative, da gegen die Entscheidung dieser Behörden kein auch in Strafsachen zuständiges Gericht angerufen werden kann. Dies hat die Schweiz anlässlich der Unterzeichnung des SAA auch ausdrücklich zu Protokoll gegeben.[1565] Fiskaldelikte im Bereich der direkten Steuern sind daher mit Ausnahme des Steuerbetrugs, bei dem bereits die erste Alternative von Art. 51 lit. a SDÜ einschlägig ist, nicht rechtshilfefähig. Das SAA bedingte daher aus schweizerischer Sicht eine Ausdehnung der Rechtshilfe in Fiskalsachen nur bei den indirekten Steuern, bei den direkten Steuern konnte der Status quo gewahrt werden.[1566]

Dies zeigt sich auch daran, dass der Schweiz bei der Umsetzung des EU-Rechtshilfeübereinkommens eine dem Art. 23 Abs. 7 EU-Rechtshilfeübereinkommen entsprechende Regelung zugestanden wurde. Eben-

1565 Erklärung der Schweiz zur Rechtshilfe in Strafsachen, unter „Andere Erklärungen“ im SAA wiedergegeben; siehe dazu auch *Breitenmoser*, in: Aus der Werkstatt des Rechts, S. 413 f.

1566 *Molo*, SZIER 2006, S. 559, S. 571; Der schweizerische Bundesrat geht davon aus, dass durch Art. 7 Abs. 5 SAA das Bankgeheimnis bei der Gewährung von Rechtshilfe im Bereich der direkten Steuern auch für die Zukunft gesichert sei; siehe dazu auch die Botschaft zur Genehmigung der bilateralen Abkommen zwischen der Schweiz und der Europäischen Union, einschließlich der Erlasse zur Umsetzung der Abkommen («Bilaterale II») vom 01. Oktober 2004, S. 6002.

so wie Luxemburg kann die Schweiz daher der Verwendung der von ihr im Wege der Rechtshilfe übermittelten Daten in anderen Verfahren als demjenigen, das einem Ersuchen zugrunde liegt, widersprechen.[1567] Dadurch wird sichergestellt, dass übermittelte Informationen nicht ohne Zustimmung von schweizerischer Seite von ausländischen Behörden in Verfahren im Bereich der direkten Steuern verwendet werden, die ihrerseits nicht rechtshilfefähig wären.[1568]

Auch das Protokoll von 2001 zwingt die Schweiz nicht, das Bankgeheimnis stärker zu durchbrechen als bisher. Zwar kann nach Art. 7 des Protokolls von 2001 das Bankgeheimnis nicht als Grund für die Verweigerung jeglicher Rechtshilfe dienen. Die Art. 1 Abs. 5 und 2 Abs. 4 des Protokolls von 2001 erlauben es jedoch, die Durchführung von Auskunftsersuchen über Bankkonten und Bankgeschäfte von den gleichen Bedingungen abhängig zu machen, wie sie auch für Durchsuchungen und Beschlagnahmen gelten. Dabei handelt es sich um eine Inbezugnahme von Art. 51 SDÜ. Deshalb ist die Schweiz nicht verpflichtet, diese Maßnahmen bei Steuerdelikten wie einfacher Steuerhinterziehung durchzuführen. Lediglich im Falle des Steuerbetrugs besteht eine Pflicht zur Gewährung von Rechtshilfe nach dem Protokoll von 2001. Dies gilt auch für die Überwachung von Bankgeschäften gemäß Art. 3 Abs. 1 des Protokolls von 2001, da diese nach dessen Abs. 3 ohnehin die Beachtung nationaler Verfahrensvorschriften voraussetzt.

Im Rahmen der Bilateralen II hat die Schweiz auch das sogenannte EU-Betrugsbekämpfungsabkommen abgeschlossen.[1569] Dieses vereinigt die traditionell getrennten Bereiche der internationalen Amts- und Rechtshilfe in sich und belegt damit, wie groß deren Überschneidung gerade im steuerlichen Bereich ist. Ziel dieses Abkommens ist die Bekämpfung von Delikten, die die finanziellen Interessen der Vertragsparteien beeinträchtigen. Darunter fallen nach Art. 2 Abs. 1 EU-Betrugsbekämpfungsabkommen insbesondere Delikte im Bereich der

---

1567 Vgl. die gemeinsame Erklärung der Vertragsparteien zu Artikel 23 Absatz 7 des Übereinkommens vom 29. Mai 2000 über die Rechtshilfe in Strafsachen zwischen den Mitgliedstaaten der Europäischen Union, aufgeführt im Anhang zum SAA.

1568 *Molo*, SZIER 2006, S. 559, S. 571; Botschaft zur Genehmigung der bilateralen Abkommen zwischen der Schweiz und der Europäischen Union, einschließlich der Erlasse zur Umsetzung der Abkommen («Bilaterale II») vom 01. Oktober 2004, S. 6162 ff.

1569 Abkommen vom 26. Oktober 2004 über die Zusammenarbeit zwischen der Schweizerischen Eidgenossenschaft einerseits und der Europäischen Gemeinschaft und ihren Mitgliedstaaten andererseits zur Bekämpfung von Betrug und sonstigen rechtswidrigen Handlungen, die ihre finanziellen Interessen beeinträchtigen (ABl. L 46 vom 17.02.2009; AS 2009 1297). Das EU-Betrugsbekämpfungsbakommen wird seit April 2009 gemäß seinem Art. 44 bis zur Ratifizierung durch alle EU-Mitgliedstaaten seitens der Schweiz vorläufig im Verhältnis zu denjenigen Vertragsparteien angewendet, die eine entsprechende Erklärung abgegeben haben.

Zölle und der Mehrwertsteuer sowie Subventionsbetrug. Die Gewährung von Amts- und Rechtshilfe kann nach Art. 2 Abs. 2 EU-Betrugsbekämpfungsabkommen von dem ersuchten Staat nicht alleine unter Verweis auf den fiskalischen Charakter der einem Ersuchen zugrunde liegenden Handlung verweigert werden. Das bedeutet, dass dahingehende Vorbehalte der Schweiz im Anwendungsbereich des EU-Betrugsbekämpfungsabkommens unbeachtlich sind. Allerdings sind direkte Steuern nach Art. 2 Abs. 4 EU-Betrugsbekämpfungsabkommen aus dessen Anwendungsbereich ausgeschlossen, so dass sich insoweit nichts an den bereits dargestellten Grundsätzen ändert.[1570] Art. 2 Abs. 3 EU-Betrugsbekämpfungsabkommen dehnt die Pflicht zur Gewährung von Amts- und Rechtshilfe auf das Waschen der Erträge aus Delikten aus, die in den Anwendungsbereich dieses Abkommens fallen. Bedingung dafür ist, dass diese Delikte nach dem Recht beider Vertragsparteien mit einer Freiheitsstrafe oder die Freiheit beschränkenden Maßregel der Sicherung und Besserung im Höchstmaß von mehr als sechs Monaten bedroht sind.[1571]

Daneben kann Ersuchen in den in Art. 3 EU-Betrugsbekämpfungsabkommen genannten minder schweren Fällen abgelehnt werden. Dies betrifft Taten, bei denen der verkürzte oder erschlichene Betrag 25 000 EUR oder der Wert der unerlaubt ein- oder ausgeführten Waren 100 000 EUR voraussichtlich nicht übersteigt, es sei denn, die Tat wird wegen ihrer Art oder wegen der Person des Verdächtigen von der ersuchenden Vertragspartei als sehr schwerwiegend betrachtet.

Die Amtshilfe nach den Art. 7 bis 24 EU-Betrugsbekämpfungsabkommen bezieht sich auf alle vom Abkommen erfassten Delikte und umfasst die Erteilung von Informationen, die Überwachung bestimmter Personen, die Zustellung und Übermittlung von Urkunden und Bescheiden sowie die Durchführung von Ermittlungen. Das Verfahren richtet sich dabei gemäß Art. 9 EU-Betrugsbekämpfungsabkommen nach dem internen Recht der ersuchten Behörde, die so zu verfahren hat, als ob sie in Erfüllung eigener Aufgaben oder auf Ersuchen einer anderen nationalen Behörde handeln würde. Dabei hat sie alle ihr nach dem internen Recht zur Verfügung stehenden rechtlichen Befugnisse zur Beantwortung des Ersuchens auszuschöpfen. Daraus folgt, dass ein ausländisches

1570 Dies gilt auch soweit das Recht der ersuchten Partei eine bestimmte Art von Abgaben oder Ausgaben nicht kennt oder nicht dieselbe Art von Rechtsvorschriften oder dieselbe rechtliche Einstufung der Taten enthält wie das Recht der ersuchenden Vertragspartei. Fiskalvorbehalte sind im Rahmen des EU-Betrugsbekämpfungsabkommens daher unbeachtlich.

1571 *Volonté/Noi*, in: Investitions- und Steuerstandort Schweiz., S. 225, S. 233.

Amtshilfeersuchen nicht anders behandelt werden darf als ein inländisches.[1572] Aufgrund der Inbezugnahme der nationalen Vorschriften kommt es in der Schweiz allerdings dazu, dass das Bankgeheimnis im Besteuerungsverfahren zur Leistung von Amtshilfe nicht durchbrochen werden muss. Denn das nationale Recht sieht hier keine Eingriffsbefugnis der Steuerbehörden vor.[1573]

Anders verhält es sich im Bereich der internationalen Rechtshilfe, deren Voraussetzungen in den Art. 25 bis 38 EU-Betrugsbekämpfungsabkommen bestimmt werden. Rechtshilfe ist neben den bereits genannten Zwecken nach Art. 26 EU-Betrugsbekämpfungsabkommen auch in anderen Verfahren zu gewähren. Dies betrifft solche Verfahren, die nach dem nationalen Recht einer oder beider Vertragsparteien als Zuwiderhandlungen gegen Ordnungsvorschriften durch Behörden geahndet werden, wenn gegen deren Entscheidung ein auch in Strafsachen zuständiges Gericht angerufen werden kann. Ferner Zivilsachen, die mit einer Strafklage verbunden sind, solange das Strafgericht noch nicht endgültig über die Strafklage entschieden hat. Schließlich auch solche Verfahren, für die nach dem Recht der ersuchenden Vertragspartei eine juristische Person verantwortlich gemacht werden kann. Durchsuchungen und Beschlagnahmen werden nach Art. 31 EU-Betrugsbekämpfungsabkommen jedoch nur unter zusätzlichen Voraussetzungen durchgeführt. Danach muss die einem Ersuchen zugrunde liegende Tat nach dem Recht beider Vertragsparteien mit einer Freiheitsstrafe oder die Freiheit beschränkenden Maßregel der Sicherung und Besserung im Höchstmaß von mindestens sechs Monaten bedroht sein. Oder diese Tat muss nach dem Recht einer Vertragspartei mit einer Strafe dieser Höhe bedroht sein und nach dem Recht der anderen Vertragspartei als Zuwiderhandlung gegen Ordnungsvorschriften durch Behörden geahndet werden, gegen deren Entscheidung ein auch in Strafsachen zuständiges Gericht angerufen werden kann. Schließlich muss die Erledigung eines Ersuchens auch im Übrigen mit dem Recht der ersuchten Partei vereinbar sein. Diese Bedingungen entsprechen Art. 51 lit. a SDÜ. Anders als bei den darunter fallen Delikten handelt es sich im Bereich des EU-Betrugsbekämpfungsabkommen jedoch um Steuerstrafverfahren im Bereich der indirekten Steuern, auf die nach schweizerischem Recht das VStrR Anwendung findet. Dieses erlaubt in Steuerstrafverfahren generell eine Aufhebung des Bankgeheimnisses. Allerdings sind auch hier die sich aus Art. 3 EU-Betrugsbekämpfungsabkommen ergebenden Beschränkungen in minder

1572 Botschaft zur Genehmigung der bilateralen Abkommen zwischen der Schweiz und der Europäischen Union, einschließlich der Erlasse zur Umsetzung der Abkommen («Bilaterale II») vom 01. Oktober 2004, S. 6190.

1573 Vgl. zu den Durchbrechungen des Bankgeheimnisses im Bereich der indirekten Steuern in der Schweiz schon oben S. 190 ff.

schweren Fällen zu beachten. Dadurch sind einfache Hinterziehungsdelikte mit kleinen Deliktsbeträgen weiterhin von der Rechtshilfe ausgeschlossen.[1574]

Dieselben Voraussetzungen wie für Durchsuchungen und Beschlagnahmen gelten nach Art. 32 EU-Betrugsbekämpfungsabkommen auch für die Erteilung von Bank- und Finanzauskünften. Diese Bestimmung entspricht inhaltlich den Art. 1 bis 3 des Protokolls von 2001 und überträgt die darin vorgesehenen Maßnahmen in den Bereich der internationalen Rechtshilfe bei indirekten Steuern. Bank- und Finanzauskünfte sollen dazu dienen, Konten bei im Hoheitsgebiet der ersuchten Partei niedergelassenen Banken zu ermitteln, wenn gegen deren Inhaber oder Bevollmächtigte ermittelt wird. Zudem können Konten von Dritten ermittelt werden, über die diese Personen die Kontrolle ausüben. Daneben ist die Ermittlung von Bankgeschäften möglich, die von einem, nach oder über ein oder mehrere Bankkonten oder von bestimmten Personen in einem bestimmten Zeitraum getätigt wurden. Dies schließt alle Informationen über diese Geschäfte ein. Diese auf die Vergangenheit bezogenen Maßnahmen sind für die Schweiz nicht neu. Im Gegensatz dazu sieht Art. 32 Abs. 2 EU-Betrugsbekämpfungsabkommen entsprechend Art. 3 Abs. 1 des Protokolls von 2001 die laufende Überwachung von Konten oder Bankgeschäften einer bestimmten Person vor. Dabei handelt es sich um eine Maßnahme, die die Schweiz vor dem Abschluss des EU-Betrugsbekämpfungsabkommens nur in Einzelfällen angewandt hat. Da die laufende Überwachung von Konten und Bankgeschäften ein besonders schwerwiegender Eingriff in die Privatsphäre der betroffenen Personen ist, handelt es sich um eine dispositive Vorschrift. Eine Pflicht zur Durchführung dieser Maßnahme besteht nicht. Wird eine laufende Kontenüberwachung angeordnet, richtet sich deren Umfang nach dem internen Strafprozessrecht der ersuchten Partei. Um Ausforschungsersuchen („Fishing expedition“) zu verhindern, ist die ersuchende Partei wegen Art. 32 Abs. 4 EU-Betrugsbekämpfungsabkommen verpflichtet, genaue Angaben über die Hintergründe ihres Ersuchens zu machen. Das Bankgeheimnis kann nach Art. 32 Abs. 5 EU-Betrugsbekämpfungsabkommen nicht als Begründung für die Ablehnung jeglicher Zusammenarbeit in diesem Rahmen dienen. Daraus ergeben sich jedoch keine weitergehenden Durchbrechungen des Bankgeheimnisses als bisher, da dieses der Gewährung von Rechtshilfe ohnehin nicht entgegensteht, wenn ein rechtshilfefähiger Tatbestand vorliegt.[1575]

1574 Botschaft zur Genehmigung der bilateralen Abkommen zwischen der Schweiz und der Europäischen Union, einschließlich der Erlasse zur Umsetzung der Abkommen («Bilaterale II») vom 01. Oktober 2004, S. 6197 f.

1575 Botschaft zur Genehmigung der bilateralen Abkommen zwischen der Schweiz und der Europäischen Union, einschließlich der Erlasse zur Umsetzung der Abkommen («Bila-

Der Rechtshilfe nach dem EU-Betrugsbekämpfungsabkommens steht also weder das Bankgeheimnis entgegen noch spielt die Unterscheidung von Steuerhinterziehung und Steuer- bzw. Abgabebetrug eine Rolle. Da dieses Abkommen jedoch auf den Bereich der indirekten Steuern beschränkt ist, konnte es den wesentlichen Kritikpunkt an der Schweiz, der sich auf die weitgehende Verweigerung von Amts- und Rechtshilfe im Bereich der direkten Steuern bezog, nicht beseitigen.[1576]

9.1.4.2 Internationale Amtshilfe

Im Rahmen der Bilateralen II verpflichtete sich die Schweiz ähnlich wie Luxemburg und Österreich aufgrund der Zinsrichtlinie zur Einbehaltung einer Quellensteuer auf Kapitalerträge ausländischer Anleger. Die Details dieser Steuer sind in dem Abkommen mit der EG über die Besteuerung von Zinserträgen von Ausländern aus EG-Staaten (Zinsbesteuerungsabkommen Schweiz-EG)[1577] festgelegt. Dieses Abkommen wurde durch das Bundesgesetz zum Zinsbesteuerungsabkommen mit der Europäischen Gemeinschaft vom 17. Dezember 2004 (Zinsbesteuerungsgesetz, S-ZBstG)[1578] umgesetzt. Danach behalten schweizerische Zahlstellen, zu denen insbesondere Banken in Sinne des BankG gehören, [1579] einen häufig als Quellensteuer bezeichneten Steuerrückbehalt auf Zinszahlungen von nutzungsberechtigten ausländischen Personen[1580] ein. Der Rückbehalt wird nach Art. 5 Abs. 1 S-ZBstG an die ESTV überwiesen, die die Auszahlung an die EU-Mitgliedstaaten übernimmt.[1581] Zu einem zwischenstaatlichen Austausch von Informationen über einen Bankkunden kommt es nach Art. 6 S-ZBstG nur, wenn der Kunde ausdrücklich darin einwilligt, damit er direkt in

---

terale II») vom 01. Oktober 2004, S. 6198 ff.; vgl. auch *de Preux*, SJZ 104 (2008), S. 29, S. 31.

1576 Vgl. *Volonté/Noi*, in: Investitions- und Steuerstandort Schweiz., S. 225, S. 234 f.

1577 Abkommen zwischen der Schweizerischen Eidgenossenschaft und der Europäischen Gemeinschaft über Regelungen, die den in der Richtlinie 2003/48/EG des Rates im Bereich der Besteuerung von Zinserträgen festgelegten Regelungen gleichwertig sind vom 26. Oktober 2004 (AS **2005** 2571).

1578 AS **2005** 2558, geändert durch AS **2006** 2197.

1579 Definiert in Art. 2 lit. a S-ZBstG mit Verweis auf Art. 6 Zinsbesteuerungsabkommen EG-Schweiz.

1580 Definiert in Art. 2 lit. c S-ZBstG mit Verweis auf Art. 4 Zinsbesteuerungsabkommen EG-Schweiz.

1581 Für das Jahr 2009 hat die Schweiz insgesamt über 400 Millionen Schweizer Franken an Quellensteuern zurückbehalten und an die EU-Mitgliedstaaten überwiesen, davon entfielen rund 109 Millionen Franken auf Deutschland. Aktuelle Zahlen sind auf der Seite der ESTV abrufbar unter: http://www.estv.admin.ch/euzinsbesteuerung/themen/00703/index.html?lang=de (Stand: 17.11.2010).

seinem Heimatland besteuert werden kann. In diesem Fall wird auf die Erhebung der Quellensteuer verzichtet.[1582]

Im Unterschied zu der in Deutschland, Luxemburg und Österreich geltenden Zinsrichtlinie umfasst das Zinsbesteuerungsabkommen Schweiz-EG auch den Bereich der steuerlichen Amtshilfe, der zuvor nur von einem Abkommen mit Deutschland erfasst wurde.[1583] Danach ist der Austausch von Informationen nicht nur zur Durchführung dieses Abkommens erlaubt, sondern nach Art. 10 Zinsbesteuerungsabkommen Schweiz-EG auch bei begründetem Verdacht auf Steuerbetrug oder ähnliche Delikte in Bezug auf die vom Zinsbesteuerungsabkommen Schweiz-EG umfassten Erträge. Der Begriff des Steuerbetrugs ist nach dem Recht des ersuchten Staates zu bestimmen. Geht es also um die Gewährung von Amtshilfe durch die Schweiz, ist der Begriff dem dortigen Recht zu entnehmen. Als „ähnlich" gelten solche Delikte, die nach den Rechtsvorschriften des ersuchten Staates denselben Unrechtsgehalt wie Steuerbetrug aufweisen. Eine Verzeichnis dieser Delikte soll im Rahmen bilateraler Verhandlungen der Schweiz mit den einzelnen EU-Mitgliedstaaten festgelegt werden. Durch Art. 10 Abs. 1 Zinsbesteuerungsabkommen hat die Schweiz auf der einen Seite die Gewährung von Amtshilfe im Fiskalbereich ausgeweitet. Auf der anderen Seite ergibt sich daraus in materieller Hinsicht jedoch keine weitergehende Verpflichtung der Schweiz zur internationalen Zusammenarbeit in Steuersachen. Denn im Bereich der internationalen Rechtshilfe wird in den Fällen von Steuerbetrug schon seit langem Rechtshilfe gewährt.[1584] Allerdings erlaubt das Zinsbesteuerungsabkommen Schweiz-EG dem Empfängerstaat die Verwendung übermittelter Informationen in weiterem Maße als frühere Abkommen. Denn die Informationen unterliegen nach Art. 10 Abs. 1 Zinsbesteuerungsabkommen Schweiz-EG keinem Spezialitätsvorbehalt, der ihre Verwendung auf das einem Ersuchen zugrunde liegende Verfahren beschränken würde. Vielmehr können sie von dem ersuchenden Staat in Verwaltungs-, Zivil- oder Strafverfahren verwendet werden. Dies schließt die Verwendung in einem Besteuerungsverfahren ein.[1585]

1582 Art. 6 S-ZBstG mit Verweis auf Art. 2 des Abkommens; vgl. dazu *Volonté/Noi*, in: Investitions- und Steuerstandort Schweiz., S. 225, S. 238 f.

1583 Botschaft zur Genehmigung der bilateralen Abkommen zwischen der Schweiz und der Europäischen Union, einschließlich der Erlasse zur Umsetzung der Abkommen («Bilaterale II») vom 01. Oktober 2004, S. 6212.

1584 Botschaft zur Genehmigung der bilateralen Abkommen zwischen der Schweiz und der Europäischen Union, einschließlich der Erlasse zur Umsetzung der Abkommen («Bilaterale II») vom 01. Oktober 2004, S. 6212; *Breitenmoser*, in: Aus der Werkstatt des Rechts, S. 415 f.

1585 *Molo*, SZIER 2006, S. 559, S. 580.

Das Zinsbesteuerungsabkommen Schweiz-EG stellt sich insgesamt als Kompromiss zwischen den Interessen der Schweiz an der Erhaltung der Attraktivität ihres Finanzplatzes und dem Interesse des europäischen Auslands an der Verminderung von Steuerflucht durch Geldanlage im Ausland dar.[1586] Die Schweiz konnte ihr Bankgeheimnis darin generell verteidigen, da eine Übermittlung darunter fallender Daten nur mit Einwilligung des Kunden oder bei Steuerbetrug vorgesehen ist. Aus diesem Grunde konnte das Zinsbesteuerungsabkommen Schweiz-EG jedoch auch die ausländische Kritik am schweizerischen Bankgeheimnis, die sich an dessen weitgehender Undurchdringlichkeit im Fiskalbereich entzündet, nicht beenden.

Denn bis zum Jahr 2009 genügte keines der von der Schweiz abgeschlossenen DBA[1587] dem OECD-Standard.[1588] Erst zu dieser Zeit kündigte auch die Schweiz an, sich diesem Standard zu unterwerfen, was zu einer erheblichen Verunsicherung von Bankkunden führte.[1589] Die Regierung war daher bemüht, Spekulationen über ein Ende des Bankgeheimnisses zu zerstreuen.[1590] Da die Schweiz bereits mehr als die erforderliche Mindestzahl von zwölf OECD-konformen Abkommen abgeschlossen hat, gilt sie nach den Vorgaben der OECD nun als ein in Steuersachen kooperativer Staat.

Zuvor leistete die Schweiz grundsätzlich keine Amtshilfe bei Steuerdelikten. Lediglich das Abkommen zwischen der Schweizerischen Eidgenossenschaft und der Bundesrepublik Deutschland zur Vermeidung der Doppelbesteuerung auf dem Gebiete der Steuern vom Einkommen und vom Vermögen (DBA Schweiz-Deutschland) [1591] sowie das Abkommen zwischen der Schweizerischen Eidge-

---

1586 *Volonté/Noi*, in: Investitions- und Steuerstandort Schweiz., S. 225, S. 238.

1587 Aktuelle Informationen zu den schweizerischen DBA sind abrufbar auf der Internetseite der ESTV unter: http://www.estv.admin.ch/intsteuerrecht/themen/00170/index.html?lang=de (Stand: 17.11.2010).

1588 Vgl. dazu auch die Dokumentation des EFD zum Thema Amts- und Rechtshilfe in Steuersachen unter: http://www.efd.admin.ch/dokumentation/zahlen/00579/00608/ index.html?lang=de (Stand: 17.11.2010).

1589 Daher sah sich der frühere schweizerische Bundespräsident *Hans-Rudolf Merz* zu einer „Video-Botschaft zum Bankgeheimnis" veranlasst. Darin gab er bekannt, dass aus dem Bekenntnis zum OECD-Standard innerschweizerisch keinerlei neue Beschränkungen oder gar eine Abschaffung des Bankgeheimnisses folgten. Die Neuausrichtung sichere vielmehr die Zukunftsfähigkeit des Finanzplatzes Schweiz, da sich dessen Reputation dadurch international verbessern werde Die Videobotschaft ist abrufbar unter: http://www.efd.admin.ch/dokumentation/podcast/01397/index.html?lang=de (Stand: 17.11.2010).

1590 Medienmitteilung des Bundesrates vom 13.03.2009, abrufbar unter: http://www.eda.admin.ch/eda/de/home/recent/media/single.html?id=25863 (Stand: 17.11.2010).

1591 AS **1972** 3075, zuletzt geändert AS **2003** 2530.

nossenschaft und den Vereinigten Staaten von Amerika zur Vermeidung der Doppelbesteuerung auf dem Gebiete der Steuern vom Einkommen mit verbindlichem Protokoll (DBA Schweiz-USA)[1592] sahen eine auf Fälle von Abgabebetrug beschränkte Amtshilfe bei Steuerdelikten vor. [1593] Beide Abkommen wurden mittlerweile an den OECD-Standard angepasst. Das revidierte DBA Schweiz-Deutschland wurde Ende Oktober 2010 von den Vertragsparteien unterzeichnet, ist aber noch nicht in Kraft getreten.[1594]

Zur Umsetzung aller revidierten sowie neu abgeschlossenen schweizerischen DBA, die ab dem 01. Oktober 2010 in Kraft treten, gelten vorbehaltlich abweichender Bestimmungen im Einzelfall mit Wirkung ab diesem Tag die Regelungen der Verordnung über die Amtshilfe nach Doppelbesteuerungsabkommen (ADV).[1595] Für die vor dem genannten Stichtag in Kraft getretenen DBA gelten weiterhin die bisherigen Amtshilfebestimmungen. Die ADV stellt dabei

---

1592 Abkommen zwischen der Schweizerischen Eidgenossenschaft und den Vereinigten Staaten von Amerika zur Vermeidung der Doppelbesteuerung auf dem Gebiete der Steuern vom Einkommen mit verbindlichem Protokoll (AS **1999** 1460) mit dazugehöriger Umsetzungsverordnung (AS **1998** 1807, zuletzt geändert durch AS **2006** 4705).

1593 Diese Begrenzung folgte im Falle des DBA Schweiz-Deutschland aus Art. 27 Abs. 1 lit. b DBA Schweiz-Deutschland, wonach die Gewährung von Amtshilfe zur Durchführung des innerstaatlichen Rechts eines Vertragsstaates bei Betrugsdelikten zulässig ist. Dieser Begriff wird durch das anlässlich der Änderung des DBA ratifizierte Protokoll verbindlich definiert. Als Betrugsdelikt galt danach ein betrügerisches Verhalten, das nach dem Recht beider Staaten ein Steuervergehen darstellte und mit Freiheitsstrafe bedroht war. Dies hatte zur Folge, dass bei einem Verhalten, dass nach deutschem Recht als Steuerhinterziehung einzuordnen war, nur dann Amtshilfe seitens der Schweiz gewährt wurde, wenn das Verhalten dort einem Steuer- oder Abgabebetrug entsprach, nicht jedoch dann, wenn es sich um einfache Steuerhinterziehung handelte, da diese gerade kein betrügerisches Verhalten voraussetzt. In diesem Rahmen stand das Bankgeheimnis der Beschaffung von Urkundenbeweisen bei Banken und deren Weiterleitung an den ersuchenden Staates nach Art. 27 Abs. 2 DBA Schweiz-Deutschland nicht entgegen, sofern zwischen dem betrügerischen Verhalten und der gewünschten Amtshilfemaßnahme ein direkter Zusammenhang bestand, vgl. dazu das Protokoll zum DBA Schweiz-Deutschland, das in der Schweiz als Anhang zu diesem Abkommen abgedruckt ist. Siehe zum DBA Schweiz-Deutschland von 2003 sowie zur früheren Rechtslage auch *Stahlschmidt*, IStR 2003, S. 109 ff. Vgl. auch *Lasserre Capdeville*, Le secret bancaire, Rn. 1042 ff.; *Meier-Schatz/Nobel/Waldburger*, Auswirkungen eines EU-Beitritts, S. 256 ff.

1594 Das Revisionsprotokoll zu diesem Abkommen ist abrufbar unter: http://www.bundesfinanzministerium.de/nn_54192/DE/BMF__Startseite/Aktuelles/BMF__Schreiben/Internationales__Steuerrecht/Staatenbezogene__Informationen/Schweiz/011__1,templateId=raw,property=publicationFile.pdf (Stand: 17.11.2010).

1595 AS **2010** 4017.

nur eine Übergangslösung dar und soll zeitnah durch ein Fiskalamtshilfegesetz ersetzt werden.[1596]

Gemäß § 2 ADV liegt die Zuständigkeit für die Durchführung der Amtshilfe bei der ESTV. Soweit es um die Durchführung eines DBA selbst geht, übermittelt die ESTV gemäß § 4 ADV der ersuchenden Behörde alle nach schweizerischem Recht erhältlichen Informationen. Im Rahmen dieser sogenannten kleinen Amtshilfe dürfen keine Zwangsmassnahmen zur Informationserlangung eingesetzt werden, so dass insbesondere das Bankgeheimnis nicht durchbrochen werden kann. Vor der Informationsübermittlung informiert die ESTV die betroffene Person[1597] über Art und Umfang der zu übermittelnden Informationen. Stimmt diese dem Austausch schriftlich zu oder antwortet sie nicht binnen 30 Tagen auf die Mitteilung der ESTV, werden die Informationen unmittelbar an den ersuchenden Staat übermittelt. Anderenfalls erlässt die ESTV eine Verfügung gegen die der Betroffene Beschwerde vor dem schweizerischen Bundesverwaltungsgericht (BVGer) erheben kann.

Das Verfahren zur Durchführung von Amtshilfeersuchen zur Durchsetzung des internen Steuerrechts eines Staates, die sogenannte große Amtshilfe, ist ähnlich ausgestaltet wie die Rechtshilfe nach dem IRSG. Zunächst kontrolliert die ESTV gemäß § 5 Abs. 1 ADV im Rahmen einer Vorprüfung die grundsätzliche Zulässigkeit eines Amtshilfeersuchens, wobei sich die formellen Anforderungen an Amtshilfeersuchen vorbehaltlich abweichender Sonderbestimmungen in einem DBA aus § 5 Abs. 3 ADV ergeben. Insoweit ist insbesondere darauf zu achten, dass ein Ersuchen zur bloßen Beweisausforschung unzulässig ist. Im Hinblick auf das Bankgeheimnis sind die in Art. 5 Abs. 2 AVD genannten Gründe, aus denen die ESTV ein Amtshilfeersuchen ablehnt, von zentraler Bedeutung. Danach wird die Amtshilfe verweigert, wenn sie mit den grundlegenden Werten des schweizerischen Rechts (Ordre public) oder wesentlichen Interessen der Schweiz nicht vereinbar ist. Eine Ablehnung erfolgt auch dann, wenn ein Ersuchen dem Grundsatz von Treu und Glauben widerspricht oder wenn es auf Informationen beruht, die durch nach schweizerischem Recht strafbare Handlungen beschafft oder weitergeleitet worden sind. Der zuletzt genannte Ablehnungsgrund stellt klar, dass sich kein Staat, wie etwa Deutschland im Falle des Ankaufs der schweizerischen Bankdaten, unter Verstoß gegen schweizerisches Recht Informationen verschaffen und von diesem Verstoß dahingehend

---

1596 Anhörungsbericht zur Verordnung über die Amtshilfe nach Doppelbesteuerungsabkommen (ADV), Ergebnisbericht, S. 3, abrufbar unter: http://www.admin.ch/ch/d/gg/pc/documents/1887/Ergebnis.pdf (Stand: 17.11.2010).

1597 Betroffene Person ist nach der Legaldefinition in § 3 lit. a ADV, die Person, über die im Amtshilfeersuchen Informationen verlangt werden.

profitieren kann, dass er die erlangten Daten zur Stellung eines Amtshilfeersuchens verwendet.[1598]

Liegt kein Ablehnungsgrund vor, wird das eigentliche Amtshilfeverfahren eingeleitet. Gemäß § 6 Abs. 1 ADV fordert die ESTV die betroffene Person oder den Informationsinhaber[1599] mittels einer unanfechtbaren Zwischenverfügung unter Fristsetzung zur Herausgabe der ersuchten Informationen auf. Dabei dürfen nach § 6 Abs. 2 ADV zur Beschaffung der Informationen nur solche Maßnahmen durchgeführt werden, die dem schweizerischen Recht entsprechen oder deren Durchführung das anwendbare Abkommen ausdrücklich erlaubt. Das heißt, dass sich das Amtshilfeverfahren grundsätzlich nach nationalem Recht einschließlich der sich daraus ergebenden Beschränkungen richtet. In Bezug auf Zwangsmaßnahmen verweist § 6 Abs. 3 ADV auf § 9 ADV. Nach den §§ 7 und 8 ADV kann die ESTV auch die kantonalen Steuerbehörden und andere Verwaltungsbehörden, zur Übermittlung von Informationen auffordern.

Kommt die betroffene Person oder der Informationsinhaber der Aufforderung zur Preisgabe von Informationen nach § 6 ADV nicht nach, kann die ESTV nach Maßgabe von § 9 ADV Zwangsmaßnahmen zu deren Erlangung anwenden. Danach sind die Durchsuchung von Räumen oder von Gegenständen, Dokumenten und Unterlagen in Schriftform oder auf Bild- oder Datenträgern sowie die Beschlagnahme dieser Gegenstände zulässig. Die Durchführung dieser Maßnahmen richtet sich nach den §§ 45 – 50 VStR.[1600] In Fällen von Steuer- oder Abgabebetrug sowie bei fortgesetzter Hinterziehung großer Steuerbeträge nach Art. 190 Abs. 2 DBG[1601] ist zudem die polizeiliche Vorführung von Zeugen erlaubt.

Stimmen die nach § 13 Abs. 2 AVD beschwerdeberichtigten Personen, insbesondere die betroffene Person, der Informationsweitergabe an die ausländische ersuchende Stelle zu, übermittelt die ESTV die Informationen im vereinfachten Verfahren gemäß § 11 ADV unter Verweis auf diese Zustimmung unmittelbar an die ersuchende Stelle.

Wird die Zustimmung nicht erteilt, erlässt die ESTV gemäß § 12 Abs. 1 ADV eine Schlussverfügung, in der die Amtshilfeleistung begründet und über den Umfang der zu übermittelnden Informationen entschieden wird. Darüber

---

1598 Anhörung zur Verordnung über die Amtshilfe nach Doppelbesteuerungsabkommen (ADV), S. 6, abrufbar unter: http://www.estv.admin.ch/dokumentation/00071/00073/01081/index.html?lang=de (Stand: 17.11.2010).

1599 Nach § 3 lit. b ADV ist Informationsinhaber, wer in der Schweiz über die verlangten Informationen verfügt, ausgenommen die schweizerischen Verwaltungsbehörden nach den Artikeln 7 und 8 ADV.

1600 Vgl. zum VStR oben S. 189 f.

1601 Siehe dazu auch oben S. 189 f.

informiert sie nach § 12 Abs. 3 ADV gleichzeitig die betroffene Person, besonders betroffene Drittpersonen,[1602] die interessierten kantonalen Steuerverwaltungen und den Informationsinhaber.

Gegen diese Schlussverfügung können die betroffene Person, der Informationsinhaber, sowie mit Einschränkungen besonders betroffene Dritte[1603] nach § 13 ADV Beschwerde vor dem BVGer einlegen. Dieses entscheidet abschließend über die Rechtmäßigkeit der Amtshilfe.

Wird eine Schlussverfügung der ESTV nicht mit der Beschwerde angegriffen oder gerichtlich bestätigt und tritt damit in Rechtskraft, übermittelt die ESTV nach § 14 Abs. 1 AVD der ersuchenden Behörde die zum Austausch vorgesehenen Informationen. Dabei weist sie nach § 14 Abs. 2 ADV besonders auf etwaige Spezialitätsvorbehalte in Hinblick auf deren Verwendbarkeit sowie auf die Geheimhaltungspflichten nach den Amtshilfebestimmungen des anwendbaren Abkommens hin.

Gemäß § 15 Abs. 1 ADV dürfen die erlangten Informationen mit Eintritt der Rechtskraft der Schlussverfügung auch zur Durchsetzung des schweizerischen Steuerrechts verwendet werden. Für Bankinformationen gilt dies nach § 15 Abs. 2 ADV jedoch nur, soweit sie nach schweizerischem Recht hätten beschafft werden können. Das bedeutet, die schweizerischen Steuerbehörden dürfen solche Informationen nicht verwenden, die sie selbst in einem innerschweizerischen Verfahren nicht hätten beschaffen können. Insoweit gelten für sie aufgrund des Bankgeheimnisses also nach wie vor die nationalen Ermittlungsbeschränkungen.

Gleiches gilt, wenn die Schweiz als ersuchender Staat ein Amtshilfeersuchen stellt. Das entsprechende Verfahren ist in § 16 ADV geregelt. Danach haben die nationalen Behörden alle Ersuchen um internationale Amtshilfe an die ESTV zu richten. Diese prüft die Ersuchen auf ihre Vereinbarkeit mit dem jeweiligen Abkommen, leitet sie an den ersuchten Staat weiter und betreut das Verfahren bis zu seinem Abschluss. Auch hier sind die schweizerischen Behörden an ihre nationalen Ermittlungsbeschränkungen aufgrund des Bankgeheim-

---

1602 Darunter werden solche Personen verstanden, die zwar nicht im formellen Sinne von einem Verfahren betroffen sind, aber über das Interesse der Allgemeinheit hinaus materiell ein schutzwürdiges Interesse am Ausgang des Verfahrens haben. Dies sind beispielsweise solche Personen, über die im Zuge eines Verfahrens gegen eine bestimmte andere Person ebenfalls Informationen übertragen werden, vgl. dazu die Anhörung zur Verordnung über die Amtshilfe nach Doppelbesteuerungsabkommen (ADV), S. 12 f.

1603 Insoweit verweist § 12 Abs. 2 ADV auf § 48 VwVG. Die Beschwerdeberichtigung hängt danach vor allem davon ab, dass der Dritte durch die angefochtene Verfügung besonders berührt wird und ein schutzwürdiges Interesse an deren Aufhebung oder Änderung hat.

nisses gebunden. Die Schweiz verzichtet daher gegenwärtig darauf, im Wege der Amtshilfe alle nach Art. 26 Abs. 5 OECD-Musterabkommen zulässigen Ermittlungsmaßnahmen bei Banken in Anspruch zu nehmen. Dieser politisch motivierte Verzicht wird jedoch zunehmend kritisiert. Die schweizerischen Steuerbehörden begehren überwiegend erweiterte Zugriffsmöglichkeiten auf Bankinformationen.[1604]

Noch im Jahr 2009 wurde das schweizerische Bankgeheimnis in gleich zweimal von den USA unter Umgehung der damals bestehenden Amts- und Rechtshilfeabkommen durchbrochen. Diese Fälle illustrieren drastisch, wo das Amts- und Rechtshilfesystem in der Schweiz bisher an seine Grenzen stieß, und welche Gegenreaktionen ihre vermeintlich unkooperative Haltung in Steuersachen auslösen kann. Im ersten Fall hatte die FINMA, gestützt auf ihre Befugnisse gemäß den Art. 25 und 26 BankG zur Abwendung einer Bankeninsolvenz, die Großbank UBS verpflichtet, die Daten von 285 amerikanischen Kunden an sie herauszugeben. Anschließend übermittelte die FINMA diese Daten trotz eines noch laufenden Rechtshilfeersuchens der USA unmittelbar an die amerikanischen Behörden, die gegen die UBS wegen des Verdachts der Beihilfe zur Steuerhinterziehung ermittelten. Ihr Vorgehen begründete die FINMA damit, dass die UBS ansonsten Gefahr laufe, von amerikanischen Gerichten zu Strafzahlungen in Milliardenhöhe verurteilt zu werden, wodurch nicht nur die Stabilität der Bank selbst sondern der gesamte schweizerische Finanzplatz gefährdet würde.[1605] Das BVGer hat diese Argumentation verworfen und die Datenübermittlung für rechtswidrig erklärt, da keine rechtliche Grundlage zur Durchbrechung des Bankgeheimnisses bestanden habe.[1606]

Kurz nach der Datenübermittlung durch die FINMA wurde bekannt, dass die amerikanische Finanzbehörde Internal Revenue Service (IRS) von der UBS die Heraushabe der Daten von rund 52.000 amerikanischen Kunden verlangte. Auch hier wurde mit einer Klage vor amerikanischen Gerichten gedroht.[1607] Hoffnungen, dass im Zuge der Verhandlungen zur Änderung des DBA Schweiz-USA in dieser Angelegenheit eine für alle Beteiligten befriedigende Lösung ge-

---

1604 Anhörungsbericht zur Verordnung über die Amtshilfe nach Doppelbesteuerungsabkommen (ADV), Ergebnisbericht, S. 5 f.

1605 Zudem musste die UBS 780 Millionen Dollar zahlen, um die von den Kunden hinterzogenen Steuern auszugleichen und den Gewinn aus dem Geschäft mit diesen Kunden abzuschöpfen, vgl. F.A.Z. vom 20.02.2009, S. 18.

1606 Urteil des schweizerischen Bundesverwaltungsgerichts vom 05.01.2010 - B-1092/2009.

1607 Siehe dazu F.A.Z. vom 21.02.2009, S. 13.

funden werden könne, bestätigten sich nicht.[1608] Daher kündigte das Eidgenössische Justiz- und Polizeidepartment (EJPD) in einer Eingabe an das zuständige amerikanische Gericht hat an, im Falle einer Verurteilung der USB zur Datenherausgabe, deren Übermittlung wegen Verletzung des Bankgeheimnisses zu verbieten und diese schon im Vorfeld zu verhindern.[1609] Das amerikanische Gericht erwiderte darauf, man werde bei der amerikanischen UBS Tochtergesellschaft Vermögenswerte beschlagnahmen, sollte die UBS die Aufforderung zur Datenherausgabe nicht erfüllen. Den Verweis auf das entgegenstehende schweizerische Recht sah das Gericht nicht als stichhaltig an, da bereits vorher Daten von der UBS übermittelt worden seien, ohne dass diese deswegen belangt worden sei. Dies belegt, dass bereits diese erste Datenübermittlung dem schweizerischen Bankgeheimnis großen Schaden zugefügt hat, da dadurch dessen Undurchdringlichkeit außerhalb der gesetzlichen Aufhebungsgründe in Frage gestellt wurde. Letztlich einigten sich der IRS und die schweizerische Bundesregierung, die für die UBS die Verhandlungen mit den Vertretern der USA führte, im August 2009 in einem außergerichtlichen Vergleich darauf, die Daten von 4450 amerikanischen Kunden der UBS zu übermitteln, die der Steuerhinterziehung verdächtig sind. Auf die Verhängung einer Geldbuße gegen die UBS, wie sie in ähnlichen Fällen in der Vergangenheit meist erfolgte, verzichteten die USA. Zugleich verpflichteten sich diese, die Schweiz formell im Wege der Amtshilfe um die Datenübermittlung zu ersuchen. Im Gegenzug erklärte sich die Schweiz bereit, dieses Ersuchen binnen Jahresfrist substanziell zu erfüllen.[1610] Die Bedingungen, unter denen das Ersuchen von der Schweiz anzunehmen war, wurden in einem besonderen Abkommen zwischen der Schweiz und den USA definiert.[1611] Dieses hat das schweizerische Parlament kürzlich angenommen und damit den Weg für die Datenübermittlung frei gemacht.[1612]

1608 So ausdrücklich der schweizerische Bundespräsident Hans-Rudolf Merz vor Beginn der Verhandlungen mit den USA. Siehe dazu die Medienmitteilung des EFD vom 25.04.2009, abrufbar unter: http://www.efd.admin.ch/dokumentation/medieninformationen/index.html?lang=de (Stand: 17.11.2010).

1609 Medienmitteilungen des EJPD vom 08.07.2009, abrufbar unter: http://www.ejpd. admin.ch/ejpd/de/home/dokumentation/mi/2009.html (Stand: 17.11. 2010).

1610 Vgl. F.A.Z. vom 20.08.2009, S. 9.

1611 Abkommen zwischen der Schweizerischen Eidgenossenschaft und den Vereinigten Staaten von Amerika über ein Amtshilfegesuch des Internal Revenue Service der Vereinigten Staaten von Amerika betreffend UBS AG, einer nach schweizerischem Recht errichteten Aktiengesellschaft vom 19. August 2009 (AS **2009** 5669)

1612 Bundesbeschluss über die Genehmigung des Abkommens zwischen der Schweiz und den Vereinigten Staaten von Amerika über ein Amtshilfegesuch betreffend UBS AG sowie des Änderungsprotokolls vom 17. Juni 2010 (AS **2010** 2907).

Das schweizerische Bankgeheimnis ist damit zwar vor einer völligen Aushöhlung bewahrt worden, bedenklich erscheint jedoch, dass eine derart umfassende Offenlegung von Bankkundendaten wie im Falle der UBS-Daten nie zuvor praktiziert wurde. Begrenzt wird der dadurch eingetretene Vertrauensverlust in das Bankgeheimnis lediglich dadurch, dass die USA im Grundsatz anerkannt haben, dass ausländische Unternehmen, die mit ihren nationalen Behörden kooperieren sollen, auch die Gesetze ihres Herkunftsstaates zu beachten haben. Das Bankgeheimnis wird damit von den USA als Bestandteil des schweizerischen Rechts akzeptiert, der nicht ohne Weiteres durch einseitigen Druck, sondern nur im förmlichen Wege über die Amts- bzw. die Rechtshilfe durchbrochen werden kann.[1613]

Durch die Neuausrichtung ihrer Amtshilfepraxis kann die Schweiz sicherstellen, dass das Bankgeheimnis im Kern gegenüber dem Ausland gewahrt bleibt. Denn ein automatischer Informationsaustausch, wie ihn etwa die Zinsrichtlinie vorsieht, geht über den OECD-Standard hinaus und ist daher nicht von der Schweiz zu erbringen. Da diese eine generelle Lockerung ihrer Amts- und Rechtshilfepraxis ablehnt, die durch eine Neufassung des IRSG oder den Abschluss eines umfassenden Abkommens mit der EU erfolgen könnte, besteht voraussichtlich auf längere Zeit hin ein ungleiches Niveau in der Gewährung von Amts- und Rechtshilfe im Bereich des Steuerrechts. Dies birgt erhebliches Konfliktpotential, da jeder Staat einzeln mit der Schweiz über den Neuabschluss bzw. die Anpassung eines Abkommens zum Informationsaustausch in Steuersachen verhandeln muss.[1614]

9.1.5 In Liechtenstein

9.1.5.1 Internationale Rechtshilfe

Noch restriktiver als in der Schweiz stellte sich in der Vergangenheit die Praxis der Amts- und Rechtshilfegewährung im fiskalischen Bereich durch Liechtenstein dar.

1613 Ein vergleichbarer Fall steht derzeit auch im Verhältnis der Schweiz zu Frankreich im Raum. Dieses will über eine Liste von angeblich 3.000 potentiellen Steuerbetrügern und -hinterziehern mit nicht deklarierten Einnahmen in der Schweiz verfügen. Die Daten sollen zum Teil von den eigenen Steuerbehörden stammen, es sollen aber auch schweizerische Banken Informationen übermittelt haben. Da nähere Informationen nicht bekannt sind und teilweise die Existenz der Liste überhaupt bezweifelt wird, kann hier nicht beurteilt werden, inwiefern in dieser Sache das Bankgeheimnis verletzt wurde, vgl. F.A.Z. vom 02.09.2009, S. 25.

1614 Diese Gefahr sieht auch das schweizerische Bundesverwaltungsgericht in seinem Urteil vom 30.04.2009 – B-1092/2009, S. 25 ff.

Bestehen keine vorrangig zu beachtenden Übereinkommen wird Rechtshilfe dort auf der Basis des Gesetzes vom 15. September 2000 über die internationale Rechtshilfe in Strafsachen (Rechtshilfegesetz, RHG) geleistet.[1615] Abgesehen von spezifisch auf Liechtenstein zugeschnittenen Normen orientiert sich dieses Gesetz weitgehend am ARHG, es beinhaltet aber auch Elemente des IRSG.[1616] Die zentralen Vorschriften über die Gewährung von Rechtshilfe in Strafsachen finden sich in den Art. 50 ff. RHG. Als Rechtshilfe in diesem Sinne gilt nach Art. 50 RHG jede Unterstützung, die für ein ausländisches Verfahren in einer strafrechtlichen Angelegenheit auf Ersuchen von Gerichten, Staatsanwaltschaften sowie in Angelegenheiten des Straf- oder Maßnahmenvollzuges tätigen Behörden gewährt wird.[1617]

Art. 51 RHG definiert Sachverhalte, die von der Rechtshilfe ausgeschlossen sind. Dazu verweist er unter anderem auf Art. 15 Nr. 2 RHG, woraus folgt, dass in Abgaben-, Monopol-, Zoll- oder Devisensachen keine Rechtshilfe geleistet wird.[1618] Dieser Fiskalvorbehalt, der auch im liechtensteinischen Parlament nicht unumstritten war, wurde mit der Zulässigkeit eines solchen Vorbehalts nach dem EuRhÜbk begründet.[1619] Eine Rückausnahme hiervon findet sich in dem 2007 neu eingefügten Art. 51 Abs. 1a RHG.[1620] Danach wird, ungeachtet des

1615 LGBl. 2000 Nr. 215, zuletzt geändert durch durch LGBl. 2009 Nr. 332; die Neufassung aus dem Jahr 2000 ersetzte das RHG aus dem Jahr 1992, das sich in der Praxis aufgrund der hohen Anforderungen an ein Rechtshilfeersuchen und die zahlreichen Rechtsmittel gegen Entscheidungen über deren Gewährung als unzureichend erwies. Auf Drängen des Auslands wurde daher das RHG zur Behebung dieser Mängel vollständig neu gefasst, aufschlussreich dazu das Landtagsprotokoll vom 16.06.2000, S. 1301 ff.

1616 Vgl. Landtagsprotokoll vom 16.06.2000, S. 1301, S. 1309.

1617 Nach dem Anfang 2009 neu in das RHG aufgenommenen Art. 50 Abs. 1a, gelten auch bestimmte ausländische zivilgerichtliche Verfahren betreffend den Vermögensverfall, die in Liechtenstein strafrechtlich beurteilt werden, als Strafsachen. Damit sollen Unklarheiten bei der Gewährung von Rechtshilfe beseitigt werden, vgl. Landtagsprotokoll vom 24.10.2008, S. 2557.

1618 Nach *Ungerank*, in: Aktuelle Themen zum Finanzplatz Liechtenstein, S. 9, S. 20 geht dieser Vorbehalt sogar soweit, dass keine Zustellung von Dokumenten mit Bezug zu Ersuchen in Fiskalsachen erfolgt.

1619 Unter Verweis auf die Schweiz befürwortete eine Reihe von Abgeordneten daher die ausdrückliche Erwähnung der Zulässigkeit von Rechtshilfe in Fällen von Abgabebetrug im RHG. Siehe dazu Landtagsprotokoll vom 16.06.2000, S. 1301, S. 1325 ff. sowie Landtagsprotokoll vom 14.09.2000, S. 1640, S. 1651 ff.

1620 Eingefügt in das RHG durch LGBl. 2007 Nr. 189; dieser Artikel dient unter anderem der Umsetzung der EU-Geldwäscherichtlinie, die Liechtenstein im Rahmen seiner Mitgliedschaft im EWR in nationales Recht umzusetzen hatte, vgl. Landtagsprotokoll vom 15.03.2007, S. 189, S. 191.

fiskalischen Charakters einer Handlung, Rechtshilfe geleistet, sofern wegen einer Straftat ermittelt wird, die im Zusammenhang mit einer Schädigung des Haushalts der Europäischen Gemeinschaften steht. Bei den in Frage kommenden Delikten handelt es sich um Steuerbetrug im Sinne des Art. 88 L-MWSTG sowie bestimmte Verstöße gegen die schweizerischen Zollgesetze, die auch für Liechtenstein gelten. Das RHG schließt damit den Bereich der direkten Steuern vollständig von der Rechtshilfe aus. Zudem unterliegen auf diesem Wege durch Liechtenstein übermittelte Informationen nach Art. 52 Abs. 4 RHG einem strikten Spezialitätsvorbehalt, der dem ersuchenden Staat ihre Verwendung für Verfahren verbietet, die unter den Fiskalvorbehalt des Art. 51 i.V.m Art. 15 Nr. 2 RHG fallen.[1621]

Ähnlich wie das schweizerische IRSG enthielt auch das RHG in der Vergangenheit zahlreiche Beschwerdemöglichkeiten für die von Rechtshilfemaßnahmen betroffenen Personen. Dies führte zu erheblicher Kritik aus dem Ausland, da die Ausschöpfung dieser Rechtsmittel in der Praxis zu einer deutlichen Verzögerung der Rechtshilfe führen konnte. Durch eine Änderung des RHG im Jahr 2008 ist die Zahl der Rechtsmittelinstanzen von acht auf nunmehr vier deutlich verringert worden, um die Rechtshilfe zu beschleunigen.[1622]

Dem EuRhÜbk ist Liechtenstein im Jahr 1970 beigetreten.[1623] Mit Blick auf das Bankgeheimnis gab das Fürstentum dabei einen Fiskalvorbehalt gemäß Art. 2 lit. a EuRhÜbk ab. Danach wird entsprechend dem RHG keine Rechtshilfe in Steuersachen geleistet.[1624] Da Liechtenstein die beiden Zusatzprotokolle zum EuRhÜbk bisher nicht ratifiziert hat, ist dieser generelle Fiskalvorbehalt weiterhin gültig. Eine begrenzte Ausnahme davon ergibt sich nur im Bereich der indirekten Steuern, da hier im Verhältnis zu den EU- und EWR-Mitgliedstaaten Art. 51 Abs. 1a RHG als günstigere Regelung zur Anwendung gelangt.

Mit Wirkung vom 1.3.2001 ist Liechtenstein dem Geldwäscheübereinkommen beigetreten.[1625] Wie die Schweiz hat auch Liechtenstein einen Vorbehalt dahingehend abgegeben, dass nur Verbrechen taugliche Vortaten der Geldwäscherei darstellen. Daraus ergibt sich, dass fiskalische Delikte nicht von der Rechtshilfe nach dem Geldwäscheübereinkommen erfasst sind, weil sie in keinem Fall Verbrechen darstellen.[1626] Eine Umgehung dieses Vorbehalts wird

---

1621 *Ungerank*, in: Aktuelle Themen zum Finanzplatz Liechtenstein, S. 9, S. 21 ff.

1622 Vgl. Landtagsprotokoll vom 24.10.2008, S. 2557.

1623 LGBl. 1970 Nr. 30.

1624 Vgl. dazu auch Wagner, Bankenplatz Liechtenstein, S. 322 f.

1625 LGBl. 2000 Nr. 270.

1626 Verbrechen sind nach § 17 Abs. 1 L-StGB mit lebenslanger oder mehr als dreijähriger Freiheitsstrafe bedroht. Der Steuerbetrug als schwerwiegendes Steuerdelikt des SteG sieht jedoch nur eine Freiheitsstrafe von maximal sechs Monaten vor. Steuerbetrug im

durch den zusätzlich erklärten Spezialitätsvorbehalt in Hinblick auf die Verwertung übermittelter Informationen durch den Empfängerstaat verhindert. Danach ist deren Verwendung für andere als das einem Ersuchen zugrunde liegende Verfahren verboten.

Daher versprechen Rechtshilfeersuchen betreffend fiskalische Delikte in Liechtenstein grundsätzlich keinen Erfolg. Von dieser Haltung ist man erstmals in dem Vertrag zwischen dem Fürstentum Liechtenstein und den Vereinigten Staaten von Amerika betreffend die internationale Rechtshilfe in Strafsachen vom 08. Juli 2002 (Rechtshilfevertrag Liechtenstein-USA) abgewichen.[1627] Dieses Abkommen umfasst allgemein die Rechtshilfe in Strafsachen einschließlich Steuervergehen, jedoch nicht die Amtshilfe bei der Festsetzung, Erhebung oder Eintreibung von Steuern.[1628] Rechtshilfefähig ist nach Art. 1 Abs. 4 Rechtshilfevertrag Liechtenstein-USA jedoch nur der Steuerbetrug. Dieser wird als eine Steuerhinterziehung definiert, bei der vorsätzlich gefälschte, verfälschte oder unwahre Geschäftsunterlagen oder andere Schriftstücke verwendet werden und bei der der ausstehende Steuerbetrag entweder absolut oder im Verhältnis zu einem ausstehenden Jahresbetrag erheblich ist. Dabei ist es nicht erforderlich, dass die betreffende Steuer in beiden Vertragsstaaten erhoben wird oder dass sich deren Steuervorschriften decken.[1629] Der Begriff des Steuerbetrugs wird durch einen diplomatischen Notenaustausch zwischen Liechtenstein und den USA zusätzlich näher erläutert.[1630] Darin werden auch Verhaltensweisen aufgezählt, bei deren vorsätzlicher Begehung ein Steuerbetrug vermutet wird, so dass Rechtshilfe zu leisten ist.[1631] In einem weiteren Notenaustausch[1632] wird be-

---

Sinne des L-MWSTG kann mit maximal einem Jahr Freiheitsstrafe geahndet werden. Bei Steuerhinterziehung kann nur eine Geldbusse verhängt werden.

1627 LGBl. 2003 Nr. 149.

1628 *Ungerank*, in: Aktuelle Themen zum Finanzplatz Liechtenstein, S. 9, S. 21.

1629 *Ungerank*, in: Aktuelle Themen zum Finanzplatz Liechtenstein, S. 9, S. 20 f.

1630 Diplomatischer Notenaustausch betreffend die Auslegung und Anwendung des Vertrages vom 08. Juli 2002 zwischen dem Fürstentum Liechtenstein und den Vereinigten Staaten von Amerika betreffend die internationale Rechtshilfe in Strafsachen, abgeschlossen durch Notenaustausch vom 08. Juli 2002 mit Zustimmung des Landtags vom 13.03.2003 in Kraft getreten am 01.08.2003 (LGBl. 2003 Nr. 150).

1631 Dies ist der Fall, wenn Schriftstücke, die von Gesetzes wegen eingereicht werden müssen, um den Steuerbehörden die Höhe des steuerbaren Einkommens nachzuweisen und die als Grundlage für eine Steuerveranlagung dienen, falsch sind im Hinblick auf eine solche Steuerveranlagung. Ebenso wird das Vorliegen von Steuerbetrug beim Führen von zwei unterschiedlichen Buchhaltungen, bei der Ausführung falscher Buchungen oder Änderungen oder der Ausstellung falscher Rechnungen oder Schriftstücke, beim Zerstören von Büchern oder Aufzeichnungen und dem Verheimlichen von Vermö-

stimmt, dass Liechtenstein auch dann zur Leistung von Rechtshilfe verpflichtet ist, wenn einem Ersuchen ein amerikanisches Verfahren über den Vermögensverfall zugrunde liegt, das kein Strafverfahren darstellt.[1633] Zuvor hatte der L-OGH entschieden, dass Liechtenstein in solchen Fällen nicht zur Rechtshilfe verpflichtet sei.[1634] Die Rechtshilfemaßnahmen nach dem Rechtshilfevertrag Liechtenstein-USA entsprechen im Wesentlichen dem EuRhÜbk. Zu diesen Maßnahmen gehören unter anderem Durchsuchungen und Beschlagnahmen. Deren Durchführung richtet sich gemäß Art. 15 Rechtshilfevertrag Liechtenstein-USA nach dem Recht des ersuchten Staates. Der ersuchende Staat muss angeben, welche Umstände diese Maßnahmen nach dem Recht des ersuchten Staates rechtfertigen.[1635] Die internationale Amtshilfe zwischen Steuerbehörden ist vom Rechtshilfevertrag Liechtenstein-USA nicht erfasst.[1636]

9.1.5.2 Internationale Amtshilfe

Amtshilfe leistete Liechtenstein im steuerlichen Bereich bis zum Jahr 2008 nur aufgrund des Abkommens zwischen dem Fürstentum Liechtenstein und der Europäischen Gemeinschaft über Regelungen, die denen der Richtlinie 2003/48/EG des Rates über die Besteuerung von Zinserträgen gleichwertig sind

---

genswerten und dem Verdecken von Einkommensquellen durch die in Art. 1 Abs. 4 beschriebenen Mittel vermutet.

1632 Diplomatischer Notenaustausch zwischen den Vereinigten Staaten von Amerika und dem Fürstentum Liechtenstein im Hinblick auf die Interpretation und Anwendung des Vertrages vom 08. Juli 2002 betreffend die Internationale Rechtshilfe in Strafsachen, abgeschlossen am 14.07.2006 / 27.10.2006 mit Zustimmung des Landtags vom 21.09.2006 in Kraft getreten am 27.10.2006 (LGBl. 2006 Nr. 210).

1633 Diese Verfahren werden in den USA zumeist als ziviler Verfall (civil forfeiture) bezeichnet, vgl. dazu auch die Seite des amerikanischen Finanzministeriums: http://www.ustreas.gov/offices/enforcement/teoaf/about-forfeiture.shtml#civil (Stand: 17.11.2010).

1634 OGH, Beschluss vom 04.05.2006 - 13 RS 2005.129-115.

1635 Rechtshilfemaßnahmen im Sinne dieses Abkommens sind die Vernehmung von Zeugen und Auskunftspersonen (Art. 8 und 10), die Zurverfügungstellung von Gegenständen (Art. 8, 9 und 16), die Ausforschung oder Identifizierung von Personen oder Gegenständen (Art. 13), die Zustellung von Schriftstücken (Art. 14), die Überstellung von in Haft befindlichen Personen für Zeugenvernehmungen oder sonstige Zwecke (Art. 11 und 12), die Erledigung von Ersuchen um Durchsuchung und Beschlagnahme (Art. 15), die Rechtshilfe in Verfahren betreffend Sperrung und Verfall von Vermögen, die Rückgabe von Vermögen und den Einzug von Geldstrafen (Art. 17) und jede andere Form der Rechtshilfe, die nicht im Widerspruch zu den gesetzlichen Regelungen des ersuchten Staates steht (Art. 18).

1636 Vgl. dazu auch *Wagner*, Bankenplatz Liechtenstein, S. 323.

(Zinsbesteuerungsabkommen Liechtenstein-EG).[1637] Dieses wurde durch das Gesetz vom 19. Mai 2005 zum Zinsbesteuerungsabkommen mit der Europäischen Gemeinschaft vom 7. Dezember 2004 (Zinsbesteuerungsgesetz, L-ZBStG)[1638] in nationales Recht umgesetzt. Das Zinsbesteuerungsabkommen Liechtenstein-EG entspricht inhaltlich dem Zinsbesteuerungsabkommen Schweiz-EG. Wie dieses sieht es einerseits die Erhebung einer Quellensteuer auf Zinserträge wirtschaftlich berechtigter Personen aus einem EU-Mitgliedstaat sowie andererseits die Gewährung von Amtshilfe in Fällen von Steuerbetrug und ähnlichen Delikten vor.[1639] Damit geht das Zinsbesteuerungsabkommen Liechtenstein-EG über das RHG und das EuRhÜbk hinaus, die nur im Bereich der indirekten Steuern die Gewährung von Rechtshilfe zulassen. Gleichwohl genügt das Zinsbesteuerungsabkommen Liechtenstein-EG aufgrund der Beschränkung der Amtshilfe auf Fälle von Steuerbetrug und ähnliche Delikte nicht dem OECD-Standard.[1640]

Anders als die übrigen Vergleichsländer hatte Liechtenstein bis zum Jahr 2009 auch nur sehr wenige Doppelbesteuerungsabkommen abgeschlossen. In Steuersachen wurde über die dargestellten Abkommen hinaus daher praktisch keine Amtshilfe seitens Liechtensteins geleistet. Die meisten DBA wurden mit einzelnen Schweizer Kantonen vereinbart, lediglich im Verhältnis zu Österreich galten mehrere DBA.[1641] In keinem Falle war jedoch der Austausch unter das Bankgeheimnis fallender Informationen vorgesehen. Dementsprechend hielt Liechtenstein den OECD-Standard nicht ein.

Das erste OECD-konforme Abkommen Liechtensteins stellt das als „Übereinkommen über den Austausch von Informationen in Steuersachen“ bzw. „Tax Information Exchange Agreement“ (TIEA USA) bezeichnete Abkommen dar, das am 8. Dezember 2008 mit den Vereinigten Staaten von Amerika unterzeich-

---

1637 LGBl. 2005 Nr. 111 sowie ABl. L 379 vom 24. 12.2004, S. 84 – 104.

1638 LGBl. 2005 Nr. 112.

1639 Siehe zum Zinsbesteuerungsabkommen Schweiz-EG oben S. 352 ff.

1640 In den Gesetzesmaterialen zum L-ZBStG wird dazu positiv vermerkt, dass das Bankgeheimnis beim Abschluss des Zinsbesteuerungsabkommens Liechtenstein-EG weitgehend verteidigt werden konnte. Kritisch wurde hingegen der ausländische Druck zum Abschluss dieses Abkommens beurteilt. Vorausschauend wurde erkannt, dass dieses Abkommen letztlich nur einen Kompromiss auf Zeit darstellen werde. Treffend bemerkte der Abgeordnete Lampert dazu „Es scheint mir doch etwas beinahe abartig, dass alle sich für ein Gesetz und für ein Abkommen einsetzen … das eigentlich niemand in diesem Land will und trotzdem durchgeführt werden muss.“ Vgl. dazu das Landtagsprotokoll vom 21.04.2005, S. 51 ff.

1641 Diese Abkommen sind abrufbar unter: http://www.gesetze.li/Seite1.sp?svs=0.6&svs2= 0.67&clearlrs=true (Stand: 17.11.2010)

net wurde und am 4. Dezember 2009 in Kraft getreten ist.[1642] Zum Abschluss dieses Abkommens sah sich Liechtenstein gezwungen, da die USA den Abschluss eines OECD-konformen Abkommens zur Bedingung für die Verlängerung des Qualified Intermediary Agreements (QIA)[1643] der liechtensteinischen Banken gemacht hatte, dessen Auslaufen für die Banken kaum auszugleichende Wettbewerbsnachteile im Handel mit US-Wertpapieren bedeutet hätte.[1644] Wenig später erklärte die liechtensteinische Regierung dann ihre Bereitschaft, mit jedem anderen Staat auf individueller Basis vergleichbare Abkommen zu schließen. Einen automatischen Informationsaustausch wie in der EU nach dem Muster der Zinsrichtlinie soll es jedoch nicht geben.[1645] Das TIEA USA bildet ein vollständiges Regelwerk betreffend die Amtshilfe in Steuersachen. Die Vermeidung von Doppelbesteuerung ist nicht Gegenstand dieses Abkommens. Das TIEA USA ist eng am OECD-Musterabkommen zum Informationsaustausch in Steuersachen (Agreement on Exchange of Information on Tax Matters, OECD TIEA)[1646] ausgerichtet und war Vorbild für die weiteren zwischenzeitlich von Liechtenstein in diesem Bereich abgeschlossenen Abkommen. Da Liechtenstein bereits mehr als zwölf OECD-konforme Abkommen abgeschlossen hat, wird es von der OECD nunmehr als kooperativer Staat angesehen.[1647] Eines dieser neuen Abkommen ist das Abkommen zwischen der Regierung der Bundesrepublik

1642 LGBl. 2009 Nr. 302.

1643 Bei einem „Qualified Intermediary Agreement“, kurz QIA genannt, handelt es sich um zwischen nicht amerikanischen Banken und dem IRS abgeschlossene Verträge, welche die jeweiligen Banken verpflichten, die Daten ihrer amerikanischen Kunden dem IRS mitzuteilen, um deren korrekte Besteuerung sicherzustellen. Im Gegenzug werden diesen Banken beim Handel von US-Wertpapieren mit nicht in Amerika steuerpflichtigen Personen steuerliche Vergünstigungen eingeräumt. Aufgrund der herausragenden Bedeutung dieser Wertpapiere ist der Abschluss eines QIA für viele Banken wirtschaftlich unabdingbar. Siehe dazu auch *Doehlert/Duran*, SteuerRevue 2004, S. 326, S. 329 ff.; *Breitenmoser*, in: Aus der Werkstatt des Rechts, S. 421 f.; kritisch zum QIA: *Thiel* in: De Schengen à Mondorf-les-Bains, S. 91, S. 101 f. Informationen dazu finden sich auch auf der Homepage des IRS unter: http://www.irs.gov/businesses/ international/index.html (Stand: 17.11.2010).

1644 Vgl. die Pressemitteilung vom 17.09.2009 im Portal des Fürstentums Liechtenstein unter: http://www.liechtenstein.li/eliechtenstein_main_sites/portal_fuerstentum_liechtenstein/fl-staat-staat/fl-staat-aussenpolitik/fl-staat-aussenpolitik-aktuell/fl-staat-aussenpolitik-aktuell-presse.htm?&show= 15&pmid=130972 (Stand: 17.11.2010).

1645 Vgl. Landtagsprotokoll vom 22.04.2009, S. 125 f.

1646 Abrufbar unter: http://www.oecd.org/dataoecd/15/43/2082215.pdf (Stand: 17.11. 2010).

1647 Die Liste aller OECD-konformen liechtensteinischen Abkommen einschließlich Texten ist abrufbar unter: http://www.liechtenstein.li/eliechtenstein_main_sites/portal_fuerstentum_liechtenstein/fl-med-steuerabkommen.htm (Stand: 17.11.2010).

Deutschland und der Regierung des Fürstentums Liechtenstein über die Zusammenarbeit und den Informationsaustausch in Steuersachen (TIEA Deutschland).[1648] Dieses Abkommen gilt für alle Steuerjahre und Veranlagungszeiträume ab dem 01.01.2010. Das TIEA Deutschland ist wie die anderen von Liechtenstein neu geschlossenen Abkommen ebenfalls sehr eng am OECD TIEA orientiert.[1649] Daneben hat Liechtenstein auch einige neue DBA, etwa mit Luxemburg,[1650] abgeschlossen.

Der Umsetzung der sich aus diesen Abkommen ergebenden Verpflichtungen dient das Gesetz über die internationale Amtshilfe in Steuersachen (Steueramtshilfegesetz, SteAHG),[1651] das am 01.09.2010 in Kraft trat. Das SteAHG stellt eine teils wörtliche Wiedergabe des OECD TIEA und des zur Umsetzung des TIEA USA ergangenen Gesetzes vom 16. September 2009 über die Amtshilfe in Steuersachen mit den Vereinigten Staaten von Amerika (Steueramtshilfegesetz-USA, AHG-USA)[1652] dar, womit Unklarheiten über den Umfang der Amtshilfe nach dem SteAHG vermieden werden sollen.[1653]

Nachfolgend werden die Kernpunkte der Amtshilfe nach dem SteAHG dargestellt, wobei in Klammern die damit korrespondierenden Normen des AHG-USA angegeben werden. Der Zweck des SteAHG liegt nach dessen Art. 1 (Art. 1 AHG-USA) in der Umsetzung der sich aus einem von Liechtenstein abgeschlossenen DBA oder einem TIEA ergebenden Verpflichtung zur internationalen Amtshilfe in Steuersachen. Es gilt gemäß Art. 2 SteAHG (Art. 2 Abs. 1 AHG-USA) für die Durchführung aller dieser Abkommen, sofern nicht in einem besonderen Gesetz etwas anderes geregelt ist. Ein solches besonderes Gesetz

---

1648 Das TIEA Deutschland wurde am 02.09.2010 ratifiziert und ist am 28.10.2010 in Kraft getreten. In Deutschland erteilte der Bundestag die Zustimmung zu diesem Abkommen durch das Gesetz zu dem Abkommen vom 02. September 2009 zwischen der Regierung der Bundesrepublik Deutschland und der Regierung des Fürstentums Liechtenstein über die Zusammenarbeit und den Informationsaustausch in Steuersachen (BGBl. 2010 II S. 950); in Liechtenstein erteilte der Landtag seine Zustimmung am 22.04.2010 (LGBl. 2010 Nr. 249).

1649 Eingehend dazu *Hecht/Lampert/Schulz*, BB 2010, S. 2727 ff.

1650 Abkommen zwischen dem Fürstentum Liechtenstein und dem Großherzogtum Luxemburg zur Vermeidung der Doppelbesteuerung und Verhinderung der Steuerhinterziehung auf dem Gebiet der Steuern vom Einkommen und vom Vermögen vom 26.9.2009, abrufbar unter der in Fußnote 1647 genannten Adresse.

1651 LGBl. 2010 Nr. 246.

1652 LGBl. 2009 Nr. 303.

1653 Vgl. den Vernehmlassungsbericht der liechtensteinischen Regierung zum SteAGH, S. 4 ff. Dieser ist abrufbar in der Rubrik „abgelaufene Vernehmlassungen 2010“ unter: http://www.llv.li/amtsstellen/llv-rk-amtsgeschaefte-vernehmlassungen.htm (Stand: 17. 11.2010).

stellt das AHG-USA dar. Im Gegensatz zu diesem ist das SteAHG nicht auf die Umsetzung bestimmter, bereits von Liechtenstein geschlossener Abkommen beschränkt, sondern es gilt auch für alle zukünftigen liechtensteinischen Steueramtshilfeabkommen. Art. 3 SteAHG (Art. 3 AHG-USA) beinhaltet Begriffsbestimmungen und Bezeichnungen, die zur Auslegung der in diesem Gesetz verwendeten Begriffe heranzuziehen sind. Art. 4 SteAHG (Art. 4 und 5 AHG-USA) legt die Zuständigkeit der liechtensteinischen Steuerverwaltung für die internationale Amtshilfe nach diesem Gesetz sowie den Grundsatz des direkten Verkehrs dieser Behörde mit den zuständigen ausländischen Stellen fest.

Die zentralen Vorschriften über die Leistung von Amtshilfe finden sich in den Art. 5 bis 25 SteAHG (Art. 6 bis 25 AHG-USA). Die Amtshilfe umfasst nach Art. 5 SteAHG (Art. 2 Abs. 2 AHG-USA) die Erteilung von Informationen, die für die Festlegung, Veranlagung, Vollstreckung oder Erhebung von Steuern in Bezug auf Personen, die diesen Steuern unterliegen, oder für die Untersuchung und Verfolgung von Steuerstrafsachen voraussichtlich erheblich sind. Diese Informationen müssen entweder bereits im Besitz einer inländischen Behörde sein oder sich im Besitz oder unter Kontrolle einer Person innerhalb ihres Hoheitsgebietes befinden. Der letztgenannte Anknüpfungspunkt soll der Gefahr vorbeugen, dass Informationen ins Ausland verbracht werden, um sie dem Zugriff der liechtensteinischen Behörden zu entziehen. Schafft etwa ein in Liechtenstein ansässiger Finanzintermediär Informationen in die Schweiz, kann er von den liechtensteinischen Behörden, die dort keinen direkten Zugriff darauf nehmen können, mit Zwangsmitteln dazu gebracht werden, die Informationen wieder nach Liechtenstein zurückzuführen.[1654] Amtshilfeersuchen sind nach Art. 6 SteAHG (Art. 6 AHG-USA) an die Steuerverwaltung zu richten. An andere Behörden gerichtete Ersuchen werden von diesen entsprechend weitergeleitet.

Art. 7 SteAHG (Art. 7 AHG-USA) definiert die Form und den notwendigen Inhalt eines Ersuchens, wobei ein einzelnes TIEA insoweit abweichende Bestimmungen treffen kann. Grundsätzlich muss ein Ersuchen schriftlich gestellt und mit bestimmten Mindestinformationen belegt werden, etwa zur Identität derjenigen Person, die von einen Besteuerungs- oder Steuerstrafverfahren betroffen ist, sowie zur Art der begehrten Informationen und den Gründen, warum sich diese in Liechtenstein befinden sollen.[1655] Internationale Amtshilfe wird

1654 Vernehmlassungsbericht der liechtensteinischen Regierung zum SteAGH, S. 12.

1655 Im einzelnen muss ein auf ein DBA und grundsätzlich auch ein auf ein TIEA gestütztes Ersuchen die folgenden Angaben enthalten:
a) die Identität des einzelnen Steuerpflichtigen, dessen steuer- oder steuerstrafrechtliche Verantwortung betroffen ist;
b) die Zeitspanne, in Bezug auf welche die Informationen verlangt werden;

allgemein nur subsidiär gewährt, das heißt vor Stellung eines entsprechenden Ersuchens sind alle innerstaatlichen Mittel zur Informationsbeschaffung auszuschöpfen. Dadurch sollen Ersuchen, die der bloßen Beweisausforschung dienen („Fishing expedition"), verhindert werden.[1656]

Art. 8 SteAHG (Art. 8 AHG-USA) gibt an, in welchen Fällen Amtshilfeersuchen abgelehnt werden können. Dies betrifft vor allem Ersuchen, die nicht den Anforderungen des Art. 7 SteAHG genügen. Ferner solche, die die Souveränität, die Sicherheit oder die öffentliche Ordnung des Fürstentums Liechtenstein beeinträchtigen oder die einen Gegenstand betreffen, der nach dem Recht des ersuchenden Staates bereits verjährt ist.[1657] Im Laufe des Gesetzgebungsverfahrens wurde zur Klarstellung dieser Norm Art. 8 Abs. 2 SteAHG (ohne Entsprechung im AHG-USA) in das Gesetz aufgenommen. Danach sind Ersuchen, die auf Informationen beruhen, die durch eine in Liechtenstein gerichtlich strafbare Handlung beschafft wurden, zwingend abzulehnen. Darunter werden insbesondere solche Ersuchen verstanden, die auf Daten beruhen, die wie bei der „Liechtensteiner Steueraffäre" illegal von ausländischen Steuerbehörden angekauft wurden. Es soll verhindert werden, dass ein ausländischer Staat, der unter Verstoß gegen liechtensteinisches Recht Daten erlangt, von seinen daraus gewonnenen

---

c) die Art der verlangten Informationen und die Form, in der die zuständige ausländische Behörde diese Informationen zu erhalten wünscht;

d) die Angelegenheit nach den steuerrechtlichen Vorschriften der zuständigen ausländischen Behörde, in Bezug auf welche um die Informationen ersucht wird;

e) die Gründe zur Annahme, dass die verlangten Informationen für die Anwendung und Vollstreckung der Steuern der zuständigen ausländischen Behörde mit Bezug auf die nach Buchstabe a bezeichnete Person voraussichtlich erheblich sind;

f) die Gründe zur Annahme, dass die verlangten Informationen sich bei der Steuerverwaltung oder im Besitz oder unter der Kontrolle einer Person innerhalb des Fürstentums Liechtenstein befinden;

g) soweit bekannt, die Namen und Adressen jeder Person, von der angenommen wird, dass die ersuchten Informationen in deren Besitz oder unter deren Kontrolle sind;

h) eine Erklärung, dass die zuständige ausländische Behörde in der Lage wäre, die verlangten Informationen zu beschaffen und zur Verfügung zu stellen, falls die Steuerverwaltung ein vergleichbares Ersuchen stellen würde; und

i) eine Erklärung, dass die zuständige ausländische Behörde alle angemessenen, ihr in ihrem Hoheitsgebiet zur Verfügung stehenden Mittel zur Beschaffung der Informationen ausgeschöpft hat, ausgenommen solche, die unverhältnismäßig große Schwierigkeiten bedeuten würden. Vgl. dazu auch *Hosp/Langer*, IStR 2010, S. 905, S. 906 f.

1656 Vernehmlassungsbericht der liechtensteinischen Regierung zum SteAGH, S. 13 f.; vgl.zu diesem Aspekt aus Sicht des TIEA Deutschland auch *Hecht/Lampert/Schulz*, BB 2010, S. 2727, S. 2729 f.

1657 Vernehmlassungsbericht der liechtensteinischen Regierung zum SteAGH, S. 15.

Erkenntnissen profitiert, indem er darauf ein Amtshilfeersuchen stützt und so weitere Informationen erlangt.[1658]

Das Verfahren zur Prüfung der Zulässigkeit eines Ersuchens sowie das Vorgehen bei Feststellung eines Ablehnungsgrundes ist in Art. 9 SteAHG (Art. 9 AHG-USA) festgelegt. Art. 10 SteAHG (Art. 10 AHG-USA) regelt das innerstaatliche Verfahren zur Beschaffung der angefragten Informationen. Dazu teilt die Steuerverwaltung dem Informationsinhaber den Eingang des Amtshilfeersuchens mit und fordert ihn auf, binnen 14 Tagen die begehrten Informationen zu übermitteln. Sind ausländische Personen von dem Ersuchen betroffen, hat der Informationsinhaber diese zu benachrichtigen und auf ihr Beteiligungsrecht hinzuweisen.

Nach Art. 11 SteAHG (Art. 11 AHG-USA) sind bei der Durchführung eines Ersuchens alle liechtensteinischen Behörden mit Ausnahme der FIU gegenüber der Steuerverwaltung auskunftspflichtig. Während dies nach dem AHG-USA auch für die L-FMA unbeschränkt gilt, begrenzt das SteAHG deren Verpflichtung zur Kooperation mit der Steuerverwaltung auf Informationen, die nicht ausschließlich für Zwecke der Finanzmarktaufsicht gesammelt wurden. Daraus folgt, dass Informationen, die im Zusammenhang mit einem konkreten Aufsichtsverfahren der L-FMA stehen, von dieser nicht übermittelt werden müssen.[1659]

Im Zusammenhang mit dem Bankgeheimnis ist insbesondere Art. 12 SteAHG (Art. 12 AHG-USA) von Bedeutung. Entsprechend Art. 26 OECD-Musterabkommen stehen nach Art. 12 Abs. 1 SteAHG gesetzliche Vorschriften über Berufs- und Geschäftsgeheimnisse der Pflicht zur Informationsbeschaffung grundsätzlich nicht entgegen. Ausgenommen von dieser Auskunftspflicht sind Anwälte bezüglich solcher Informationen, die ihnen in Ausübung ihrer Beratungstätigkeit anvertraut wurden, sowie die Inhaber von Handels-, Geschäfts-, Industrie-, Gewerbe- oder Berufsgeheimnissen. Obwohl das Bankgeheimnis in Liechtenstein ein gesetzliches Berufsgeheimnis ist, berechtigt die bloße Tatsache, dass eine Information sich im Besitz einer Bank oder eines anderen Finanzinstituts befindet, nicht zur Geheimhaltung. Das Bankgeheimnis erlaubt damit nach dem SteAHG dem OECD-Standard entsprechend keine Auskunftsverweigerung. Dies stellt auch Art. 13 SteAHG (Art. 13 AHG-USA) klar. Darin wird der Umfang der von der Steuerverwaltung auf ein entsprechendes Ersuchen zu

1658 *Hosp/Langer*, IStR 2010, S. 905, S. 907.

1659 Vernehmlassungsbericht der liechtensteinischen Regierung zum SteAGH, S. 18.

beschaffenden Informationen festgelegt, wozu ausdrücklich auch Informationen im Besitz von Banken zählen.[1660]

Kommt ein Informationsinhaber der Aufforderung zur Informationsübermittlung nicht nach, erlaubt Art. 14 SteAHG (Art. 14 AHG-USA) unter dem Vorbehalt einer richterlichen Genehmigung die Verhängung von Zwangsmaßnahmen durch die Steuerverwaltung. Diese umfassen nach Art. 15 SteAHG (Art. 15 AHG-USA) Haus- und Personendurchsuchungen, Beschlagnahmen sowie Zwangsmittel gegen Zeugen mit Ausnahme der Beugehaft. Die Durchführung dieser Maßnahmen richtet sich nach der L-StPO, wobei bei der Durchführung von Zwangsmaßnahmen bei Banken § 98a L-StPO sinngemäß anzuwenden ist.[1661] Zuständig dafür ist nach Art. 16 SteAHG (Art. 16 AHG-USA) die Steuerverwaltung.

Die Art. 17 und 18 SteAHG (Art. 17 und 18 AHG-USA) geben die Voraussetzungen an, unter denen Vertreter des ersuchenden Staates sowie weitere Personen bei der Vornahme von Verfahrenshandlungen auf dem Gebiet Liechtensteins zugelassen werden können.

Kann die Steuerverwaltung ein Ersuchen nicht oder nur teilweise erfüllen, verpflichtet Art. 19 SteAHG (Art. 19 AHG-USA) sie, dies dem ersuchenden Staat mitzuteilen. Stimmt der Berechtigte, zu denen der Informationsinhaber zählt,[1662] der Weitergabe von Informationen schriftlich zu, übermittelt die Steuerverwaltung diese ohne weitere Prüfung an den ersuchenden Staat. Anderenfalls prüft sie die Übermittlungsfähigkeit der Informationen und erlässt, sofern diese bejaht wird, nach Art. 21 SteAHG (Art. 21 AHG-USA) eine sogenannte

---

1660 Beschafft werden daneben auch Informationen, die sich im Besitz anderer Finanzinstitute oder Personen, einschließlich Bevollmächtigter und Treuhänder, die als Agent oder in treuhänderischer Eigenschaft handeln, befinden. Ferner Informationen über die Eigentumsverhältnisse von Rechtsträgern, einschließlich Informationen über alle Personen in einer Kette von Eigentümern. Bei Personengesellschaften Informationen über die Identität der Mitglieder der Personengesellschaften. Bei Trusts Informationen über die Settlors, Trustees und Begünstigten und bei Stiftungen Informationen über die Stifter, Mitglieder des Stiftungsrats und Begünstigten. Damit verlieren insbesondere auch Trusts und Stiftungen nach liechtensteinischem Recht die ihnen bisher vorgeworfene Intransparenz.

1661 Siehe zu § 98a L-StPO schon oben S. 162 f.

1662 Der Begriff des Berechtigten bestimmt sich nach Art. 3 Abs. 1 lit. e SteAHG (Art. 3 Abs. 1 lit. f AHG-USA) und umfasst den Informationsinhaber sowie eine betroffene Person. Eine betroffene Person ist nach Art. 3 Abs. 1 lit. d SteAHG (Art. 3 Abs. 1 lit. e AHG-USA) der Kunde eines Informationsinhabers, die Person, deren steuer- oder steuerstrafrechtliche Verantwortung vom Ersuchen betroffen ist, oder die Person, die persönlich und direkt durch das Ersuchen betroffen ist.

Schlussverfügung. Die Informationsübermittlung findet in diesem Falle erst statt, wenn die Schlussverfügung in Rechtskraft erwächst.

Art. 22 SteAHG (Art. 22 AHG-USA) betrifft die vertrauliche Behandlung der im Wege der Amtshilfe übermittelten Informationen. Diese dürfen nur von denjenigen Personen oder Behörden, einschließlich Aufsichtsbehörden und Gerichten, innerhalb des Hoheitsgebietes der ersuchenden Behörde verwendet werden, die sich mit der Veranlagung oder Erhebung, der Vollstreckung oder Verfolgung sowie der Behandlung von Beschwerden in Bezug auf die im Ersuchen angesprochenen Steuern befassen. Dabei müssen diese Stellen einen der in Art. 5 Abs. 2 lit. a SteAHG (Art. 2 Abs. 2 lit. a AHG-USA) genannten Zwecke verfolgen. Im Unterschied zum SteAHG erlaubt Art. 22 Abs. 2 lit. b AHG-USA den amerikanischen Datenempfängern auch deren Verwendung für die im Rechtshilfevertrag Liechtenstein-USA genannten Zwecke sofern die liechtensteinische Steuerverwaltung zustimmt. Sowohl das SteAHG als auch das AHG-USA lassen die Preisgabe von Informationen in öffentlichen Gerichtsverfahren zu. Hingegen ist nach Art. 23 SteAHG (Art. 23 Abs. 1 AHG-USA) die Weiterleitung übermittelter Informationen an Drittstaaten durch den ersuchenden Staat verboten. Denn Drittstaaten sollen nicht von dem Umstand profitieren, dass Liechtenstein mit Staaten, mit denen ein DBA oder TIEA geschlossen wurde, Informationen austauscht.[1663]

Art. 24 SteAHG (Art. 24 AHG-USA) regelt die Verfahrensrechte der Berechtigten. Diese dürfen sich grundsätzlich am Amtshilfeverfahren beteiligen und Akten einsehen, sofern dem nicht besondere Belange entgegenstehen.[1664]

Art. 25 SteAHG (Art. 25 AHG-USA) betrifft die Zustellung von Verfügungen im Amtshilfeverfahren. Die Zustellung ist dabei maßgeblich für den Lauf von Rechtsmittelfristen gegen diese Verfügungen.

Die Rechtsmittel sowie das darauf anwendbare Verfahren sind in den Art. 26 bis 28 SteAHG (Art. 26 bis 28 AHG-USA) festgelegt. Hervorzuheben ist dabei, dass die Einlegung von Rechtsmitteln im Interesse einer zügigen Erledigung eines Amtshilfeersuchens nur innerhalb sehr kurzer Fristen zwischen sieben und

---

1663 Von diesem Grundsatz geht auch das AHG-USA aus, jedoch eröffnet Art. 23 Abs. 2 AHG-USA die Möglichkeit der Informationsweitergabe, sofern mit dem Drittstaat ein dem AHG-USA entsprechendes Abkommen besteht und der Weitergabe keine besonderen Gründe entgegenstehen, vgl. Vernehmlassungsbericht der liechtensteinischen Regierung zum SteAGH, S. 25.

1664 Eine Einschränkung dieser Verfahrensrechte ist nach Art. 24 Abs. 2 SteAHG (Art. 24 Abs. 2 AHG-USA) möglich, im Interesse des Verfahrens, zum Schutz eines wesentlichen Interesses, sofern die zuständige ausländische Behörde es verlangt, wegen der Natur oder der Dringlichkeit der zu treffenden Amtshilfehandlung, zum Schutz wesentlicher privater Interessen oder im Interesse eines liechtensteinischen Verfahrens.

14 Tagen möglich ist. Auch die Zahl der Instanzen ist aus diesem Grunde beschränkt. Eine Beschwerde ist danach direkt vor dem Verwaltungsgerichtshof (L-VwGH) zu erheben, was eine Änderung der liechtensteinischen Landesverfassung bedingte, die im Rahmen der Umsetzung des AHG-USA erfolgte. Gegen die Entscheidung des L-VwGH kann abschließend der Staatsgerichtshof (StGH) angerufen werden, wobei auch hier eine kurze Rechtsmittelfrist zu wahren ist.[1665]

Besonderheiten gegenüber den übrigen OECD-konformen liechtensteinischen Abkommen weist neben dem TIEA USA vor allem das mit Großbritannien geschlossene TIEA auf.[1666] Zu dessen Umsetzung wurden das Gesetz vom 30. Juni 2010 über die Amtshilfe in Steuersachen mit dem Vereinigten Königreich von Großbritannien und Nordirland (Steueramtshilfegesetz-UK, AHG-UK) nebst Durchführungsverordnung[1667] erlassen. Die Bestimmungen des Ste-AHG über die Amtshilfe in Steuersachen finden nach Art. 4 AHG-UK nur dann Anwendung, wenn dieses Abkommen keine abweichenden Bestimmungen enthält. Der wesentliche Unterschied dieses Abkommens zu den bereits besprochenen liegt in der dazugehörigen Zusatzvereinbarung, dem Memorandum of Understanding (MOU).[1668] Das MOU gibt britischen Steuersündern die Möglichkeit, nicht deklariertes Bankvermögen in Liechtenstein durch Offenlegung ihrer Bankverbindung bei den britischen Steuerbehörden unter besonders günstigen Bedigungen zu legalisieren (sogenannte Liechtenstein Disclosure Facility). Nutzt ein Anleger diese Gelegenheit, ist er nur begrenzt zur Nachzahlung hinterzogener Steuern und zu Strafzahlungen verpflichtet, da der Veranlagungszeitraum sowie die Höhe der Strafsteuer gegenüber dem allgemeinen Verfahren begrenzt ist.

Damit Anleger davon Gebrauch machen können, ist Liechtenstein gegenüber Großbritannien bis zum 01.04.2015 gemäß Art. 5 Abs. 1 AHG-UK nur dann zur Gewährung von Amtshilfe in Steuersachen im Sinne des SteAHG verpflichtet, wenn dort ein steuerstrafrechtliches Verfahren formell eingeleitet wur-

1665 Vgl. *Hosp/Langer*, IStR 2010, S. 905, S. 908 f. sowie den Vernehmlassungsbericht der liechtensteinischen Regierung zum SteAGH, S. 27.

1666 Übereinkommen zwischen der Regierung des Fürstentums Liechtenstein und der Regierung des Vereinigten Königreichs von Großbritannien und Nordirland über den Informationsaustausch in Steuersachen vom 11.8.2009, abrufbar auf der in Fußnote 1647 angegebenen Homepage.

1667 LGBl. 2010 Nr. 248 und LGBl. 2010 Nr. 254.

1668 Vereinbarung vom 11. August 2009 der Regierung des Fürstentums Liechtenstein und Her Majesty's Revenue and Customs des Vereinigten Königreichs von Großbritannien und Nordirland betreffend die Kooperation in Steuersachen, abrufbar auf der in Fußnote 1647 angegebenen Homepage.

de oder wenn die betroffene Person am nachfolgend besprochenen Offenlegungsprogramm teilnimmt.

Im Gegenzug hat Liechtenstein mit dem im AHG-UK verankerten steuerlichen Amtshilfe-und Compliance-Programm Vorkehrungen getroffen, um die Anlage nichtdeklarierten Vermögens durch Personen, die in Großbritannien steuerpflichtig sind, zu verhindern. Dazu haben liechtensteinische Finanzintermediäre im Rahmen eines besonderen Prüfungsverfahrens die Pflicht, diese Personen zu ermitteln und darüber zu informieren, dass sie entweder den Nachweis erbringen müssen, dass sie dort nicht steuerpflichtig sind oder ihrer Pflicht nachkommen. Dieser Nachweis kann durch eine Bescheinigung über die Teilnahme am Offenlegungsprogramm, dessen Voraussetzungen von britischer Seite zu schaffen sind, oder durch andere steuerliche Bescheinigungen geführt werden. Wird der Nachweis nicht innerhalb der in Art. 8 Abs. 2 AHG-UK genannten Fristen, die insgesamt zwei Jahre nicht überschreiten, erbracht, hat der Finanzintermediär die Beziehung zu dieser Person einzustellen.[1669] Damit verhindert das AHG-UK die Anlage nicht deklarierten Vermögens in Liechtenstein durch Briten. Hervorzuheben ist dabei, dass dieses Gesetz anders als die Zinsrichtlinie nach dessen Art. 3 lit. c AHG-UK ausdrücklich auch auf Anleger in Form einer juristischen Person Anwendung und damit keine Schlupflöcher zur Anlage nicht deklarierten Vermögens bietet.[1670]

Damit erweisen sich die mit Großbritannien getroffenen Vereinbarungen gegenüber den übrigen liechtensteinischen TIEA als überlegen. Denn durch die Kontrollpflichten der Finanzintermediäre wird konsequent das Ziel verfolgt, nicht deklarierte in Liechtenstein zu legalisieren und deren Anlage zukünftig zu verhindern. Damit werden Steuerstraftaten weitgehend verhindert und eine vollständige Besteuerung gesichert. Gleichzeitig wird auch das Bankgeheimnis geschützt, denn jeder Anleger ist als Geheimnisherr in der Offenbarung seiner Geheimnisse ist, da er es selbst in der Hand hat entweder sein Vermögen aus Liechtenstein abzuziehen oder am Offenlegungsprogramm teilzunehmen. Durch die Offenlegung erübrigt sich dann auch weitgehend die Stellung von Amtshilfeersuchen in Steuersachen, da die britischen Behörden alle zur Besteuerung eines Steuerpflichtigen mit Vermögenswerten in Liechtenstein notwendigen Informationen direkt bei diesem abfragen können.

Durch seine politische Neuorientierung in Steuersachen hat der internationale Druck auf das Fürstentum, das bislang gemeinhin als „Steueroase“ galt, zu-

1669 Etwas anderes gilt, wenn ein besonderer von der Regierung bestellter Prüfungsausschuss, der nur bis zum 0104.2017 besteht, in einem besonderen Kontrollverfahren eine andere Entscheidung trifft.

1670 Der Vernehmlassungsbericht zum AHG-UK kann auf der in Fußnote 1647 angebenen Homepage abgerufen werden.

mindest vorübergehend abgenommen. Liechtenstein ist praktisch über Nacht zu einem in Steuersachen von der OECD als kooperativ eingestuften Staat geworden, so dass ihm derzeit offiziell keine Sanktionen wegen vermeintlich fehlender Kooperationsbereitschaft mehr drohen. So hat Deutschland, das sich bisher neben Schweden als einziges Land gegen einen Beitritt Liechtensteins in den Schengen Raum gesperrt hat, nach Abschluss des TIEA mit Liechtenstein seine ablehnende Haltung in dieser Frage aufgegeben.[1671] Das Bankgeheimnis konnte von Liechtenstein ebenso wie von Luxemburg, Österreich und der Schweiz grundsätzlich verteidigt werden, weil die Verpflichtung zur Amtshilfe in Steuersachen jedenfalls eines konkret belegten Anlasses für die Stellung eines Ersuchens bedarf. Ausforschungsersuchen wird Liechtenstein auch zukünftig nicht erfüllen. Ebenso wenig wird es automatisch Informationen über Kapitalanleger ins Ausland übermitteln. Auch für Liechtenstein gilt, dass die Amtshilfe in Steuersachen nunmehr über die Rechtshilfe in diesem Bereich hinausgeht, die abgesehen vom Verhältnis zu den USA wegen Art. 51 Abs. 1a RHG auf Verstöße im Bereich der indirekten Steuern begrenzt ist.

9.1.6 Zusammenfassung

Zusammenfassend ist festzuhalten, dass das Bankgeheimnis von Luxemburg, Österreich, der Schweiz und Liechtenstein nach wie vor unter großem politischem Druck steht, der bis zur Forderung nach seiner völligen Aufhebung geht. Denn trotz eines weitreichenden Normengefüges aus nationalen Normen sowie bi- und multilateralen Abkommen wird das Bankgeheimnis als Hindernis für die internationale Amts- und Rechtshilfe gesehen.[1672]

Ein Grund dafür liegt in der Weigerung dieser Länder umfassend Rechtshilfe in Steuersachen zu leisten. Denn obwohl sie prinzipiell dieselben Rechtshilfevorschriften anwenden wie Deutschland, ist der Umfang der rechtshilfefähigen Sachverhalte geringer als dort. Denn Luxemburg, Österreich, die Schweiz und Liechtenstein verweigern die Rechtshilfe immer dann, wenn ihre nationalen Behörden selbst keinen Zugriff auf bestimmte Daten haben. Dies betrifft insbesondere den Zugang von Steuerbehörden zu Daten von Banken, der in diesen Ländern aufgrund des Bankgeheimnisses wesentlich beschränkter ist als in Deutschland. Zwar wurden nach und nach die vormals geltenden allgemeinen Fiskalvorbehalte in Luxemburg, Österreich, der Schweiz und Liechtenstein aufgegeben. Diese Länder halten jedoch weiterhin an der Unterscheidung von Steuerhinterziehung und Steuer- bzw. Abgabebetrug bzw. im Falle Österreichs zwischen

1671 Siehe dazu die Berichte im Liechtensteiner Vaterland vom 03.09.2009, S. 1, S. 6 und S. 7.

1672 Vgl. dazu unter anderem F.A.Z. vom 07.05.2009, S. 3.

vorsätzlichen Finanzvergehen und Finanzordnungswidrigkeiten fest. Diese Einteilung von Steuerdelikten führt dazu, dass zahlreiche Rechtshilfeersuchen aus Staaten, denen diese Unterscheidung fremd ist, abgelehnt werden. Die teils sehr restriktive Rechtsprechung in diesem Bereich hat ein Übriges dazu getan, den Ruf dieser Länder als unkooperativ zu festigen.[1673] Liechtenstein verweigerte bis in die jüngere Vergangenheit hinein von wenigen Ausnahmen abgesehen sogar jegliche Rechtshilfe in Steuersachen. Daneben bestehen aufgrund des Bankgeheimnisses Einschränkungen in Hinblick auf die Durchführung von Durchsuchungen und Beschlagnahmen, die infolge entsprechender Verweise auch auf die Durchführung anderer Rechtshilfemaßnahmen Einfluss haben.

Im Bereich der internationalen Rechtshilfe zur Bekämpfung der Geldwäsche, die alle Vergleichsländer im Rahmen des Geldwäscheübereinkommens unterstützen, wird das Bankgeheimnis zwar durchbrochen. Jedoch folgt aus den Vorbehalten Luxemburgs, Österreichs, der Schweiz und Liechtensteins zu diesem Abkommen, dass fiskalische Delikte faktisch von der Rechtshilfe ausgeschlossen sind. Damit bleibt das Bankgeheimnis vielfach indirekt deshalb gewahrt, weil eine Informationserteilung in diesen Fällen von vorneherein ausgeschlossen ist. Spezialitätsvorbehalte stellen sicher, dass der ersuchende Staat übermittelte Informationen nicht für fiskalische Zwecke verwenden kann.

Ein zentraler Kritikpunkt an Luxemburg, Österreich, der Schweiz und Liechtenstein lag in der Vergangenheit auch darin, dass diese Länder grundsätzlich keine internationale Amtshilfe im Fiskalbereich leisteten. Dadurch war es ausländischen Steuerbehörden nicht möglich, auf diesem Wege besteuerungsrelevante Sachverhalte zu ermitteln. Hintergrund dieser Weigerung war, dass die Steuerbehörden in Luxemburg, Österreich, der Schweiz und Liechtenstein aufgrund des Bankgeheimnisses in nationalen Besteuerungsverfahren keine Befugnis hatten, diejenigen Informationen von Kreditinstituten zu verlangen, die zur Erledigung solcher Ersuchen erforderlich gewesen wären. Nachdem sich Luxemburg, Österreich, die Schweiz und Liechtenstein nunmehr ausdrücklich zum OECD-Standard bekennen, steht das Bankgeheimnis der Informationsbeschaffung bei Banken nicht mehr entgegen. Auf ein entsprechend begründetes Ersuchen hin, sind diese Länder nunmehr ebenfalls zur Amtshilfe verpflichtet. Durch die Pflicht zur Begründung von Amtshilfeersuchen wird jedoch ausgeschlossen, dass ein Staat diese zu Ermittlungen „ins Blaue hinein“ missbraucht.

Die zur Anpassung an den OECD-Standard notwendigen Gesetzesänderungen zwingen Luxemburg, Österreich, die Schweiz und Liechtenstein, das Bank-

1673 Kritisch zur Rechtsprechung des OGH betreffend die bescheidmäßige Verfahrenseinleitung im Finanzstrafverfahren etwa *Amann*, in: Der Deutsche Wirtschaftanwalt. S. 36, S. 37 f.

geheimnis für ausländische Kunden ihrer Banken erheblich abzuschwächen. Denn den zuständigen Behörden werden zur Erfüllung von internationalen Amtshilfeersuchen weitreichende Ermittlungsbefugnisse bei Kreditinstituten eingeräumt. Nur für die einheimischen Bankkunden in diesen Ländern ändert sich vorerst nichts. Dies führt dazu, dass das Bankgeheimnis bei der Gewährung von internationaler Amtshilfe nunmehr stärker durchbrochen wird, als dies in einem rein nationalen Verfahren möglich ist.

Auch die neue Beitreibungsrichtlinie sowie der Vorschlag zur Neufassung der Amtshilferichtlinie orientieren sich am OECD-Standard, so dass dieser innerhalb der EU zum allgemeinen Maßstab der Amtshilfe in Steuersachen wird. Dabei geht der Richtlinienvorschlag zur Amtshilferichtlinie sogar soweit, dass ein automatischer Austausch von Informationen zwischen den EU-Mitgliedstaaten vorgesehen ist. Dessen Modalitäten stehen aber noch nicht fest.

Die europäische Zinsrichtlinie führt im Verhältnis der meisten EU-Mitgliedstaaten untereinander gegenwärtig schon zu einer faktischen Aufhebung des Bankgeheimnisses. Denn sie verlangt die automatische Übermittlung der Kontoinformationen eines ausländischen Sparers an dessen Heimatstaat. Lediglich Luxemburg und Österreich profitieren derzeit noch von einer Sonderregelung, die ihnen die anonyme Erhebung und Weiterleitung einer Quellensteuer anstelle der Informationsübermittlung erlaubt. Allerdings müssen auch diese beiden Staaten vorbehaltlos zum automatischen Kontoinformationsaustausch mit den übrigen EU-Mitgliedstaaten übergehen, wenn der in der Zinsrichtlinie genannte Übergangszeitraum endet. Dies ist möglicherweise schon bald der Fall, weil neben der Schweiz und Liechtenstein auch andere in der Zinsrichtlinie aufgeführte europäische Staaten bereits OECD-konforme Abkommen geschlossen haben. Somit scheint es nur eine Frage der Zeit, bis alle in der Zinsrichtlinie genannten Bedingungen erfüllt sind.[1674] Ungeklärt erscheinen in diesem Zusammenhang vor allem steuerliche Fragen im Verhältnis zu den USA.[1675]

1674 Mit Recht weisen jedoch *Bock/Leuk*, IStR 2009, S. 792, S. 795 darauf hin, dass das Bekenntnis der in der Zinsrichtlinie genannten Staaten zum OECD-Standard keineswegs einen Automatismus dahingend darstellt, dass deswegen Luxemburg und Österreich den automatischen Konteninformationsaustausch einführen müssten, denn dazu bedarf es jedenfalls noch eines einstimmigen Beschlusses des Rates der EU, dass die Bedingungen dafür erfüllt sind.

1675 Vgl. *Kerres/Pröll*, ecolex 2009, S. 623, S. 625 f.

10 Die Rechtsfolgen einer Verletzung des Bankgeheimnisses

Nachdem nun der Anwendungsbereich des Bankgeheimnisses bestimmt wurde, soll abschließend untersucht werden, welche Rechtsfolgen dessen Verletzung durch einen Geheimnisträger nach sich ziehen kann. Insoweit kommt sowohl die Geltendmachung zivilrechtlicher Ansprüche durch den Geheimnisherrn als auch die Einleitung von straf- und aufsichtsrechtlichen Verfahren gegen den Offenbarenden bzw. das ihn beschäftigende Kreditinstitut in Betracht.

10.1 Die zivilrechtlichen Folgen

Die Geltendmachung zivilrechtlicher Ansprüche liegt vor allem im Interesse des von einer unerlaubten Geheimnisoffenbarung betroffenen Bankkunden, der die ihm daraus entstandenen Schäden ausgleichen will. Die grundsätzliche Möglichkeit hierzu ist in allen Vergleichsländern anerkannt. Probleme bereitet in diesem Kontext vor allem die Frage der Ersatzfähigkeit bestimmter Vermögenseinbußen, die infolge einer unerlaubten Geheimnisoffenbarung auftreten können.

10.1.1 In Deutschland

In Deutschland besteht Einigkeit darüber, dass Verletzungen des Bankgeheimnisses einen Schadensersatzanspruch des in seinem Geheimhaltungsanspruch verletzten Kunden auslösen können. Dabei kommen verschiedene Anspruchsgrundlagen in Betracht, deren Einschlägigkeit im Einzelfall zu prüfen ist.

Besteht eine vertragliche Beziehung zwischen Bank und Kunde, so stellt die Pflicht zur Wahrung des Bankgeheimnisses eine vertragliche Nebenpflicht der Bank dar, die unter § 241 Abs. 2 BGB zu fassen ist.[1676] Wird diese Pflicht schuldhaft verletzt, kann dem Betroffenen deswegen ein Schadensersatzanspruch aus § 280 Abs. 1 BGB zustehen.[1677] Das Verschulden seiner Organe wird einem Kreditinstitut dabei nach § 31 BGB[1678] bzw. bei öffentlich rechtlichen Kreditinstituten wie den Sparkassen nach § 89 Abs. 1 i.V.m. § 31 BGB[1679] zuge-

1676 *Wech*, Das Bankgeheimnis, S. 530 m.w.N.

1677 *Möhlenkamp*, BB 2007, S. 1126; *Bruchner/Krepold*, in: *Schimansky/Bunte/Lwowski*, Bankrechtshandbuch, § 39 Rn. 300.

1678 Zur Haftung für Organe *Reuter*, in: MüKoBGB, § 31 Rn. 11 ff. m.w.N.

1679 Zur Haftung öffentlicher Anstalten *Reuter*, in: MüKoBGB, § 89 Rn. 10 ff. m.w.N.

rechnet. Für andere Personen, derer sich eine Bank als Erfüllungsgehilfen bedient, haftet diese über § 278 BGB.[1680]

Besteht noch kein Vertragsverhältnis, ist ein Kreditinstitut nach allgemeiner Auffassung aufgrund einer vorvertraglichen Verhaltens- und Schutzpflicht zur Wahrung der ihm bekannten Geheimnisse eines Kunden verpflichtet.[1681] Die Verletzung dieser vorvertraglichen Pflicht (culpa in contrahendo) löst unter den Voraussetzungen der §§ 311 Abs. 2, 241 Abs. 2 i.V.m. § 280 Abs. 1 BGB einen Schadensersatzanspruch des Kunden gegen die betreffende Bank aus.[1682] Einziger Unterschied zur vertraglichen Haftung nach § 280 Abs. 1 BGB ist, dass im Zeitpunkt der Pflichtverletzung eben noch kein vertragliches, sondern nur ein vorvertragliches Schuldverhältnis besteht. Ein solches entsteht bereits mit dem Beginn von Vertragsverhandlungen oder der Anbahnung eines Vertrages.[1683]

Neben vertraglichen bzw. vorvertraglichen Ansprüchen kann die Verletzung des Bankgeheimnisses auch deliktsrechtliche Ansprüche im Sinne der §§ 823 ff. BGB auslösen. Dabei ist eine kumulative Geltendmachung von vertraglichen und deliktischen Ansprüchen möglich. Ein Schadensersatzanspruch kann sich vor allem unter dem Gesichtspunkt einer unerlaubten Handlung im Sinne des § 823 Abs. 1 BGB ergeben. Das Bankgeheimnis stellt allerdings kein von dieser Norm erfasstes „sonstiges Recht" dar.[1684] Einen allgemeinen zivilrechtlichen Anspruch auf eine Geheimsphäre gibt es nicht.[1685] Eine Rechtsgutbeeinträchtigung durch die unerlaubte Offenbarung von Geheimnissen ist jedoch unter dem Gesichtspunkt eines Eingriffs in das zivilrechtliche allgemeine Persönlichkeitsrecht sowie das Recht am eingerichteten und ausgeübten Gewerbebetrieb denkbar. Diese schließen die vom Bankgeheimnis erfassten Geheimnisse zum Teil ein.[1686] Anders als bei der Verletzung eines absoluten Rechts im Sinne des § 823 Abs. 1 BGB ist dabei die Rechtswidrigkeit der schädigenden Handlung nicht indiziert, sondern muss durch eine Interessen- und Güterabwägung zwischen den Interessen des Geschädigten und denen des Schädigers ermittelt werden, bei

1680 Zur Haftung für Erfüllungsgehilfen *Grundmann*, in: MüKoBGB, § 278 m.w.N.

1681 Siehe dazu schon oben S. 55 f.

1682 *Wech*, Das Bankgeheimnis, S. 530 m.w.N

1683 Vgl. § 311 Abs. 2 Nr. 1 bis 3 BGB. Danach entsteht ein vorvertragliches Schuldverhältnis durch die Aufnahme von Vertragsverhandlungen, die Anbahnung eines Vertrags, bei welcher der eine Teil im Hinblick auf eine etwaige rechtsgeschäftliche Beziehung dem anderen Teil die Möglichkeit zur Einwirkung auf seine Rechte, Rechtsgüter und Interessen gewährt oder ihm diese anvertraut, oder durch ähnliche geschäftliche Kontakte. Ausführlich dazu *Emmerich*, in: MüKoBGB, § 311 Rn. 50 ff. m.w.N.

1684 Hopt, in: Baumbach/Hopt, HGB, Bankgeschäfte Rn. A/9; Wagner, in: MüKoBGB, § 823 Rn. 177.

1685 *Canaris*, Bankvertragsrecht, Rn. 40 und Rn. 47.

1686 Siehe dazu schon oben S. 81 ff.

der vor allem grundrechtliche Positionen zu berücksichtigen sind.[1687] Die Zurechnung des Verschuldens der Organe einer Bank richtet sich auch hier nach § 31 bzw. § 89 i.V.m. § 31 BGB. Für das Verhalten sonstiger Mitarbeiter haftet ein Kreditinstitut nach den Grundsätzen der Haftung für Verrichtungsgehilfen gemäß § 831 BGB, der eine Exkulpation des Verrichtungsherrn zulässt.[1688]

Eine weitere mögliche Anspruchsgrundlage zur Erlangung von Schadensersatz ist § 823 Abs. 2 BGB, der die Verletzung eines Schutzgesetzes voraussetzt. Bei einer unerlaubten Offenbarung von Bankgeheimnissen werden die §§ 28, 41 BDSG sowie § 55a KWG und § 55b KWG als möglicherweise einschlägige Schutzgesetze angesehen.[1689] Vereinzelt wird das Bankgeheimnis auch über eine Analogie zu § 22 KunstUrhG unter § 823 Abs. 2 BGB subsumiert.[1690]

Wird durch eine unerlaubte Geheimnisoffenbarung die Kreditwürdigkeit einer Person gefährdet, greift der gegenüber § 823 BGB speziellere § 824 BGB ein.[1691] Solche Fälle werden jedoch eher selten sein, da § 824 BGB die Behauptung oder Verbreitung unwahrer Tatsachen über die Kreditwürdigkeit einer Person verlangt. Die Äußerung wahrer Tatsachen fällt ebenso wie abwertende Werturteile und Meinungsäußerungen nicht darunter. Jedoch kann dann regelmäßig wieder auf § 823 BGB zurückgegriffen werden.[1692]

Eine unmittelbare vertragliche Haftung des offenbarenden Geheimnisträgers wird in der Regel ausscheiden, da der Vertrag zwischen Bank und Kunde nur zwischen diesen Wirkung entfaltet und Bankmitarbeiter daraus weder berechtigt noch verpflichtet werden. Aus dem gleichen Grunde kann sich ein Kunde auch nicht auf eine arbeitsvertragliche Geheimhaltungspflicht eines Bankiers gegenüber seinem Arbeitgeber berufen. Eine persönliche Haftung des Geheimnisträgers auf deliktsrechtlicher Basis ist jedoch möglich.[1693] Diese kann im Falle un-

---

1687 BGH, Urteil vom 24.1.2006 - XI ZR 384/03 = BGHZ 166, S. 84 ff. = NJW 2006, S. 830, S. 840 m.w.N.

1688 *Bruchner/Krepold*, in: *Schimansky/Bunte/Lwowski*, Bankrechtshandbuch, § 39 Rn. 300 ff. m.w.N.

1689 Vgl. BGH, Urteil vom 24.1.2006 - XI ZR 384/03 = BGHZ 166, S. 84 ff. = NJW 2006, S. 830, S. 838 m.w.N.

1690 Vgl. *Steindorff*, ZHR 149 (1985), S. 151, S. 155 ff. m.w.N.; kritisch *Petersen*, Das Bankgeheimnis, S. 46 f.

1691 *Bütter/Tonner*, BKR 2005, S. 344, S. 350.

1692 Da die meisten Äußerungen ein Gemisch von Tatsachen und Werturteilen darstellen, kommt es dann darauf an, den Kern oder die Prägung einer Äußerung in Abhängigkeit von ihrem Kontext zu bestimmen und zu ermitteln, ob der subjektive Charakter oder der Tatsachenkern überwiegt, vgl. BGH, Urteil vom 24.1.2006 - XI ZR 384/03 = BGHZ 166, S. 84 ff. = NJW 2006, S. 830, S. 836; *Höpfner/Seibl*, BB 2006, S. 673, S. 677; *Gößmann*, BKR 2006, S. 199, S. 201 f.

1693 *Höpfner/Seibl*, BB 2006, S. 673, S. 679.

wahrer kreditschädigender Tatsachenäußerungen auf § 824 BGB gestützt werden. Bei betriebsbezogenen Eingriffen kann auch das Recht am eingerichteten und ausgeübten Gewerbebetrieb im Sinne von § 823 Abs. 1 BGB verletzt sein.[1694] Die Rechtsprechung geht insoweit davon aus, dass die Organe einer Bank aufgrund der vertraglichen Interessenwahrungs-, Schutz- und Loyalitätspflichten des Kreditinstituts gegenüber dem Kunden in ihrem Grundrecht auf freie Meinungsäußerung beschränkt würden. Deshalb müsse alles, was der Bank aufgrund der Treuepflicht untersagt sei, zwangsläufig auch den für sie handelnden Organen verboten sein. Ansonsten entstünde ein Wertungswiderspruch, wenn ein und dieselbe Äußerung eines Organs in Bezug auf das anstellende Unternehmen als pflichtwidrig und damit haftungsbegründend, im Falle der Eigenhaftung hingegen als rechtmäßig gewertet werde. Derjenige, der mit einer Kapitalgesellschaft kontrahiere, solle nicht schlechter stehen, als wenn er mit einer natürlichen Person kontrahiert habe.[1695] In der Literatur wird darin eine unzulässige Vermischung von Vertrags- und Deliktsrecht unter Missachtung des Prinzips der Relativität von Schuldverhältnissen gesehen.[1696] Mangels Sonderbeziehung zwischen Kunde und Organ, träfen letzteres auch keine Pflichten aus dem Verhältnis zwischen Bank und Kunde.[1697] Dem kann nicht beigepflichtet werden, denn der BGH nimmt zurecht an, dass bei der deliktsrechtlichen Haftung eines Organs für eigenes Verhalten, die vertraglichen Pflichten der von ihm vertretenen Gesellschaft bei der rechtlichen Bewertung dieses Verhaltens auf das Deliktsrecht ausstrahlen. Denn das Verhalten eines Organs kann nicht auf Seiten der Bank als widerrechtlich und im Falle der Eigenhaftung als rechtmäßig gelten. So wie die juristische Person unmittelbar für das Verhalten ihrer Organe haftet, müssen diese alles unterlassen, was diesen die Erfüllung ihrer vertraglichen Pflichten unmöglich macht. Denn die Organe einer Gesellschaft sind selbst an erster Stelle Garant für die Erfüllung dieser Pflichten sind.

Wird ein vertraglicher und/oder deliktischer Schadensersatzanspruch dem Grunde nach bejaht, so ergibt sich der Maßstab für die konkrete Bemessung des zu ersetzenden Schadens aus § 249 BGB.[1698] Danach ist generell das negative Interesse des Geschädigten zu ersetzen. Das heißt, dieser ist so zu stellen, wie er

---

1694 *Höpfner/Seibl*, BB 2006, S. 673, S. 677 f.

1695 BGH, Urteil vom 24.1.2006 - XI ZR 384/03 = BGHZ 166, S. 84 = NJW 2006, S. 830, S. 842 f.; *Bruchner/Krepold*, in: *Schimansky/Bunte/Lwowski*, Bankrechtshandbuch, § 39 Rn. 305.

1696 *Möllers/Beutel*, NZG 2006, S. 338, S. 340.

1697 *Wech*, Das Bankgeheimnis, S. 261 ff.; kritisch auch *Höpfner/Seibl*, BB 2006, S. 673, S. 678 f.

1698 Ausführlich dazu *Oetker*, in: MüKoBGB, § 249 Rn. 308 ff. m.w.N.

stünde, wenn das schädigende Ereignis nicht stattgefunden hätte.[1699] Die Feststellung eines ersatzfähigen Schadens stellt den wohl schwierigsten Teil der Prüfung möglicher Ersatzansprüche wegen einer Verletzung des Bankgeheimnisses dar. Zum einen ist der Nachweis der Kausalität der Geheimnisoffenbarung für einen Schaden schwer zu führen. Zum anderen bereitet die Feststellung der Ersatzfähigkeit bestimmter Vermögenseinbußen Probleme. [1700] Das Vorliegen eines ersatzfähigen Schadens ist insbesondere dann zweifelhaft, wenn der Bankkunde einen Vermögenswert nur aufgrund eigenen deliktischen Verhaltens wie Steuerhinterziehung innehat und diesen Vorteil infolge einer Verletzung des Bankgeheimnisses wieder verliert. Die herrschende Meinung verneint in solchen Fällen zurecht die Ersatzfähigkeit etwaiger Vermögensminderungen eines Bankkunden.[1701] Wird ein Kunde nach der unerlaubten Geheimnisoffenbarung zur Steuernachzahlung herangezogen, fehlt es schon an der Kausalität zwischen der Offenbarung und der Steuernachzahlung. Denn die Steuerschuld bestand schon vor der Verletzung des Bankgeheimnisses, so dass das Vermögen des Schuldners bereits damit belastet war.[1702] Bußgelder und sonstige Strafen stellen ebenfalls keinen ersatzfähigen Schaden dar, weil ihre Ursache in einem eigenen deliktischen Verhalten des Bankkunden liegt und unrechtmäßig erlangte Vermögensbestandteile keinen zivilrechtlichen Vermögensschutz genießen.[1703] Das Bankgeheimnis dient nicht dazu, Straftaten zu ermöglichen oder zu verheimlichen, dementsprechend sind auch die Schutzpflichten der Bank begrenzt.[1704]

Anders verhält es sich, wenn der Kunde einen über die Schuldtilgung hinausgehenden Nachteil erleidet. Dies ist etwa dann anzunehmen, wenn er der Möglichkeit beraubt wurde, einer Bestrafung wegen Steuerhinterziehung zu entgehen, weil er an einer Selbstanzeige nach § 371 AO gehindert wurde.[1705] Umgekehrt haftet aber auch ein Bankmitarbeiter nicht gegenüber einem Kunden, wenn er sich selbst wegen Beihilfe zur Steuerhinterziehung anzeigt, weil er die

1699 *Sichtermann/Feuerborn/Kirchherr/Terdenge*, Bankgeheimnis und Bankauskunft, S. 202.

1700 Vgl. dazu auch *Wech*, Das Bankgeheimnis, S. 536 ff.

1701 Vgl. *Petersen*, Das Bankgeheimnis, S. 35 f.

1702 *Junker*, DStR 1996, S. 224, S. 228; *Bilsdorfer*, DStR 1996, S. 1953, S. 1959.

1703 *Eckl*, DZWIR 2004, S. 221, S. 226; *Bruchner/Krepold*, in: *Schimansky/Bunte/Lwowski*, Bankrechtshandbuch, § 39 Rn. 306; eine Ausnahme liegt nach BGH, NJW 1956, S. 586 vor, wenn die Bank durch eine schuldhafte Verletzung ihrer vertraglichen Pflichten, beispielsweise die Nichtaufklärung über devisenrechtliche Bestimmungen, bewirkt hat, dass der Kunde sich rechtswidrig verhält.

1704 OLG Köln, Urteil vom 08-07-1992 - 11 U 43/92 = NJW-RR 1993, S. 372.

1705 *Junker*, DStR 1996, S. 224, S. 228, *Canaris*, Bankvertragsrecht, Rn. 67 m.w.N.

Möglichkeit haben muss, sein Fehlverhalten durch Rückkehr in die Legalität zu beenden.[1706]

Kein ersatzfähiger Schaden besteht ferner dann, wenn die Geheimnisoffenbarung es einem Dritten ermöglicht, seine bestehenden zivilrechtlichen Ansprüche gegen den Bankkunden etwa im Wege der Pfändung durchzusetzen. Denn auch hier war das Vermögens des Schuldners schon vor seiner Inanspruchnahme durch den Anspruch belastet, so dass keine Kausalität zwischen Geheimnisoffenbarung und Vermögensminderung besteht.[1707]

Problematisch erscheint auch die Begründung eines Schadens im Falle einer das Bankgeheimnis verletzenden Forderungsabtretung durch eine Bank.[1708] Denn der Neugläubiger kann die abgetretene Forderung nur unter denselben Voraussetzungen wie der Altgläubiger gegen den Kunden geltend machen, so dass dieser durch die Abtretung an sich keinen Schaden erleiden würde. Ausgehend vom Schutzzweck des Bankgeheimnisses kann ein Schaden des Bankkunden jedoch darin gesehen werden, dass der Neugläubiger seine Rechte nachweislich zum Nachteil des Kunden in einer Art und Weise geltend macht, wie dieser sie von dem Altgläubiger in berechtigtem Vertrauen auf dessen bisheriges Verhalten nicht erwarten musste.[1709] Da dieser Nachweis jedoch nur schwer zu führen sein wird, wird ein darauf gestützter Schadensersatzanspruch nur selten tatsächlich durchsetzbar sein.[1710]

Unabhängig von der Geltendmachung von Schadensersatzansprüchen kann der von der Verletzung des Bankgeheimnisses betroffene Kunde seine vertraglichen Beziehungen zu seiner Bank aus wichtigem Grunde fristlos kündigen.[1711]

1706 Insofern wird der Rechtfertigungsgrund der Wahrnehmung berechtigter Interessen als einschlägig angesehen. Zudem wird das Vorliegen eines Schadens auf seiten des Kundens im Falle von Steuernachzahlungen und Bußen bezweifelt, vgl. *Bilsdorfer*, DStR 1996, S. 1953, S. 1958 f.

1707 *Canaris*, Bankvertragsrecht, Rn. 66; *Thessinga/Grundmann*, in: Ebenroth/Boujong/Joost, HGB, Rn. I163; andere Ansicht *Bilsdorfer*, DStR 1996, S. 1953, S. 1958 f.

1708 Siehe dazu oben S. 82 f.; im BGH, Urteil vom 27.02.2007 – XI ZR 195/05 = BGHZ 171, S. 180 ff.= NJW 2007, S. 2106 ff. konnte diese Frage offen gelassen werden, da dort schon das Bestehen eines Abtretungsverbots aufgrund des Bankgeheimnisses verneint wurde.

1709 *Möhlenkamp*, BB 2007, S. 1126, S 1127; ähnlich auch *Rögner*, NJW 2004, S. 3230, S. 3232.

1710 *Bütter/Aigner*, BB 2007, S. 799, S. 799 f.; *Klüwer/Meister*, WM 2004, S. 1157, S. 1159; kritisch dazu *Möhlenkamp*, BB 2007, S. 1126, S. 1127.

1711 *Junker*, DStR 1996, S. 224, S. 228; *Eckl*, DZWIR 2004, S. 221, S. 226; differenzierend: *Nobbe*, WM 2005, S. 1537, S. 1547 f.

Bei begründeten Zweifeln an der Wahrung ihrer Geheimhaltungspflicht durch eine Bank, kann ein Kunde zudem deren Verletzung bereits im Vorfeld mittels Unterlassungsklage oder einstweiliger Verfügung abwehren.[1712]

10.1.2 In Luxemburg

Auch nach luxemburgischem Recht kann die Verletzung des Bankgeheimnisses zivilrechtliche Ersatzansprüche des betroffenen Kunden nach sich ziehen. Die Pflicht zur Wahrung des Bankgeheimnisses gilt dort wie in Deutschland als typische vertragliche Nebenpflicht einer Bank gegenüber ihren Kunden.[1713] Ihre Verletzung kann eine Haftung des Kreditinstituts aus Art. 1147 CC nach sich ziehen. Daneben kommt eine Haftung auch nach den deliktsrechtlichen Normen der Art. 1382 bis 1386 CC in Frage. Dies gilt insbesondere gegenüber Personen, die in keinerlei vertraglicher Beziehung zu einem Kreditinstitut stehen. Die deliktsrechtliche Haftung greift ebenfalls im Zeitraum der Vertragsanbahnung (culpa in contrahendo) ein. Hingegen sind auch gegenüber einem früheren Kunden, zu dem die vertraglichen Beziehungen an sich erloschen sind, noch die Regeln über die vertragliche Haftung anwendbar, da die Pflicht zur Wahrung des Bankgeheimnisses kraft Gesetzes zeitlich unbefristet fortbesteht.[1714]

Dabei ist zu beachten, dass sich die vertragliche und die deliktische Haftung gegenseitig ausschließen. Ein Wahlrecht einer geschädigten Person zwischen diesen unterschiedlichen Haftungsgrundlagen besteht nicht. Besteht eine vertragliche Beziehung, muss ein Kunde im Falle einer unerlaubten Geheimnisoffenbarung vertragliche Schadensersatzansprüche geltend machen. Fehlt es an einer solchen Beziehung greift die deliktische Haftung.[1715]

Sowohl die vertragliche als auch die deliktische Haftung setzen die vorwerfbare Verletzung einer rechtlich verbindlichen Handlungsnorm („faute), das Vorliegen eines ersatzfähigen Schadens („dommage“) sowie ein Kausalverhältnis zwischen der Pflichtverletzung und dem Schaden („lien de causalité“) voraus.[1716]

1712 *Bruchner/Krepold*, in: *Schimansky/Bunte/Lwowski*, Bankrechtshandbuch, § 39 Rn. 308; *Eckl*, Das Bankgeheimnis, S. 189; ausführlich dazu *Wech*, Das Bankgeheimnis, S. 502 ff. m.w.N

1713 Siehe oben S. 85 f.

1714 *Schmitt/Omes*, La responsabilité du banquier, Rn. 38 ff.

1715 Die vertragliche und die deliktische Haftung unterscheiden sich insbesondere hinsichtlich der Beweislastverteilung und beim Einstehenmüssen für unvorhersehbare Ereignisse, näher dazu *Schmitt/Omes*, La responsabilité du banquier, Rn. 35 ff.

1716 *Schmitt/Omes*, La responsabilité du banquier, Rn. 9.

Im Bereich der Haftung aus Vertrag wird als derartige Verletzungshandlung die Nichteinhaltung einer vertraglichen Pflicht in Form der Nicht-, Schlecht- oder der verspäteten Erfüllung verstanden. Im Deliktsrecht besteht die Verletzungshandlung in der Missachtung der allgemeinen, aus Gesetz und Gewohnheitsrecht folgenden und für jedermann verbindlichen Pflicht, einem anderen keinen Schaden zuzufügen. Den Nachweis dieser Verletzungshandlung hat der Anspruchsteller zu führen.[1717] Insoweit birgt das Vertragsrecht eine wesentliche Beweiserleichterung. Denn nach Ansicht der Rechtsprechung schuldet eine Bank ihrem Kunden die Wahrung des Bankgeheimnisses im Sinne eines konkreten Erfolges („obligation de résultat"). Im Falle einer Pflichtverletzung kann sich eine Bank als Schuldnerin nur noch dadurch exkulpieren, dass sie den Nachweis erbringt, dass der eingetretene Schaden auf höherer Gewalt oder dem Verschulden des Gläubigers beruht.[1718]

Für das Verhalten seiner Organe haftet ein Kreditinstitut sowohl im Falle der vertraglichen als auch der deliktischen Haftung unmittelbar, da es als juristische Person nur durch diese Organe handeln kann und sich daher deren Verhalten zurechnen lassen muss, sofern sich dieses im Rahmen der ihnen kraft Gesetzes übertragenen Aufgaben bewegt.[1719] Bedient sich eine Bank zur Erfüllung ihrer vertraglichen Pflichten weiterer Personen, ist sie nach allgemeiner Auffassung für deren Verhalten schuldrechtlich verantwortlich. Demnach haftet eine Bank auch für das Verhalten ihrer Angestellten. Eine entsprechende Zurechnungsnorm kennt der Code Civil jedoch nicht.[1720] Im Deliktsrecht richtet sich die Haftung für das Verhalten dieser Personen nach den Grundsätzen der Geschäftsherrenhaftung gemäß § 1384 Abs. 3 CC.[1721]

Eine persönliche Inanspruchnahme desjenigen, der die Geheimnisverletzung begeht, durch den geschädigten Kunden, kommt nur unter deliktsrechtlichen Gesichtspunkten in Frage. Für eine vertragliche Haftung fehlt es in der Regel an einer entsprechenden Beziehung. Nach der französischen Rechtsprechung können Ansprüche gegen einen Mitarbeiter persönlich jedoch nur dann geltend gemacht werden, wenn dieser seine Kompetenzen überschritten hat. Handelte er hingegen innerhalb seines Aufgabenbereichs, soll dem Geschädigten nur die Inanspruchnahme des Arbeitgebers des Schädigers möglich sein. Die luxemburgischen Gerichte haben zu dieser Frage bisher nicht Stellung genommen. Da sie

1717 *Schmitt/Omes*, La responsabilité du banquier, Rn. 10.

1718 Cour de Cassation, Urteil vom 14.03.2004 = Bulletin Droit et Banque, N° 35, 2004, S. 46, S. 49 f.; zustimmend *Kinsch*, Bulletin Droit et Banque, N° 35, 2004, S. 52, S. 54 f.; *Heymer*, Bulletin Droit et Banque, N° 41, 2008, S. 17, S. 20.

1719 *Schmitt/Omes*, La responsabilité du banquier, Rn. 41 ff.

1720 Vgl. *Lasserre Capdeville*, Le secret bancaire, Rn. 400 ff.

1721 *Schmitt/Omes*, La responsabilité du banquier, Rn. 47 ff.

sich jedoch häufig an der französischen Rechtsprechung orientieren, erscheint eine Übertragung dieses Prinzips auf das luxemburgische Recht möglich.[1722] Ein Kunde könnte im Falle einer unvorsätzlichen Verletzung des Bankgeheimnisses dann nur noch seine Bank, nicht jedoch auch deren Mitarbeiter als unmittelbaren Schädiger, zivilrechtlich in Anspruch nehmen. Im Falle eines vorsätzlichen Geheimnisverrats wäre die persönliche Inanspruchnahme des Schädigers hingegen möglich, da dieser dann nicht mehr im Rahmen seines Aufgabenbereichs handelte.

Der Nachweis eines ersatzfähigen Schadens stellt auch nach luxemburgischem Recht in den Fällen der Verletzung des Bankgeheimnisses die größte Hürde für einen Betroffenen dar.[1723] Problematisch erweist sich dabei schon der Nachweis der Kausalität zwischen einer unerlaubten Geheimnisoffenbarung und einem behaupteten Schaden.[1724] Der Schadensbegriff wird vom Code Civil nicht näher definiert. Allgemein versteht man darunter den Verlust irgendeines Vorteils.[1725] Ersatzfähig ist aber nur der Verlust solcher Vorteile, die dem Anspruchsteller persönlich („personnel") und rechtmäßig („licite") zugestanden haben und die aufgrund der schädigenden Handlung in bestimmtem Umfang („certain") unmittelbar („direct") eingetreten sind.[1726] Probleme bereitet insoweit vor allem die Feststellung der Rechtmäßigkeit eines Vorteils als Voraussetzung für dessen Ersatzfähigkeit. Diese liegt nur vor, wenn der Vorteilsverlust von der Rechtsordnung anerkannt wird. Ein solcher Verlust kann etwa in einem Reputationsverlust eines Bankkunden durch die Geheimnisoffenbarung liegen, der als Verletzung seines Persönlichkeitsrechts angesehen wird.[1727] Häufiger wird ein

---

1722 *Lasserre Capdeville*, Le secret bancaire, Rn. 462 ff.

1723 So auch die Cour de Cassation, Urteil vom 14.03.2004, vgl. Bulletin Droit et Banque, N° 35, 2004, S. 46, S. 49 f. mit Anmerkung von *Kinsch*, in: Bulletin Droit et Banque, N° 35, 2004, S. 52, S. 55 f.

1724 Diese wird von der in Luxemburg herrschenden Ansicht nach der Äquivalenzlehre beurteilt, wonach nur solche Ereignisse als ursächlich für einen Schaden gelten, die für den Verursacher vorhersehbar waren und die den Schaden direkt ausgelöst haben, vgl. *Schmitt/Omes*, La responsabilité du banquier, Rn. 17 ff.

1725 Im Deliktsrecht wird der Verlust eines Vorteils danach bestimmt, ob er in einer hypothetischen Situation ohne das schädigende Verhalten, dem Geschädigten zugekommen wäre. Die Vorhersehbarkeit des Schadenseinstritts spielt keine Rolle für die Ersatzfähigkeit. Nach Vertragsrecht sind dagegen, außer bei vorsätzlichen Schädigungen, nur solche Schäden zu ersetzen, die auf einem bei Vertragsschluss vorhersehbaren Vorteilsverlust beruhen, vgl. auch *Lasserre Capdeville*, Le secret bancaire, Rn. 383 ff.

1726 *Schmitt/Omes*, La responsabilité du banquier, Rn. 27 ff.

1727 Cour de Cassation, Urteil vom 14.03.2004 = Bulletin Droit et Banque, N° 35, 2004, S. 46, S. 48 ff.; zustimmend *Kinsch*, Bulletin Droit et Banque, N° 35, 2004, S. 52, S. 55 f.; *Schmitt/Omes*, La responsabilité du banquier, Rn. 26.

Bankkunde im Falle einer Verletzung des Bankgeheimnisses jedoch solche Vorteile verlieren, die er unrechtmäßig innehat, etwa infolge von Steuerhinterziehung. In einer vereinzelt gebliebenen Entscheidung des Tribunal d'arrondissement de Luxembourg, wurde die Ersatzfähigkeit von Geldstrafen bejaht. In dieser Sache hatte ein Mitarbeiter einer luxemburgischen Bank das Bankgeheimnis verletzt, indem er Informationen über einen Kunden an den französischen Zoll weitergab. Infolgedessen wurde der Kunde in Frankreich wegen Missachtung devisenrechtlicher Bestimmungen zu einer Geldstrafe verurteilt. Die beklagte Bank wandte auf die Klage gegen die Schadensersatzforderung ihres Kunden ein, dass die Geldstrafe auf dessen eigenes deliktisches Verhalten, nämlich dem Verstoß gegen die französischen Devisenbestimmungen, zurück zu führen sei. Das Gericht nahm jedoch an, dass diese Bestimmungen gegen den luxemburgischen Ordre public verstießen, und bejahte daher einen ersatzfähigen Schaden.[1728] In späteren Entscheidungen wurde diese Rechtsprechung aufgegeben, da es zwischen der Geheimnisverletzung durch die Bank und der Strafzahlung des Kunden bereits an der notwendigen Kausalität fehle. Denn die Zahlungspflicht des Kunden habe bereits vor der Geheimnisoffenbarung aufgrund seines eigenen Rechtsverstoßes bestanden. Zudem sei der dadurch erlangte Vermögensvorteil widerrechtlich erlangt und sein Verlust daher nicht ersatzfähig.[1729]

Auch in Luxemburg wird einem in seinem Geheimhaltungsanspruch verletzten Kunden, neben der Geltendmachung von Ersatzansprüchen, das Recht zur außerordentlichen Kündigung der vertraglichen Beziehung zu seiner Bank gewährt.[1730]

Zur Möglichkeit der Erlangung vorbeugenden Rechtsschutzes durch einen Kunden im Falle einer drohenden Verletzung des Bankgeheimnisses finden sich in der Rechtsprechung und Literatur zum luxemburgischen Bankgeheimnis keine Stellungnahmen.

10.1.3 In Österreich

Auch in Österreich ist allgemein anerkannt, dass die Verletzung des Bankgeheimnisses Schadensersatzansprüche des betroffenen Kunden entsprechend den

---

1728 Vgl. *Kauffman*, Professional secrecy of bankers, S. 30.

1729 Cour de Cassation, Urteil vom 14.03.2004 =Bulletin Droit et Banque, N° 35, 2004, S. 46, S. 48.; *Lasserre Capdeville*, Le secret bancaire, Rn. 386.

1730 Eingehend zu den Voraussetzungen einer einseitigen Vertragsauflösung durch den Bankkunden unter Verweis auf französisches Recht *Lasserre Capdeville*, Le secret bancaire, Rn. 387 ff.

allgemeinen Normen des Zivilrechts auslösen kann.[1731] Danach unterliegen sowohl die vertragliche als auch die deliktische Haftung den Voraussetzungen des § 1295 Abs. 1 ABGB, der die Haftung für die schuldhafte Verletzung fremder Rechte festlegt. Zentrale Anspruchsvoraussetzung ist das Vorliegen eines ersatzfähigen Schadens, für den eine rechtswidrige und schuldhafte Handlung des Schädigers ursächlich sein muss.[1732] Die Legaldefinition des Schadensbegriffs findet sich in § 1293 ABGB. Danach ist ein Schaden jeder Nachteil, den jemand an seinem Vermögen, seinen Rechten oder seiner Person erleidet. Davon abzugrenzen ist der jemandem aufgrund einer schädigenden Handlung entgangene Gewinn, der nur dann ersetzt wird, wenn dies gesetzlich ausdrücklich festgelegt ist.[1733]

Eine Verletzung des Bankgeheimnisses stellt innerhalb einer Vertragsbeziehung mit einem Kunden eine unter § 1295 ABGB zu fassende Vertragsverletzung dar. Fehlt es daran, ist § 1295 ABGB unter dem Gesichtspunkt einer Schutzgesetzverletzung zu Lasten des Kunden einschlägig, da § 38 BWG als Schutzgesetz im Sinne dieser Norm anzusehen ist.[1734]

Trotz identischer Haftungsgrundnorm bestehen Unterschiede in den Haftungsvoraussetzungen zwischen vertraglicher und deliktischer Haftung, so etwa in Bezug auf den anzuwendenden Sorgfaltsmaßstab, bei der Haftung für das Verhalten Dritter sowie hinsichtlich der Beweislastverteilung zwischen Anspruchsteller und Anspruchsgegner. Innerhalb einer vertraglichen Beziehung mit einem Kunden unterliegt eine Bank dem besonderen Sorgfaltspflichtmaßstab aus § 1299 ABGB. Das Verhalten seiner Organe und anderer Repräsentanten, wie etwa des Leiters einer Bankfiliale, wird einem Kreditinstitut als eigenes Verschulden zugerechnet, wenn diese in Ausübung der Interessen der Bank und nicht als Privatpersonen gehandelt haben. Für ihre sonstigen Mitarbeiter haften Kreditinstitute gemäß § 1313a ABGB, sofern sie sich ihrer als Erfüllungsgehilfen bedienen.[1735] Während § 1296 ABGB als allgemeine Regel dem Geschädigten den Verschuldensnachweis bei der Geltendmachung von Ersatzansprüchen auferlegt, obliegt innerhalb vertraglicher Beziehungen aufgrund der in § 1298 ABGB vorgesehenen Beweislastumkehr der Nachweis fehlenden Verschuldens dem Schädiger, hier also der Bank.[1736]

1731 *Apathy/Iro/Koziol*, Österreichisches Bankvertragsrecht, 2/151.

1732 Siehe dazu *Dittrich/Tades*, ABGB, § 1295 m.w.N.

1733 Siehe dazu *Dittrich/Tades*, ABGB, § 1293 m.w.N.

1734 *Fally*, Verschwiegenheitspflicht der Kreditinstitute, S. 27 ff.; Apathy/Iro/Koziol, Österreichisches Bankvertragsrecht, 2/151.

1735 *Schobel*, ÖBA 2004, S. 8, S. 9.

1736 *Schobel*, ÖBA 2004, S. 8, S. 9; *Fally*, Verschwiegenheitspflicht der Kreditinstitute, S. 28 f.

Außerhalb einer vertraglichen Beziehung gilt der Sorgfaltsmaßstab des § 1299 ABGB nicht. Für das Verhalten ihrer Organe haftet ein Kreditinstitut jedoch auch hier unmittelbar. Für Dritte haftet es unter den Voraussetzungen der Besorgungsgehilfenhaftung nach § 1315 ABGB. Auf den Verschuldensnachweis findet die allgemeine Regel des § 1296 ABGB Anwendung. Der in seinem Bankgeheimnis verletzte Kunde hat also als Gläubiger des Ersatzanspruchs das Vorliegen aller Anspruchsvoraussetzungen zu beweisen.[1737]

Dies gilt auch, wenn ein Kunde unmittelbar gegen den offenbarenden Bankier vorgehen will. Da in der Regel keine vertragliche Beziehung zwischen diesen Personen besteht, gelten die eben dargestellten deliktsrechtlichen Grundsätze.[1738]

Die Ersatzfähigkeit bestimmter Vermögensminderungen im Falle einer Verletzung des Bankgeheimnisses ist auch in Österreich umstritten.[1739] Uneinigkeit besteht insbesondere in der Frage, ob Steuernachzahlungen des Bankkunden, die dieser nach einer Verletzung des Bankgeheimnisses zu erbringen hat, einen ersatzfähigen Schaden darstellen. Die herrschende Ansicht spricht sich unter Bezugnahme auf deutsches Schrifttum gegen die Ersatzfähigkeit solcher Vermögenseinbußen aus. Denn die Steuerschuld habe auch ohne die Geheimnisverletzung bestanden, so dass es an der Kausalität zwischen der Offenbarung und der Vermögensminderung fehle. Zudem würde die Bejahung der Ersatzfähigkeit solcher Einbußen zu einem rechtlichen Widerspruch führen. Der Verlust eines widerrechtlich erlangten Vorteils könne keinen ersatzfähigen Schaden darstellen.[1740]

Ebenso wird die Ersatzfähigkeit solcher Vermögenseinbußen angezweifelt, die einem Kunden entstehen, weil er infolge einer Indiskretion der Bank eine gegen ihn bestehende Forderung eines Dritten erfüllen muss. Zwar erleide der Kunde möglicherweise deswegen Einbußen, weil er die Forderung verfrüht begleichen müsse. Allerdings sei die Bestimmung des insoweit maßgeblichen Zeitraums schwierig. Denn das Bankgeheimnis schütze nicht davor, berechtigterweise in Anspruch genommen zu werden. Oftmals habe der Gläubiger nur deswegen darauf verzichtet, weil ihm das Bankvermögen des Kunden nicht bekannt gewesen sei. Das Bankgeheimnis verhindere so faktisch die Geltendmachung der Forderung. Die Geltendmachung einer fälligen Forderung sei jedoch grundsätzlich rechtmäßig, so dass schon deswegen das Bestehen eines Schadens zwei-

1737 *Jabornegg/Strasser/Floretta*, Bankgeheimnis, S. 162.

1738 *Schobel*, ÖBA 2004, S. 8, S. 11.

1739 *Hörtner*, in: Investitions- und Steuerstandort Österreich, S. 219, S. 227.

1740 *Apathy/Iro/Koziol*, Österreichisches Bankvertragsrecht, 2/159.

felhaft sei. Hinzu komme, dass dadurch das Vermögen des Bankkunden nicht mit einem neuen Passivum belastet werde.[1741]

Unabhängig von der Geltendmachung von Ersatzansprüchen geht die herrschende Ansicht davon aus, dass eine Verletzung des Bankgeheimnisses regelmäßig die fristlose Kündigung der Vertragsbeziehung mit der Bank durch den betroffenen Kunden rechtfertige.[1742]

Eine drohende Verletzung seines Geheimhaltungsanspruchs kann ein Kunde mittels vorbeugender Unterlassungsklage gegen seine Bank abwehren. Dabei kann auch eine einstweilige Verfügung beantragt werden.[1743]

10.1.4 In der Schweiz

Auch nach schweizerischem Recht kann eine Verletzung des Bankgeheimnisses zivilrechtliche Schadensersatzansprüche des betroffenen Kunden auslösen. Dabei wird in der unerlaubten Geheimnisoffenbarung, wie in den anderen Vergleichsländern auch, primär ein Verstoß des Kreditinstituts gegen eine vertragliche Verpflichtung gegenüber dem Kunden gesehen. Diese wird in der Schweiz als Unterlassungspflicht angesehen, die auf die Nichtoffenbarung von Informationen gerichtet ist. Ein Verstoß führt dann zur Unmöglichkeit, da die Unterlassungspflicht nicht mehr erfüllt werden kann. Der Schadensersatzanspruch ergibt sich dann aus Art. 97 OR. Hat der Vertrag zwischen Kreditinstitut und Kunde auftragsrechtlichen Charakter, ergibt sich der Haftungsmaßstab aus Art. 398 i.V.m. Art. 321 OR. Dies hat für den Gläubiger den Vorteil, dass danach auch immaterielle Schäden ersatzfähig sind. Den allgemeinen Regeln entsprechend hat der Bankkunde als Gläubiger des Anspruchs das Bestehen und die Verletzung der Unterlassungspflicht, den Eintritt eines ersatzfähigen Schadens sowie die Kausalität zwischen Verletzungshandlung und Schaden zu beweisen. Hingegen obliegt es der Bank als Gläubigerin, sich vom Vorwurf des Verschuldens zu entlasten.[1744] Da eine Bank als juristische Person nur durch ihre Organe handeln kann, haftet sie ohne Exkulpationsmöglichkeit unmittelbar für deren Verhalten nach den vorgenannten Normen. Für das Verhalten Dritter haftet sie nach Art. 101 OR, sofern diese als ihre Verrichtungsgehilfen anzusehen sind.[1745]

1741 Vgl. *Jabornegg/Strasser/Floretta*, Bankgeheimnis, S. 162.

1742 Schobel, ÖBA 2004, S. 8, S. 11; Jabornegg/Strasser/Floretta, Bankgeheimnis, S. 164.

1743 *Schobel*, ÖBA 2004, S. 8, S. 9; *Apathy/Iro/Koziol*, Österreichisches Bankvertragsrecht, 2/149 f.

1744 *Jabornegg/Strasser/Floretta*, Bankgeheimnis, S. 77 ff.

1745 Wird innerhalb eines Auftragsverhältnisses durch den Beauftragten eine diesem obliegende Verpflichtung auf einen Dritten übertragen, ist Art. 399 OR lex specialis zu

Die Regeln über die vertragliche Haftung gelten, ähnlich wie in Deutschland, bereits mit dem Eintritt in Vertragsverhandlungen.[1746] Da das Bankgeheimnis wegen Art. 47 Abs. 4 BankG zeitlich unbegrenzt gilt, wirkt die Verschwiegenheitspflicht zudem als vertragliche Pflicht nach dem Ende der eigentlichen Vertragsbeziehung fort.[1747]

Neben den vertraglichen Schadensersatzansprüchen oder wenn kein Vertrag besteht, kann eine Verletzung des Bankgeheimnisses deliktsrechtliche Ansprüche des Betroffenen auslösen.[1748] Dieser kann wie in Deutschland seine vertraglichen und deliktischen Ansprüche alternativ oder kumulativ geltend machen.[1749] Als Anspruchsgrundlage kommt Art. 41 i.V.m. Art 49 OR in Betracht, da eine Verletzung des Bankgeheimnisses gleichzeitig als Verletzung des aus Art. 28 ZGB folgenden Persönlichkeitsrechts gilt.[1750] Der Schadensersatz umfasst hier auch den Ersatz für immaterielle Schäden, die aufgrund der unerlaubten Geheimnisoffenbarung eingetreten sind.[1751]

Für Handlungen ihrer Organe haftet eine Bank auch im Deliktsrecht unmittelbar. Bei sonstigen Dritten sind die Regeln der Geschäftsherrenhaftung gemäß Art. 55 OR zu prüfen.[1752] Dieser sieht eine Exkulpationsmöglichkeit des Geschäftsherrn vor.[1753]

Will der Kunde direkt gegen diejenige Person vorgehen, die seinen Geheimhaltungsanspruch verletzt hat, kann er dies nach den eben dargelegten deliktsrechtlichen Grundsätzen tun. Vertragliche Ansprüche bestehen hingegen mangels einer entsprechenden Beziehung zum Schädiger in der Regel nicht.

Der Schadensbegriff ist im Vertrags- und Deliktsrecht identisch. Als Schaden gilt jede unfreiwillige Vermögenseinbuße.[1754] Bei Verletzungen des Bank-

---

Art. 101 OR, vgl. dazu und zur Abgrenzung von Organhaftung und Haftung für Dritte *Jabornegg/Strasser/Floretta*, Bankgeheimnis, S. 79 ff. m.w.N.

1746 Strittig, vgl. dazu *Joyce Rappo*, Rn. 553 ff. m.w.N.

1747 *Jabornegg/Strasser/Floretta*, Bankgeheimnis, S. 75 ff.

1748 Zum Verhältnis von vertraglicher und deliktischer Haftung nach schweizerischem Recht *Joyce Rappo*, Rn. 663 ff.

1749 *Jabornegg/Strasser/Floretta*, Bankgeheimnis, S. 77 ff.

1750 Siehe dazu schon oben S. 88 f.

1751 *Lasserre Capdeville*, Le secret bancaire, Rn. 442.

1752 Wird innerhalb eines Auftragsverhältnisses durch den Beauftragten eine ihm obliegende Verpflichtung auf einen Dritten übertragen, so ist Art. 399 OR lex specialis zu Art. 101 OR, vgl. dazu und zur Abgrenzung von Organhaftung und Haftung für Dritte *Jabornegg/Strasser/Floretta*, Bankgeheimnis, S. 79 ff. m.w.N.

1753 *Lasserre Capdeville*, Le secret bancaire, Rn. 414.

1754 Der Beweis des Schadenseintritts obliegt nach Art. 42 Abs. 1 OR dem Geschädigten, jedoch steht dem Richter nach Art. 41 Abs. 2 und Art. 42 OR sowohl bei der Bestim-

geheimnisses ist auch in der Schweiz die Ersatzfähigkeit bestimmter Vermögenseinbußen umstritten. Dies gilt insbesondere für die Ersatzfähigkeit von Geldbußen und Steuernachzahlungen, die einem Kunden infolge des Geheimnisbruchs durch einen ausländischen Staat auferlegt werden. Das Bundesgericht hat die Ersatzfähigkeit solcher Vermögenseinbußen in einem Fall verneint, in dem ein französischer Bankkunde, der devisenrechtliche Bestimmungen seines Heimatlandes verletzt hatte, infolge der Verletzung des Bankgeheimnisses in seinem Heimatland zu einer Geldbuße verurteilt wurde. Anders als der Tribunal d'arrondissement de Luxembourg in dem von ihm entschiedenen Fall verneinte das Bundesgericht einen Verstoß dieser Bestimmungen gegen den Ordre public.[1755] Obwohl es damit nicht generell die Ersatzfähigkeit solcher Vermögenseinbußen abgelehnt hat, ist diese Entscheidung in der Literatur auf heftige Kritik gestoßen.[1756] Bedenken werden vor allem deswegen laut, weil das Bankgeheimnis dadurch gerade bei Auslandssachverhalten erheblich geschwächt werde. Zudem widerspreche die Entscheidung den in der Rechts- und Amtshilfe geltenden Fiskalvorbehalten.[1757] Aufgrund des sich derzeit vollziehenden Wandels dieser Praxis in der Schweiz verliert dieses Argument jedoch erheblich an Gewicht. In Anlehnung an die zu diesem Problemen vertretenen Ansichten in Deutschland, Luxemburg und Österreich erscheint es vielmehr angebracht, den Verlust unrechtmäßiger Vermögensvorteile nicht als ersatzfähigen Schaden anzusehen. Ein solcher kann allenfalls dann vorliegen, wenn der Kunde ohne die Verletzung der Geheimhaltungspflicht seine Vermögenseinbuße hätte mindern können, etwa durch eine Selbstanzeige.[1758]

Ungeachtet etwaiger Schadensersatzansprüche kann der von einer Geheimnisverletzung betroffene Kunde nach ganz herrschender Meinung seine vertraglichen Beziehungen zu seiner Bank beenden.[1759]

Eine drohende Verletzung des Bankgeheimnisses kann ein Kunde durch Geltendmachung eines Unterlassungsanspruchs abwehren.[1760]

---

mung des Schadens als auch bei der Festsetzung des Ersatzes ein großer Einschätzungsspielraum zu.

1755 BGE 115 II 72.

1756 Vgl. nur *Maurenbrecher/Zulauf*, SZW 1991, S. 36, S. 37 ff., die der Entscheidung im Ergebnis aber zustimmen.

1757 *Aubert*, Le secret bancaire suisse, S. 72.

1758 *Maurenbrecher/Zulauf*, SZW 1991, S. 36, S. 39 f.; *Blumenstein/Locher*, System des schweizerichen Steuerrechts, S. 441.

1759 Zu den unterschiedlichen Begründungsansätzen woraus sich dieses Recht ergeben soll *Joyce Rappo*, Rn. 645 ff.; *Aubert*, Le secret bancaire suisse, S. 72 ff. m.w.N.

1760 *Eckl*, Das Bankgeheimnis, S. 194.

10.1.5 In Liechtenstein

Auch in Liechtenstein kann eine Verletzung des Bankgeheimnisses unbestrittenermaßen zivilrechtliche Ersatzansprüche des Betroffenen auslösen. Die Bestimmungen des Schadensersatzrechts nach dem L-ABGB entsprechen weitgehend denjenigen des österreichischen ABGB. Dies gilt insbesondere für die allgemeine Haftungsgrundnorm des § 1295 Abs. 1 L-ABGB, der mit § 1295 ABGB übereinstimmt. Die Haftung eines Betriebes für das Verhalten seiner Mitarbeiter orientiert sich hingegen am schweizerischen Recht.

Innerhalb einer vertraglichen Beziehung gilt die Verletzung des Bankgeheimnisses als Vertragspflichtverletzung. Dabei bindet ein bereits ergangenes Strafurteil ein Zivilgericht nach § 63 Abs. 7 L-BankG nicht hinsichtlich der Feststellung einer zivilrechtlichen Verletzung dieser Geheimhaltungspflicht. Besteht keine vertragliche Beziehung, wird die deliktische Haftung mit einer Verletzung des Persönlichkeitsrechts der von der Geheimnisoffenbarung betroffenen Person begründet.[1761]

Bei der Haftung wegen Verletzung einer vertraglichen Pflicht hat ein Bankkunde als Gläubiger des Schadensersatzanspruchs die Verletzungshandlung, deren Widerrechtlichkeit, das Vorliegen eines Schadens sowie die Kausalität zwischen Verletzungshandlung und Schaden zu beweisen. Der Nachweis mangelnden Verschuldens obliegt aufgrund der in § 1298 L-ABGB vorgesehenen Beweislastumkehr dem Kreditinstitut. Stützt ein Kunde hingegen seinen Anspruch auf eine Persönlichkeitsrechtsverletzung, muss er alle haftungsbegründenden Tatsachen einschließlich des Verschuldens der Bank beweisen.[1762]

Die Haftung eines Kreditinstituts für das Verhalten seiner Organe folgt sowohl bei der Verletzung vertraglicher Pflichten als auch bei deliktischem Verhalten aus § 110 Abs. 1 i.V.m. § 111 Abs. 3 PGR. Für sonstige Mitarbeiter haftet das Kreditinstitut unter dem Gesichtspunkt der Geschäftsherrenhaftung nach § 47 PGR.[1763]

Will ein Kunde den das Bankgeheimnis verletzenden Bankier persönlich in Anspruch nehmen, so kann er einen Schadensersatzanspruch aus § 1295 Abs. 1 ABGB unter dem Gesichtspunkt einer deliktischen Handlung wegen Verletzung seines Persönlichkeitsrechts geltend machen.[1764] Für einen vertraglichen Anspruch fehlt es an der entsprechenden Beziehung zwischen Schädiger und Geschädigtem.

1761 *Frommelt*, Das Bankgeheimnis, S. 58 ff.

1762 *Wagner*, Bankenplatz Liechtenstein, S. 224.

1763 *Wagner*, Bankenplatz Liechtenstein, S. 226 ff.

1764 *Wagner*, Bankenplatz Liechtenstein, S. 226.

Der Schadensbegriff des § 1293 L-ABGB entspricht demjenigen des österreichischen Rechts. Auch in Liechtenstein wirft vor allem die Frage der Ersatzfähigkeit bestimmter Vermögenseinbußen infolge einer Verletzung des Bankgeheimnisses Probleme auf. Der L-OGH hat in diesem Zusammenhang unter ausführlicher Würdigung der in Deutschland, Österreich und der Schweiz dazu vertretenen Ansichten entschieden, dass aufgrund hinterzogener Steuern zu leistende Strafzahlungen keinen ersatzfähigen Schaden darstellen. Bemerkenswert ist dabei vor allem die Feststellung des Gerichts, dass deutsche Steuerstraftaten nach ihrer Aufdeckung liechtensteinischen Steuerdelikten gleichgestellt seien. Die Gleichmäßigkeit der Besteuerung sei in beiden Ländern ein tragendes Rechtsprinzip, so dass man nicht ohne Wertungswiderspruch die Ersatzfähigkeit von Vermögenseinbußen durch Steuernachzahlungen infolge einer Verletzung des Bankgeheimnisses bejahen könne. Ob hingegen zumindest dann ein ersatzfähiger Schaden vorliegt, wenn der betroffene Kunde nachweislich an einer strafbefreienden Selbstanzeige gehindert wurde, durch die er seine Einbußen hätte mindern können, konnte der L-OGH offen lassen. Seine Ausführungen deuten aber in diese Richtung.[1765] Auf dieser Argumentation aufbauend hat das Fürstliche Landgericht Vaduz in einem als Musterprozess geführten Verfahren der Klage eines von der Datenweitergabe im Fall der „Liechtensteiner Steueraffäre" betroffenen deutschen Kunden der LGT Treuhand AG zum Teil stattgegeben. Dieser Kunde war von den deutschen Steuerbehörden zu hohen Steuernachzahlungen herangezogen und in einem Strafverfahren zu einer zweijährigen Bewährungsstrafe sowie zu 7,5 Mio. Euro Geldbuße verurteilt worden. Der Kunde gab an, Einbußen von rund 20 Mio. Euro erlitten zu haben. Einen Teil davon machte er im Wege der Klage gegen die Rechtsnachfolgerin der LGT Treuhand AG geltend. Er argumentierte ganz im Sinne des L-OGH in der eben zitierten Entscheidung, er sei infolge der verspäteten Information durch die LGT Treuhand AG über den Verlust seiner Daten daran gehindert gewesen, rechtzeitig eine strafbefreiende Selbstanzeige zu erstatten, um so seine Vermögenseinbußen zu verringern.[1766] Das Fürstliche Landgericht in Vaduz schloss sich dieser Argumentation an und verurteilte die Rechtsnachfolgerin der LGT Treuhand AG zur Zahlung von 7,3 Mio. Euro Schadensersatz. Nach Ansicht des Gerichts können Geldbußen, nicht hingegen auch nachzuzahlende Steuern, einen ersatzfähigen Schaden darstellen.[1767] Diese Rechtsprechung scheint aber noch nicht gefestigt, denn in einem erst kürzlich entschiedenen Verfahren wies das Fürstliche

---

1765 L-OGH, Entscheidung vom 1.12.2005 - 10 CG.2000.199; vgl.auch *Schwärzler/Wagner*, Steueranwalts-magazin 2009, S. 1, S. 1 ff.

1766 Siehe dazu den Bericht im Liechtensteiner Vaterland vom 24.09.2009, S. 1.

1767 Vgl. F.A.Z. vom 09.02.2010, S. 11; in diese Richtung argumentierten im Vorfeld dieses Urteils bereits *Schwärzler/Wagner*, Steueranwaltsmagazin 2009, S. 1, S. 4 ff.

Landgericht die Klage einer deutschen Kundin der früheren LGT Treuhand AG ab, die mit derselben Argumentation Schadensersatz für eine ihr auferlegte Geldbuße sowie den Ersatz ihrer Anwaltskosten in Deutschland verlangte.[1768] Klärung verspricht insoweit erst eine endgültige Entscheidung des L-OGH.

Dem in seinem Geheimhaltungsanspruch verletzten Kunden wird neben der Geltendmachung von Schadensersatzansprüchen auch in Liechtenstein das Recht zugestanden, die vertraglichen Beziehungen zu seiner Bank außerordentlich zu kündigen.[1769]

Daneben beinhaltet § 1295 Abs. 3 L-ABGB abweichend vom österreichischen ABGB eine spezielle Norm betreffend die Verletzung von Unterlassungspflichten, unter die sich die Geheimhaltungspflicht einer Bank fassen lässt. Ist es bereits einmal zu einer Verletzung des Bankgeheimnisses gekommen, kann der betroffene Kunde daraus einen vorbeugenden Unterlassungsanspruch gegen weitere Pflichtverletzungen herleiten.[1770]

10.1.6 Zusammenfassung

Eine Verletzung des Bankgeheimnis kann in allen hier verglichenen Ländern auf zivilrechtlicher Ebene Schadensersatzansprüche des betroffenen Geheimnisherrn nach sich ziehen. Diese können sowohl gegen das Kreditinstitut selbst unter dem Aspekt der Verletzung einer vertraglichen Schutzpflicht und/oder einer deliktischen Handlung als auch gegen den einzelnen Bankmitarbeiter persönlich unter deliktsrechtlichen Gesichtspunkten gerichtet werden. Die Haftung richtet sich dabei generell nach den jeweils geltenden allgemeinen Grundsätzen.

Als problematisch erweist sich dabei insbesondere die Entstehung eines ersatzfähigen Schadens. Diesbezüglich besteht in allen Vergleichsländern grundsätzliche Einigkeit darüber, dass der Verlust widerrechtlich, etwa durch Steuerhinterziehung, erlangter Vermögensvorteile nicht ersatzfähig ist. Denn es fehlt an der Kausalität zwischen der Offenbarung und dem Vermögensverlust, da die Steuerpflicht bereits zuvor bestand. Zudem wäre es rechtlich widersprüchlich, einen illegal erlangten Vermögensvorteil als ersatzfähig anzusehen. Unklar erscheint jedoch inwieweit darüber hinausgehende Vermögensminderungen, etwa infolge von Geldbußen, ersatzfähig sind. Hier ist eine Schadensersatzpflicht denkbar, wenn ein Kreditinstitut einem Kunden nachweislich die Chance genommen hat, den Eintritt solcher Nachteile zu verhindern, beispielsweise durch eine Selbstanzeige. Dieser Nachweis wird allerdings nur schwer zu führen sein.

1768 Vgl. Liechtensteiner Vaterland vom 20.05.2010, S. 1.

1769 *Wagner*, Bankenplatz Liechtenstein, S. 222.

1770 *Frommelt*, das Bankgeheimnis, S. 57.

In Liechtenstein beschäftigen diese Fragen derzeit die Gerichte. Eine endgültige höchstgerichtliche Entscheidung steht jedoch noch aus.

Neben Schadensersatzansprüchen wird dem von einer Geheimnisverletzung betroffenen Kunden überall auch das Recht zur außerordentlichen Kündigung seiner vertraglichen Beziehungen mit seiner Bank zugesprochen.

Die meisten Vergleichsländer ermöglichen es dem Kunden darüber hinaus, eine drohende Verletzung des Bankgeheimnisses bereits im Vorfeld mittels einer Unterlassungsklage abzuwehren.

10.2 Die strafrechtlichen Folgen

Neben der zivilrechtlichen Inanspruchnahme kommt auch die Einleitung eines strafrechtlichen Verfahrens gegen den Täter der unerlaubten Geheimnisoffenbarung in Betracht. Da die strafrechtlichen Grundlagen des Bankgeheimnisses bereits erörtert wurden, kann die Darstellung dieser Normen hier entsprechend kurz ausfallen.[1771] Vorrangig werden andere strafrechtliche Bestimmungen untersucht, die häufig in Fällen einer unerlaubten Geheimnisoffenbarung ebenfalls einschlägig sind. Denn gerade diese Normen vermitteln bei Auslandssachverhalten aufgrund ihrer gegenüber dem Bankgeheimnis umfassenderen exterritorialen Anwendbarkeit einen wirksameren Geheimnisschutz.[1772] Zudem wird der Frage nachgegangen, inwieweit Kreditinstitute im Falle einer Verletzung des Bankgeheimnisses selbst strafrechtlich verantwortlich gemacht werden können.

10.2.1 In Deutschland

Da in Deutschland keine Strafnorm besteht, die die Verletzung des Bankgeheimnisses ausdrücklich unter Strafe stellt, kommt eine strafrechtliche Verantwortlichkeit des Offenbarenden unter diesem Gesichtspunkt nicht in Betracht. Etwas anderes gilt nur für die Organe und Mitarbeiter der öffentlich-rechtlichen Sparkassen, die als Amtsträger im strafrechtlichen Sinne nach § 203 Abs. 2 Nr. 1 i.V.m § 11 Abs. 1 Nr. 2 lit. c StGB einer besonderen gesetzlichen Geheimhaltungspflicht unterliegen, die die vom Bankgeheimnis umfassten Geheimnisse einschließt. Diese gesetzliche Pflicht stellt jedoch keine besondere Ausprägung des Bankgeheimnisses dar, sondern beruht alleine auf der öffentlich-rechtlichen Organisationsform der Sparkassen. Sie ist daher eng auszulegen.[1773]

1771 Siehe dazu oben S. 91 ff.

1772 Zur exterritorialien Anwendbarkeit des Bankgeheimnisses siehe dazu oben S. 233 ff.

1773 Vgl. dazu oben S. 83 ff.

Eine Strafbarkeit von Bankmitarbeitern, die ihnen im Rahmen ihrer Tätigkeit bekannt gewordene Geheimnisse unerlaubt offenbaren, kommt vor allem unter dem Gesichtspunkt einer Verletzung von Geschäfts- oder Betriebsgeheimnissen in Betracht. Die Strafbarkeit richtet sich dann nach § 17 UWG. [1774] Danach macht sich eine bei einem Unternehmen beschäftigte Person strafbar, die ein Geschäfts- oder Betriebsgeheimnis, das ihr im Rahmen eines Dienstverhältnisses anvertraut oder zugänglich wurde, während der Geltungsdauer des Dienstverhältnisses unbefugt an jemanden mitteilt. Dabei muss der Täter zu Zwecken des Wettbewerbs, aus Eigennutz, zugunsten eines Dritten oder in der Absicht handeln, dem Inhaber des Unternehmens Schaden zuzufügen. Als Geschäftsgeheimnis gelten kaufmännische Geheimnisse. Betriebsgeheimnisse entstammen hingegen dem technischen Bereich. [1775] Eine genauere Abgrenzung ist wegen der identischen Schutznorm entbehrlich. Daher werden beide Arten von Geheimnissen häufig unter dem Begriff des Wirtschaftsgeheimnisses zusammengefasst. Dies sind alle im Zusammenhang mit einem Betrieb stehenden, nicht offenkundigen Tatsachen, die nur einem eng begrenzten Personenkreis bekannt sind und an deren Geheimhaltung der Betriebsinhaber ein berechtigtes wirtschaftliches Interesse hat. Privatgeheimnisse sowie Geheimnisse ohne jeglichen wirtschaftlichen Wert werden nicht von § 17 Abs. 1 UWG umfasst.[1776] Das Geschäfts- und Betriebsgeheimnis grenzt sich vom Bankgeheimnis dadurch ab, dass es nur das Geheimhaltungsinteresse des Betriebsinhabers schützt, nicht hingegen auch dasjenige seiner Kunden.[1777] Dies gilt auch dann, wenn der Betriebsinhaber, wie im Falle einer Bank, gegenüber einem Kunden zur Verschwiegenheit verpflichtet ist.[1778]

Ebenso werden nach § 17 Abs. 2 Nr. 1 UWG Mitarbeiter aber auch betriebsfremde Personen bestraft, die sich aus den oben genannten Motiven heraus ein Geschäfts- oder Betriebsgeheimnis unbefugt verschaffen. Nach § 17 Abs. 2 Nr. 2 UWG macht sich strafbar, wer ein Geheimnis, das sich ein Dritter unbefugt im Sinne des § 17 Abs. 1 oder Abs. 2 Nr. 1 UWG verschafft hat, verwertet oder einem anderen mitteilt.[1779] Täter kann hier jedermann sein, auch ein Mitarbeiter,

1774 *Tiedemann*, ZIP 2004, S. 294, S. 296.

1775 *Kiethe/Hohmann*, NStZ 2006, S. 185, S. 185 f.

1776 Ausführlich dazu *Köhler*, in: Köhler/Bornkamm, UWG, § 17.

1777 Vgl. BGH, Urteil vom 24.1.2006 - XI ZR 384/03 = BGHZ 166, S. 84 = NJW 2006, S. 830, S. 838.

1778 Andere Ansicht *Petersen*, Das Bankgeheimnis, S. 60 f.; Tiedemann, ZIP 2004, S. 294, S. 296.

1779 Vgl. BGH, Urteil vom 10.05.1995 - 1 StR 764/94 = NJW 1995, S. 2301; BGH, Urteil vom 27.04. 2006 - I ZR 126/03 = GRUR 2006, S. 1044, S. 1046.

dessen Dienstverhältnis bereits beendet ist.[1780] Damit wird der Schutz von Geschäfts- oder Betriebsgeheimnissen über den Zeitraum eines Dienstverhältnisses sicher gestellt.

Die Verletzung von Geschäfts- oder Betriebsgeheimnissen wird mit Freiheitsstrafe von bis zu drei Jahren oder mit Geldstrafe geahndet. In besonders schweren Fällen beträgt die Freiheitsstrafe bis zu fünf Jahren oder Geldstrafe. Ein solcher Fall liegt § 17 Abs. 4 UWG unter anderem dann vor, wenn der Täter weiß, dass das Geheimnis im Ausland verwertet werden soll, oder wenn er die Verwertung dort selbst vornimmt.

Der Verrat von Geschäfts- und Betriebsgeheimnissen wird nach § 17 Abs. 5 UWG grundsätzlich nur auf Antrag eines Verletzten verfolgt. Anders verhält es sich nur, wenn die Staatsanwaltschaft wegen des besonderen öffentlichen Interesses an der Strafverfolgung ein Einschreiten von Amts wegen für geboten hält.[1781]

Der versuchte Geheimnisverrat ist nach § 17 Abs. 3 UWG strafbar. Darüber hinaus gehend macht sich nach § 19 UWG strafbar, wer einen anderen zu einer Tat im Sinne des § 17 UWG zu verleiten versucht oder wer sich bereit erklärt, eine solche Tat zu begehen oder dazu anzustiften. In diesen Fällen können Freiheitsstrafen bis zu zwei Jahren oder Geldstrafen verhängt werden.[1782]

Daneben kann eine Verletzung des Bankgeheimnisses unter dem Gesichtspunkt des Verrats von Geschäfts- und Betriebsgeheimnissen in Einzelfällen zugleich eine strafbare Untreue im Sinne von § 266 StGB darstellen.[1783]

Eine Strafbarkeit juristischer Personen ist dem deutschen Strafrecht bisher fremd.[1784] Eine Bank kann daher nicht selbst für eine Verletzung von Geschäfts- und Betriebsgeheimnissen durch eines ihrer Organe oder einen Mitarbeiter strafrechtlich verantwortlich gemacht werden.

10.2.2 In Luxemburg

In Luxemburg steht die unerlaubte Offenbarung des Bankgeheimnisses nach Art. 41 des Gesetzes vom 05. April 1993 i.V.m. Art. 458 CP unter Strafe. Verstöße gegen diese Geheimhaltungspflicht können mit einer Haftstrafe von acht Tagen bis zu sechs Monaten und/oder einer Geldbuße von 500 bis 5.000 Euro

1780 *Köhler*, in: Köhler/Bornkamm, UWG, § 17 Rn. 49.

1781 Siehe dazu *Köhler*, in: Köhler/Bornkamm, UWG, § 17 Rn. 71 f.

1782 Ausführlich dazu *Köhler*, in: Köhler/Bornkamm, UWG, § 19.

1783 Vgl. dazu *Kiethe/Hohmann*, NStZ 2006, S. 185, S. 190 f.

1784 Ausführlich dazu *Heine*, in: Schönke/Schröder, StGB, Vorbemerkungen zu den §§ 25 ff. Rn. 118 ff. m.w.N.

geahndet werden. Die Tat wird als Offizialdelikt auch ohne entsprechenden Antrag einer in ihrem Geheinhaltungsanspruch geschädigten Person verfolgt.[1785]

Über die Strafbarkeit als Verletzung des Bankgeheimnisses hinaus kann gleichzeitig eine unerlaubte Offenbarung von Geschäfts- oder Fabrikationsgeheimnissen nach Art. 309 CP vorliegen. Danach macht sich strafbar, wer als Angestellter, Mitarbeiter oder Lehrling eines Wirtschafts- oder Industriebetriebes Geschäfts- oder Fabrikationsgeheimnisse, von denen er aufgrund seiner Tätigkeit Kenntnis hat, während der Tätigkeit in diesem Betrieb offenbart oder verwertet. Dabei muss der Täter in der Absicht der Konkurrenz zu dem Betrieb, in Schädigungsabsicht oder in der Absicht, sich einen ungerechtfertigten Vorteil zu verschaffen, handeln. Geheimnisse im Sinne des Art. 309 CP müssen einen wirtschaftlichen Wert haben. Privatgeheimnisse werden anders als beim Bankgeheimnis tatbestandlich nicht erfasst. Im Gegensatz zu diesem sind Geschäfts- oder Fabrikationsgeheimnisse aber sowohl fremde als auch eigene Geheimnisse des jeweiligen Arbeitsgebers. Art. 309 CP kann daher tatbestandlich neben die Verletzung des Bankgeheimnisses treten. Der Verrat von Geschäfts- oder Fabrikationsgeheimnissen ist während eines Zeitraums von zwei Jahren auch nach dem Ende des Beschäftigungsverhältnisses des Offenbarenden strafbar. Die Strafen reichen von einer Geldstrafe von 251 bis 12.500 Euro bis zu einer Gefängnisstrafe von drei Monaten bis zu drei Jahren. Ebenso wird nach Art. 309 Abs. 2 CP bestraft, wer widerrechtlich erlangte Geschäfts- oder Fabrikationsgeheimnisse aus den eben genannten Motiven heraus nutzt oder offenbart.[1786]

Die Offenbarung von Geschäfts- oder Fabrikationsgeheimnissen im oder zugunsten des Auslands wird im CP nicht besonders geregelt. Daher gelten in diesen Fällen die allgemeinen Regeln des internationalen Strafrechts nach dem CIC. Da es sich bei Art. 309 CP ebenso wie bei Art. 41 des Gesetzes vom 05. April 1993 um ein Tätigkeitsdelikt handelt, gelten die dort dargestellten Grundsätze entsprechend.[1787] Art. 309 CP besitzt daher keine weitergehende strafrechtliche Exterritorialität als Art. 41 des Gesetzes vom 05. April 1993. Daher kann bei Auslandssachverhalten die unerlaubte Offenbarung von Geschäfts- oder Fabrikationsgeheimnissen nicht häufiger verfolgt werden als eine gleichzeitig damit erfolgende Verletzung des Bankgeheimnisses.[1788]

1785 Siehe dazu oben S. 92 ff.

1786 Vgl. *Lasserre Capdeville*, Le secret bancaire, Rn. 221.

1787 Siehe dazu oben S. 236 ff.

1788 Vgl. *Lasserre Capdeville*, Le secret bancaire, Rn. 221 f.

Die Strafbarkeit juristischer Personen ist dem luxemburgischen Recht unbekannt.[1789] Jedoch sieht der 1999 neu eingeführte Art. 203 des Gesetzes vom 10. August 1915 über die Handelsgesellschaften (Gesetz vom 10. August 1915)[1790] vor, dass Gesellschaften in Fällen von Verstößen gegen strafrechtliche Bestimmungen auf Antrag der Staatsanwaltschaft gerichtlich aufgelöst werden können. Daraus folgt implizit, dass Gesellschaften für strafrechtlich relevante Handlungen zur Rechenschaft gezogen werden können.[1791] Im Falle der Verletzung des Bankgeheimnisses ist daher die Auflösung einer luxemburgischen Bank denkbar, die als Handelsgesellschaft dem Gesetz vom 10. August 1915 unterliegt.

10.2.3 In Österreich

In Österreich ist die Verletzung des Bankgeheimnisses nach § 101 i.V.m. § 38 BWG strafbar. Dieser Tatbestand setzt voraus, dass ein Bankier Tatsachen des Bankgeheimnisses offenbart oder verwertet, um sich oder einem anderen einen Vermögensvorteil zu verschaffen oder um einem anderen einen Nachteil zuzufügen. In diesem Falle kann eine Freiheitsstrafe bis zu einem Jahr und/oder eine Geldstrafe bis zu 360 Tagessätzen verhängt werden. Die Geldstrafe umfasst dabei nach § 19 Ö-StGB wenigstens zwei Tagessätze mit einer Höhe von mindestens zwei bis maximal 500 Euro in Abhängigkeit von der wirtschaftlichen Leistungsfähigkeit des Täters.[1792] Die Verletzung des Bankgeheimnisses stellt nach § 101 Abs. 2 BWG ein Antragsdelikt dar. Insoweit ist strittig, ob nur der betroffene Bankkunde oder, dem Wortlaut der Norm entsprechend, auch jede andere in ihrem Geheimhaltungsinteresse verletzte Person antragsberechtigt ist.[1793]

Auch in Österreich kann eine Verletzung des Bankgeheimnisses zugleich eine Verletzung von Geschäfts- und Betriebsgeheimnissen darstellen. Nach § 122 Abs. 1 Ö-StGB macht sich strafbar, wer ein Geschäfts- oder Betriebsgeheimnis offenbart oder verwertet, das ihm bei seiner Tätigkeit in Durchführung einer durch Gesetz oder behördlichen Auftrag vorgeschriebenen Aufsicht, Überprüfung oder Erhebung anvertraut oder zugänglich geworden ist. Als Geschäfts- und Betriebsgeheimnisse werden nach § 122 Abs. 3 Ö-StGB nur solche Geheimnisse angesehen, die der Täter kraft Gesetzes zu wahren verpflichtet ist und

1789 Dies wird jedoch zunehmend in Frage gestellt und die Einführung einer entsprechenden Verantwortlichkeit befürwortet, vgl. dazu *Spielmann/Spielmann*, Droit pénal général luxembourgeois, S. 366 ff.

1790 Mémorial A – N° 90, 30.10.1915, S. 925 ff., zuletzt geändert durch Mémorial A – N° 22, 19.02.2010, S. 296.

1791 *Spielmann/Spielmann*, Droit pénal général luxembourgeois, S. 362 f.

1792 Siehe dazu schon oben S. 93 ff.

1793 *Apathy/Iro/Koziol*, Österreichisches Bankvertragsrecht, 2/166 m.w.N.

deren Offenbarung oder Verwertung geeignet ist, ein berechtigtes Interesse des von der Aufsicht, Überprüfung oder Erhebung Betroffenen zu verletzen. Geschäfts- oder Betriebsgeheimnisse im Sinne des § 122 Ö-StGB stellen anders als das Bankgeheimnis eigene Geheimnisse eines Betriebs dar. Diese müssen zudem einen wirtschaftlichen und nicht nur einen ideellen Wert haben. Täter einer Geheimnisverletzung kann nur sein, wem das Geheimnis im Rahmen seiner Tätigkeit in Durchführung einer durch Gesetz oder behördlichen Auftrag vorgeschriebenen Aufsicht, Überprüfung oder Erhebung anvertraut oder zugänglich gemacht wurde.[1794] Eine Aufsichts- und Überprüfungspflicht in diesem Sinne trifft etwa Vorstands- und Aufsichtsratsmitglieder von Kapitalgesellschaften.[1795] Insbesondere werden aber die in österreichischen Gesetzen benannten behördlichen Aufsichtspersonen von diesem Tatbestand erfasst.[1796] Da einem einfachen Angestellten eines Kreditinstituts keine Aufsichts- oder Überprüfungsfunktion in diesem Sinne zukommt, erscheint der potentielle Täterkreis des § 122 Ö-StGB im Vergleich zum deutschen und luxemburgischen Recht enger. Daher scheidet auch eine gleichzeitige Strafbarkeit des Offenbarenden nach § 122 Ö-StGB bei einer Verletzung des Bankgeheimnisses in der Regel aus.[1797] Eine Verletzung von § 122 Abs. 1 Ö-StGB kann mit Freiheitsstrafe bis zu sechs Monaten oder mit Geldstrafe bis zu 360 Tagessätzen geahndet werden. Handelt der Täter in der Absicht, sich oder einem anderen einen Vermögensvorteil zuzuwenden oder einem anderen einen Nachteil zuzufügen, kann die Tat nach § 122 Abs. 2 Ö-StGB mit Freiheitsstrafe bis zu einem Jahr oder mit Geldstrafe bis zu 360 Tagessätzen bestraft werden. Nach § 122 Abs. 5 Ö-StGB handelt es sich um ein Antragsdelikt, das nur auf Antrag einer in ihrem Geheimhaltungsinteresse verletzten Person verfolgt werden kann.

Häufiger als eine Tat nach § 122 Ö-StGB wird bei einer Verletzung des Bankgeheimnisses gleichzeitig eine Auskundschaftung von Geschäfts- und Betriebsgeheimnissen im Sinne des § 123 Ö-StGB vorliegen. Danach macht sich strafbar, wer ein Geschäfts- oder Betriebsgeheimnis mit dem Vorsatz auskundschaftet, es zu verwerten, es einem anderen zur Verwertung zu überlassen oder der Öffentlichkeit preiszugeben. Der Begriff des Geschäfts- und Betriebsgeheimnisses entspricht demjenigen in § 122 Ö-StGB.[1798] Der Täterkreis ist anders als bei § 122 Ö-StGB nicht auf gesetzlich bestimmte Aufsichtpersonen beschränkt. Täter kann jeder sein, der Geschäfts- und Betriebsgeheimnisse auskundschaftet. Anders als § 122 Ö-StGB, der eine berechtigte Kenntnisnahme

1794 Siehe dazu *Foregger/Fabrizy*, StGB, § 122 Rn. 1 ff.

1795 *Liebscher*, ÖJZ 1984, S. 253.

1796 Vgl. *Foregger/Fabrizy*, StGB, § 122 Rn. 1 sowie § 123 Rn. 1.

1797 Vgl. *Schobel*, ÖBA 2004, S. 8, S. 12.

1798 Vgl. *Foregger/Fabrizy*, StGB, § 123 Rn. 1 ff.

und eine daran anschließende unbefugte Geheimnisoffenbarung verlangt, setzt § 123 Abs. 1 Ö-StGB als Tathandlung die sittenwidrige Kenntnisnahme von Geheimnissen voraus. Allerdings erfordert § 123 Abs. 1 Ö-StGB nicht, dass es daraufhin tatsächlich zu einer unerlaubten Geheimnisoffenbarung kommt. [1799] Handelt der Täter mit dem Vorsatz das erlangte Geheimnis zu verwerten, es einem Dritten zur Verwertung zu überlassen oder öffentlich zu offenbaren, ist die Tat bereits mit dem Auskundschaften des Geheimnisses vollendet. Die Auskundschaftung von Geschäfts- und Betriebsgeheimnissen wird mit Freiheitsstrafe bis zu zwei Jahren oder mit Geldstrafe bis zu 360 Tagessätzen bestraft. Nach § 123 Abs. 2 Ö-StGB handelt es sich um ein Antragsdelikt.

Handelt der Täter bei der Auskundschaftung von Geschäfts- und Betriebsgeheimnissen in der Absicht, dass diese im Ausland verwertet, verwendet oder sonst ausgewertet werden, fällt die Tat in den Anwendungsbereich des § 124 Abs. 1 Ö-StGB.[1800] Ebenfalls strafbar macht sich nach § 124 Abs. 2 Ö-StGB, wer ein Geschäfts- und Betriebsgeheimnis, zu dessen Wahrung er gesetzlich verpflichtet ist, tatsächlich im Ausland der Verwendung, Verwertung oder sonstigen Auswertung preisgibt. Dieser Tatbestand entspricht den von § 122 Ö-StGB erfassten Fällen, in denen ein Geheimnisträger zunächst berechtigterweise ein Geschäfts- oder Betriebsgeheimnis erfahren hat und es anschließend unbefugt offenbart. Als Geheimnisträger in diesem Sinne gelten nicht nur gesetzlich, sondern auch vertraglich zur Geheimhaltung verpflichtete Personen[1801] Das Bankgeheimnis ist wegen § 38 BWG als gesetzliche Geheimhaltungspflicht anzusehen, so dass es von § 124 Abs. 2 Ö-StGB erfasst wird. Ein Verstoß gegen § 124 Ö-StGB kann mit Freiheitsstrafe bis zu drei Jahren oder Geldstrafen bis zu 360 Tagessätzen geahndet werden. Die strafrechtliche Exterritorialität des § 124 Ö-StGB ist im Vergleich zu derjenigen des Bankgeheimnisses deutlich weiter, da § 124 Ö-StGB von § 64 Abs. 1 Nr. 1 Ö-StGB erfasst wird. Danach kann diese Tat nach dem Realprinzip unabhängig von den Gesetzen des Tatorts stets in Österreich verfolgt werden. Dementsprechend wird die Tat als Offizialdelikt anders als in den Fällen der §§ 122 und 123 Ö-StGB auch nicht nur auf

---

1799 Vgl. OGH, Entscheidung vom 01.10.1952 - 1 Ob 643/52; OGH, Entscheidung vom 19.05.1987 - 4Ob394/86.

1800 Durch OGH, Entscheidung vom 19.08.2009 - 15Os67/09f ist klargestellt, dass sämtliche Staaten außerhalb Österreichs als Ausland im Sinne des § 124 Ö-StGB anzusehen sind. Der OGH hat in dieser Entscheidung eine Ansicht verworfen, die aus Gründen des Europarechts eine einschränkende Auslegung des § 124 Ö-StGB vornahm und diesen Tatbestand nur auf das EU-Ausland anwenden wollte. Der OGH sah demgegenüber keinen Grund für eine solche Auslegung, da § 124 Ö-StGB als strafrechtliche Norm nicht vom Gemeinschaftsrecht erfasst werde.

1801 Vgl. *Foregger/Fabrizy*, StGB, § 124 Rn. 1 ff.

Antrag verfolgt. Ein österreichischer Bankier, der sich, vergleichbar der „Liechtensteiner Steueraffäre“, sittenwidrig in den Besitz von Bankdaten bringt, um diese im Ausland an die Steuerbehörden zu veräußern, kann daher, sofern die Daten als Geschäfts- oder Betriebsgeheimnisse einzustufen sind, auch bei einer Geheimnisoffenbarung im Ausland stets nach § 124 Ö-StGB verfolgt werden. Gleiches gilt wegen § 124 Abs. 2 Ö-StGB, wenn zwar die Kenntnisnahme von den Geheimnissen nicht sittenwidrig war, es jedoch tatsächlich zu deren Preisgabe zum Zwecke der Verwertung, Verwendung oder sonstigen Auswertung im Ausland kommt.

Danben kommt im Falle einer Verletzung des Bankgeheimnisses auch eine Verletzung von Betriebs- und Geschäftsgeheimnissen nach § 11 Bundesgesetz gegen den unlauteren Wettbewerb (Ö-UWG)[1802] in Betracht, der dem deutschen § 17 UWG entspricht. § 11 Ö-UWG verlangt, dass ein Unternehmensbediensteter Geschäfts- oder Betriebsgeheimnisse, die ihm aufgrund seines Dienstverhältnisses anvertraut oder sonst zugänglich geworden sind, während dessen Geltungsdauer unbefugt anderen zu Zwecken des Wettbewerbes mitteilt. Dieser Tatbestand erfasst ebenso wie § 122 Ö-StGB nur Geheimnisse mit wirtschaftlichem Wert. Anders als dort ist aber jeder Mitarbeiter eines Unternehmens geheimhaltungspflichtig, so dass der Anwendungsbereich der Norm entsprechend größer ist. Die Verletzung des § 11 Ö-UWG ist mit Freiheitsstrafe bis zu drei Monaten oder Geldstrafe bis zu 180 Tagessätzen bedroht. Wegen § 11 Abs. 3 Ö-UWG handelt es sich um ein Antragsdelikt.[1803]

Im Falle einer Verletzung des Bankgeheimnisses kann nach österreichischem Strafrecht neben dem Bankier als unmittelbarem Täter auch das ihn beschäftigende Kreditinstitut als juristische Person zur Rechenschaft gezogen werden. Dies folgt aus dem Bundesgesetz über die Verantwortlichkeit von Verbänden für Straftaten (Verbandsverantwortlichkeitsgesetz, VbVG).[1804] Verbände im Sinne dieses Gesetzes sind nach § 1 Abs. 2 VbVG alle juristischen Personen sowie eingetragene Personengesellschaften und Europäische wirtschaftliche Interessenvereinigungen.[1805] Banken, die nach § 5 BWG generell in Form einer juristischen Person zu errichten sind, werden daher vom Anwendungsbereich des VbVG erfasst. Die strafrechtliche Verantwortlichkeit eines Verbandes tritt nach § 3 Abs. 1 VbVG ein, wenn die Tat zu seinen Gunsten begangen worden ist. Ferner dann, wenn die Tat Pflichten verletzt, die den Verband treffen. Da die Verpflichtung zur Wahrung des Bankgeheimnisses nach § 38 Abs. 1 BWG aus-

1802 Ö-BGBl. Nr. 448/1984, zuletzt geändert durch Ö- BGBl. I Nr. 79/2007.

1803 Vgl. *Schobel*, ÖBA 2004, S. 8, S. 12.

1804 Ö-BGBl. I Nr. 151/2005, zuletzt geändert durch Ö-BGBl. I Nr. 112/2007.

1805 *Boller*, Die strafrechtliche Verantwortlichkeit von Verbänden nach dem VbVG, S. 100 ff.

drücklich auch Kreditinstitute als solche trifft, ist § 3 Abs. 1 VbVG in der letztgenannten Alternative einschlägig. Hinsichtlich der weiteren Haftungsvoraussetzungen unterscheidet § 3 VbVG zwischen Straftaten von Entscheidungsträgern[1806] und solchen von Mitarbeitern.[1807] Nach § 3 Abs. 2 VbVG ist der Verband für Straftaten eines Entscheidungsträgers stets verantwortlich, wenn dieser die Tat rechtswidrig und schuldhaft begangen hat. Für das Verhalten seiner Mitarbeiter haftet ein Verband hingegen nach § 3 Abs. 3 VbVG nur, wenn ihm ein eigenes Fehlverhalten an der Verwirklichung eines Deliktes durch einen Mitarbeiter zur Last gelegt werden kann. Dabei haftet der Verband ohne Rücksicht darauf, ob dieser schuldhaft gehandelt hat. Die Verantwortlichkeit des Verbandes tritt ein, wenn die Begehung der Tat dadurch ermöglicht oder wesentlich erleichtert wurde, dass Entscheidungsträger die nach den Umständen gebotene und zumutbare Sorgfalt außer Acht gelassen haben, insbesondere indem sie wesentliche technische, organisatorische oder personelle Maßnahmen zur Verhinderung solcher Taten unterlassen haben.[1808] Mit Blick auf Verletzungen des Bankgeheimnisses sind diesbezüglich vor allem Fälle denkbar, in denen keine oder eine nur unzureichende Aufklärung der Mitarbeiter in Bezug auf ihre Geheimhaltungspflicht erfolgt oder in denen bankintern keine ausreichenden Sicherungsvorkehrungen zum Schutz von Kundengeheimnissen getroffen werden.

Liegen die Voraussetzungen für die Verantwortlichkeit eines Verbandes vor, ist dieser nach § 4 Abs. 1 VbVG mit einer Verbandsgeldbuße zu belegen. Bei Taten, deren Begehung wie im Falle einer Verletzung des Bankgeheimnisses mit einer Freiheitsstrafe von maximal einem Jahr bedroht ist, beträgt die Verbandsgeldbuße nach § 4 Abs. 3 VbVG bis zu 55 Tagessätze. Die konkrete Berechnung erfolgt gemäß § 4 Abs. 4 VbVG.[1809]

1806 Als Entscheidungsträger gelten nach § 2 Abs. 1 VbVG Geschäftsführer, Vorstandsmitglieder oder Prokuristen oder sonst aufgrund organschaftlicher oder rechtsgeschäftlicher Vertretungsmacht in vergleichbarer Weise befugte Personen, die den Verband nach außen vertreten, sowie Mitglieder des Aufsichts- oder Verwaltungsrates ist und sonstige Personen, die Kontrollbefugnisse in leitender Stellung ausüben, sowie allgemein solche Personen, die maßgeblichen Einfluss auf die Geschäftsführung des Verbandes ausüben.

1807 Als Mitarbeiter gelten nach § 2 Abs. 3 VbVG Personen, die aufgrund eines Arbeits-, Lehr- oder anderen Ausbildungsverhältnisses oder bestimmter anderer näher definierter Gesetze Arbeitsleistungen für den Verband erbringen, vgl. zur Abgrenzung von Entscheidungsträgern und Mitarbeitern *Boller*, Die strafrechtliche Verantwortlichkeit von Verbänden nach dem VbVG, S. 128 ff

1808 *Boller*, Die strafrechtliche Verantwortlichkeit von Verbänden nach dem VbVG, S. 155 ff.

1809 Danach sind die zu verhängenden Tagessätze nach der Ertragslage des haftenden Verbandes unter Berücksichtigung seiner sonstigen wirtschaftlichen Leistungsfähigkeit zu

10.2.4 In der Schweiz

Die Verletzung des Bankgeheimnisses steht in der Schweiz, wie schon erörtert, nach Art. 47 Abs. 1 BankG unter Strafe. Die von diesem Tatbestand erfassten Bankmitarbeiter riskieren im Falle einer vorsätzlichen, unerlaubten Geheimnisoffenbarung eine Freiheitsstrafe von bis drei Jahren und/oder eine Geldstrafe. Deren Bemessung erfolgt gemäß § 34 S-StGB, der eine Höchstzahl von 360 Tagessätzen mit jeweils maximal 3000 Franken vorsieht. Die fahrlässige Verletzung des Bankgeheimnisses ist anders als in Luxemburg und Österreich ebenfalls strafbar und kann nach Art. 47 Abs. 2 BankG mit Geldstrafe bis zu 250.000 Euro geahndet werden. Im Wiederholungsfalle innerhalb von fünf Jahren nach einer rechtskräftigen Verurteilung beträgt die Geldstrafe mindestens 45 Tagessätze. Die Tat ist Offizialdelikt, wird also auch ohne Antrag eines Tatopfers verfolgt.[1810]

Die unerlaubte Offenbarung des Bankgeheimnisses kann zugleich auch eine unerlaubte Offenbarung von Geschäfts- oder Fabrikationsgeheimnissen im Sinne von Art. 162 S-StGB darstellen. Danach macht sich strafbar, wer ein Fabrikations- oder Geschäftsgeheimnis, das er infolge einer gesetzlichen oder vertraglichen Pflicht bewahren sollte, verrät oder wer den Verrat für sich oder einen anderen ausnützt. Privatgeheimnisse oder Geheimnisse ohne wirtschaftlichen Wert werden von Art. 162 S-StGB nicht erfasst. Insoweit ist der Tatbestand enger als Art. 47 BankG ist. Die Tat ist Antragsdelikt und wird mit Freiheitsstrafe bis zu drei Jahren oder Geldstrafe bestraft.[1811]

Nach Art. 273 S StGB macht sich des wirtschaftlichen Nachrichtendienstes strafbar, wer ein Fabrikations- oder Geschäftsgeheimnis zugunsten einer fremden amtlichen Stelle, einer ausländischen Organisation oder privaten Unternehmung oder deren Agenten auskundschaftet. Ebenso macht sich strafbar, wer einer solchen Stelle ein Fabrikations- oder Geschäftsgeheimnis zugänglich macht. Der wirtschaftliche Nachrichtendienst wird mit Freiheitsstrafe bis zu drei Jahren oder Geldstrafe, in schweren Fällen mit Freiheitsstrafe nicht unter einem Jahr geahndet. Zusätzlich kann eine Geldstrafe verhängt werden.[1812] Primäres Ziel des Art. 273 S-StGB ist es, das Tätigwerden ausländischer Behörden oder die Einflussnahme auf Geheimnisträger in der Schweiz schon im Vorfeld zu verhin-

---

bemessen. Ein Tagessatz soll grundsätzlich den 360. Teil des Jahresertrages des Verbandes betragen. Unabhängig davon beträgt ein Tagessatz mindestens 50 Euro und höchstens 10.000 Euro, vgl. dazu auch *Boller*, Die strafrechtliche Verantwortlichkeit von Verbänden nach dem VbVG, S. 209 ff.

1810 Siehe dazu auch oben S. 95 ff.

1811 *Joyce Rappo*, Rn. 723 ff.; *Lasserre Capdeville*, Le secret bancaire, Rn. 220.

1812 *Cassani*, ZStrR 1996, S. 237, S. 255.

dern.[1813] Es handelt sich um ein abstraktes Gefährdungsdelikt, weshalb es zur Erfüllung des Tatbestandes nicht des Eintritts eines konkreten Erfolges bedarf. Vielmehr genügt bereits die potentielle Gefährdung der von Art. 273 S-StGB geschützten Interessen durch die Geheimnisoffenbarung.[1814] Der wirtschaftliche Nachrichtendienst wird nach Art. 4 S-StGB als Vergehen gegen den Staat angesehen. Nach dem Realprinzip kann er daher stets auch bei Begehung im Ausland in der Schweiz verfolgt werden. Art. 273 S-StGB weitet also die Exterritorialität des Geheimnisschutzes gegenüber dem Bankgeheimnis aus.

Das schweizerische Recht kennt wie das österreichische die strafrechtliche Verantwortlichkeit von Unternehmen. Diesen werden nach Art. 102 Abs. 1 S-StGB Verbrechen oder Vergehen zugerechnet, die in Ausübung geschäftlicher Verrichtung im Rahmen des Unternehmenszwecks begangen wurden, sofern diese Tat wegen mangelhafter Organisation des Unternehmens keiner bestimmten natürlichen Person zugerechnet werden kann. Die Unternehmenshaftung ist also, anders als nach österreichischem Recht, grundsätzlich subsidiär gegenüber der strafrechtlichen Verantwortlichkeit des Täters der zugrunde liegenden Tat, der sogenannten Anlasstat.[1815] Als Unternehmen gelten nach Art. 102 Abs. 4 S-StGB unter anderem juristische Personen des Privatrechts sowie Gesellschaften und Einzelfirmen. Danach fallen Banken, die nach Art. 1 BankG nur in einer der genannten Formen errichtet werden können, in den Anwendungsbereich von Art. 102 S-StGB. Ein Unternehmen haftet stets dann, wenn die Anlasstat vom Täter in Ausübung seiner geschäftlichen Verrichtungen begangen wurde. Dies erfordert einen Bezug der Anlasstat zum Geschäftszweck des Unternehmens.[1816] Diese relativ weite Haftung wird erheblich dadurch abgeschwächt, dass dem Unternehmen ein eigenes Organisationsverschulden nachgewiesen werden muss, aufgrund dessen keine natürliche Person wegen der Anlasstat belangt werden kann. Eine kumulative Haftung eines Unternehmens mit dem Täter des Anlasstat ist nur bei besonders schweren Straftaten vorgesehen, zu denen unter anderem die Geldwäscherei und die Terrorismusfinanzierung zählen.[1817] Die Verletzung des Bankgeheimnisses zählt hingegen nicht dazu. Aufgrund der Subsidiarität der Unternehmenshaftung wird ein Kreditinstitut in der Schweiz daher weit weniger häufig für eine von einem Mitarbeiter begangene Verletzung des

---

1813 *Aubert*, Le secret bancaire suisse, S. 657 ff.

1814 BGE 98 IV 209.

1815 Eingehend dazu *Forster*, Strafrechtliche Verantwortlichkeit des Unternehmens, S. 71 ff.

1816 Wann noch eine „geschäftliche Vorrichtung“ vorliegt ist strittig. Eine solche wird man jedenfalls bei ganz geschäftsfremden strafbaren Handlugen verneinen müssen, vgl. *Pieth*, ZStR 2003, S. 353, S. 359; *Lobsiger*, ZStR 2005, S. 187, S. 189.

1817 Kritisch dazu *Arzt*, in: Banken und Bankrecht im Wandel, S. 75, S. 79 ff.

Bankgeheimnisses strafrechtlich einstehen müssen als in Österreich. Denn der Täter wird in der Regel persönlich für seine Tat verantwortlich gemacht werden können. Liegen die Voraussetzungen der Unternehmenshaftung vor, kann als Strafe eine Geldbuße von bis zu 5 Millionen Franken gegen ein Unternehmen verhängt werden.[1818]

10.2.5 In Liechtenstein

In Liechtenstein ist die vorsätzliche Verletzung des Bankgeheimnisses durch einen der Geheimnisträger im Sinne der Art. 14 i.V.m. Art 63 Abs. 1 Nr. 1 L-BankG strafbar. Sie kann mit Freiheitsstrafe von bis zu einem Jahr und/oder Geldstrafe bis zu 360 Tagessätzen geahndet werden. Ebenso wie in der Schweiz ist auch die fahrlässige Tatbegehung strafbar. In diesem Falle wird die vorgenannte Strafobergrenze auf die Hälfte reduziert. Die Tat ist Offizialdelikt, so dass es keines Strafantrags des Verletzten bedarf.[1819]

Die vom Bankgeheimnis umfassten Geheimnisse unterliegen teilweise auch aufgrund anderer Strafnormen einer Geheimhaltungspflicht. So steht die Auskundschaftung von Geschäfts- und Betriebsgeheimnissen nach § 123 L-StGB in enger Anlehnung an § 123 Ö-StGB unter Strafe. Danach macht sich strafbar, wer ein Geschäfts- oder Betriebsgeheimnis mit dem Vorsatz auskundschaftet, es zu verwerten, einem anderen zur Verwertung zu überlassen oder der Öffentlichkeit preiszugeben. Geschäfts- oder Betriebsgeheimnisse in diesem Sinne müssen entsprechend § 122 Abs. 3 L-StGB einen wirtschaftlichen Wert aufweisen. Sie stellen eigene Geheimnisse des jeweiligen Unternehmens dar.

Die Auskundschaftung solcher Geheimnisse zugunsten des Auslands ist, wiederum in Anlehnung an das österreichische Recht, nach § 124 Abs. 1 L-StGB strafbar. Dieser setzt tatbestandlich voraus, dass jemand ein Geschäfts- oder Betriebsgeheimnis mit dem Vorsatz auskundschaftet, dass es im Ausland verwertet, verwendet oder sonst ausgewertet werde. Nach § 124 Abs. 2 L-StGB macht sich strafbar, wer ein Geschäfts- oder Betriebsgeheimnis, zu dessen Wahrung er verpflichtet ist, der Verwertung, Verwendung oder sonstigen Auswertung im Ausland preisgibt. Auf Taten im Sinne des § 124 L-StGB findet basierend auf dem Realprinzip unabhängig von den Gesetzen des Tatorts auch bei Begehung im Ausland nach § 64 Nr. 4 L-StGB stets liechtensteinisches Recht Anwendung. Die Exterritorialität des § 124 L-StGB ist daher weiter als diejeni-

1818 Die konkrete Bemessung hat das zuständige Gericht gemäß Art. 102 Abs. 3 S-StGB nach der Schwere der Tat des Organisationsmangels sowie des angerichteten Schadens und aufgrund der wirtschaftlichen Leistungsfähigkeit des haftenden Unternehmens vorzunehmen.

1819 Siehe dazu schon oben S. 97 ff.

ge von Art. 14 i.V.m. Art 63 Abs. 1 Nr. 1 L-BankG. Ein Bankier, der vergleichbar der „Liechtensteiner Steueraffäre“ Informationen zugunsten des Auslands auskundschaftet oder dort preisgibt, die einerseits als Geschäfts- oder Betriebsgeheimnisse und andererseits als Bankgeheimnis anzusehen sind, kann daher auch bei Fehlen eines strafrechtlichen Anknüpfungspunktes für eine Verletzung des Bankgeheimnisses jedenfalls nach § 124 L-StGB in Liechtenstein verfolgt werden.[1820]

Eine Haftung juristischer Personen war dem liechtensteinischen Strafrecht bisher grundsätzlich unbekannt. Derzeit befindet sich jedoch ein Gesetz zur Einführung der strafrechtlichen Verantwortlichkeit von juristischen Personen in der Umsetzung. Dieses sieht, wie das österreichische VbVG eine originäre Haftung juristischer Personen vor, sofern deren gesetzlich benannte Leitungspersonen in Ausübung geschäftlicher Verrichtungen im Rahmen des Zwecks der juristischen Person ein Verbrechen oder Vergehen verüben (sogenannte Anlasstaten). Dabei kommt es nicht auf die Schuldhaftigkeit dieses Verhaltens an. Bei sonstigen Mitarbeitern soll die Haftung der juristischen Person nur eingreifen, sofern die Tatbegehung dadurch ermöglicht oder wesentlich erleichtert worden ist, dass es Leitungspersonen unterlassen haben, die erforderlichen und zumutbaren Maßnahmen zu ihrer Verhinderung zu ergreifen. Ist eine juristische Person danach für eine Anlasstat verantwortlich, ist als Sanktion die Verhängung einer Verbandsgeldstrafe vorgesehen.[1821] Bereits heute kann bei juristischen Personen

---

1820 Daneben wird bei einer Verletzung des Bankgeheimnisses häufig auch der Tatbestand des Datendiebstahls nach § 131a L-StGB erfüllt sein. Dieser setzt voraus, dass sich jemand unerlaubt durch Computer verarbeitete Daten verschafft, über die er nicht alleine verfügen darf. Die computerunterstützte Verarbeitung von Daten bei Kreditinstituten kann heutzutage praktisch unterstellt werden. Auch kann ein Bankier niemals alleine über dem Bankgeheimnis unterliegende Daten verfügen, da es sich dabei stets auch um Kundengeheimnisse handelt. Da die Tathandlung bereits vollendet ist, wenn sich der Täter die Daten verschafft hat, lässt sich, obwohl § 131a L-StGB nicht im Katalog von § 64 L-StGB aufgeführt ist, praktisch immer die liechtensteinische Jurisdiktion begründen. Denn wenn der Datenzugriff in Liechtenstein erfolgt, liegt der Handlungsort im Sinne von § 62 i.V.m. § 67 Abs. 2 L-StGB im Inland. Daher geht die Exterritorialität von § 131a L-StGB weiter als diejenige des Bankgeheimnisses. Dementsprechend wird auch gegen *Heinrich Kieber* nicht wegen Verletzung des Treuhandgeheimnisses ermittelt, zu dessen Wahrung er verpflichtet war, sondern wegen Verletzung der §§ 124 und 131a L-StGB, vgl. dazu schon oben S. 268 f.

1821 Vgl. dazu den Vernehmlassungsbericht der Regierung betreffend die Abänderung des Strafgesetzbuches und der Strafprozessordnung zur Einführung der strafrechtlichen Verantwortlichkeit von juristischen Personen; dieser ist abrufbar unter der in Fußnote 1653 angegeben Adresse. Der liechtensteinische Landtag steht dieser Änderung des

nach Art. 20 Abs. 4 L-StGB die aufgrund einer Straftat eingetretene Bereicherung abgeschöpft werden. Zudem sehen einzelne Sondervorschriften in gewissem Umfang die Verhängung strafrechtlicher Sanktionen gegen juristische Personen, Gesellschaften und Firmen vor. Dazu zählt Art. 64 L-BankG, der diese bei Verstößen gegen die ihm vorangehenden Strafbestimmungen des L-BankG zusammen mit den für sie handelnden Personen in Bezug auf Geldstrafen und Kosten solidarisch haften lässt. Zu den in 64 L-BankG in Bezug genommenen Strafnormen zählt auch Art. 14 i.V.m. Art. 63 Abs. 1 Nr. 1 Lit. a L-BankG. Banken haften also bei einer Verletzung des Bankgeheimnisses mit dem Täter für die gegen ihn verhängten Geldstrafen und die entstandenen Kosten. [1822]

10.2.6 Zusammenfassung

In Luxemburg, Österreich, der Schweiz und Liechtenstein wird die Verletzung des Bankgeheimnisses als solche strafrechtlich geahndet. In Deutschland sind nur die Mitarbeiter öffentlich-rechtlicher Sparkassen gesetzlich zur Geheimhaltung von Kundengeheimnissen verpflichtet.

Neben dem offenbarenden Bankier als unmittelbarem Täter kann in Österreich und der Schweiz und künftig auch in Liechtenstein ebenfalls das ihn beschäftigende Kreditinstitut als juristische Person wegen einer Verletzung des Bankgeheimnisses strafrechtlich belangt werden.

In allen Vergleichsländern kann eine unerlaubte Offenbarung von Informationen, die unter das Bankgeheimnis fallen, je nach Sachverhalt zugleich weitere Strafnormen verletzen, insbesondere solche über die Wahrung von Betriebs- und Geschäftsgeheimnissen. Deren Exterritorialität geht häufig weiter als diejenige des Bankgeheimnisses, so dass bei Auslandssachverhalten zumindest die Verletzung dieser Normen geahndet werden kann, wenn eine Verletzung des Bankgeheimnisses wegen des Fehlens eines strafrechtlichen Anknüpfungspunktes der Tat an das inländische Recht nicht vorliegt. Besonders deutlich wird dies im österreichischen, schweizerischen und liechtensteinischen Recht, die besondere Bestimmungen betreffend die Auskundschaftung von Geschäfts- und Betriebs-

---

L-StGB positiv gegenüber, vgl. das Landtagsprotokoll des liechtensteinischen Landtags vom 26.05.2010, S. 711 ff.

1822 Eine entsprechende Bestimmung findet sich in in Art. 33 des bereits besprochenen liechtensteinischen Sorgfaltspflichtgesetz (SPG), das die Pflichten der Kreditinstitute in Bezug auf die Verhinderung von Geldwäscherei und Terrorismusfinanzierung festlegt (siehe dazu oben S. 210 ff). Diese haften danach als Sorgfaltspflichtige im Sinne des SPG bei Verstößen ihrer Organe und Mitarbeiter gegen die Bestimmungen des SPG solidarisch für Geldstrafen, Bußen und Kosten.

geheimnissen zugunsten des Auslands kennen. Diese sind nach dem Realprinzip unabhängig vom Recht des Tatorts stets nach nationalem Recht verfolgbar.

10.3 Die sonstigen Rechtsfolgen: Aufsichtsrechtliche Maßnahmen

Als weitere Rechtsfolge eines Verstoßes gegen das Bankgeheimnis kommen neben den genannten zivil- und strafrechtlichen Konsequenzen aufsichtsrechtliche Maßnahmen der jeweiligen Bankenaufsichtsbehörde eines Vergleichslands in Betracht, die sich sowohl gegen den jeweiligen Geheimnisträger persönlich als auch gegen das ihn beschäftigende Kreditinstitut richten können

10.3.1 In Deutschland

Dies gilt jedoch nicht für Deutschland, wo das Bankgeheimnis nicht zu den von der BaFin kontrollierten gesetzlichen Pflichten der Banken zählt, weshalb seine Verletzung auch keine aufsichtsrechtlichen Sanktionen nach sich ziehen kann.

10.3.2 In Luxemburg

Anders verhält es sich in Luxemburg. Dort stellt die CSSF gemäß Art. 43 Abs. 2 des Gesetzes vom 05. April 1993 sicher, dass die von ihr überwachten Finanzmarktteilnehmer die für sie geltenden gesetzlichen Bestimmungen einhalten. Dazu gehört die Verpflichtung der luxemburgischen Banken zur Wahrung des Bankgeheimnisses. Die der CSSF zur Verfügung stehenden Aufsichtsmittel finden sich insbesondere in den Art. 52 bis 59 des Gesetzes vom 05. April 1993. Von Bedeutung ist hier vor allem Art. 53 Abs. 1 des Gesetzes vom 05. April 1993, der die wichtigsten Aufsichts- und Ermittlungsbefugnisse der CSSF definiert. Im Falle einer Verletzung des Bankgeheimnisses kann die CSSF unter anderem Einsicht in alle Unterlagen einer Bank verlangen und Kopien davon anfertigen, wozu sie auch Ermittlungen vor Ort anstellen kann. Wird dabei ein Gesetzesverstoß entdeckt, fordert die CSSF den betreffenden Finanzmarktteilnehmer auf, sein widerrechtliches Verhalten abzustellen. Diese Anordnung kann vollstreckt werden. Gegebenfalls kann die CSSF ein zeitlich befristetes Berufsverbot gegen die von ihr beaufsichtigten Personen verhängen.[1823]

Bei schwerwiegenden Verstößen, welche die für die Erteilung der Bankenbewilligung notwendige berufliche Ehrenhaftigkeit und Erfahrung der Leitungs-

1823 Diese Aufsichtsbefugnisse und Maßnahmen übersieht *Lasserre Capdeville*, Le secret bancaire, Rn. 545. Er spricht nur die Möglichkeit des Entzugs der Bankenbewilligung durch die CSSF an.

organe einer Bank nachträglich in Frage stellen, kommt auch ein Entzug der Bankenzulassung gemäß Art. 11 Abs. 1 des Gesetzes vom 05. April 1993 durch den zuständigen Minister in Betracht.[1824]

10.3.3 In Österreich

In Österreich wird der Ö-FMA nach Art. 69 Abs. 1 BWG allgemein die Aufgabe übertragen, die Einhaltung der Vorschriften des BWG und damit auch des Bankgeheimnisses im Sinne des § 38 BWG zu überwachen. Stellt sie im Rahmen dieser Aufsicht einen Gesetzesverstoß fest, hat sie nach § 70 Abs. 4 BWG in einem mehrstufigen Verfahren die Wiederherstellung rechtmäßiger Zustände bei dem betreffenden Kreditinstitut anzustreben. Dazu muss die Ö-FMA diesem zunächst unter Androhung einer Zwangsstrafe auftragen, binnen einer angemessenen Frist wieder einen rechtmäßigen Zustand herzustellen. Gelingt dies nicht oder tritt ein Wiederholungs- oder Fortsetzungsfall ein, ist in der Regel den Geschäftsleitern des Kreditinstitutes die Geschäftsführung ganz oder teilweise zu untersagen. Die zuvor angedrohte Zwangsstrafe ist zu vollstrecken und eine neue, erhöhte Zwangsstrafe für den Fall der Nichtwiederherstellung des rechtmäßigen Zustands festzusetzen. Haben all diese Maßnahmen keinen Erfolg kann die Ö-FMA einem Kreditinstitut als letztes Mittel seine Konzession entziehen.[1825]

10.3.4 In der Schweiz

Vergleichbare Aufsichtsmittel stehen auch der schweizerischen FINMA zu. Diese verfügt nach dem FINMAG über verschiedene Möglichkeiten, die Einhaltung der aufsichtsrechtlichen Bestimmungen zu kontrollieren und die Wiederherstellung ordnungsgemäßer Zustände zu sichern.[1826] Das Aufsichtsverfahren ist insbesondere in den Art. 29 bis 37 FINMAG geregelt.[1827] Die Einhaltung des

---

1824 *Lasserre Capdeville*, Le secret bancaire, Rn. 545.

1825 *Apathy/Iro/Koziol*, Österreichisches Bankvertragsrecht, 2/167 f.; Fally, Verschwiegenheitspflicht der Kreditinstitute, S. 30 f.

1826 Als aufsichtsrechtliche Bestimmungen werden Gesetze, Verordnungen und Rundschreiben sowie die von der FINMA genehmigten Selbstregulierungsstandards der von ihr Beaufsichtigten, wie diejenigen der SBVg, angesehen, vgl. die Botschaft des Bundesrates zum Bundesgesetz über die Eidgenössische Finanzmarktaufsicht (Finanzmarktaufsichtsgesetz; FINMAG) vom 01. Februar 2006 (AS **2008** 5207), BBl. 2006 2829, S. 2861 f.

1827 Vor Erlass des FINMAG, das für alle aufsichtsrechlichen Maßnahmen der FINMA einen einheitlichten Rahmen geschaffen hat, fanden sich die entsprechenden Bestim-

Bankgeheimnisses zählt zu den von der FINMA kontrollierten Pflichten schweizerischer Banken. Zu Aufsichtszwecken kann die FINMA nach Art. 29 FINMAG alle von ihr beaufsichtigten Personen zur Auskunft verpflichten und Unterlagen herausverlangen. Ergeben sich daraus Anhaltspunkte für eine Verletzung aufsichtsrechtlicher Bestimmungen, eröffnet die FINMA nach Art. 30 FINMAG ein förmliches Verfahren mit dem Ziel der Wiederherstellung ordnungsgemäßer Zustände. Welche Maßnahmen die FINMA dabei ergreifen kann, sagt das Gesetz nicht. Die Art. 33 bis 37 FINMAG benennen lediglich solche Aufsichtsmaßnahmen, die nur bei schweren Verstößen gegen aufsichtsrechtliche Bestimmungen ergehen können. Dazu gehören die Veröffentlichung der Entscheidung der FINMA, dass ein solcher Verstoß begangen wurde, die Einziehung eines dadurch erlangten Gewinnes, die Entsendung eines Untersuchungsbeauftragten sowie der Entzug der gesetzlichen Zulassung einer Gesellschaft. Der Entzug der Bankenlizenz im Falle der Verletzung des Bankgeheimnisses kann nach den Art. 37 FINMAG i.V.m. Art. 23^{quinquies} BankG gegebenenfalls schon bei einem einmaligen schwerwiegenden Rechtsverstoß gerechtfertigt sein, etwa im Falle der unerlaubten Übermittlung einer großen Zahl von Kundendaten an das Ausland. In jedem Fall droht er dann, wenn eine Bank generell nicht mehr die Gewähr für die Wahrung dieser Pflicht bietet.

Den für einen schwerwiegenden Rechtsverstoß verantwortlichen Personen kann gemäß Art. 33 FINMAG die Tätigkeit in leitender Stellung für eine Dauer von bis zu fünf Jahren untersagt werden.[1828]

10.3.5 In Liechtenstein

In Liechtenstein hat die L-FMA nach Art. 35 Abs. 1 L-BankG den Vollzug dieses Gesetzes sowie der dazu erlassenen Verordnungen zu überwachen. Dazu hat sie alle notwendigen Maßnahmen direkt, in Zusammenarbeit mit anderen Aufsichtsorganen oder durch Anzeige bei der Staatsanwaltschaft zu treffen. Kern dieser Tätigkeit ist die Bankenaufsicht, zu der auch die Kontrolle der Einhaltung des Bankgeheimnisses nach Art. 14 L-BankG zählt.

Die wichtigsten Aufsichtsmittel der L-FMA sind in Art. 35 Abs. 2 L-BankG aufgeführt. Sie entsprechen im Wesentlichen denen der schweizerischen FINMA. So kann die L-FMA zur Erfüllung ihrer Aufgaben alle Auskünfte und Unterlagen von den ihrer Aufsicht unterliegenden Personen verlangen. Stellt sie dabei Verstöße gegen gesetzliche Bestimmungen fest oder vermutet sie diese,

---

mungen über die Bankenaufsicht noch im BankG, vgl. zum früheren Recht *Lasserre Capdeville*, Le secret bancaire, Rn. 544.

1828 Vgl. de *Capitani*, in: Basel II: Folgen für Kreditinstitute und ihre Kunden, S. 125, S. 127; *Lobsiger*, ZStR 2005, S. 187, S. 190.

kann sie außerordentliche Revisionen anordnen und durchführen sowie Entscheidungen und Handlungs-, Unterlassungs- und Feststellungsverfügungen erlassen. Sind Straftaten begangen worden, kann die L-FMA die Staatsanwaltschaft ersuchen, Maßnahmen zur Abschöpfung der Bereicherung oder des Verfalls von Vermögenswerten gemäß der L-StPO zu beantragen. Zur Abschreckung kann die L-FMA ihre rechtskräftigen Entscheidungen und Verfügungen nach vorheriger Androhung veröffentlichen, wenn der Betroffene sich ihrer Durchführung widersetzt.

Daneben sieht Art. 28 Abs. 1 L-BankG den Entzug der Bankenbewilligung durch die L-FMA vor, sofern die Voraussetzungen für deren Erteilung nicht mehr erfüllt sind oder der Bewilligungsträger die gesetzlichen Pflichten systematisch in schwerwiegender Weise verletzt oder den Aufforderungen der L-FMA zur Wiederherstellung des gesetzmäßigen Zustandes nicht Folge leistet. Andauernde Verletzungen des Bankgeheimnisses erscheinen geeignet diese Sanktion auszulösen, da dessen Wahrung eine zentrale Pflicht der Banken in Liechtenstein darstellt.

Einem dafür verantwortlichen Bankier kann die L-FMA nach Art. 35 Abs. 2 lit. e L-BankG ein vorübergehendes Berufsverbot auferlegen.

10.3.6 Zusammenfassung

In allen Vergleichsländern mit Ausnahme Deutschlands zählt das Bankgeheimnis zu den von der jeweiligen Bankenaufsichtsbehörde kontrollierten gesetzlichen Bestimmungen. Im Falle einer Verletzung dieser Pflicht stehen den Aufsichtbehörden verschiedene Aufsichtsmittel zu, um den Gesetzesverstoß abzustellen. In besonders schwerwiegenden Fällen droht einem Kreditinstitut sogar der Entzug seiner Bewilligung. Dem dafür verantwortlichen Bankier droht einzeitlich befristetes Berufsverbot.

10.4 Zusammenfassung

Zusammenfassend ist festzuhalten, dass eine Verletzung des Bankgeheimnisses in allen Vergleichsländern auf zivilrechtlicher Ebene Schadensersatzansprüche des Betroffenen gegen den Täter sowie gegen das ihn beschäftigende Kreditinstitut nach sich ziehen kann.

Daneben kann sie in überall, wenn auch in Deutschland nur sehr eingeschränkt, strafrechtlich verfolgt werden. Daneben bestehen Normen betreffend den Schutz von Betriebs- und Geschäftsgeheimnissen deren Anwendungsbereich sich teilweise mit dem Bankgeheimnis deckt. Da diese Normen zumeist eine umfassendere exterritoriale Wirkung haben als das Bankgeheimnis, ist insbesondere bei Auslandssachverhalten ihre Einschlägigkeit zu prüfen.

Schließlich kann eine Verletzung des Bankgeheimnisses überall außer in Deutschland zu Aufsichtsmaßnahmen der jeweiligen Bankenaufsichtsbehörden führen, die bis zum Entzug der Bankenlizenz und zur Verhängung von Berufsverboten reichen.

11 Die Zukunft des Bankgeheimnisses

Das Bankgeheimnis als zivilrechtliche Verpflichtung der Bank zur Verschwiegenheit über die Angelegenheiten ihrer Kunden wird unzweifelhaft auch in Zukunft weiter bestehen. Denn Diskretion gehört bei Banken zum Geschäft. Sie wird von deren Kunden aus den verschiedensten Motiven heraus erwartet. Verletzungen des Bankgeheimnisses sind, auch in Deutschland, wo sie nicht als solche strafbar sind, selten. Der Grund dafür liegt wohl schlicht darin, dass ein allzu offener Umgang mit Kundengeheimnissen einen massiven Vertrauensverlust in eine Bank zur Folge hätte, der zur Abwanderung von Kunden und damit zu schwerwiegenden wirtschaftlichen Konsequenzen für ein Kreditinstitut führen würde.

Allerdings bleibt die Wirkung einer zivilrechtlichen Pflicht grundsätzlich auf die daran beteiligten Parteien begrenzt. Dritte werden daraus weder berechtigt noch verpflichtet. Insbesondere gegenüber dem Staat lassen sich daraus keine Abwehrrechte herleiten.

Denn mag das Bankgeheimnis auch als jahrhundertealte Pflicht der Kreditinstitute in seinem Bestand garantiert sein, so wird dadurch keinesfalls eine bestimmte rechtliche Ausprägung garantiert. Dies zeigt sich gerade in Deutschland, wo das Bankgeheimnis auf innerstaatlicher Ebene in seiner faktischen Wirkung gegenüber dem Staat seit längerem schon in immer weiterem Maße beschnitten wird. Am deutlichsten belegen dies die gemäß § 24c KWG von den Kreditinstituten zu führenden Kontostammdatendateien, bei denen, mit Billigung des BVerfG, die Zugriffsmöglichkeiten staatlicher Stellen stetig erweitert wurden. Damit korrespondiert, ungeachtet aller Mängel im Detail, der automatische Kontoinformationsaustausch zwischen den EU-Mitgliedstaaten aufgrund der Zinsrichtlinie. Diesen werden zukünftig auch Luxemburg und Österreich anstelle der bisherigen anonymen EU-Quellensteuer einführen müssen.

In Luxemburg, Österreich, der Schweiz und Liechtenstein hat das Bankgeheimnis gegenüber dem Ausland zuletzt deutlich von seiner früheren Undurchdringlichkeit verloren, weil sich diese Länder nicht länger dem internationalen Druck zu mehr Kooperation in Steuersachen widersetzen konnten. Die Einhaltung des OECD-Standards bedingt es, dass das Bankgeheimnis dort für Steuerausländer beschnitten wird, da den jeweiligen Steuerbehörden zur Erfüllung ihrer Amtshilfepflichten neue Ermittlungsbefugnisse bei Banken eingeräumt wurden. Steuerinländer in Luxemburg, Österreich, der Schweiz und Liechtenstein bleiben – zumindest derzeit noch – von den erweiterten Zugriffskompetenzen der Finanzbehörden ausgenommen.

Gleichwohl bleibt das Bankgeheimnis dort jedoch auch gegenüber dem Ausland im Kern noch erhalten. Denn eine Durchbrechung ist nur aufgrund eines stichhaltig begründeten Ersuchens möglich. Ein automatischer Informationsaustausch findet nicht statt, da er – noch – nicht internationaler Standard ist. Sobald sich dies ändert, werden die alten Grabenkämpfe um das Bankgeheimnis von neuem beginnen. Die jüngsten gesetzlichen Änderungen in Luxemburg, Österreich, der Schweiz und Liechtenstein markieren daher wohl keineswegs den endgültigen Bestand des Bankgeheimnisses.[1829]

So sehen einerseits die neue Beitreibungsrichtlinie sowie der Vorschlag der Europäischen Kommission zur Änderung der Amtshilferichtlinie vor, dass entsprechend Art. 26 Abs. 5 OECD-Musterabkommen künftig die Amtshilfe zwischen den Mitgliedstaaten nicht ausschließlich deshalb abgelehnt werden kann, weil die benötigten Informationen von einer Bank stammen.[1830] Zudem sieht der Vorschlag zur Änderung der Amtshilferichtlinie eine deutliche Ausweitung des Anwendungsbereichs dieser Richtlinie gegenüber der bisherigen Amtshilferichtlinie vor und verlangt einen stärkeren internationalen Austausch von Informationen in Steuersachen, der bis hin zu einem automatischen Informationsaustausch zwischen den EU-Mitgliedstaaten geht, dessen Modalitäten aber noch nicht im einzelnen feststehen. Die Annahme dieses Richtlinienvorschlags hätte zur Folge, dass der OECD-Standard im Bereich der Amtshilfe in Steuersachen zwischen allen EU-Mitgliedstaaten gelten würde, ohne dass es besonderer bilateraler Vereinbarungen bedürfte, wie sie Luxemburg und Österreich ebenso wie die Schweiz und Liechtenstein derzeit noch verlangen, damit ein Staat von ihrer geänderten Amtshilfepraxis profitieren kann.

Insgesamt wirkt es so, als ob die Grenzen des Bankgeheimnisses mittlerweile stärker von außen her gelenkt werden als aufgrund innerstaatlicher Entwicklungen.[1831] Dabei scheinen die verantwortlichen Politiker häufig aus dem Blick zu verlieren, dass das Bankgeheimnis nicht entstanden ist, um die Begehung von Steuerdelikten zu erleichtern, sondern um dem berechtigten Interesse des einzelnen Bürgers an der Geheimhaltung seiner Vermögenssphäre gerecht zu werden. Dieses Interesse ist mit der – im Grundsatz uneingeschränkt erstrebenswerten –

1829 So auch schon die Prognose von *Heine*, in: Gedächtnisschrift für Vogler, S. 67, S. 80 zum schweizerischen Bankgeheimnis anläßlich der Verhandlungen der Schweiz und der EU im Rahmen der Bilateralen II.

1830 Richtlinienvorschlag KOM(2009)29, dieser ist abrufbar unter: http://www.europarl.europa.eu/meetdocs/2009_2014/documents/com/com_com%282009%290029_/com_com%282009%290029_de.pdf (Stand: 17.11.2010).

1831 So aus schweizerischer Sicht auch *Breitenmoser*, in: Aus der Werkstatt des Rechts, S. 425 f.

Ausweitung der internationalen Amts- und Rechtshilfe, die im Interesse der Allgemeinheit liegt, zu einem angemessenen Ausgleich zu bringen.[1832]

Voraussichtlich wird das Bankgeheimnis jedoch im internationalen Kontext auf eine rein zivilrechtliche Verpflichtung beschnitten werden. Weitergehende Beschränkungen staatlicher Ermittlungsbefugnisse bei Banken werden Luxemburg, Österreich, die Schweiz und Liechtenstein zukünftig nur noch auf innerstaatlicher Ebene aufrecht erhalten können, wohingegen zugunsten des Auslands neue Durchbrechungen hinzukommen werden.

Entgegenwirken könnte man dieser Entwicklung, indem man die Möglichkeiten zur Begehung von Steuerhinterziehungen durch Geldanlagen im Ausland verringern würde. Denn diese erscheinen als eigentlicher Auslöser der internationalen Streitigkeiten über die Reichweite des Bankgeheimnisses. Ohne dieses weiter anzutasten, könnte die vollständige Besteuerung von Kapitalanlagen im Ausland durch die Einbehaltung einer Quellensteuer durch Kreditinstitute für deren ausländische Anleger nach dem Vorbild der revidierten deutsch-schweizerischen DBA sichergestellt werden. Im Verhältnis zu den EU-Mitgliedsstaaten würde sich für Luxemburg, Österreich, die Schweiz und Liechtenstein eine entsprechende Anpassung der Zinsrichtlinie anbieten. Dabei müssten jedoch deren gegenwärtige Unzulänglichkeiten beseitigt werden, um nicht wieder Schlupflöcher für Steuerhinterziehungen zu bieten.[1833] Dazu müssten ausnahmslos alle natürlichen und juristischen Personen sowie sämtliche Arten von Einkommen, seien es Zinsen, Dividenden oder andere Wertschriften erfasst werden. Zudem müssten die Quellensteuersätze international vereinheitlicht werden, um einen schädlichen Steuerwettbewerb zu verhindern. Der Ertrag der Quellensteuer müsste dann größtenteils an den Heimatstaat des Anlegers ausgezahlt werden, damit diesem keine Einnahmen gegenüber einem von ihm selbst durchgeführten Besteuerungsverfahren entgehen. Wenn der Quellensteuer dann steuerlich abgeltende Wirkung zukäme, würde Steuerhinterziehung gar nicht

1832 Kritisch in Hinblick auf die zunehmende Aushöhlung des Bankgeheimnisses: *Kretschmer*, wistra 2009, S. 180, S. 184; *Dietzi*, in: Banken und Bankrecht im Wandel, S. 1, S. 2 f.; vgl.auch *Hoffmann*, Bulletin droit et banque, N° 21, 1994, S. 5 f., der damals vorausschauend anmahnte die Steuerflucht allgemein als rechtshilfefähigen Tatbestand einzuführen, um zu verhindern, dass das Bankgeheimnis aus fiskalischen Gründen auf andere Weise noch weitergehender durchbrochen werde.

1833 Diese Unzulänglichkeiten hat auch die Europäische Kommission erkannt. Sie hat daher einen Vorschlag zur Änderung der Zinsrichtlinie vorgelegt (Vorschlag für eine Richtlinie des Rates zur Änderung der Richtlinie 2003/48/EG im Bereich der Besteuerung von Zinserträgen – KOM(2008) 727 endgültig. Eine Besprechung desselben findet sich bei *Czakert*, IStR 2009, S. 164 ff. Dieser kommt zu dem Ergebnis, dass die Kommission darin „auf halbem Wege stehen“ bleibt.

erst eintreten.[1834] Nur in begründeten Verdachtsfällen auf Steuerstraftaten wäre dann noch, dem OECD-Standard entsprechend, ein internationaler Austausch von Informationen über ausländische Kapitalanleger notwendig.[1835]

Derzeit wirbt auch die Schweizerische Bankiervereinigung (SBVg) aktiv für die Einführung einer Quellensteuer mit abgeltender Wirkung.[1836] Dieser Vorschlag erscheint grundsätzlich auch international konsensfähig. Denn eine solche Quellensteuer sichert einerseits die gleichmäßige und vollständige Besteuerung ausländischer Kapitalanleger, ohne dass deren Herkunftsstaat Einkünfte verloren gehen, andererseits wahrt sie das Interesse der Bankkunden an Diskretion, da ein internationaler Datenaustausch nicht notwendig ist.[1837]

Damit ließe sich auch künftig ein Übergang zu einem automatischen zwischenstaatlichen Kontoinformationsaustausch vermeiden, wie er zwischen den EU-Mitgliedstaaten bereits praktiziert wird. Denn dieser Informationsaustausch hat eine weitgehende Aushöhlung des Bankgeheimnisses zur Folge, da er die Übermittlung darunter fallender Geheimnisse bedingt ohne an besondere Voraussetzungen geknüpft zu sein. Zwar geht der automatische Kontoinformationsaustausch derzeit noch über den OECD-Standard hinaus, so dass die Schweiz und Liechtenstein nicht gezwungen scheinen, sich diesem System anstelle der gegenwärtigen Quellensteuererhebung anzuschließen. Probleme werden allerdings dann auftauchen, wenn der OECD-Standard entsprechend angehoben werden sollte. Betrachtet man das zunehmend forcierte Vorgehen vieler Staaten gegen Steuersünder, das wie gezeigt bis zum Ankauf illegal aus dem Ausland verbrachter Informationen geht, erscheint eine entsprechende Erhöhung des OECD-Standards zukünftig nicht unwahrscheinlich. Der Vorschlag der EU-Kommission zur Änderung der Amtshilferichtlinie weist jedenfalls in diese Richtung.

1834 Eine entsprechende Initiative zur Änderung der Zinsrichtlinie befindet sich derzeit in der Umsetzung, vgl. dazu den „Vorschlag für eine Richtlinie des Rates zur Änderung der Richtlinie 2003/48/EG im Bereich der Besteuerung von Zinserträgen" (COM (2008) 727) abrufbar unter: http://ec.europa.eu/prelex/detail_dossier_real. cfm?CL=de&DosId=197607 (Stand: 17.11.2010).

1835 Auch *Czakert*, IStR 2009, S. 164, S. 167 sieht den OECD-Standard als wichtiges Mittel beim weiteren Vorgehen gegen Steuerhinterziehung.

1836 F.A.Z. vom 18.09.2009, S. 11. Die dazugehörige Broschüre „Projekt - Abgeltungssteuer" der SBVg ist auf dessen Hoempage unter diesem Stichwort abrufbar unter: http://www.swissbanking.org/ (Stand: 17.11.2010).

1837 Vgl. zum Vorschlag der schweizerischen Banken auch *Götzenberger*, BB 2010, S. 2544 f.

12 Zusammenfassung

Die Geschichte des Bankgeheimnisses zeigt, dass dieses sowohl in Deutschland als auch in Luxemburg, Österreich, der Schweiz und Liechtenstein eine Jahrhunderte lange Tradition besitzt.[1838]

Die Definition des Bankgeheimnisses als Verschwiegenheitspflicht der Kreditinstitute über die Geheimnisse ihrer Kunden sowie der Kreis der Geheimnisträger und der Geheimnisherren sind in den Vergleichsländern praktisch deckungsgleich. Ein Zusammenhang zwischen Bankgeheimnis und anonymen Konten, die in keinem der Vergleichsländer mehr geführt werden dürfen, besteht nicht.[1839]

Die wichtigste rechtliche Grundlage des Bankgeheimnisses wird allgemein in der vertraglichen Beziehung einer Bank zu ihrem Kunden gesehen, woraus sich auch ohne ausdrückliche Vereinbarung die Verschwiegenheitspflicht des Kreditinstituts ergibt. Diese Verpflichtung wird aufgrund ihrer langen Tradition häufig als gewohnheitsrechtlich anerkannt angesehen. In Deutschland, der Schweiz und Liechtenstein wird dem Bankgeheimnis daneben auf zivilrechtlicher Ebene auch eine persönlichkeitsrechtliche Komponente beigemessen.[1840]

Eine relativ junge Erscheinung stellt hingegen die von allen Bankiers zu beachtende strafrechtliche Verankerung des Bankgeheimnisses in Luxemburg, Österreich, der Schweiz und Liechtenstein dar, die aber gerade im Ausland als besonderes Kennzeichen eines starken Bankgeheimnisses wahrgenommen wird. In Deutschland sind nur die Mitarbeiter öffentlich-rechtlicher Sparkassen als Amtsträger im strafrechtlichen Sinne über § 203 Abs. 2 Nr. 1 StGB gesetzlich zur Geheimhaltung von Kundengeheimnissen verpflichtet, wobei eine enge Auslegung dieser gesetzlichen Verschwiegenheitspflicht angebracht scheint.[1841]

Schließlich lässt sich das Bankgeheimnis auch verfassungsrechtlich begründen, wobei die entsprechenden Stimmen in Luxemburg, Österreich und der Schweiz deutlich in der Minderheit sind. In Liechtenstein ist der grundrechtliche Schutz des Bankgeheimnisses hingegen höchstgerichtlich anerkannt. In Deutschland sprechen sich die meisten Literaturstimmen für eine grundrechtliche Verankerung des Bankgeheimnisses aus. Das BVerfG hat sich hingegen bisher nicht ausdrücklich zur grundgesetzlichen Reichweite des Bankgeheimnisses geäußert, sondern jegliche Verwendung dieses Begriffes umgangen. Ausgehend von der Rechtsprechung des BVerfG im Bereich des Abgabenrechts kann

1838 Siehe dazu oben S. 5 ff.
1839 Siehe dazu oben S. 21 ff.
1840 Siehe dazu oben S. 77 ff.
1841 Siehe dazu oben S. 91 ff.

das Bankgeheimnis nicht als grundrechtlich besonders geschützt angesehen werden. Vielmehr erscheint es nur als Teil des Rechts auf informationelle Selbstbestimmung von Bankkunden. Aus Sicht der Kreditinstitute erscheint auch die Herleitung aus deren Berufsfreiheit möglich. Daraus ergibt sich eine eher geringe Schwelle in Hinblick auf die Zulässigkeit staatlicher Zugriffe auf die vom Bankgeheimnis erfassten Informationen, die vor allem an der Verhältnismäßigkeit einzelner Maßnahmen zu messen ist.[1842]

Ein abgabenrechtliches Bankgeheimnis, wie es in Deutschland vereinzelt aus § 30a AO hergeleitet wird, besteht nicht. Vielmehr ist diese Norm insgesamt verfassungskonform eng auszulegen, da anderenfalls die Besteuerungsgleichheit gefährdet wäre. Aufgrund der durch diese Norm bewirkten Rechtsunsicherheit erscheint sogar ihre gänzliche Aufhebung erstrebenswert.[1843]

Ergänzt wird der Geheimnisschutz aufgrund des Bankgeheimnisses durch die Datenschutzgesetze der Vergleichsländer. Da dessen Anwendungsbereich in Deutschland und Luxemburg auf die Daten natürlicher Personen begrenzt ist, erweist er sich dort von vorneherein enger als derjenige des Bankgeheimnisses. Insbesondere in Hinblick auf die automatische Datenverarbeitung und die auch im Finanzsektor weit verbreitete Auslagerung von Dienstleistungen auf Dritte, das sogenannte Outsourcing, der weder das Bankgeheimnis noch das Datenschutzrecht entgegenstehen, beinhalten die Datenschutzgesetze der Vergleichsländer jedoch genauere Regelungen als das Bankgeheimnis.[1844]

Die größten Unterschiede hinsichtlich der Reichweite des Bankgeheimnisses ergeben sich aus den zulässigen Durchbrechungen dieser Pflicht in den einzelnen Vergleichsländern.

Im Zivilprozess berechtigt das Bankgeheimnis einen als Zeuge geladenen Bankier überall zur Zeugnisverweigerung. Eine Ausnahme stellt hier bisher noch die Schweiz dar, wo sich die Rechtslage von Kanton zu Kanton unterscheidet. Bei Prozessen zwischen einer Bank und einem Kunden ist eine Offenlegung von Geheimnissen durch das Kreditinstitut zur Wahrnehmung seiner berechtigten Interessen im dazu erforderlichen Ausmaß zulässig. Bei Prozessen mit Dritten ist eine Geheimnisoffenbarung hingegen grundsätzlich ausgeschlossen. Generell kann der betroffene Bankkunde jedoch in die Offenbarung seiner Geheimnisse einwilligen.[1845]

Im Strafprozess tritt das Bankgeheimnis in allen hier verglichenen Ländern hinter dem Strafverfolgungsinteresse der Allgemeinheit zurück. Entsprechend

1842 Siehe dazu oben S. 100 ff.
1843 Siehe dazu oben S. 108 ff.
1844 Siehe dazu oben S. 117 ff.
1845 Siehe dazu oben S. 139 ff.

besteht auch nirgends ein strafrechtliches Zeugnisverweigerungsrecht für Bankmitarbeiter. Ferner ist überall die Durchführung von Ermittlungsmaßnahmen wie Durchsuchungen und Beschlagnahmen bei Banken gestattet. Allerdings unterscheiden sich die gesetzlichen Voraussetzungen, unter denen solche Maßnahmen zulässigerweise durchgeführt werden können, in den einzelnen Vergleichsländern deutlich.[1846]

In verwaltungsgerichtlichen Verfahren bleibt das Bankgeheimnis überall wie im Zivilprozess gewahrt.[1847]

Höchst unterschiedlich ausgestaltet ist die Reichweite des Bankgeheimnisses im Abgabenrecht. In Deutschland wird es sowohl bei der Erhebung und der Vollstreckung von Steuern als auch im Steuerstrafverfahren vollständig durchbrochen. Die Finanzbehörden haben die Möglichkeit des automatisierten Zugriffs auf die Kontostammdaten von Bankkunden. Hingegen unterliegen die Steuerbehörden in Luxemburg, Österreich, der Schweiz und Liechtenstein mit Blick auf das Bankgeheimnis erheblichen Beschränkungen. So bleibt dieses im Besteuerungsverfahren in diesen Ländern generell gewahrt. Ein Recht der Steuerbehörden, Auskünfte über Kunden bei Banken einzuholen, besteht nicht. Im Verfahren wegen Steuerstraftaten richten sich die Befugnisse der Steuerbehörden danach, wegen welcher Taten ermittelt wird. So wird das Bankgeheimnis in Luxemburg, der Schweiz und Liechtenstein nur bei Verdacht auf Steuerbetrug sowie in der Schweiz auch bei Abgabebetrug durchbrochen. In Österreich findet eine Durchbrechung des Bankgeheimnisses nur in Verfahren wegen vorsätzlicher Finanzvergehen mit Ausnahme von Finanzordnungswidrigkeiten statt.[1848] Diese Grundsätze galten lange Zeit hinweg auch für die Gewährung von Rechts- und Amtshilfe durch diese Länder. In jüngster Zeit sind durch die Anpassung an den OECD-Standard hier jedoch entscheidende Änderungen eingetreten.

Zur Bekämpfung von Geldwäsche und Terrorismusfinanzierung haben sich Deutschland, Luxemburg, Österreich, die Schweiz und Liechtenstein gleichermaßen international zur Umsetzung bestimmter Mindeststandards verpflichtet und den Banken umfangreiche Sorgfaltspflichten auferlegt. Zentraler Grundsatz ist das Prinzip „Know Your Customer", das zwingend die Identifikation von Bankkunden und wirtschaftlichen Berechtigten vorschreibt. In Verdachtsfällen auf Geldwäsche und Terrorismusfinanzierung bestehen gesetzliche Meldepflichten gegenüber den jeweiligen staatlichen Meldestellen, die dem Bankgeheimnis

1846 Siehe dazu oben S. 150 ff.
1847 Siehe dazu oben S. 163 ff.
1848 Siehe dazu oben S. 167 ff.

vorgehen. Das Haftungsrisiko der Meldepflichtigen wird durch gesetzliche Haftungsausschlüsse bei fahrlässigen Fehlmeldungen begrenzt.[1849]

Weitere einfachgesetzliche Durchbrechungen des Bankgeheimnisses finden sich etwa zugunsten von Bürgen, in der Insolvenz bzw. im Konkurs sowie im Bereich des Sozialrechts. Eine wesentliche Durchbrechung des Bankgeheimnisses liegt in Deutschland zudem darin, dass neben den bereits genannten Finanzbehörden unter bestimmten Voraussetzungen auch andere Behörden auf die Kontostammdaten von Bankkunden zugreifen können.[1850]

Da der Schutz des Bankgeheimnisses nur unzureichend gewährleistet wäre, wenn er an der Landesgrenze desjenigen Staates, in dem eine Bank ihre Niederlassung hat, enden würde, scheint die Erstreckung des Geltungsbereichs dieser Pflicht auf Auslandssachverhalte zwingend geboten. Das Völkerrecht steht dem nicht entgegen, sofern sich ein legitimierender Anknüpfungspunkt dafür findet.[1851] Zivilrechtlich lässt sich dies durch Anknüpfung an das nach dem IPR der hier verglichenen Staaten maßgebliche Vertragsstatut sowie in Fällen deliktischer Handlungen an den Erfolgsort der schädigenden Handlungen und gegebenenfalls über eine Sonderanknüpfung an das Vertragsstatut leicht begründen.[1852] Hingegen tauchen im strafrechtlichen Bereich Probleme auf. Das aktive oder passive Personalitätsprinzip sind uneingeschränkt anwendbar, lassen aber nur eine begrenzte Anknüpfung von Auslandssachverhalten an das Recht der Vergleichsländer zu. Das Universalitätsprinzip und das Realprinzip sind nirgends einschlägig. Auch über das Territorialitätsprinzip in Verbindung mit dem Auswirkungsgrundsatz lassen sich nur diejenigen Fälle zweifelsfrei lösen, bei denen die Tathandlung, die unerlaubte Geheimnisoffenbarung, – zumindest teilweise – auch im Inland begangen wurde. Denn die häufig befürwortete Anknüpfung an einen über die Tathandlung hinausgehenden Deliktserfolg im Sinne einer Interessenverletzung des Kunden oder der Bank oder eines Verstoßes gegen den Ordre public erscheint aufgrund der konkreten Ausgestaltung der Strafnormen über die Verletzung des Bankgeheimnisses in den Vergleichsländern nicht möglich, da es sich um Tätigkeitsdelikte handelt. Die strafrechtliche Exterritorialität des Bankgeheimnisses in Luxemburg, Österreich, der Schweiz und Liechtenstein stellt sich insoweit gegenwärtig als lückenhaft dar.[1853]

Eine Durchbrechung des Bankgeheimnisses im Ausland ist nach der hier vertretenen Auffassung unter den gleichen Voraussetzungen gerechtfertigt wie bei einem Inlandssachverhalt. Dazu ist der Auslandssachverhalt so umzustellen,

---

1849 Siehe dazu oben S. 197 ff.

1850 Siehe dazu oben S. 213 ff.

1851 Siehe dazu oben S. 223 ff.

1852 Siehe dazu oben S. 226 ff.

1853 Siehe dazu oben S. 233 ff.

als handelte es sich um einen Inlandssachverhalt. Dann ist zu prüfen, ob hier eine Durchbrechung des Bankgeheimnisses möglich wäre. Daraus folgt jedoch nicht, dass ein Staat aus Rücksicht auf das Bankgeheimnis eines anderen Staates von der Durchsetzung seiner eigenen Rechtsnormen, die eine darüber hinausgehende Geheimnisoffenbarung verlangen, absehen müsste. Denn aufgrund des Grundsatzes der Staatensouveränität hat kein Staat über den anderen Rechtssetzungsgewalt. Das heißt, jeder Staat kann ohne weiteres auf seinem Gebiet das exterritorial wirkende Bankgeheimnis eines anderen Staates unter denselben Voraussetzungen durchbrechen wie sein eigenes Bankgeheimnis. Die exterritoriale Geltung des Bankgeheimnisses eines Staates betrifft daher nur die Geheimnisträger und die Geheimnisherrn als Normadressaten. Da jedoch die Durchbrechungen des Bankgeheimnisses in den Vergleichsländern in vielen Fällen praktisch identisch sind, sind Konflikte zwischen Geheimhaltungs- und Offenbarungspflichten verschiedener Staaten nur selten zu erwarten. Beispielsweise lassen alle Vergleichsländer eine Durchbrechung des Bankgeheimnisses im Strafverfahren zu. Jurisdiktionskonflikte wegen unterschiedlich weitreichender Geheimhaltungs- und Offenbarungspflichten drohen vor allem im steuerrechtlichen Bereich. Tritt ein solcher Falle auf, erscheint ausnahmsweise die Berufung eines Bankiers auf allgemeine Rechtfertigungsgründe möglich, um eine Offenbarung von Kundengeheimnissen zu rechtfertigen, sofern er unverschuldet in den Konflikt geraten ist und vor dem Dilemma steht, in jedem Falle eine gesetzliche Verpflichtung missachten zu müssen.[1854]

Die „Liechtensteiner Steueraffäre“ sowie der erst kürzlich erfolgte Ankauf von Daten über Kunden schweizerischer Banken sind vor diesem Hintergrund zwiespältig zu betrachten. Einerseits steht dabei die Verletzung strafrechtlicher Normen durch die jeweiligen Informanten nach liechtensteinischen bzw. schweizerischem Recht außer Frage, andererseits erscheint zweifelhaft, ob der Ankauf der Daten nach deutschem Recht rechtswidrig war. Dies ist nach der hier vertretenen Auffassung nicht der Fall. Ebenfalls zu verneinen ist die Frage, ob bei Bejahung der Rechtswidrigkeit des Datenankaufs ein Beweisverwertungsverbot mit Fernwirkung bezüglich der angekauften Daten zugunsten der betroffenen Bankkunden eingreift. Zwar schafft Deutschland durch den Ankauf rechtswidrig aus dem Ausland verbrachter Daten Anreize für Nachahmer. Gleichzeitig ist aber zu Bedenken, dass der Verkauf von Bankdaten nur deswegen attraktiv scheint, weil bisher offenbar die Mehrheit der ausländischen Anleger in Liechtenstein und der Schweiz, aber auch in Luxemburg und Österreich, die bisher nicht von entsprechenden Datenverkäufen betroffen waren, mit Blick

1854 Siehe dazu oben S. 256 ff.

auf das Bankgeheimnis dieser Länder ihre Einkünfte gegenüber ihrem Heimatfiskus verschwiegen hat.[1855]

Das wesentliche Konfliktpotential des Bankgeheimnisses liegt derzeit im Bereich der internationalen Amts- und Rechtshilfe. Während sich in Deutschland seit jeher aufgrund des Bankgeheimnisses keinerlei Beschränkungen in diesem Bereich ergaben, folgen diese in Luxemburg, Österreich, der Schweiz und Liechtenstein indirekt aus den jeweiligen Fiskalvorbehalten in nationalen Bestimmungen und internationalen Übereinkommen. Danach kann das Bankgeheimnis nur bei Verdacht auf bestimmte Steuerdelikte durchbrochen werden. Zudem sind Ermittlungsmaßnahmen bei Banken nur unter den gleichen Voraussetzungen zulässig wie bei einem Inlandssachverhalt. Dadurch wird die bereits erwähnte Unterscheidung von Steuer- bzw. Abgabebetrug und sonstigen Steuerdelikten in Luxemburg, der Schweiz und Liechtenstein bzw. Finanzvergehen und Finanzordnungswidrigkeiten in Österreich zum Maßstab für die Gewährung von internationaler Rechtshilfe.

Lange Zeit war die Haltung Luxemburgs, Österreichs, der Schweiz und Liechtensteins in der internationalen Amtshilfe sogar noch restriktiver. Durch die Anpassung dieser Länder an den OECD-Standard hat sich dies grundlegend geändert. Insbesondere ist die vorgenannte Differenzierung zwischen verschiedenen Arten von Fiskaldelikte gänzlich ohne Bedeutung. Denn das OECD-Musterabkommen verlangt auf ein begründetes Ersuchen hin einen umfassenden Informationsaustausch in allen Abschnitten des Besteuerungsverfahrens, wobei das Bankgeheimnis nicht als Begründung zur Verweigerung jeglicher Zusammenarbeit dienen kann. In Bezug auf Luxemburg und Österreich erscheint derzeit offen, wann diese Länder wie die übrigen EU-Mitgliedstaaten zum automatischen Kontoinformationsaustausch nach der Zinsrichtlinie übergehen müssen. wodurch das Bankgeheimnis für private Sparer aus einem anderen EU-Mitgliedstaat dort praktisch aufgehoben werden wird. Ebenso ist gegenwärtig fraglich, ob der Richtlinienvorschlag zur Änderung der Amtshilferichtlinie angenommen wird, der den OECD-Standard zum Maßstab der Amtshilfe zwischen den EU-Mitgliedstaaten macht und darüber hinaus unter bisher nicht genau definierten Voraussetzungen einen automatischen Informationsaustausch zwischen diesen Staaten vorsieht. Dadurch würde das Bankgeheimnis weiter beschränkt.[1856]

Auf der Rechtsfolgenseite ist festzuhalten, dass eine Verletzung des Bankgeheimnisses in allen Vergleichsländern zivilrechtliche Ersatzansprüche eines betroffenen Kunden sowohl gegen den offenbarenden Geheimnisträger als auch

---

1855 Siehe dazu oben S. 268 ff.

1856 Siehe dazu oben S. 285 ff.

gegen die ihn anstellende Bank nach sich ziehen kann. Problematisch erscheint diesbezüglich vor allem die Ersatzfähigkeit bestimmter Vermögenseinbußen. Dies betrifft namentlich von einem anderen Staat verlangte Steuernachzahlungen sowie Geldbußen wegen Steuerdelikten.[1857]

Strafrechtlich kann die Verletzung des Bankgeheimnisses als solche nur in Luxemburg, Österreich, der Schweiz und Liechtenstein geahndet werden. Daneben bestehen auch in Deutschland weitere Normen, die die vom Bankgeheimnis umfassten Geheimnisse zum Teil einschließen und die daher im Falle von dessen Verletzung ebenfalls einschlägig sein können. Die Exterritorialität dieser Tatbestände ist vielfach weiter als diejenige des Bankgeheimnisses, so dass sie bei Auslandssachverhalten häufig auch dann eingreifen, wenn eine Verletzung des Bankgeheimnisses mangels eines strafrechtlichen Anknüpfungspunktes der Tat nicht vorliegt.[1858]

Neben zivil- und strafrechtlichen Folgen kann eine Verletzung des Bankgeheimnisses außer in Deutschland auch bankenaufsichtsrechtliche Maßnahmen bis hin zur Entziehung der Bankenzulassung und zur Verhängung von Berufsverboten gegen die verantwortlichen Geheimnisträger bewirken.[1859]

Im Ergebnis wird der Bestand des Bankgeheimnisses auch für die Zukunft als gesichert angesehen. Dies gilt jedoch primär im Sinne einer rein zivilrechtlichen Verpflichtung, die keine Wirkungen gegenüber Dritten, insbesondere dem Staat, entfaltet. Solche Wirkungen werden wohl nur noch auf der Ebene der Einzelstaaten erhalten bleiben. Auf internationaler Ebene wird das Bankgeheimnis hingegen mehr und mehr abgeschwächt werden. Ein Indiz für diese Entwicklung stellt der derzeitige OECD-Standard dar. Über diesen hinausgehend erscheint es absehbar, dass der automatische Informationsaustausch über ausländische Anleger einer Bank, wie ihn die meisten EU-Mitgliedstaaten schon heute praktizieren, zukünftig zum allgemeinen Standard erhoben wird. Dann wäre das Bankgeheimnis im Verhältnis zum Ausland praktisch aufgehoben, weil dieser Informationsaustausch anders als die Gewährung von Amts- und Rechtshilfe außer an die ausländische Herkunft eines Anlegers an keine besonderen Bedingungen, etwa Hinweise auf ein Steuerdelikt, geknüpft ist.

Dieser schleichenden Aushöhlung des Bankgeheimnisses könnte durch die allgemeine Einführung einer Quellensteuer auf sämtliche Kapitalerträge ausländischer Anleger mit steuerlich abgeltender Wirkung, wie sie derzeit vor allem von der Schweiz befürwortet wird, entgegengewirkt werden. Als Vorbild könnte insoweit die entsprechende Vereinbarung zwischen Deutschland und der

---

1857 Siehe dazu oben S. 379 ff.

1858 Siehe dazu oben S. 397 ff.

1859 Siehe dazu oben S. 411 ff.

Schweiz dienen. Auf europäischer Ebene könnte die bestehende Zinsrichtlinie entsprechend angepasst werden, wobei aber deren gegenwärtige Unzulänglichkeiten, die vor allem in der lückenhaften Erfassung von Anlegern und verschiedenen Anlageformen liegen, zu beseitigen wären. Dadurch würde einerseits eine gleichmäßige Besteuerung auch im Falle einer Kapitalanlage im Ausland sichergestellt, andererseits bliebe das Bankgeheimnis außer im Falle von Straftaten unangetastet. [1860]

1860 Siehe dazu oben S. 417 ff.

13 Literaturverzeichnis

Abegg, Philipp / Flury-Schmitt, Petra / Gattlen, Thomas / Geissbühler, Alex / Huggenberger, Eric / Waldmeyer, Hanspeter, Schweizerisches Bankenrecht, Ein Lehr- und Handbuch für Bankfachleute, Compendio Bildungsmedien AG, 2. Auflage, Zürich 2007 (zit.: *Bearbeiter*, in: Schweizerisches Bankenrecht).

Achleitner, Paul M., Rechtliche und wirtschaftliche Beurteilung des Bankgeheimnisses in Österreich, Deutschland und der Schweiz, Österreichisches Forschungsinstitut für Sparkassenwesen, Vierteljahres-Schriftenreihe, Heft 3 / 1981 (zit.: *Achleitner*, Beurteilung des Bankgeheimnisses).

Ambos, Kai, Internationales Strafrecht, Strafanwendungsrecht – Völkerstrafrecht – Europäisches Strafrecht, Verlag C.H. Beck, 2. Auflage, München 2008

Amann, Robert, Das österreichische Bankgeheimnis, in: Der Deutsche Wirtschaftsanwalt 2008/2009; Handbuch für Unternehmen, Lexxion Verlagsgesellschaft, Berlin 2008 (zit.: *Amann*, in: Der Deutsche Wirtschaftanwalt).

Apathy, Peter / Iro, Gert / Koziol, Helmut (Hrsg.), Österreichisches Bankvertragsrecht, Band I: Geschäftsbeziehung, Springer Verlag, 2. Auflage, Wien 2007 (zit.: *Apathy/Iro/Koziol*, Österreichisches Bankvertragsrecht).

Apathy, Peter, Abtretung von Bankforderungen und Bankgeheimnis, ÖBA 2006, S. 33.

App, Michael / Klos, Joachim, Zur Weitergabe von strafbar erlangten Informationen über ausländische Bankkonten an die Finanzbehörde, ZIP 19/95, S. 1573.

Arnold, Wolf-Dieter, Abgabenrechtliche Mitwirkungspflicht und Bankgeheimnis, ÖBA 1987, S. 557.

Arnold, Wolf-Dieter, Aktuelles zum Bankgeheimnis, ÖBA 1985, S. 19.

Arnold, Wolf-Dieter, Bankgeheimnis: Ausländische verwaltungsbehördliche Finanzstrafverfahren am (qualifizierten) Maßstab der Rechtsstaatlichkeit, Zugleich eine Besprechung des VwGH-Erk vom 26.7.2006, 2004/14/0022, ÖBA 2006, S. 722.

Arnold, Wolf-Dieter, Das Bankgeheimnis im Licht der KWG-Novelle 1986, ÖBA 1986, S. 527.

Arnold, Wolf-Dieter, Das Bankgeheimnis im Strafverfahren nach der KWG-Novelle 1986, ÖBA 1988, S. 983.

Arnold, Wolf-Dieter, Inkassobüros und Bankgeheimnis, ÖBA 1987, S. 622.

Arzt, Gunther, Die kommende Strafbarkeit der Bank als juristischer Person – Sand im Getriebe der Geldwäschereibekämpfung, in: Banken und Bankrecht im Wandel, Jubiläumstagung zum zehnjährigen Bestehen des Instituts für Bankrecht des Berner Bankrechtstages, Berner Bankrechtstag, BBT Band 10, Wolfgang Wiegand (Hrsg.), Stämpfli Verlag Ag, Bern 2004 (zit.: *Arzt*, in: Banken und Bankrecht im Wandel).

Arzt, Gunther, Erfolgs- und Tätigkeitsdelikt, ZStrR 1990, S. 168.

Aubert, Maurice / Béguin Pierre-André / Bernasconi, Paolo / Graziano-Von Burg, Johanna / Schwob, Renate / Treuillaud, Raphaël, Le secret bancaire suisse, Droit privé, pénal, administratif, fiscal, procédure, entraide et conventions internationales, Éditions Stæmpfli + Cie SA, 3. Auflage, Bern 1995 (zit.: *Aubert*, Le secret bancaire suisse).

Ax, Rolf / Große, Thomas / Melchior, Jürgen, Abgabenordnung und Finanzgerichtsordnung, Schäffer-Poeschel Verlag, 19. Auflage, Stuttgart 2007 (zit.: *Ax/Große/Melchior*, AO).

Bachner-Foregger, Helene, Strafprozessordnung, StPO 1975, Manzsche Verlags- und Universitätsbuchhandlung, 18. Auflage, Wien 2008 (zit.: *Bachner-Foregger*, StPO).

Baumbach, Adolf / Hopt, Klaus J., / Merkt, Hanno, Handelsgesetzbuch mit GmbH & Co., Handelsklauseln, Bank- und Börsenrecht, Transportrecht (ohne Seerecht), Verlag C.H. Beck, 34. Auflage, München 2010 (zit.: *Baumbauch/Hopt*, HGB).

Bernasconi, Paolo, Droits et devoirs de la banque et de ses clients dans la procédure d'entraide judiciaire internationale en matière pénale, in: Beiträge zum Schweizerischen Bankrecht, Rudolf v. Graffenried für den schweizerischen Bankverein (Hrsg.), Stämpfli & Cie AG, Bern 1987 (zit.: *Bernasconi*, in: Beiträge zum schweizerischen Bankenrecht).

Bernasconi, Paolo, Schweizerisches Bankgeheimnis und ausländischer Fiskus bei der internationalen Rechts- und Amtshilfe, SJZ 95 (1999), S. 401.

Bertel, Christian, Das Bankgeheimnis im Strafverfahren, ÖBA 1992, S. 12.

Besson, Sylvain, Le secret bancaire, La place financière suisse sous pression, Presses polytechniques et universitaires romandes, Lausanne 2004, (zit.: *Besson*, Le secret bancaire).

Betzinger, Michael / Rutemöller, Michael, Zwischenruf, Grenzen der Rechtsstaatlichkeit, ZRP 2008, S. 95.

Bielefeld, Franz / Prinz, Jennifer, Riskante Hilfe zur Hinterziehung deutscher Steuern aus dem Ausland?, DStR 2008, S. 1122.

Bilsdorfer, Peter, Aktuelle und permanente Probleme im Spannungsfeld von Bank, Kunden und Finanzamt, DStR 1996, S. 1953.

Bilsdorfer, Peter, Das Bankgeheimnis, DStR 1984, S. 498.

Bilsdorfer, Peter, Die Entwicklung des Steuerstraf- und Ordnungswidrigkeitenrechts, NJW 2008, S. 1362.

Bilsdorfer, Peter, Klarere Strafzumessungsregeln bei Steuerhinterziehung, NJW 2009, S. 476.
Binder, Uwe, Rechtshilfe durch die Schweiz bei Steuerhinterziehung mittels einer falschen Einnahmeüberschussrechnung, wistra 2000, S. 254.
Blumenstein, Ernst / Locher, Peter, System des schweizerischen Steuerrechts, Schulthess Juristische Medien AG, 6. Auflage, Zürich 2002 (zit.: *Blumenstein/Locher*, System des Schweizerischen Steuerrechts).
Bock, Georges/Leuk, Dirk, Quo vadis Luxemburger Bankgeheimnis? – Wohl und Wehe des Luxemburger Bankgeheimnisses im Licht der jüngsten Entwicklungen, IStR 2009, S. 792.
Boller, Martin, Die strafrechtliche Verantwortlichkeit von Verbänden nach dem VbVG, Manzsche Verlags- und Universitätsbuchhandlung, Wien 2007 (zit.: Boller, Die strafrechtliche Verantwortlichkeit von Verbänden nach dem VbVG).
Boos, Karl-Heinz / Fischer, Reinfrid / Schulte-Mattler, Hermann (Hrsg.), Kreditwesengesetz, Kommentar zu KWG und Ausführungsvorschriften, Verlag C.H. Beck, 3. Auflage, München 2008 (zit.: *Bearbeiter*, in: *Boos/Fischer/Schulte-Mattler*, KWG).
Bosch, Ulrich, Das Bankgeheimnis im Konflikt zwischen US-Verfahrensrecht und deutschem Recht, IPRax 1984, S. 127.
Breitenmoser, Stephan, Neue Herausforderungen für das schweizerische Bankgeheimnis, in: Aus der Werkstatt des Rechts, Festschrift zum 65. Geburtstag von Heinrich Koller, Die Mitarbeiterinnen und Mitarbeiter des Bundesamtes für Justiz (Hrsg.), Helbing & Lichtenhahn, Basel 2006 (zit.: *Breitenmoser*, in: Aus der Werkstatt des Rechts).
Brun, Theobald Tsoe Ziu, Die Beschlagnahme von Bankdokumenten in der internationalen Rechtshilfe in Strafsachen, Schulthess Polygraphischer Verlag AG, Zürich 1996 (zit.: *Brun*, Die Beschlagnahme von Bankdokumenten).
Bruns, Ilona, Liechtenstein oder das Beweisverwertungsverbot, StraFo 2008, S. 189.
Bruschke, Gerhard, Das Bankgeheimnis, Gewährt der neue § 30a der Abgabenordnung dem Bankkunden einen verbesserten Schutz vor Ermittlungsmaßnahmen der Finanzverwaltung?, BB 1990, S. 392.
Budke, Klaus-Peter, Das Bankgeheimnis in der Bundesrepublik Deutschland und in Österreich aus rechtsvergleichender Sicht, Wien, 1992 (zit.: *Budke*, Das Bankgeheimnis).
Bülte, Jens, Auskunftsersuchen der Steuerfahndung an im Inland ansässige oder deutsche Mitarbeiter ausländischer Kreditinstitute, wistra 2008, S. 292.

Bunte, Hermann-Josef, AGB-Banken und Sonderbedingungen mit AGB-Sparkassen und AGB-Postbank, Verlag C.H. Beck, 2. Auflage, München 2009 (zit.: *Bunte*, AGB-Banken).

Bürger, Michael, Das deutsche Steuerstrafrecht, in: Steuerstrafrecht in Europa und den Vereinigten Staaten, Linde Verlag Ges.m.b.H., Wien 2007 (zit.: *Bürger*, in: Steuerstrafrecht in Europa und den Vereinigten Staaten).

Burgstaller, Manfred, Die neuen Geldwäschereidelikte, ÖBA 1994, S. 173.

Buse, Johannes W., Verwertungsverbot und Tatentdeckung, DStR 2008, S. 2100.

Bütter, Michael / Aigner, Kathrin, BB-Kommentar, BB 2007, S. 798.

Bütter, Michael / Tonner, Martin, Bankgeheimnis und Schadensersatzhaftung der Bank – Der Fall Kirch gegen Deutsche Bank und Breuer, BKR 2005, S. 344.

Bütter, Michael / Tonner, Martin, Übertragung von Darlehensforderungen und Bankgeheimnis, Anmerkungen zur jüngeren Rechtsprechung, ZBB 3/05, S. 165.

Buttliger, Marcel, Schweigepflicht der Banken im Strafverfahren, SJZ 90 (1994), S. 377.

Cadosch, Roger, DBG, Bundesgesetz über die direkte Bundessteuer, Kommentar, Orell Füssli Verlag AG, 2. Auflage, Zürich 2008 (zit.: Cadosch, DBG).

Canaris, Claus-Wilhelm, Bankgeheimnis und Schutzwirkung für Dritte im Konzern, ZIP 2004, S. 1781.

Canaris, Claus-Wilhelm, Noch einmal: Bankgeheimnis und Schutzwirkung für Dritte im Konzern, Replik auf die vorstehende Erwiderung von Schumann, Der Schutz des Kunden bei Verletzung des Bankgeheimnisses durch das Kreditinstitut, ZIP 2004, S. 2362.

Canaris, Claus-Wilhelm / Schilling, Wolfgang / Ulmer, Peter (Hrsg.), Handelsgesetzbuch, Großkommentar, Fünfter Band, Bankvertragsrecht, Erster Teil, 4. Auflage, De Gruyter Recht, Berlin 2005 (zit.: *Canaris*, Bankvertragsrecht).

Carl, Dieter / Klos, Joachim, Das Schweizer Bankgeheimnis – Bedeutung aus Sicht des deutschen Kapitalanlegers und des deutschen Fiskus, DStR 1991, S. 1285.

Carl, Dieter / Klos, Joachim, Das Luxemburger Bankgeheimnis aus Sicht des EG-Bürgers – Steuerfluchtland Luxemburg? –, DStZ 1991, S. 577.

Carl, Dieter / Klos, Joachim, Inhalt und Reichweite der Kontenwahrheitspflicht nach § 154 AO als Grundlage der steuerlichen Mitwirkungspflichten der Kreditinstitute, DStZ 1995, S. 296.

Carl, Dieter / Klos, Joachim, Rechtmäßigkeit von Bankdurchsuchungen bei Verdacht der Steuerhinterziehung – Die Entscheidung des BVerfG zu den Steuerfahndungsermittlungen bei der Dresdner Bank wegen Schwarzgeldtransfer nach Luxemburg -, DStZ 1994, S. 391.

Carl, Dieter / Klos, Joachim, Schwarzgeldtransfer nach Luxemburg: Zur Rechtmäßigkeit der Durchsuchung von Kreditinstituten durch die Steuerfahndung, Anmerkungen zum Beschluß des BVerfG – 2BvR 396/94/94 – vom 23.3.1994, wistra 1994, S. 211.

Cassani, Ursula, Die Anwendbarkeit des schweizerischen Strafrechts auf internationale Wirtschaftsdelikte, ZStrR 1996, S. 237.

Cerutti, Romeo, Rechtliche Aspekte der Vermögensverwaltung im Schweizer Universalbankensystem – Ein Überblick, ZSR 2008, S. 69.

Chambost, Edouard, Die Bankgeheimnisse in den Ländern der Welt, R. Piper & Co. Verlag, München 1982 (zit.: *Chambost*, Bankgeheimnisse).

Claussen, Carsten Peter (Hrsg.), Bank- und Börsenrecht für Studium und Praxis, Verlag C.H. Beck, 4. Auflage, München 2008 (zit.: *Bearbeiter*, in: *Claussen*, Bank- und Börsenrecht).

Cohen-Tanugi, Laurent, Les juridictions américaines face aux lois étrangères interdisant la communication de renseignements économiques, R.C.D.I.P. 1983, S. 9.

Cramer, Steffen / Bürgle, Michaela, Die strafprozessualen Beweisverwertungsverbote, Systematische Darstellung für die Praxis anhand von höchstrichterlicher Rechtsprechung, 2. Auflage, Richard Boorberg Verlag, Stuttgart 2004 (zit.: *Cramer/Bürgle*, Beweisverwertungsverbote).

Czakert, Ernst, Der Vorschlag der Kommission zur Revision der Zinsrichtlinie, IStR 2009, S. 164.

Czakert, Ernst, Seminar I: Der internationale Informationsaustausch in Steuersachen, IStR 2010, S. 567.

Dehm, Joachim, Banken im Spannungsfeld zwischen Staat und Kunden – Der Versuch einer Standortbestimmung am Beispiel der Weitergabe von Daten an staatliche Stellen -, WM 1996, S. 1285.

de Capitani, Werner, Bankgeheimnis und Geldwäscherei, in: Basel II: Folgen für Kreditinstitute und ihre Kunden, Bankgeheimnis und Bekämpfung von Geldwäsche, Bankrechtstag 2003, Walter Hading/ Klaus J. Hopt/ Herbert Schimansky (Hrsg.), De Gruyter, Berlin 2004 (zit.: *de Capitani*, in: Basel II: Folgen für Kreditinstitute und ihre Kunden).

de Capitani, Werner, Bankgeheimnis und historische Forschung, Rechtsgutachten zuhanden des Vereins für Finanzgeschichte (Schweiz und Fürstentum Liechtenstein), in: Beiträge zur Finanzgeschichte, Heft 2, Zürich 2002 (zit.: *de Capitani*, in: Beiträge zur Finanzgeschichte).

de Capitani, Werner, Geldwäscherei, SJZ 94 (1998), S. 97.
de Preux, Pascal, L'entraide internationale en matière pénale et la lutte contre le blanchiment d'argent, SJZ 104 (2008), S. 29.
Demaret, Paul, L'extraterritorialité des lois et les relations transatlantiques: une question de droit ou de diplomatie?, R.T.D.E. 1985, S. 1.
Dietzi, Hanspeter, Schweizerisches Bankrecht – ein kritischer Blick in Vergangenheit, Gegenwart und Zukunft, in: Banken und Bankrecht im Wandel, Jubiläumstagung zum zehnjährigen Bestehen des Instituts für Bankrecht des Berner Bankrechtstages, Berner Bankrechtstag, BBT Band 10, Wolfgang Wiegand (Hrsg.), Stämpfli Verlag Ag, Bern 2004 (zit.: *Dietzi*, in: Banken und Bankrecht im Wandel).
Dittrich, Robert / Tades, Helmuth, Das Allgemeine Bürgerliche Gesetzbuch, Manzsche Verlags- und Universitätsbuchhandlung, 22. Auflage, Wien 2007 (zit.: *Dittrich/Tades*, ABGB).
Diwok, Georg / Göth, Philip, Bankwesengesetz, BWG, Kommentar, Verlag Österreich, Wien 2005 (zit.: *Diwok/Göth*, BWG).
Doehlert, Birgit / Duran, Ercan, Steueramnestien, EU-Zinssteuer, Qualified Intermediary und Quellensteuern – vier wichtige Steuerthemen im Überblick, Steuer Revue 2004, S. 326.
Doralt, Paul, Von amerikanischen Gerichten erzwungene Entbindung vom österreichischen Bankgeheimnis, Zur Entscheidung des United States Court of Appeals, Ninth Circuit Opinion, Nov. 7. 1994, No 94 – 15781, 40 F.3d.959, ÖBA 1995, S. 699.
Doralt, Werner, Das Bankgeheimnis im Abgabenverfahren, ÖJZ 1981, S. 652.
Dörn, Harald, Die Überprüfung von CpD-Konten durch die Steuerfahndung, ZBB 1993, S. 164.
Ebenroth, Carsten Thomas / Boujong, Karlheinz / Joost, Detlef (Hrsg.), Handelsgesetzbuch, Band 2, §§ 343-475 h, Transportrecht, Bank- und Börsenrecht, C.H. Beck / Franz Vahlen, 2. Auflage, München 2009 (zit.: B*earbeiter*, in: *Ebenroth/Boujong/Joost*, HGB).
Eckl, Markus, Das Bankgeheimnis und die Rechtsfolgen seiner Verletzung, DZWIR 2004, S. 221.
Eckl, Markus, Das Bankgeheimnis und die Richtlinie 2003/48/EG des Rates vom 3. Juni 2003 im Bereich der Besteuerung von Zinserträgen, Medien Verlag Köhler, Tübingen 2007 (zit.: *Eckl*, Das Bankgeheimnis).
Eicker, Andreas, Das Schweizerische Internationale Strafrecht vor und nach der Revision des Allgemeinen Teils des Strafgesetzbuchs, ZStrR 2006, S. 295.

Einsele, Dorothee, Bank- und Kapitalmarktrecht, Nationale und Internationale Bankgeschäfte, Mohr Siebeck, Tübingen 2006 (zit.: *Einsele*, Bank- und Kapitalmarktrecht).
Elvinger, Marc / Berscheid, Roland / Gillen Marie-Paule u.a., Risques juridiques liés aux activités bancaires transfrontalières, Bulletin Droit et Banque, N° 29, 1999, S. 35.
Elvinger, Marc, Les conflits entre l'obligation au secret bancaire instituée par la loi luxembourgeoise et l'obligation de déclaration par une loi étrangère, Bulletin Droit et Banque, N° 26, 1997, S. 5.
Endfellner, Clemens, Fahrtenbuch und größere Reichweite des Bankgeheimnisses, ecolex 2006, S. 1034.
Endres, Josef, Gewährung von Rechtshilfe in Steuersachen durch das Großherzogtum Luxemburg –Anmerkungen und Ergänzungen zu Esskandari, wistra 2002, 87 ff.-, wistra 2002, S. 457.
Epiney, Astrid, Rechtshilfe in Strafsachen in der EU – Zugleich ein Beitrag zum derzeitigen Stand der Verhandlungen der EG im Rahmen der „Bilateralen II" mit der Schweiz, EuZW 2003, S. 421.
Esskandari, Manzur, Luxemburg, Amts- und Rechtshilfe in Steuer- und Steuerstrafsachen, wistra 2002, S. 87.
Evers, Jürgen / Kiene, Lorenz H., Die Wirksamkeitskriterien von Einwilligungsklauseln und die Auslagerung von Finanzdienstleistungen im Sinne des § 11 BDSG, NJW 2003, S. 2726.
Fally, Alexandra, Die Verschwiegenheitspflicht der Kreditinstitute (Bankgeheimnis) im österreichischen und europäischen Recht, Diplomarbeit, Salzburg 1999 (zit.: *Fally*, Verschwiegenheitspflicht der Kreditinstitute).
Felix, Günther, Bankgeheimnis nach § 30a der Abgabenordnung und Anzeigen der Kreditinstitute nach 33 Nr. 1 des Erbschaftssteuergesetzes, BB 1988, S. 2011.
Findeisen, Michael, Bankgeheimnis und Verhinderung der Geldwäsche, in: Basel II: Folgen für Kreditinstitute und ihre Kunden, Bankgeheimnis und Bekämpfung von Geldwäsche, Bankrechtstag 2003, Walter Hading/ Klaus J. Hopt/ Herbert Schimansky (Hrsg.), De Gruyter, Berlin 2004 (zit.: *Findeisen*, in: Basel II: Folgen für Kreditinstitute und ihre Kunden).
Fischer, Rienfried / Klanten, Thomas, Bankrecht, Grundlagen der Rechtspraxis, RWS Verlag Kommunikationsforum GmbH, 3. Auflage, Köln 2000 (zit.: *Fischer/Klanten*, Bankrecht).
Flora, Margarethe, Das Bankgeheimnis im gerichtlichen Strafverfahren, Spinger, Wien, New York 2007 (zit.: *Flora*, Das Bankgeheimnis).
Flora, Margarethe, Die Kontoeröffnung nach § 145 a StPO, ÖBA 2002, S. 21.

Flora, Margarethe, StPO-Neu, Auskunfts- und Überwachungspflichten im neuen Strafverfahren, ÖJZ 2008, S. 315.

Foregger, Egmont / Fabrizy, Ernst, Strafgesetzbuch, StGB samt ausgewählten Nebengesetzen, Kurzkommentar, Manzsche Verlags- und Universitätsbuchhandlung GmbH, 9. Auflage, Wien 2006 (zit.: *Foregger/Fabrizy*, StGB).

Forster, Marc, Internationale Rechtshilfe bei Geldwäschereiverdacht, ZStrR 2006, S. 274.

Forster, Matthias, Die strafrechtliche Verantwortlichkeit des Unternehmens nach Art. 102 StGB, Stämpfli Publikationen AG, Bern 2006 (zit.: *Forster*, Strafrechtliche Verantwortlichkeit des Unternehmens).

Frach, Lotte, Finanzaufsicht in Deutschland und Großbritannien, Die BaFin und die FSA im Spannungsfeld der Politik, VS Verlag für Sozialwissenschaften / GWV Fachverlage GmbH, Wiesbaden 2008 (zit.: *Frach*, Finanzaufsicht).

Frei, Lionel, Schweizerische Unternehmen in den USA als Diener zweier Herren: Amerikanische Verfahrenspflichten und schweizerische Geheimhaltung, SJZ 82 (1986), S. 73.

Fremuth, Walter / Laurer, René / Linc, Sylvia / Pötzelberger, Leo / Ruess, Walter, Bankwesengesetz samt den wichtigsten Nebengesetzen, Manzsche Verlags- und Universitätsbuchhandlung, Wien 1995 (zit.: *Fremuth/Laurer/Linc/Pötzelberger/Ruess*, BWG).

Fremuth, Walter / Laurer, René / Pötzelberger, Leo / Ruess, Walter, Handkommentar zum Kreditwesengesetz samt allen Nebengesetzen, Manzsche Verlags- und Universitätsbuchhandlung, 2. Auflage, Wien 1991 (zit.: *Fremuth/Laurer/Pötzelberger/Ruess*, KWG).

Frommelt, Heinz-Jürgen, Das Bankkundengeheimnis im Spannungsfeld des Sorgfaltsrechts, in: Schwärzler, Helmut / Wagner Jürgen (Hrsg.), Verantwortlichkeit im liechtensteinischen Gesellschaftsrecht, Richard Boorberg Verlag GmbH & Co KG, Stuttgart, München, Hannover, Berlin, Weimar, Dresden 2007 (zit.: *Frommelt*, in: Schwärzler/Wagner, Verantwortlichkeit).

Frommelt, Heinz-Jürgen, Das liechtensteinische Bankgeheimnis, Schulthess Polygraphischer Verlag AG, Zürich 1988 (zit.: *Frommelt*, Das Bankgeheimnis).

Frotz, Gerhard, Die Bankauskunft nach österreichischem Recht, in: Bankgeheimnis und Bankauskunft in der Bundesrepublik Deutschland und in ausländischen Rechtsordnungen, Walter Hading / Uwe H. Schneider (Hrsg.), Dunker & Humblot, Berlin 1986 (zit.: *Frotz*, in: Bankgeheimnis und Bankauskunft).

Fugger, Roland, Österreich: Lockerung des Bankgeheimnisses durch das Amtshilfe-Durchführungsgesetz, ZEV 2009, S. 507.

Fuhrmann, Sebastian, Das Bankgeheimnis als Abtretungsverbot, Peter Lang GmbH, Internationaler Verlag der Wissenschaften, Frankfurt am Main 2009 (zit.: *Fuhrmann*, Das Bankgeheimnis).

Füllsack, Markus / Bürger, Sebastian, Tohowabohu um die Selbstanzeige: Wer sich anzeigt, wird bestraft – Situationsbeschreibung und Lösungsansatz, BB 2010, S. 2403.

Gautier, Pierre-Yves, Sur la localisation de certaines infractions économiques, R.C.D.I.P. 1989, S. 669.

Gärditz, Klaus F., Erbschaftssteuerliche Anzeigepflicht und ausländisches Bankgeheimnis im Lichte des Völker-, Europa- und Verfassungsrechts, WM 2010, S. 437.

Glaser Tomasone, Helena, Amtshilfe und Bankgeheimnis, Insbesondere im Bereich der Banken-, Anlagenfonds und Börsenaufsicht, Schweizer Schriften zum Bankrecht, Band 45, Schulthess Polygraphischer Verlag AG, Zürich 1997 (zit.: *Glaser Tomasone*, Amtshilfe und Bankgeheimnis).

Glauben, Paul, Das Bankgeheimnis – Rechtsgrundlagen, Inhalt und Grenzen, DRiZ 2002, S. 104.

Gless, Sabine / Eymann, Stephanie, »Nachträgliches Verwertungsverbot« und internationale Rechtshilfe in Strafsachen, StV 2008, S. 318.

Gola, Peter / Schomerus, Rudolf, BDSG, Bundesdatenschutzgesetz, Kommentar, Verlag C.H. Beck, 10. Auflage, München 2010 (zit.: *Bearbeiter*, in: *Gola/Schomerus*, BDSG).

Göres, Ulrich / Kleinert, Jens, Die liechtensteinische Finanzaffäre – Steuer und steuerstrafrechtliche Konsequenzen –, NJW 2008, S. 1353.

Gößmann, Wolfgang, Si tacuisses, BKR 2006, S. 199.

Gottwald, Peter (Hrsg.), Insolvenzrechts-Handbuch, Verlag C.H. Beck, 3. Auflage, München 2006 (zit.: *Bearbeiter*, in: *Gottwald*, Insolvenzrechts-Handbuch).

Götzenberger, Anton-Rudolf, Abgeltungssteuer in der Schweiz: Die neue Initiative der Schweizer Banken, BB 2010, S. 2544.

Götzenberger, Anton-Rudolf, Der gläserne Steuerbürger, Verlag Neue Wirtschafts-Briefe GmbH & Co. KG, 2. Auflage, Herne 2008 (zit.: *Götzenberger*, Der gläserne Steuerbürger).

Grabau, Fritz-René / Hundt, Irina / Hennecka, Jürgen, Das Bankgeheimnis und § 30a III AO, ZRP 2002, S. 430.

Gstöhl, Caroline, Geheimnisschutz im Verfahren der internationalen Rechtshilfe in Strafsachen, Stämpfli Verlag AG, Bern 2008 (zit.: *Gstöhl*, Geheimnisschutz).

Gudenburg, Georges, Luxemburger Bankgeheimnis auf dem Prüfstand des europäischen Rechts (Paul der Weduwe, EuGH von 10. Dezember 2002, C-153/00), ELR 2003, S 72.

Guill, Jean, Transmission de données par un établissement de credit luxembourgeois à sa maison-mère ou à son siège social, Bulletin Droit et Banque, No 2, 1983, S. 17.

Gutmann, Melanie, Outsourcing bei Kreditinstituten: Rechtsfragen im Zusammenhang mit dem Bank- und Datenschutzrecht, Wirtschaftliche Interessen der Banken im Spannungsverhältnis zum Geheimhaltungsinteresse ihrer Kunden, Verlag Dr. Kovač, Hamburg 2007 (zit.: *Gutmann*, Outsourcing bei Kreditinstituten).

Haas, Matthias / Fischera, Anne, Gleichstellung von öffentlich-rechtlichen mit privatrechtlichen Kreditinstituten bei der Abtretung von Darlehensforderungen, NZG 2010, S. 457.

Hamacher, R., „Dagobert Duck" – Ein kriminelles System – Insbesondere zu § 154 AO und zu dem EuGH-Urteil vom 23.2.1995 Rs. C-358/93, C-416/93, DB 1995, S. 2285.

Hannich, Rolf (Hrsg.), Karlsruher Kommentar zur Strafprozessordnung mit GVG, EGGVG und EMRK, Verlag C.H. Beck, 6. Auflage, München 2008 (zit.: *Bearbeiter*, in: KKStPO).

Hecht, Stephen / Lampert, Steffen / Schulz, Kay Alexander, Das Auskunftsabkommen zwischen der Bundesrepublik Deutschland und dem Fürstentum Liechtenstein – Implikationen aus steuerrechtlicher Sicht, BB 2010 S. 2727.

Hecker, Bernd, Europäisches Strafrecht, Springer-Verlag, Berlin, 3. Auflage, Heidelberg 2010 (zit.: *Hecker*, Europäisches Strafrecht).

Heine, Günter, Die Schweiz, das Bankgeheimnis und die Rechtshilfe bei Fiskaldelikten, in: Gedächtnisschrift für Theo Vogler, Trifterer, Otto (Hrsg.), C.F. Müller Verlag, Verlagsgruppe Hüthig Jehle Rehm GmbH, Heidelberg 2004 (zit.: *Heine*, in: Gedächtnisschrift für Vogler).

Heintschel-Heinegg, Bernd von / Stöckel, Heinz, KMR - Kommentar zur Strafprozessordnung, Luchterhand, 58. Ergänzungslieferung (Stand: August 2010) (zit.: *Bearbeiter*, in: KMRStPO).

Herzog, Felix, Das Bankgeheimnis – eine Schranke staatlicher und staatlich veranlasster Ermittlungen?, in: Basel II: Folgen für Kreditinstitute und ihre Kunden, Bankgeheimnis und Bekämpfung von Geldwäsche, Bankrechtstag 2003, Walter Hading/ Klaus J. Hopt/ Herbert Schimansky (Hrsg.), De Gruyter, Berlin 2004 (zit.: *Herzog*, in: Basel II: Folgen für Kreditinstitute und ihre Kunden).

Hetzer, Wolfgang, Deutsche Umsetzung neuer europäischer Vorgaben zur Bekämpfung der Geldwäsche und der Terrorismusfinanzierung, EuZW 2008, S. 560.

Heymer, Haiko, La gestion internationale du risque bancaire face au secret professionnel à Luxembourg, Bulletin Droit et Banque, No 41, 2008, S. 17.

Höche, Thorsten, Der Entwurf einer dritten EU-Richtlinie zur Verhinderung der Nutzung des Finanzsystems zu Zwecken der Geldwäsche und des Terrorismus, WM 2005, S. 8.

Hoffmann, B. von / Eisermann, F:, Anmerkung zum EuGH Urteil vom 10. Dezember 2002 (Rs. C-153/00), WuB 2003, S.491.

Hoffmann, Robert, Reflexions sur le fondement du secret professionnel, Bulletin droit et banque, N° 2, 1983, S. 3.

Hoffmann, Robert, Secret bancaire et fiscalité, Bulletin droit et banque, N° 21, 1994, S. 5.

Hofmann, Sandra, Einwilligung zur Abtretung und Befreiung vom Bankgeheimnis in AGB der Bank, BKR 2008, S. 241.

Honegger, Peter C. / Frick, Thomas A., Das Bankgeheimnis im Konzern und bei Übernahmen, SZW 96, S. 1.

Höpfner, Clemens / Seibl, Maximilian, Bankvertragliche Loyalitätspflicht und Haftung für kreditschädigende Äußerungen nach dem Kirch-Urteil, Zugleich Besprechung von BGH, Urteil vom 24.01.2006 - XI ZR 384 / 03, BB 2006, 681 (Ls), BB 2006, S. 673.

Hörtner, Bettina, Das österreichische Bankgeheimnis, in: Investitions- und Steuerstandort Österreich, Wirtschaftliche und steuerliche Rahmenbedingungen, Thömmes, Otmar, Lang, Michael, Schuch, Josef (Hrsg.), Verlag C.H. Beck, 2. Auflage, München 2005 (zit.: *Hörtner*, in: Investitions- und Steuerstandort Österreich).

Hosp, Thomas, Abkommen betreffend Informationsaustausch in Steuersachen zwischen den USA und Liechtenstein, liechtensteinjorunal 2009, S. 48.

Hosp, Thomas / Langer, Matthias, Das liechtensteinische Steueramtshilfegesetz: Umsetzung und praktische Anwendung, IStR 2010, S. 905.

Huhmann, Marcus, Die verfassungsrechtliche Dimension des Bankgeheimnisses, Peter Lang, Frankfurt am Main, Berlin, Bern, Bruxelles, New York, Oxford, Wien 2002 (zit.: *Huhmann*, Die verfassungsrechtliche Dimension des Bankgeheimnisses).

Ipsen, Knut, Völkerrecht, Verlag C.H. Beck, 5. Auflage, München 2004 (zit.: *Ipsen*, Völkerrecht).

Jabornegg, Peter / Strasser, Rudolf / Floretta, Hans, Das Bankgeheimnis, Manzsche Verlags- und Universitätsbuchhandlung, Wien 1985 (zit.: *Jabornegg/Strasser/Floretta*, Bankgeheimnis).

Jabornegg, Peter, Aktuelle Fragen zum Bankgeheimnis, ÖBA 1997, S. 663.

Jacquemoud, Philippe: Revision der internationalen Amtshilfe gemäss dem Gesetz über die Börsen- und den Effektenhandel (BEHG), SZW 2005, S. 221.

Joecks, Ralf / Miebach, Wolfgang (Hrsg.), Münchener Kommentar zum Strafgesetzbuch, Band 3, §§ 185 – 262 StGB, Verlag C.H. Beck, München 2003 (zit.: *Bearbeiter*, in: MüKoStGB).

Juhász, Christina, Kontoauskunftsersuchen an alle österreichischen Banken, ÖJZ 2009, S. 755.

Junker, Carolin, Aktuelle Rechtsfragen zum Bankgeheimnis und zur Bankauskunft, DStR 1996, S. 224.

Kaetzler, Joachim / Weirauch, Boris, Bankenaufsichtsrechtliche Aspekte von Outsourcingverhältnissen - Neue Anforderungen an die Auslagerungspraxis durch die Neufassung des KWG und der MaRisk, BKR 2008, S. 265.

Kahler, Thomas / Werner, Stefan, Electronic Banking und Datenschutz, Rechtsfragen und Praxis, Springer Verlag, Berlin, Heidelberg 2008 (zit.: *Kahler/Werner*, Electronic Banking und Datenschutz).

Kalkbrenner, Arndt / Koch, Christopher, Bankgeheimnis und Datenschutz, Bank-Verlag Medien GmbH, Köln 2009 (zit.: *Kalkbrenner/Koch*, Bankgeheimnis und Datenschutz).

Kallert, Claudia, Das neue Geldwäschegesetz, DStR 2008, S. 1661.

Kauffman, Jacques, De quelques principes régissant le secret bancaire, rapproches d'une récente décision judiciaire, Bulletin Droit et Banque, No 32, 2002, S. 16.

Kauffman, Jacques, Professional secrecy of bankers in Luxembourg law, Serie d'article & conferences, Banque International à Luxembourg, Luxemburg 1991 (zit.: *Kauffman*, Professional secrecy of bankers).

Kauffman, Jacques, Secret bancaire en matière fiscale, Bulletin Droit et Banque, No 2, 1983, S. 32.

Kaufmann, Michael, Die Bedeutung der Einbeziehung von Bankmitarbeitern in die Bekämpfung der Geldwäsche, Bremen Universität, Dissertation 2000 (zit.: *Kaufmann*, Bekämpfung der Geldwäsche).

Kelnhofer, Evelyn / Krug, Björn, Der Fall LGT Liechtenstein – Beweisführung mit Material aus Straftaten im Auftrag des deutschen Fiskus, StV 2008, S. 660.

Kemper, Martin, Die Selbstanzeige nach § 371 AO – Eine verfehlte „Brücke zur Steuerehrlichkeit"? –, ZRP 2008, S. 105.

Kerres, Christoph / Pröll, Florian, Aktuelle Entwicklungen zum Bankgeheimnis, ecolex 2009, S. 623.

Kiethe, Kurt / Hohmann, Olaf, Der strafrechtliche Schutz von Geschäfts- und Betriebsgeheimnissen, NStZ 2006, S. 185.

Kinsch, Patrick, L'affaire des fichiers volés de la Kredietbank Luxembourgeoise devant la Cour d'appel et la Cour de Cassation, Bulletin Droit et Banque, N° 35, 2004, S. 52.

Kinsch, Patrick, Le fait du prince étranger, Bibliothèque de droit privé, Tome 240, Librairie Générale de Droit et de Jurisprudence, E.J.A., Paris 1994 (zit.: *Kinsch*, Le fait du prince étranger).

Kirchhof, Paul, Bankgeheimnis und Geldwäsche aus verfassungsrechtlicher Sicht, in: Basel II: Folgen für Kreditinstitute und ihre Kunden, Bankgeheimnis und Bekämpfung von Geldwäsche, Bankrechtstag 2003, Walter Hading/ Klaus J. Hopt/ Herbert Schimansky (Hrsg.), De Gruyter, Berlin 2004 (zit.: *Kirchhof*, in: Basel II: Folgen für Kreditinstitute und ihre Kunden).

Klauser, Alexander / Kodek, Goerg E., Jurisdiktionsnorm und Zivilprozessordnung samt Einführungsgesetzen und Nebengesetzen sowie den Vorschriften des Europäischen Zivilprozessrechts, Manzsche Verlags- und Universitätsbuchhandlung, 6. Auflage, Wien 2006 (zit.: *Klauser/Kodek*, ZPO).

Klein, Franz / Orlopp, Gerd, Abgabenordnung – einschließlich Steuerstrafrecht– Verlag C.H. Beck, 9. Auflage, München 2006 (zit.: *Bearbeiter*, in: *Klein/Orlopp*, AO).

Kleiner, Beat, Ein Insider-Straftatbestand für das Schweizerische Strafgesetzbuch, ÖBA 1987, S. 535.

Kleinert, Jens / Göres, Ulrich, Das neue Gesetz zur Bekämpfung der Steuerhinterziehung, NJW 2009, S. 2713.

Klos, Joachim, Die Selbstanzeige – Grundlagen und Praxisfragen des steuerstrafrechtlichen „Ablasses", NJW 1996, S. 2336.

Klos, Joachim, Gerichts- und Behördenakten als Informationsquelle für die Finanzbehörden, DStZ 1996, S. 32.

Klos, Joachim, Neues zur Schweizer Rechtshilfe in Fällen des Abgabebetrugs – Anmerkung zum Urteil des Schweizerischen Bundesgerichts 1 A412/1996/err vom 14.2.1997, wistra 1998, S. 96.

Klüwer, Arne / Meister, Matthias, Forderungsabtretung und Bankgeheimnis, WM 2004, S. 1157.

Koberstein – Windpassinger, Carmen, Wahrung des Bankgeheimnisses bei Asset-Backed Securities-Transaktionen, WM 1999, S. 473.

Koch, Robert, Abtretbarkeit von Darlehensforderungen im Lichte des AGB-Rechts, BKR 2006, S. 182.

Koenig, Friedrich Alexander / Pilnacek, Christian, StPO-Neu, Das neue Strafverfahren – Überblick und Begriffe, ÖJZ 2008, S. 10.

Köhler, Helmut / Bornkamm, Joachim, Gesetz gegen den unlauteren Wettbewerb, Preisangabenverordnung, Unterlassungsklagengesetz, Verlag C.H. Beck, 28. Auflage, München 2010 (zit.: *Bearbeiter*, in: *Köhler/Bornkamm*, UWG).

Kölbel, Ralf, Zur Verwertbarkeit privat-deliktisch beschaffter Bankdaten – Ein Kommentar zur causa „Kieber", NStZ 2008, S. 241.

Köndgen, Johannes, Die Entwicklung des privaten Bankrechts in den Jahren 1999-2003, NJW 2004, S. 1288.

Korts, Sebastian / Korts, Petra, Ermittlungsmöglichkeiten deutscher Finanzbehörden bei Auslandssachverhalten, IStR 2006, S. 869.

Kostigoff, Michel, Les conflits internationaux de lois pénales relatives au secret bancaire et à l'obligation de communiquer des documents en justice, Bulletin droit et banque, N° 6, 1985, S. 51.

Krafft, Charles-Mathias, Secret bancaire et conflits de juridiction, Le point de vue d'un internationaliste, in: Beiträge zum Schweizerischen Bankrecht, Rudolf v. Graffenried für den schweizerischen Bankverein (Hrsg.), Stämpfli & Cie AG, Bern 1987 (zit.: *Krafft*, in: Beiträge zum schweizerischen Bankenrecht).

Kretschmer, Joachim, Das Bankgeheimnis in der deutschen Rechtsordnung – ein Überblick, wistra 2009, S. 180.

Kümpel, Siegfried, Bank- und Kapitalmarktrecht, Verlag Dr. Otto Schmidt KG, 3. Auflage, Köln 2004 (zit.: *Kümpel*, Bank- und Kapitalmarktrecht).

Kutzner, Lars, „Kontenabfragen" im Rahmen des Rechtshilfeverkehrs in der Europäischen Union, DStR 2006, S. 639.

Lang, Volker, Das Aus für die Lehre vom „allgemeinen Bankvertrag"? – zugleich eine Kommentierung des Urteils des BGH, BKR 2002, 1089, m. Anm. Balzer, BKR 2003, S. 227.

Lang, Volker, Inhalt, Umfang und Reichweite des Bankgeheimnisses, ZBB 2/06, S. 115.

Lanser, Konrad, Österreichische Rechtshilfe in Strafsachen, insbesondere im Zusammenhang mit dem Bankgeheimnis, wistra 1999, S. 213.

Lasserre Capdeville, Jérôme, Le secret bancaire, Étude de droit comparé (France – Suisse – Luxembourg), Tome I, Presses Universitaires d'Aix – Marseille – PUAM, 2006 (zit.: *Lasserre Capdeville*, Le secret bancaire).

Lasserre Capdeville, Jérôme, Le secret bancaire, Étude de droit comparé (France – Suisse – Luxembourg), Tome II, Presses Universitaires d'Aix – Marseille – PUAM, 2006 (zit.: *Lasserre Capdeville*, Le secret bancaire).

Lauber, Michael, Die Stabstelle Financial Intelligence Unit, in: Aktuelle Themen zum Finanzplatz Liechtenstein, Mit Beiträgen zum Stiftungsrecht, Rechtshilfe- und Sorgfaltspflichtrecht, Marxer & Partner (Hrsg.), Liechtenstein Verlag AG, Vaduz 2004 (zit.: *Lauber*, in: Aktuelle Themen zum Finanzplatz Liechtenstein).

Laurer, René, Rechtspolitische Erwägungen zum Bankgeheimnis, ÖBA Sonderheft 1/81, S. 37.

Laurer, René, Das Bankgeheimnis in der Entwicklung von Lehre und Rechtsprechung, ÖJZ 1986, S. 385.

Leisner, Walter, Ausforschungsdurchsuchungen?, Ermittlungsmaßnahmen im Bankenbereich, BB 1994, S. 1941.

Leitner, Roman / Toifl, Gerald / Brandl, Rainer, Österreichisches Finanzstrafrecht, Springer Verlag, 3. Auflage, Wien 2008 (zit.: *Leitner/Toifl/Brandl*, Österreichisches Finanzstrafrecht).

Leitner, Roman, Das österreichische Finanzstrafrecht, in: Steuerstrafrecht in Europa und den Vereinigten Staaten, Linde Verlag Ges.m.b.H., Wien 2007 (zit.: *Leitner*, in: Steuerstrafrecht in Europa und den Vereinigten Staaten).

Lemmer, Joë, Le secret bancaire et la lutte anti-blanchiment: L'arsenal législatif luxembourgeois, in: Feuille de Liaison de la conférence Saint-Yves, No 105, 2003 (zit.: *Lemmer*, in: Feuille de Liaison de la conférence Saint-Yves).

Lentjes Meili, Christiane, Zur Stellung der Banken in der Zürcher Strafuntersuchung, Insbesondere bei Bankabfragen und Beschlagnahmen, Schulthess Polygraphischer Verlag AG, Zürich 1996 (zit.: *Lentjes Meili*, Stellung der Banken).

Lerche, Peter, Bankgeheimnis – verfassungsrechtliche Rechtsgrundlagen, ZHR 149 (1985), S. 165.

Liebertz, Christophe / Schmidt, Carole, Le secret bancaire luxembourgeois face au mandat dans la perspective du banquier, Bulletin Droit et Banque, Hors Serie, 2005, S. 38.

Liebscher, Viktor, Das Bankgeheimnis im In- und Ausland, ÖJZ 1984, S. 253.

Lobsiger, Adrian, Unternehmensstrafrecht und Wirtschaftskriminalität, ZStrR 2005, S. 187.

Mächler, Monica, FINMA kurz nach dem Start, SJZ 2009, S. 181.

Magg, Bernhard, Der verfassungsrechtliche Schutz des Bankgeheimnisses, Verlag Dr. Kovač, Hamburg 2008 (zit.: *Magg*, Der verfassungsrechtliche Schutz des Bankgeheimnisses).

Martinek, Michael, Das internationale Bankgeheimnis – eine Problemskizze, in: Wege zur Globalisierung des Rechts, Festschrift für Rolf A. Schütze zum 65. Geburtstag, Reinhold Geimer (Hrsg.), C.H. Beck'sche Verlagsbuchhandlung, München 1999 (zit.: *Martinek*, in: Festschrift für Schütze).

Maurenbrecher, Benedikt / Zulauf, Urs, Bankgeheimnisverletzung / Busse generell kein ersatzfähiger Schaden ?, SZW 1991, S. 36.

Meier-Schatz, Christian J. / Nobel, Peter / Waldburger, Robert, Die Auswirkungen eines EU-Beitritts auf den Finanzplatz Schweiz, Schulthess Juristische Medien AG, Zürich 2001 (zit.: *Maier-Schatz/Nobel/Waldburger*, Auswirkungen eines EU-Beitritts).

Messerli, Beat, Internationale Rechtshilfe in Strafsachen – eine Standortbestimmung, ZStrR 1993, S. 121.

Miebach, Ralf, Das Bankgeheimnis, Verfassungsrecht und § 30a AO (Abhandlungen zum Steuer- und Abgabenrecht Band 10), Carl Heymanns Verlag KG, Köln, Berlin, Bonn, München 1999 (zit.: *Miebach*, Das Bankgeheimnis).

Milewski, Matthias, Die Aufhebung des Bankgeheimnisses, Eine Untersuchung der daraus resultierenden rechtlichen und wirtschaftlichen Auswirkungen, Frank & Timme GmbH, Verlag für wissenschaftliche Literatur, Berlin 2005 (zit.: *Milewski*, Bankgeheimnis).

Möhlenkamp, Andreas, Besteht ein ersatzfähiger Schaden durch Verletzung des Bankgeheimnisses?, BB 2007, S. 1126.

Möllers, Thomas / Beutel, David, Haftung für Äußerungen zur Bonität des Bankkunden: Der BGH zum Rechtsstreit Leo Kirch gegen Deutsche Bank und Breuer, NZG 2006, S. 338.

Molo, Giovanni, Le secret bancaire suisse en matière de fiscalité directe et les accords bilatéraux II – SZIER 2006, S. 559.

Mueller, Peter F., Wegleitung zum schweizerischen Bankgeheimnis, Grundlagen, Rechtshilfe, Ausblick, Schulthess Polygraphischer Verlag AG, Zürich 1998 (zit.: *Mueller*, Wegleitung zum schweizerischen Bankgeheimnis).

Müller, Thorsten, Die Rolle der Kreditinstitute im Erbfall, Was Sie als Erblasser wissen sollten!, ErbStB 2005, S. 295.

Musielak, Hans-Joachim, Die Bankauskunft nach dem Recht der Bundesrepublik Deutschland, in: Bankgeheimnis und Bankauskunft in der Bundesrepublik Deutschland und in ausländischen Rechtsordnungen, Walter Hading / Uwe H. Schneider (Hrsg.), Dunker & Humblot, Berlin 1986 (zit.: *Musielak*, in: Bankgeheimnis und Bankauskunft).

Nies, Jeannot, La loi du 8 août 2000 sur l'entraide judiciaire en matière pénale, Agon 2000, N° 29, S. 17.

Mutter, Christoph/ Schwarz, Stefan, Keine Angst vor der Selbstanzeige – Nacherklärung von Einkünften aus Kapitalvermögen bei Vermögensbindung in Stiftungen und Trusts, IStR 2009, S. 807.

Nimmervoll, Rainer J., StPO-Neu, Zeugnishindernisse im neuen Strafverfahren, ÖJZ 2008, S. 583.

Nitsche, Gunter, Sparbuch: Anonymität und Wertpapiercharakter, ÖBA 2000, S. 1055.

Nobbe, Gerd, Bankgeheimnis, Datenschutz und Abtretung von Darlehensforderungen, WM 2005, S. 1537.

Nobel, Peter, Entwicklungen im Bank- und Kapitalmarktrecht / Le point sur le droit bancaire et les marchés des capitaux, SJZ 104 (2008), S. 10.

Nobel, Peter, Entwicklungen im Bank- und Kapitalmarktrecht / Le point sur le droit bancaire et les marchés des capitaux, SJZ 105 (2009), S. 7.

Oberhammer Paul (Hrsg.), Kurzkommenttar ZPO, Schweizerische Zivilprozessordnung, Helbing Lichtenhang Verlag, Basel 2010 (zitiert: zit.: *Bearbeiter*, in: KuKo ZPO).

Odenthal, Hans-Jörg, Auskunftsverweigerungsrecht nach § 55 StPO bei Gefahr ausländischer Strafverfolgung, NStZ 1985, S. 117.

Ortner, Johannes, Das Bankgeheimnis, Rechtsvergleich Österreich, Deutschland, Schweiz, Liechtenstein und Luxemburg, Österreichischer Volksbankenverlag, Wien 1995 (zit.: Ortner, Das Bankgeheimnis).

Otto, Harro, Das strafrechtliche Risiko der gesetzlichen Vertreter und Geldwäschebeauftragten der Kreditinstitute, wistra 1995, S. 9.

Pahlke, Armin / Koenig, Ulrich (Hrsg.), Abgabenordnung, §§ 1 bis 368, Kommentar, Verlag C.H. Beck, 2. Auflage, München 2009 (zit.: *Bearbeiter*, in: *Pahlke/Koenig*, AO).

Pawlytta, Mark / Schmutz, Patrick, Zuwendungen am Nachlass vorbei in Deutschland und der Schweiz, ZEV 2008, S. 59.

Perscha, Alice / Stögner, Markus / Pawlytta, Mark, Zuwendungen am Nachlass vorbei – Erfahrungen aus Österreich unter deutschem Blickwinkel, ZEV 2008, S. 412.

Petersen, Jens, Haftung wegen schuldhafter Verletzung des Bankgeheimnisses, NJW 2003, S. 1570.

Petersen, Jens, Das Bankgeheimnis zwischen Individualschutz und Institutionsschutz, J.C.B. Mohr (Paul Siebeck), Tübingen 2005 (zit.: *Petersen*, Das Bankgeheimnis).

Petersen, Jens, Kirch versus Breuer im Lichte der Heberger-Rechtsprechung, BKR 2004, S. 47.

Philipp, Günther, Fahrtenbuch und geringere Reichweite des Bankgeheimnisses, ecolex 2006, S. 1035.

Pieth, Mark, Die strafrechtliche Verantwortung des Unternehmens, ZStrR 2003, S. 353.

Plewka, Harald / Klümpen-Neusel, Claudia, Die Entwicklung des Steuerrechts, NJW 2009, S. 1392.

Popp, Peter, Grundzüge der internationalen Rechtshilfe in Strafsachen, Helbing & Liechtenhahn Verlag. Basel 2001 (zit.: *Popp*, Internationale Rechtshilfe).

Prillinger, Johannes, Bankgeheimnis und FinStrG, ecolex 2008, S. 359.

Randt, Karsten / Schauf, Jörg, Selbstanzeige und Liechtenstein-Affäre, Ist der Weg in die Straflosigkeit noch möglich oder sind die Taten schon entdeckt, DStR 2008, S. 489.

Rauscher, Thomas (Hrsg.), Europäisches Zivilprozessrecht, Kommentar, Band 2, Selier European Law Publishers, 2. Auflage, München 2006 (zit.: *Bearbeiter*, in: *Rauscher*, Europäisches Zivilprozessrecht).

Rauscher, Thomas / Wax, Peter / Wenzel, Joachim (Hrsg.), Münchener Kommentar zur Zivilprozessordnung mit Gerichtsverfassungsgesetz und Nebengesetzen, Band 1, Einleitung, §§ 1–510 c, Verlag C.H. Beck, 3. Auflage, München 2008 (zit.: *Bearbeiter*, in : MüKoZPO).

Rebmann, Kurt / Säcker, Franz Jürgen / Rixecker, Roland (Hrsg.), Münchener Kommentar zum Bürgerlichen Gesetzbuch, Band 1, Allgemeiner Teil, 1. Halbband: §§ 1-240 • ProstG, Verlag C.H. Beck, 5. Auflage, München 2006 (zit.: *Bearbeiter*, in: MüKoBGB).

Rebmann, Kurt / Säcker, Franz Jürgen / Rixecker, Roland (Hrsg.), Münchener Kommentar zum Bürgerlichen Gesetzbuch, Band 2, Schuldrecht Allgemeiner Teil, §§ 241-432, Verlag C.H. Beck, 5. Auflage, München 2007 (zit.: *Bearbeiter*, in: MüKoBGB).

Rebmann, Kurt / Säcker, Franz Jürgen / Rixecker, Roland (Hrsg.), Münchener Kommentar zum Bürgerlichen Gesetzbuch, Band 5, Schuldrecht, Besonderer Teil III, §§ 705-853, Partnerschaftsgesellschaftsgesetz - Produkthaftungsgesetz, Verlag C.H. Beck, 5. Auflage, München 2009 (zit.: *Bearbeiter*, in: MüKoBGB).

Rinze, Jens / Heda, Klaudius, Non-Performing Loan und Verbriefungs-Transaktionen: Bankgeheimnis, Datenschutz, § 203 StGB und Abtretung – zugleich eine Besprechung des Urteils des OLG Frankfurt a.M. vom 25. Mai 2004 = WM 2004, 1386 -, WM 2004, S. 1557.

Ritz, Christoph, Bundesabgabenordnung, Kommentar, Linde Verlag, 3. Auflage, Wien 2005 (zit.: *Ritz*, BAO).

Rögner, Herbert, Bankgeheimnis im Spannungsfeld mit dem Kapitalmarktrecht?, NJW 2004, S. 3230.

Roth, Günter H. / Fitz, Hanns, Anonymität, Identitätsfeststellung und Bankgeheimnis, ÖBA 1996, S. 409.

Roth, Robert, Territorialité et extraterritorialité en droit pénal international, ZStrR 1994, S. 1.

Rüth, Henning H., Zum sogenannten steuerlichen Bankgeheimnis – 50 Jahre Bankenerlass und § 30a AO, DStZ 2000, S. 30.
Sahan, Oliver / Ruhmannseder, Felix, Steuerstrafrechtliche Risiken für Banken und ihre Mitarbeiter bei Kapitaltransfers in die Schweiz, IStR 2009, S. 715.
Samson, Erich / Langrock, Marc, Der »gläserne« Bankkunde?, Automatisierter Abruf von Kontoinformationen und Grundrecht auf informationelle Selbstbestimmung, zur verfassungsrechtlichen Problematik der §§ 93 Abs. 7, 8, 93 b der Abgabenordnung, Meinhard Hilf / Hein Kötz / Karsten Schmidt (Hrsg.), Carl Heymanns Verlag, Köln, Berlin, München, 2005 (zit.: *Samson/Langrock*, Der »gläserne« Bankkunde).
Sandkühler Gerd, Bankrecht: ein Leitfaden für Ausbildung und Praxis, Carl Heymanns Verlag, Köln, Berlin, Bonn, München 1992 (zit.: *Sandkühler*, Bankrecht).
Santer, Patrick / Hoss, Toinon, La loi du 2 août 2002 sur la protection des personnes á l'égard du traitement des données à caractère personnel: une nouvelle donnée pour la place financière, in: Droit bancaire et financier au Luxembourg, Recueil de doctrine, Association luxembourgeoise des juristes de banque, Volume 1, De Boeck & Larcier s.a., Brüssel 2004 (zit.: *Santer/Hoss*, in: Droit bancaire et financier au Luxembourg.)
Schädel, Peter, Die Bewilligung internationaler Rechtshilfe in Strafsachen in der Europäischen Union, Das Spannungsfeld von Nationalstaatlichkeit und Europäischer Integration, Nomos Verlagsgesellschaft, Baden-Baden 2005 (zit.: *Schädel*, Bewilligung internationaler Rechtshilfe).
Schalast, Christoph / Safran, Robert / Sassenberg, Thomas, Strafbarkeit von Sparkassenvorständen beim Verkauf notleidender Kredite, NJW 2008, S. 1486.
Schärf, Wolf-Georg, SEC-Ermittlungen über Insidertrading in Österreich, ÖBA 1991, S. 583.
Schauer, Martin, Die liechtensteinische Stiftung im internationalen Vergleich unter besonderer Berücksichtigung der Familien- und Unterhaltsstiftung, in: Aktuelle Themen zum Finanzplatz Liechtenstein, Mit Beiträgen zum Stiftungsrecht, Rechtshilfe- und Sorgfaltspflichtrecht, Marxer & Partner (Hrsg.), Liechtenstein Verlag AG, Vaduz 2004 (zit.: *Schauer*, in: Aktuelle Themen zum Finanzplatz Liechtenstein).
Schefold, Dietrich, Schutz des Bankgeheimnisses im Spannungsfeld innerstaatlicher Gesetzgebung und staatsvertraglich begründeter Pflicht zur Gewährung von Rechtshilfe, IPRax 2000, S. 234.
Schiltz, Jean-Louis / Schiltz Franz, Le secret bancaire face aux tiers devant le juge civil, in: Droit bancaire et financier au Luxembourg, Recueil de doct-

rine, Association luxembourgeoise des juristes de banque, Volume 1, De Boeck & Larcier s.a., Brüssel 2004 (zit.: *Schiltz/Schiltz*, in: Droit bancaire et financier au Luxembourg).

Schimansky, Herbert / Bunte, Hermann-Josef / Lwowski, Hans-Jürgen (Hrsg.), Bankrechts-Handbuch, Band I, Verlag C.H. Beck, München 2007 (zit.: *Bearbeiter*, in : *Schimansky/Bunte/Lwowski*, Bankrechtshandbuch).

Schmelz, Ch., Datenschutz und Datenrettung beim Outsourcing, ecolex 2004, S. 413.

Schmidt, Karsten (Hrsg.), Münchener Kommentar zum Handelsgesetzbuch, Band 5, Verlag C.H. Beck / Verlag Franz Vahlen, 2. Auflage, München 2009 (zit.: *Bearbeiter*, in: MüKoHGB).

Schmit, Claude, Aspects généraux du secret bancaire, Bulletin Droit et Banque, N° 2, 1983, S. 11.

Schmitt, Alex / Omes, Elisabet, La résponsabilité du banquier en droit privé bancaire luxembourgeois, Les dossiers du journal des tribunaux, De Boeck & Larcier s.a., Brüssel 2006 (zit.: *Schmitt/Omes*, La responsabilité du banquier).

Schobel, Thomas, Verletzung von Geheimhaltungspflichten durch Banken, ÖBA 2004, S. 8.

Schomburg, Wolfgang / Lagodny, Otto / Gleß, Sabine / Hackner, Thomas, Internationale Rechtshilfe in Strafsachen, International Cooperation in Criminal Matters, Kommentar zum Gesetz über die internationale Rechtshilfe in Strafsachen (IRG), Verlag C.H. Beck, 4. Auflage, München 2006 (zit.: *Bearbeiter*, in: *Schomburg/Lagodny/Gleß/Hackner*, Internationale Rechtshilfe).

Schomburg, Wolfgang / Lagodny, Otto, Neuere Entwicklungen der internationalen Rechtshilfe in Strafsachen, NStZ 1992, S. 353.

Schönke, Adolf / Schröder, Horst, Strafgesetzbuch, Kommentar, Verlag C.H. Beck, 28. Auflage, München 2010 (zit.: *Bearbeiter*, in: *Schönke/Schröder*, StGB).

Schönle, Herbert, Die Bankauskunft nach schweizerischem Recht, in: Bankgeheimnis und Bankauskunft in der Bundesrepublik Deutschland und in ausländischen Rechtsordnungen, Walter Hading / Uwe H. Schneider (Hrsg.), Dunker & Humblot, Berlin1986 (zit.: *Schönle*, in: Bankgeheimnis und Bankauskunft).

Schultz, Hans, Bankgeheimnis und internationale Rechtshilfe in Strafsachen, Schweizerischer Bankverein, 1982 (zit.: *Schultz*, Bankgeheimnis).

Schulz, Dietmar / Schröder, Hubertus, Die Veräußerung notleidender Kreditforderungen durch öffentlich rechtliche Kreditinstitute, DZWIR 2008, S. 177.

Schumann, Ekkehard, Der Schutz des Kunden bei Verletzung des Bankgeheimnisses durch das Kreditinstitut, Erwiderung auf Canaris, Bankgeheimnis und Schutzwirkung für Dritte im Konzern, ZIP 2004, 1781, ZIP 2004, S. 2353.

Schumann, Ekkehard, Noch einmal: Bankgeheimnis und Schutzwirkung für Dritte, Duplik auf die vorstehende Replik von Canaris, ZIP 2004, S. 2367.

Schünemann, Bernd, Die Liechtensteiner Steueraffäre als Menetekel des Rechtsstaats, NStZ 2008, S. 305.

Schwarz, Jörg, Das Bankgeheimnis bei Rechtshilfeverfahren gemäss dem Haager Übereinkommen vom 18. März 1970 über die Beweisaufnahme im Ausland- in Zivil- und Handelssachen, SJZ 91 (1995), S. 281.

Schwarz, Peter, Schwachstellen der EU-Zinsrichtlinie, IStR 2006, S. 83.

Schwärzler, Helmut / Wagner Jürgen, Datendiebstahl in Liechtenstein – Ansprüche gegen die LGT Treuhand AG?, Steueranwaltsmagazin 2009, S. 1.

Serebriakoff, André, Le caractère d'ordre public du secret bancaire: Conviction ou réalité, in: Droit bancaire et financier au Luxembourg, Recueil de doctrine, Association luxembourgeoise des juristes de banque, Volume 1, De Boeck & Larcier s.a., Brüssel 2004 (zit.: *Serebriakoff*, in: Droit bancaire et financier au Luxembourg).

Sichtermann, S. / Feuerborn, S. / Kirchherr, R. / Terdenge, R., Bankgeheimnis und Bankauskunft in der Bundesrepublik Deutschland sowie in wichtigen ausländischen Staaten, Fritz Knapp Verlag, 3. Auflage, Frankfurt am Main 1984 (zit.: *Sichtermann/Feuerborn/Kirchherr/Terdenge*, Bankgeheimnis und Bankauskunft).

Sichtermann, S., Das Bankgeheimnis als Teil des allgemeinen Persönlichkeitsrechtes, MDR 1965, S. 697.

Sieber, Ulrich, Ermittlungen in Sachen Liechtenstein – Fragen und erste Antworten, NJW 2008, S. 881.

Siska, Josef, Die Geldwäsche und ihre Bekämpfung in Österreich, Deutschland, der Schweiz und Liechtenstein, Linde Verlag, 2. Auflage, Wien 2007 (zitiert: *Siska*, Die Geldwäsche).

Sousi-Roubi, Blanche, La convention de Rome et lai applicable aux contrats bancaires, Bulletin droit et banque, N° 21, 1994, S. 7.

Spernath, Valentin, Strafbarkeit und zivilrechtliche Nichtigkeit des Ankaufs von Bankdaten, NStZ 2010, S. 307.

Spielmann, Dean / Spielmann, Alphonse, Droit pénal général luxembourgeois, Etablissements Emile Bruylant, S.A., 2 Auflage, Brüssel 2004 (zit.: *Spielmann/Spielmann*, Droit pénal général luxembourgeois).

Spielmann, Dean, De l'obligation du banquier d'informer son client en cas d'exécution d'une mésure d'instruction en matiere pénale, in: Droit bancaire et financier au Luxembourg, Recueil de doctrine, Association luxembourgeoise des juristes de banque, Volume 1, De Boeck & Larcier s.a., Brüssel 2004 (zit.: *Spielmann*, in: Droit bancaire et financier au Luxembourg).

Spielmann, Dean, Le secret bancaire et l'entraide judiciaire internationale pénale au Grand-Duché de Luxembourg, De Boeck & Lacier s.a., Brüssel 2007 (zit.: Spielmann, Le secret bancaire).

Spriegel, Helmut / Wiese, Jörg, Theorie und Praxis der Rechtshilfegewährung durch die Schweiz bei Fiskaldelikten, wistra 2000, S. 409.

Stahl, Rudolf / Demuth, Ralf, Strafrechtliches Verwertungsverbot bei Verletzung des Steuergeheimnisses – Ein Zwischenruf im Fall Zumwinkel, DStR 2008, 600.

Stahlschmidt, Michael, Die Einführung des Auskunftsverkehrs für den Fall des Steuerbetrugs zwischen der Bundesrepublik Deutschland und der Schweiz, IStR 2003, S. 109.

Stahlschmidt, Michael, Wurde das österreichische Bankgeheimnis für Deutsche geknackt?, BB 2006, S. 2786.

Stärker, Lukas, Datenschutzgesetz (DSG), Gesetzestext mit Anmerkungen, Verlag Österreich, Wien 2008 (zit.: *Stärker*, DSG).

Stauder, Bernd / Stauder, Hildegard, Bankgeheimnis und amerikanisch-schweizerische Rechtshilfe, IPRax 1984, S. 46.

Steding, Ralf, Outsourcing bei Kreditinstituten: Bank- und datenschutzrechtliche Probleme der Aufgabenverlagerung von Kreditinstituten auf Tochtergesellschaften und Dritte, BB 2001, S. 1693.

Steichen, Alain, Le secret bancaire face aux autorités publiques nationales et étrangères, Bulletin Droit et Banque, N° 24, 1995, S. 24.

Steichen, Alain, Manuel de droit fiscal, Droit fiscal général, Tome 1, Editions Saint Paul, 4. Auflage, Luxemburg 2006 (zit.: *Steichen*, Droit fiscal, Tome 1).

Steichen, Alain, Manuel de droit fiscal, Droit fiscal spécial, Tome 2, Editions Saint Paul, 4. Auflage, Luxemburg 2006 (zit.: *Steichen*, Droit fiscal, Tome 2).

Stein, Thorsten / Buttlar, Christian von, Völkerrecht, Carl Heymanns Verlag, 12. Auflage, Köln, Berlin, München 2009 (zit.: *Stein/von Buttlar*, Völkerrecht).

Steindorff, Ernst, Zivilrechtliche Grundfragen von Bankgeheimnis, Bankauskunft und Persönlichkeitsschutz, ZHR 149 (1985), S. 151.

Stephan, Kevin, Das Bankgeheimnis im Insolvenzverfahren, WM 2009, S. 241.

Stoll, Ralf, Die Abtretbarkeit von Darlehensforderungen durch eine Bank bzw. Sparkasse vor dem Hintergrund des Bankgeheimnisses und der §§ 134

BGB, 203 Abs. 2 Satz 1 Nr. 2 StGB – Zugleich Besprechung von BGH Urteil vom 27.10.2009 – XI ZR 225/08, DZWIR 2010, S. 139.

Stratenwerth, Günter, Der behördlich erzwungene Verzicht auf das Bankgeheimnis, in: Beiträge zum Schweizerischen Bankrecht, Rudolf v. Graffenried für den schweizerischen Bankverein (Hrsg.), Stämpfli & Cie AG, Bern 1987 (zit.: *Stratenwerth*, in: Beiträge zum schweizerischen Bankenrecht).

Streck, Michael / Mack, Alexandra, Banken und Bankkunden im Steuerfahndungsverfahren, BB 1995, S. 2137.

Szesny, André-M., Finanzmarktaufsicht und Strafprozess, Die Ermittlungskompetenzen der BaFin und der Bundesaufsichtsbehörden nach Kreditwesengesetz, Wertpapierhandelsgesetz und Börsengesetz und ihr Bezug zum Strafprozessrecht, Verlag Dr. Kovač, Hamburg 2008 (zit.: *Szesny*, Finanzmarktaufsicht).

Tahedl, Rainer, Bankgeheimnis und Devisenrecht, Die Auskunfts- und Meldepflichten eines Kreditinstituts gegenüber der OeNB, ÖBA 1994, S. 786.

Taisch, Franco, Diskretion am Bankschalter oder Persönlichkeitsschutz und Bankgeschäft, Schriftenreihe der Liechtensteinischen Landesbank Aktiengesellschaft, Nr. 19, Vaduz 1996 (zit.: *Taisch*, Diskretion am Bankschalter).

Thiel, Lucien, Y-a-t-il encore une place pour le secret bancaire dans la nouvelle Europe?, Une Nouvelle définition pour un instrument indispensable, in: De Schengen à Mondorf-les-Bains: Le citoyen au cœur de l'Europe élargie, XVIIIème Congrès Annuel de l'Union des Avocats Européens, Etablissement Emile Bruylants, S.A., Brüssel 2005 (zit.: *Thiel*, in: De Schengen à Mondorf-les-Bains).

Tiedemann, Klaus, Neue Aspekte zum strafrechtlichen Schutz des Bankgeheimnisses, NJW 2003, S. 2213.

Tiedemann, Klaus, Strafrechtliche Bemerkungen zu den Schutzgesetzen bei Verletzungen des Bankgeheimnisses, ZIP 2004, S. 294.

Tipke, Klaus / Lang, Joachim, Steuerrecht, Verlag Dr. Otto Schmidt KG, 20. Auflage, Köln 2010 (zit.: *Bearbeiter*, in: *Tipke/Lang*, Steuerrecht).

Tipke, Klaus, Zur Steuerfahndung bei Banken und Bankkunden, Von langjähriger „Pflege eines besonderen Vertrauensverhältnisses" zur Verfolgung durch die Steuerfahndung, von illegitimer, ineffizienter Besteuerung zur Amnestie, BB 1998, S. 241.

Tolani, Madeleine, Existiert in Deutschland ein Bankgeheimnis? – Das Bankgeheimnis gegenüber dem Staat unter besonderer Berücksichtigung der jüngsten gesetzlichen Veränderungen, BKR 2007, S. 275.

Trechsel, Stefan, Bankgeheimnis – Steuerstrafverfahren – Menschenrechte, ZStrR 2005, S. 256.

Treichl, Heinrich, Anregungen zu einigen grundsätzlichen Fragen des Kreditwesenrechtes, ÖBA Sonderheft 1/81, S. 60.

Trepp, Gian, Das Bankgeheimnis und die Zukunft des Schweizer Finanzplatzes, Kaufmännischer Verband Zürich, Zürich 2004 (zit.: *Trepp*, Das Bankgeheimnis).

Troll, Max / Gebel, Dieter /Jülicher, Marc, Erbschaftssteuer- und Schenkungssteuergesetz, Kommentar, 38. Ergänzungslieferung (Stand: 31. Juli 2009) Verlag Franz Vahlen, München (zit.: *Bearbeiter*, in: *Troll/Gebel/Jülicher*, ErbStG).

Trüg, Gerson / Habetha, Jörg, Beweisverwertung trotz rechtswidriger Beweisgewinnung - insbesondere mit Blick auf die „Liechtensteiner Steueraffäre", NStZ 2008, S. 481.

Trüg, Gerson / Habetha, Jörg, Die „Liechtensteiner Steueraffäre" – Strafverfolgung durch Begehung von Straftaten?, NJW 2008, S. 887.

Trzaskalik, Christoph, Die Strafrechtspflege und das Steuerstrafrecht – Zu den Durchsuchungsaktionen bei einer Großbank-, DB 1994, S. 550.

Ulrich, Peter, Ist das Bankgeheimnis verfassungswürdig?, Tages-Anzeiger, 13. Januar 2004, S. 2.

Ungerank, Wilhelm, Die Rechtshilfe in Strafsachen im Fürstentum Liechtenstein, in: Aktuelle Themen zum Finanzplatz Liechtenstein, Mit Beiträgen zum Stiftungsrecht, Rechtshilfe- und Sorgfaltspflichtrecht, Marxer & Partner (Hrsg.), Liechtenstein Verlag AG, Vaduz 2004 (zit.: *Ungerank*, in: Aktuelle Themen zum Finanzplatz Liechtenstein).

Ungnade, Dieter, Bankgeheimnis gegenüber den Strafverfolgungsbehörden, WM 1976, S. 1210.

Vest, Hans, Anwendungsprobleme im Bereich der Geldwäscherei, SJZ 100 (2004), S. 53.

Vogel, Klaus / Lehner, Moris, Doppelbesteuerungsabkommen der Bundesrepublik Deutschland auf dem Gebiet der Steuern vom Einkommen und Vermögen, Kommentar auf der Grundlage der Musterabkommen, Verlag C.H. Beck, 5. Auflage, München 2008 (zit.: *Bearbeiter*, in: *Vogel/Lehner*, DBA).

Vogler, Robert U., Das Schweizer Bankgeheimnis: Entstehung, Bedeutung, Mythos, in: Beiträge zur Finanzgeschichte, Verein für Finanzgeschichte (Schweiz und Fürstentum Liechtenstein), Heft 7, Zürich 2005 (zit.: *Vogler*, Das Schweizer Bankgeheimnis).

Vollborth, Nina, Forderungsabtretung durch Banken im Lichte von Bankgeheimnis und Datenschutz, Nomos Verlagsgesellschaft, Baden-Baden 2007 (zit.: *Vollborth*, Forderungsabtretung durch Banken).

Volonté Rueger, Marianne / Noi, Leandro, Bankgeheimnis/ Rechts- und Amtshilfe, in: Investitions- und Steuerstandort Schweiz, Wirtschaftliche und steuerliche Rahmenbedingungen, Weigell, Jörg, Brand, Jürg, Safarik, Frantisek J. (Hrsg.), Verlag C.H. Beck, 2. Auflage, München 2007 (zit.: *Volonté/Noi*, in: Investitions- und Steuerstandort Schweiz).

Vultejus, Ulrich, Grenzen der Rechtsstaatlichkeit, ZRP 2008, S. 6.

Wabnitz, Heinz-Bernd / Thomas, Janovsky (Hrsg.), Handbuch des Wirtschafts- und Steuerstrafrechts, Verlag C.H. Beck, 3. Auflage, München 2007 (zit.: *Bearbeiter*, in: *Wabnitz/Janovsky*, Wirtschafts- und Steuerstrafrecht).

Wagner, Jürgen, Bankenplatz Liechtenstein, Schulthess Juristische Medien AG, 3. Auflage, Zürich, Basel, Genf 2008 (zit.: *Wagner*, Bankenplatz Liechtenstein).

Walder, Hans Ulrich, Rechtliches zur Frage der nachrichtenlosen Vermögenswerte auf Schweizer Banken, SJZ 93 (1997). S. 131.

Walter, Wolfgang, Das europäische Übereinkommen über die Rechtshilfe in Strafsachen, NJW 1977, S. 983.

Wastl, Ulrich / Litzka, Philippe / Pusch, Martin, SEC-Ermittlungen in Deutschland – eine Umgehung rechtsstaatlicher Mindeststandards!, NStZ 2009, S. 68.

Wech, Petra, Das Bankgeheimnis, Struktur, Inhalt und Grenzen einer zivilrechtlichen Schutzpflicht, Duncker & Humblot GmbH, Berlin 2009 (zit.: *Wech*, Das Bankgeheimnis).

Werner, Rüdiger, Die liechtensteinische Familienstiftung, IStR 2010, S. 589.

Wiegand, Wolfgang / Gutknecht, Corinne, Sorgfaltspflichten des Bankiers, Jubiläumstagung zum zehnjährigen Bestehen des Instituts für Bankrecht des Berner Bankrechtstages, Berner Bankrechtstag, BBT Band 10, Wolfgang Wiegand (Hrsg.), Stämpfli Verlag Ag, Bern 2004 (zit.: *Wiegand/Gutknecht*, Sorgfaltspflichten des Bankiers).

Wieland, Joachim, Zinsbesteuerung und Bankgeheimnis, JZ 2000, S. 272.

Wolter, Jean-Claude, Entraide judiciaire internationale en relation avec le secret bancaire, Bulletin Droit et Banque, N° 2, 1983, S. 24.

Wybitul, Tim, Interne Ermittlungen auf Aufforderung von US-Behörden – ein Erfahrungsbericht, BB 2009, S. 606.

Wychera, Robert, Überlegungen zu einer möglichen Novellierung des KWG 1979, ÖBA Sonderheft 1/81, S. 73.

Wyss, Rudolf, Die Revision der Gesetzgebung über die internationale Rechtshilfe in Strafsachen, SJZ 93 (1997), S. 33.

Yurtmann, David, La protection des données personnelles, in: Droit administratif et fiscal, 10 années de juridictions administratives, Editions Portalis a.s.b.l., Luxemburg 2007 (zit.: *Yurtmann*, in: Droit administratif et fiscal).

Zimmermann, Steffen, Outsourcing ist en vogue - BaFin novelliert OpRisk (MaRisk), BKR 2007, S. 475.

Zwiefelhofer, Thomas, Die Sorgfaltspflichten des liechtensteinischen Geldwäschereirechts verglichen mit den entsprechenden Bestimmungen des schweizerischen Rechts, Schulthess Juristische Medien AG, Zürich 2007 (zit.: *Zwiefelhofer*, Sorgfaltspflichten).

STUDIEN ZUM VERGLEICHENDEN UND INTERNATIONALEN RECHT

Herausgeber: Bernd von Hoffmann (†), Erik Jayme und Heinz-Peter Mansel

Band 1 Ferdinand Henke: Die Datenschutzkonvention des Europarates. 1986.

Band 2 Peter Czermak: Der express trust im internationalen Privatrecht. 1986.

Band 3 Peter Kindler: Der Ausgleichsanspruch des Handelsvertreters im deutsch-italienischen Warenverkehr. Eine rechtsvergleichende und kollisionsrechtliche Untersuchung. 1987.

Band 4 Wilhelm Denzer: Stellung und Bedeutung des Engineers in den FIDIC-Bauvertragsbedingungen. 1988.

Band 5 Marijan-Maximilian Lederer: Die internationale Enteignung von Mitgliedschaftsrechten unter besonderer Berücksichtigung der französischen Enteignungen 1982. 1989.

Band 6 Rainer Esser: Klagen gegen ausländische Staaten. 1990.

Band 7 Chang Jae-Ok: Auf dem Weg zu einer Materialisierung des Immateriellen? Personen-, Persönlichkeitsschutz und Geldersatz des immateriellen Schadens in rechtsvergleichender Hinsicht am Beispiel des koreanischen und japanischen Zivilrechts unter besonderer Berücksichtigung des deutschen Rechts. 1990.

Band 8 Paul-Frank Weise: Lex mercatoria. Materielles Recht vor der internationalen Handelsschiedsgerichtbarkeit.1990.

Band 9 Werner Born: Der Auftrittsvertrag für Musikgruppen im Bereich der Rock- und Popmusik. 1990.

Band 10 Ralf Erich Jürgens: IPR und Verfassung in Italien und in der Bundesrepublik Deutschland. 1990.

Band 11 Rainer Gildeggen: Internationale Schieds- und Schiedsverfahrensvereinbarungen in Allgemeinen Geschäftsbedingungen vor deutschen Gerichten. 1991.

Band 12 Klaus Grabinski: Die kollisionsrechtliche Behandlung des Durchgriffs bei rechtlich verselbständigten Unternehmen in privater oder öffentlicher Hand. 1991.

Band 13 Dieter Stummel: Konkurs und Integration. Konventionsrechtliche Wege zur Bewältigung grenzüberschreitender Insolvenzverfahren. 1991.

Band 14 Joachim Güntzer: Die Rechtsstellung des Geschäftsführers im spanischen Aktienrecht. Die Neuregelung des spanischen Aktienrechts nach dem Beitritt Spaniens zur EG. 1991.

Band 15 Sabine Isenburg-Epple: Die Berücksichtigung ausländischer Rechtshängigkeit nach dem Europäischen Gerichtsstands- und Vollstreckungsübereinkommen vom 27.9.1968. Untersuchungen zum Anwendungsbereich von Art. 21 EuGVÜ unter schwerpunktmäßiger Behandlung der Frage nach der Bestimmung eines europäischen Streitgegenstandsbegriffs. 1992.

Band 16 Ulrich Nickl: Die Qualifikation der culpa in contrahendo im Internationalen Privatrecht. 1992.

Band 17 Theo Rauh: Leistungserschwerungen im Schuldvertrag. Eine rechtsvergleichende Untersuchung des englischen, US-amerikanischen, französischen und deutschen Rechts unter besonderer Berücksichtigung der gerichtlichen Praxis. 1992.

Band 18 Bernadette Chaussade-Klein: Vorvertragliche "obligation de renseignements" im französischen Recht. 1992.

Band 19 Josef Sievers: Verbraucherschutz gegen unlautere Vertragsbedingungen im französischen Recht. Vom Code civil zum "Code de la consommation" – die Entstehung eines Sonderprivatrechts für Verbraucher. 1993.

Band 20 Achim Schäfer: Grenzüberschreitende Kreditsicherung an Grundstücken, unter besonderer Berücksichtigung des deutschen und italienischen Rechts. 1993.

Band 21 Eugenio Hernández-Breton: Internationale Gerichtsstandsklauseln in Allgemeinen Geschäftsbedingungen. Unter besonderer Berücksichtigung des deutsch-südamerikanischen Rechtsverkehrs (dargestellt am Beispiel Argentinien, Brasilien und Venezuela). 1993.

Band 22 Ingo Reng: Unterhaltsansprüche aufgrund nichtehelicher Lebensgemeinschaft – Internationales Privatrecht und ausländisches materielles Recht. 1994.

Band 23 Stefanie Roloff: Die Geltendmachung ausländischer öffentlicher Ansprüche im Inland. 1994.

Band 24 Katharina Ludwig: Der Vertragsschluß nach UN-Kaufrecht im Spannungsverhältnis von Common Law und Civil Law. Dargestellt auf der Grundlage der Rechtsordnungen Englands und Deutschlands. 1994.

Band 25 Malte Diesselhorst: Mehrparteienschiedsverfahren. Internationale Schiedsverfahren unter Beteiligung von mehr als zwei Parteien. 1994.

Band 26 Manfred Kost: Konsensprobleme im internationalen Schuldvertragsrecht. 1995.

Band 27 Wolff-Heinrich Fleischer: Das italienische Wettbewerbsrecht und die Probleme des selektiven Parfümvertriebs unter Berücksichtigung der Rechtslage in Frankreich und Deutschland. 1995.

Band 28 Angelika Fuchs: Lateinamerikanische Devisenkontrollen in der internationalen Schuldenkrise und Art. VIII Abschn. 2 b) IWF-Abkommen. 1995.

Band 29 Jacques Matthias Aull: Der Geltungsanspruch des EuGVÜ: "Binnensachverhalte" und Internationales Zivilverfahrensrecht in der Europäischen Union. Zur Auslegung von Art. 17 Abs. 1 S. 1 EuGVÜ. 1996.

Band 30 Hartmut Ost: EVÜ und fact doctrine. Konflikte zwischen europäischer IPR-Vereinheitlichung und der Stellung ausländischen Rechts im angelsächsischen Zivilprozeß. 1996.

Band 31 Stefan Wagner: Die Testierfähigkeit im Internationalen Privatrecht. 1996.

Band 32 Wolfgang Jakob Hau: Positive Kompetenzkonflikte im Internationalen Zivilprozeßrecht. Überlegungen zur Bewältigung von *multi-fora disputes*. 1996.

Band 33 Markus Schütz: UN-Kaufrecht und *Culpa in contrahendo*. 1996.

Band 34 Volker Geyrhalter: Das Lösungsrecht des gutgläubigen Erwerbers. Ein "vergessener" Kompromiß und die Auswirkungen auf das heutige deutsche Recht unter besonderer Berücksichtigung des internationalen Sachenrechts. 1996.

Band 35 Andreas Kramer: Abwicklungsstörungen bei Kaufverträgen. Die Lieferung vertragswidriger Sachen im deutschen und italienischen Recht. 1996.

Band 36 Petra Krings: Erfüllungsmodalitäten im internationalen Schuldvertragsrecht. 1997.

Band 37 Tonja Gaibler: Der rechtsgeschäftliche Irrtum im französischen Recht. 1997.

Band 38 Dirk Otto: Rechtsspaltung im indischen Erbrecht. Bedeutung und Auswirkungen auf deutsch-indische Nachlaßfälle. 1997.

Band 39 Gregor W. Decku: Zwischen Vertrag und Delikt. Grenzfälle vertraglicher und deliktischer Haftung dargestellt am Beispiel der Berufs- und Expertenhaftung zum Schutze des Vermögens Dritter im deutschen und englischen Recht. 1997.

Band 40 Gregor W. Decku: Zwischen Vertrag und Delikt. Grenzfälle vertraglicher und deliktischer Haftung dargestellt am Beispiel der Berufs- und Expertenhaftung zum Schutze des Vermögens Dritter im deutschen und englischen Recht. 1997.

Band 41 Ulrike Höpping: Auswirkungen der Warenverkehrsfreiheit auf das IPR unter besonderer Berücksichtigung des Internationalen Produkthaftungsrechts und des Internationalen Vertragsrechts. 1997.

Band 42 Helene Boriths Müller: Die Umsetzung der europäischen Übereinkommen von Rom und Brüssel in das Recht der Mitgliedstaaten. Dargestellt am Beispiel Deutschlands und Dänemarks. 1997.

Band 43 Bernd von Hoffmann / Myong-Chang Hwang (eds.): The Public Concept of Land Ownership. Reports and Discussions of a German-Korean Symposium held in Seoul on October 7-9, 1996. 1997.

Band 44 Oliver Heeder: Fraus legis. Eine rechtsvergleichende Untersuchung über den Vorbehalt der Gesetzesumgehung in Deutschland, Österreich, der Schweiz, Frankreich und Belgien unter besonderer Berücksichtigung des Internationalen Privatrechts. 1998.

Band 45 Heinrich Schütt: Deliktstyp und Internationales Privatrecht. Dargestellt an grenzüberschreitenden Problemen der Arzthaftung. 1998.

Band 46 Axel Steiner: Die stillschweigende Rechtswahl im Prozeß im System der subjektiven Anknüpfungen im deutschen Internationalen Privatrecht. 1998.

Band 47 Martina Schulz: Der Eigentumsvorbehalt in europäischen Rechtsordnungen. Rechtsvergleichende Untersuchung des deutschen, englischen und französischen Rechts unter besonderer Berücksichtigung von Erweiterungen und Verlängerungen. 1998.

Band 48 Karin Dreher: Die Rechtswahl im internationalen Erbrecht. Unter besonderer Berücksichtigung des italienischen IPR-Reformgesetzes N. 218 vom 31. Mai 1995. 1999.

Band 49 Giuliano Gabrielli: Das Verhältnis zwischen der Anfechtung wegen Eigenschaftsirrtums und den Gewährleistungsansprüchen im deutschen, österreichischen und italienischen Recht. 1999.

Band 50 Bernd von Hoffmann / Myong-Chan Hwang (eds.): Developments in Land Law. Reports and Discussions of a German-Korean Symposium held in Berlin and Trier on July 21-24, 1997. 1999.

Band 51 Volker Heidbüchel: Das UNCITRAL-Übereinkommen über unabhängige Garantien und Standby Letters of Credit. Vergleiche mit den Richtlinien der Internationalen Handelskammer, dem deutschen, englischen und US-amerikanischen Recht. 1999.

Band 52 Jan Christoph Nordmeyer: Pflichtteilsansprüche und Wiedervereinigung. Eine systematische Analyse der Ausgleichsansprüche nach BGB-Pflichtteilsrecht unter besonderer Berücksichtigung der durch den Wiedervereinigungsprozeß eingetretenen Wertveränderungen. 1999.

Band 53 Bettina Linder: Vertragsabschluß beim grenzüberschreitenden Verbraucherleasing. 1999.

Band 54 Almontasser Fetih: Die zivilrechtliche Haftung bei Vertragsverhandlungen. Eine rechtsvergleichende Studie zum deutschen, französischen, ägyptischen und islamischen Recht. 2000.

Band 55 Sona Rajani: Die Geltung und Anwendung des Gemeinschaftsrechts im Vereinigten Königreich von Großbritannien und Nordirland. Der Grundsatz der Parlamentssouveränität im Wandel. 2000.

Band 56 Joachim Kayser: Gegenmaßnahmen im Außenwirtschaftsrecht und das System des europäischen Kollisionsrechts. Eine Analyse der EU-Abwehrverordnung gegen die Auswirkungen extraterritorialer Rechtserstreckung eines Drittlandes. 2001.

Band 57 Albrecht Conrad: Qualifikationsfragen des Trust im Europäischen Zivilprozeßrecht. 2001.

Band 58 Bernd Borgmann: Die Entsendung von Arbeitnehmern in der Europäischen Gemeinschaft. Wechselwirkungen zwischen Kollisionsrecht, Grundfreiheiten und Spezialgesetzen. 2001.

Band 59 Aleksandar Jaksic: Arbitration and Human Rights. 2002.

Band 60 Islamisches und arabisches Recht als Problem der Rechtsanwendung. Symposium zu Ehren von Professor Emeritus Dr. iur. Omaia Elwan. Veranstaltet vom Institut für ausländisches und internationales Privat- und Wirtschaftsrecht der Universität Heidelberg und der Gesellschaft für Arabisches und Islamisches Recht e.V. Herausgegeben von Herbert Kronke, Gert Reinhart und Nika Witteborg. 2001.

Band 61 Patrick Fiedler: Stabilisierungsklauseln und materielle Verweisung im internationalen Vertragsrecht. 2001.

Band 62 Werner Mangold: Die Abtretung im Europäischen Kollisionsrecht. Unter besonderer Berücksichtigung des spanischen Rechts. 2001.

Band 63 Eike Dirk Eschenfelder: Beweiserhebung im Ausland und ihre Verwertung im inländischen Zivilprozess. Zur Bedeutung des US-amerikanischen discovery-Verfahrens für das deutsche Erkenntnisverfahren. 2002.

Band 64 Bernd Ehle: Wege zu einer Kohärenz der Rechtsquellen im Europäischen Kollisionsrecht der Verbraucherverträge. 2002.

Band 65 Heiko Lehmkuhl: Das Nacherfüllungsrecht des Verkäufers im UN-Kaufrecht. 2002.

Band 66 Jochen Nikolaus Schlotter: Erbrechtliche Probleme in der Société Privée Européenne. IPR-Harmonisierung im einheitlichen Europäischen Rechtsraum. 2002.

Band 67 Konrad Ost: Doppelrelevante Tatsachen im Internationalen Zivilverfahrensrecht. Zur Prüfung der internationalen Zuständigkeit bei den Gerichtsständen des Erfüllungsortes und der unerlaubten Handlung. 2002.

Band 68 Tobias Bosch: Die Durchbrechungen des Gesamtstatuts im internationalen Ehegüterrecht. Unter besonderer Berücksichtigung deutsch-französischer Rechtsfälle. 2002.

Band 69 Ursula Philipp: Form im amerikanischen Erbrecht. Zwischen Formalismus und harmless error. 2002.

Band 70 Christian Stefan Wolf: Der Begriff der wesentlich engeren Verbindung im Internationalen Sachenrecht. 2002.

Band 71 André Fomferek: Der Schutz des Vermögens Minderjähriger. Ein Vergleich des deutschen und des englischen Rechts unter Berücksichtigung des schottischen und irischen Rechts. 2002.

Band 72 nicht erschienen

Band 73 Markus Dreißigacker: Sprachenfreiheit im Verbrauchervertragsrecht. Der Verbraucher im Spannungsfeld zwischen kultureller Identität und Privatautonomie. 2002.

Band 74 Vassiliki Myller-Igknay: Auskunftsansprüche im griechischen Zivilrecht. Auswirkungen im deutsch-griechischen Rechtsverkehr sowie im deutschen internationalen Privat- und Verfahrensrecht. 2003.

Band 75 Stefan Bruinier: Der Einfluss der Grundfreiheiten auf das Internationale Privatrecht. 2003.

Band 76 Nika Witteborg: Das gemeinsame Sorgerecht nichtverheiratet Eltern. Eine Untersuchung im soziologischen, rechtsgeschichtlichen, verfassungsrechtlichen, rechtsvergleichenden und internationalen Kontext. 2003.

Band 77 Peter Stankewitsch: Entscheidungsnormen im IPR als Wirksamkeitsvoraussetzungen der Rechtswahl. 2003.

Band 78 Jan Wilhelm Ritter: Euro-Einführung und IPR unter besonderer Berücksichtigung nachehelicher Unterhaltsverträge. Eine Untersuchung mit Blick auf das deutsche, französische und schweizerische Recht. 2003.

Band 79 Wolf Richard Herkner: Die Grenzen der Rechtswahl im internationalen Deliktsrecht. 2003.

Band 80 Ira Ditandy: Internationale Zuständigkeit. Neuregelung durch die LOPJ 1985. Vergleich mit dem europäischen Vorbild und Auswirkungen auf das spanische internationale Zivilverfahrensrecht. 2003.

Band 81 Andrea Verena Schefold: Werbung im Internet und das deutsche Internationale Privatrecht. 2004.

Band 82 Klaus Herkenrath: Die Umsetzung der Richtlinie 93/13/EWG über missbräuliche Klauseln in Verbraucherverträgen in Deutschland, dem Vereinigten Königreich, Frankreich und Italien. Auswirkungen nationaler Umsetzungstechniken auf dem Harmonisierungserfolg. 2003.

Band 83 Alexander Thünken: Das kollisionsrechtliche Herkunftslandprinzip. 2003.

Band 84 Barbara v. Daumiller: Die Rechtswahl im italienischen internationalen Erbrecht: und ihre Auswirkungen im deutsch-italienischen Rechtsverkehr. 2003.

Band 85 Robert Mödl: Macht, Verantwortlichkeit und Zurechnung im Konzern. Eine rechtsvergleichende Untersuchung auf der Grundlage des deutschen, spanischen und US-amerikanischen Rechts. 2003.

Band 86 Ursula Kerpen: Das Internationale Privatrecht der Persönlichkeitsrechtsverletzungen. Eine Untersuchung auf rechtsvergleichender Grundlage. 2003.

Band 87 Barbara Ploeckl: Umgangsrechtsstreitigkeiten im deutsch-französischen Rechtsverkehr. Bestehende internationale und nationale Regelungen und der geplante *europäische Besuchstitel*. 2003.

Band 88 Katrin Wannemacher: Die Außenkompetenzen der EG im Bereich des Internationalen Zivilverfahrensrechts. Der räumliche Anwendungsbereich des Art. 65 EGV am Beispiel der EuGVO und der EheVO. 2003.

Band 89 Maren B. Eilinghoff: Das Kollisionsrecht der ungerechtfertigten Bereicherung nach dem IPR-Reformgesetz von 1999. 2004.

Band 90 Patrick Niehr: Die zivilprozessuale Dokumentenvorlegung im deutsch-englischen Rechtshilfeverkehr nach der deutschen und der englischen Prozessrechtsreform. 2004.

Band 91 Anna Christina Gördes: Internationale Zuständigkeit, Anerkennung und Vollstreckung von Entscheidungen über die elterliche Verantwortung. Die VO(EG) Nr. 1347/2000, ihre geplanten Änderungen und das Verhältnis beider zum Minderjährigen- und Kinderschutzabkommen. 2004.

Band 92 Martin Rädler: Rechtsbehelfe des Käufers eines Unternehmens oder einer unternehmerischen Beteiligung gegen den Verkäufer im deutschen und französischen Recht. 2004.

Band 93 Marc-Yngve Dietrich: Rechtsstellung und Beteiligung der Gläubiger im französischen Insolvenzverfahren. 2004.

Band 94 Katia Niemann: Die rechtsgeschäftliche und organschaftliche Stellvertretung und deren kollisionsrechtliche Einordnung. Deutschland und England im Vergleich. 2004.

Band 95 Daniel Ludwig: Neuregelungen des deutschen Internationalen Insolvenzverfahrensrechts. Eine Untersuchung unter vergleichender Heranziehung der Europäischen Insolvenzverordnung. 2004.

Band 96 Cordelia Faulenbach: Der gemeinschaftsrechtliche Vorbehalt im europäischen Wettbewerbsrecht. Die Herkunftslandanknüpfung der E-Commerce-Richtlinie unter dem Einfluss der Grundfreiheiten. 2004.

Band 97 Ulf Dörner: Der Vertragsgerichtsstand nach dem Protokoll von Buenos Aires. 2004.

Band 98 Martin Schmidhuber: Verhaltenskodizes im nationalen und grenzüberschreitenden elektronischen Geschäftsverkehr. Zur Frage der Integration der Selbstregulierung durch Private in die staatliche Rechtsordnung. 2004.

Band 99 Florian Kienle: Die fehlerhafte Banküberweisung im internationalen Rechtsverkehr. Unter besonderer Berücksichtigung des Artikels 4A US Uniform Commercial Code. 2004.

Band 100 Thomas Alexander Brandt: Die Adoption durch eingetragene Lebenspartner im internationalen Privat- und Verfahrensrecht. 2004.

Band 101 Florian Pulkowski: Subunternehmer und Internationales Privatrecht. Der Subunternehmer als Quasi-Verbraucher im Europäischen Kollisionsrecht. 2004.

Band 102 Ulrich Becker: Grundrechtsschutz bei der Anerkennung und Vollstreckbarerklärung im europäischen Zivilverfahrensrecht. Bestimmung der Grenzen für die Einführung eines europäischen Vollstreckungstitels. 2004.

Band 103 Thomas Badelt: Aufrechnung und internationale Zuständigkeit unter besonderer Berücksichtigung des deutsch-spanischen Rechtsverkehrs. 2005.

Band 104 Florian D. Wagner: Vorvertragliche Aufklärungspflichten im internationalen Franchising. Zur Harmonisierung von Delikts- und Vertragsstatut im internationalen Privatrecht unter besonderer Berücksichtigung der Franchise-Gesetzgebung des US-Bundesstaates Kalifornien. 2005.

Band 105 Vera Heine: Die Umsetzung der *EG-Richtlinie über missbräuchliche Klauseln in Verbraucherverträgen* im englischen und deutschen Recht. 2005.

Band 106 Alexander Franz: Überregionale Effektentransaktionen und anwendbares Recht. Eine kollisionsrechtliche Untersuchung unter besonderer Berücksichtigung der Vorschrift des § 17 a DepotG. 2005.

Band 107 Hanna-Maria Uhlenbrock: Gesetzliche Regelungen für nichteheliche Lebensgemeinschaften in Deutschland und Frankreich. Ein Vergleich des Unterhaltsrechts bei der eingetragenen Lebenspartnerschaft und beim Pacte civil de Solidarité. 2005.

Band 108 Katrin Stieß: Anknüpfungen im internationalen Urheberrecht unter Berücksichtigung der neuen Informationstechnologien. 2005.

Band 109 Hendrik Otto: Der gesetzliche Abschlussprüfer im italienischen Recht. Eine rechtsvergleichende Untersuchung unter besonderer Berücksichtigung der zivilrechtlichen Haftung. 2005.

Band 110 Frauke Stuphorn: Bankhaftung für Kreditauskünfte im deutschen und französischen Recht. 2005.

Band 111 Nina Fürer: Die zivilrechtliche Haftung für Raucherschäden. 2005.

Band 112 Giovanni B. Barillà: *Contratto autonomo di garanzia* e *Garantievertrag*. Categorie civilistiche e prassi del commercio. 2005.

Band 113 Timo Torz: Gerichtsstände im Internationalen Insolvenzrecht zur Eröffnung von Partikularinsolvenzverfahren. 2005.

Band 114 Martina Schmid: Die Grenzen der Auslegungskompetenz des EuGH im Vorabentscheidungsverfahren nach Art. 234 EG. Dargestellt am Beispiel der überschießenden Richtlinienumsetzung. 2005.

Band 115 Stephan Lesage-Mathieu: Dispositives Kollisionsrecht im prozessualen Kontext. 2005.

Band 116 Jürgen Görtz: Die subjektiven Grenzen der Rechtskraft US-amerikanischer Urteile. 2005.

Band 117 Vera Hoppe: Die Einbeziehung ausländischer Beteiligter in US-amerikanische class actions. Unter Berücksichtigung des Class Action Fairness Act 2005. 2005.

Band 118 Silke Pütz: Parteiautonomie im internationalen Urhebervertragsrecht – Eine rechtsdogmatische und rechtspolitische Betrachtung der Grenzen freier Rechtswahl im internationalen Urhebervertragsrecht unter besonderer Berücksichtigung des neuen deutschen Urhebervertragsrechts. 2005.

Band 119 Alice Nieroba: Die europäische Rechtshängigkeit nach der EuGVVO (Verordnung (EG) Nr. 44/2001) an der Schnittstelle zum nationalen Zivilprozessrecht. 2006.

Band 120 Jan Kayser: Alternative Formen gerichtlicher und außergerichtlicher Streitbeilegung im deutschen und französischen Zivilprozess. Les modes alternatifs judiciaires et extrajudiciaires de résolution des conflits en procédure civile allemande et française. 2006.

Band 121 Mirko Ehrich: Der internationale Anwendungsbereich des deutschen und französischen Rechts gegen irreführende Werbung. Freie Wahl von Form und Mittel, Rom II und Herkunftslandprinzip. 2006.

Band 122 Daniel Thelen: Die Haftung des Sekundärschädigers für Gewalttaten anderer im US-amerikanischen Deliktsrecht ausgehend von dem Problem rechtsextremistisch motivierter Gewalttaten. 2006.

Band 123 Anne Winterling: Die Entscheidungszuständigkeit in Arbeitssachen im europäischen Zivilverfahrensrecht. 2006.

Band 124 Sarah Gerling: Die Gleichstellung ausländischer mit inländischen Vollstreckungstiteln durch die Verordnung zur Einführung eines Europäischen Vollstreckungstitels für unbestrittene Forderungen. Im Vergleich zum bisherigen Recht und zur Rechtslage in den USA. 2006.

Band 125 Christian Bank: Präventivmaßnahmen börsennotierter Gesellschaften zur Abwehr feindlicher Übernahmeversuche in Deutschland und Großbritannien. Eine rechtsvergleichende Untersuchung des deutschen und britischen Rechts unter Berücksichtigung der Europäischen Übernahmerichtlinie. 2006.

Band 126 Christian Weis: Kaufrechtliche Gewährleistung und Garantievergabe in Deutschland und Spanien. Unter besonderer Berücksichtigung des Unternehmenskaufs. 2006.

Band 127 Emilio Maus Ratz: Der Nacherfüllungsanspruch nach UN-Kaufrecht. Im Lichte der deutschen, spanisch-mexikanischen und US-amerikanischen Rechtswissenschaft. 2006.

Band 128 Constanze Jacobs: Die Sachmängelgewähr im deutschen und belgischen Kaufrecht nach Umsetzung der Verbrauchsgüterkauf-Richtlinie. 2006.

Band 129 Ulrike Teichert: Lückenfüllung im CISG mittels UNIDROIT-Prinzipien – Zugleich ein Beitrag zur Wählbarkeit nichtstaatlichen Rechts. 2007.

Band 130 Sascha Reichardt: Internationale Zuständigkeit im Gerichtsstand der unerlaubten Handlung bei Verletzung europäischer Patente. 2006.

Band 131 Bilgehan Cetiner: Die Sachmängelhaftung des Verkäufers im UN-Kaufrecht und im neuen deutschen Schuldrecht. Eine rechtsvergleichende Studie. 2006.

Band 132 Jan Streer: Die Umsetzung der Verbrauchsgüterkaufrichtlinie im englischen Recht durch die Sale and Supply of Goods to Consumer Regulations 2002. 2007.

Band 133 Kathrin Wannenmacher: Einstweilige Maßnahmen im Anwendungsbereich von Art. 31 EuGVVO in Frankreich und Deutschland: Eine Betrachtung ausgesuchter Verfahren des einstweiligen Rechtsschutzes im internationalen Zivilverfahrensrecht – gerichtliche Zuständigkeit, Anerkennung und Vollstreckung. 2007.

Band 134 Wim Kreytenberg: Die individuelle Schwerpunktbestimmung internationaler Schuldverträge nach der Ausweichklausel des Artikel 4 Absatz 5 Satz 2 EVÜ. Ein Beitrag zur Förderung von Rechtssicherheit und Einzelfallgerechtigkeit im europäischen Kollisionsrecht der Schuldverträge. 2007.

Band 135 Nikolaus Geiben: Der Vorvertrag im Internationalen Privatrecht. Unter besonderer Berücksichtigung des Immobilienerwerbs im portugiesischen und brasilianischen Recht. 2007.

Band 136 Predrag Maksimovic: Der Kapitalschutz im europäischen, serbischen und deutschen Recht der Gesellschaft mit beschränkter Haftung. 2007.

Band 137 Alexander Rathenau: Die Anwendung des EuGVÜ durch portugiesische Gerichte unter Berücksichtigung des autonomen internationalen Zivilverfahrensrechts. 2007.

Band 138 Matthias Creydt: Die Besicherung von Weltraumvermögenswerten. Ein neues einheitliches internationales Sicherungsrecht und dessen Vergleich zum US-amerikanischen Mobiliarsicherungsrecht. 2007.

Band 139 Oliver Borkhardt: Registerpublizität und Kollisionsrecht besitzloser Mobiliarsicherheiten nach dem neuen Art. 9 UCC. 2007.

Band 140 Jens Engelmann-Pilger: Deliktische Haftung für das Fehlverhalten Dritter im Common Law. 2007.

Band 141 Bastian Rotmann: Der Schutz des Dritten in der europäischen Mobiliarzwangsvollstreckung. Eine rechtsvergleichende Untersuchung vor dem Hintergrund der Verordnung (EG) Nr. 805/2004 zur Einführung eines Europäischen Vollstreckungstitels für unbestrittene Forderungen. 2007.

Band 142 Oliver Ratzel: Die Präklusion isolierter Unterhaltsverfahren durch den ausländischen Scheidungsverbund. Zugleich ein Beitrag zur internationalen Verbundszuständigkeit im Lichte der Quellenveränderung. 2007.

Band 143 Bettina Maria Stade: Die Konstitutionalisierung des Zivilprozessrechts in Spanien und Deutschland vor dem Hintergrund der Europäisierung des Zivilprozessrechts. 2007.

Band 144 Julia El-Bitar: Der deutsche und der französische Kulturgüterschutz nach der Umsetzung der Kulturgüterrückgaberichtlinie. Eine materiellrechtliche und kollisionsrechtliche Untersuchung. 2007.

Band 145 Aris Kaschefi: Sachmängelhaftung im französischen Kaufrecht vor und nach Umsetzung der Verbrauchsgüterkaufrichtlinie. Mit rechtsvergleichenden Hinweisen zum deutschen Recht unter besonderer Berücksichtigung von Weiterfressersachverhalten. 2007.

Band 146 Isabel Roth: Die internationale Zuständigkeit deutscher Gerichte bei Persönlichkeitsrechtsverletzungen im Internet. 2007.

Band 147 Theresa Wilhelmi: Das Weltrechtsprinzip im internationalen Privat- und Strafrecht. Zugleich eine Untersuchung zu Parallelitäten, Divergenzen und Interdependenzen von internationalem Privatrecht und internationalem Strafrecht. 2007.

Band 148 Alice Halsdorfer: Privat- und kollisionsrechtliche Folgen der Verletzung von Kulturgüterschutznormen auf der Grundlage des UNESCO-Kulturgutübereinkommens 1970. 2008.

Band 149 Thomas Müller-Froelich: Der Gerichtsstand der Niederlassung im deutsch-amerikanischen Rechtsverkehr. Eine Untersuchung zu Fragen der Entscheidungs- und Anerkennungszuständigkeit. 2008.

Band 150 Christopher Luhn: Privatautonomie und Inhaltskontrolle von Eheverträgen. Ein kritischer Vergleich des deutschen und des australischen Rechts mit Bezügen zum Internationalen Privatrecht. 2008.

Band 151 Kristin Kohler: Die grenzüberschreitende Verbraucherverbandsklage nach dem Unterlassungsklagengesetz im Binnenmarkt. 2008.

Band 152 Dorothee Maria Kaulen: Die Anerkennung von Gesellschaften unter Artikel XXV Abs. 5 S. 2 des deutsch-US-amerikanischen Freundschafts-, Handels- und Schifffahrtsvertrags von 1954. 2008.

Band 153 Birka Vanessa Stroschein: Parteizustellung im Ausland. Eine systemvergleichende Untersuchung des Gemeinschafts- und Staatsvertragsrechts unter Einbeziehung des deutschen, französischen, englischen und US-amerikanischen Zustellungsrechts. 2008.

Band 154 Nancy Gruschinkse: Das europäische Kollisionsrecht der Aufrechnung unter besonderer Beachtung des Insolvenzfalles. 2008.

Band 155 Hans-Christian Frick: Sprachrisiko im Zeitalter des Ethnomarketings. US-amerikanische Erfahrungen und europäische Rechtsentwicklung. 2009.

Band 156 Stephan Mangold: Verbraucherschutz und Kunstkauf im deutschen und europäischen Recht. 2009.

Band 157 Robert Beier: Die gesetzlichen Rechte des überlebenden Ehegatten nach dem deutschen und spanischen Kollisionsrecht. Unter besonderer Berücksichtigung der *viudedad aragonesa*. 2009.

Band 158 Julia-Marie Oppermann: Internationale Handelsschiedsgerichtsbarkeit und Verjährung. 2009.

Band 159 Stephan Boese: Strukturprinzipien im Gläubigerschutz. Eine rechtsvergleichende Untersuchung zur GmbH und zur englischen Limited Company. 2009.

Band 160 Thomas Rosa: Das Kaufrecht nach dem Zivilgesetzbuch der Tschechischen und Slowakischen Republik. Eine rechtsvergleichende Darstellung im Lichte des deutschen Bürgerlichen Gesetzbuches. 2009.

Band 161 Roland Weis: Rechnungslegungspflichten von EU-Scheinauslandsgesellschaften im Land ihrer tatsächlichen wirtschaftlichen Betätigung. Insbesondere im Hinblick auf in Deutschland tätige englische Limiteds. 2009.

Band 162 Henning Frase: "Leoninische Vereinbarungen" und Ergebnisbeteiligungspflicht im deutschen und italienischen Gesellschaftsrecht. Zum *patto leonino* des italienischen Rechts und möglichen Entsprechungen im deutschen Recht. 2010.

Band 163 Christiane Tödter: Europäisches Kindschaftsrecht. Nach der Verordnung (EG) Nr. 2201/2003. 2010.

Band 164 Edda Gampp: *Perpetuatio fori internationalis* im Zivilprozeß und im Verfahren der freiwilligen Gerichtsbarkeit. 2010.

Band 165 Mei Wu: Die Reform des chinesischen Beweisrechts vor dem Hintergrund deutscher und US-amerikanischer Regelungsmodelle. 2010.

Band 166 Corina Leimert: Stand und Entwicklung des italienischen Rechts der Unternehmenszusammenschlüsse (gruppi di società / gruppi di imprese). 2010.

Band 167 Kasim Özen: Die Scheidungsgründe im türkischen Zivilgesetzbuch. 2010.

Band 168 Helena Isabel Maier: Marktortanknüpfung im internationalen Kartelldeliktsrecht. Eine internationalzuständigkeits- und kollisionsrechtliche Untersuchung unter Einbeziehung rechtsvergleichender Überlegungen zum englischen Recht. 2011.

Band 169 Thomas Spernat: Die gleichgeschlechtliche Ehe im Internationalen Privatrecht. Unter besonderer Berücksichtigung des Einflusses des EG-Vertrags. 2011.

Band 170 Max Johann Lipsky: Statutenwechsel im italienischen Sachenrecht – Auswirkungen auf den Im- und Export von Mobiliarsicherheiten. Eine Untersuchung der rechtlichen Beständigkeit dinglicher Kreditsicherheiten im deutsch-italienischen Rechtsverkehr. 2011.

Band 171 Silvia Karolina Seilstorfer: Die Umsetzung der Verbrauchsgüterkaufrichtlinie in Portugal mit rechtsvergleichenden Hinweisen zum deutschen Recht. 2011.

Band 172 Stephan Georg Knöchel: Anerkennung französischer Urteile mit Drittbeteiligung. Eine Untersuchung der Anerkennung von Drittbindungswirkungen nach der EuGVVO und autonomem deutschem Recht. 2011.

Band 173 Kristina Menzel: Vollstreckungsschutz zugunsten privater Altersvorsorge. Eine rechtsvergleichende Untersuchung zum deutschen und schweizerischen Recht. 2011.

Band 174 Manuela Krach: Scheidung auf Mexikanisch. Das materielle Recht der Scheidung im Mehrrechtsstaat Mexiko unter Berücksichtigung von Eheschließung und Ehewirkungen. 2011.

Band 175 Vanessa Sofia Wagner: Verkehrsschutz beim redlichen Erwerb von GmbH-Geschäftsanteilen. Ein Vergleich des Rechts für Gesellschaften mit beschränkter Haftung in Deutschland, England und Italien. 2011.

Band 176 Alexander Swienty: Der Statutenwechsel im deutschen und englischen internationalen Sachenrecht unter besonderer Betrachtung der Kreditsicherungsrechte. 2011.

Band 177 Kathrin Süß: Streitbeilegungsmechanismen im Verbraucherrecht. Unter besonderer Berücksichtigung der australischen Rechtsordnung. 2011.

Band 178 Efe Direnisa: Die materielle Rechtskraft im deutschen und türkischen Zivilverfahrensrecht. 2012.

Band 179 Julia Faenger: Leistungsunabhängige Nebenpflichten zum Schutz des Integritätsinteresses im deutschen und französischen Recht. Eine rechtsvergleichende Betrachtung ausgehend von den Rücksichtspflichten des § 241 Abs. 2 BGB. 2012.

Band 180 Dorothea Heine: Das Kollisionsrecht der Forderungsabtretung. UNCITRAL-Abtretungskonvention und Rom I-Verordnung. 2012.

Band 181 Lisa B. Möll: Kollidierende Rechtswahlklauseln in Allgemeinen Geschäftsbedingungen im internationalen Vertragsrecht. 2012.

Band 182 Jutta Jasmin Uusitalo: Einbeziehung von AGB im unternehmerischen Geschäftsverkehr zwischen Deutschland und Finnland. 2012.

Band 183 Darya Alikhani Chamgardani: Der Allgemeine Teil des iranischen Schuldvertragsrechts. Im Spannungsverhältnis zwischen rezipiertem französischen und traditionellem islamischen Recht. 2013.

Band 184 Volker Anton: Aktuelle Entwicklungen des Bankgeheimnisses im Rechtsvergleich unter besonderer Berücksichtigung seiner exterritorialen Wirkungen. Deutschland, Luxemburg, Österreich, Schweiz und Liechtenstein. 2013.

www.ingramcontent.com/pod-product-compliance
Ingram Content Group UK Ltd.
Pitfield, Milton Keynes, MK11 3LW, UK
UKHW021827290926
8980IPUK00004B/295

9 783631 629895